허구의 철학

Markus Gabriel

허구의 철학

Fiktionen

지속 가능한 삶과 정신을 위한
허구의 올바른 자리 찾기

마르쿠스 가브리엘 지음   전대호 옮김

민음사

일러두기
- 마르쿠스 가브리엘의 철학을 가리키는 대표적인 명칭인 〈Neuer Realismus〉를 기존 번역서들에서 〈새로운 실재론〉으로 옮겼던 것과 달리, 이 책에서는 〈신실재론〉으로 옮긴다.
- 이 책 원서의 주석은 미주로, 옮긴이주는 각주로 처리했다.
- 원서에서 이탤릭으로 강조한 부분은 굵은 글씨로 표시했다.

이 책은 실로 꿰매어 제본하는 정통적인 사철 방식으로 만들어졌습니다.
사철 방식으로 제본된 책은 오랫동안 보관해도 손상되지 않습니다.

조슬랭 브누아에게 우정으로 바칩니다.

— 2019년 10월 31일, 뉴욕시에서

〈내 이름은《노바디nobody》*다〉는 유쾌한 실험이며 따라서 놀이하는 정신의 목적 없는 산물일까, 아니면 그것을 읽는 모든 사람의 영혼을 공격하는 악의적인 문장일까? 정확히 아는 사람은 노바디뿐이다. 어쩌면 양쪽 다 맞을 것이다.

　　　　　　　　　　　　　　　　　　 —다니엘 켈만, 장편 소설 『에프』

* 아무도 아닌 자, 또는 없는 자.

들어가기 전에

이 책이 태어나고 현재의 형태를 띠게 된 것은 수많은 기관과 개인 덕분이다. 맨 먼저 알렉산더 폰 훔볼트 재단을 꼽아야 한다. 이 재단은 중견 학자를 위한 페오도어 뤼넨Feodor Lynen 연구 지원금을 통해 허구적 대상들을 다루는 나의 연구 프로젝트를 후원했다. 이 프로젝트는 조슬랭 브누아의 초대로 내가 2017년부터 2019년까지 파리1 대학교(팡테옹-소르본)에 여러 차례 머무는 동안 수행되었다. 이런 맥락에서 조슬랭에게 철학적 개인적 환대에 대하여 충심으로 감사할 필요가 있다. 이 책에 흘러든 많은 생각은 지향적 대상과 사회 존재론에 관한 조슬랭의 연구 세미나의 틀 안에서, 또한 내가 파리의 다양한 대학에서 한 강의를 계기로, 처음 품었던 것들이다.[1] 파리에서 벌어진 참으로 멋진 대화 상황들에서 튀어나온 개념적 세부 사항을 모두 언급하다가는 이야기가 너무 길어질 것이다. 다만 몇몇 사항을 주석으로 기록할 것이다. 우리가 나눈 대화가 이 책으로 출판된 숙고의 깊숙한 개념적 차원에 결정적으로 들어앉아 있다는 점을 고려하여 이 책을 조슬랭 브누아에게 우정을 담아 헌정한다.

훔볼트 재단과 더불어 프랑스 국립 과학 연구원CNRS, 메종 쉬

제르Maison Suger,* 그리고 국제학 칼리지Collège d'études mondiales(즉 메종 인간 과학 재단FMSH)에 감사한다. CNRS는 2017년부터 국제 연합 연구소LIA 지원의 일환으로 본과 파리에 위치한 새로운 여러 실재론 연구소CRNR를 후원해 왔다. 이 연구소는 본 대학교와 파리1 대학교의 지원도 받는다. 연구소의 성대한 창립 행사는 2017년 9월 25일 소르본에서 거행되었다. 본 대학교 총장 미하엘 호흐 교수와 파리1 대학교 총장 조르주 아다드 교수의 넉넉한 후원에 감사한다.

지난 몇 년 동안 CRNR의 공동 학회가 주제로 다룬 것은 유니콘의 존재론, 규범의 실재성(이 두 학회를 알리는 포스터는 디자인이 의미심장했다), 지각과 실재의 관계 등이었다. 언급한 세 주제는 이 책의 주제들이기도 하다. 이 맥락에서 CRNR의 구성원들인 본 대학교와 파리1 대학교의 동료들[2]에게 충심으로 감사한다. 특히 LIA의 확대를 위해 철학적 제도적 개인적 차원에서 적극적으로 애써 준 상드라 로지에에게 감사한다.

고맙게도 본 대학교는 내가 파리에 체류할 수 있도록 자유로운 연구 기간을 후하게 보장해 주었을뿐더러 노르트라인베스트팔렌 국제 철학 센터Internationalen Zentrum für Philosophie NRW와 과학 및 사상 센터Center for Science and Thought를 지원하기 위해 더없이 우호적인 조건을 마련해 주었다. 내가 연구 학기들을 얻은 것 역시 본 대학교에 감사할 점이다. 내가 현재 뉴욕시에서 뉴욕 대학교 에버하르트 베렌트 괴테 석좌 교수직을 맡고 있는 것도 본 대학교가 허락한 연구 학기 덕분이다. 이와 관련해서 나를 우호적으로 맞아 주고 명예로운 객원 교수직에 오를 수 있게 해준 뉴욕 대학교 독문학과 동료들에게 특별히 감사한다. 더불어 〈허구와 실재〉를 주제로 삼은

* 파리에 있는 학자를 위한 주거 시설.

나의 대학원 수업에 참여한 분들께도 감사한다. 그 수업은 이 책의 출판을 위한 마지막 예행연습이었다. 또한 나에게 비판적 질문과 지적을 제공해 준 뉴욕의 수많은 대화 상대에게 감사한다.

지난 몇 년 동안 나는 미국, 일본, 중국, 포르투갈, 영국, 브라질, 포르투갈, 스페인, 칠레에서 이 책의 주제들에 관하여 강연했으며, 2019년 3월에는 고맙게도 나를 워커 에임스 강사Walker Ames Lecturer로 초빙하여 시애틀 소재 워싱턴 대학교와 터코마 소재 워싱턴 대학교의 여러 강의와 세미나를 주관하게 해준 철학자들, 문학자들, 민족학자들, 역사학자들로부터 깊은 자극과 격려를 얻었다. 특히 강조할 만한 인물은 모니카 카우프다. 나는 철학과 문학에서의 신실재론*에 관하여 그녀와 밀도 높게 대화할 수 있었다.

2부에서 객관적 현상학의 개요를 제시하면서 정점에 이를 숙고를 위해 내가 지적으로 가장 많이 빚진 사람은 토머스 네이글이다. 네이글과 나는 나의 뉴욕 대학교 박사 후 연구원 시절(2005~2006)부터 지금까지 뉴욕에서 자주 만나 핵심적인 질문 하나를 놓고 토론해 왔다. 그 질문은, 정신을 우주의 환원 불가능한 발현Manifestation으로 파악하는 것을 허용하는 자연 철학은 어떤 형태를 띠어야 할까, 라는 것이다. 네이글은 기본 성향이 일원주의자여서 아마도 이 책에서 내놓을 제안에 동의하지 않을 테지만, 나는 본문에서 나름의 대답을 제시할 것이며, 이는 대화를 이어 가기 위해서다. 네이글과의 만남은 나의 철학적 발전에 특히 중요하기 때문에, 나는 이 책의 집필을 뉴욕 대학교에서 끝맺게 된 것이 더욱 기쁘다.

2부를 쓰던 중에 줄리오 토노니와 만난 일은 거의 맹인이 눈을 뜨는 것과 같은 충격이었다. 그러므로 나는 당시 칠레 정부에, 특히

* 이 책에서는 저자 가브리엘이 고유하게 주창하는 실재론인 〈Neuer Realismus〉를 〈신(新)실재론〉으로 옮긴다.

(기도 기라르디가 대표로 있던) 상원 의회에, 영광스럽게도 나를 2018 미래 학회Congreso Futuro에 초대해 준 것에 대하여 감사하지 않을 수 없다. 나는 그 행사에서 처음으로 (더구나 남극에서) 줄리오와 만날 수 있었다. 그때 그와 나는 칠레 산티아고에서 발파라이소까지 가는 기억할 만한 여행에서 몇 시간 동안 대화를 이어 가며 통합 정보 이론Integrated Information Theory, IIT에 관하여, 또 그 이론과 신실재론의 관계에 관하여 숙고할 수 있었다. 그 후 우리는 각자의 근거지인 위스콘신과 본에서 번갈아 만남을 가졌다. 이 만남들은 당연히 크리스토프 코흐와도 관련이 있다. 나는 위스콘신과 시애틀에서 이 책의 몇몇 주제에 관하여 코흐와 토론할 수 있었다.

2019년 5월에 줄리오가 본에서 열린 (몇 번째인지 모를) 〈슈파르겔 모임Runde Spargel〉에서 이렇게 물었다. 현재 신실재론의 최대 맞수는 어떤 철학적 프로젝트죠? 대답은, 통합 정보 이론이죠, 였다. 경험적 지식에 충실한 줄리오의 의식 존재론 — 그는 이 존재론으로부터 자연 철학을 도출하는데, 현재 그 자연 철학과 어깨를 나란히 할 만한 자연 철학은 없다 — 과의 세부적인 대결은 이 책에서 감행할 수 없었으며 따라서 다음 기회로 미뤄야 했다.[3]

또 다른 인물 세 명이 의미장 존재론의 구체적 면모들에 대한 반론을 통해 내가 『의미와 실존Sinn und Existenz*』의 후속작으로 『허구의 철학』을 쓰는 쪽으로 연구 방향을 잡는 데 결정적으로 기여했다. 그들은 안톤 프리드리히 코흐, 율리아 멜리히, 그레이엄 프리스트다. 이들 모두는 단일한 반론의 예리한 변형들을 제시했는데, 성공적일 경우 그 반론은 의미장 존재론이 형이상학적 허구주의와 조화를 이룰 수 있음을 보여 준다. 형이상학적 허구주의에 따르면, 세계는 상상력이라는 의미장 안에서 실존한다. 더 나아가 프리스

* 이 책에서 Existenz와 existieren은 일관되게 〈실존〉, 〈실존하다〉로 번역한다.

트는 부분 전체론적mereologisch* 모형을 제안했는데, 그 모형은 탄탄한 토대를 거의 포기하는 것을 무릅쓰면서 세계를 세계 안의 대상으로 보이게 만든다. 이를 위해 프리스트도 허구들에, 정확히 말하면 보르헤스의 소설집 『허구들』에 중대하게 의지한다.

이 책의 원고를 완성할 즈음에 옌스 로메치는, 내가 원고의 많은 부분에서 안톤 프리드리히 코흐를 대표 독자로 상정하는 듯하다고 날카롭게 지적했는데, 나는 그 지적이 옳음을 곧바로 알아챘다. 물론 내가 줄곧 의식적으로 토니(안톤 프리드리히 코흐)를 떠올렸던 것은 아니지만 말이다. 실제로 나의 방법론적 민감성 ─ **분석적 방법으로** 독일 관념론의 동기들을 충분히 탄탄한(비록 비형이상학적이라 하더라도) 실재론과 결합하기 ─ 은 어느새 아주 길어진 우리의 대화에서 결정적 영향을 받아 형성되었다. 그 대화는 거의 틀릴 수 없는 날짜인 2006년 4월 7일, 독일과 이탈리아가 월드컵 준결승전에서 맞붙은 날에 튀빙겐 대학교 기숙사에서 시작되었다. 그날 코흐는 스스로 주관한 제일철학Erste Philosophie에 관한 연구 토론회에서 내가 제시한, 일반화할 수 있는 회의적 역설 하나를 진지하게 다뤘다. 그때 이래로 대화의 맥은 끊어지지 않았다. 나는 토니가 지칠 줄 모르고 예리한 반론들을 제기해 준 것에 감사한다. 그 반론들은 나의 다원주의를 개혁하는 결과까지는 (아직) 아니더라도 최소한 달리 표현하는 결과를 가져왔다.

늘 그렇듯이 본 대학교에서 나의 교수직을 보좌하는 탁월한 팀이 없었다면 이 책은 절대로 완성되지 못했을 것이다. 그들은 모두 이 책을 꼼꼼히 읽고 논평하고 개선했으며, 부지런한 노동으로 각주들을 보완했다. 필립 볼렌, 알렉스 엥글란더, 마린 가이어, 마리야 할바지예바, 디아나 카미스, 게오르크 오스발트, 옌스 로메치,

---

* 부분 전체론Mereologie은 부분과 전체의 관계를 연구하는 학문.

구오펭 수, 얀 푸스홀츠에게 감사한다.

엔스 로메치는 (어느새 20년 가까이 **한결같이**) 지칠 줄 모르고 때로는 날마다 진로 수정을 제안해 왔으며, 한마디 보태자면, 훌륭한 교수 자격 취득 논문 「진실을 향할 자유Freiheit zur Wahrheit」를 통해 내가 품고 있던 데카르트에 대한 생각을 수정했을 뿐 아니라 나에게 (정작 본인은 수용하지 않은) 〈정신적 전체 상태mentaler Gesamtzustand〉의 개념을 제공했다. 나는 이 개념을 다중 양상 코기토의 한 예로 이해한다. 이에 관한 논의는 본문에서 다루어질 것이다.

그 밖에 볼프람 호그레베와 토비아스 카일링도 원고 전체를 읽고 비판적 논평을 건네주었다. 그 논평이 나를 심각한 오류들로부터 보호해 주었기를 바란다.

내 생각의 발전에 영향을 미치고 『의미와 실존』의 후속작인 이 책에 흔적을 남긴 모든 말과 글을 빠짐없이 확실히 열거하는 것은 불가능하다. 그럼에도 나는 지금까지 언급하지 않은 중요한 대화 상대들의 불완전한 목록을 과감히 제시하고 싶다. 이는 지난 몇 년 동안의 어떤 대화들이 이 책의 논증에 스며들었는지 기록해 두기 위해서다. 클레멘스 알브레히트, 네드 블록, 폴 버고지언, 토마스 부흐하임, 오타비오 부에노, 타일러 버지, 마시모 카치아리, 테일러 카먼, 스티븐 케이브, 데이비드 차머스, 제임스 퍼거슨 코넌트, 파울루 케사르 두케-에스트라다, 조지 엘리스, 데이비드 에스피넷, 아르민 팔크, 마우리치오 페라리스, 귄터 피갈, 도미니크 핀켈데, 마이클 포스터, 만프레트 프랑크, 마르셀라 가르시아, 트리스탄 가르시아, 베르너 게파르트, 사샤 골로프, 부터 고리스, 이언 해밀턴 그랜트, 한스 울리히 굼브레히트, 엔스 할프바센, 마르타 할리나, 그레이엄 하먼, 데이비드 헬드, 크리스토프 호른, 악셀 후터, 에이드리언 존스턴, 알렉산더 카네프, 다니엘 켈만, 토비아스 카일링,

안드레아 케른, 폴 코트먼, 요하네스 F. 레만, 안드레아 르 몰리, 조슬랭 마클뤼르, 캉탱 메이야수, 울프-게 마이스너, 라울 모아티, 한스-페터 닐레스, 노무라 야스노리, 휴 프라이스, 제바스티안 뢰틀, 미하엘 로젠탈, 카를 샤퍼, 라이너 셰퍼, 게르트 스코벨, 존 R. 설, 움라오 세티, 폴 스노든, 니컬러스 스탱, 피르민 슈테켈러-바이트호퍼, 디터 슈투르마, 레이먼드 탤리스, 애미 토머슨, 클린턴 톨리, 찰스 트래비스, 플로렌시아 디 로코 발데칸토스, 에두아르두 비베이루스 지 카스트루, 페터 바이벨, 엘우드 위긴스, 데이비드 자페로, 슬라보이 지제크.

원고를 꼼꼼하고 명쾌하게 편집해 준 필리프 횔칭에게, 또한 당연히 에바 길머에게, 이 책을 주어캄프 출판사의 주요 학술서 프로그램에 포함시킨 것에 대하여 감사한다.

마지막으로 가장 중요한 감사의 말이 남았다. 나의 모든 출판 프로젝트는 조촐한 우리 가족의 지원으로 이루어진다. 슈테파니, 마리사 룩스, 레오나 마야가 없었다면, 세상은 다채로워지지 못했을 것이다.

차례

머리말

가상Schein은 **존재**Sein다. 우리는 착각하거나 속을 때에도 실재에서 벗어나지 못한다. 왜냐하면 실재하는 놈이란 우리가 성공적으로 거리를 둘 수 없는 그런 놈이기 때문이다. 어떤 탈출 시도도, 우리가 우리 자신을 데리고 간다는 점에서, 바꿔 말해 우리가 벗어나려 하는 그놈 — 실재 — 을 우리의 상상을 통해 기껏해야 변화시킨다는 점에서, 실패로 돌아간다. 어떤 생각도, 어떤 활동도 실재를 사라지게 만들지 못한다.

시대정신이란 그때그때 유효한 가상의 배열이다. 그 배열이, 철학적으로 더 정확히 살펴보면 해소될 특정 추론 오류들과 비일관성들을 정당화한다. 철학의 본질적 과제 하나는 시대정신을 파악하고 비판하는 것이다.

이 책에서 내놓을 생각들은, 이 책이 반대하는 시대정신이 존재와 가상의 차이에 대한 뒤틀린 이해에 기반을 둔다는 견해를 기초로 삼는다. 무슨 말이냐면, 가상은 부당하게도 비실존Nicht-Existenz의 영역으로 완전히 쫓겨나고, 따라서 가상의 특유한 작용력은 보이지 않게 된다. 그리하여 한편으로는 가상의 (가상**으로서의**) 실존이 인정되면서, 다른 한편으로는 실존을 가상적인 듯한 모든 것으로부터 분리하려는, 어떤 가상도 없는 실재의 근본 층을 식별하려는 부질없는 시도가 이루어진다. 그런데 바로 이 행마(行馬)가 새로운 가상의 원천이다. 그 원천을 꿰뚫어 보고 앞으로의 논의에서 봉쇄할 필요가 있다. 철학적 기반을 갖춘 그러한 숙고를 통하여 진보의 희망이 열린다.

해결해야 할 문제의 익숙한 변형 하나는 이른바 〈허구적 대상들〉을 중심으로 삼는다. 허구적 대상의 모범적인 예로 우리의 미적 상상 속의 **등장인물들**, 이를테면 그레첸, 메피스토펠레스, 맥베스, 안나 카레니나, (우엘베크가 쓴 『지도와 영토』의 주인공) 제드 마르탱을 꼽을 수 있다. 〈가운데 땅Middle-earth〉 같은 꾸며 낸 장소들과 과학 허구 속의 상상된 과거나 미래 같은 꾸며 낸 시기들도 존재론적으로 까다로운 이 범주에 속한다. 허구적 대상들이 실존할 여지를 주어야 한다면, 그것들은 우리의 상상력 안에 실존한다는 것으로, 혹은 특정한 미적 실천들 안에 실존하며 그 실천들로 환원될 수 있다는 것으로 그 여지를 제한해야 할 듯하다.

하지만 아직 부족하다. 현재 세계상의 자연주의적 압력은 최소한 또 한 번의 환원을 추가로 요구한다. 무슨 말이냐면, 우리의 상상력이나 미적 실천들이 완전한 의미에서 실존한다면, 자연 과학적으로 명확히 서술하고 설명할 수 있는 우주의 실재성과 우리의 주체성 사이에 여전히 틈새Kluft가 존속하게 된다. 이 때문에 일반적으로 우리의 사정을 단순화하는 형이상학적 작업이 추가로 이루어진다. 즉 〈정신〉, 〈의식〉, 〈지향성〉 혹은 〈주체성〉으로 불리는, 허구의 원천 그 자체도 환상이라는 의심을 받는다. 그 허구의 원천을 밀어내고, 오직 명확하게 인과적 실험적 개입의 대상인 놈만 정말로 실존한다는 통찰이 그 자리를 차지해야 한다고들 한다. 무언가가 자연 과학적으로 입증 가능하게 측정된다는 점이 그 무언가의 실재성을 판가름하는 형이상학적 기준이 된다. 이 기준에 부합하지 않는 놈은 세심히 서술된 적이 거의 없는 허구의 범주에 처박힌다. 그 범주를 학문적으로 다루는 사람은, **이미 채택된 전제에 따라**, 아무도 없다.

자연 과학과 기술 과학 외에 정신 과학*과 사회 과학도 있다는 점, 혹은 소크라테스 이전 철학자들 이래로 존재와 가상 간 관계의 전개를 다루는 철학도 있다는 점이 상기되는 것을 막기 위하여, 학술 활동을 위한 자금의 부족을 늘 새로운 연출로 반복하는 이 시대는 적절한 방법들을 동원하여 가상에 대한 인본주의적 자기 인식을 하찮게 보이도록 만든다. 그 자기 인식은 쓸모없다고들 한다. 왜냐하면 심지어 성공적일 경우에도 그 자기 인식은 모든 관련 결정권자들이 손뼉 치며 지원하는 생활 세계의 경제화 및 디지털화에 직접적으로 기여하지 못하기 때문이란다.[1]

물론 자연 과학 바깥의 지식이 지금 위기에 처한 상황을 오로지 교육과 연구를 지휘하는 교조적인 관료의 탓으로 돌릴 수 있는가 하면, 그것은 전혀 아니다. 오히려 정신 과학 및 사회 과학 지식이 먼저 분과 내부에서 **인식론적** 압력에 눌리고 이어서 공적 영향력을 동반한 **사회 경제적** 압력에 눌리게 된 것은 이데올로기 비판에 능숙한 그 분과들이 자신들에게 이데올로기 비판을 — 이른바 〈탈근대Postmoderne〉라는 짧은 역사적 기간에 — 과도하게 적용한 탓이 작지 않다.[2]

사실상 모든 앎 주장이 이론적으로 설득력 없게 표현된 의심에 눌려 이데올로기라는 혐의를 받는다면, 사람들은 기술적 진보에 의지하면서 최소한 자연 과학적 인식에는 객관성이라는 존중의 칭호를 부여하기 십상이다. 그럴 경우, 이 객관성을 다시 한번 과학

* Geisteswissenschaften. 인문학과 대체로 같은 의미.

사의 관점에서 제한할 수 있다는 항변은 이데올로기 비판에 도움이 되지 않는다.[3] 왜냐하면 현재 우리 지식 및 기술 관련 활동의 객관성 조건들이 발생사를 가졌다는 지적으로는 실제로 그 활동의 객관성이 무너지는 결과가 어떤 합리적으로 수용할 만한 방식으로도 발생하지 않기 때문이다. 어떤 장치가 잘 작동한다면, 그 장치의 발명자가 그 장치를 시장에 내놓기까지 어떤 형태의 자기 훈련을 거쳐야 했는지는 단지 부차적인 사안에 가깝다.

이런 연유로 지금 절실하게 필요한 일은, 시대정신의 오류 원천들을 찾아내라고, 가용한 방법들을 써서 그 오류 원천들을 서술하고 설명하라고 촉구하면서, 최근까지 철학을 정신 과학 및 사회 과학과 통합했던 담론Diskurs의 맥을 잇는 것이다. 그런 숙고가 없으면, 고삐 풀린 자연 과학 및 기술 과학의 진보는 혁신적인 사회 경제적 수단들을 다루는 적절한 태도를 자동으로 발생시키지 못한다.

이제는 고전적 사례가 된 물리학과 원자 폭탄의 관계에 관한 토론은 이 문제를 지난 세기에 생생히 보여 주었다. 속칭 〈디지털 혁명〉에 직면한 지금, 불가피하게 — 운명처럼 — 우리를 덮치는 자동화 과정들로 표출되는 시대정신의 변환이 정당하냐는 질문이 새롭게 제기된다. 단언컨대 기술의 진보는 운명이 아니다. 기술의 진보는 디지털화가 스스로 진행한다는, 오늘날 만연한 신화 Mythologie의 배후에 숨어 있는 수많은 결정과 전략의 귀결이다.

근대적 주체의 자연주의적 자해(自害)와 탈근대적 자해를 극복해야 한다. 만연한 비난과 달리, 근대적 주체는 생태 위기의 형이상학적 추진력이 전혀 아니다. 하이데거는 데카르트주의에 대한 비판으로 큰 영향력을 발휘하면서 이 비난을 유난히 쏟아부었지만 말이다. 문제는 주체와 객체의 구별, 정신과 자연의 구별이 아니라,

이 상관관계 자체를 근본적으로 다시 탐구하지도 않고 이 상관관계에서 주체를, 곧 정신 극(極)을 제거하는 것이다.[4]

이른바 실재 전체를 정신과 세계, 재현Repräsentation과 인과 Verursachung, 존재와 당위, 문화와 자연, 시스템과 환경 등으로 구분하는 대신에, 이 책은 **인본주의적 불가피성 주장**을 내놓는다. 이 주장에 따르면, 정신적 생물로서의 인간은 모든 존재론적 탐구의 불가피한 출발점이다. 모든 이론 구성에서 우리는 우리의 선(先)존재론적prä-ontologisch, 선학문적 경험vor-wissenschaftlich을 출발점으로 삼는다. 그 경험은 실재하는 놈이며 다른 실재하는 놈과 접촉한다. 실재하는 놈은 지각 모드 안에서 선존재론적으로 우리에게 자기를 드러낸다. 이때 유의할 것은, 지각 자체가 실재하는 놈이어서 그렇다는 점이다. 내가 나중에 논증할 텐데, 그럼에도 지각은 늘 착각의 요소를 포함하며 그 요소 덕분에 객관적이다(바꿔 말해, 진실 능력을 갖췄다wahrheitsfähig). 오직 착각할 수 있는 사람만 진실을 파악할 수 있다. 오류 원천이 없으면 객관성도 없다. 이 사정은 객관성 주장을 침식하지 않는다.

존재Sein(곧 사실들Tatsachen)를 향해 나아가는 길에서 우리는 가상을 우회하지 않는다. 실험 장비들을 설치하는 신경 과학자는 자신의 감각 지각을 신뢰한다. 입자 가속기에서 얻은 데이터를 모아 전문 학회에서 발표하는 물리학자도 마찬가지다. 학회에 참석한 물리학자가 청중이나 임박한 휴식 시간의 실존을 논박하는 경우는 거의 없을 것이다.

정신 과학과 사회 과학은 이 책에서 존재론적 존엄성을 인정받을 것이다. 여기에서 제안하는 규정에 따르면, 정신 과학과 사회 과학이 연구하는 바는, 사람들 자신의 관점에서 볼 때 사람들이 어떻게 보이는가 하는 것이다. 정신 과학과 사회 과학의 대상은, 역사적으로 다채로우며 통시적 공시적으로 엄청나게 세분된 방식으로 자화상을 발견하는 인간이다.

현재 철학의 본질적 과제 하나는 관습적으로 유통되는 자연주의를 체계적으로 극복하는 것이다. 안타깝게도 각 분야의 수많은 대표자가 자연주의에 귀의했다. 이로 인해 영어권에서의 학문 정치적 변화를 필두로 독일을 비롯한 많은 곳에서 지난 몇십 년 동안 철학이 정신 과학 및 사회 과학의 담론으로부터 분리되는 결과가 발생했다. 이 분리는 분리된 양자 모두에게 치명적이었다.

몇몇 철학적 프로젝트는 — 자연 과학과 유사한 출판 방식, 논증의 (다소 성공적인) 형식화, 심지어 실험적 〈방법들〉을 통해 — 자연 과학적 연구의 색채를 띠는 것을 시도하지만, 그 시도는 그런 연구 프로젝트로부터 이익을 얻는 이들 외에는 아무도 쳐다보지 않을 만큼 철저하게 실패로 돌아간다. 서사학적Narratologie 관점에서 정신 과학을 신경 과학이나 인지 과학과 연결하는 것과 같은 정신 과학적 시도들은 신속하게 하루살이로 판명된다. 그 시도들은, 우리가 이야기 패턴들을 수용하려면 적절한 심리적 성향을 보유해야 하고, 그 성향은 아마도 모종의 신경 구조들이 없으면 실현될 수 없다는 것을 보여 주는 수준에서 벗어나지 못한다.

한편 모든 학문 분과들을 대학교라는 이상적인 틀 안에서 함께 대화하게 함으로써 학문적 활동의 탈선을 저지하려는 참된 욕구가 없는 것은 아니다.[5] 모든 학과를 뛰어넘는 진정한 초분과적 협력은 공통의 연구 대상을 전제한다. 모든 분과에 공통된 대상은 인간의 관점이며, 우리는 그 관점에 기초하여 다른 모든 대상을 탐구할 것이다. 인간적인, 너무나 인간적인 간섭 효과들이 어느 정도 발생할 수도 있겠지만, 그것들은 발달된 개별 분과들의 방법 덕분에 연구 프로젝트에서 제거될 것이다. 하지만 우리가 실재 탐구의 목표이자 출발점인 인간에서 벗어날 수 있으리라는 터무니없는 생각으로 잘못 이끌리지는 말아야 할 것이다.

학문적이며 방법론을 갖춘 모든 진실 주장의 공통 기반을 마련하려면 정합적인 존재론과 인식론이 필요하고, 이것들을 토대로 인간학과 정신 철학이 구축된다. 오직 이런 바탕 위에서만 초분과적 연구가 정당화된다. 그 연구는 단지 기초 연구를 경제화하는 것에 머물지 않으며, 인류의 자기 인식을, 따라서 도덕적 진보의 가능성을 목표로 삼는다. 자연 과학적 진보가 조만간 우리 삶꼴Lebensform의 완전한 자기 말살을 가져오는 것을 막으려면, 모든 자연 과학적 진보는 그 초분과적 연구에 종속되어야 한다.

존재론적 탐구는 일반적으로, 실존이란 무엇인가, 라는 질문을 다루며, 특수하게는 개념적 압박을 받는 특정 유형의 대상들이 실존하는가, 라는 질문을 다룬다. 모든 존재론의 중요한 시금석은 고유한 **비존재론**Meontologie, 곧 그 존재론에 기초하여 비실존Nicht-Existenz(μὴ ὄν)을 다루는 이론이다. 실존 물음을 판정하는 모형을 납득할 만하게 제시하는 것을 허용하는 개념적 틀이 확고히 짜여 있을 때 비로소 가상의 존재론적 지위를 비실존과 관련지어 규정할 수 있다.

그런 개념적 틀을 위하여 이 책에서는 허구의 개념을 동원할 것이다. 인간의 정신적 삶은 감각적 자극들이 지배하는 장면 안에 우리가 들어 있다는 점을 훌쩍 뛰어넘는 다양한 차원에서 이루어진다. 이러한 사정을 고려하려면, 존재론적으로 개량된 허구 이론 Fiktionalitätstheorie이 필요하다. 허구란 그 초월 공간, 곧 방금 언급한 차원들에서 이루어지는 성취들이다.[6]

더 정확히 말하면, **허구**란 우리가 우리 삶의 장면들 안에 놓인 대상들과 관련 맺는 사이사이의 틈새Zwischenraum에서 벌어지는 정신적mental 사건들이다. 우리는 의식적 삶의 매 순간에 우리를 장면 안에 놓는다.[7] 그러면서 우리는 의식적으로 체험되는 감각적 환경을 탐색할 때 늘, 중요성 조건에 따라 드러나는 대상들을 기준으로 삼는다. 이런 의미에서, 우리에게 지각되는 실재 각각에는 우리의 지문이 찍혀 있다. 매 순간 장면 전환이 일어난다. 즉, 주관적이며 객관적인 지각장이 끊임없이 변화한다. 그럼에도 우리가 안정적인 대상들을 상정하는 것은 정당하다(개별 사례에서 그 대상들이 무엇이건 간에). 무한정 많은 장면을 결합하는 것은 허구들, 바꿔 말해, 우리의 지각장을 둘러싼 체험되지 않은 환경이 그때그때 어떠한지에 관한, 부분적으로 설명 가능한 견해들이다.[8] 우리가 그때그때의 지각장을 어떻게 탐색하고 그 탐색을 통해 변형하는지는 우리가 연결부들을 (과거 쪽으로 또는 미래 쪽으로) 어떻게 상상하느냐에 달려 있다. 이렇게 주어진 놈을 뛰어넘는 초월이, 우리가 주어진 놈을 실재하는 놈으로 판정하는 것을 비로소 가능케 한다. 스탠리 캐벨은 이 사정을 다음과 같이 적절히 표현한다.

> 환상fantasy을 실재와 분리된 세계로, 자신의 비실재성을 명백히 드러내는 세계로 간주하는 것은 환상에 대한 매우 궁핍한 견해다. 실재가 변경될 수 있는 것은 바로 환상이 있기 때문이다. 실재의 가치에 대한 우리의 신념은 환상을 통해 형성된다. 우리의 환상을 포기한다는 것은 우리와 세계 사이의 접촉을 포기하는 것을 의미한다.[9]

일반적으로 **허구적 대상**이란 우리가 그놈의 부재 모드Modus 안에서 관련 맺는 그런 놈이다. 허구적 대상들은 지금 여기 있다. 왜냐하면 우리는 우리의 지각 에피소드들을 정신적 흐름으로서만 체험하지 않고 다소 안정적으로 내용물들이 설치된 에피소드들로서 체험하기 때문이다. 바꿔 말해 우리는, 그때그때 직관 모드 안에 실재하는 놈으로서 직접 접근 가능한 놈을 넘어선다. 모든 허구적fiktional 대상이 또한 꾸며 낸fiktiv 대상(곧 미적 경험의 대상)인 것은 아니다. 꾸며 낸 대상은 본질적으로 해석 모드 안에 실존한다.

꾸며 낸 대상은 상연Aufführung에 의존한다. 즉 꾸며 낸 대상이 어떠한지는, 우리가 그 대상을 어떻게 상상하느냐vorstellen에 본질적으로 의존한다. 그러나 곧 보겠지만, 우리가 꾸며 낸 대상들을 어떻게 상상해야 하는가에 관한 객관적 기준이 없는 것은 아니다. 이 맥락에서 허구와 실재를 다음과 같이 대비하는 것이 유익하다. 꾸며 낸 대상은, 꾸며 낸 대상이 아닌 허구적 대상과 달리 우리 지각의 빈틈들을 체험으로 메우지 못한다. 예컨대 영화에서 한 등장인물의 행위들이 나오는 두 장면 사이에서 벌어지는 일은 미적 경험을 통해, 곧 우리의 상상력 발휘를 통해 채워진다.

그렇다고 꾸며 낸 대상들이 불완전한 것은 아니지만, 그것들은 본질적으로 해석 안에 실존한다. 이런 점에서 꾸며 낸 대상은 꾸며 낸 대상이 아닌 허구적 대상과 구별된다. 우리가 지각하는 실재는 허구적(더 정확히 말하면, 상상된imaginär) 대상들로 채워져 있다. 그러나 그 대상들은, 우리의 생존 및 인식과 관련된 측면에서, 실재하는 대상들과 충분히 유사해야 한다. 그래야 허구적 대상들이 우리의 직접 지각의 빈틈들을 메울 수 있다. 지각의 빈틈을 그렇게 성공적으로 메우는 놈은 일반적으로 우리가 그놈을 어떻게 해석하는가로부터 독립적이다. 내가 노트북을 앞에 둔 채 잠깐 눈을 감고 그 노트북을 상상하더라도 그 노트북이 여전히 내 앞에 놓여 있다는 것은, 이를테면 내가 그 노트북을 상상하기 때문에 그것이 여전히 내 앞에 있다는 것을 의미하지 않는다. 반면에 그레첸이 『파

우스트』 텍스트에서 명시적으로 그녀에게 부여되지 않은 특정 속
성들을 지녔다는 것은, 무엇보다도 내가 그레첸을 그렇게 상상한
다는 것에 그 원인이 있다. 내가 그레첸을 다르게 상상한다면, 그녀
는 다른 속성들을 가질 것이다.

꾸며 낸 대상은 허구적 대상의 하위 유형이다. 허구적 대상은
꾸며 낸 대상과 상상된 대상으로 나뉜다. 다음을 유념해야 하는데,
모든 지향적intentional(곧 진실 능력을 갖춘 언급의) 대상이 허구적
인 것은 아니다. 직접 지각의 대상들은 지향적이지만(즉 우리에게
특정한 방식으로, 감각들 각각에 특유한 양상으로 주어지지만) 허
구적이지 않다. 물론 우리의 정신적 삶의 허구적 성분들이 없으면
우리가 그 대상들을 지각할 수 없을 테지만 말이다. 모든 지각 장면
은 직접 지각되지 않는 잉여를 포함한다. 오히려 그 잉여는 우리를
다양한 허구적 대상들과 연결한다. 우리의 (정상적인 지각으로 체
험되는) 의식적 지각의 조건들 아래에서 우리는 고립된 지각 에피
소드 안에 갇히지 않는다.

가상의 발생과 관련해서는, 우리가 모든 감각 에피소드를 넘
어선다는 점에서, 인간의 지문(指紋)이 핵심적이다. 우리가 비좁은
지금 여기 안에서만(그 안에서 우리는 생존의 문제를 해결하거나
사냥에 지친 육식 동물처럼 잠시 쉴 텐데) 삶을 꾸려 가는가 하면,
전혀 그렇지 않다. 정반대로 우리는 모두 저마다 다소 개인적으로
그린, 우리가 인간으로서 처한 전반적 사정의 그림을 보유하고 있
고, 그 그림을 매개로 우리의 선존재론적 경험 에피소드들을 정리
한다. 지금 여기에서 우리에게 일어나는 일은 누구에게나 자서전
의 한 부분이다. 우리는 날마다 자서전을 서사적으로, 따라서 허구
적으로 써나간다.

이 상황을 우회할 수도 없고, 인간 동물을 모종의 과학적 방식

으로 최적화하는 재프로그래밍을 통해서 제거할 수도 없다. 예컨 대 신경 과학의 진보를 통해 우리가 우리의 초월을 초월하게 되어 마침내 성가신 의식과 의식의 〈선(先)학문적〉 견해들로부터 해방 될 수 있으리라는 견해는 인간의 자기 객체화의 특히 부정합적인 사례일 뿐이다. 우리가 인식Erkenntnis 대신에 인지Kognition를, 지각 대신에 정보 처리를 운운하는 식으로, 우리 정신적 삶의 요소들을 표기하는 데 가장 적합한 코드인 자연 언어를 버리고 다른 코드로 표기 방식을 바꾸더라도, 우리의 처지는 눈곱만큼도 달라지지 않 는다.

상상력은 우리의 자기 규정을 위해 더없이 핵심적이다. 왜냐 하면 인간이란 누구 혹은 무엇인가는 모든 인간이 보유한 모종의 가시적 속성을 가리키거나 자연 과학적 객관화를 통해 기술적으로 가시화할 수 있는 속성을 가리킴으로써 해명되지 않기 때문이다. 우리가 누구이고 누구이고자 하는가에 대한 대답은 오로지 우리 자화상들의 역사적이며 공시적이며 통시적이고 원리상 극도로 가 변적인 협주 안에서만 발생한다.

디지털 미디어가 우리의 자화상을 지배하는 정도가 결국 통제 할 수 없을 만큼 심화하는 이 시대에도, 우리가 여전히 허구들을 통 해 우리 자신을 객체화한다는 사실은 조금도 달라지지 않았다. 소 셜 네트워크들이 가져온 혁신은, 그것들이 우리의 자화상 그리기 능력을 공개하고 착취하는 사업 모형을 플랫폼 경제의 형태로 개 발했다는 점에 있다. 나는 이 자기 객체화를 정신의 공론장에 관한 주장의 형태로 탐구할 텐데, 이 탐구는 위르겐 하버마스가 모범적 으로 진단한 공론장의 변증법을 상기시킴으로써 우리 자신을 디지 털화하는 것에 맞선 반론의 해방적 잠재력을 보여 줄 것이다.[10]

이 책에 담긴 연구의 개념적 진앙은 **비실존**Nicht-Existenz**에 관한**

엘레아학파의 수수께끼다. 그 수수께끼는 존재와 가상을 구별하게 했고, 따라서 이 구별을 다루는 학문으로서의 철학을 유발했다. 그 수수께끼는, 우리가 실존하지 않는다고 믿는 대상들에 관하여 진실 능력을 갖춘(곧 참**이거나** 거짓인) 진술을 할 수 있다는 점에서 유래한다. 우리는 실존하지 않는 놈에 관해서 진실을 확언할 수 있다.

벌써 다음과 같은 이유에서 우리는 그 능력을 보유했다고 주장해야 마땅하다. 만약에 그 능력이 없다면, 주어진 대상[이를테면 현재 프랑스의 왕, 제우스, 미네르바, 수(數), 영원한 도덕적 가치들, 퀄리아Qualia, 탁자 같은 중간 규모의 일상적 대상들, 그 밖에 존재론적으로 미심쩍게 여겨지는 모든 것]이 실존하지 않는다고 판단할 경우에 우리는 그 대상에 관해서는 어떤 진실도 말할 수 없을 것이다. 사람들이 어떤 대상 G가 실존하지 않는다고 말할 때 그것이 진실한 말이라면, G가 실존하지 않는다는 것은 G에 관한 진실이다. 하지만 무언가가 G에 관한 진실이라면, 어떻게 그러면서도 G가 실존하지 않을 수 있을까?

여기에서 이런 의문이 제기된다. 사람들이 G에 관한 많은 추가 진술을 진실로 간주하지 않는다면, 예컨대 G는 희랍 신화에서 특정한 지위를 차지한다거나 호메로스가 G에 관한 서술을 남겼다는 등의 많은 진술들을 진실로 간주하지 않는다면, G에 관하여 발언할 동기가 과연 있을까? 하지만 사람들이 G에 실존 이외의 주요 속성들을 부여할 때만 G의 실존을 제대로 박탈할 수 있다면, 사람들이 파우스트라는 (사람인 듯한) 대상을 결국 실존하면서 또한 실존하지 않는 놈으로 간주한다는 결론이 나오는 것을 어떻게 막을 수 있을까?

엘레아학파의 수수께끼가 펼쳐 놓는 미로에서 빠져나오는 방법 하나는 실존하지 않는 대상들을 실존하는 대상들과 더불어 하나의 전체 집합 안에 넣는 것이다. 이때 그 전체 집합을 〈존재das Sein〉라고 칭할 수 있을 것이다. 그러면 실존하는 대상들뿐 아니라 실존하지 않는 대상들도 존재에 속할 것이다. 그렇다면 실존하지 않는 대상들은 실존하지 않으면서 존재한다(무언가다). 이 방법은, 많이 논의되었고 대개 배척된 알렉시우스 마이농Alexius Meinong의 존재론에서 도출되는데, 그 존재론은 오늘날 신마이농주의Neo-Meinongianismus라는 모습으로 예리한 옹호자들을 확실히 되찾았다. 대표적인 옹호자로 그레이엄 프리스트를 꼽을 수 있다.[11]

하지만 나는 이미 『의미와 실존』에서 모든 대상을 포괄하는 형이상학적 전체 집합 따위는 없음을 충분히 논증한 바 있다. 그런 전체 집합이 있다면, 다음 단계로 그 전체 집합을 실존 영역과 비실존 영역으로 구분할 수 있을 테지만 말이다.[12] **전체 집합으로서의 존재는 없다.** 언급한 저서에서 나는 실재하는 놈들의 전체 집합을 논하는 대신에 의미장 존재론Sinnfeldontologie(이하 약자로 SFO)을 제시했다. 이 존재론은 대상들을 의미장들에 배정하는데, 의미장이란 하나의 규칙 시스템을 따르는, 대상들의 배열이다. 의미장은 늘 일부 대상들을 포함하고 다른 대상들을 배제한다. 배제된 대상들은 그 의미장에서 더 멀거나 가까이 떨어진 환경에서 등장한다. 모든 것을 포괄하는 의미장은 없으므로, 한 의미장의 관할 구역과 앞뜰Vorhof은(근처는) 둘 다 제한되어 있다.

이 존재론의 틀 안에서 가장 먼저 떠오르는 비존재론은 다음과 같다. 실존하지 않는 놈은 다른 장소에 실존한다. 즉, 그놈은 한 의미장에서 배제되고 다른 의미장에 배정된다. 하지만 이때 실존하지 않는 놈을 모두 포괄하는 의미장은 발생하지 않는다. 그런 의미장이 있다면, 다시금 두 가지 유형의 대상들 — 실존하는 놈들과 실존하지 않는 놈들 ── 을 하나의 전체 그림 안에 넣을 수 있겠지만 말이다. 실존하지 않는 놈은 제각각 특유한 조건에 따라 한 의미장에서 배제된 놈이다. 한 의미장 안에서 불가능한 대상들(예컨대 유클리드 기하학에서 둥근 정사각형, 또는 주어진 추론 질서 안에서 양립할 수 없는 술어들이 부여된 모순적 대상들)은 예컨대 꾸며 낸 대상과는 전혀 다른 유형의 비실존을 특징으로 지녔다. 메피스토펠레스 같은 꾸며 낸 대상은 우리의 실재 구역 안에서 간접적으로만, 바꿔 말해 허구적 의미장 안에 내장된 채로만 나타나고 그 의미장을 벗어날 수 없다는 의미에서 실존하지 않는다. 환각의 대상들이나 사회적 상상의 산물들(〈인종〉과 〈민족체 Volkskörper〉* 같은, 겉보기에 경계가 잘 그어진 사회적 정체성들 또는 〈**유일무이한** 사회 Die Gesellschaft〉, 〈**유일무이한** 신자유주의〉, 〈**유일무이한** 자본주의〉 같은 덜 명료한 관념들)은 또 다른 방식으로 실존하지 않는다.[13]

허구들의 범위를 최종적으로 확정할 수는 없다. 왜냐하면 허구들은 우리의 정신적이고 자유로운 삶의 표현이며, 그 삶의 역사적이고 가변적인 자기 규정을 최종적으로 한눈에 굽어보는 것은 절대로 불가능하기 때문이다. 허구들의 발생에 관여하는, 역사화할 수 없는 형식적 불변항은 인간의 자화상 그리기 능력으로서의 **정신**이다.[14] 인간은 자신이 누구 혹은 무엇인지에 관한 견해에 비추어 삶을 꾸려 간다.

하이데거는 『철학에의 기여 Beiträgen zur Philosophie』에서 이 생각을 다음과 같이 간결하게 표현한다. 〈자기임은 탐색하기 **안에** 이미 들어 있는 발견물이다.〉[15] 당신이 누군가라는 것의 모범적인 의미는, 당신이 누구이고 누구이고자 하는지에 관한 가변적인 그림을 당신이 스스로 그린다는 것이다. 우리는 행위하면서 자화상들을

* 유기체처럼 통일된 민족 구성원 전체를 뜻하는 나치 용어.

실현한다. 자화상들은 여러 요인에 의해 수정되는데, 중요한 요인 하나는 타인들이 이 자화상 그리기 과정을 논평하는 것이다. 상상력 발휘에 기반을 둔 주체성 및 상호 주체성의 구조는 유의미한 반바이 더는 불가능한, 우리의 위치를 결정하는 출발점이다. 그래서 나는 이 출발점을 — 희미하게 릴케를 연상시키는 표현인 — **여기 있음**Hiersein이라고 부른다.[16] 다양한 항목들에 실존을 부여하거나 박탈하기 위하여 우리가 적용하는 인식론적 존재론적 좌표계라면 어떤 좌표계든지 여기 있음에 뿌리를 박아야 한다. 만일 당신이 자연 과학적으로 보증되었다고들 하는 〈우주로의 망명cosmic exile〉을 거쳐 자신을 규정한다면, 당신은 이 사정을 시야에서 놓치게 된다.[17]

자연주의가 세계관으로 자리 잡은 이 시대에 사람들은 인간의 주체성으로부터 멀찌감치 떨어져서 인간의 자리를 규정하자고 호소하기 십상이다. 즉, 우리가 우리 자신을 〈지구 거주자Erdlinge〉로 간주하자고 말이다. 그러면 한순간, 우주론적 최대 규모와 최소 규모 앞에서 지구 거주자들은 중요하지 않다는 통찰이 밝아 올 것이다. 하지만 이 시나리오는, 이 시나리오 자체가 상상력 발휘라는 점을 간과한다. 우리는 현재의 발전된 물리학적 우주론에서도(또한 바로 그 우주론에서) 상상력 발휘를 떨쳐 내지 못한다. 왜냐하면 물리주의Physikalismus는 한낱 데이터 모으기가 아니라, 오히려 탄탄한 세계상 구성이기 때문이다. 이 세계상 구성은 우주를 위해 우리 자신을 도외시할 때 비로소 시작된다.[18] 그러나 물리학은, 물리학자들 — 따라서, 우리가 아는 한에서는 특정한 인간들 — 이 실존한다는 점을 적절히 해명할 수 없다. 그들은 우주 안에서 그들 자신이 차지하는 위치를 숙고하는 사람들이다. 그리고 그 숙고의 목적은 중간 규모의 일상적 상황을, 오직 간접적으로만 (실험, 이론 구성 그리고 그 산물인 기술에 의지한 인지 확장을 통해) 관찰 가능한 기준틀 안에 끼워 넣을 수 있게 해주는 측정법들을 개발하는 것이다. 양자 물리학의 측정 문제나 의식의 자기 인식이 좁은 의미의 **물리학 안에서** 해명되었다고 확신하는 것은 성급한 짓이다.[19] 그러므로 주체성의 자기 배제를 바라는 이들을 방해하는 그런 인간적 맥락을 존재론적으로 환원하거나 제거하는 형이상학적 우격다짐을 그 실상대로, 곧 나쁜 허구로 꿰뚫어 보아야 한다.

이 책은 인간적 허구의 차원들을 세 부분으로 나눠 다루는데, 그 세 부분으로 논의가 완결된다고 주장하지는 않는다. 정확히 이 차원들을 주제로 삼은 동기는 역사적이다. 즉, 비실존에 관한 질문이 특정한 방식으로 제기되도록 만드는 이 시대가 동기를 제공했다. 당연한 말이지만, 제시되는 체계적인 대답들이 진실인 그만큼, 〈초월〉(곧 역사적으로 불변하는 사실들)에 대한 통찰이 이루어질 것이다.

1부는 **허구 실재론**fiktionale Realismus을 제시한다. 이른바 허구적 대상들에 대한 현재의 통상적 입장들을 표시한 지도 위에 이 허구 실재론을 단박에 표시할 길은 없다. 오히려 1부의 기본 발상은 이러하다. 〈허구적 대상들〉이 실존하는가, 라는 질문은 대체로 부적절하다. 왜냐하면 일반적으로 최소한 두 가지 유형의 대상이 혼동되고 융합된 채로 〈허구적 대상〉이라는 애매한 〈개념〉[20] 안에 들어 있기 때문이다. 나는 그 두 가지 대상 유형을 **해석적**hermeneutisch 유형과 **메타 해석적**meta-hermeneutisch 유형이라고 부른다. 해석적 대상이란 본질적으로 해석에 의존하는 대상이다. 이 대상은 오로지 우리가 어떤 의미장 안에서 [어떤 특정한 상상의 계기(곧 예술 작품) 때문에 우리가 이 대상을 상상하기 때문에] 이 대상을 거론하고 숙고함을 통하여 그 의미장 안에 실존한다(1~2장).

이때 상상의 핵심은 우리가 우리의 사실적 상황을 기반으로 삼아, 해석적 대상들(나는 이것들을 〈꾸며 낸 대상들〉이라고도 부른다)이 등장하는 의미장을 건설하는 것이다. 이때 〈해석Interpretation〉이란 문학적으로 훈련된 텍스트 분석 따위를 뜻하는 것이 아니라, 한 의미장과 그 안에서 등장하는 대상들이 수용자의 정신적 〈무대〉 위에 오르는 것을 뜻한다.

이 과정은 내가 〈풀이Deutung〉라고 부르는 후속 활동의 대상이 될 수 있다. 풀이란 미적 경험과 그 기반에 놓인 물질성Materialität에 대한 정신 과학적 사회 과학적 탐구들의 총체다. 이때 물질성이란 예컨대 텍스트, 조각, 녹음테이프, 디지털 복제본뿐 아니라, 특정 가능한 역사적 사회적 위치에 있는 수용자에게서 기대할 수 있는 미적 경험의 (심리학적 사회학적으로 탐구 가능한) 유형도 아우른다. 사람들이 그레첸을 어떻게 상상하는가는 형이상학적이고 사적(私的)인 사안이 아니라, 내적 관점과 외적 관점에서 탐구할 수 있는 사정이다.

1부에서 중요한 행마 하나는 **비실재론적 격리주의**meontologischer Isolationismus다. 이 입장에 따르면, 꾸며 낸 대상들은 우리가 원리적으로 그 안에 실존할 수 없는 의미장들 안에 실존하고, 거꾸로 우리는 꾸며 낸 대상들이 그 안에 원리적으로 실존할 수 없는 의미장들 안에 실존하므로, 우리와 꾸며 낸 대상들은 격리되어 있다.[21] 그레첸은 『파우스트』(파우스트 초고 +1부 +2부) 텍스트들과 해석들을 통해 열리는 의미장들 안에 실존한다. 정확히 말하면, 모든 정당한 해석(실제로 이루어졌거나 아직은 단지 가능한 모든 수용) 각각이 의미장을 펼치고 그 안에 그레첸이 실존하므로, 그레첸은 무한히 많은 의미장 안에 실존한다. 그레첸에 관한 진실은 오직 사람들이 『파우스트』 작품 전체를 해석함으로써 그레첸을 상상하는 것을 통해서만 확립될 수 있다.

예술 작품의 물질성은 상상의 범위를 제한한다. 누군가가 〈그레첸〉과 연결하는 모든 것이 정당한 해석은 아니다. 무엇이 정당한 해석이냐 하는 문제는 해석과 풀이의 상호 작용을 통해 결정된다. 심지어 더없이 냉정한 괴테 연구자도 예컨대 그레첸이 수용되어 온 역사에 관한 글을 쓰려면 그레첸을 스스로 상상해야 한다.

우리는 꾸며 낸 대상들로부터 존재론적으로 격리되어 있다 (또한 거꾸로도 마찬가지다). 예술 작품들의 물질성이 앞에 놓여 있음으로 인해 유발되는 우리의 상상력 발휘를 통해 우리는 의미장들을 생산하기에 참여하고, 그 의미장들 안에서 꾸며 낸 대상들이 나타난다. 이 의미장들은 **꾸며 낸** 것들이 아니라 **허구적인** 것들이다. 왜냐하면 이 의미장들은, 미적 경험을 유발하면서 상상의 범위를 제한하기도 하는 어떤 계기로 인한 우리의 상상력 발휘로서 여기에, 우리 곁에 실존하기 때문이다.

꾸며 낸 대상들은 사실들 안에 내장되어 있다. 꾸며 낸 대상들에 관한 일부 사실들은 진실이고, 일부 다른 사실들은 거짓이다. 이때 사실Tatsache은 상대적이다. 즉,『파우스트』에서 그레첸에 관하여 무언가가 진실이더라도, 다른 곳에서도 그 무언가가 그레첸에 관하여 진실이라는 결론은 나오지 않는다. 〈허구 F 안에서 p는 진실이다〉로부터 〈p는 **그냥** 진실이다〉가 귀결되지는 않는다. 그레첸은 『파우스트』 안에서 사람이지만 라이프치히 안에서는 그렇지 않다. 사실들은 대상들에 관한 것이고 대상들은 항상 의미장들 안에서만 실존할 수 있으므로, 사물들 전체로서의 세계가 없는 것과 마찬가지로 사실들의 형이상학적 전체도 없다.[22] 만물이 만물과 연결되어 있는 것은 결코 아니다. 모든 것을 포괄하는 맥락은 없다. 따라서 한 의미장 내의 한 사실과 어딘가에 있는 또 하나의 사실을 (외견상) 서로 모순되는 두 명제로 표현할 수 있더라도, 첫째 사실과 둘째 사실이 자동으로 모순되지는 않는다.

　이 논점은 특히 3장에서 비존재론적 주장의 형태로 정확히 제시될 것이다. 그 주장에 따르면, 무언가가 실존하면서 또한 실존하지 않는 것이 가능하다. 무슨 말이냐면, 실존하는 놈은 (적어도) 한 의미장 안에서 나타나고 따라서 다른 의미장들에서 배제된다. 그러므로 그놈은 후자의 의미장들 안에서 실존하지 않는다. 그레첸은 실존하고『파우스트』공연 안에서 실존하지 않는다본Bonn 안에서. 물론 본 안에서『파우스트』공연들이 실존하지만, 그로 인해 그레첸이 나의 (내가 속한) 의미장 안에서 존재론적으로 본 시민권을 획득하는 것은 아니다.[23]

　실존과 비실존은 둘 다 관계의 형태로 구현된다. 의미장 존재론에 따르면, 실존 관계는 한 대상 영역의 배치 함수Einrichtungsfunktion(곧 의미Sinn)다. 사실적으로 이러이러하게 설정된 대상 영역이 바로 의미장이다.[24] 요컨대 실존함이라는 속성이 말해 주는 바는, 주어진 의미장에 특정 대상이나 대상들이 배치된다는 것이다. 부정만 덧붙이면, 비실존에 대해서도 똑같은 얘기를 할 수 있다. 한 의미장 안에서 실존하지 않는 놈은 많은 경우에 다른 곳으로 보내지고, 따라서 다른 의미장 안에서 실존한다.

　예컨대 사람들이 유니콘의 실존을 반박하더라도, 영화「마지막 유니콘」은 그 반박에 구애받지 않는다. 그 영화의 해석은 한 의미장을 나타나게 만들고, 그 의미장 안에는 유니콘들이 있다. 우리가 예술 작품들에서 마주하는 유니콘들이 실존하지 않는다는 말은, 의미장 존재론적 비존재론에 따르면, 유니콘들은 다른 어딘가에는 실존하지만 여기에는(이를테면 객석이나 우주에는) 실존하지 않는다는 주장이다. 미적 경험을 매개로 우리 앞에 나타나는 유니콘들은 결론적으로 한 위치에서는 실존하고 다른 위치에서는 실존하지 않는다.

그냥 비실존, 곧 대상의 의미장 소속과 상관없이 그 (비실존을 통해 규정된) 대상에 부여되는 속성으로서의 비실존은 없다. 마찬가지로 **그냥** 실존도 없다. 이로써 엘레아학파의 수수께끼가 풀린다. 왜냐하면 특정 대상 G나 대상들의 유형 A^G가 실존하지 않는다고 진술하는 것은, 특정한 의미장 안에는 G나 A^G가 없음을 확언하려는 의도를 품고, 그 의미장 안에서 실존하는 대상만 구현할 수 있는 속성을 G나 A^G에 부여하지 않는 것이기 때문이다.

그런데 이 모형은 의미장 존재론의 세계 없음 직관을 침식할 위험이 있다. 의미장 존재론의 구호는 결국 〈세계는 실존하지 않는다〉인데, 이 구호를 들으면 다음과 같은 질문이 절로 떠오르니 말이다. 그렇다면 세계는 다른 어딘가에, 이를테면 우리의 상상력 안에 실존하지 않을까? 이 문제는 4장에서 멜리히-코흐 반론을 다루면서 논할 것이다. 그때 그레이엄 프리스트의 제안도 추가로 논할 텐데, 그는 호르헤 루이스 보르헤스의 「알레프Aleph」에(이 작품에서 세계는 허구 안에 내장된 채로 실존하는 것처럼 보인다) 의지하면서 근거가 빈약한 부분 전체론Mereologie을 (비정통적) 논리적 형태로 제시한다. 그 부분 전체론은 세계가 세계 자신의 참된 부분(진부분)으로 나타날 여지를 제공한다고 프리스트는 믿는다. 멜리히-코흐 반론과 프리스트의 논리적 제안의 조합이 옳다면, 의미장 존재론은 비정통적 형이상학으로 전락할 것이다. 비록 의미장 존재론의 비판적 취지와 존재론적 다원주의는 보존될지라도 말이다.

그러나 이 조합은 의미장 존재론에 특유한 중립적 실재론과 양립할 수 없다. 이 실재론은 (신)마이농주의에 반발한다(5장). (신)마이농주의는, 대상이란 어떤 식으로든 언어로 표기하거나 언급할 수 있는 무언가라고 보는 대상 이론을 기반으로 삼는다. 이 모형에 따르면, 대상이 아닌 놈은 없다(프리스트가 보여 주듯이, 역설적인 예외로 무Nichts가 있긴 하지만).[25] 따라서 신마이농주의는 존재론적 관념론 혹은 반실재론일 수밖에 없다. 왜냐하면 아무튼 신마이농주의가 요구하는 〈대상〉 범주는 언어적 관련 맺기Bezugnahme(지칭하기)가 실존한다는 점에 의존하니까 말이다. 대상 개념이 언어에 속박될 경우, 대상들은 언어가 없으면 대상들이 아닐 터이다. 물론 이 행마를 채택하면서도 함정을 우회할 수는 있다. 하지만 그러려면 대가로 관념론적 지향성 이론을 채택해야 한다. 후설의 초월적 관념론이 마이농주의의 마뜩찮은 귀결들을 제한하려는 시도에서 비롯된 것은 실사(實事)Sache의 논리Sachlogik에 따른 결과다.

이 주제는 2부에서 다뤄질 것이다. 거기에서 나는 정신 실재론mentaler Realismus을 옹호할 것이다. 일반적으로 정신 실재론은, 정신이 정신의 몇몇 모듈Modul과 더불어 환원 불가능하게 실존한다는 점을 철저히 받아들이는 입장이다. 정신의 모듈이란 우리가 행위 설명의 맥락 안에서 우리와 타인들에게 귀속시키는 능력(예컨대 소리를 듣는 능력, 무릇 현상적 의식, 자기의식, 지성, 지능 등)이다. 우리는 우리 자신과 타인들의 행동을 설명할 때 정신적 상태들의 포트폴리오를 작성한다. 그러나 이를 유념해야 하는데, 우리는 그 포트폴리오의 전체 구조를 어떤 단일한 태도Einstellung의 형태로 과학적으로 객관화하여 원하는 대로 처리할 수 없다. 우리가 우리의 정신적 능력들을 지목할 때 수단으로 삼는 우리의 정신적 어휘는 본질적으로 역사적이다. 즉, 그 어휘는 통시적으로뿐 아니라 공시적으로도 가변적이다. 만약에 언젠가 어떤 비역사적인 기준이 뚜렷하게 나타난다면, 그 기준에 기대어 우리의 정신적 능력의 완전한 목록을 작성할 수도 있겠지만, 그런 일은 불가능하다.

이 사정이 함축하는 바는, 우리가 정신 전체나 오늘날 핵심으

로 간주되는 모듈(의식, 지향성)을 삭제함으로써 완전한 자기 인식
이라는 목표에 도달할 수 있으리라는 생각이 틀렸다는 것이다. 이
런 연유로 나는 우선 순박한 실재론뿐 아니라 환상주의Illusionismus
도 실패로 돌아간다는 점을 보여 줄 것이다(6장). 정신이 실재 파악
하기로서 비역사적으로 현존한다면, 우리가 스스로를 우리 자신에
게 최대로 투명한 **코기토**Cogito로 환원할 수 있겠지만, 그런 비역사
적인 정신은 없다. 또한 그런 정신이 없다는 이유로 정신이 환상인
것도 아니다. 그렇게 주장하는 환상주의는 순박한 실재론과 마찬
가지로 틀렸다.

이 같은 극단적 입장들에 맞서 7장, 8장은 정신의 불가피성 주
장에 관한 논의를 심화한다. 이미 언급했듯이, 그 주장은 인간의 관
점이 어떤 불변항(**유일무이한** 인간학적 상수)을 품고 있다고 주장
한다. 그 불변항의 핵심은 우리의 자화상 제작 능력, 곧 우리가 자
화상 제작을 매개로 우리 자신을 어떤 감각적 에피소드도 뛰어넘
는 맥락들 안에 놓는다는 사정이다. 이 핵심을 일컬어 〈정신Geist〉
이라고 한다. 정신은 잠재적 환상과 결합되어 있다. 형이상학의 근
본 환상도 그런 잠재적 환상의 하나인데, 그 근본 환상에 따르면,
모든 것을 포괄하는 전체가 존재하고, 우리는 그 전체에 속한다. 우
리는 모든 감각적으로 주어진 것을 무한정 멀리 뛰어넘는 맥락들
안에 우리 자신을 놓는데, 이는 정당하기 때문에, 모든 것을 포괄하
는 전체(**유일무이한** 세계, **유일무이한** 실재)가 존재하고 그 안에 우
리가 놓여 있다는 그릇된 인상이 생겨난다.

그러나 실상은 이러하다. 정신이야말로 그 안에 우리가 우리
자신이 인식하는 모든 것을 놓는 전체다. 그러므로 우리 실존의 필
수적이고 자연적인 (본질적으로 유기체 안에 내장되어 있으며 인
식을 가능케 하는 중추 신경계를 비롯한) 조건들이 정신의 부분들

인 것이지, 거꾸로 우리 실존의 부분들이 우리 정신의 필수적이고 자연적인 조건들인 것은 아니다.[26] 뇌는(어차피 이런 단수형의 뇌는 존재하지 않지만) 정신의 부분이다. 반면에 정신은 뇌의 부분이 아니다. 이 사정은, 정신에서 변화가 일어날 때마다 뇌에서도 상응하는 변화가 일어난다는 견해(이 견해는 경험적으로 전혀 보증되지 않았다는 점을 유의하라!)를 옹호할 여지를 남겨 둔다는 점에서 대수롭지 않은 방식으로 수반supervenience 이론과 양립할 수 있다. 반면에 모든 정신적 상태(혹은 상태 유형)는 모종의 신경 상태와 동일하다고 보는 (온갖 형태의) 동일성 이론은 배제된다.

8장에서는 정신 개념이 도입되는데, 이는 생활 세계를 문화적으로 특수한 생활 공간으로 실체화하는 것을 막기 위해서다. 이 실체화 때문에 후설은 위기 논문Krisis-Schrift*을 비롯한 여러 글에서, 다수의 생활 세계를 인정한다는 것이 무슨 의미냐는 질문에 직면하여 윤리적으로 불리한 입장에 빠졌다. 의미장 존재론에 따르면, 생활 세계는 무한정 세분되어 있다. 따라서 생활 세계 수준에서는 〈문화권〉이나 〈사회〉 같은 유형의, 모든 것을 포괄하는 통일체가 발생하지 않는다.

9장에서는 지각 이론이 제시된다. 그 이론은 현상학의 근본 개념인 가리기Abschattung를 내뿜기Abstrahlung로 대체하는데, 이 대체의 귀결은 직접적 실재론의 의미장 존재론적인 버전이다. 지각이란 그 자체로 실재하는 놈이며, 구체적으로 장 겹침Feldüberlappung이다. 지각의 매개적 본성 덕분에 우리는 실재하는 놈을 직접 파악할 수 있다. 실재하는 놈이 우리와 사물들 사이에 끼어드는 모종의 실재하지 않는 놈을 통해(이를테면 부수 현상적인 정신적 재현들Repräsentationen을 통해) 매개되는 일은 없다.

* 온전한 제목은 〈유럽 학문들의 위기와 초월적 현상학〉.

이 사정을 읽는 독자가 우악스러운 자연주의로 퇴보하는 것을 막기 위하여 나는 객관적 현상학을 펼칠 텐데, 그 현상학은 지각 사례에 포함된 우리의 정신적 상태들 전체를 환원 불가능하게 인과적인 것으로서(심지어 인과 관계의 모범으로서) 서술한다. 원인 개념은 우리의 지각에서 나온다. 따라서 지각은 무릇 인과 작용의 한 사례에 불과한 게 아니다. 오히려 지각은 우리가 원인 개념을 보유한 근거다. 우리는 그 원인 개념을 정당하게 지각의 범위 너머로 확장하여, 자연 과학적으로 연구할 수 있는 놈으로서의 우주에도 적용한다.

10장에서 나는 상상력이 세계를 나타나게 할 잠재력을 지녔다는 반론으로 돌아가 더 발전된 정신(정신적인 것)의 존재론을 기반으로 재반론을 편다. 그 존재론은 (신)마이농주의적 대상 이론을 배척할 결정적 이유를 제공한다.

이 재반론은 허구적 대상, 상상된 대상, 지향적 대상을 구별하는 11장에서 마무리된다. 이어 왜 대상들 전체로서의 세계가 위의 세 범주 가운데 어느 것으로도 유의미하게 모사될 수 없는지가 상세히 서술될 것이다. 따라서 세계를 정신적인 영역 안에 집어넣으려는 시도는 제각각 특유한 이유로 세 번 실패한다.

마지막 3부는 신실재론을 둘러싼 토론 지형에 남아 있는 구성주의의 잔재에 바쳐질 것이다. 그 잔재는 사회 존재론의 영역에서 큰 영향력을 발휘한다. 나는 대표적으로 존 설과 마우리치오 페라리스에 의해 보존된 생각, 곧 사회적인 것은 구성물이며 우주의 나머지 부분(자연)은 사회적인 것과 분리된 채로 머무를 수 있다는 생각을 반박할 것이다. 분석 철학을 통해 개선된 이 사회 구성주의는 현재 샐리 해슬랭어 등의 적잖은 기여로 인기가 점점 더 높아지고 있는데, 이에 맞서 나는 무릇 구성주의는 부정합적임을 12장에서 논증할 것이다. 인간적이며 사회적인 사실들의 본성(바꿔 말해 그런 사실들의 존재론적 특징)은, 정신적 생물들이, 첫째, 특정 유형의 **생물**로서 사회적으로 **생산되었으며**, 따라서 둘째, 본질적으로 수정할 필요가 있는 정신적 상태들을 보유했다는 점이라는 견해가 제시될 것이다. 인간이 이미 사회적인 번식 조건들 아래에서 발생하는 것은 우연이 아니다. 그 조건들을 통해 인간의 몸에 기품 Habitus이 기입되는데, 그 기품은 이미 자궁 안에서 형성된다. 인간은 나무 열매처럼 성장하지 않고 인간적 행위들의 협응을 통해 발생한다. 요컨대 인간은 사회적 생산물인데, 이때 사회적 생산 과정은 생각해 볼 수 있는 모든 의미에서 〈실재적〉이며 실재론에서 다룰 대상이다. 생물의 사회적 생산은 어떤 적절한 의미에서도 〈관찰자의 눈 안에〉 있지 않으며 따라서 〈사회적 구성〉이라는 (미심쩍은) 분석 범주를 적용해야 할 법한 변수들과 결부되어 있지 않다.

더 나아가 흔히 사회적인 것에 관한 인정 이론의 틀 안에서 강조되는 한 차원이 실재론적으로 파악될 것이다. 인정을 향한 인간의 기본 욕구는 실제로 사회 존재론에 뿌리를 박고 있다. 타인들이 거짓으로 여기는 무언가를 진실로 간주할 때 우리는 우리 자신의 오류 가능성을 마주한다. 오류 가능성은 오직 의견들이 실제로 불일치할 때만 오류 가능성으로서 나타난다. 실제로 있는 의견 불일치를 해소하려면, 미래의 담론 참여자들을 특정한 방식으로 길들일 내재적 믿음 메커니즘들을 확립하는 것으로는 충분하지 않다. 왜냐하면 의견 불일치Dissens는 공유된 진실로 여기기Fürwahrhalten가 지닌 속성이며 따라서 진실 및 자유와 결부되어 있기 때문이다.[27] 우리가 진실로 여기기에 사회적으로 참여한다는 것의 핵심은 우리가 이제껏 돌아보지 못한 사정들을 타인들이 알려 줌으로써 우리의 진로를 수정한다는 것이다. 그 사정들이 성립하는지 여부가 우리의 진실로 여기가 어떤 유형인지를 결정한다. 모범적인 앎의 성공 사례에서 우리는 무언가가 진실이며 또한 우연적이지 않게 정당화되어 있기 때문에 그 무언가를 진실로 여긴다.[28] 우리 가 무언가를 안다는 것을 우리 자신이 반드시 아는 것은 아니므로, 타인들은 우리의 인식적 성공 사례마저도 교란할 수 있다.

더 나아가 제도들Institutionen은 사회 존재론적 관점에서 볼 때, 실제 의견 불일치를 중화하는 차이 해소 시스템들로 간주될 수 있 다. 제도들은 모든 사실을 고려할 수 없더라도 판단함으로써 실제 의견 불일치를 중화한다. 이를 배경으로 삼아 고찰하면, 인간 공동 체에 관한 사회 존재론에서 거론되는 모범적인 사회적 사실들은 이미 사회적 차이 해소의 산물이며, 그 차이 해소의 기반은 사회적 인 것이다.

13장에서 나는 사회적인 것은 그것의 존재론 때문에 불투명한 구석들을 지녔다고 주장할 것이다. 무언가가 사회적이면서 완전히 명시적이기란 원리적으로 불가능하다. 따라서 불투명성은 우연적 이지 않으며 모종의 완벽한 설명을 통해 극복할 수 없다. 그러므로 유토피아적 합의를 합리적 사회의 목표로 삼는 것도 정합적으로 생각할 수 없다. 한 사회 시스템에 속한 모든 행위자들의 판단이(진 실로 여기기가) 완벽하게 일치한다면, 그들은 사회성을 상실할 것 이다. 의견 일치는 사람들을 제각각 고립시킨다. 그렇기 때문에 의 견 일치를 바라는 사람들은 자신들의 실제 불투명성을 철저히 바 깥으로 투사한다. 이는 그들의 진실로 여기기에 부합하는 타인(이 방인)이라는 허구를 산출하기 위해서다.[29]

그렇다면 타인들은 한 집단의 합의 의지가 낳은 사회적 산물 이다. 그 집단은 진실로 여기기와 진실이 완전히 융합된 그릇된 유 토피아에 비추어 자기네 행위들을 조율한다. 이에 맞서 사회적인 것의 극복 불가능한 낯섦을 인정할 필요가 있다. 그 낯섦은, 타인들이 거짓으로 여기는 무언가를 우리가 참으로 여기는 것을 통하여, 무릇 집단 형성에 내장되어 있다. 타인들은 낯선 자들로서, 그들을 배제하려 하는 바로 그 사회적 시스템에 속해 있다.

그렇기 때문에 타인들은 허구의 성분이다. 하지만 타인들은 꾸며 낸 대상이 아니어서, 타인들을 허구적 모드로 대하는 것은 말 그대로 치명적이다. 왜냐하면 사람들이 자신의 진실로 여기기를 상상하는 방식은 사회 경제적 귀결들을 가지고, 그 귀결들은 차이 해소를 추구하는 제도들의 수준에서 실현되기 때문이다. 이 제도들이 낯선 자라는 허구에 의해 조종되고 따라서 본의 아니게 비중립적이라면, 그것들은 나쁜 제도, 차별적 제도다.

이런 맥락 안에서 규칙 따르기라는 고전적 주제가 14장에서 실재론적으로 재구성된다. 그 재구성에 따르면, 규칙 따르기는 고립된 개인의 정신적 상태들로 환원할 수 있는 과정도 아니고(이와 관련해서는 크립키Kripke의 노선을 **적당히 에누리하며** 따를 수 있다), 어떤 사실들에도 대응하지 않는, 허공에 뜬 과정도 아니다[따라서 실재론적 해법은 크립키가 개척한 해법과 달리 반(反)회의주의적이다]. 변증법적 곤경에서 벗어나는 대안은 실재론적 사회 존재론이다. 이 사회 존재론은 사회적 사실들이 들어설 공간을 제공하고, 그 사실들은 당신이 어떤 규칙을 따르는지를 결정한다.

우리가 무엇을 해야 하는가에 관한 사실들이 존재한다. 그 사실들은 규범적이다. 왜냐하면 그것들은 옳은 행동과 그른 행동을 구별해 주기 때문이다. 옳음 조건들은 행위자의 처분 권한 아래 놓여 있지 않다. 왜냐하면 행위자들은 특정 유형의 생물로서 그들의 생존꼴Überlebensform 때문에, 정해진 활동 범위 안에서만 생존할 수 있고, 그들이 그 범위에 완전히 익숙해지는 것은 영영 불가능하기 때문이다. 요컨대 근본적인 규범성의 주요 원천은 실제로 자연적 사실들이다. 따라서 존재Sein와 당위Sollen, 자연과 정신/문화 사이에 원리적인 틈새는 없다.

앞서 언급한 차별성이 제도들의 본질에 들어 있는 것은 아니므로, 의견 불일치의 불가피성을 잣대로 삼아 의견이 불일치하는 자들의 공동체라는 이념을 생각해 보는 것이 가능하다. 사회적 부정의(不正義) 조건 아래에서라면 그 공동체는 의견이 불일치하는 자들을 박해해도 되는 이교도들로 만들 것이다. 성공적인 사회성의 토대는 의견 불일치 문화이며, 그 문화는, 불투명한 구역들을 비록 제거할 수는 없더라도, 불투명한 구역에서는 본질적인 결정들이 말하자면 사회 존재론적 지하(地下)에서 내려진다는 점 때문에, 그런 구역들을 추천할 만하다고는 결코 여기지 않는다. 왜냐하면 사회 존재론적 지하는 불투명해서 제도 설계의 기본 노선을 제공하기에 부적합하기 때문이다.

이런 식으로 15장에서 비판적이면서 또한 실재론적인 사회 철학의 개념이 제시된다. 이 사회 철학은 신화, 이데올로기, 허구를 구별한다.[30] 이와 관련하여 나는 부르디외의 다음과 같은 언급을 계승한다. 《실재》의 저항을 도외시하는 저항의 실재성은 무조건 의심해도 된다.)[31] 사회 구성주의는 자신의 비판을 정당화하는 차원에서는 스스로 달성하고자 하는 바를 이뤄 내지 못한다. 왜냐하면 무언가가(이를테면 사람들에게 부과되었거나 사람들이 스스로 받아들였으며 그들에게 해롭지 않은 성 역할이) 사회적으로 구성되었다는 것으로부터 그 무언가를 변화시켜야 한다는 것이 도출되지는 않기 때문이다. 비판적 주장이 단지 사회 시스템을 달리 조직할 수도 있다는 취지라면, 사회 시스템을 다르게 구성하는 것이 객관적으로 더 나음이 입증되지 않는 한, 그 비판적 주장으로부터 아무엇도 귀결되지 않는다. 비판은 투쟁이라는 사회 구성주의의 견해는 존재론적 수준에서 붕괴한다. 그리하여 진정한 비판 작업은 학문적 담론에서 완전히 분리되어 길거리와 의회와 청원서로 옮겨졌다. 사회 구성주의가 옳다면, 어떤 사회 시스템이 처음 구성된 대로 실존할 것인지는 다만 권력관계의 표현일 터이고, 그렇다면 정당화되지 않은 사실 행위Tathandlung의 역설이 발생할 것이다. 무슨 말이냐면, 모든 저항은 단지 이제껏 열세였던 자들의, 사실들에 부합하지 않는 반란에 불과할 것이다.

하지만 오로지 자기 고유의 목소리가 없(다고들 하)는 자들의 목소리로서 자신을 연출하는 반대파에 의해서만 사회적 비판이 표출될 수 있다는 것은, 사회적 비판의 본질에 들어 있는 사항이 아니다.[32] 구조적으로 불이익을 당하는 자들을 위해 나설 때 이유 없는 저항 의지나 충심의 연민 때문에 그렇게 한다는 것은 그 나서기의 전제일 수 없다. 오히려 사회적 사실들과 그것들의 사회적 생산 조건들에 호소할 가능성이 마련되어야 한다. 그 결과로 제도들이 자기네 차이 해소 시스템들을 점검하고 개선할 기회를 갖도록 말이다. 도덕적 진보의 가능성이 제도적으로 고려될 수 있어야 한다. 이를 위해서는 열린 사회적 시스템들이 필요하다. 그 시스템들은 비판적 이론 구성 활동을 통해서도 수정 가능하며, 그런 활동으로부터 기꺼이 조언을 수용한다.[33] 제도와 제도 비판의 영영 종결될 수 없는 상호 조율이 없으면, 도덕적 진보는 이루어질 수 없다.

15장은 형이상학 비판을 위한 도구를 제공한다. 그 도구는 특히 자연주의라는 신화를 선명하게 드러내고 그 신화에 부합하는 학문적 종양인 (인간임과 뇌임을 혼동하는) 신경 중심주의가 그야말로 허위의식(곧 의식을 그릇되게 모사한 그림)을 퍼뜨리는 이데올로기적 장치라는 점을 폭로할 것이다.

이어서 그 도구는 16장에서 소셜 네트워크 개념을 통해 검증된다. 기본 발상은, 사회적 집약성Intensität을 시장에 내놓는 것, 따라서 사회적인 것을 진실 및 자유로부터 분리하는 것, 이를 통해 극단의 경우에 사회성을 붕괴시키는 것이 소셜 네트워크 존재론의 핵심이라는 것이다. 소셜 네트워크들은 행동 패턴을 생산할 수 있고, 이어서 심리 측정 방법들을 통해 그 행동 패턴을 읽어 낼 수 있다. 소셜 네트워크의 미디어 형태와 거기에 적응된 사용 행태가 순환 고리를 형성하자마자, 소셜 네트워크 생산 수단의 소유자들은 소셜 네트워크 사용자들의 행동을 충분히 예측 가능하게 만드는 조건들을 의도적으로 재생산하여 사용자들의 자유로운 자기 결정에 개입할 수 있다.

그리하여 우리 시대에 지구적 디지털 프롤레타리아 계급이 생겨났다. 그 계급은 부유한 산업 국가들의 부르주아 계층도 아우른다. 소셜 미디어 사용자들은 최저 임금 수준의 보수도 전혀 받지 못하는 채로 데이터를 생산하고, 기업가들은 그 데이터의 독해 가능성에 기초하여 이익을 챙긴다. 이로부터 나오는 결론은 우리에게 디지털 혁명이 필요하다는 것이다. 그 혁명은 아직 전혀 일어나지 않았다.[34] 지금 회자되는 디지털 혁명은 내가 생각하는 혁명의 정반대다. 즉, 임금 노동 외에도 많은 노동 시간을 들여 데이터 기록과 문화 자본을 생산하는 새로운 노동 계급을 확립하는 생산관계의 조성이 오늘날 디지털 혁명으로 불린다. 〈주문하기의 직원[들] Angestellte des Bestellens〉,[35] 곧 새로운 노동 계급은 민족 국가의 강제력 바깥에 놓인 거침없는 표현의 플랫폼에서 자신을 조형(造形)할 능력을 얻었다고 착각한다.[36]

자연주의적 관점에서 인간을 측정 가능하며 지능이 높은 〈먹기 달아나기 기계Freß- und Fluchtmaschine〉로 규정하는 형이상학적 세력이 그런 식으로 소셜 네트워크를 이데올로기적으로 정당화하는 데 공헌한다. 소셜 네트워크들이 사내(社內) 윤리 위원회를 동네방네 자랑하고 다니는 것은 우연이 아니다. 소셜 네트워크들은 인공 지능 윤리를 공식적으로 개발하는 중이라고 한다. 진짜로 위험에 처한 지능은 소프트웨어 개발자들의 지능이고, 결정적인 질문(**누가 이익인데?**)의 대답은 그들의 이름인데 말이다.[37] 그러므로 실제로 필요한 것은 자신에 대하여 계몽된 인공 지능 윤리이며, 그 윤리는 디지털화에 관한 결정권자들과 협업하면서 개발해야 한다.

마지막 17장은 대중 미디어의 구조 변동을 탐구하는 공론장 이론을 우리 시대에 적합하게 되살리자고 주장한다. 거기에서 나는 15장에서 진단한 병증들을 피할 목적으로, 환원되지 않은 정신 개념을 도입할 것이다. 그 개념은 공론장의 기반을 이룬다. 정신적 생물로서 우리는 자화상 교환과 협력에 관심이 있으며, 협력은 인간 및 인간 생존꼴의 재생산 조건들을 도덕적 진보의 잣대에 따라 빚어낸다. 이를 위해 적합한 제도들은 오직 의견 불일치의 명료화를 통해서만 발생하며, 의견 불일치의 담론적 진행 형태는 진실과 자유를 기준으로 삼는다.

어떤 사회적 차이 해소 시스템이 어떤 방식으로 유지되거나 새로 생겨나야 하는지는 우리와 사실들이(도덕적 사실들도 포함해서) 함께 결정한다. 이 작업의 목표 겸 목적은 인간들이 타인들에 대한 책임과 비인간적 환경에 대한 책임을 지는 것이다. 인간의 사회성 발휘는 허공에 붕 뜬 사건이 아니라 지금까지 알려진 단 하나의 거주 가능한 행성의 구조에 개입하기다. 그 행성에서 우리와 기타 생물들을 위해 더 정의로운 상황을 조성하는 일이 가능하다. 이 사실이 정신의 공론장의 기반이어야 한다. 그 공론장은 싸움터가 아니라, **인간의 처지**를 인식적으로, 따라서 또한 도덕적으로 개선하기 위한 의견 교환의 플랫폼이다. 이 이상은 사회 존재론적 기반을 갖췄다. 그리고 그 기반은 늘 변증법에 휘말리기 쉬운 존재와 가상의 관계에 대한 어떤 통찰을 전제한다.

이 책에서 진행되는 탐구의 출발점이자 도착점은 허구들이다. 사회적인 것이 발생하는 이유 하나는, 우리가 분배 구조 안에서 우리의 자리를 상상으로 곧 허구적으로 떠올리는 것에 있다.[38] 우리의 정신적 자화상은 항상 또한 사회적으로 생산된 것이기 때문에, 우리와 우주 내 우리 위치가 전반적으로 어떠한지에 관한 우리의 견해는 사회적 영향력을 발휘한다. 그러므로 꾸며 낸 대상들을 성급하게 떨쳐 내려 하면서 그 대가로 미적 경험을 초인본주의적 과학 허구 모드로 환원하는 신화의 제물이 되지 않고, 허구에 관하여 존재론적으로 탄탄한 견해를 제시하는 것은 현재 인간학이 당면한 불가피한 과제다. 자연주의와 과학 허구는 동일한 형이상학적 야누스의 두 얼굴로 밝혀질 것이다. 그 야누스는 한편으로 (인간과 인간 의식이 포함되지 않은) 한낱 자연이라는 허구를 바라보고, 다른 한편으로 모든 자연으로부터 분리된 사회적 구성이라는 허구를 바라본다. 이어질 본문에서 관건은 철학을 통해 이 세계상의 손아귀에서 벗어나는 것이다.

1부
허구 실재론

우리가 숙고하는 일부 대상들은 꾸며 낸fiktiv 놈들이다. 그놈들이 아무튼 실존한다면, 그놈들은 오로지 우리가 (담론적) 실천을 통해 그놈들에게 실존을, 말하자면 〈빌려주기〉 때문에 실존한다. 그놈들은 우리로부터 독립하여 실존하지 않는다. 이 통상적 견해를 더 정확히 규정하는 방법 하나는 꾸며 낸 대상들을 허구에 매어 두는 것, 곧 그 대상들은 꾸며 낸 놈이자 허구적인fiktional 놈이라고 보는 것이다.[1] 여기에서 〈허구적〉 대상이란 허구가 다루는 대상, 곧 문학적 묘사Darstellung 형태나 더 일반적으로 모든 예술 분야의 미적 묘사 형태가 다루는 대상일 터이며, 그 묘사 형태들은 우리가 통상적으로는(곧 허구성 계약Fiktionalitätsvertrag 바깥에서는) 실존하지 않는다고 판단할 만한 것들(인물들, 사건들, 사정들)을 묘사해야 할 것이다.

하지만 이런 생각은 곧바로 이중의 개념적 난점에 부닥치고, 따라서 철학적 난점에 직면한다. 그 난점을 해소하는 것이 이어질 논의의 과제다.

다뤄야 할 문제의 첫째 측면은, 우리가 대상의 꾸며 낸 속성과 허구적 속성을 함께 고려할 경우, 동일한 대상이 모순을 유발한다는 점이다. 그레첸은『파우스트』안에서 파우스트와 연애함이라는 속성을 지녔다. 더 나아가『파우스트』안에서 그레첸은 (다들 알다시피 파우스트가 독살하는) 어머니를 가졌으므로, 짐작하건대 살과 피로 이루어진 젊은 여성이다. 요컨대 꾸며 낸 대상 그레첸은 다소 통상적이며 전적으로 인간적인 드라마 속 인물이다.

그런데 허구적 대상으로서의 그레첸은, 우리가 그녀를 이런 식으로 상상하는 것으로부터 독립적으로는 실존하지 않는 듯하다. 왜냐하면『파우스트』바깥에서(이『파우스트』라는 대상 영역을 정확히 어떻게 구획하건 간에) 그레첸은 우리 유한한 인간 중 한 명으로 발견되지는 않으니까 말이다. 그렇다면 우리가 숙고하는 동일한 대상(그레첸)이 어떻게 사람으로서도 실존하고, 순수한 상상물로서도 실존할 수 있을까? 일반적으로 우리가 단지 상상할 뿐인 대상들(예컨대 신기루 속 물웅덩이)은 지향된intendiert 실재적 속성들(우리의 지독한 갈증을 해소해 준다는 속성)을 갖지 않는다. 따라서 우리가 그레첸을 이런 의미에서 〈단지 상상할 뿐〉이라면, 그레첸은 살과 피로 이루어진 젊은 여성일 수 없다.

하지만 그렇다면『파우스트』텍스트에 들어 있는 많은 진술은 거짓인 듯하다. 그 진술들은 그레첸이 살과 피로 이루어졌음이라는 속성과 젊은 여성임이라는 속성을 지녔다고 노골적으로, 또는 넌지시 주장하니까 말이다. 우리가 허구적 대상을 허구라는 매체 안에서 상상하는 한에서, 허구적 대상은 엄연히 실존한다. 그리고 그렇게 상상할 때 우리가 상상하는 것은 꾸며 낸 대상이다. 따라서 허구적 대상은 서로 모순되는 속성들을 지닌 듯하며, 꾸며 낸 대상도 마찬가지다. 그렇다면 우리는 과연 그레첸을 상상할 수 있을까? 우리는 극도로 모순적인 대상을, 모순적인 한에서 원리적으로 실존할 수 없고 따라서 결국 불가능한 대상을 눈앞에 떠올리는 치명적인 **정신적 도약**을 감행하는 것이 아닐까?

이와 관련된 둘째 난점은 허구적 맥락이(예컨대 명백한 사실주의 장르의 장편 소설 텍스트가) 꾸며 낸 대상들만 포함하는 것이 아니라는 점이다. 우엘베크의 소설들은 흔히 파리에서 일어나는 일을 다루는데, 파리는 꾸며 낸 대상이 아니다(적어도『지도와 영토』의 주인공 제드 마르탱과 동일한 방식으로 꾸며 낸 대상인 것은 절대로 아니다).[2] 따라서 허구적 대상 중 일부는 실존하고, 다른 일부는 실존하지 않는 듯하다. 왜냐하면 허구적 대상 중 일부(제드 마르탱 같은 꾸며 낸 대상)는 대단히 모순적인 반면, 다른 일부(허구적이지만 꾸며 내지 않은,『지도와 영토』의 화자가 언급하는 제프 쿤스* 같은 대상)는 정말로 실존하기 때문이다. 이 생각이 옳다면, 이른바 〈서사 세계erzählte Welt〉의 추체험 가능성이, 바꿔 말해 상상 가능성이 위태로워질 것이다. 왜냐하면 그 안에서 서사 활동이 이루어지는 세계와 달리 서사 세계는 모순적인 대상들만 포함할 가능성이 있기 때문이다.[3]

더 나아가 허구적이면서 또한 정말로 실존하는 대상들은 모순에 연루될 수밖에 없다. 왜냐하면 그런 허구 속 인물들은 형이상학적 카오스를 유발하기 때문이다. 〈제드 마르탱이라는 모순적인 대상〉이『지도와 영토』안에서 파리에 살기 때문에, 이런 식으로 떠올린 파리는 절대로 우리의 파리와 동일할 수 없다. 〈제드 마르탱이 파리에 산다〉가 진실이라면 그러한데, 이것은『지도와 영토』안에서, 곧 이야기 안에서(서사 내적으로) 사실이며 따라서 진실이다. 그런데 문장 p가 이야기 안에서 진실이라면, 이로부터 p가 외견상 손쉽게 도출되는 듯하다. 하지만 〈제드 마르탱이 파리에 산다〉를 비롯한 많은 문장은 이야기 안에서 진실이지만 이야기 밖에서(서

* Jeff Koons. 미국의 현대 미술가.

사 외적으로) 거짓이다. 그렇다면 어떻게 해야 제드 마르탱 및 그와 파리의 관계에 관한 무언가를 진실로 간주하면서 또한 동시에, **우리의** 파리에 과도한 존재론적 짐을 지우지 않을 수 있을까?[4]

제드 마르탱은 아무튼 실존하지 않고 따라서 파리에 살지도 않는다는 우직한 입장을 고수하면, 사정이 더 악화된다. 이렇게 하면 현재 프랑스 수도의 존재적ontisch 안정성을 구원할 수는 있다. 그러나 이를 위한 역설적 대가는, 다시금 제드 마르탱과 파리에 관하여 어떤 진실을 털어놓는 것이다. 즉, 제드 마르탱은 파리에 살지 않는다는 진실을 말이다. 이를 위해서는 제드 마르탱과 관련 맺어야만* 하고, 따라서 문제의 초점은 그저 이동하기만 한 꼴이다. 무슨 말이냐면 어떻게 파리와 달리, 엄연한 관련 맺기**의 대상이며 더구나 예컨대 미술가로 특징지을 수 있는 한 대상으로부터 실존을 박탈하면서 또한 동시에 그의 실존을 당연시하는 입장을 취할 수 있을까? 한 대상이 인간이라는 것은 진실이면서, 그가 실존한다는 것은 진실이 아닌 상황이 어떻게 가능할까? 설령 이 곤경에서 헤어날 수 있더라도, 즉각 허구적 묘사가 야기하는 난점들에 빠져들게 된다. 그 묘사는 명시적으로 실존하는 놈으로서 소개된 제드 마르탱을 다룬다. 마르탱은 사람으로서뿐 아니라 명확히 실존하는 놈으로서 묘사된다.

책의 첫 부분인 이 1부의 목적은 이런 고전적 역설들을 제거할 수 있게 해주는 허구 실재론fiktionaler Realismus을 제시하는 것이다. 1~2장에서 나는 이른바 〈허구적 대상〉이라는 범주가 잘 구성되어 있지 않음을 논증으로 보여 줄 것이다. 무슨 말이냐면, 이 막연한 대상 범주는 두 가지 대상 유형 사이의 경계를 흐릿하게 만드는데,

* 곧, 마르탱을 가리켜야만.
** 곧, 지칭.

나는 그 두 유형을 **해석적** 대상과 **메타 해석적** 대상으로 칭하고자
한다.

해석적 대상hermeneutischer Gegenstand은 미적 경험이라는 매체
안에서 실존한다. 이 대상은 우리가 특정한(예컨대 문학적) 예술 작
품의 공연을 계기로 상상하는 바로 그 대상이다. 우리가 해석적 대상
을 어떻게 상상하는가는 해석자인 우리에게 달려 있다. **메타 해석적
대상**metahermeneutischer Gegenstand은 우리가 그것의 물질성을 고려
할 수 있다는 점에서 해석적 대상과 구별된다. 이 물질성은 예술의
감각적 측면으로서 적절한 수용자들에게서 미적 경험을 일으킬 수
있으며, 그 경험은 작품의 물질성과 더불어 역사적 정신 과학들, 사
회 과학들, 언어학, 심리학 등의 방법으로 탐구될 수 있다.[5]

이하에서 내가 말하는 〈미적 경험〉이란 한 의미장의 건설이며,
본질적으로 허구적 묘사 모드에서 다뤄지는 대상들이 그 의미장
안에서 수용자에게 나타난다. 미적 경험은 예술 작품을 통해, 더 정
확히는 예술 작품의 **공연**Vorführung을 통해 촉발된다. 이때 공연은
연극이나 음악 공연뿐 아니라 문학 텍스트 읽기(낭독)나 미술 작품
관람도 포함한다. 무엇이 공연되느냐는 다시금 작품의 물질적 구
조에, 감각적 측면에 달려 있고, 나는 그 측면을 **악보**Partitur*라 부르
고자 한다.

공연은 미적 경험의 기회이기는 하지만 미적 경험을 강제하지
않는다. 왜냐하면 어떤 작품도 자동으로 그 작품으로서 수용되지
않기 때문이다. 책은 읽히는 대신에 식탁 위에 놓여 있으므로 치워
질 수도 있다. 미술관에 전시된 「지방 귀퉁이Fettecke」**는 그저 오물
로 오인될 수 있다. 음악은 소음으로 느껴지고, 회화는 물감 얼룩들

* 일반적인 의미는 지휘자용 악보.
** 요제프 보이스의 작품.

로 보인다. 이런 경우에 미적 경험은 일어나지 않는다.

일부 경우에 미적 경험의 핵심은 인물들과 무대(〈허구적 세계〉)를 건립하는 것이다. 다른 비모방적(곧 비묘사적) 예술에서 그 핵심은 감각적 사건들의(예컨대 음들의) 계열을 유의미한 것으로서 체험하기 위해 수용자가 정신 안에서 감각적 계열들을 상연하는aufführen 것이다.

여기에서 나는 어느새 정론이 된 뤼디거 부브너의 제안을 계승하는데, 그 제안에 따르면, 미적 경험의 기능은 〈복잡한 일상 기능들을 배경에 둔 상태에서 이례적이고 예기치 못한, 철저한 기능 없음 구역을 여는 것〉이다.[6] 이 견해는 칸트와 셸링 이래로 통상화된, 예술의 놀이 성격이라는 논점과 들어맞는다(물론 이 논점은 예술의 발생에 대한 고대의 숙고만큼 오래되었다). 예술의 놀이다움은, 예술이 우리와 간접적으로 연결된 대상들을 보여 준다는 점에 있다. 그 대상들은 우리를 위협하지 않는다. 왜냐하면 그것들은 본질적으로 재현된re-präsentiert 것들이며, 따라서 누군가가 그것들을 해석하는 것, 상연하는 것에 의존하기 때문이다.

미적 경험은 본질적으로 개인적이다. 왜냐하면 수용자 각각이 자신에게 공연되는 대상들을 자신의 심리 사회적 처지에 기초하여 다르게 해석하고, 다름 아니라 미적 경험의 대상들(나는 이것들을 〈꾸며 낸 대상들〉이라 부르려 한다)은 자신의 규정을 부분적으로 미적 경험에서 길어 온다는 점 때문에, 그렇게 저마다 다르게 해석하는 것이 정당하기 때문이다. 무슨 말이냐면, 미적 경험의 대상들은 그 자체로 규정되어 있는 것이 아니라 심리 사회적으로 제약된 개인적 해석의 틀 안에서 완성된다. 결과적으로 수용자는 작품의 물질성과 수용 과정에서 작품과의 마주침을 통해 일어나는 상상 계열들 사이의 틈새 위로 다리를 놓는다.[7]

해석들은 임의적이지 않다. 왜냐하면 메타 해석적 대상이 비록 열려 있지만 한정된 상상 가능성의 테두리를 확정하기 때문이다. 따라서 정당한 해석도 있고, 부당한 해석도 있다. 이 한정된, 그러나 그 한계를 선험적으로도 측정할 수 없고 예술 작품을 창조하는 활동 중에도 측정할 수 없는 공간을 일컬어 나는 놀이 공간 Spielraum이라고 한다.[8] 메타 해석적 대상은 서사 세계의 구조를 분석함으로써 (이를테면 서사학적 지식에 기초하여) 설명할 수 있는 속성들을 지녔다. 그러므로 그레첸을 상상할 때, 마치 그레첸이 일곱 개의 머리를 가진 것처럼, 혹은 그레첸 자체를 이야기 안에서 파우스트가 겪는 환각으로 간주해야 하는 것처럼 상상해서는 안 될 터이다. 특히 후자는 그레첸을 발푸르기스의 밤에 등장하는 마녀들과 구분 짓는 차이일 수 있다. 이것은 『파우스트』 풀이에서 쟁점일 수 있을 것이다.

이로써 우리는 분과들을 초월한 영역에 발을 들였다. 왜냐하면 이른바 〈허구적 대상들〉을 다루는 존재론은 문학적이거나 더 일반적으로 미학적인 허구 이론과 연결된 되먹임feedback 고리를 늘 형성하기 때문이다. 그런데 최근의 문학 논문들은 때때로 꾸며 낸 놈das Fiktive의 개념이 부실한 탓에 오류를 범하기 때문에, 나는 2장에서 꾸며 낸 놈을 다음과 같은 생각을 통해 규정할 것을 제안할 것이다. 대상이 꾸며 낸 놈이라 함은 대상이 본질적으로 해석 가능하다는 뜻, 바꿔 말해 대상이 누군가가 그 대상을 가지고 미적 경험을 하는 것에 의존한다는 뜻이다.[9] 곧 보겠지만, 이 생각은 꾸며 낸 대상들이 아예 실존하지 않는 대상들의 부분 집합이라는 뜻이 전혀 아니다. 왜냐하면 허구적 대상들(곧 악보들, 그리고 공연 및 상연 매체 안에서 그 악보들이 구체화한 결과물들)도 그렇고, 거기에 상응하는 꾸며 낸 대상들도 그렇고, 이것들은 제각각 자신의 의미장 안에서 실존하니까 말이다. 그러나 꾸며 낸 대상들은 우리의 의미장과 충분히 격리되어 있기 때문에, 존재적 카오스는 발생하지 않는다.[10]

하지만 이와 관련하여 이하에서 제기될 격리 주장Isolationsthese으로부터 도출되는 바는, 꾸며 낸 대상들이 다른 형태의 미결정성Unterbestimmtheit에 시달린다는 점이다. 『지도와 영토』 안의 파리는 실재하는 파리와 비록 유사하지만 동일하지 않다. 그리고 이런 사정은 그 상상된 의미장의 존재론적 구조에 대해서도 성립한다. 즉, 『지도와 영토』 안의 모든 것은 결국 우리 곁의 모든 것과 (약간) 다르다. 이 다름은 속성들을 지녔음이라는 속성 같은 존재론적 속성들에도 적용된다. 미적 경험을 통해 접근 가능한 허구적 의미장들, 꾸며 낸 대상들로 채워져 있고 그 안에서 꾸며 낸 사건들이 일어나는 허구적 의미장들은 우리로부터 존재론적으로 격리되어 있는데, 더 정확히는 우리가 항상 그 의미장들을 기껏해야 우리의 실재와 유사한 것들로서만 수용할 수 있도록 그렇게 격리되어 있다.[11]

내가 보기에 이 구조는 역시나 늦어도 플라톤의 예술 비판 이래로 통용되는 논점인 예술의 가상 성격의 기반이다. 미메시스μίμησις, 곧 예술적 묘사는 가상이다. 왜냐하면 예술적 묘사의 대상들은 오로지 우리가 그것들의 정체를 영영 완전히 파악할 수 없다는 조건 아래에서만 실존하기 때문이다. 나의 파우스트는 괴테가 상상했을 파우스트와 다르다(더구나 나의 파우스트는 나의 심리 사회적 자서전 안에서 무한정 많은 방식으로 변이한다). 더 나아가 그 많은 〈파우스트들〉 중 어떤 놈도 비허구적 탐구 대상이 자신과 동일한 방식으로 자신과 동일하지 않다. 따라서 격리 주장에 따르면, 허구적 대상들의 불확정성Unschärfe은 통상적으로 받아들여지는 자리가 아닌 다른 위치에 놓여야 한다. 또한 더 자세히 살펴보면,

그 불확정성은 통상적으로 짐작되는 정도보다 더 중대하다.

이하에서 나는 허구성이 발원하는 자리는 다음과 같은 우리의 근본적 능력이라고 주장한다. 즉, 감각적으로 단박에 앞에 있는 놈을 뛰어넘어 그놈을 맥락의 일부로 지각하는 능력이라고 말이다. 이때 우리는 그 맥락에 개념적으로(명시적으로 가리키는 방식이나 색인을 제작하는 방식으로 우리의 단박 자극 환경과 관련 맺지 않으면서) 접근할 수 있다. 이 대목에서 내가 계승하는 것은 블루멘베르크의 가르침이다. 그의 가르침에 따르면, 개념은 거리(距離)에서 유래한다. 이름을 주는 세례식을 보면서 사람들이 즐겨 상상할 법한 방식으로, 그러니까 공유된 자극-반응 장면에 속한 빤히 보이는 무언가를 가리키는 상황에서 개념이 유래하는 것은 아니다. 사람들은 사자가 충분히 가까이 있어 위험할 때 사자의 개념을 형성하는 것이 아니라, 실존적으로 안전한 동굴 안 대화 조건 아래에서 그 개념을 형성한다. 동굴 벽의 사자 그림은 모범적인 개념 형성의 흔적이다. 우리는 우리의 개념적 능력들을 감각적으로 단박인 놈 das Unmittelbare을 뛰어넘는 능력과 연결해야 한다. 하지만 이 능력이 —헤겔의 견해대로— 우리의 동물성을 벗어나는지, 혹은 —블루멘베르크의 견해대로— 진화의 제약 아래 놓인 인간학적 원초 경험의 메아리인지는 열린 질문으로 남아 있다. 아무튼 블루멘베르크와 더불어 우리는 개념이 다음을 가능케 해준다는 점을 확언할 수 있다.

[개념은] **경험 맥락 안의 빈틈들**을, 경험 맥락이 어떻게 부재자와 관련 맺고 있는지를 깨닫게 해준다. 하지만 그 부재자를 출석하게 만들기 위해서만 그렇게 하는 것이 아니라, 부재하는 채로 내버려두기 위해서도 그렇게 한다. 지각되지 않으

며 주어져 있지 않은 무언가를 언급해야 한다는 점을 거듭 말해야 한다. 이것이 진정한 정신적 성취다.[12]

개념과 허구적 묘사는 부재자를 제시하기**로서** 동일한 발생사를 지녔기 때문에, 지구적인 전자 공학적 디지털 미디어들의 시대인 오늘날 허구와 실재의 혼동은 도처에 만연해 있다.

2부에서 상세히 논하겠지만, 인간은 동물이 아니고자 하는 동물로서 끊임없이 자기로부터 거리를 둔다. 우리가 그냥 대뜸 우리의 감각적 상황에서 벗어나, 우리가 실은 누구 혹은 무엇인지 댈 수는 없으니까 말이다. 우리의 개념적 능력들은 역사적으로 그 자기로부터의 거리가 만들어 내는 공간 안에서 발전하며, 그 공간은 까마득한 신화적 시대 이래로 그 허구적 실상이 간파되지 않은 허구적 대상들로 채워져 왔다. 그 대상들은 신화들에서부터 현재의 사회 경제 분야의 통계적 허구들까지를 아우르는데, 우리는 그 대상들을 수단으로 삼아 자원 분배에 관한 결정들을 직간접으로 정당화한다.

제드 마르탱이 실존하면서 또한 실존하지 않을 수 있는 듯하다는 난점을 해결하기 위하여, 나는 우선 미적 경험의 존재론을 간략히 제시하려 한다. 그 존재론은 꾸며 낸 대상들을 그 실상대로 파악할 수 있게 해준다. 꾸며 낸 대상들은, 공적으로 접근 가능하며 실재하는 악보에 기초하여 상연(해석)된다. 이때 내가 말하는 악보는 일반화된 개념으로서 문학적 텍스트, 영화, 조각 등, 한마디로 예술 작품의 물질적 측면을 포괄한다. 그러니까 **악보**는 해석 기회Interpretationsanlass다. 악보는 미적 경험을 강제하지 않는다. 우리가 예술 작품을 허투루 볼 수도 있으니까 말이다. 우리는 예술 작품의 물질적 측면을 알아채면서도 우리가 예술을 마주하고 있음을 의식하지 못할 수 있다. 극영화와 기록 영화, 신문 기사와 단편 소설, 조각과 장식, 소음과 음악은 본질적으로 혼동될 수 있다. 이것은 예술의 매력과 신비로운 후광(後光)Aura의 일부다.

제드 마르탱은 해석의 틀 안에서 실존한다. 이때 〈제드 마르탱〉이라는 단어는 우리 모두가 『지도와 영토』의 악보(우리 각자가 소유한 그 소설책)에서 발견하는 메타 해석적 대상을 가리키기도 하고, 해석에 따라 다른 해석적 대상을 가리키기도 한다. 그래서 해석적 대상은 복수(複數)로 등장하며 곧장 무한정 많은 대상으로 분열한다. 왜냐하면 나의 제드 마르탱은 당신의 제드 마르탱이 아니기 때문이다. 악보의 저자, 이 경우 우엘벡크는 나와는 다르게 제드 마르탱을 상상한다. 이때 우리가 공유하는 것은 당연히 개별자로서 지목 가능하며 메타 해석적인 대상으로서의 제드 마르탱이다. 이 대상은 기호들로서 텍스트 안에서 등장하며 콘텍스트를 통하여 미적 경험의 기회의 한 부분이다. 따라서 해석적 수준에서 말하면, 우리는 제드 마르탱을 서로 다르게 상상하는 것이 아니라 서로 다른 제드 마르탱을 상상한다.

제드 마르탱을 정확히 어떻게 상상해야 하느냐는 질문 앞에서 저자는 결정권을 쥔 권위자가 아니다. 오히려 저자는 놀이 공간을 창출할 따름이다. 저자는 문학적 인물을 창조하는 것이 아니라 텍스트를 창조한다. 이 사정이 미메시스적mimetisch 텍스트 장르에서 일반적으로 전제하는 바는, 저자가 자기 텍스트의 최초 해석자라는 점이다. 이 점은 텍스트 개정을 위한 기반일 수 있다.

텍스트의 놀이 공간은 규범적 힘을 지녔다. 왜냐하면 제드 마르탱을 예컨대 그가 서술된 대로 상상하지 않는다면, 그것은 오류를 범하는 짓이기 때문이다. 제드 마르탱이 어떻게 서술되어 있는지를 정확히 어떻게 규정할 것인지는 이 경우에 문학의 해당 분과들과 하위 분과들에서 연구된다. 그 분과들은 문학 텍스트를 올바로 이해하기 위한 분석 방법을 가르친다.[13]

이제껏 제시한 기반 위에서 나는 이론적으로 거리를 둔 분석적 풀이와 참여적이며 종합적인 해석 사이의 구별을 도입하고자 한다.[14] **분석적 풀이**analytische Deutung(이하에서 간단히, 풀이)는 예술 작품의 물질적 조건들을 방법론적이고 학문적인 방식으로 재구성하기다. 풀이는 텍스트, 회화, 악보, 조각, 의례Ritual를 비롯한 인간적 관행, 해석 등을 탐구하며, 무엇보다도 어떻게 이것들이 구체적으로 생겨났는지 보여 준다. 따라서 풀이는 계보학적 잠재력을 지녔지만 꼭 현재를 비판하기 위한 계보학이 풀이의 주요 의도여야 하는 것은 아니다. 풀이는 얼마든지 정당하게 과거에만 천착해도 된다. 계보학적이며 비판적인 작용력을 발휘하기 위하여 풀이는 상연 공동체를, 곧 예컨대 한 텍스트를 읽으면서 어떤 틀린 것을 상상하는 개인들이나 집단에게 말을 건다. 우리가 허구적 대상 — 예컨대 토마스 만의 중편 소설 「베네치아에서의 죽음」에 나오는 구스타프 폰 아셴바흐 — 을 어떻게 상상하는지, 어떤 상상력 발휘가 일어나는지는 텍스트에 의해 미리 지정되지만, 텍스트는 늘 충분한 놀이 공간을 허용하므로, 철저히 예측 가능하지는 않은 미적 경험이 일어날 수 있다.

어떤 문학 텍스트도 꾸며 낸 대상을 더없이 정확히 서술하여 모든 수용자가 동일한 것을 보게 만들 수는 없다. 셜록 홈스의 머리카락 색깔, 의상 등이 보이는 영화에서도 그것은 불가능하다. 더구나 그런 영화도 셜록 홈스의 삶을 이루는 모든 순간을 상세히 묘사할 수 없다(중요한 이유 하나를 대자면, 그렇게 상세한 영화는 너무 지루해서 미적 경험을 일으키지 못할 것이기 때문이다). 수용자가 메워야 할 빈자리Leerstelle가 없는 허구는 없다.[15] 영화에서 화장실문은 대부분 잠겨 있다. 섹스는 상징적으로만, 또한 대개 이불 속에서 이루어진다. 그 밖에도 여러 빈자리를 지목할 수 있다. 분만 현장에 있어 본 사람이라면 분만이 미국 병원 시리즈물에서처럼 진행되지 않음을 안다.

풀이는 분석적이다. 왜냐하면 주어진 경험을 출발점으로 삼아 그 경험의 물질적 조건들을 명확히 진술해야 하기 때문이다. 풀이는 전체론적Holistisch 조건들 아래에서 작동한다. 왜냐하면 미적 경험 전체로부터 그 경험의 물질적 조건들을 추론하니까 말이다.

이런 의미에서 문학자, 미술학자, 음악학자는 자기 자신을 연구하는 민족학자Ethnologe와도 같다. 왜냐하면 이들은 한편으로 고유한 미적 경험을 해야 하고, 다른 한편으로 그 경험을 단서로 삼아 그 경험의 악보의 요소들을 규명해야 하기 때문이다. 그 요소들은 보편적으로 타당하며 공적으로 접근 가능하다. 이런 식으로 이 정신 과학들은 특유의 자기 규율에 도달한다. 그 자기 규율은 이 정신 과학들을 통해 연구되는 정당한 놀이 공간의 틀 안에 끝까지 머무를 것과 상상력에 학문적 고삐를 맬 것을 요구한다.[16]

풀이는 **참여적 종합적 해석**engagierte synthetische Interpretation(이하에서 간단히, 해석)과 구별되어야 한다. 해석이란 수용자가 악보를 계기로 삼아 대상들을 상상하고 (정신적) 상연으로 이끌기다. 해석은 꾸며 낸 대상들에 가닿아 대체로 길을 잃는다. 이 해석의 개념은 음악적 악보의 해석(연주)에 빗대어 만들어졌으며, 따라서 사람들이 상연Aufführung이라고 부르는 것과 의미가 대략 같다. 이 해석은 교향곡 듣기, 문학 텍스트 읽기, 조각 감상하기 등을 포함한다. 조각 감상하기는 전시장에서 모양이 있는 물질 덩어리를 발견하는 것을 훌쩍 뛰어넘는 활동이다. 수용자는 상연의 차원을 보탬으로써 예술 작품을 완성한다.[17]

이로써 많이 논의된 꾸며 낸 대상의 (일각에서 주장하는) 불완전성 문제는 해소되었거나 옮겨졌다. 무슨 말이냐면, 놀이 공간 덕분에 우리는 수용자들로서 파우스트를 적당히 상상하여 텍스트 혼자서는 명시적으로 대답하지 않는 질문들의 답을 준비해 놓을 권리가 있다. 물론 악보와 상연 사이에는 틈새가 있으며, 그 틈새 덕분에 다양한 상연들이 있을 수 있다. 하지만 그렇다고 해서 해석적 대상이 불특정하다는 뜻은 아니다.

풀이 가능한 기반과 해석자의 상연 사이 틈새는 풀이만을 통해서도, 해석만을 통해서도 메워질 수 없다. 그렇기 때문에 미적 경험은 자유로우며, 끝내 자유로울 것이다. 그 경험은 갑작스러운 순간과 결부되어 있다. 그 순간 덕분에 우리는 부분적으로 작품 안으로 빨려들지만, 우리가 완전히 사라지는 일은 결코 없다.[18]

이와 관련하여 나는 해석적 실재론hermeneutischer Realismus을 권한다. 해석적 실재론은 해석의 자유 공간을 근원 텍스트Urtext라는 개념을 통해 제한한다. 근원 텍스트란 역사적으로 가변적이며 복잡한, 방법론적으로 보증된 풀이의 대상이다. 당연한 말이지만, 근원 텍스트는 오로지 추측들의 도움을 받아야만(곧 해석을 사용해야만) 접근 가능하며, 따라서 예컨대 문장을 이러이러하게 쓰거나 붓질을 이러이러하게 하겠다는, 날짜를 특정할 수 있는 저자의 의도와 연결될 수 없다.

이제껏 제시한 이론의 윤곽은 가다머의 해석학이 차지한 위치를 분석적으로 규정하기 위한 시도라고 할 수 있다. 문학 이론적으로 흔히 가망 없이 허술한, 〈허구적 대상들〉을 다루는 존재론의 견해들을 감안할 때, 가다머의 해석학을 현재에 맞게 갱신할 가치가 있다.[19]

어떻게 제드 마르탱과 파리가 공존할 수 있는가라는 문제를 해결하려 할 때, 의미장 존재론의 틀 안에서 쉽게 떠오르는 대책은 비존재론적 격리주의다.[20] 그 입장에 따르면, 『지도와 영토』 안의 표현 〈파리〉는 파리를 가리키는 것이 아니라 해석 기회의 구실을 한다. 기호 〈파리〉를 기회로 삼아 우리는 파리와 유사한 무언가를 상상한다. 하지만 그 무언가는 파리일 수 없다. 왜냐하면 그 무언가는 파리가 지니지 않았음을 우리가 아는 속성들을(예컨대 제드 마르탱을 거주자로) 지녔기 때문이다. 『지도와 영토』에 등장하는 파리는 우리가 방문할 수 있는 파리와 동일하지 않다. 요컨대 〈파리〉는 파리가 아니며, 이 경우에 우리는 〈파리〉를 우리의 파리와 관련 지으면서 문장 부호를 제거할 수 없다. 그럼에도 우리는 우리의 정신적 무대 위에서 작품을 상연한다. 이때 우리는 서사 세계를 채우기 위해 우리의 파리 경험을 사용한다.

이 배경지식은 스토리fabula를 지닌 모든 이야기 형태에 적용된다. 그리하여 이야기가 실재를 얼마나 충실히 다루는가에 등급들이 있다는 인상이 생겨난다. 그 등급들은 19세기 사실주의 장르의 사회 비판적 장편 소설부터 우리가 거주하는 외계 은하들과 시간 여행을 상상하는 과학 허구까지 폭넓게 배열될 것이다.[21] 하지만 이것은 가상이다. 왜냐하면 사실주의적 이야기는 보고가 아니기 때문이다. 사실주의적 이야기는 말하자면 멀리 떨어진 가능 세계들을 보여 주는 고성능의 논리적 망원경이 아니라 결국엔 꾸며낸 사건들과 사정들의 서술이다. 다만 그 사정들이 우리가 비허구적 맥락에서 수용하는 사정들과 유사할 따름이다.[22]

이 분야의 예술 철학적 토론은 우리를 현재의 이론 철학 영역으로 이끈다. 우리가 성공적으로 숙고하는 대상들, 바꿔 말해 그것들이 어떠한지 알아내는 대상들이 무수히 실존한다. 따라서 그것들은 암묵적이거나 명시적인 실존 조건들을 충족하며, 존재론에서 그 조건들은 한 이론의 틀 안에서 다른 대안들에 맞서 옹호된다. 다양한 실존 조건들은 그에 대응하는 존재론적 판정들을 산출한다. 대체로 이 시대의 **형이상학**은 선호되는 틀을 찾아내는 일에 열중한다. 그 틀은, 우리가 성공적으로 숙고하는 대상 중에 어떤 것이 단지 그럭저럭 실존하는 것이 아니라 엄밀한 의미에서 실존하는지(곧 실재하는지)를 정당하게 판단할 수 있게 해준다고들 한다.[23]

유의미하게 고려할 만한 대상들보다 더 많은 대상들이 실존한다면, 마치 실존은 너무 약한 속성이기라도 한 것처럼 보인다. 주로 자연 과학적 객관성에 대한 해석에 중점을 두는 패러다임을 명분으로 삼아, 이 시대의 형이상학Metaphysik은 자신을 주로 메타 물리학Meta-Physik으로, (미래파풍의 물리학이 이상형으로서 대표하는) 자연 과학들의 메타 이론으로 이해한다. 특권적인 실존 영역인 우주를 대상 유형 범주들로 나누고, 그 범주들 사이의 구조적 (책상 앞에서 철학적 숙고를 통해 어느 정도 재구성할 수 있는) 관련성을 알아낼 수 있게 해주는 메타 이론으로 말이다.

내가 〈구(舊)실재론alter Realismus〉이라 부르는 이 기획, 지난 세기에 〈형이상학적 실재론〉이라는 열쇳말 아래 다양한 방식으로 그 한계가 밝혀진 이 모든 기획에 맞서 충분히 많은 반론을 통해 그것이 결함투성이라는 점을 입증할 수 있다.[24] 이어질 논의에서 관건은 형이상학적 실재론과 그 실재론의 형이상학 이해를 그 실재론의 엄청난 존재론적 맹점들을 지적하면서 다시 한번 해체하는 것이 아니라, 또 다른 열린 측면을 점령하는 것이다. 무슨 말이냐면, 설령 형이상학적 실재론이 자신의 긍정적 실존 기준을 형이상학적으로 굳히는 데 성공하더라도, 그 실재론은 자신의 실존 개념의 반(反)외연Antiextension(곧 실존하지 않는 놈)과 관련하여 심각한 난점들에 봉착한다. 이것이 이 책의 주제다.

파르메니데스, 플라톤, 아리스토텔레스 이래로 잘 알려져 있듯이, 부정을 실존에 적용하면 독특한 역설들이 발생한다. 이 1부에서 이 난점은 다음과 같은 사실을 통해 환히 드러난다. 꾸며 낸(혹은 허구적인) 대상은, 그것이 실존하지 않음을 우리가 인정하면서도 기꺼이 또한 성공적으로 숙고하는 무언가의 대표적인 예다.

언뜻 보기에 비실존Nicht-Existenz은 원리적으로 진술될 수 없는 술어다. 즉, 어떤 특정한 놈(수, 정신적 상태, 플로지스톤phlogiston, 마녀, 신, 영혼, 에테르, 시간, 현재 프랑스의 왕, 둥근 정사각형 등)이 실존하지 않는다는 취지의 발언은 불가능한 듯하다. 당신이 그런 발언을 한다면, 그 발언은 특유의 (심지어 수의 경우에는 수학적으로 정확히 제시할 수 있는) 속성들을 가진 무언가를 당신이 가리키면서 또한 동시에 그 무언가가 아예 실존하지 않는다고 주장하는 것을 전제하는 듯하다. 하지만 어떤 특정한 놈에 대해 그놈이 전혀 실존하지 않는다고 성공적으로 판단할 수 있으려면, 그놈이 최소한 언어적으로 가리켜지는(관련 맺어지는) 대상의 형태로 실존한다고 간주해야 하지 않을까?

물론 메피스토펠레스는 더 자세히 밝혀야 할 의미에서 실제로 실존하지 않는다. 하지만 이것은, 메피스토펠레스가 이를테면 〈단지 우리의 상상 속에서만〉 또는 〈단지 우리의 마치-처럼 놀이Als-Ob-Spiel 안에서만〉 실존한다는 명제가 참이라는 뜻일 수 없다. 왜냐하면 이 명제가 참이라는 메피스토펠레스가 아무튼 실존한다는 것을 명백히 의미할 터이기 때문이다. 설령 〈앙겔라 메르켈〉이라는 문구가 앙겔라 메르켈*을 가리키는 것과 똑같은 방식으로 〈메피스토펠레스〉라는 문구가 메피스토펠레스를 가리키는 것은 아니라 하더라도, 예컨대 사람들이 메피스토펠레스는 그저 상상되었다,

* Angela Merkel. 전 독일 총리.

괴테에 의해 발명되었다, 지어내어졌다, 라고 주장하거나 메피스 토펠레스를 생물계에서 배제하는 것을 어떤 식으로든 정당화한다 면, 〈메피스토펠레스〉라는 단어는 아무튼 특정된 무언가를 가리키 는 것이 틀림없다.

사람들이 이런저런 이유로 나중에 혹은 그놈을 특징지을 때부 터 실존을 불허하는 다른 모든 놈에 대해서도 유사한 이야기를 할 수 있다. 예컨대 에테르는 그 안에서 빛이 이동할 수 있는 그런 절 대적 기준틀을 사람들이 추구했기 때문에 거론되었다. 그런데 절 대적 기준틀을 전제하는 것은 불필요함이 드러났다. 왜냐하면 에 테르를 동원하여 설명해야 할 모든 물리적 현상을 에테르 없이 더 잘 이해할 수 있기 때문이다. 에테르는 실망스러웠고, 지금 우리는 에테르가 실존하지 않는다고 말한다.[25]

더 자세히 살펴보면 확실히 드러나지만, 비실존자의 개별 후 보들은 참으로 다양한 이유로 존재론적 쓰레기 더미에 던져졌다. 사람들은 폐기된 자연 과학적 가설들을 다룰 때, 〈마녀〉와 같은 인 간학적 과오나 숫자와 도덕적 가치들 같은 추상적 대상을 다룰 때 와는 다른 방식으로 다룬다. 일부 사람들은 도덕적 가치들을 〈우스 꽝스럽다〉고 느낀다. 왜냐하면 그것들은 그들의 유물론적인, 혹은 더 일반적으로 자연주의적인 세계상에 좀처럼 들어맞지 않기 때문 이다.[26]

요컨대 수많은 **제거의 이유**가 존재하며, 그에 따른 제거들은 이미 작동하기 시작한 형이상학적 실재론을 배경으로 삼을 때만 동일한 과정으로, 곧 침투할 수 없는 진짜 실존의 공간으로부터(세 계로부터) 가상을 제거하는 과정으로 보인다.

이런 지나치게 일반화된 비실존 모형은 세계 없음 직관에 기 초한 반론 앞에서 실패로 돌아간다.[27] 실존이란 무언가가 세계 안에서 등장함이라고 유의미하게 말할 수 없으므로, 다소 정합적으로 특징지어졌으며 이미 일부 사람들에 의해 고려되는 대상을 단정적으로 세계에서 끌어내 무로 추방함으로써 비실존의 사례를 지목하는 것도 불가능하다.

3장에서 나는 실존과 유사하게 비실존을 한 대상과 한(또는 몇몇) 의미장(들) 사이에 성립하는 관계로 파악해야 한다는 점을 논증할 것이다. **여기에** 실존하지 않는 놈은, 그놈이 아무튼 언젠가 실존의 후보였던 한에서, **다른 어딘가에** 실존한다. 마녀들은 비텐베르크에 실존하지 않지만, 예컨대 루터의 견해들 안에 실존한다. 그리고 그 견해들은 비텐베르크와 연결되어 있을뿐더러 거기에서 발생한 마녀사냥들에 인과적 낙인을 남겼다.[28] 예수가 행했다고 여겨지는 기적들이 기록대로 정확하게 실행되지는 않았더라도, 예컨대 예수가 베다니아에서 라자로를 죽은 자들 중에서 부활시키지 않았더라도, 성서 안에서 예수는 틀림없이 그렇게 했다.[29] 존재론적으로 더 명확히 표현하면, 예수는 성서 안 베다니아에서 라자로를 성서 안의 죽은 자들 중에서 부활시켰다. 우리는 이 보고의 구조에 대해서, 또 이 보고의 기록으로서의 적절성을 문제 삼으려 할 때 상상해야 하는 것들에 대해서, 서사학적 차원에서 중립을 지키면서 그 보고를 조심스럽게 〈성서 안 베다니아〉에 관한 것으로 국한할 수 있다. 그렇게 하더라도 아직 오류를 범하는 것은 아니다. 왜냐하면 (만일 예수가 정말로 신이 보낸 기적의 치유자였다면) 성서 안 베다니아는 베다니아와 동일할 수도 있기 때문이다.

이 생각은 **비존재론적 관계주의**meontologischer Relationismus로 이어진다. 이 입장에 따르면, 무언가가 한 의미장 안에서는 실존하고 다른 의미장 안에서는 실존하지 않을 수 있다. 실존 및 비실존을 묻는 질문은 본질적으로 한 의미장을 지목해야 명확해진다. 실존하는 놈은 한 의미장과 관련해서 상대적으로 실존한다. 실존에 관한 의견의 불일치가 발생하면(바꿔 말해 베다니아 같은 어떤 인정된 영역에 속한 대상들의 목록들이 서로 엇갈리게 제출되면) 대상뿐 아니라 의미장도 함께 평가되어야 한다. 실존-속성도 비실존-속성도, 객체 수준에서 발견되는 대상 G에 관하여 사람들이 G가 이런저런 속성을 가졌다고 진술할 때 그 속성이 절대적인 것과 같은 의미에서 절대적이지는 않다. 사람들은 베를린이 실존한다고 **그냥** 말하지 않고, 한 의미장을 전제할 때 베를린이 실존한다고 말한다. 예컨대 현재 독일 국가 체제를 의미장으로 전제할 때 베를린이 실존한다고 말이다.

이 맥락에서 길버트 라일이 지적했듯이, 베를린, 복통, 페르미온이 실존하므로 최소한 세 개의 대상이 실존한다고 누가 말한다면, 이 말은 익살스러운 농담에 가깝다. 왜냐하면 라일이 보기에 이 말은, 해수면이 상승하고 있을 뿐 아니라 유가(油價)도 상승하고 있으므로 주목할 만한 동반 상승이 일어나고 있다는 진술보다 논리적으로 더 나을 것이 없기 때문이다.[30] 정확히 따지면, 이 말은 농담이 아니라 진지한 진술이다. 복통과 박테리아가 서로 다른 의미에서, 곧 서로 다른 의미장 안에서 실존한다는 점을 간과하지 않는다면, 복통도 실존하고 박테리아도 실존한다. 그리고 이 경우에는 두 의미장이 겹친다. 왜냐하면 박테리아는 복통에서 중요한 역할을 할 수 있기 때문이다.

3장에서 펼칠 비존재론으로부터 나오는 역설적인 듯한(그러나 일관적인) 따름 정리 하나는, 우리가 언급하는 모든 대상 각각이 한편으로 실존하고 다른 한편으로 실존하지 않는다는 것이다. 왜냐하면 우리는 모든 의미장 안에 실존하는 대상을 호명할 수 없기 때문이다. 〈모든 의미장〉 따위는 없으니까 말이다. 무언가가 모든 가능한 세계(혹은 더 정확히 말하면, 모든 의미장) 안에 실존할 때만 필연적으로 실존하는 것이라면, 위의 따름 정리를 이렇게 표현할 수도 있을 것이다. 즉 실존은 항상 우연적이다kontingent, 라고 말이다.[31] 의미장들은 총괄되지 않으므로(이것은 존재론적 불완전성 정리라고 할 만하다) 모든 의미장 안에 실존하는 놈은 없다는 주장을 강변하는 것도 무의미하다. 게다가 이 주장은 너무 쉽게 증명된다. 간단히, 단지 실존하는 듯하기만 한 놈들이 속한 의미장, 바꿔 말해 실망으로 끝난 기대의 대상들(플로지스톤, 에테르, 마녀, 순수한 정신들이 속한 달 너머 구역, 우주의 물리적 중심 등)이 속한 의미장을 생각해 보자. 만약에 모든 의미장 안에서 나타나는 무언가가 있다면, 즉 모든 상황에서 실존하는 무언가가 있다면, 이 가정에 따라 그것은 실존하지 않는 무언가일 터이다. 왜냐하면 그 무언가는 실망으로 끝난 기대의 대상들이 속한 의미장 안에서도 나타날 테니까 말이다. 당신이 고전적 모형에 따라 신의 필연적 실존을 모든 가능 세계(대략 같은 표현으로 바꾸면, 모든 의미장) 안에 임하여 있음으로 간주한다면, 당신은 — 뜻하지 않게 — 신이 단지 상상된 놈임을 인정한 셈이다. 왜냐하면 신은 단지 상상된 놈들만 속한 가능 세계 안에서도 실존할 터이기 때문이다.

　　이 문제들에 맞설 면역력을 획득하기 위하여 형이상학적 숙고를 통해 이론 창조자의 존재론적 선호에 맞는 세계들만 허용하는 제한들을 도입하려면 어마어마한 형이상학적 비용이 들 수밖에 없다. 따라서 이 제한 작업 전체가 대규모 임기응변 건설 현장처럼 될 것이고, 그 건설 현장의 꼴은 그나마 완공될 가능성이 있는 베를린 공항보다 훨씬 더 난장판일 것이다. 존재자 전체도, 이 전체의 여집합에 해당할 놈[무(無)]도 유의미한 대상이 아니다. 결론적으로 우리는 비실존에 관한 질문들 앞에서 생각의 방식을 바꿔야 한다.[32]

4장에서 나는 여러 번 제시된, 신실재론에 대한 반론에 답변할 것이다. 그 반론은 율리아 멜리히와 안톤 프리드리히 코흐에 의해 처음으로 바람직한 명확성을 완전히 갖추고 제시되었다.[33] 그래서 나는 이 책 곳곳에서 등장할 이 의심을 **멜리히-코흐 반론**이라 부를 것이다. 이 반론에 따르면, 세계는 통상적인 형이상학적 실재론자가 염두에 두는 의미에서(즉, 그냥 또는 〈저 바깥에〉) 실존하지 않으며 오히려 본질적으로 상상된 것이거나 꾸며 낸 것이다. 따라서 세계는 아주 잘 실존한다. 결과적으로 그들이 설정한 틀 안에서 보면 나의 세계 없음 직관은 반증된 셈이다. 이 모형에 따르면, 우리는 우리의 세계를 상상하고, 이를 예컨대 보르헤스의 「알레프」 같은 형이상학적 이야기 모드로 서술할 수 있다. 성서 안의 베다니아 안에 라자로가 실존하는 것처럼 — 그리하여 아무튼 **실존하는** 것처럼 — 멜리히-코흐 반론에 따르면, 세계는 모든 의미장들을 아우르는 의미장으로서 예컨대 「알레프」 안의 부에노스아이레스 안에 실존한다. 그 소설에서 세계는 심지어 사물적 대상, 유명하고 악명 높은 알레프다. 결론적으로 세계는 아무튼 **실존한다**. 따라서 우리는 적어도 형이상학적 허구주의 형태의(칸트-파이힝어 노선의) 형이상학을 채택할 권리가 있다.[34]

이 반론을 허물기 위하여 나는 4장에서, 보르헤스의 「알레프」가 의도적으로 부정합하게 구성되었다고[그러므로 당신이 양진(兩眞)주의*로 후퇴하여 〈알레프〉라는 대상이 모순적인 놈으로서 아무튼 실존한다는 점을 입증할 수도 없다고] 논증할 것이다.[35] 나의 논증에 따르면, 허구에 대한 숙고의 대상 영역 안에 모순적 대상들이 있다고 상정함으로써(그리하여 세계의 실존을 다시금 고수함으로써) 멜리히-코흐 반론을 구제할 수는 없다.

* Dialetheismus. 동일한 명제가 참이면서 또한 거짓일 수 있다는 입장.

마지막 5장에서는 더 첨예하게 다듬은 멜리히-코흐 반론이 논의될 것이다. 이 반론은 그레이엄 프리스트에 의해 제기된 바 있다.[36] 프리스트는 의미장 존재론을 나름대로 재구성한 결과에 기초하여, 그 존재론을 번역하면 기반이 허술한 비존재론이 나온다고 주장한다. 그 비존재론에서는 굳이 보르헤스의 「알레프」에 의지하여 보여 줘야 할 필요도 없이 세계가 있다는 것이다. 물론 프리스트 본인도 이 사례(「알레프」)에 의지하지만, 이는 단지 어떤 비존재론적 공리 시스템을 도입할 때 나오는 형이상학적 구조의 예시에 불과하다. 그 비존재론적 공리 시스템은 특정한 정통 전제들을 대체하는데, 그 전제들은 당연히 **영원의 빛 아래에서** 명백한 것들이 아니라 주어진 담론의 모형들로서 종사하는 것들이다. 프리스트에 따르면, 의미장 존재론이 기껏해야 보여 준 바는, 통상적인 정통 비존재론에 대안이 없지 않다는 것, 더 나아가 세계의 실존을 구원하기 위해 필수적인 그 대안들을 고려할 이유가 충분히 있다는 것이다.[37] 프리스트는 세계의 실존을 구원하는 것을 바람직한 목표로, 또한 비정통적 방법을 약간 가미해야 도달할 수 있는 목표로 여긴다.

하지만 프리스트의 반론은 피상적이며 형식적인 존재론—대표적으로 그 자신이 발전시킨 신마이농주의—을 전제한다. 따라서 5장에서 중요한 경계선이 그어질 것이다. 그로써 의미장 존재론은 이른바 마이농주의의 통상적인 유형들로부터 구별될 것이다. 전통적으로 마이농주의 대상 이론은 약한 존재 개념을 도입하는 것을 기반으로 삼는다. 그 이론에 따르면, 모든 각각의 특징짓기에 한 대상이 대응하며, 그 대상은 〈무릇 존재〉 개념의 모종의 범주적 부분 구역에 배치된다. 마이농과 그를 계승한 신마이농주의자들이 보기에 실존은 인과 공간(곧 **Wirk**-lichkeit)*이며, 그 안에서는 인

---

* 실재를 뜻하는 Wirklichkeit를 분철하여 Wirk-, 곧 작용을 강조했다.

과 관계를 맺고 있는 놈만 실존한다. 그런데 메피스토펠레스는 그렇지 않다. 따라서 그는 실존하지 않는, 단지 상상된(이른바 〈꾸며낸〉) 대상으로서 추방된다.[38] 신마이농주의는 메피스토펠레스에게서 대상으로서의 존재론적 지위를 박탈하지 못하고 그를 우리의 거실로부터, 곧 인과적으로 닫힌 우주로부터 멀리 떼어 놓는다. 신마이농주의는 형이상학적 실재론보다 대상 이론적으로 우월할뿐더러, 특히 비실존에 관한 엘레아학파의 수수께끼에 대한 해법을 내놓는다. 그러나 내가 보기에 그 해법은 세부적으로 약점들을 지녔고, 그 약점들은 의미장 존재론을 통해 제거된다.

구체적으로 마이농주의의 모든 유형들은 대상들이 지향적이라는 점, 바꿔 말해 대상들이 (이상화된) 생각하는 놈에게 주어질 수 있다는 점에 의존한다. 그렇기 때문에 마이농에게 모든 대상의 최상위 유(類)Gattung는 존재Sein가 아니라 주어져 있음Gegebenheit이다(202~205면 참조). 따라서 신마이농주의의 주어져 있음이라는 무제한적 대상 영역이 논리적 폭발로 이어지지 않으려면, 신마이농주의의 존립은 그것이 지향성 이론에서 어떤 입장을 채택하느냐에 달려 있다.[39] 이 논의는 우리를 책의 둘째 부분으로 이끈다. 그 2부의 주제는 인간 정신의 삶에서 결정적 역할을 하는 지향적 대상들의 존재론이다.

1장
해석과 풀이

이른바 〈허구적 대상들〉을 다루는 존재론의 현재 지형은 그 대상들로부터 실존을 깡그리 박탈하는 허구 비실재론부터, 허구적 묘사 안에서 등장하는 대상들에 관한 일부 진술을 곧이곧대로 받아들이는 허구 실재론까지 폭넓은 범위를 아우른다.

허구 비실재론은 〈파우스트〉, 〈그레첸〉, 〈유니콘〉 같은 단칭 용어가 무언가와 성공적으로 관련 맺을(무언가를 성공적으로 가리킬) 수 있음을 부정한다. 이 문구들은 문학적 맥락 안에 놓여 있고, 그 맥락은 허구 바깥에 —〈실재로〉— 실존하는 그 무엇과도 관련 맺지 않는다는 것이다.[40] 반면에 **허구 실재론**은 이 단어들에 가리키기 조건들을 부여하고, 〈그레첸은 파우스트와 사랑에 빠졌다〉 같은 이른바 허구 내적 진술들에도, 〈파우스트는 제드 마르탱보다 더 유명한 인물이다〉 같은 이른바 허구 외적 진술들과 마찬가지로 진실 조건들을 할당한다. 따라서 그레첸도 있고 파우스트도 있다. 물론 허구 실재론의 모범적 옹호자들은 이들을 추상적 대상들로 간주하겠지만 말이다.[41]

존 설은 유명한 중간 입장을 제안했다.[42] 설의 이론에 따르면, 문학적 담론은 그 무엇과도 관련 맺지 않는다. 왜냐하면 그 담론은 오히려 놀이의 한 부분이기 때문이다. 그 놀이의 핵심은 허구성 계약이 체결되는 것이다. 그 계약은 〈파우스트〉와 〈그레첸〉이라는 단어에서 누군가를 떠올리는 사람들에게 마치 파우스트와 그레첸이 있기라도 한 것처럼 말할 권리를 준다. 그렇다면 장편 소설의 허구적 문장들은 거기에 진릿값이 귀속하는 주장들이 전혀 아니며, 오히려 가상(假像)의 주장들이다. 연극 속 천둥이 천둥이 아닌 것과 마찬가지로, 허구적 주장은 주장이 아니라 단언하는 듯한 가상이다. 이 가상은 인간의 삶 안에서 역할을 하지만, 앎 주장이 적합한 진술로 명확히 발설될 때 주장하는 힘을 통해서 하는 역할을 하지는 않는다. 이 입장에 따르면, 허구적 대상의 존재론은 없다. 왜냐하면 존재론적 확언 능력을 갖춘 담론을 이런 유형의 대상에 관하여 진행하는 것은 불가능하기 때문이다.

이로써 통상적 입장들의 스펙트럼을 살짝 언급한 셈인데, 그 스펙트럼은 일련의 가짜 문제들에 대한 대응으로 발생한다. 그 문제들의 부조리성이 유래한 원천은 꾸며 낸fiktiv 대상과 허구적 fiktional 대상의 융합이다. 꾸며 낸 대상이란 없는(사람들이 상상할 뿐인) 대상이라고들 한다. 반면에 허구적 대상이란 문학적 묘사 모드 안에서, 또는 더 일반적으로 예술적 묘사 모드 안에서 다뤄지는 대상이라고들 한다. 여기에서 한 가지 난점이 발생한다. 실존하지 않는 놈과 관련 맺는 담론이나 묘사가 어떻게 있을 수 있을까?

이런 혼란과 의심을 피하기 위하여, 애당초 논의를 꾸며 낸 대상들에 국한함으로써 허구 이론이라는 심연을 우회하는 것을 시도할 수도 있을 것이다. 하지만 그러면 다음 질문에 답해야 할 책임을 지게 된다. 이른바 〈꾸며 낸〉 대상과 단지 실존하지 않는 대상은 어떻게 다를까? 꾸며 낸 대상은 상상된 놈인 반면, 몇몇 실존하지 않는 대상은 상상조차 되지 않은 놈이라고 대답한다면, 상상과 비실존 사이의 관계를 명확히 밝히는 상상력 이론을 제시해야 한다. 그런데 정확히 이것이 현재의 이른바 〈분석적〉(분석 철학적) 존재론에서 흔히 미해결로 남는 과제다.

　중요한 대답 전략 하나는 켄들 월턴의 마치-처럼 모드Als-ob-Modus에 관한 생각에 의존한다. 그 모드에서 사람들은 실재하는 대상이 마치 실재하지 않는 다른 놈인 양 군다.[43] 그러나 이 전략은 막다른 골목에 도달한다. 왜냐하면 이 전략을 채택하는 이론가는 딜레마에 직면하기 때문이다. 첫째 선택지는 이러하다. 〈메피스토펠레스〉 같은 단어는 실재하는 놈 ─ 예컨대 구스타프 그륀트겐스* ─ 을 확실히 가리키고, 단지 우리가 그놈을 다른 놈 ─ 예컨대 메피스토펠레스 ─ 으로 상상한다. 이 경우에 꾸며 낸 대상은 아주 잘 실존한다. 왜냐하면 그 대상은 다름 아니라 구스타프 그륀트겐스이고, 〈메피스토펠레스〉라는 단어는 그를 가리키니까 말이다. 그러나 〈메피스토펠레스〉가 구스타프 그륀트겐스를 가리킨다는 것은 납득하기 어려운 결론이다. 둘째 선택지는 이것이다. 〈메피스토펠레스〉라는 단어는 아무것도 가리키지 않는다. 하지만 그렇다면, 어찌하여 우리가 어느 모로 보든 참이거나 거짓인 진술을 메피스토펠레스에 관하여 그토록 많이 할 수 있는지 이해하기 어렵다. 당장 〈그륀트겐스가 메피스토펠레스 역할을 한다〉라는 진술만 해도 그렇지 않은가.

　조디 아주니는 두 가지 형태의 가리키기(관련 맺기Bezugnahme)를 인정함으로써 이 딜레마에서 벗어나려 한다. 첫째, 정말로 실존하는 대상들을 가리키기, 그리고 둘째, 꾸며 낸, 실존하지 않는 대상들을 가리키기.[44] 하지만 이것은 임기응변적 수정 조치이며 해법을 향한 방향을 일러 줄 뿐, 해법을 제공하지는 못한다. 더구나 이

---

* Gustaf Gründgens. 메피스토펠레스를 많이 연기한 독일 배우.

대책은 진실 및 가리키기(지칭)에 관한 다른 식의 최초 전제들에서 발생하는 문제들을 제거하지 못한다. 실제로 아주니는 그 문제들을 인정한다.[45] 내가 파우스트를 가리키면서, 파우스트가 메피스토펠레스와 계약을 맺는다, 라는 진실인 진술을 한다면, 내가 이 진실을 수긍한다는 것으로부터, 파우스트가 메피스토펠레스와 계약을 맺는다는 견해를 내가 가진다는 것이 도출된다. 아래 문장 (F)로부터, 곧

(F) 파우스트가 메피스토펠레스와 계약을 맺는다는 것은 진실이다.

로부터, 진실임이라는 술어의 사용 조건을 최소한으로 정하면 아래 문장이 도출된다.

(F*) 파우스트는 메피스토펠레스와 계약을 맺는다.

이 도출은 문제 될 것 없어 보이지만 꺼림칙한 방식의 일반화를 허용한다. $g^{\#}$은 우리가 꾸며 낸(**따라서** 실존하지 않는) 놈으로 간주하는 대상이라고 하자. Λ는 이 대상에 관하여 진실인 무언가라고 하자. 그러면 (F)는 Λ의 한 사례다. 더 나아가 진실임이라는 술어에 관한 통상적인 의미론적 규칙들을 받아들이기로 하자. 예컨대 거의 부담스럽지 않은 **진실 투명성의 원리**Prinzip alethischer Transparenz, PAT를 받아들이자.

(PAT) p라는 진술이 진실이면, p다.

이제 우리는 모순들을 도출할 수 있다. 구체적으로

$$(F^\#)\ g^\#\Lambda는\ 진실이다.$$

로부터 다음이 도출된다.

$$(F^{\#^*})\ g^\#\Lambda$$

요컨대 이제 우리는 상상할 수 있는 대상이라면 어떤 대상이 든지 — 예컨대 현재 프랑스의 왕을 — 도입할 수 있고 (상상 속에 서) 그 대상이 파리로 여행하게 할 수 있다. 그러면 이로부터 현재 프랑스의 왕이 파리로 여행 중이라는 것이 도출된다. 그러나 이것 은 거짓이다. 결과적으로 우리는 지금 모순을 생산했다. 이처럼 모 든 각각의 진실인 진술에 대하여, 그것과 양립할 수 없으면서 꾸며 낸 대상을 가리키는 진술을 도입하기는 누워서 떡 먹기다. 특정한 꾸며 낸 대상은 꾸며 낸 대상이 아니라는 것도 그런 진술의 한 예 다.[46]

당연히 아주니는, 꾸며 낸 현재 프랑스의 왕을 가리키는 것은 원리적으로 파리로 여행하는 누군가를 가리키는 것이 아니라고 대 답할 수 있을 것이다. 왜냐하면 현재 프랑스의 왕은 **애당초 가정에 따라서** 실존하지 않기 때문이라면서 말이다. 하지만 파리로 여행 중이라고 꾸며 낸, 현재 프랑스의 왕을 가리킨다면 사정이 어떻게 될까? 여기에서 〈파리〉는 파리를 지칭할까? 지칭한다면, 꾸며 낸 현재 프랑스의 왕이 파리로 여행한다, 는 거짓이다. 하지만 이 판정 은 아주니가 인정하는 것으로 보이는 원리들을 위반한다.

이 문제를 막기 위해서는, 우리가 허구적 대상을 실제로 다루는 방식에 부합하는 허구적 대상에 관한 이론을 개발해야 한다. 그 과정에서 다음이 드러나는데, 아주니의 행마와 (유리한 방식으로) 유사한 행마를 취할 수 있다. 그 행마는 **비존재론적 격리주의**로서, 우리가 수용자로서 속한 비허구적 의미장 안에 실존하지 않으면서 어떤 허구적 의미장 안에 실존하는 대상은 그 비허구적 의미장으로부터 격리되어 있다고 주장한다. 그런 대상은 늘 어떤 실재하는 놈 안에 내장된 채로만 등장한다.[47] S^1 안의 대상 g가 S^1 안의 S^2 안에서 나타날 경우, 이로부터 g가 S^1 안에서 나타난다고 결론지을 수 없다. 나는 과거에 이 같은 비전이적 구조의 예로 트롤을 들었다. 트롤은 노르웨이 신화 안에서 나타나고, 노르웨이 신화는 노르웨이 안에서 나타난다. 하지만 그렇다고 해서 트롤이 노르웨이에서 나타나는 것은 아니다.[48]

S^1 안의 S^2 안에 내장되어 있어서 S^1으로부터 존재론적으로 격리되어 있는 대상들은 인과적으로도 격리되어 있을 수 있다. 그럼에도 이 경우에 의미장 S^2 안의 대상들은 S^1 안의 대상들의 행동에 간접적으로 영향을 끼칠 수 있다. 한 장의 의미는 배치 함수Einrichtungsfunktion인데, 더 정확히 말하면, 그 장 안의 대상들이 실존하는 것은 그 장의 의미(곧 배치 함수) 덕분이다.[49] 그 의미는 대상들에게 본질적 속성들을 부여한다. 그 속성들이 없으면 그 대상들은 실존할 수 없을 터이다. 그 의미는 대상들을 한 유형의 대상들로서 개별화한다.

그러므로 실존하는 놈은 저마다 한 대상 유형에 속한다. 트롤은 본질적으로, 노르웨이 안에서 오직 노르웨이 신화 안에서만 나타날 수 있는 그런 대상들의 유형에 속한다. 이를 선(先)이론적으로 이렇게 표현할 수 있다. 트롤은 실존하지 않는다. 물론 의미장 존재론에서는 트롤이 실존한다. 하지만 트롤은 한 의미장 안에 내장된 다른 의미장 안에서 실존하며, 우리는 트롤이 실존하지 않는다는 진술을 통해 전자의 의미장 안에서의 실존에 특권을 부여한다. 그런데 트롤은 간접적으로 노르웨이에 영향을 미치며, 이는 노르웨이 신화라는 의미장 안에서 트롤이 나타나는데 그 의미장이 노르웨이 안에서 나타나고 따라서 노르웨이 안에서 실재함을 통해서다. 노르웨이 신화는 노르웨이 안에서 직접적으로 영향력을 발휘한다. 반면에 노르웨이 신화 안에서 등장하는 대상들은 그렇지 않다.[50]

2015년 9월 4일 뉴욕에서 나눈 대화에서 데이비드 차머스는 의미장 존재론이 허구 실재론을 순박하게 해석하는 것에 반발했다. 그런 해석은 대상들을 모순으로부터 충분히 보호하지 못한다는 이유에서였다. 그의 논증은 아래와 같은 형태였다.

(1) p라는 진술이 허구적 의미장 S^f 안에서 진실이라면, p다.

(2) 〈마지막 유니콘〉 같은 허구적 의미장 안에서 유니콘들이 있다는 것이 진실이라면, 유니콘들은 있다(허구 실재론).

(3) 〈마지막 유니콘이 의미장 존재론을 발견하고 뉴욕으로 여행하여 차머스와 가브리엘의 대화를 방해한다〉 같은 허구적 의미장 안에서, 마지막 유니콘이 의미장 존재론을 발견하고 뉴욕으로 여행하여 차머스와 가브리엘의 대화를 방해한다는 진술이 진실이라면, 마지막 유니콘은 뉴욕으로 여행하여 차머스와 가브리엘의 대화를 방해한다.

(4) 마지막 유니콘은 우리의 대화를 방해하기 위하여 나타났다.

(5) 마지막 유니콘은 우리의 대화를 방해하기 위하여 나타나지 않았다.

(6) 마지막 유니콘은 나타났고, 또 나타나지 않았다.

∴ 귀류법에 따라, 허구적 의미장 S^f 안에서 p라는 진술이 진실이라고 해서 p인 것은 아니다.

결론적으로 〈마지막 유니콘〉이라는 의미장 안에 유니콘들이 있다는 추정적인 진실로부터 유니콘들의 실존을 추론할 근거는 없다. 왜냐하면 그런 추론은 어떤 모순이든지 원하는 대로 산출할 터이기 때문이다.

그러나 유니콘들이 있음을 옹호하는 의미장 존재론적 근거는 아래와 같은 허구적 진실 원리를 별도로 받아들이는 것에 있지 않다.

(허구적 진실 원리FAP) 허구적 의미장 S^f 안에서 진술 p가 진실이라면, p다

유니콘들이 있다는 근거는 오히려 예술 작품들의 실존에서 나온다. 예술 작품들 안에서 유니콘들이 묘사되고, 유니콘들은 본질적으로 미적 경험 모드 안에서 실존한다.

이 생각을 더 상세히 펼쳐 보자. 영화 「마지막 유니콘」은 합성Komposition에 기반을 둔다. 합성이란 일단 대상들과 의미장들을 모아 놓는 것이다. 목적은 미적 경험의 기회를 산출하는 것이다. **온 예술 작품**Gesamtkunstwerk이란 하나의 악보와 그것에 대한 모든 해석으로 이루어진 전체다. 온 예술 작품은 주어진 합성(앞에 놓여 있는 예술 작품)을 해석하는 사람이 더는 없을 때 비로소 온전한 대상으로서 있다. 따라서 온 예술 작품은 당연히 인식적으로 접근 불가능하며, 더구나 특유한 방식으로 그러하다. 무슨 말이냐면, 예술 작품을(따라서 온 예술 작품도) 분석적으로 탐구하면서 또한 동시에 어

떤 식으로든 해석하지 않을 길은 없다. 그런 연유로 분석적 탐구자는 완결되었다고들 하는 온 예술 작품을 최종적으로 풀이하려는 시도를 통해 변화시킨다. 따라서 무언가가 온 예술 작품이려면, 우리는 그 무언가와 최종적으로 볼일을 다 보았어야 하고 이제 그것을 아예 다루지 말아야 한다.

합성은 적당한 방법들을 사용하여 예술 작품, 예컨대 「마지막 유니콘」 같은 애니메이션을 제작하는 작업이다. 이 작업의 핵심은 그림들을 제작하고 순서대로 배열하여 영화 공연을 가능케 하는 것이다. 영화 공연이 성공하려면, 적절한 수용자들이 있어야 한다. 그들은 순차적으로 이어지는 그림들을 적절히 해석하고, 그 결과로 그들에게 어떤 긴박한 상황이나 행위 진행이 떠올라야 한다. 이 떠오름은 수용자 측에서 〈**암묵적 정합성 구성**〉[51] 활동이 이루어지는 것을 전제한다. 이 활동은 수용자들이 명시적으로 보는 모든 것을 넘어선다. 수용자들이 명시적으로 보는 것은 단지 그림들의 순차적 배열뿐이다. 수용자들은 그 배열을, 자신이 자기 종(種)의 마지막 개체일까 봐 걱정하는 등의 행동을 하는 어느 유니콘의 슬픔에 관한 것이라고 해석한다.

특히 우리가 실재성 원리Realitätsprinzip를 적용하여 예컨대 어느모로 보나 무척 다른 두 그림을 동일한 유니콘으로 다시 알아보는 것은 관람자 측의 정합성 구성 덕분이다. 마지막 유니콘이 등장하지 않는 장면들에서 우리는 그 유니콘이 계속 실존하며 단지 지금은 직접 보이지 않을 뿐이라고 여긴다. 이런 정합성 구성이 없으면 우리는 영화에 대한 미적 경험을 하지 못할 것이다. 영화는 파열하여 더는 해석할 수 없는 순수한 물질로 전락할 것이다.[52]

미적 경험을 계기로 상상력이 발휘될 때 정합성 구성의 틀 안에서 속성들을 부여받는 대상들을 나는 **해석적 대상**이라고 부른다.[53] 미적 경험의 대상은 해석적 대상이다. 이 대상은 원리적으로 관람자가 속한 의미장 안에 직접 실존하지 않고 항상 그의 해석의 의미장 안에 내장된 채로만 실존한다.

악보 **공연**Vorführung은 **상연**Aufführung과 구별된다. 연극을 예로 들면, 공연이란 배우들이 하는 것이다. 반면에 상연은 그때 관람자 각각이 경험하는 것이다. 텅 빈 영화관에서 필름이 돌아가고 아무도 영화를 보지 않는다면, 미적 경험은(따라서 상연은) 일어나지 않고 단지 공연만 일어난다. 반면에 연극 공연은 항상 반드시 또한 상연이다. 왜냐하면 배우들이 자신의 역할을 미적 경험에 기초하여 연기하기 때문이다. 또한 그들은 그 경험으로부터 부분적으로 거리를 두어야 한다.

공연에 관람자 20명이 참석하여 몰입한다면, 최소 20개의 상연과 단 하나의 공연이 일어난다. 왜냐하면 공연되는 대상은 모든 미적 경험 각각에서 다른 속성들을 얻기 때문이다.[54] 수용자 두 명이 한 예술 작품을 동일한 방식으로 해석하는 일은 절대로 없다. 왜냐하면 미적 경험에서 우리의 정합성 구성은 궁극적으로 개별적이기 때문이다. 우리는 예술 작품을 늘 개별적 관점에서 이해하며 그 관점을 완전히 알아챌 수 없다. 왜냐하면 우리는 우리의 정신적 개별성과 그것의 구체적인 역사적 (우리 각자의 개인적 이력이 귀속하는) 위치를 한눈에 굽어보지 못하기 때문이다.[55]

생산 미학, 수용 미학, 작품 미학을 나눠 놓는 고전적 구도는, 여기에서 제안하는 이론에 따르면, 결정적인 존재론적 선택지를 간과한다. 무슨 말이냐면, 예술 작품은 세 가지 개념적 차원에 실존한다.

첫째, 악보가 생산된다. 이 생산의 조건 하나는 배열의 저자로서의 예술가(또는 예술가 팀)다. 물론 우리가 저자를 모든 단어 하나하나, 모든 붓질 하나하나를 미리 완성한 계획에 비추어 기록하는 사람으로 간주해야 한다는 뜻은 아니다. 저자는 의도를 가지며, 그 의도는(예컨대 장편 소설을 쓰려는 의도는) 예술 작품의 생산에서 역할을 담당한다. 하지만 그 의도만으로는 꾸며 낸 대상들을 존재적으로 충분히 안정화할 수 없다. 괴테가 세부적으로 어떤 의도들을 품었든 간에, 괴테가 전혀 생각할 수 없었던 질문을『파우스트』라는 의미장에 관하여 무한정 제기할 수 있다. 예술가가 자신의 의도들을 통해 예술 작품을 자신의 (심리 사회적이고 역사적인 방식으로 위치가 정해진) 최초 고유 해석을 벗어나는 해석들로부터 〈보호〉하는 것은 원리적으로 불가능하다.

예술 작품은 그것의 사용에 관한 특정한 의도를 미리 제시할 수 없다는 점에서도 사용 대상인 인공물과 다르다. 탁자는 앉기에 종사하고, 자동차는 이동하기에 종사한다. 한 사용 대상이 무엇인가는(그 대상의 **토티엔에이나이***는) 애당초 제작 과정에서 결정된다. 제작은 특정한 사용을 염두에 둔다. 반면에 예술가는 자신의 합성이 전반적으로 어디에 좋을지 모른다. 왜냐하면 그는 자신의 작품이 일으킬 모든 미적 경험을 원리적으로 통제할 수 없기 때문이다. 물론 예술가는 악보를 통해 수용을 제한할 수 있다. 그러나 수용을 완전히 결정할 수는 없다. 꾸며 낸 대상의 존재론 덕분에 수용자는 이렇게 혹은 저렇게 해석할 자유를 끝내 보유한다.

작품이 미적 경험에 종사한다는 언급은 대상들과 의미장들을 한 예술 작품으로 배열하는 작업의 목표를 제시하는 데 기여하기엔 너무 두루뭉술하다. 예술가가 원하는 대로 처분할 수 있는 작품의 일반적 물질성은 그것에 대한 실제 해석과 관련해서 미결정 상태다. 어떤 예술가도 자기 작품의 수용을 완전히 조종할 수 없다.

---

* τὸ τί ἦν εἶναι. 대충 〈본질〉을 뜻하는 아리스토텔레스의 전문 용어다.

수용은 그 자체로 놀라운 일들을 품고 있다. 예술가는 타율적이지만 그의 작품은 타율적이지 않다.

둘째, 예술 작품은 적어도 한 번 수용되었을 때 비로소 실존한다. 이때 수용이란 누군가가(당연히 이 누군가는 예술가와 동일할 수도 있다) 자신의 상상력을 발휘하여 무대가 되고, 그 무대 위에서 작품이 상연되는 것을 말한다. 무대는 베토벤의 청각적 상상력일 수도 있고, 서정시의 의미 시스템에 알맞은 단어를 찾아내는 잉게보르크 바흐만의 감각일 수도 있다. 존 케이지의 「4분 33초」가 상연되는 무대는 소리 공간이며, 그 작품의 공연 현장에 있는 사람이라면 누구나 곧장 그 공간에 접근할 수 있다.[56] 이른바 〈사실주의적 realistisch〉 서술이라는 문학적 사례에서 우리는 우리의 상상력이라는 무대 위에서 줄거리를 산출하면서 그것을 정합성 조건들에 속박한다. 이때 우리는 일상에서 안정적이라고 전제되는 의미장들이 이룬 맥락으로부터 그 조건들을 수입한다.[57]

물론 능숙한 문학 작품은 대개 결정적인 대목에서 정합성 구성을 교란한다. 그리하여 우리가 문학 속으로 완전히 빨려드는 일은 절대로 일어나지 않는다.[58] 예술 작품은 끌어당기면서 동시에 밀쳐 낸다. 왜냐하면 만약에 그렇지 않다면 예술 작품은 자신의 허구성 지위를 떨쳐 내고 미적 경험의 기회를 제공하는 대신에 진실 주장을 성공적으로 제기할 터이기 때문이다. 미적 경험은 절대로 총체적이지 않으며, 그렇기 때문에 늘 논리적-의미론적이고 또한 존재론적인 특권을 요구한다. 예술은 존재Sein인 가상Schein이다. 예술은 양면적이며 앞으로도 늘 양면적일 것이다.

작용Wirkung은 작품Werk 없이 일어나지 않는다. 작품은 나름대로 무언가로서 공연되고, 사람들은 그 무언가를 다양하게 해석할 수 있다. 따라서 작품과 작용 사이의 인터페이스로서 합성이 발생해야 한다. 그래야 그 전체가 주체-객체로서의 예술의 지위에 적합해질 수 있다. 작품은 수용을 지도한다. 더 구체적으로 말하면, 작품은 미적 경험이 덧붙이는 정당한 치장의 틀을 한정한다. 만약에 작품이 상연을 지도하지 않는다면 미적 경험의 객관성은 삭제되고, 따라서 미적 경험은 자유롭게 떠도는 상상으로 전락할 것이다. 어떤 대상이라도 그 상상을 촉발할 수 있을 테고 말이다.[59]

한 예로 (걸작) 텔레비전 시리즈 「파고Fargo」가 예상보다 더 오래 이어짐far go으로써 우리의 수용을 교란하는 것을 들 만하다. 그 작품은 거기에서 묘사되는 터무니없는 폭력이 예상케 하는 정도보다 더 길게 이어진다. 「파고」는 영화를 통해 고착된 예상을 시리즈 형식으로 뛰어넘는다. 오프닝 크레디트에서 우리는 1996년 작 동명 영화에서와 똑같이 구조적 반어법으로 다음을 경험한다.

> **이것은 진실한 스토리**true story**다.**[*] 묘사된 사건들은 1987년 미네소타에서 일어났다. 생존자들의 요청으로 가명들이 쓰였다. 사망자에 대한 존중에서 비롯된 결정으로, 나머지는 정확히 일어난 그대로 서술되었다.[60]

영화는 뒤이어 나온 시리즈의 개별 시즌들과 마찬가지로 (최소) 두 개의 (엄밀히 말하면 훨씬 더 많은) 의미장이 겹쳐 있는 상태에서 시작한다. 한 수준에서는 생산 조건들이 열거된다. 이 수준에서는 오프닝 크레디트와 동일한 필체로 적힌 문구들이, 특정 스튜디오가 영화를 〈내놓는다〉고, 또 누가 영화를 〈생산했다〉고 말해준다. 이때 영화에서 중요한 것은 코언 형제의 분업이다. 형제는 함께 영화를 만들었는데, 조엘은 감독으로, 이선은 프로듀서로 등장

* 이 문장의 굵은 서체는 영화 오프닝 크레디트상의 강조를 반영한 것이다.

한다.

무엇이 묘사되는지는 우리가 상상해야 하는데, 그 묘사되는 것의 수준에서(〈서사 세계〉에서) 우리는 처음에 그저 하얀 화면만 본다. 잠시 후 그 하얀 화면이 눈보라로 밝혀지고, 곧바로 새 한 마리가 화면을 가로질러 날아간다. 이어서 자동차 한 대가 우리에게 다가온다. 자동차의 전조등이 가까이 온다. 흡사 풍경이 환해지는 듯하다. 이로써 영화의 물질적 차원에서 알아챌 수 있는 것은 우리가 영화를 관람한다는 것이다. 그 영화의 생산 조건들은 명시적으로 열거된다. 〈진실한 스토리〉라는 문구를 동원한 반어적 놀이도 그 생산 조건들에 포함된다. 이때 〈진실한〉이라는 표현의 다의성이 이용된다. 그 표현은 한편으로 진술의 진실성과 관련 맺고, 따라서 목격자의 생각과 관련 맺는다. 다른 한편으로 〈진실한〉은 〈진짜 친구〉에서 〈진짜〉처럼 사용된다.[61] 〈진실한 스토리〉는 진짜 이야기이기도 하다.

미적 경험은 영화의 수준에서 우리에게 점점 더 다가온다. 슬픔을 암시하는 영화 음악은 어떤 좋은 것도 기대하지 않게 만들지만, 배우들의 목록 등과 마찬가지로 여전히 우리와 앞으로 일어날 일 사이에 놓여 있다. 영화 세계에서 우리에게 들려오는 최초의 소리는 날갯짓 소리, 우리가 보는 새가 날개를 퍼덕이는 소리다. 그 소리는 단순한 새의 날갯짓 소리를 넘어서 예술의 예언적 배경을 암시하는지도 모른다. 우리는 처음부터, 마치 장면이 비밀스러운 의미를 갖기라도 한 것처럼 장면을 읽는다.[62]

작품의 물질성이 작품의 수용을 지도한다. 「파고」에서는 이 사정 자체가, 읽기를 암시하는 비유Allegorie의 형태로 영화 안에서 등장한다. 우리는 말하자면 우리를 마중 나온 안내자와 시각적으로 동행하게 된다 — 첫 장면에서 견인되는 자동차가 이 상황을 상징적으로 보여 준다. 그러나 영화가 우리를 완전히 조종할 수는 절대로 없다. 왜냐하면 상상력은 허구라는 매체 안에서 우리에게 나타나는 모든 것을 뛰어넘기 때문이다. 우리에게 무엇을 보여 주건 간에 우리는 그것을 보면서 동시에 해석한다. 그렇지 않다면 우리는 묘사된 것의 존재론적 지위를 진술하는 듯한 단어들(〈진실한 스토리〉, 〈이것은 파이프가 아니다〉)을 독해할 수조차 없을 것이다. 작품은 우리에게 제시되지만, 이 제시는 우리가 수용자로서 이미 작품을 재-제시함(재현함)re-präsentieren을 통해 이루어진다. 이 같은 재현의 지위는 곧바로 은폐된다. 왜냐하면 모든 성공한 비허구적 재현은(영화를 해석할 때 우리는 이 재현에서 정합성 구성의 조건들을 빌려 온다) 진실을 투명하게 보여 주기 때문이다. 즉, 성공한 비허구적 재현은 외부 지칭물에 맞춰져 있기 때문이다.

　　미적 경험을 일으키는 개념적 아른거림의 또 다른 생생한 예로는 다니엘 켈만이 쓴 장편 소설 『에프』의 첫 부분을 들 수 있다.[63] 그 소설 전체는 〈F.〉가 〈Fiktion(허구)〉의 약자일 수도 있다는 생각을 내놓고 이리저리 굴리며 논다. 주인공으로 〈아르투어 프리틀란트Friedland〉(이 인물도 〈F.〉의 후보다)라는 인물이 등장하는데, 그는 〈소설들〉을 썼지만, 〈어떤 출판사도 그 소설들을 출판하려 하지 않았다. 또 이야기들을 썼는데, 그것들은 가끔 정기 간행물에 실렸다. 그는 다른 일은 하지 않았다. 하지만 그의 아내가 안과 의사여서 돈을 벌었다〉.[64] 화자는 오래 머뭇거리지 않고 곧장 복잡한 **이야기 속 이야기**|Mise en abyme의 심연으로 뛰어들어 풀이를 어렵게 만든다.

　　차를 타고 가는 길에 그는 열세 살짜리 아들들과 함께 니체와 여러 껌 브랜드에 관하여 대화했다. 그들은 껌 브랜드를 놓고 언쟁했고, 지금 영화관에서 상영되는 한 애니메이션을 놓고 언쟁했다. 그 애니메이션이 다루는 것은 로봇이었는데, 그 로봇은 구세주이기도 했다. 그들은 왜 요다가 그런 이상한 말을 했는지에 관한 가설들을 세웠고, 슈퍼맨이 아마 배트맨보다 더 강했을까, 라는 질문을 스스로 던지고 대답을 궁리했다.[65]

그 소설 속에서 우리는 (그 소설 밖에는 실존하지 않는) 한 소설을 알게 되는데, 이 소설의 제목은 (오뒷세우스와 간텐바인의 텍스트 간 융합에서 유래한 것이 틀림없는) 〈내 이름은 노바디nobody 라고 하자Mein Name sei Niemand〉다.* 우리는 이 작품의 첫 부분이 〈삶에 침입하는 젊은 남자에 관한 구식 중편 소설〉이라는 말을 듣는데, 〈그 남자의 이름에 대해서 우리는 첫 철자 F만 알게 된다〉.[66] 다른 한편으로 풀이의 열쇠가 제공되고, 그 열쇠는 작품의 다른 여러 곳에서 사용된다.

하지만 어떻게 느껴지는가 하면, 어떤 문장도 간단히 자기 자신을 의미하지 않는 듯하고, 이야기가 이야기 자신의 진행을 관찰하는 듯하고, 실은 중심에 주인공이 있는 것이 아니라 그 모든 것을 이토록 기꺼이 뒤따르는 독자가 있는 듯하다.[67]

이 언급 다음에 읽기 행위 중에 세계가 사라지는 것에 관한 철학적 숙고가, 그리고 저자의 관점에서 독자는 실존하지 않음에 관

* 간텐바인Gantenbein은 막스 프리슈의 소설 『내 이름은 간텐바인이라고 하자』에서 거론되는 인물.

한, 〈우리 정신의 한 모형〉[68]으로서의 공간에 관한, 우리의 〈이른바 의식〉에 관한 철학적 숙고가 여러 페이지에 걸쳐 이어진다. 이른바 의식은 깜빡거림이다. 〈그것은 노바디가 꾸는 꿈이다.〉[69] 그 꿈의 전조는 움직이며 흐릿하게 번진 〈F〉, 책의 검은 표지에 당당히 자리 잡은 하얀색 〈F〉다. 이런 토대 위에서 그 중편 소설을 읽는 인물이 나타난다. 그는 〈읽는 과정에서〉 〈자기 자신의 실존에 대한 의심〉[70]에 빠진다 — 이것은 아마도 베르나르두 소아레스(포르투갈 시인 페르난두 페소아의 다른 이름들 중 하나)가 가장 능숙하게 실행한 지칭 구조Referenzstruktur다. 소아레스의 저서 『불안의 책』에는 심지어 이런 대목이 나온다.

> 〈실재하는 놈〉과 관련해서 우리가 가진 것은 단지 우리의 지각들뿐이다. 그러나 (우리의 지각들 중 하나인) 〈실재하는〉은 아무것도 의미하지 않으며, 〈의미하다〉 역시 아무것도 의미하지 않고, 단어 〈지각〉은 뜻을 지니지 않았고, 〈뜻을 지녔음〉은 뜻을 지닌 무언가가 아니다. 모든 것은 동일한 비밀이다. 그럼에도 나는, **모든 것***이 무언가를 의미한다는 것이나 〈비밀〉이 의미를 가진 단어라는 것은 아예 틀린 생각임을 알아챈다.[71]

예술 작품은 해석/수용 모드 안에 실존하며, 그 모드가 예술 작품의 물질성을 의미Bedeutung로 변환한다. 작품을 읽을 때, 우리는 정합성 구성을 위해 스스로 집어넣는 특정한 의미들을 채택하기로 결정한다. 그러다가 충돌이 생기면, 우리는 우리의 의미 부여를 수정한다. 이때 우리가 무엇과 관련 맺는지(무엇을 지칭하는지)는 작품의 물질성만을 통해서는 완전히 결정되지 않는다.

* 굵은 서체는 『불안의 책』 원문의 강조를 반영한 것이다.

로댕의 「생각하는 사람」은, 그것이 단지 특정한 모양으로 빚어진 청동상인 한에서는, 생각하지 않는다. 청동상은 생각하기와 어울리지 않는다. 〈생각하는 사람〉이라는 문구는 청동 덩어리를 가리키지 않는다. 오히려 우리는 누군가가 「생각하는 사람」처럼 자세를 취하고 앉아 〈깊은 생각〉을 하는 상황을 상상한다. 청동 덩어리는 단지 관찰자의 눈 안에서만 생각하는 사람의 형태로 빚어진 물질 덩어리다. 그것의 물질적 그-자체임Ansichsein은 순수한 형태이며, 그 형태는 적절한 조건들 아래에서 미적 경험을 유발하고, 그 경험은 생각하는 사람을 상상하도록 우리를 이끈다. 청동상을 보는 사람은 생각하는 사람을 보지 못한다. 대신에 기껏해야, 주어진 해석의 틀 안에서 생각하는 사람과 유사한 무언가를, 바꿔 말해 생각하는 사람의 전형적 자세와 유사한 무언가를 볼 따름이다. 또한 이 관련 맺기도 작품의 생산 조건들을 통해 당연히 반어적으로 철회된다. 잘 알려져 있듯이, 조각가는 청동상의 모델로 복서 장 보Jean Baud를 선택했다. 장 보는 성매매에 종사했으며, 사상가일지도 모른다는 의심을 받은 적은 딱히 없다.

언어적 관련 맺기와 의미는 예술 작품의 물질적 틀 안에서 늘 불명확하게 설정되는데, 이 사정은 물질적으로 전달되는 언어적 의미 전체에 적용된다. 그러므로 이 경우가 아니더라도, 관련 맺기의 대상을 생각하기 과녁상의 정확히 특정된 점처럼 간주하지 말아야 한다.[72] 따라서 우리가 허구적 담론에서 불명료하거나 왜곡된 채로 등장하는 개별 사물들과 아무 문제 없이 관련 맺을 수 있다는 견해는 존재론적 담론의 (허구가 아니라!) 착각이다. 우리의 개별 사물 지칭은 〈정상적인 경우〉에도 불명확한 성공 조건들과 결부되어 있다. 바꿔 말해 모든 의미 과녁상의 모든 점은 생각과 인식의 맥락 안에서 미결정 상태다. 지칭은 실패할 수 있다. 지칭이 성공하면, 우리는 지칭 덕분에, 하지만 애초의 가정에 따라서, 지칭 대상과 인과적으로 접촉한다. 그런데 허구적 지칭의 경우에는 이 인과적 접촉이 더 어려운 것처럼 보인다.

하지만 이 외관은 실상과 다르다. 대표적으로 피터 밴 인와겐이 옹호하는 통상적인 허구 실재론은, 〈그레첸〉 같은 고유 명사가 최소한 악보의 한 요소를, 그러니까 텍스트 요소들을 지칭한다는 점에 정당하게 의지할 수 있다. 밴 인와겐은 그 텍스트 요소들을 추상적 대상들로 간주하는데, 이것은 별개의 문제다.[73] 마치-처럼 이론들Als-ob-Theorien이 처한 사정도 이와 유사하다. 그 이론들은 지칭 도우미Referenzstütze(〈소품〉)를 동원한다. 지칭 도우미는 허구성 계약에서 그것의 실상이 아닌 다른 무언가로 간주된다. 이로써 지칭의 인과적 환경이 주어진다. 그리하여 〈메피스토펠레스〉라는 단어는 특정 공연을 계기로 예컨대 구스타프 그륀트겐스를 지칭하고, 수용자는 그륀트겐스와 인과적으로 접촉한다.

미적 경험은 악보가 해석의 놀이 공간을 제공하기 위하여 생산하는 〈비워 둔 자리들〉을 메운다.[74] 그렇기 때문에 그레첸 같은 허구적 인물들은 현저히 불특정하다는 통념은 옳지 않다. 그레첸은 텍스트 요소로서도, 미적 경험의 해석적 대상으로서도 불특정하지 않다. 실제로 불특정성 현상은 전혀 다른 곳에서 등장한다. 그곳은 공연과 상연 사이의 틈새다. 그 틈새 덕분에 그레첸은 우리로부터(또한 우리는 그레첸으로부터) 격리되어 있다.

셋째, 예술 작품은 악보와 해석 사이의 인터페이스다. 작품은 악보와 동일하지도 않고, 특정한 상연과 동일하지도 않다. 대신에 작품은 실제 해석과 아직 실현되지 않았지만 가능한 해석들로 이루어진 열린 구조다. 예술 작품은 해석하는 사람이 더는 없을 때 비로소 완결된다. 그런 한에서 가다머의 〈작용사Wirkungsgeschichte〉 개넘과 관련 견해들은 완벽하게 옳다. 그 개념을 보수적인 예술 취향에 바치는 공물로 간주한다면, 그것은 부당하다.[75] 예술 작품은 결국 그것의 작용사와 동일하다. 이때 작용사는, 작품이 미적 경험 모드 안에서 나타나고 따라서 아무튼 예술 작품으로서 실존하는 결과를 빚어내기 위해 사람들이 실행하는 해석들의 계열을 포함한다.[76]

가다머의 해석학과 관련하여 또 하나 수정해야 할 오판은, 해석의 옳음이나 그름이 들어설 공간이 그 해석학에 없다는 것이다.[77] 이 주제를 다루는 가다머의 주요 작품에 〈진리와 방법〉이라는 제목이 붙어 있는 것은 우연이 아니다. 모든 해석(여기에서 해석은 미적 경험 모드 안에서의 상연을 뜻하는데) 각각이 다른 모든 해석 각각과 동등하게 좋은 것은 아니다. 풀이의 객관적 기준들이 있으며, 그 기준들이 해석의 놀이 공간을 결정한다.[78] 그 객관적 기준들은 악보를 통해 결정되고, 악보의 구조는 당연히 합성을 매개로만 접근 가능하다. 바꿔 말해, 악보의 구조는 미적 경험의 물질적 조건들을 되짚어 구성함으로써 분석적으로만 접근할 수 있다.

요컨대 그 객관적 기준들은 근원 텍스트에 인식적으로 접근하기 위한 조건들이다. 그리고 우리는 오로지 한 해석을 출발점으로 삼아야만 근원 텍스트를 열 수 있다. 근원 텍스트는 타이핑 오류와 전승 오류 때문에 부분적이거나 전반적으로 왜곡되어 있을 수 있다. 따라서 수용자는 허구적 의미장을 건설하는 과정에서 다른 단어나 다른 문법 구조가 취지에 더 잘 들어맞음을 확인하면 저자를 수정할 수 있다.[79]

지금 우리의 논의에서 풀이 개념과 해석 개념은 실재론적 제한들을 도입하는 데 기여한다. 사람들이 미적 경험을 그것의 물질적 토대로부터 분리하고 따라서 예술의 (때때로 아름다운) 가상이 정박해 있는 대상을 시야에서 놓칠 때, 그들은 그 실재론적 제한들을 너무 쉽게 간과한다. 근원 텍스트란 실재론적 제한들의 총합이다. 바꿔 말해 근원 텍스트란 (일부 경우에는 실제로) 돌에 새겨져 있으며 자신의 근원 상연의 맥락 안에서 특정한 의미 할당을 (이를테면 그리스 비극에서는 고전 그리스어 어법을 통해) 확정하는 그 놈이다.

우리 논의의 맥락 안에서 풀이는 주어진 악보에 대한 이론적 분석, 학문적으로 명확히 제시된 분석이다. 이 분석은 문학, 음악학, 연극학, 미술학뿐 아니라 예술 작품을 대상으로 삼는 다른 모든 정신 과학 및 사회 과학의 개별 분과들에서도 이루어진다. 예술 작품이 역사적 대상들에 관한 정보를 제공하는 한에서, 역사학도 부분적으로 예술 작품을 다룬다. 이 개별 학문들은 문헌학적 역사적-비판적 방법들을 사용하여 작품의 물질적 토대를 생산하기 위한 조건들에 관한 진실에 접근한다. 당연히 가다머는 이를 알아챘다. 따라서 이미 언급한 대로, 그의 주요 작품의 제목은 어느 모로 보나 적절하다.[80]

거듭 말하지만, 나는 풀이의 대상을 〈메타 해석적 대상〉이라고 부른다. 이 명칭은 역시 당연히 가다머가 강조한 사정, 곧 문헌학적 역사적-비판적 연구는 문화적 생산물들에 대한 이해를 지침으로 삼아야 한다는 사정을 고려하여 선택되었다. 『파우스트』 초고와 1부, 2부의 해석적 대상들과 교제하면서 미적 경험을 축적하지 않은 채로 그 텍스트들을 메타 해석적으로 유의미하게 분석할 수 있는 사람은 없다. 미적 경험은 메타 해석적 분석의 요소들에 관한 정보를 제공한다. 왜냐하면 수용사(史)는 존재론적으로, 곧 본질적으로 작품에 속하기 때문이다. 메타 해석적 대상들에 대한 우리의 파악은 우리와 해석적 대상들 사이의 능숙한 교제를 통해 개선되고 수정될 수 있다.

악보와 수용사 사이의 인터페이스로서의 예술 작품은 **합성**이다. 작품의 합성은 악보뿐 아니라 미적 경험 활동도 아우른다. 미적 경험 활동은 수용자인 우리를 부분적으로 작품 안에 집어넣는다. 요컨대 합성은 미적 종합이며, 분석은 그 미적 종합을 터전으로 삼아 그 안에서 움직인다. 합성에는 일반적으로 주체들이 참여하는데, 그 주체들은 예술가, 곧 작품의 물질적 차원의 생산자와 동일하지 않다. 그런데 그런 주체들의 참여는 필수적이지 않다. 왜냐하면 예술가는 예술가 자신이 있는 자리에서 예술가 자신을 통해 딱 한 번만 상연되는 작품을 창작할 수 있기 때문이다. 예술가가 자기 작품의 실존을 다른 잠재적 수용자들로부터 성공적으로 숨긴다면, 그는 스스로 짓기Autopoiese라는 대단한 장관에 몸소 참여하는 셈일 것이다.[81]

미적 경험은 결코 완전한 흡수로 이어지지 않는다. 왜냐하면 완전한 흡수가 일어난다면 우리는 예술 작품의 틀을 벗어날 터이기 때문이다. 예술 작품의 물질성은 우리 상상력의 환상을 제한한다. 이로써 우리는 데카르트와 고전적 경험주의의 보존할 가치가 있는 통찰에 도달했다. 그 통찰은 칸트의 〈관념론 반박〉*의 핵심 대목에서 메아리치기도 한다. 그 통찰에 따르면, 상상력의 환상은 제한되어 있다. 왜냐하면 상상할 때 우리는 그 자체로는 상상된 것일 리 없는 요소들을 재조합해야 하기 때문이다.[82] 우리의 상상력 발휘는 실재하는 무언가에 관한 우리의 사실적 인식에 정박해 있지 않은 무언가를 발명하지 않는다. 우리가 소설을 읽을 때, 우리는 우리의 실재와 연결되어 있지 않은 맞세계Gegenwelt를 발명하지 않는다. 왜냐하면 우리의 상상력을 발휘할 계기가 악보의 물질성을 통해 주어지기 때문이다. 이때 실재와 연결된 닻으로서 우리의 상상

* 『순수 이성 비판』의 한 대목.

력에 미리 주어져 있는 것은, 로크, 흄, 버클리가 떠올린 단순 관념이라는 환영이 당연히 아니다. 고전적 경험주의에 따르면, 우리 경험의 요소들은 우리가 감각 경험에서 추출하는 단위들이다. 고전적 경험주의는 인간 정신에 관한 원자론 모형을 채택하는데, 그 모형에 따르면 우리가 처리할 수 있는 모든 관념은 결국 근본적인 층을 토대로 삼고, 그 층은 원자적 관념들로 이루어져 있다.

하지만 주어진 것은 원자론적 구조를 띠고 있지 않다. 왜냐하면 실재하는 놈이 주어지기 때문이다. 어떤 놈이 실재하는 놈이라면, 우리는 진실 능력을 갖춘(곧 오류 가능한) 태도를 그놈에 적용할 수 있다. 기록Registratur이 지닌 오류 가능함이라는 속성을 나는 실재성이라고 칭한다. 이 어법은 인식적 실재성 개념에 부합한다.[83] 우리가 무언가를 상상할 때, 그 무언가는 어떤 계기로 인해 우리에게 떠오른다. 주어진 미적 사례에서 그 계기는 악보를 마주하기다. 반응하는 우리 편에서는 그 악보가 미적 경험을 일으킨다. 미적 경험은 우리 상상력의 의미장 안에 해석적 대상들이 나타나게 한다. 이 과정은 완전히 둥둥 떠 있지 않고 주어진 것을 통해 제한된다. 이 경우에는 예술 작품의 물질성이 주어진 것에 해당한다.[84] 우리가『파우스트』공연을 계기로 무언가를 상상하는 것은 결코 간단한 일이 아니다. 우리의 수용이라는 정신적 사건은 결국 작품의 정체성에 영향을 미친다. 악보와 수용은 예술 작품의 개념과 실재 안에서, 곧 사실적 합성 안에서 서로 연결되어 있다.

2장
허구적 대상은 없다: 철학적 신화에 맞섬

방금 간략히 서술한 기반 위에서 보면, 〈허구적 대상〉이라는 통상적 〈개념〉은 불필요함이 드러난다. 그 개념은 이론의 귀결이라기보다 암묵적 견해에 가까운, 해석적 대상과 메타 해석적 대상의 동일시에 기초를 둔다. 허구성Fiktionalität을 다루는 많은 문학적 철학적 연구의 공통분모는 허구적 대상이 실존하지 않는다는 친숙한 전제다. 안타깝게도 현재의 이론 철학은 허구성에 관한 문학적 연구를 대체로 외면한다. 거꾸로 철학적 의미론과 존재론은 허구적 대상을 (그 대상이 언어적 지칭과 관련하여 난점들을 일으키는 한에서) 주변적으로만 다룬다는 항의가 몇몇 허구 이론가들로부터 제기되는 것이 사실이다.[85] 그러나 그들은 철학적 분석의 몇몇 미묘한 측면을 간과한다. 그리하여 허구성Fiktionalität/꾸며 내어졌음Fiktivität에 대한, 문제 많은 정의들이 발생한다.

특히 주목할 만한 결함은 이것인데, 한편으로 거의 모두가 동의하는 바에 따르면, 허구적 대상은 실존하지 않는 대상의 부분 집합을 이룬다. 그러나 다른 한편으로 허구적 대상에 관하여 어떤 이론적 주장들을 제기할 수 있는지 가늠할 때 기준이 될 만한, 충분히 명확하게 서술된 (비)존재론이 제시되지 않는다. 허구적 대상들을 실존하지 않는 놈들로 치부하는 것은 자명한 선택이 아니다. 아무리 관대하게 보더라도, 허구적 대상들이 실존하지 않는다는 것은 분석적 진실이 아니다.

이 장에서 나는 〈허구적 대상〉이라는 철학적 범주가 잘못 구성되었음을 논증하고자 한다. 무슨 말이냐면, 〈허구적 대상〉은 실은 없다. 왜냐하면 이 〈범주〉는 한편으로 (문학적) 예술 작품에서 거론되는 대상들을 염두에 두고 내세워지면서도, 다른 한편으로 오로지 그런 대상의 부분 집합만, 곧 실제로 실존하지 않는다는 (억측된) 의미에서 순수하게 꾸며 낸 대상들만 다루기로 애당초 결정했기 때문이다. 당연한 말이지만, 이 삐걱거림을 제거하기 위해 흔히 〈허구적임fiktional〉과 〈꾸며 내어졌음fiktiv〉이 구별된다. 대상이 〈허구적〉이라는 것은, (문학적) 묘사Darstellung 모드 안에서 대상이 다뤄진다는 것이다. 반면에 〈꾸며 낸〉 대상이란, (문학적) 묘사의 대상이면서 또한 실존하지 않는 대상을 말한다.[86] 그리하여 허구적이면서 실존하는 대상들이 들어설 공간이 생겨난다. 예컨대 「베네치아에서의 죽음」 안의 뮌헨과 베네치아, 『파우스트』 1부 안의 라이프치히와 파우스트가 그런 대상이다. 요컨대 허구적 대상 중 일부는 꾸며 낸 것이고, 다른 일부는 그렇지 않다.

하지만 쉽게 떠오르는 이 구별은 문학적으로도 철학적으로도 그다지 도움이 되지 않으며 따라서 근본적으로 수정할 필요가 있다. 왜냐하면 문학적 사례의 대다수는 훨씬 더 복잡하기 때문이다. 다시 한번 『파우스트』를 그냥 피상적으로만 살펴보자. 역사적 인물인 파우스트라는 기적의 치유자와 『파우스트』 안의 꾸며 낸 파우스트는, 『파우스트』의 소재가 된 설화가 있고 역사적 파우스트에 관한 생각들이 그 설화의 발생에 기여했다는 점에서 서로 관련이 있다. 하지만 그렇다고 〈파우스트〉라는 제목이 붙은 괴테의 악보가 역사적 파우스트를 다룬다는 뜻은 아니다. 괴테의 파우스트는 역사적 파우스트와 동일하지 않다.

게다가 복잡한 상호 텍스트성을 고려해야 한다. 파우스트 주제를 휩쓸어 들인 그 상호 텍스트성은 다양하게 가공되고 변형되었으며, 그 결과로 수많은 파우스트 인물들에 관한 서술에서는 역사적 파우스트에게 일어난 일을 명확히 지칭하는 사례를 발견할 수 없다. 〈파우스트〉, 〈파리〉, 〈모스크바〉 등의 허구적 표현이 비허구적 맥락 안에서 〈파우스트〉, 〈파리〉, 〈모스크바〉 등으로 알려진 놈을 지칭한다는 생각은 문학 이론의 맥락 안에서 기껏해야, 배경지식을 토대로 삼아야만 모든 문학 텍스트를 독해할 수 있다는 것을 의미할 따름이다. 우리의 배경지식은 파우스트, 파리, 모스크바에 관한 견해들을 포함한다. 문학 작품을 해석할 때 그 견해들을 반드시 유보해야 하는 것은 아니다.

하지만 이로부터 『파우스트』나 『전쟁과 평화』 안의 단어들인 〈파우스트〉, 〈파리〉, 〈모스크바〉 등이 파우스트, 파리, 모스크바를 지칭한다는 결론은 나오지 않는다. 물론 우리는 해당 예술 작품을 성공적으로 해석할 때 우리의 미적 경험을 치장하기 위해 파우스트, 파리, 모스크바에 관한 우리의 지식을 동원한다. 그러나 그렇다고 예술 작품을 해석할 때 우리가 익히 아는 파우스트, 파리, 모스크바의 실재적이지 않고 단지 가능적인 속성들을 경험하는가 하면, 그것은 아니다. 만약에 그런 속성들을 경험하는 것이라면, 허구는 (다시 한번 크립키의 의미심장한 논평을 끌어들이면) 루이스의 가능 세계들을 들여다보는 매우 강력한 망원경일 터이다.[87]

문학의 경우에 우리의 텍스트 이해는 미적 경험을 유발한다. 그렇기 때문에 문학은 우리의 배경지식을 요구하는 수법들을 사용한다. 이는 (월턴의 생각을 끌어들이면) 그런 식으로 우리의 정신적 삶의 요소들을 상연의 소품들로 활용하기 위해서다.[88] 이때 우리의 상상력 발휘는 두 가지 방식으로 제한되고, 이로써 환상 제한이 작동하게 된다.

한편으로 텍스트 혹은 텍스트로 작성되지 않은 예술 작품(이를테면 그림, 영화)이 재료(물질)를 제공하고, 그 재료는 우리가 상상력을 발휘할 기회를 준다. 이 재료는 〈파우스트〉, 〈파리〉, 〈모스크바〉 같은 기호들을 포함한다. 이 기호들은 다른 기호들과 연결된다. 미적 경험을 하려면, 우리는 이 기호 코드를 읽는 데 능숙해야 한다. 기호 코드 읽기는 우리의 상상력을 활성화한다. 우리는 주어진 재료를 기반으로 삼아 시나리오를 산출하고, 그 시나리오 안에서 특정한 대상들이 서로 협력한다. 그 시나리오는 우리가 상상하는 것이며, 절대로 재료 안에서 통째로 발견되지 않는다. 그렇기 때문에 우리는 예술 작품을 다양하게 해석하기 마련이며, 이 같은 해석의 다원성은 의견 불일치의 증표가 아니다. 한 예술 작품에 대한 두 가지 해석 사이에 반드시 의견 차이가 있는 것은 아니다. 왜냐하면 등가의gleichwertig 해석이 다수 존재해야 하기 때문이다. 해석적 다원성이 없으면 예술 작품은 실존하지 못한다. 이처럼 해석학은 실제로 존재론에 기여한다.[89]

다른 한편으로 우리는 미적 경험을 치장하기 위하여 비허구적 배경지식을 사용할 권리가 있다. 프루스트의 『잃어버린 시간을 찾아서』를 읽을 때 사람들은 자신의 파리 경험에 비추어 19세기의 파리를 떠올린다.[90] 우리는 파리에 대해 이것저것 알기 때문에, 우리가 기호 〈파리〉를 미적 맥락 안에서 마주할 때, 그 앎을 단서로 삼아 파리를 특정한 방식으로 상상한다. 하지만 우리가 미적 경험 안에서 예술 작품의 시나리오를 치장하기 위하여 동원하는 파리에 관한 상상은 실제 파리와 관련 맺지 않는다. 문학적 재료를 통해 유발된 미적 경험의 틀 안에서 파리를 상상함으로써 우리가 파리에 관하여 무언가를 배우게 되냐 하면, 그것은 전혀 아니다. 기껏해야 우리는 파리에 대한 우리의 상상에 관하여 무언가를 배우며, 미적 경험 중에 그 상상을 변화시킨다.[91]

꾸며 낸 대상의 속성들은 그 대상의 꾸며 내지 않은 맞짝 Gegenstück에 관하여 아무것도 가르쳐 주지 않는다. 기껏해야 우리는 어떤 해석들이 어떤 시기에 어떤 집단에 의해 선호되는지(이것은 특히 예술 사회학의 연구 대상이다)[92] 조사함으로써 우리의 상상에 관하여 무언가를 경험할 따름이다. 따라서 이렇게 말해도 무방한데, 예술은 주어진 작품의 자율적 구조에 대한 통찰을 넘어선 진실을 담고 있지 않다. 프루스트의 『잃어버린 시간을 찾아서』는 파리 여행 안내서가 아니며, 토마스 만의 단편 소설들은 삶과 예술의 관계에 관한 지혜를 담고 있지 않다.

프루스트의 『잃어버린 시간을 찾아서』에 나오는 많은 내용은 파리에 관해서라면 거짓이지만 그 작품 안의 〈파리〉라는 장소에 관해서는 참이다. 바꿔 말해 『잃어버린 시간을 찾아서』 안의 파리는 우리의 파리와는 다른 속성들을 지녔다. 그러므로 구별할 수 없는 놈들은 동일하다는 원리에 따라서 양자는 동일한 도시일 수 없다. 그 원리에 따르면, x의 모든 속성 각각이 y의 속성이고 거꾸로도 마찬가지라면, x와 y는 동일하다. 물론 이 원리의 적용 가능성을 양자 역학의 영역에 국한할 타당한 이유들이 있다. 하지만 파리 같은 대상들은 이 사정의 영향을 곧바로 받지 않는다. 당연한 말이지만, 『잃어버린 시간을 찾아서』 안의 파리는 파리와 유사하다. 이 유사 관계는 텍스트를 추체험하는 읽기에서 소설의 의미장을 치장하는 데 기여한다. 또 프루스트 본인도 다른 예술 창작자들처럼 허구와 실재(의 외관)를 관계 지음으로써 그 유사 관계를 가지고 논다.

또한 당연히 예술은 거짓말도 하지 않는다. 왜냐하면 미적 경험은 그 경험을 넘어선 주장을 제기하지 않기 때문이다. 오히려 서사 내적(이야기 안의) 진실들과 사실들이 있다. 다만, 예술이 자기 바깥을 가리키고 따라서 자신의 범위 바깥의 대상들에 관한 진실 주장들을 제기할 수 있다는 취지로 그 서사 내적 진실들과 사실들을 풀이하면 안 된다. 물론 우리는 우리 자신에 관해 무언가 경험하기 위하여 허구적 서술을 사용할 수 있다. 하지만 서사 내적 진실들이 또한 서사 외적이라는 이유로 그렇게 할 수는 없다.

허구적 맥락들을 적절히 구별함으로써 허구에서 사용된 표현 중 일부는 실존하는 대상을 적절히 지칭하는 반면 다른 일부는 그렇지 않도록 만들 수 있다는 견해 역시 철학적으로 그다지 도움이 되지 않는다. 왜냐하면 이 견해를 채택할 경우, 허구성 개념은 어떤 진지한 이론적 역할도 하지 못하기 때문이다. 대신에 이런저런 맥락 안에서 무언가를 지칭하기 위해 사용되는 표현들이 일반적으로 관건이 된다. 그러나 전제된 지칭 대상이 실존하지 않는다는 점에서, 그 지칭은 가정에 따라 실패로 돌아갈 수밖에 없다. 따라서 〈메피스토펠레스〉와 〈플로지스톤〉은 서로 다른 맥락에서 도입되긴 하지만 동일한 존재론적 지위를 가진다. 바꿔 말해 이른바 〈허구적〉 대상들은 기껏해야 실존하지 않는 대상의 예들이다. 그렇다면 다음과 같은 의미론적 수수께끼가 발생한다. 아예 아무것도 지칭하지 않는 특이한 용어들의 언어적 의미Bedeutung를 어떻게 재구성할 수 있을까?

이 질문은 공허한 고유 명사leerer Eigenname라는 의미론적 수수께끼를 건드리는데, 당연히 그 수수께끼 안에는 이미 많은 철학적 문제들이 녹아들어 있다. 무엇보다도 먼저 비실존과 비지칭이 정확히 어떤 관계인지 규명해야 할 것이다. 결론적으로 〈허구적 대상〉이라는 범주는 완곡하게 말해서 문제가 있다.

이 문제 상황을 개선하기 위하여 나는 몇 가지 개념적 제안을 바탕에 깔고자 하는데, 그 제안들은 이 책에서 설정하는 구별들과 관련이 있다. 내가 이해하기에 **허구**란 우리에게 우리 삶의 장면으로서 감각적 직관에 단박에 나타나는 놈의 틀을 벗어난 사정에 대한 묘사다. 따라서 〈허구〉는 텍스트 유형의 유적(類的) 특징도 아니고 예술 작품의 정의에만 특유하게 등장하는 개념도 아니다. 허구는 법률 안에도 있고 자연 과학, 신학, 철학, 또 우리의 지극히 일상적인 몽상 안에도 있다. 거의 모든 진술과 모든 사실 보고는 허구적 성분을 지녔다. 하지만 감각적으로 여기 있지 않은, 참인 진술의 모든 대상이 〈허구적〉이거나 〈꾸며 낸〉 것이라는 뜻은 아니다. 그러므로 이 제안은 문학적 허구성 범주를 토대로 삼은 과도한 일반화가 아니라, 거꾸로 문학적 허구성을 정신적 생물의 자기 이해에서 역할을 할 수 있는 무언가로 이해할 수 있게 해주는 이론의 첫걸음이다.

허구는, 만약에 자신의 감각적 에피소드들을 더 큰 행위 흐름 안에 내장(內裝)할 수 있는 놈이 없다면 허구가 발생하지 않는다는 점에서, 〈정신 의존적〉이다. 그 내장의 목적은 그놈이 접근할 수 있는 그놈 자신의 삶의 단면을 더 큰 전체의 부분으로 파악하는 것이다. 어떤 주어진 상황이라도 뛰어넘는 우리의 초월은 우리가 허구적인 것과 접촉하는 이유다. 따라서 우리가 보유한 유형의 지향성, 곧 정신적 생물의 실행으로서의 지칭(관련 맺기)은 본질적으로 허구성을 뚜렷이 띤다. 물론 우리가 실제와 직접, 이를테면 감각적으로 연결되어 있지 않다는 말은 아니다. 이 문제는 2부에서 다뤄질 것이다.

꾸며 내기fingieren란 초월하기transzendieren다. 자유로운 정신적 생물로서의 인간은 감각적으로 주어진 것에 착 달라붙지 않으며, 자신에게 공연되는 것으로부터 거리를 두고, 이 최소한의 초월 덕분에 그것을 수정할 수 있다. 인간은 꾸며 내는 생물로서 초실재적이다surreal, 즉, 감각적으로 발견되는 실재를 넘어서 있다.[93]

허구는 그 자체로 실재하는 놈이다. **실재하는** 놈이란, 그놈에 관하여 우리가 진실 능력을 갖춘, 그러나 필연적으로 진실은 아닌 믿음들을 가질 수 있는 그런 놈이다. 실재란 **인식적 양상 범주**이지, 우리가 부분으로서 속한 대상(통상적으로 거론되는 유일무이한 실재die Wirklichkeit)이 아니다.[94] 실재성이란 우리가 특정한 (실재하는) 대상들에 관하여 착각할 수 있다는 사정이다. 그렇게 착각할 수 있는 것은, 우리가 그 대상들을 그것들의 실상대로 파악할 수도 있기 때문이다.

이 어법의 맥락 안에서, **꾸며 낸 대상**이란 오로지 해석될 때만 실존하는 대상이다. 꾸며 낸 대상은 상연을 필요로 한다. 꾸며 낸 대상의 실존함은 상상력이라는 매체 안에서 파악됨이다. 상상력 발휘를 통해 꾸며 낸 대상을 지칭하는 사람이 없다면, 꾸며 낸 대상은 실존하지 않을 터이다.

꾸며 낸 대상은 꾸며 내어졌음이라는 속성을 대개 서사 내적으로는 드러내지 않고 서사 외적으로만 드러낸다. 대상이 꾸며 내어졌다는 것은 통상적으로 그 꾸며 낸 대상이 나타나는 의미장 안에서 나타나는 사실이 아니다. 오히려 꾸며 낸 대상이 나타나는 의미장은, 적절한 상상력의 활동이 있을 때만 그 대상이 거기에 실존하도록 — 그 의미장 안에서 나타나도록 — 구성되어 있다. 그리하여 우리는, 허구적 의미장이 우리가 속한 의미장 안에 내장되어 있는 덕분에, 꾸며 낸 대상이 꾸며 내어졌다고 판단할 수 있다. 이 판단은 허구적 의미장 자체 안에서는 내려질 수 없다. 왜냐하면 거기에 포함된 항목들은 자신들의 꾸며 내어졌음에 접근할 수 없기 때문이다.

이중으로 꾸며 낸 대상, 바꿔 말해 허구 속 허구verschachtelte Fiktion도 당연히 있다. 허구 속 허구에서는 한 허구의 내부에서 허구들이 생산된다. 이때 허구 내부의 허구와 또 그 내부의 허구 등이 이룬 사슬은 원리적으로 무한정 이어질 수 있다. 이야기 속 이야기가 얼마나 깊게 내려갈 수 있는지는 존재론적으로 제한되어 있지 않다. 『파우스트』 안에서 파우스트가 꾸며 낸 대상이라는 것은 파우스트가 보기에, 또 파우스트에 관하여 거짓이다. 『파우스트』 안에서 파우스트는 『파우스트』 안에 있지 않다. 그리하여 『파우스트』 안에서는 파우스트에 관하여 참인 몇몇 진술이 거짓이다. 하지만 이것은 모순이 아니다. 『파우스트』 안의 사실들은 파우스트에 관한 사실들로부터 (비)존재론적으로 격리되어 있으니까 말이다.

그러므로 〈X 안에서 p는 진실이다〉(이때 X는 예술 작품의 제목)로부터 p가 도출되지는 않는다. 왜냐하면 이 진술의 논리적 심층 구조는 $p_{in}X$는 참이다이기 때문이다. 『파우스트』 안에서 파우스트가 인간이라 하더라도, 이로부터 우리는 유라시아 대륙의 과거 거주자들에 관하여 아무것도 알아내지 못한다. 왜냐하면 『파우스트』 안의 파우스트는 유라시아 대륙으로부터 존재론적으로 격리되어 있기 때문이다. 따라서 누군가가 $P_{in}X$라고 상상한 적이 전혀 없다면, $P_{in}X$는 참이 아닐 터이다. 왜냐하면 이 경우에는 X가 실존하지 않을 터이기 때문이다. 요컨대 우리는 마술적인 진실로 만들기 능력을 발휘함으로써 허구적인 진실들을 만들어 내지 않는다. 오히려 우리는 그 안에서 허구적 대상들이 나타나는 사실들을 (정확히 말하면, 의미장들을) 생산함으로써 허구적인 진실들을 만들어 낸다.[95]

텍스트가 다루는 대상들 중 일부가 본질적으로 해석 가능할 경우, 바꿔 말해 꾸며 내어졌을 경우, 그리고 텍스트가 예술 작품일 경우, 텍스트는 허구성이라는 문학적 특징을 띤다. 그렇다면 이 사정과 비존재론적 격리주의로부터 다음이 귀결되는데, 허구성을 띤 텍스트 안에서 묘사되는 모든 대상은 꾸며 낸 대상이다. 말하자면 친구 따라 강남 가는 격이다.

텍스트가 오로지 기호들의 배열 때문에 허구적인 경우는 없다.[96] 물론 어떤 텍스트가 허구적이냐가 임의적이라는 뜻은 아니다. 텍스트의 허구성은 해석의 맥락으로부터만 도출될 수 있다. 감각적으로 주어진 것을 뛰어넘을 수 있게 해주는 우리의 허구 능력은 허구적 텍스트 읽기에 적용되는데, 없는 대상들을 치장할 때도 우리가 상상력을 발휘할 수 있는 한에서 그러하다. 우리는 어떤 기호열(〈텍스트〉)이라도 선택하여 허구화할 수 있다. 기호열을 맥락 안에 끼워 넣어, 그 맥락이 미적 경험의 계기가 되도록 만드는 것으로 충분하다. 이것은 **발견된 오브제**objets trouvés의 묘미 중 하나다. 이른바 〈허구적 대상들〉의 허구성은 우리가 그것들을 해석함을 통하여 그것들에 임대된다. 우리는 그 대상들을 실재의 설비로서 그냥 대뜸 발견하지 않는다. 사람들은 허구성을 우주의 설비에서 발견하지 않는다. 오히려 허구성은 정신의 관할 구역에 속하며, 정신은 정신 자신의 실존 조건들을 초월한다. 이 부분은 2부에서 논의될 것이다.

여기에서 채택된 입장은 범허구주의Panfiktionalismus로 추락하지 않는다는 점을 유의하라.[97] 지금 주장되는 바는, **모든** 텍스트가, 심지어 모든 지칭이 꾸며 낸 대상을 주제로 삼는다는 것이 아니라, 오히려 텍스트가 허구적인지 여부를 홀로 결정하는 텍스트 특징들의 집합은 없다는 것이다. 요컨대 허구성의 언어학적 특징들, 텍스트를 허구적이라고 분류하기 위한 필요조건들이며 다 합치면 충분조건인 언어학적 특징들은 없다. 물론 전형적인 허구성 기호가 없다는 뜻은 아니지만 말이다.[98] 거듭 설명하자면, 수용자들이 미적 경험을 한다는 것은 허구성의 본질적 요소다. 그 미적 경험은 텍스트에 허구성 기호들이 들어 있다는 것을 통하여 **반드시** 유발되지는 않는다. 미적 경험을 암시하는 맥락 안에서 텍스트를 낭독하는 행위는, 다른 때라면 비허구적으로 보일 문장 맥락을 〈시〉라고 칭하는 곁텍스트*와 마찬가지로, 허구성을 산출할 수 있다. 그러나 텍스트 낭독이 모든 경우에 이미 해석인 것은 아니다. 일부 시에서는, 서정적 문구들이 언어적 지칭 기능을 떨쳐 내고 음악성으로 변신할 수 있다는 추가 조건이 충족될 경우에 낭독이 이미 해석이다. 반면에 묘사하는 서사적 텍스트의 낭독은 수용자(낭독자와 동일할 수도 있다)가 미적 경험을 할 때 비로소 상연된다.[99]

　허구를 산출하는 우리 자신의 능력이 없다면, 우리는 감각적으로 지금 있지 않은 텍스트나 묘사를 이해할 수 없을 터이다. 우리의 이해는 애초부터 서사적이고 유형학적이며 따라서 우리 앞에 지금 있는 개별자들을 늘 넘어서 있다. 인간이 대상에 언어를 배정하는 작업은 패턴 인식에 기초하여 이루어진다. 패턴 인식은 개별자에서 일반자(곧 패턴)를 탐색한다. 그 패턴은 허구적인 것을 짓기 위한 재료다. 그렇기 때문에 아리스토텔레스는 포이에시스(詩作)poiesis를 일어난 일에 대한 보고와 구별한다. 구별의 근거는 포이에시스의 가능성 감각Möglichkeitssinn이다. 허구적인 묘사는 일반자를, 패턴을 다룬다. 우리는 그 패턴의 되풀이를 기대할 만한 일로 여긴다.[100]

　꾸며 내어졌음은 본질적으로 허구 안에 실존하는 대상의 속성

* paratext. 흔히 책 표지와 여백 등에 인쇄되는, 본문에 관한 추가 언급들.

이다. 대상이 **본질적으로** 허구 안에 실존한다 함은, 대상이 오로지 해석의 틀 안에서만 등장할 수 있다는 것이다. 나의 왼손은 꾸며 낸 대상이 아니다. 왜냐하면 나의 왼손은 감각적으로 주어져 있기 때문이다. 나의 왼손은 내가 속한 장면Szene에 속한다.[101] 또한 내 손은 당신이 독자로서 지금 짓는 허구의 대상이다. 왜냐하면 당신은 나의 왼손이라는 예가 여기에서 내가 펼치는 주장들과 어떻게 연결되는지 상상하고 있기 때문이다. 이처럼 내 손은 허구 안에서 등장할 수도 있고, 허구 바깥에서 등장할 수도 있다. 그러므로 내 손은 본질적으로 허구 안에 실존하지 않으며 따라서 꾸며 낸 대상이 아니다.

꾸며 낸 대상의 특징 하나는 **허구적 보충 필요성**이다. 꾸며 낸 대상들은 허구적 묘사가 산출하는 빈자리들을 메운다.[102] 통상적으로 문학 텍스트는 자신의 대상들 중 일부(드라마의 등장인물들, 스토리, 행위 맥락 등)를, 우리가 그것들의 정체를 파악하기 위한 외부 기반을 갖지 못하도록 서술한다. 우리가 제드 마르탱에 관하여 아는 바는 우엘베크의 『지도와 영토』 텍스트에 기초를 두지만 그 텍스트에 국한되지 않는다.

꾸며 낸 대상들에 대한 우리의 허구적 앎의 메타 해석적 토대는 악보다. 악보를 해석하기는 예술 작품을 우리의 상상력이라는 매체 안에서 상연하기다.[103] 이미 언급했듯이, 여기에서 〈해석〉이라는 표현은 전적으로 음악 작품의 연주에 빗대어 사용된다. 해석은 미적 경험이다. 이를테면 다소 순박한 소설 읽기, 멜로디 연주하기, 감정을 품고 영화에 몰입하기, 미식회에서 요리에 관한 암시들이 무슨 뜻인지 알아채기 등이 해석이다.

해석은 해석적 실행이다. 바꿔 말해, 해석은 단지 하나의 이해하기 안에만 실존하는 무언가이며, 다른 이해하기도 있을 수 있다.

반면에 풀이Deutung는 악보의 요소들을 학문적으로 재구성하는 작업이다. 풀이는 해석을 전제한다. 따라서 순전히 학문적인 악보 해부는 없다. 상연 실행이 최소한 암묵적으로 풀이를 안내한다. 풀이의 예로는, 특정 회화 유파의 작업실 관련 맥락을 미술사적으로 상세히 규명하기, 미술사에서 특정 시대의 화학 지식과 색채 사용 사이의 관계를 탐구하기, 음악 표기 시스템들의 역사와 악기들의 음향 공간Klangraum에 대한 연구, 서사학에서 허구성의 특징들에 대한 연구 등이 있다. 작품을 먼저 해석하지 않고 성공적으로 풀이할 수는 없다. 학문적으로 풀이할 메타 해석적 대상들은 해석적 대상들이 규정한 틀 안에서 비로소 등장할 수 있다.

꾸며 낸 대상은 허구적 대상과 마찬가지로 실존한다. 그레첸은『파우스트』1부보다 덜 실재적이지 않다. 그레첸은 우리의 풀이하는 이해의 의미장 안에서 이중성을 띤다. 첫째, 그녀는 메타 해석적 대상으로 텍스트 토대에 속박되어 있다. 그 토대가 그녀에게 특정 속성들을 명시적으로 부여한다. 하지만 이 속성들은, 능숙한 독자들이 그녀를 혼동 불가능하게 식별할 만큼 충분히 그녀를 규정하지 못한다. 허구적 기호〈그레첸〉은 해석이 들어설 공간을 허용한다. 왜냐하면 그레첸은 꾸며 내어졌기 때문이다.[104]

해석이란 미적 경험이다. 그레첸이 꾸며 낸 대상으로 등장하는 것을 포함한 미적 경험은『파우스트』악보의 무대 상연을 통해, 영화화를 통해, 조용한 방 안에서 드라마 텍스트 읽기를 통해, 그 밖에도 다양한 계기를 통해 시작될 수 있다. 각각의 해석에 따라 독자는 저절로 이해되지 않는 빈틈들을 메운다. 해석할 때 우리는 그레첸이 나타나는 의미장을 우리 앞에 연다. 이때 해석의 놀이 공간이 있기 때문에, 악보와 양립 가능한 해석들이 수없이 많다. 그레첸은 오로지 우리가 한 해석에서 그녀의 속성들 중 일부를 그녀에게 부여함을 통해서만 그 속성들을 가지기 때문에 꾸며 낸 대상이다. 이 속성 부여는 우리 해석의 동기인 근원 텍스트를 통해 제한된다.

그레첸이 한 사람이라는 점을 감안하지 않는 해석은 성공적인 해석이 아니다. 그레첸이 한 인간 유형을 비유적으로 묘사할 가능성도 있다. 하지만 이런 통찰은 풀이에서 비로소 나온다. 미적 경험에서 우리는 그레첸을 한 인물로서 마주하며, 따라서 추상적 대상으로서 마주하지 않는다. 그러므로 꾸며 낸 대상은 어떤 의미에서도 시공적 실존을 갖지 않는다는 견해는 내가 보기에 틀렸다. 이 견해는 때때로 그야말로 명백한 것처럼 제시되지만 말이다.[105] 모든 『파우스트』 상연에서 그레첸은 시공적 실존을 가진다. 배우를 통한 재현의 형태로건, 내가 상상하며 추체험하는 형태로건 간에 말이다. 물론 배우가 그레첸이라는(〈그레첸과 동일하다〉는 의미에서) 뜻은 아니다. 배우가 그레첸이라는 것은 거짓이다. 오히려 배우는 우리가 부분적으로 볼 수 있는 방식으로 그레첸을 해석한다. 왜냐하면 우리가 배우의 해석을 해석함으로써, 우리가 볼 수 있는 배우의 속성들이 실제로 그레첸의 속성들로 되기 때문이다.

허구와 절대적 비실존 사이에 분석적 연관성은 없다. 비록 현재 존재론의 주류는 그 연관성을 무비판적으로 수긍하지만 말이다. 이제 몇십 년 전부터 창궐해 온 철학적 신화를 폭로할 때가 되었다. 그 신화에 따르면, 허구적 대상들이 있고, 그것들은 실존하지 않는 대상들의 중요한 부분 집합으로 거론될 수 있다. 왜 중요하냐면, 허구적 묘사 매체 안에서 우리가 이 특수한 유형의 실존하지 않는 대상들을 성공적으로 지칭할 수 있기 때문이다. 이 상황은 역설에 빠지기 쉬운 전제들의 틀을 산출하는데, 그 틀은 통상적인 이론들을 통해 안정화된다고 한다. 그러나 이 구상에 맞서 대안을 펼칠 수 있다. 예컨대 이 책에서 옹호하는 허구 실재론을 펼칠 수 있다.

허구 실재론은 허구를, 그 안에 꾸며 낸 대상들이 실존하는 실재적인 무언가로 취급한다.

주류의 놀이 규칙을 받아들이면, 오늘날 통용되는 분류법이 발생한다. 사람들은 특히, 허구적 대상들이 있는가, 라는 질문 앞에서 견해가 엇갈린다.

허구 실재론부터 허구 비실재론까지 펼쳐진 스펙트럼의 다양한 지점에 대한 찬반론은 흔히 허구 안에서 성립하는 진실의 지위를 핵심 논점으로 삼는다. 바꿔 말해 〈파우스트는 그레첸을 열렬히 사랑한다〉 같은 명제들을 어떻게 이해해야 할까, 라는 질문을 축으로 삼는다. 이런 명제들을 정확히 겉모습대로 이해해야 한다면, 곧바로 전제들의 틀이 비일관적으로 될 위험에 처한다. 모든 각각의 비허구적 진실에 대응하여 (적절한 짧은 이야기를 지음으로써) 허구적 맞진실Gegenwahrheit을 발명할 수 있으므로, 모든 것을 진실로 간주해야 할 테니까 말이다.

일반적으로 허구 실재론자는 자신의 입장이 예컨대 〈셜록 홈스는 어떤 실재하는 탐정보다 더 유명하다〉 같은 서사 외적 진술들을 고려할 수 있다는 것을(왜냐하면 허구 실재론은 〈셜록 홈스〉에 서사 외적 지칭 대상을 부여하므로) 장점으로 여긴다. 반면에 허구 비실재론의 행마는 허구적인 상상 세계들을 실재하는 세계로부터 논리적-의미론적으로 격리할 수 있게 해준다. 따라서 어떤 모순도 발생할 위험이 없다. 허구적 〈주장〉은 아예 주장이 아니니까 말이다.

이와 관련하여 사용되는 메타 허구적 진술metafiktionale Aussage의 개념은 서사학적으로 복잡성이 과도하게 낮다. 그래서 여러 의미론적 오류와 혼란이 발생한다. 서사학 분야에서 〈메타 허구적〉이라는 표현은 화자를 가장한 저자의 발언에 적용된다. 그런 발언을

통해 이야기는 특정한 형태의 자기 관련성(지칭성)Selbstbezüglichkeit
을 획득한다.[106] 허구적 이야기의 통상적인 구조적 틀은, (일어난
일을 재현한다면서) 수신자에게 이야기를 늘어놓는 송신자만 있
는 것이 아니라, 오히려 저자가 텍스트를 생산하고, 그 텍스트 안에
서 화자가 등장하여 수신자에게 이야기를 늘어놓는 것이다. 이때
수신자는 화자에게 이끌려 나름대로 자신의 고유한 서사적 실재
안에 놓일 수 있다.

따라서 허구 내부적intrafiktional 층과 메타 허구적 층을 구분하
는 것으로는 부족하다. 특히 메타 허구적 층에서의 지칭 조건들은
서사학적 탐구 없이는 규명될 수 없으니까 말이다. 외견상 메타 허
구적으로 당신이 허구 안의 등장인물로서의 셜록 홈스를 다른 등
장인물들이나 실재하는 인물들과 비교한다면, 당신은 해석적 대상
을 다루는 것이거나 아니면 메타 해석적 대상을 다루는 것이다. 당
신이 외견상 메타 허구적인 진술들에서 의미론적-존재론적으로
충분히 중대한 의미를 읽어 낼 수 있으려면, 먼저 〈셜록 홈스〉라는
표현의 지칭 조건들이 명시되어야 한다. 그러나 이 작업은 대개 이
루어지지 않는다. 왜냐하면 저자/화자/독자/학문적 해석자가 구별
되지 않기 때문이다. 이런 서사학적이며 텍스트 이론적인 구별들
이 없으면, 메타/내부 구별은 허구적 대상들을 다루는 존재론의 출
발점으로 채택하기에는 너무 불명확하다.

그 밖에도 유감스러운 것은, 어떤 경우에 무언가가 진정으로
허구적 대상인지가 명확히 설명되지 않는다는 점이다. 이 까다로
운 질문을 배제하기 위하여 〈허구적〉이라는 표현의 뜻이 약정되고,
그 뜻은 허울뿐인 논쟁이 계속되는 것을 막지 못한다. 이 같은 나의
주장을 뒷받침하는 증거로 스튜어트 브록과 앤서니 에버렛이 〈허
구적 대상들〉을 다루는 최신 논문집에 실은 「들어가는 말」을 제시

할 수 있다.[107] 논문집의 주제를 명확히 밝히는 대목에서 우리는 〈이 유형의 사물들(이름이 제드 마르탱, 에마 보바리, 그레첸인 문학 작품의 등장인물들)이 전형적으로 《허구적》이라고 불린다. 이 표현이 의미하는 바는 그들이 《허구 작품 안에서 처음으로 소개되는 개인들》이라는 것〉임을 알게 된다.[108]

이 설명은 해결할 수 있는 문제들보다 더 많은 후속 문제들을 일으킨다. 영어에서 〈허구fiction〉라는 표현이 위 인용문에서 보듯이 문학 작품으로서의 〈허구〉와 순수한 상상으로서의 〈허구〉 사이에서 왔다 갔다 한다는 문제는 일단 제쳐 두자(〈허구〉의 의미가 이처럼 이중적이라는 점은 허구 이론의 성숙을 보여 주는 증거가 딱히 아니다). 그러면 첫 번째 일반적 문제는, 개인이 소개된다eingeführt 는 것이 대체 무슨 뜻인지 설명되지 않는다는 점이다. 더 구체적으로, 개인이 처음으로 소개된다는 것이 무슨 뜻이냐는 것이 문제다. 이 구체적인 질문을 더 자세히 들여다보자.

한 개인이 허구 작품 안에서 처음으로 소개된다는 말의 바탕에 깔린 생각이, 한 개인이 인간 언어의 역사에서 문학적 형태로 처음 소개된다는 것이라면, 너무 많은 대상이 허구적인 놈으로 간주되고 따라서 실존하지 않는 놈으로 간주될 터이다. 이런 상상을 해보자. 천문학자들이 이제부터 항상 중편 소설 형태로 자기네 이론과 발견을 발표하기로 한다. 따라서 앞으로는 새로 발견된 모든 천체 물리학적 대상 각각이 중편 소설에서 처음으로 언어적으로 호명될 것이다.[109] 그렇다면 그 모든 대상이 허구적이고 따라서 실존하지 않을까? 요컨대 〈허구적〉이 대략 〈문학적〉을 뜻한다면, 대관절 왜 허구 안에서 처음 소개되는 놈은 실존하지 않는 놈으로 간주되어야 하는지가 이 장르 규정으로부터 도출되지 않는다. 물론 허구 작품은 실존하지 않는 대상들에 관한 이야기를 유포한다는, 지

금 우리의 논쟁거리인 견해를 벌써 슬그머니 채택했다면, 사정이 다를 수도 있겠지만 말이다.[110]

이처럼 앞서 언급한 논문집의 저자들은, 인간적 표현의 한 장르와 (우리가 그 장르의 대상들에 부여하는) 비실존 사이의 연결이 어디에서 유래하는가, 라는 질문에 답해 주지 않는다. 물론 헤시오도스, 파르메니데스, 솔론, 특히 플라톤의 소크라테스가 대답을 내놓았다. 그러나 브록과 에버렛은 이 대답들을 검토하지 않는다.[111]

진실과 한낱 허구πλάσματα(지어낸 것)의 구별은 크세노파네스가 헤시오도스와 호메로스에 맞서 처음 체계적으로 관철했다.[112] 이 맥락에서 플라톤의 존재론적 시인 책망이 튀어나온다. 이와 관련하여 당연히 흥미로운 추가 난점이 발생한다. 즉, 플라톤의 소크라테스는 『국가』라는 허구적 대화 안에서 시 창작에 대한 비판을 공연하는 문학적 인물이다. 이처럼 크세노파네스, 파르메니데스, 플라톤이 허구적 묘사의 틀 안에서 허구적 진실과 비진실을 구별한다면, 우리는 왜 그들에게 신뢰를 베풀어야 할까?

원래 문학적으로 보고된 대상들은 왜 실존하지 않는가, 라는 질문에 대한 대답 하나는 널리 수용되지만 항상 명시적으로 제시되지는 않는데, 아주니가 그 대답을 내놓는다.

나는 우리가 (집단적으로) 특정한 실존 기준에 동의한다고 주장한다. 그 기준에 따르면, 무언가가 정신과 언어로부터 독립적일 때만 그 무언가가 실존한다는 것이다. 꿈속 인물들, 저자들이 자유롭게 발명한 허구적 인물들, 환각된 대상들은 모두 여기에서 말하는 의미에서 정신 및 언어에 의존한다. 공룡, 양성자, 미생물, 타인, 의자, 건물, 별 등은 정신 및 언어로부터 독립적인 대상들의 예로 여겨진다. (……) 내가 말하는

〈정신 의존〉과 〈언어 의존〉의 의미를 감안하면, 누구도 한 대상을 (단지) 실존한다고 생각하거나 표기하는 것(만)을 통하여 그 대상을 실존하도록 강제할 수 없다.[113]

이 인용문에서 아주니는 존재론적 실재론, 곧 〈실존〉에 관한 실재론의 표준 신념을 밝힌다. 그 신념에 따르면, 〈실존〉이라는 표현은 정신과 언어로부터 독립적인 방식으로 대상들에 귀속하는 어떤 속성을 가리킨다. 이것을 **순박한 존재론적 실재론**이라고 부르기로 하자. 이 실재론은 순박하다. 왜냐하면 이 실재론은 특정한 생각 습관들에 부합하지만, 이 실재론의 이론적 책무들을 더 자세히 분석해 보면 붕괴해 버리기 때문이다.

우선, 순박한 존재론적 실재론은 꽤 명백하게 실존하는 대상의 실존을 박탈하는 경우가 너무 많다는 문제를 지적할 만하다. 예컨대 이 문장이 표현하는 생각은 이 문장과 마찬가지로 실존한다. 그러나 나는 지금 그것들을 실존하는 놈들로 생각하거나 기호화함으로써 그것들이 실존하도록 강제하는 듯하다. 또 정신과 언어는 어떠한가? 어떻게 정신과 언어가 아주니가 말하는 특별한 의미에서 정신 및 언어로부터 독립적일 수 있겠는가? 만일 독립적이지 않다면, 아주니는 정신도 언어도 실존하지 않는다고 말해야 하는데, 이것은 괴이한 견해다. 더구나 이 견해가 우리의 자연 언어적 존재론의 집단 무의식적 측면을 명확히 표현한다고 주장한다면, 더욱더 그러하다.

아주니는 자신의 실존 기준을 더 강화할 수 있다고 받아칠 수도 있을 것이다. 실존하지 않는 놈은 한낱 상상된 놈이고 따라서 진실과 진실로 여기기 사이의 구별을 무력화한다면서 말이다. 한낱 상상된 놈은 자동으로 정확히 우리가 상상한 대로인 듯하다. 따라서 그놈은 우리의 견해에 맞서 존재적 저항을 하지 않는 듯하다.

이렇게 되면 아주니는 내가 〈중립적 실재론〉에서, 그리고 더 먼저 이미 『인식론의 경계에서 *An den Grenzen der Erkenntnistheorie*』에서 실재론의 최소 기준으로 강조한 진실과 진실로 여기기 사이의 객관성 대비에 접근할 터이다.[114] 그 기준에 따르면, 만일 해당 영역 안의 대상들에 관하여 진실인 바가 그 대상들에 관하여 진실로 여겨지는 바와 구별될 수 있음을 당신이 기꺼이 승인한다면, 당신은 그 대상 영역에 관하여 최소한의 실재론자다. 이 판정의 배경에 놓인 생각은, 실재하는 놈이란 우리가 그놈에 관하여 착각할 수도 있는 그런 놈이라는 것이다.[115] 실재하는 놈은 최소한 인식적 저항을 한다. 실존한다는 말의 모범적인 의미는, 진실에 관심이 있는 누군가가 교정받을 수 있기 위한 잣대를 내놓는다는 것이다.[116]

하지만 중립적 실재론의 실존 기준은 아주니에게 별 도움이 되지 않는다. 왜냐하면 〈꿈속 인물들, 저자들이 자유롭게 발명한 허구적 인물들, 환각된 대상들〉은 그 기준을 통과하니까 말이다. 나는 타인이 꿈꾸는 바에 관하여 착각할 수 있다. 그리고 정신 분석에서 현재 무언가 남은 것이 있다면, 그것은 내가 나 자신이 꿈꾼 바에 관해서도 착각할 수 있다는 통찰이다. 일화 기억은 항상 허구적 성분을 가지며 그렇지 않더라도 과거 사건들의 정확한 재구성을 위해 정비된 장치가 아니므로, 우리의 기억은 어차피 착각을 범하기 쉽다. 기억은 단지 꼭짓점들만 꽉 잡고 그것들을 이야기와 상상을 통해 변형한다. 이는 그것들을 현재 벌어지는 일의 모듈 안에 더 쉽게 입력하기 위해서다.[117]

사람들은 자동차를 발명한 허구적 인물들에 관하여 착각할 수 있다. 백번 양보하더라도, 도스토옙스키의 소설들에 나오는 등장인물들의 복잡한 이름에 익숙지 않은 독자가 그 인물들을 혼동하는 것은 흔히 벌어지는 일이다. 까다로운 허구적 문학 작품을 읽으려면 독자는 마치 건물을 짓듯이 인물을 건축해야 한다. 그런데 악보의 메타 해석적 재료의 복잡성을 감안할 때, 그 건축은 쉽게 잘못될 수 있다. 바로 그래서 문학이 있는 것이다. 문학은 읽기를 가르치고, 우리의 해석 욕구에 문헌학적 울타리를 두름으로써 읽기 능력을 훈련한다. 문학적 능력은 어떻게 문장들이 인물들로 변환되는지를 문헌학적 훈련을 통해 배움으로써 육성된다.[118]

마찬가지로 환각된 대상도 실존한다. 이는 정신과 의사가 환시(幻視)에 시달리는 환자에게 환시되는 것이 정확히 어떤 모양이냐고 물을 수 있다는 사실을 통해 입증된다. 〈성모 마리아와 비슷한가요, 아니면 빨간 삼각형과 비슷한가요?〉 같은 질문이 가능하다. 무언가를 환각하는 사람은 자신이 환각하는 그 무언가에 관하여 오류를 범할 수 있다.[119]

순박한 존재론적 실재론은 명확한 뜻을 지녔다고들 하는 〈정신 및 언어 독립성〉에 의존하는 고유한 실존 기준 때문에 실패로 돌아간다. 당연한 말이지만, 그 기준은 쉽게 간파할 수 있는 혼동을 포함한다. 그 혼동은 무언가의 〈정신 및 언어 독립성〉이란 정확히 무엇인가, 라는 질문을 던지면 드러난다. 이미 언급했듯이, 문장은 언어에 의존하고 따라서 실존하지 않는다는 견해는 그릇되었다. 하지만 문장을 언어(로부터) 독립적인 놈으로 취급한다면, 〈언어 독립적〉이라는 표현은 대체 무슨 뜻일까? 또 의자와 건물은 대체 왜 정신(으로부터) 독립적일까? 의자는 인공물이며, 과거 언젠가 의자를 제작하려는 의도를 품었던 사람이 없었다면 존재하지 않을 것이다. 그럼에도 아주니는 의자를 〈정신 및 언어 독립적인〉 놈으로 분류한다.

순박한 존재론적 실재론이 터무니없다는 점은 그 실재론을 옹호하는 사람들이 아주 좋아하는 또 다른 개념을 살펴보면 더 뚜렷이 드러난다. 그 개념은 의식으로부터 독립적인 외부 세계다. 이 외부 세계는 실존하는 놈들의 총합으로 취급된다. 따라서 그레첸, 환각된 대상 등은 실존하는 놈들의 목록에서 제외될 수 있다. 왜냐하면 그것들은 본질적으로 상상된 것들, 따라서 의식에 의존하는 것들이기 때문이다. 설령 이 행마의 정교한 버전을 도입하더라도, 도달하게 되는 최선의 입장은, 그레첸과 환각된 대상들은, 누군가가 이것들을 마주한다고 스스로 여기는 동안만 고려의 대상이 된다는 의미에서 의식에 의존한다는 것일 터이다.

하지만 이 행마는, 그레첸과 기타 대상들을 상상하는 의식이 그 상상을 통해 자기 자신을 상상하는 경우는 필시 거의 없다는 간단한 사정 앞에서 붕괴한다. 순박한 존재론적 실재론의 틀 안에서 의식은 스스로 자신을 상상함을 통해서만 대상이다. 만일 그렇지 않고 의식이 다른 방식으로도 대상일 수 있다면, 의식은 순박한 존재론적 실재론의 틀에 맞지 않는 놈이다. 즉, 의식은 의식 독립적 외부 세계에 속한 놈도 아니고, 아예 아무것도 아닌 놈도 아니다. 이런 점에서 의식은 존재론적으로 절약 정신이 투철한 아주니가 보는 그레첸과 유사하다. 아주니는 그레첸에게서 모든 유형의 실존을 박탈한다.

통상적인 허구적 대상의 〈개념〉은 전체적으로 공허함, 부정합성, 다의성 사이를 오간다. 공허함은, 허구적 대상을 실존하지 않는 대상의 모범적 사례로 간주하기로 하는 존재론적 약정에서 유래한다. 이 약정의 결과로 사람들은 허구적 지칭을 둘러싼 논쟁의 늪에 빠진다. 사람들은 이 약정이 그것의 실상 이상의 의미를 지녔으며 허구적 묘사의 대상 영역에서 발언권을 가진다고들 하지만, 이 견해는 틀렸다. 실존하지 않는 대상으로서 허구적 대상의 개념은, 허구적 묘사에 대한 해석이나 이론적 풀이의 존재론적 책무에 대한 분석으로부터 도출되지 않는다. 그 개념은 미적 경험에, 그리고 존재론적 침입자로서 그 경험에 침투한 이론에 덧붙여진 놈이다.

요컨대 통상적인 허구적 대상의 〈개념〉은 예상 밖의 방식으로 몰락한다. 왜냐하면 그 개념이 요구하는 범주가 그 자체로 공허하기 때문이다. 〈허구적 대상들〉은 없다. 왜냐하면 그것들은 이론적 구성을 통해 역설들을 일으키는 방식으로 도입된 놈들이기 때문이다. 이 역설들은 단지 이론의 효과일 뿐이다. 본질적으로 허구의 모드 안에서 거론되는 대상들이 실존하지 않기 때문에 이 역설들이 발생하는 것이 아니다.

우리와 허구적 대상들을 연결해 주어야 할, 허구적 대상의 〈개념〉이 공허한 약정이라는 점에서 허구적 대상들은 없다. 그 약정은 단지 피상적으로만 문학적 숙고나 일반적인 예술 이론적 숙고와 연결되어 있다. 허구적 대상은 실존하지 않는다, 라는 문장이 분석적으로 참이라는 견해는 기껏해야 소위 상식common sense의 표현이다. 그 상식이 주장하는 바는, 저자들과 수용자들 사이에 허구성 계약이 성립하며, 그 계약의 내용은 허구적이라고 취급해야 할 대상의 비실존에 대한 암묵적 동의를 포함한다는 것이다.

하지만 이 암묵적 실존 박탈은, 아무리 좋게 보더라도, 이 박탈로부터 완전히 독립적인 어떤 형이상학을 배경으로 삼는다. 그 형이상학이 변화하면, 허구적 대상의 개념도 변화한다. 골수 무신론자는 일신교적 허구와 다신교적 허구에서 거론하는 신들이나 기적들을 허구적 대상으로 간주할 것이다. 현대 물리학자는 고대 물리학의 4대 원소에 대해 유사한 판단을 내릴 것이다. 아무튼 신들, 기적들, 흙, 불, 물, 공기가 과연 있는지는 이것들이 허구적 묘사 안에서 등장한다는 것을 통해 결정되지 않는다. 만약에 그렇게 결정된다면, 우리는 어떤 것이든지 허구적 모드 안에서 다룸으로써 쉽게 모든 것으로부터 실존을 박탈할 수 있을 터이다.

　허구적 대상이 실존하지 않는 놈으로 취급되는 이유를 제시하려 해보면, 허구적 대상의 개념이 지닌 **부정합성**이 환히 드러난다. 사람들은 그 이유를 제시함으로써 그 개념의 공허함을 우회한다. 이제 허구적 대상의 개념을 옹호하는 근거들과 논증들을 제시하기 시작하는 것이다. 그러나 이번에는 의식 독립성 개념이 걸림돌로 작용한다. 의식 독립성은 존재론적으로 엉망진창인 개념이지만 단지 순박한 존재론적 실재론이 영향을 발휘해 온 역사 덕분에 그럴싸하게 느껴진다. 이 실재론은 실존 질문에 대한 판결을 내려 주는 세계 혹은 실재가 있다고 전제한다. 허구적 대상은 그 실재에서 배제된다. 왜냐하면 허구적 대상은 결국 〈자유롭게 발명된〉 것, 〈상상된〉 것 등이니까 말이다. 그러나 자유롭게 발명된 것, 상상된 것은 엄연히 실존한다. 따라서 순박한 존재론적 실재론의 눈앞에 어른거리는 것을 발설하려면, 그 실재론은 다른 주장을 물색해야 한다.

　그리하여 순박한 존재론적 실재론 진영은 통상적인 허구 실재론자들과 허구 비실재론자들로 분열한다. 전자들은 허구적 대상을 대개 추상적 대상의 영역에 배정한 다음에 추상적 대상들이 발명되었는지 여부를 놓고 서로 싸운다. 후자들은 허구적 대상은 자유롭게 발명된 놈조차 아니라고, 왜냐하면 허구적 대상은 아예 없기 때문이라고 주장한다. 허구적 대상들은 밀려나고, 자유롭게 체결된 허구성 계약이 그 자리를 차지한다. 허구성 계약은 실재하는 대상(찰흙 덩어리, 배우, 물감 얼룩, 음들의 계열 등)을 마치-처럼 모드 안에서 그 대상이 아닌 무언가로 행세하게 만든다. 따라서 우리는 허구적 대상을 상상하지조차 않는다. 허구적 대상은 실존하는 놈들의 목록에 등장하지 않는다. 실존하는 것은 단지 가장(假裝)의 실행, 예컨대 무언가를 다른 무언가로 가장하기뿐이다.

하지만 이 입장은 다음과 같은 문제를 일으킨다. 즉, 우리는 실존하는 무언가를 실존하는 다른 무언가로 가장할 수도 있다. 예컨대 우화에서 돼지를 마테오 살비니*로, 당나귀를 도널드 트럼프로 가장하여『동물 농장』에서처럼 양자가 외교 관계를 맺게 할 수 있다. 토론자들이 좋아하는 다른 예도 있다.『전쟁과 평화』를 읽을 때 사람들은 마치 그 소설이 러시아를 다루는 것처럼 해석할 수 있다. 그렇게 하더라도 해석자들은 러시아의 실존에 관한 의심을 눈곱만큼도 품게 되지 않는다. 현재 가장 예리한 허구 비실재론 옹호자인 에버렛의 말을 들어 보자.

> 가장에 참여하는 사람들에게는 진짜로 실존하는 사물들에 관한 상상과 그렇지 않은 상상을 구별하는 것이 본질적으로 중요할 것이 명백하다. (……) 그들은 자신이 허구에 몰입하여 상상하는 항목들과 실재하는 세계real world 안에 있는 실재하는 항목들real items 사이의 구별을 명확히 해야 할 것이다. 또한 자신이 다양한 항목들을 상상하는 방식과 그 항목들이 실재하는 방식 사이의 구별도 명확히 해야 할 것이다.[120]

곧이어 에버렛이 전해 주는 바는, 실재하는 세계 그 자체의 가구**를 표시하기 위하여 우리가 〈실재하는real〉과 〈실존한다〉 같은 표현들을 사용한다는 점이 명백하다는 것이다.[121] 그런데 이것은 에버렛의 오류다. 실재하는 세계 그 자체의 가구와 실존을 연결하는 저 〈우리〉는 대체 누구일까? 에버렛은 이 순박한 존재론을 그냥

* Matteo Salvini. 이탈리아 정치인.
** 내용물.

전제하고, 아이들의 놀이 심리가 작동하는 방식을 설명할 때 그 설명의 바탕에 깔린다. 마치 실존하는 놈과 허구적 모드에서 제시되는 실존하지 않는 놈을 구별하는 일이 말 그대로 아이들의 놀이처럼 쉽기라도 한 듯 말이다.[122]

에버렛은 자신의 존재론을 상투적인 확언들을 넘어선 범위까지 명확히 제시하기를 기피한다. 그 결과로 실재하지 않는 놈에 관한 그의 말은 결국 공허하게 남는다. 왜냐하면 우리는, 실존이란 무엇인가, 라는 질문에 대한 만족스러운, 아무튼 이론적으로 명확한 대답을 얻지 못하니까 말이다. 그는 순박한 존재론적 실재론의 안정성에 의존한다. 크게 놀라울 것 없이, 그는 순박한 존재론적 실재론으로부터 허구 비실재론의 정당성을 도출한다.

〈허구적 대상〉은 **다의성**을 지녔다. 즉, 〈허구적〉은 때로는 허구로 알아챌 수 있는 묘사의 대상에 적용되고, 때로는 〈꾸며 낸fiktiv/fingiert〉 대상에 적용된다. 후자의 용례에서 〈허구적임〉은 꾸며 내어졌을뿐 아니라 실존하지 않음도 함축한다고들 한다. 이로써 장르 및 예술 철학적 질문들이 성급하게 논리적-의미론적이며 존재론적인 질문들과 뒤섞인다. 예술의 존재론을, 우리가 예술을 다루는 방식은 놀이의 성격을 띤다는 진부한 언급을 넘어선 수준으로 구체화하려는 노력은 아쉽게도 이루어지지 않는다.

놀이의 성격을 아이들의 놀이에서 도출하고 그 놀이를 위한 심리학을 날림으로 구성하는 것도 마찬가지로 진부하다. 그 심리학은 아이들을 순박한 존재론적 실재론의 타고난 옹호자로 내세운다. 그러나 실재의 가구가 마녀, 신 등을 포함하지 않는다는 것을 아이들이 어떻게 알까? 아이들의 놀이 행동의 핵심은, 아이들이 명쾌한 존재론적 이론에 따라 기반 실재Basiswirklichkeit와 자기네의 놀이스러운 추가 상상들을 스스로 알아챌 수 있는 방식으로 구별할 수 있다는 점이 아닌 것이 틀림없다!

여기에서 또다시 드러나듯이, 주류가 〈허구적 대상〉이라고 부르는 것을 둘러싼 주류 논쟁은 그 자체로 하나의 허구다. 그 허구 안에서 발달 심리학, 명백하다고들 하는 일상 존재론, 문학 이론 등이, 20세기에 생산된 지식을 대체로 외면하면서, 거론되지만 진정한 철학적 입장은 명확히 제시되지 않는다.

세부까지 완성된 예술 존재론과 예술 철학을 투입하지 않으면, 적절한 허구 이론을 철학적으로 발전시킬 수 없다. 그런 존재론과 철학이 없으면, 사람들은 소위 〈허구적 대상〉이라는 공허하거나 부정합적이거나 받아들일 수 없게 다의적인 개념을 만지작거릴 뿐이다. 그리하여 사람들은 인간 정신의 발전사에서 허구적인 것이 해온 기능을 애초부터 놓친다. 인간 정신은 나중에 소위 〈허구적인 것〉으로 명명된 매체Medium 안에서 자기를 규정한다. 인간은 자신이 처한 상황에 대한 묘사를 토대로 삼아 자기를 탐구한다. 그 상황은 인간이 생존의 장면 안에 감각적으로 속박되어 있음을 훌쩍 뛰어넘는다. 우리는 이 허구적 초월에 기초하여 우리 자신의 생태 보금자리를 확장할 수 있으며 또한 파괴할 수도 있다.

요컨대 〈허구적 대상〉은 실은 없다. 무슨 말이냐면, 주류에서 사용되는 〈허구적 대상〉이라는 표현은 미적 경험과 그 경험에 대한 정신 과학적 연구에서 매우 중요한 것을 놓친다. 소위 〈허구적 대상〉에 관한 주류의 그릇된 생각 대신에, 나는 예술 작품은 해석적 대상과 메타 해석적 대상을 서로 연결하는 합성이라는 견해를 제시한다. 허구적 대상들, 곧 꾸며 낸 대상들은 예술 작품의 맥락 안에서 실존한다. 예술 작품의 존재론은 우리가 이 유형의 대상들에 관하여 진실 능력을 갖춘 진술을 하기 위한 기반이다. 예술 작품도 〈언어 및 정신으로부터 독립적인〉 놈으로서 실존하지 않는다. 오히려 예술 작품은 말하자면 객체화된 정신, 감각적으로 가시화된 상상이다. 이 상상은 무한정 많은 추가 상상들을 유발한다.

3장
의미장 존재론적 비존재론

파르메니데스와 플라톤 이래로, 존재라는 긍정적인 경우를 비존재라는 부정적인 경우와 대비하여 규명하는 것은 무릇 존재론이 해결해야 할 최소한의 과제로 간주되어 왔다. 이제부터 펼칠 논의는 특히 비실존Nicht-Existenz을 다룰 것이다. 따라서 고대의 주제와 유사하게, 현대의 비실존 문제 하나가 등장할 것이다. 내가 이해하기에 **존재론**이란 실존 개념과 그것의 현실태인 실존에 관한 체계적 탐구다. 존재론은 **비존재론**Meontologie과 구별되어야 한다. 비존재론은 비실존μὴ ὄν 개념과 그것의 현실태인 실존하지 않는 놈을 다룬다.[123]

의미장 존재론의 기본 발상은 실존함이란 한 의미장 안에서 나타남이라는 것이다. 『의미와 실존』에서 나는 이 입장을 옹호하는 논증들을 상세히 제시했는데, 여기에서는 그것들을 일일이 반복하지 않을 것이다. 대신에 의미장 존재론에 부합하는 비존재론의 원천을 이루는 생각들만 실마리로 삼고자 한다. 먼저 의미장 존재론적 실존 분석의 몇몇 기본 개념을 요약할 필요가 있다. 이는 비실존 문제에 다가가는 적절한 통로를 확보하기 위해서다.

실존이란 대상이 한 의미장 안에서 나타난다는 것이다. 동일한 대상이 여러 의미장 안에서 나타난다. 우리는 앙겔라 메르켈을 실존하는 대상의 예로 들 수 있다. 그러면 그녀는 존재론이라는 의미장 안에서 나타난다. 그러나 그녀는 또한 현대 유럽사라는 의미장 안에서 독일 총리의 역할로 나타나므로, 그녀가 독일 총리로 인정받는 한에서 그녀에게 어떤 행위의 여지가 있는지를 결국 불명확하게 알려 주는 법규에 종속된다. 앙겔라 메르켈은 또 다큐멘터리 영화 안에서 나타날 수도 있고, 아내 역할로 나타날 수도 있다. 또 (내가 그녀를 보고 있을 때) 나의 주관적 시야라는 의미장 안에서 출현할 수도 있고, 그 밖에도 많은 의미장 안에서 나타날 수 있다. 독일 연방 공화국, 다큐멘터리 영화, 혼인 관계, 나의 주관적 시야 등은 의미장들이며, 이 의미장들 안의 위치들은 실제로 대상들에 의해 점유되어 있다. 그 대상들은 그것들이 속한 의미장 안에서 다른 대상들과 대비되는 속성들을 드러낸다.

여기에서 **나타난다**erscheinen 함은 어떤 주체의 대상(객체)이라는 것을 보편적으로 의미하지는 않는다. 〈나타남Erscheinung〉이라는 표현은 오히려 한 의미장과 그것의 대상들 사이의 관계를 가리킨다. 그 관계란, 이 대상들이 그 의미장 안에 실재한다는 것이다. 나타남은 **배치 함수**Einrichtungsfunktion, 바꿔 말해 대상들을 의미장들에 귀속시키는 함수다.[124] 이 함수는 우주를 결속하는 힘들에 못지않게 손에 잡힐 듯이 명백할 수도 있고, 피트니스 클럽의 회원 가입처럼 담론적 협상이 가능한 무언가일 수도 있다. 우주에 속하기와 피트니스 클럽의 회원이기는, 각각의 의미장에 대상을 배정하는 규칙들을 통해 구별된다. 그런데 우주라는 의미장과 피트니스 클럽이라는 의미장은 서로 겹친다. 구체적으로 피트니스 클럽은 우주 안에 있다. 예컨대 중력이 현재보다 훨씬 더 강하다면, 피트니스 클럽의 본질과 모습은 달라질 것이다.

대상Gegenstand이란, 그놈에 관하여 무언가가 진실인 그런 놈이다. 4는 자연수다, 앙겔라 메르켈은 전직 독일 총리다, 보존boson들은 질량, 전하량, 스핀을 통해 서로 구별된다, 피카소는 옛날 화가다, 등은 진실이다. 이 진실들은 대상들에 관한 것이다. 즉 4, 앙겔라 메르켈, 보존들, 피카소 등에 관한 것이다.

진실Wahrheit은 언어로 코드화되어 진술의 형태로 표현된다. 그러나 일반적으로 진실은 단 하나의 언어적 표현과 동일하지 않다. 진실(참인 무언가)은 본질적으로 번역 가능하다. 원리적으로, 진실인 바는 누군가가(혹은 규모가 아주 크고 지식이 많은 어떤 사상가들의 집단이) 진실로 여기는 바와 절대로 일치하지 않는다. 진술Aussage은 누군가가 진실로 여길 수 있는 무언가다. 벌써 이 이유만으로도 진실은 진술과 동일하지 않다. 영영 아무도 진실로 여길 수 없는 많은 것이 진실이다. 비록 우리는 그런 진실이 얼마나 많은지 모르지만 말이다.

더 나아가 아무도 언어로 코드화하여 진실로 여길 수 없는 진실들이 있다. 우리의 현재 표현 능력을 뛰어넘는 진실들이 그러하다. 우리는 이 진실들을 — 방금 그랬듯이 — 언어의 차원에서de dicto 쉽게 거명할(언급할) 수 있지만, 이 진실들의 내용을 실상의 차원de re에서 제시할(인식할) 수는 없다. 이 진실들은, 우리가 간접적으로만 언급할 수 있는 채로, 〈거명 가능성의 맹점들〉[125]에 위치한다.

사실Tatsache이란 한 대상에 관하여 진실인 무언가다. 4가 자연수라는 것은 수 4에 관하여 진실이므로 하나의 사실이다. 모든 대상 각각에 관하여 여러 가지가 진실이다. 단 하나의 사실 안에만 내장되어 있는 대상은 없다. 왜냐하면 모든 대상 각각은 다양한 방식으로 특징지어지기 때문이다. 동일한 대상에 관하여 다양한 진실들이 표현될 수 있다.

　대상은 자신이 그 안에 내장되어 있는 사실들의 배열과 구별되지 않는다. 의미장 존재론에 따르면, 대상은 사실(들의) 꾸러미와 동일하다. 대상이 사실 꾸러미 그 이상이거나 사실 꾸러미와 다른 무언가라면, 이 같은 대상과 사실 꾸러미의 구별 때문에 대상은 단지 또 하나의 사실 안에 내장될 따름이다. 즉, 대상은 주어진 모든 각각의 사실 꾸러미와 구별된다, 라는 사실 안에 내장될 따름인데, 이 내장은 역설을 품고 있으며 따라서 미심쩍다.

　의미장Sinnfeld이란 대상들의 배열이며, 그 대상들은 배열 규칙들을 따른다. 이 배열 규칙들이 항상 언어적인 것은 아니다. 모든 의미장 혹은 무릇 의미장이 인간의 숙고하기와 말하기의 대상 영역인 것은 아니다. 오히려 의미장을 이루는 대상들은 흔히 — 선(先)이론적으로 말하면 — 언어 독립적, 생각 독립적, 의식 독립적, 이론 독립적으로도 실존한다. 내가 〈선이론적으로 말하면〉이라는 단서를 단 것은, 우리가 1~2장에서 보았듯이, 자명하다고 여겨지는 의식 독립성 범주가 이론적으로 잘못된 구성이라는 점이 입증되기 때문이다. 이 사정은 허구에 관한 익숙한 오류들의 원천이다.[126]

　요컨대 일반적으로 의미장들은 우리가 그것들에 어떤 (그 규칙들 덕분에 의미장들이 모형들 안에서 통용되는 그런) 규칙들을 배정함을 통하여 개별화되지 않는다. 모형들 안에서 우리는 대상들에 이론적 용어들을 배정한다. 이때 일부 대상들은 선이론적으로 실존해야 한다.[127] 모형들은 실존하는 모든 것과 공유하지 않은 것이 뻔한 속성들을 가지며, 그 속성들을 통해 모형들로서 개별화된다. 모형 공간은 실재를 소진하지 못하며, 이것을 유념해야 하는데, 오히려 모형 공간 자체가 실재에 속한다.[128]

사물들이 우리에게 (예컨대 감각을 통해 매개되어) 나타나는 방식은 그 자체로 한 대상이며, 이 대상도 의미장 안에서 나타난다. 우리 환경(외부 세계)이 인간 같은 유한한 정신적 생물들에게 드러나는 방식은 그 자체로 (최소한) 보존들, 페르미온들, 우주의 근본적인 힘들과 똑같은 정도로 실재한다.[129]

의미장 존재론은 실재론적realistisch 존재론이다. 왜냐하면 이 존재론은, 일반적으로 실존함이라는 속성은 누군가가 대상이 실존한다는 것을 한 대상에 관하여 진실로 여김을 통하여 사례화되지 instanziiert 않는다고 보기 때문이다. 실재론의 개념은 객관성 대비를 통해 규정된다. 객관성 대비가 말하는 바는, 한 대상에 관하여 진실과 진실로 여기기가 엇갈릴 가능성이 성립한다는 것이다. 이것이 실재론을 위한 충분조건인 한에서 나는 **중립적 실재론**을 거론한다.[130]

의미장 존재론은 우리의 존재론적 숙고의 대상들에 관한 중립적 실재론을 옹호한다. 실존하는 놈, 따라서 대상인 놈은 숙고 안에서 옳거나 그르게 특징지어질 수 있다. 대상 지칭은 그 자체로 오류 가능하다. 요컨대 하여튼 숙고의 대상들이 앞에 놓여 있다면, 진실과 진실로 여기기의 잠재적 엇갈림이 성립한다. 중립적 실재론의 개념이 제공하는 바는 이보다 많지도 않지만 적지도 않다.

이로써 의미장 존재론은 또한 **메타 존재론적 실재론**을 옹호한다. 왜냐하면 의미장 존재론은 실존이 대상이라는 것을 출발점으로 삼기 때문이다. 그 대상에 관하여 존재론적 의견 불일치가 성립하며, 따라서 실존은 담론적 구성물(이를테면 존재 양화사existential quantifier의 형태를 띤, 계산으로 적절히 표현되는 논리적 원리들을 따르는 구성물)이라고 여기는 사람들은 착각하는 것이다(그들은 당연히 착각할 수 있다). 의미장 존재론이 옹호하는 실존에 관한 주장들은, 어떤 주장이 진실로 입증되는가, 라는 질문을 놓고 실존에 관한 경쟁 주장들과 겨룬다.

비실재론적 대안들과 비교할 때 의미장 존재론의 메타 존재론적 우월성은 **사실성**Faktizität**에 기초한 논증**에서 나온다.[131] 이 논증이 보여 주는 바는, 실존하는 놈이 우리에게 이러이러하게 나타난다 하더라도, 그놈 전체가 그놈이 우리에게 나타나는 대로일 수는 없다는 것이다. 만약에 그놈이 우리에게 나타나는 대로가 그놈 전체라면, 실존하는 놈이 우리에게 이러이러하게 나타나므로 그놈 전체가 그놈이 우리에게 나타나는 대로라는 억측된 사정을 우리가 이론적으로 확신할 수 있기 위한 나타남 조건에 대해서도 똑같은 얘기가(곧 그 조건이 우리에게 나타나는 대로가 그 조건 전체라는 것이) 성립할 터이다.

2차 성질들sekundäre Qualitäten이라는 개념적 모형은 일반화되지 않는다. 인간 특유의 인지적 감각적 조건들 아래에서 우리가 마주하는 놈만 실재한다는 것은 불가능하다. 왜냐하면 의미장 존재론과 중립적 실재론에 따르면, **실재한다는 것**은 오류 가능한 지칭의 대상이라는 것이니까 말이다. 인간 특유의 인지적 감각적 조건들도 그런 대상에 속한다. 이 조건들에 관하여 우리가 착각할 수 있다면, 무릇 존재하는 모든 것이 인간 특유의 인지적 감각적 조건들 아래에서 나타나는 것은 아닐 수도 있음을 우리는 인정해야 한다. 요컨대 2차 성질들을 일반화하려는 시도는 그 시도를 그 시도 자신에 적용할 때 실패로 돌아간다.[132] 반대로 우리가 우리의 정신적 장비에 관하여 착각할 수 없다면, 우리는 모두 천성적인 비실재론자일 법한데 왜 그렇지 않은지 이해할 길이 없다. 천성적인 비실재론자는 자신이 처한 상황의 대안을 추체험하는 능력조차 없을 터이다. 오직 우리가 완전히 파악함으로써만 지칭할 수 있는 무언가가 있

다면, 그 무언가는 우리 눈에 띌 수 없을뿐더러, 알아챌 수 없는 자명한 것일 터이다.[133]

따라서 존재론적 실재론은 참이지만 필연적으로 참은 아니다. 어떤 철학적 주장도 필연적으로 참은 아니다. 왜냐하면 필연적으로 참인 주장은 의미론적으로 공허할 터이기 때문이다. 그런 주장은 실재하는 놈을 다루지 않을 것이며, 그렇기 때문에 철학에 필연적 진실들이 있다고 믿는 사람들은 철학을 주장들의 정식화와 이론적 변론으로 보는 것이 아니라 기껏해야 우리 언어 행동과 생각하기 행동에 대한 해명으로 간주하는 경향이 있다.[134]

따라서 존재론적 실재론의 일관된 대안인 **엄격한 존재론적 비실재론**은 메타 존재론적 수준에서, 존재론을 실존에 대한 탐구로 간주하지 않는 지경으로까지 나아간다. 대신에 그 비실재론은 존재론을 기껏해야 개념적 공학으로, 자연 언어의 실존 표현들과 관련하여 우리의 언어 행동을 규제하는 공학적 솜씨로 규정한다. 이는 비실재론자가 보기에 틀린 존재론적 실재론의 외관이 발생하는 것을 방지하기 위해서다.

이 모든 것을 종합하면, 우리는 이제 비실존을 다루는 이론을 개발하는 만만치 않은 과제를 수행할 것을 우리 자신에게 요구할 수 있다. 그 이론은 이론적 경쟁 상황으로부터 자신의 윤곽을 얻는다. 이것은 수긍할 만한데, 왜냐하면 그 이론은 존재론적 실재론에서 도출되기 때문이다. 존재론적 실재론은 하나의 이론 제안으로서 대안들과 맞선다. 대안들을 반박하면, 존재론적 실재론의 안정성이 보강된다. 존재론적 실재론의 짝꿍으로서 **비존재론적 실재론**meontologischer Realismus을 예상할 만하다. 비존재론적 실재론이란, 비실존은 일부 대상들에 귀속하는 실재하는 속성이며, 그 대상들은 그 속성의 귀속을 통해 다른 대상들과 구별된다는 견해다.[135]

내가 제안하는 이론의 대안들이 존재한다. 그 대안들이 모두 동등하게 좋지는 않다. 나는 그것들이 의미장 존재론의 주요 주장들을 유지하는 것을 얼마나 어렵게 만드는지를 잣대로 삼아 그것들을 평가한다. 철학(또는 다른 분야의) 이론이 필연적으로 참이라는 것을 확립하려는 목적으로 그 이론을 모든 대안과 비교하는 것은 불가능하다. 왜냐하면 그러려면 모종의 이론 도출 법칙에 따라 모든 대안을 검토할 수 있게 해주는 이론을 개발해야 하기 때문이다. 바꿔 말해, 도달 불가능한 완전성의 이념이 필요할 터이기 때문이다.[136]

의미장 존재론적 비존재론을 건축하기에 앞서, 이어질 논의를 독자가 추체험하며 이해하기 위해서는 방법론적 예비 언급을 최소한 하나 더 해두는 것이 적절하다고 느낀다. 『의미와 실존』에서 상세히 서술한 이유들 때문에, 나는 의미장 존재론을 방어할 권리가 있다. 물론 내가 과거에 실존에 관하여 어떤 견해도 갖고 있지 않다가 파르메니데스부터 콰인까지의 기존 제안들과 그 밖의 제안들을 탐구한 끝에 실존에 관하여 나름의 견해를 갖게 되었다는 뜻은 아니다. 만약에 그런 식이라면, 이제껏 실존에 관하여 발언된 바를 역사적으로 확인함을 통해서 실존에 관한, 기초가 튼튼한 견해에 도달하려면 탐구를 어떻게 진행해야 할지 불분명할 터이다. 설령 당신이 이 길을 선택하더라도, 당신은 다음 질문에 답해야 할 것이다. 왜 예컨대 콰인은 우수하다 할 만하고 파르메니데스는 그렇지 않은가? 다시금 연구 문헌들에 담긴 논증들을 비교 평가하는 역사적 탐구를 통하여 이 질문에 확실히 대답할 수는 없다. 어느 지점에선가 당신은 스스로 생각하면서 문헌 조사 바깥으로의 도약을 감행하는 것을 피할 수 없다.[137]

이어질 탐구의 방법론적 출발점을 투명하게 규정하기 위하여 나는 선(先)존재론적 경험을 전제할 것이다. 즉, 우리에게 많은 대상이 나타나고, 우리가 그 대상들을 다소 꾸준히 숙고한다는 점을 전제하고자 한다. 인간 정신 안에서 이 대상들은 태생적으로 〈1차 성질/2차 성질〉, 〈물리적 대상/퀄리아〉, 〈손 앞에 있음/손안에 있음〉, 〈실체/딸린 놈Akzidens〉, 〈구체적/추상적〉 같은 범주들로 미리 분류되어 있지 않다. 진화적으로 제약된 우리의 장비 덕분에 우리에게 어떤 데이터 처리 능력이 주어져 있건 간에, 존재론적 범주들은 엄밀히 따지면 그 능력에 속하지 않는다.[138]

따라서 우리는 존재론적 탐구로부터 독립적으로 〈구체적/추상적〉 또는 〈허구적/비허구적〉 같은 구별이 무엇인지 안다고 대뜸 확신할 수 없다. 그런 존재론적 표현들의 언어적 사용에 우리가 숙달되어 있다는 점은 그 표현들의 이론적 안정성을 보증하지는 않지만, 존재론적 질문들 앞에서 우리가 어떻게 방향을 잡는지에 관한 정보를 제공한다. 우리의 선이론적인 존재론적 언어 사용을 수정할 동기는 늦어도 그 언어 사용이 역설들에 휘말릴 때 충분히 주어진다. 우리는 철학적 이론의 틀 안에서 대안들을 개발함으로써 역설들을 제거할 선험적 권리가 있다. 그 대안들이 져야 할 증명의 짐은 하나나 다수의 역설 원천을 찾아내는 것이다. 우리의 선이론적 언어 사용에서 어떤 개념적 자원들이 주어진 역설을 산출하는지가 확실히 드러나면, 곧바로 철학적 이론 구성에 착수할 필요가 있다. 이는 이런 식으로 대체 개념을 가용하게 만들기 위해서다.

선존재론적 경험의 개념을 도입하는 것은, 실재와의 접촉을 확보할 수 있어야 하는 모든 이론에서 불가피하다.[139] 칸트를 기초로 삼은 전통에서 이 요구에 부응하는 것은 직관의 개념이다. 이 전통의 이론 구조 안에서 직관은 생각하기와 존재가 맞닿는 인터페이스 기능을 한다. 그래서 칸트는 실재(성) 개념을 정확히 그 인터페이스에 위치시키고, **우리의** 실재 개념을 의식적으로 식별 가능한 객체들이 감각적으로 주어져 있음에 붙들어 맨다.[140] 현재의 철학에서 이 인터페이스는 전형적으로 지각이라는 개념을 중심으로 탐구된다. 그 탐구에서 때때로 간과되는 것은, 우리가 지각을 단순히 생물에서 일어나는, 앞에 놓여 있는vorliegend 과정으로서가 아니라 개념으로서 주제화한다는 점이다.[141]

이 지적을 통해 내가 말하려는 바는 다음과 같다. 내가 정신적 생물로서 현재 처한 상태는 **지각**을 포함한다. 이때 지각이란 무언가를 의식적으로 파악하기이며, 그 무언가가 반드시 나 자신의 상태들 중 하나와 동일해야 하는 것은 아니다. 오늘날에는 무의식적 지각도 (맹시를 모범으로 삼아) 받아들이는 것이 통상적이긴 하지만, 〈Wahrnehmung(지각)〉이라는 독일어 표현의 어원은 프랑스어와 영어의 〈perception〉과 달리 지각과 알아챔Gewahren의 밀접한 관련성을 시사한다.[142]

그런데 지각 개념의 문제는, 특히 철학자들 사이에 만연한 자연 과학적 세계상의 맥락 안에서 그 개념이 이미 협소해져서 그 개념의 성분들로 해체된다는 점이다. 우리의 지각을 위해 필수적인 인과 구조에 대한 연구는, 지각 에피소드가 부분들로부터 조립되며, 그 부분들의 발생은 지각하는 주체에게 불투명하게 남는다고 보는 분석을 권유한다. 그렇다면 다음과 같은 심리학적이고 신경 과학적인 질문이 제기된다. 우리가 실재를 단지 기능적으로 포착하는 것operational erfassen을 넘어 지각하게 만드는 자극 문턱은 어떤 조건들 아래에서 초과될까? 이 질문은 이제껏 인간 과학적으로 humanwissenschaftlich 완전히 대답되지 않았다.

아무튼, 이 (자연 과학적 세계상의 맥락 안에 있는) 전제 틀은 지각 개념의 도입을 통해 존재론적 실재론을 수용하기에 애당초 적합하지 않다. 왜냐하면 자연주의적 조건들 아래에서 지각은 그 자체로 지각이 전혀 아닌 과정들로 환원되기 때문이다. 이 모형에 따르면, 우리의 신경 말단이 자극됨으로써 유발되는 감각적 데이터 처리 과정들은 생각하기의 실재성을 담보하는 닻이다. 그리고 오로지 생각하기가 중추 신경계에 기초하여 설명되기 때문에, 생각하기는 생각하기 자신이 실재의 일부임을 안다.[143]

2부에서 논증하겠지만, 이 전제 틀은 허구의 한 사례다. 왜냐하면 이 틀은 지각의 발생이나 심지어 생각하기의 발생에 관한 사실 보고가 전혀 아니기 때문이다. 오히려 이 틀은 지각과 생각하기를 주제로 삼는 관점을 처음부터 암묵적으로 제거한다. 우리가 실재에 정박해 있다는 사정을 (우리의 정신적 생물로서의 자화상을 배제하려 애쓰는) 인과적 설명으로 변환하고 싶어 하는 과학주의는 부정합적인 이야기를 늘어놓는다. 그 이야기는 전지적인 화자를 통해 펼쳐지는데, 정작 그 화자는 그 이야기를 통해 자신의 실존을 반박한다.

결국 분석적인 직관 개념도, 더 풍부한 지각 개념도 해야 할 역할을 해내지 못한다. 무슨 말이냐면, 이 개념들은 우리가 경험할 때 어떤 단일한 (이론적으로 인정받은) 대상 이론에도 부합하지 않는 풍부한 실재들을 상대한다는 사정을 제대로 다루지 못한다. 오히려 사람들이 단일한 세계상을 도입하기 위하여 거명하는 모든 대상 범주들(예컨대 정신적 상태들과 구별되는 물리적 대상들, 또 허구적 대상들과 구별되는 실제로 실존하는 대상들 등)은 복잡성이 턱없이 낮으며 그 범주들의 도움이 없어도 우리가 이미 아는 바를 제대로 다루지 못한다. 무슨 말이냐면, 선존재론적 경험에서 우리는 도덕적 가치들, 수(數)들, 관계들, 아름다움과 추함, 시간, 제다이 기사들,* 노먼 베이츠,** 성모 마리아, 정의(正義) 등과 접촉한다. 따라서 우리의 선존재론적 경험으로부터 존재론적 다원주의의 출발점이 발생한다. 대표적으로 고(故) 데릭 파핏Derek Parfit은 존재론적 다원주의를 선택했다. 그는 다음과 같은 대상들(과 그 밖에 많은 대상)이 딱 보기에 실존함을 상기시켰다.

> 사실들, 의미들, 자연법칙들, 적도(赤道), 철학 이론들, 국가들, 전쟁들, 굶주림들, 초과 인출들overdrafts, 가격들, 별자리들, 은유들, 교향곡들, 허구적 인물들, 기분들, 유행들, 문학적 스타일들, 문제들, 설명들, 수들, 논리적 진실들, 의무들, 이유들.[144]

물론 다양하기 그지없는 사물들을 분류를 통해 단순화할 수는 있지만, 우리에게 실질적인 실존 개념을 제공하는 단일한 공통분모로 사물들을 통분하는 것은 절대로 불가능하다. 그렇기 때문에 실존과 관련해서 (유사한 개념들인 동일성, 사실, 대상, 의미장 등과 관련해서도 마찬가지로) 관건은 형식적 존재의 요소들, 곧 우리가 철학적 숙고 안에서 파악할 수 있는 무언가이며, 그 무언가를 파악하더라도 절대적 총체의 구조에 대한 형이상학적 통찰에 이르는 것은 아니다.[145]

요컨대 존재론적 다원주의의 근거는 다원적 실존 방식의 선험적 연역이나 존재 양화사 사용 방식에 대한 논리적-의미론적 분석, 또는 실존 표현들에 대한 언어학적 분석이 아니라, 우리의 선존재론적 경험에서 쉽게 접근 가능한 (늘 드러나 있는) 대상들의 다양

---

* 「스타워즈」에 나오는 기사단 〈제다이〉 내에서 〈기사〉 등급에 오른 자들.
** Norman Bates. 소설 및 영화 「싸이코」의 등장인물.

성이다. 우리의 삶에서 그 대상들은 기껏해야 우리가 그것들을 마주한다는 점을 통해 서로 연결된다.

역시 우리의 선존재론적 경험에 기초하여 우리는 우리가 마주하는 대상들이 그 마주함으로 소진되지 않음을 안다. 즉, 우리와 마주함이 그 대상들의 전부가 아님을 안다. 오늘 내가 슈퍼마켓에 가지 않았더라도, 슈퍼마켓은 여전히 제자리에 있다. 베수비오산은 눈에 띄지 않을 만큼씩 변화하지만 내가 나폴리에 있지 않더라도 완전히 사라지지 않는다. 나는 건물 안에서 이 글을 쓰는데, 이 건물 지하실은 내가 지금 지상에 있다는 이유만으로 무(無)로 전락하지 않는다. 이 밖에도 많은 예를 들 수 있다. 그러므로 존재론적 실재론과 다원주의는 딱 보기에 참인 것으로 보인다. 증명의 짐을 져야 할 쪽은 존재론적 실재론과 다원주의를 반박하는 진영이다.

의미장 존재론의 비존재론은 비존재μὴ ὄν란 다름θάτερον이라는 플라톤의 생각을 출발점으로 삼는다. 있지 않음(혹은 아님)nicht zu sein은 이를테면 아예 아무것도 아님을 의미하지 않고 다른 무언가와 구별되는 무언가임을 의미한다. 의미장 존재론의 틀 안에서 말하면, 주어진 한 의미장 안에서 실존하지 않는 놈이 다른 의미장 안에서 실존하는 상황이 벌어진다.

이를 더 명확히 서술할 수 있으려면, 먼저 이 근본적인 생각에 맞서 제기될 법한 두 가지 반론을 물리쳐야 한다.

첫째 반론에 따르면, 〈한 의미장 안에서 나타나기Erscheinen in einem Sinnfeld〉나 〈다른 의미장 안에서in einem anderen Sinnfeld〉에 들어 있는 부정 관사 〈한ein〉을, 모든 의미장들의 집합에서 어떤 의미장 하나를 그것이 어떤 것인지 정확히 제시하지 않으면서 뽑아낸다는 의미로 이해해야 한다. 그렇다면 의미장 총체Sinnfeld-Totalität가 전제된 셈이고, 그 총체에 관하여 이른바 〈양화quantifizieren〉가 이루어진

셈이다.[146]

그러나 이 반론은 펀치력이 전혀 없다. 왜냐하면 이 반론 자체가 의미장 존재론 안에서 벌어지지 않는 일을 전제하기 때문이다. 즉, 〈모든all〉이나 〈어떤 하나의irgendein〉를 언급할 때 우리가 늘 총체를, 즉 더 포괄적인 전체의 부분이 아닌 궁극의 전체를, 양화한다고, 이 반론은 전제한다. 요컨대 이 반론은 의미장 존재론의 세계 없음 직관에 반하는 선결문제 요구의 오류petitio principii를 범한다.[147] 주어진 한 의미장 안에서 무언가가 실존하지 않음을 우리가 그 의미장 안에서 알 때, 그 무언가가 다른 의미장 안에서 실존한다고 말하기는 그 무언가를 모든 것을 포괄하는 논리적 혹은 존재론적 공간 안의 불특정한 위치로 보내기가 아니다. 의미장 존재론에서는 이런 작업이 허용되지 않는다.

부정 관사는 특정한 총체를 암묵적으로 지칭하는 것이 아니라 — 당연한 말이지만 — 제한된 한 영역 안에서 무언가가 등장하거나 등장하지 않음을 알려 준다. 불특정한 서술 안에서 누군가가 케네디를 살해했다고 진술하는 것은, 온 우주에 관하여, 혹은 모든 대상들/사실들/의미장들의 총체로서의 세계에 관하여 진술하는 것이 아니다. 어떤 한 살인자에 대한 불특정한 지칭은 총체에 대한 특정한 지칭이 아니다. 전자의 지칭은 케네디 암살과 같은 하나의 행위 상황 의미장 안에 있는 한 살인자에 대한 지칭이다.

이 대목에서 ∃-진술(실존 진술, 곧 존재 양화사를 앞세운 진술)을 괴롭히는 수많은 혼란을 지적해야 한다. 바꿔 말해, 특수한 판단을 실존 진술과 동일시하는 경우들을 살펴보아야 한다.[148] 〈∃xFx〉가 〈¬∀x¬Fx〉와 동치라는 것을 받아들일 때, 사람들은 존재론적 행마 하나를 실행하는 것처럼 보인다. 누군가가 빵을 샀다, 가 참이라면, 이는 확실히, 고려 대상 모두가 빵 구매를 포기한 것은 아님을 의미한다. 그런데 이 외견상 빤한 논리적 추론을 위한 모든 모형은 제한되어 있다. 우리는 〈x〉에 그냥 대뜸 모든 것을 대입할 수 없다. 실재하는 무언가를 실재하는 무언가로부터 구별해 주는 진정한 술어를 부여하기 위하여 우리가 어떤 대상들을 고찰하는지에 따라 제한된 영역이 설정되고, 우리의 진술들은 그 영역을 다룬다.

보편 양화사 그 자체는 아예 아무것도 지칭하지 않는다. 보편 양화사가 절대적 총체를 지칭한다는 인상을 유발하는 주요 원인 하나는, 사람들이 〈∀x (x=x)〉 안의 유계 변수gebundene Variable(bounded variable) 〈x〉를 일종의 막강한 논리적 고유 명사로 이해하는 것이다. 즉, 〈x〉는 (우리가 그것에 관하여 명제적으로 명확한 진술을 할 수 있는) 각각의 개별 사물을 지칭하는 대신에 단번에 모든 것을 지칭한다고 이해하는 것이 문제다.

우리의 논리식들은 무언가와 관련 맺는 언어에 적용 가능한데 이 적용 범위 바깥에서는 어떤 의미도 없다. 성공적일 경우 논리식의 역할은, 우리가 일상적인 활동 조건 아래에서 추론을 실행할 때 놓칠 수 있는 도출 관계를 투명하게 드러내는 것이다. 만일 우리가 기호 〈∃〉에 실존 속성을 부여한다면, 우리는 논리학도 존재론도 성공적으로 수행하지 못한다. 이 속성 부여는 어떤 계산에서도 귀결되지 않으며, 계산으로부터 독립적인 존재론적 숙고를 통해 뒷받침되지도 않는다.[149]

여기에서 우리를 방해하는 또 다른 혼란은 동일성을 통해 실존을 이해하고자 하는 것이다. 즉, 사람들은 무언가가 무언가와 동일하다면 실존해야 한다는 견해를 고수한다. 논리식으로 표현하면 〈∃x (x=y)〉인데, 이런 기호를 의미Bedeutung 부여 없이 사용하려 하는 것은 그야말로 몰상식이다. 대체 〈=〉은 정확히 무엇을 의미할까? 동일성이란 무엇인가, 별개인 두 대상이 동일할 수 있는가, 라는 질문은 본격적인 존재론의 주제다. 무언가(x)가 특정한 무언가(y)와 동일하다는 것에서 실존을 보려면, y가 실존함을 전제해야 한다. 그러므로 실존 개념에 대한 이 같은 소위 설명은 어차피 명확히 발설되지 않은 실존 이해를 전제한다는 점에서 이미 효력이 없다. 이 설명은 그 이해에서 나오지만, 정확히 어떻게 나오는지 제시하지 않는다. 이 문제는, ∃-진술 옹호자들의 본래 취지는 실존이란 세계 안에 등장함이라는 것을 그들 스스로 알아챌 때 환히 드러난다. 그들이 그렇게 알아챘다면, 우리는 다시 우리 탐구의 본래 주제로 복귀하게 될 것이다.

결론을 요약하자면 이러하다. 특정 대상(플로지스톤, 에테르, 유니콘, 천사 등)의 비실존이란 이러이러하게 특정된 그 대상이 우리가 그 안에서 그것과 마주치리라 기대했던 의미장이 아닌 다른 의미장 안에서 실존한다는 것이라고 우리가 말할 때, 우리는 의미장-총체에 관하여 숙고하는 것이 아니다.

둘째 반론은 의미장 존재론을 다음 문장으로 요약되는, 마이농주의Meinongianismus의 한 변형으로 간주한다. 무언가가 실존하지 않는다면, 그것은 항상 다른 **하나의** 특정한 의미장으로, 이를테면 상상들로 이루어진 의미장으로 보내진다. 내가 『의미와 실존』에서 〈실질적substantiell 마이농주의〉로 명명한[150] 이런 마이농주의의 동기는, 실존하는 대상들로 이루어진 의미장을, 실존하지 않는 대상들로 이루어지고 경계가 명확히 그어져 있는 구역과 구별하는 것이다. 사람들은 후자의 대상들을 겨냥할 수 있다. 그러나 그렇다 하더라도 그 대상들은 실존하지 않는다. 따라서 실질적 마이농주의는 〈지향적 대상〉에 몰두한다. 이때 지향적 대상이란 누군가가 그놈을 겨냥한다는 것(언급한다는 것, 상상한다는 것, 숙고한다는 것

등)이 그놈의 전부인 그런 대상이다. 이런 지향적 대상은 실존하지 않는다. 반론자들에 따르면, 의미장 존재론은 결국 이 마이농주의와 단지 언어적으로만 구별된다. 왜냐하면 의미장 존재론의 실존 개념은 마이농주의의 대상 개념으로 번역될 수 있기 때문이다.[151]

이 둘째 반론 역시 세계 없음 직관의 엄연한 유효성을 지적함으로써 무력화할 수 있다. 실재하는 대상들의 세계가 있으며 그 세계가 지향적 대상들의 영역으로 둘러싸여 있다는 것, 따라서 한편으로 실재하는(실존하는) 대상들과 다른 한편으로 단지 지향된, 실존하지 않는 대상들로 이루어진 대상 총체를 우리가 구성할 수 있다는 생각은 세계 없음 직관에 의해 배제된다.

의미장 존재론에 따르면, 주어진 한 의미장 안에 있지 않은 놈은 주어진 다른 의미장 안에 있다. 없는 놈은 다른 곳에 있다. 조슬랭 브누아는 이를 〈다른 곳 존재être ailleurs〉라는 개념을 써서 (비판의 취지로!) 표현했다.[152] 실존하지 않는 대상이 보내지는 의미장은 선험적으로a priori 확정되어 있지 않다. 왜냐하면 모든 대상을 몇 개의 범주로 분류하는 단순한 형이상학적 구조는 없기 때문이다.[153] 이런 식으로, 다른 비실재[무(無)] 구역으로 둘러싸인 실재 전체의 구역(존재, 세계)이 있다는 견해는 배척된다.

적절한 예를 들어 의미장 존재론의 비존재론을 생생히 이해해보자. 다름 아니라 유니콘을 예로 들자. 사람들은 유니콘이 실존하지 않는다고 말한다. 그 말의 취지는, 지구 생물종 진화의 어떤 가지에서도 신화적 작품들, 이야기들, 벽걸이 융단들, 꿈들 등에 등장하는 바로 그 생물이 산출되지 않았다는 것이다. 유니콘은 우주 안에서 적절한 방식으로 등장하지 않는다. 대신에 기껏해야 간접적으로, 예컨대 문장(紋章) 연구 안에서 등장한다.[154] 유니콘은 없지만, 유니콘의 재현들Repräsentationen은 있다. 하지만 〈실재 안에서〉

아무것도 그 재현들에 대응하지 않는다.

물론 영화 「마지막 유니콘」이라는 의미장 안에서, 유니콘들이 없다는 것은 거짓이다. 왜냐하면 거기에서는 유니콘들이 있다는 것이 진실이기 때문이다. 요컨대 통상적인 어법을 쓰자면, 유니콘이 있다는 것은 허구 내적으로intrafiktional 진실이다. 그렇다면 대체 왜 유니콘은 없다는 것일까? 아래와 같은 진실에 관한 최소주의적 동치 원리Äquivalenzprinzip, ÄP를 받아들일 수 있다고 전제하자(이 원리는 통상적으로 받아들여진다).

(ÄP) p일 때 그리고 오직 그럴 때만, ⟨p⟩는 진실이다.

그러면 ⟨유니콘이 있다는 것은 허구 내적으로 진실이다⟩로부터 유니콘이 있다는 것이 도출될 터이다. 물론 허구 내적으로 진실임이라는 술어를 진실임이라는 술어와 다르게 취급할 이유들이 있다면 사정이 다르겠지만 말이다. 그런 이유들이 있다면, 당연히 허구 내적 진실은 그냥 진실과 전혀 다른 무언가일 터이다. 왜냐하면 허구 내적 진실은 진실 개념의 정의와 직결되는 원리들 중 하나를 위반하니까 말이다. 유니콘은 없다, 라는 소위 메타 허구적 진실은, 유니콘은 있다, 라는 소위 허구 내적 진실에 맞선다. 이때 후자는 ⟨올바른richtig⟩ 진실이 아닌 듯하다.

이 대목에서 메타 허구적 진실과 허구 내적 진실의 구별을 옹호하기 위해서 할 수 있는 유일한 근거 제시는, 아무튼 우리는 유니콘이 실존하지 않음을 안다고 말하는 것뿐이다. 하지만 이 근거 제시는 효과가 없다. 무슨 말이냐면, 이 근거는 허구 내적 진실이 ⟨올바른⟩ 진실이 아니라고 이미 간주하므로, 이 간주하기를 정당화하기 위한 근거로 제시될 수 없다.[155]

의미장 존재론은 이 문제를 **존재론적 관계주의**ontologischer Relationismus를 통해 다룬다. 존재론적 관계주의의 주장에 따르면, 무언가는 늘 한 의미장에 상대적으로만(혹은 한 의미장 안에서만) 실존하며, 특히 이것이 중요한데, 모든 것을 포괄하는 의미장은 없다. 더 정확히 말하면, 그 의미장의 총체적 배치 함수에 의지하면 실존 문제들을 탁월한 의미에서 풀 수 있게 되는 그런 총체적 의미장은 없다.[156] 페르미온은 우주 안에서 실존하고, 그레첸은『파우스트』안에서, 독일 연방 대통령은 독일 기본법에 따라 정당하게 실존하는 제도들 안에서, 수들은 수론(數論)이 연구하는 형식적 시스템들 안에서 실존한다. 이 밖에도 많은 예를 들 수 있다. 그러나 이 대상들 중 어떤 것도 형이상학적으로 특별히〈실재적인〉방식으로 실존하지 않는다.

비존재론의 맥락에 맞게 표현을 바꾸면 다음과 같다. 그레첸은 우주 안에서 실존하지 않고, 독일 연방 대통령은 형식적 시스템들 안에서 실존하지 않으며, 페르미온은 독일 기본법에 따라 정당하게 실존하는 제도들 안에서 실존하지 않는다. 그러나 그레첸이 우주 안에서 실존하지 않는다는 것은 그녀가 아예 실존하지 않는다는 것을 의미하지 않는다. 페르미온이 법적 권리와 의무를 보유하지 않았다는 것은 페르미온이 실존하지 않는다는 것을 의미하지 않는다. 이 밖에도 많은 예를 들 수 있다.

이 생각은『창조적 진화』에 등장하는, 절대적 무(無)의 환상에 대한 베르그송의 유명한 분석과 닮았다.[157] 한 유명한 대목에서 베르그송은,〈절대적 무das absolute Nichts〉는 단지〈단어〉일 뿐,〈관념 Idee〉이 아님을 논증한다. 부정 작업은 항상 무언가를 출발점으로 삼으며, 그 작업을 통해 그 무언가가 다른 무언가에 밀려난다. 따라서 개별 사물 하나를 부정하면, 실재가 말하자면 사물 하나만큼 빈

곤해지는 결과가 발생하지 않는다. 베르그송에 따르면, 부정의 기능은 기대된 입증의 철회지, 앞에 놓여 있는 부정적 사정(말하자면 존재의 구멍)의 입증이 아니다. 따라서 부정의 적용을 〈한 걸음, 한 걸음tour à tour〉 반복하더라도, 모든 사물이 〈한꺼번에toutes ensemble〉 부정되는, 소망된 결과는 절대로 발생하지 않는다.[158]

베르그송에 따르면, 실존 부정은 한 대상을 주어진 한 상황으로부터 〈배제하기〉 혹은 〈추방하기〉이며, 부정된 대상은 그를 대신하여 실존하는 다른 대상으로 대체된다. 요컨대 부정은 절대적 무를 향한 길에 깔린 포석(鋪石)이 아니다. 부정은 우리를 〈충만le plein〉으로부터 눈곱만큼도 멀어지게 만들지 않는다(〈충만〉은 베르그송이 〈실재le réel〉를 부를 때 쓰는 다른 이름이다). 따라서 비실재적인 놈, 실존하지 않는 놈은 단지 우리가 상상력의 형식 안에서 치장하는, 가능한 놈일 따름이다. 우리가 이런 식으로 치장할 수 없는 놈은 〈둥근 정사각형〉처럼, 파악하기 어려운 관념이 아니라 단지 단어다.

그러나 베르그송은 충만의 내재-형이상학Immanenz-Metaphysik을 옹호한다. 그는 절대적 총체가 있다고 보며 그 총체를 유일무이한 실재로 간주한다. 그에 따르면, 부정은 한 실재 블록에 그 블록으로부터 배제된 대상을 추가로 끼워 넣는다. 베르그송에 따르면, 이 추가 끼워 넣기는, 우리가 〈블록으로 간주된 현실적aktuell 실재의 관념〉을 형성할 수 있다는 것을 전제한다. 하지만 의미장 존재론에 따르면, 이 끼워 넣기 작업은 베르그송이 문제시한 절대적 무와 마찬가지로 부조리의 원천이다.[159] 베르그송은 절대적 무의 관념과 더불어 실재의 충만으로서의 절대적 존재의 관념도 극단적이고 과도하다는 점을 간과한다. 실재 블록도 없고, 그 블록의 토대인 절대적 무도 없다. 무에 맞서 도드라지는 세계가 아예 없다. 이 형이상

학적 사이비 맞섬 관계의 양쪽 관계항들은 실존하지 않는다. 그것
들은 아무것도 가리키지 않는 단어들이다. 바꿔 말해, 그것들은 상
상조차도 아니다(4장, 10장 참조). 〈세계〉라는 단어와 〈무〉라는 단
어가 실존하는 것은 사실이다. 그러나 어떤 유의미한 사용에서도
그 단어들은 형이상학적 대상들을 가리키지 않는다. 즉 전자는 절
대적 총체를 가리키지 않고, 후자는 절대적 총체의 완전한 부재를
가리키지 않는다.[160]

어떤 〈실존〉의 의미Sinn도 실존을 소진하지 못한다. 바꿔 말해
〈실존〉의 의미는 실존 속성을 존재론적으로 특권적인 방식으로 사
례화하는 대상들로 이루어진 한 의미장을 가리키지 않는다. 존재
론적 특권들은 없다. 물론 그렇다고 해서 존재론적 관계주의가 자
동으로 다른 사유 영역들(이를테면 윤리학, 진실 이론Wahrheitstheorie
등)까지 완전히 물들이는 것은 아니다. 절대적인 실존 의미는 없다
는 것이 의미장 존재론의 한 귀결이다. 그런 의미가 있다면, 그 의
미에 한 의미장이 대응할 테고, 그 의미장은 모든 실존하는 대상 각
각에 대하여 그 대상이 그 의미장 자신에 속하는지 여부를 결정할
테지만 말이다. 절대적인 실존 의미는 없다는 것으로부터, 주어진
한 의미장(이를테면 가치와 결부된 행위들로 이루어진 의미장, 혹
은 진실인 진술들로 이루어진 의미장) 안에 규범에 속박된 행위자
들이 따라야 할 국지적 표준이 없다는 결론이 나오지는 않는다. 한
(또는 몇몇) 의미장 안에서 실존하는 놈은 다른 몇몇 의미장 안에
는 실존하지 않는다. 어떤 대상도 모든 의미장 안에서 등장하지 않
는다. 이 결론은 의미장들의 유의미한 전체(세계)는 없다는 것으로
부터 도출된다. 의미장들의 총체가, 온 세계가 없으므로, 어떤 대상
도 모든 의미장 안에서 등장하지 않는다는 것은 시시할 정도로 자
명하다.

모든 의미장의 전반적 구조를 통찰하여 의미장 각각 안에 무엇이 있어야만 아무튼 뭐라도 거기에 있게 되는지에 관하여 실질적인 진술들을 성공적으로 할 수 있도록 의미장들을 총합하는 것은 불가능하다. 의미장들은 하나의 초월적 틀 안에 포괄되지 않는다. 이것은 의미장 존재론이 데이비드 루이스의 양상 실재론modal realism과 다른 점들 중 하나다.[161] 양상 실재론은 가능 세계들을 하나의 논리적 공간 안에 내장한다. 그 공간 덕분에, 가능성 개념은 가능한 놈들의 총체에 접근할 길을 우리에게 제공한다.

이 대목에서 나는 캉탱 메이야수에게 동의한다. 그의 지적에 따르면, 우리는 그 같은 가능성들의 논리적 공간이 있다는 견해를 뒷받침하는 **경험적** 근거를 가지고 있지 않을뿐더러 **이론적** 근거도 가지고 있지 않다. 이 지적과 관련하여 메이야수는, 가능성들이 이론의 차원에서 선험적으로 총합되지 않음을 보여 주기 위하여 당연히 칸토어의 정리에 의지한다. 그런 총합이라면 어떤 것이든지 가능 세계들의 집합을 이룰 텐데, 그렇다면 그 집합의 멱집합(모든 부분 집합들의 집합)을 만들 수 있을 테고, 이로부터 명백히 알아챌 수 있듯이, 우리는 실질적인 (이를테면 논리적 가능성, 곧 무모순성이라는 비좁은 틀을 넘어선) 가능성 개념을 건설하기 위한 규칙을 보유하고 있지 않다.[162]

요컨대 메이야수의 논증은 우리가 가능 세계들의 집합의 멱집합을 도외시한다면 가능 세계들의 집합은 불완전한 상태로 남는다는 것이다. 하지만 이 논증은 추가 전제들이 있어야만 제구실을 한다. 메이야수는 그 추가 전제들을 제시하지 않지만, 그것들을 쉽게 알아챌 수 있다. 가능 세계의 개수가 유한하다고 해보자. 간편한 논의를 위해서 우리는 그 개수를 세 개로 줄여 가능 세계 W_1, W_2, W_3을 고찰할 수 있다. 이제 우리는 이 세계들로 이루어진 집합 W,

곧 $\{W_1, W_2, W_3\}$을 만들 수 있다. 이 집합의 멱집합 $\mathrm{Pot}(W)$는 W의 부분 집합들의 집합이며 구체적으로 다음과 같다. $\mathrm{Pot}(W) = \{\{w_1\}, \{w_2\}, \{w_3\}, \{w_1, w_2\}, \{w_2, w_3\}, \{w_1, w_3\}, \{w_1, w_2, w_3\}, \varnothing\}$. 그런데 가능 세계들의 집합의 멱집합은 왜 원래 집합보다 더 많은 가능 세계들을 원소로 가진다는 것일까? 그러려면 최소한 가능 세계들이 집합들과 동일해야 할 터이며, 더 나아가 무릇 존재하는 집합 각각이 하나의 가능성이어야 할 터이다. 메이야수는 어쩌면 모종의 이유에서, 이 같은 첫눈에 보기에 잘못된 견해들이 옳다고 간주하면서 이를 상세히 설명하지 않는 듯하다. 그리하여 그의 논증은 근거가 탄탄하지 못하다.

우리가 가능 세계들의 논리적 공간을 구성할 경험적 근거를 (애초의 가정에 따라서) 아무튼 가지고 있지 않다는 것은 옳다. 왜냐하면 경험적으로는 오로지 실재하는 세계에만 접근할 수 있어야 하기 때문이다. 실재하는 세계는 우리가 경험적 접근로를 가질 수 있는 유일한 세계라는 점은 양상 실재론에서 실재하는 세계의 개념에 속한 사항이다. 왜냐하면 양상 실재론에서 다른 가능 세계들은 우리로부터 인과적으로 격리되어 있음을 통하여 정의되니까 말이다. 그러므로 우리는 다른 가능 세계들에 관한 경험적 정보를 획득할 수 없다.

의미장 존재론에서는, 모든 의미장에 적용되는 하나의 배치 함수가 있다는 견해를 받아들일 만한 경험적 근거도 없고, 선험적으로 충분히 탄탄한 근거도 없다[그 배치 함수는 모든 의미장 각각에 특정 대상 혹은 특정 대상 유형(예컨대 물리적 대상)을 배정할 터이다]. 그러나 그 이유는 집합론의 역설들에 기반을 두지 않는다. 의미장 개념은 내포적이니까 말이다. 그 개념은, 실존하는 놈은 본질적으로 배열 규칙에 종속된다는 점과, 그 규칙은 대상들이 서로 관계 맺고 있다는 점을 통하여 제시된다. 이 관계는, 적어도 우리가 수학적이지 않은 대상들을 다룰 때면, 순수하게 외연주의적인 집합론의 어휘를 항상 벗어난다.[163]

더 나아가 초일관 논리들parakonsistente Logiken*을 다루는 문헌들은 그레이엄 프리스트를 계승하여, 우리가 불가능 세계들을 고려할 수 있음을 또렷이 보여 주었다. 그리하여 우리가 불가능한 시나리오들을 상상할 수는 없다는 교리는 무너졌다. 우리는 나중에 이 사안을 당연히 다시 다룰 것이다. 메이야수는 자신의 모범인 알랭 바디우와 마찬가지로 부당하게, 모순율을 합리주의적 존재론의 원리로 간주하면서 모순율에 의지한다. 그들이 간과하는 바는 이것인데, 비(非)고전 논리들을 합리적으로 정식화할 수 있으며, 그 정식화된 논리들에서 예컨대 집합론의 역설들을 해결하기 위한 양진(兩眞)주의적dialetheistisch 제안들이 나온다. 바디우, 메이야수와 달리 비고전 논리들은 고전 집합론의 공리계를 유일무이한 모델로 받아들이지 않는다.[164]

메이야수의 견해와 달리, 고전 논리는 총합할 수 없는 가능성의 공간을 규정하긴 하지만, 고전 논리 자체가 더 큰 파노라마 안에 내장되어 있다. 왜냐하면 대안 논리들이 다른 공간들을 개척하고 있기 때문이다. 메이야수가 간과하는 것은, 비총체성 통찰을 자신의 이론에 자기 적용하는 작업이다. 늦어도 괴델 이후의 20세기 수학에서 알게 되었듯이, 모순이 없으며 모든 참인 문장 각각을 정리로서 도출할 수 있는 그런 형식적 시스템은 있을 수 없다. 각각의 존재론에 그 존재론의 형식적 속성들을 모형화하는 형식적 시스템 하나를 대응시킬 수 있다[이때 존재론의 기본 개념들(실존, 동일성, 양상들, 명제, 내포/외연 등)은 변환 규칙들을 불러들이고, 그

* 모순을 허용하는 논리들.

규칙들은 한 기본 개념을 다른 기본 개념에 의지하여 설명한다]. 따라서 어떤 존재론도 완전하지 않다.

의미장 존재론의 틀 안에서 위 명제가 의미하는 바는, 대안들이 성립하고 그중 몇몇은 진실일 수도 있음이 명시적으로 인정된다는 것이다. 그러나 오늘날 세간에 돌아다니는 대안 중에서는 어느 것도 형이상학의 약속을 감당할 능력이 없다. 그 약속은 절대적 총체에 관한 실질적 이론을 개발하여 대상들 혹은 대상 영역들의 구조를 선험적으로 펼쳐 보여 주겠다는 것이다.[165]

의미장 존재론의 중심 개념은 실존이며, 그 실존은 한 의미장 안에서 나타남을 뜻한다. 이 실존 정의는 임의적이지 않으며 오히려 실존을 무제한의 대상 영역(세계)이 앞에 놓여 있음과 연결하는 대안들을 물리치고 얻은 결과다. 더 나아가 의미장 존재론에서는 앎도 존재론적 근본 개념이다. 왜냐하면 앎과 앎의 정신적 전제들도 실존하며, 우리가 우리 자신의 존재론을 이해할 가능성을 확보하고자 한다면, 앎과 앎의 정신적 전제들이 주요하게 고려되어야 하니까 말이다.[166]

실존의 의미를 이러저러하게 제시하면서 그 의미가 대안들과 비교할 때 이런저런 이론적 장점들을 지녔다고 밝힐 수 있겠지만, 그 의미에 기초한 이론적 진술들이 대상 영역의 인식 가능성과 양립 가능함이 보증되지 않는다면, 그것으로는 불충분하다. 인식론적 맹점은, 실재의 이해 가능성을 너무 얕잡아 보면서 실재를 손가락으로 가리키는 것만으로도 실재의 형이상학적 구조를 논리적으로 명확히 발설하기 위해 충분하다고 여기는 모든 형태의 존재론을 위태롭게 갉아먹는다. 주어진 논리의 보편적 적용 범위를 상상하는 것을 통하여 이미 〈세계〉라는 형이상학적 대상 영역을 이론적으로 시야 안에 둔 것은 아니다. 주어진 논리 계산에서 양화사들의 적용 방식은 형이상학적으로 아무 영향력 없는 상태로 머무른다. 그렇지 않으려면, 그놈에 관한 우리의 생각들과 필연적으로 동일하지는 않은 그런 놈(실재하는 놈)에 관하여 우리가 성공적으로 숙고할 때 반드시 그 적용 방식을 채택하게 되어 있음이 입증되어야 한다.[167]

다시 비실존으로 돌아가자. 우리는 이렇게 확언할 수 있다. 즉, 실존하지 않음은 아예 아무것도 아님을 의미하지 않는다. 따지고 보면 결국 우리는 무엇이 실존하지 않는지 진술할 수 있기를 바라지 않는가. 바로 그렇기 때문에 통상적으로 엘레아학파의 비실존 역설이 발생한다. 그 역설을 아래와 같이 정식화할 수 있다.

(1) 대상 g는 진실 능력을 갖춘 생각들로 겨냥할 수 있는 무언가다.

(2) 그런 진실 능력을 갖춘 대상 생각의 한 모범은 대상에 속성을, 이를테면 속성 Π를 귀속시키기다. 그러면 나는 $g\Pi$를 생각한다.

(3) 나는 오로지 $\neg g\Pi$도 생각할 수 있을 때만 $g\Pi$를 유의미하게 생각할 수 있다.

(4) 이제 실존 속성을 E라고 하자. 그러면 나는 오로지 $\neg gE$도 생각할 수 있을 때만 gE를 유의미하게 생각할 수 있다.

(5) $\neg gE$ 안의 표현 〈g〉는 g를 가리킨다.

(6) 〈g〉 같은 표현이(모범적인 경우를 들면, 고유 명사가) g를 가리킨다면, 그 표현이 가리키는 무언가가 있다. 즉, g가 있다.

(7) 내가 대상 g에 관하여, 그 대상은 실존하지 않는다, 라는 참인 생각을 생각한다면, 무언가가 있다. 즉, 실존하지 않는 g가 있다.

∴ 실존하지 않는 대상이 (무한히) 많이 있다.

이 역설을 처음 접했다면, 태연함을 유지하면서, 일부 고대 희랍인은 그들의 존재론적 근본 개념들인 〈온ὄν〉,* 〈에이나이εἶναι〉** 등의 다의성으로 인해 존재Sein와 실존Existenz을 충분히 구별하지 못했기 때문에 가상의 역설을 문제로 여겼다는 유식한 견해를 밝힐 수도 있을 것이다. 이 견해가 옳다면, 이 외견상의 역설은 고대 희랍의 지역적인 언어적 인공물일 터이며 존재와 실존을 확실히 구별함으로써 해소할 수 있을 터이다.[168] 이런 논증은 마이농주의적 존재론의 정당화에 기여할 수도 있을 것이다. 주지하다시피 그 존재론은 실존과 기타 존재 양상들을 구별한다. 이는 실존하지 않지만 아무 문제 없이 언어적으로 가리킬 수 있는 대상들을 도입하기 위해서다. 이 언어적 가리킴은 그 대상들이 이러저러함So-Sein을 내보이기 때문에, 바꿔 말해 (이를테면 『파우스트』 안의 그레첸처럼) 이러저러하게 있기 때문에 가능하다.

하지만 이 행마는 무력하다. 왜냐하면 이 행마는 실존에 관한 역설을 존재에 떠넘기기 때문이다. 실존하는 대상들은 실존하지 않는 대상들을 배제하므로 우리는 존재론적 책임 없이 후자들을 가리킬 수 있다고 주장할 수도 있을 것이다. 하지만 이 주장이 타당하려면, 실존하는 대상들이 밀쳐 낸 것을 존재하는 대상들이 고스란히 떠맡아야 한다. 그렇다면 우리는 단지 겉보기에만 곤경에서 벗어난 셈이다.

마이농주의의 첫수는 실존하는 대상들과 실존하지 않는 대상들을 둘 다 존재의 부분으로 삼는 것이다. 이 수법을 표현하는 진술은, 실존하는 대상들도 있고 실존하지 않는 대상들도 있다는 것이다. 따라서 존재 담화의 지칭 구역은 모순적이다. 왜냐하면 그 구역

* 영어 being에 해당함.
** be에 해당함.

안에서는, 현재 프랑스 왕은 없다, 도 진실이고, 현재 프랑스 왕은 있다, 도 진실이니까 말이다. 이는 전자와 후자가 모두 정확히 특정된 이러저러함을 지녔기 때문이다. 전자는 존재하지 않는 프랑스 왕의 이러저러함을, 후자는 존재하는 프랑스 왕의 이러저러함을 지녔다.

허구적 대상을 실존하지 않는 대상으로 분류할 때, 일반적으로 사람들의 취지는, 허구적 묘사로 간주되는 맥락들(영화, 조각, 회화, 오페라 등) 안에서 언급되거나 특징지어지는 대상들 가운데 일부는 우리를 엘레아학파의 역설에 빠뜨리는 존재론적 골칫거리로 치부해야 한다는 것이다. 이 수준에서 사람들은, 허구적 맥락이란 무엇이고, 다음과 같은 소위 사실의 배후에 놓인 골칫거리의 허구성이란 과연 무엇인지 애써 제시하지 않는다. 그 소위 사실이란, 그 골칫거리들은 다른 모든 면에서 대단히 행실이 바른 우리의 논리 시스템들의 대상 영역에 마뜩잖게 침입한 놈들이라는 것이다.

성공적인 실존 진술의 맥락 민감성을 감안할 때, 엘레아학파의 겉보기 역설은 얼버무리기Äquivokation를 범한다. 제드 마르탱이 『지도와 영토』안에 실존한다는 것으로부터, 제드 마르탱이 그냥 실존한다는 것은 도출되지 않는다. 왜냐하면 그냥 실존은 없기 때문이다. 의미장이므로 절대로 모든 것을 포괄하는 공간을 차지하지 않는 한 의미장 안에서 실존하지 않고 그냥 대뜸 실존하는 놈은 없다. 따라서 실존하지 않는 많은 것이 실존한다는 주장은 모순이 아니다. 왜냐하면 이 주장의 취지는, 많은 것이 한 의미장 S^1 안에서 실존하지만 다른 의미장 S^2 안에서는 실존하지 않는다는 것이기 때문이다. 실존하는 대상들이 모두 속한 의미장은 없으므로, 또한 모든 의미장 안에서 실존하는 대상은 없으므로(왜냐하면 온 세계 Welt-All는 없기 때문에), 역설은 맥없이 사라진다. 요컨대 소위 역설은 단지 타당성 없는 추론일 따름이다. 그 추론이 띤 역설의 가상은, 실존(의미장 안에서 나타남)의 형식적 일의성이 형이상학적 구조(세계 안에서 등장함)와 혼동됨으로써 발생한다.

　의미장 존재론은 엘레아학파의 수수께끼에 대한 기술적 해법을 제공한다는 특징이 있다. 진실 능력을 갖춘 숙고의 대상인 모든 존재자에 대한 나의 관용은 그 해법에서 결실을 맺는다. 그러니 충분히 관대한 태도로 다음과 같은 딱 보기에 뻔한 사정을 받아들이자. 즉 그레첸, 제드 마르탱, 안나 카레니나, 예수는 실존한다는 점을 받아들이자. 이들은 대상들이다. 이들은 모두 부모가 있다(예수의 경우에는 사정이 생물학적으로 까다롭지만, 아무튼 예수도 부모가 있다). 이로부터 나오는 결론은 이들이 추상적 대상들일 수 없다는 것이다. 왜냐하면 〈구체적임〉이 시공 구조 안에 인과적으로 내장되어 있음에 정박해 있다면, 부모가 있는 생물은 의심할 바 없이 구체적이니까 말이다. 결론적으로 우리는 이렇게 확언할 수 있다. 의미장 존재론은 이른바 〈허구적 대상들〉을 둘러싼 토론 지형에서 하나의 현실적인 선택지다. 의미장 존재론의 대상들은 구체적이다. 이로써 의미장 존재론은 통설의 지도에 뚫린 구멍들을 지목하고 메운다.

　존재론적 관점에서 이 입장은 역설이 없다. 왜냐하면 의미장 존재론은 형식적으로 볼 때 존재론적 관계주의이기 때문이다. 이 맥락에서 존재론적 관계주의가 고수하는 견해는, 형이상학적으로 특권적인 대상 영역은 없다는 것, 다시 말해 그 영역에 속하지 않는 모든 대상을 단지 그 이유만으로 실존하지 않는 놈으로 분류해야 하는 그런 영역은 없다는 것이다. 도리어 한 의미장 안에서 정당하게 실존을 요구하는 놈은 다른 의미장 안에서 실존할 필요가 없다. 제드 마르탱은 『지도와 영토』라는 의미장 안에서 실존하지만 여기

(내가 있는 곳)에서는 실존하지 않는다. 여기에서는 우엘베크의 소설『지도와 영토』가 실존하고, 또 그 소설에 대한 나의 해석이 실존하지만, 제드 마르탱은 실존하지 않는다. 그러므로 제드 마르탱에 관한 사실들도 나에 관한 사실들로부터 충분히 격리되어 있어서, 허구와 실재 사이에 어떤 모순도 발생하지 않는다. 설령 제드 마르탱이 나를 만나기 위해 파리로 여행을 간다는 것이『지도와 영토』안에서 진실이라 하더라도, 이것은 파리와 나에 관한 진실이 아니라 파리_{지도와 영토}(곧『지도와 영토』안의 파리)와 마르쿠스 가브리엘_{지도와 영토}에 관한 진실이다. 허구적 의미장 안에서 대상들이 지칭되면, 그 대상들이 메타 해석적 대상들의 영역을 물들이는 것은 배제된다(이 영역은 우리의 상상력 발휘의 기회다).

하지만 이 대목에서 곧바로 다음과 같은 문제가 발생한다. 제드 마르탱은『지도와 영토』안에서 실존하지만 여기에서는 실존하지 않는다. 파리와 프랑스는 여기에서 실존한다. 마찬가지로『지도와 영토』안에서도 파리와 프랑스 같은 지역들이 실존한다.『지도와 영토』안에서 제드 마르탱은 프랑스 시민이지만, 여기에서는 그렇지 않다. 따라서『지도와 영토』안의 프랑스는 프랑스와 동일할 수 없다. 이 두 대상은 서로 다른 속성들을 지녔으니까 말이다.[169] 존재론적으로 정합적인, 곧 아무튼 실행 가능한『지도와 영토』해석이라면 어떤 것에서든지 그 두 대상은 그 양쪽 모두에 속한 시민이 전혀 없을 정도로 완연히 다르다. 따라서 지금 우리가 고찰하는 두 의미장 안에 동일한 프랑스가 실존하는 것이 아니다. 오히려 동일한 프랑스는 한 의미장 안에서만 실존한다. 이로부터 다음이 귀결되는데, 실존하는 허구적 대상과 단지 허구 안에서만 특징지어질 뿐이며 실존하지 않는 대상 사이의 통상적인 구별은 폐기되어야 한다.

통상적인 전문 용어로 말하면, 의미장 존재론은 허구적 대상에 관한 맞짝 이론Gegenstück-Theorie의 한 변형을 제시한다. 어떤 소설의 해석 안에서 프랑스처럼 보이는 놈은 프랑스가 아니며 기껏해야 프랑스와 매우 유사한 대상(프랑스의 맞짝)이다. 따라서 대표적으로 팀 크레인이 분석한, 성서에 관한 다음과 같은 생각은 배척되어야 한다.

> (성서 생각) 성서 속 일부 인물은 [예컨대 모세나 예수는] 실존하고(했고) 다른 인물은 [예컨대 부활한 라자로나 가브리엘 대천사는] 실존하지 않는다(않았다).[170]

우선 전할 좋은 소식은, 우리가 이 (성서 생각)을 생각하지 않아도 된다는 것이다. 다시 우엘베크로 돌아가면, 우리의 『지도와 영토』 읽기 안에서 〈프랑스〉라는 표현은 프랑스를 지칭할 수 없으며 기껏해야 프랑스와 충격적으로 유사한 무언가를 — 적어도 그 소설에 대한 일부 해석 안에서 — 지칭할 수 있다. 우엘베크가 『어느 섬의 가능성』이나 『복종』 같은 작품들에서 펼친 유형의 허구가 지닌 힘이자 위험은, 다름 아니라 그 허구가 우리의 실재를 닮은 듯한 무언가를 묘사하지만, 우리의 실재의 한 가능성을 보여 주는 듯한 방식으로 우리의 실재에서 벗어난다는 점에 있다.[171]

하지만 바로 그 점이 예술의 진정한 가상(假像) 성격Scheincharakter을 이룬다. 허구의 (과학 허구도 포함해서) 묘미는, 허구가 우리의 실재에 — 이를테면 임박한 가능성에 — 관하여 무언가 이야기해 준다는 점에 있지 않고, 허구가 궁극적으로 허구 자신을 다룰 따름이라는 점에 있다. 그러므로 우리는 아리스토텔레스적인 근본 교리와 결별해야 한다. 즉, 희곡이나 소설 같은 묘사하는 문학은 일어날 법하지만

(아직) 일어나지 않은 일에 관한 진술들을 담고 있다는 생각을 버려야 한다.[172] 소설은 양상적 사고 실험modales Gedankenexperiment이 아니다. 소설은 가능 세계에서 일어나는 일에 관한 사실 보고가 아니다. 소설은 아무것도 서술하지 않는다. 소설의 물질성인 텍스트는 해석을 위한 악보, 가능한 읽기들의 바탕이다. 그 읽기들은 원칙들을 따라야 하는데, 한 원칙은 텍스트를 기준으로 삼으라는 것이다.

사실 보고처럼 보이는 소설도 존재론적으로 보면 사실 보고가 아니다. 설령 문학 텍스트가 우연히 정보 원천으로 사용될 수 있다 하더라도 마찬가지다. 『일리아스』를 읽음으로써 트로이 유적을 발견할 수 있다 하더라도, 죽은 파트로클로스의 유골이나 트로이 목마의 재료로 쓰인 목재를 발견할 수는 없다. 『일리아스』에 나오는 모종의 대상들은 우리가 (필요하다면 타임머신을 타고서라도) 여행하며 방문할 수 있는 의미장들 안에서 등장하지 않는다.

꾸며 낸 대상들은 실존한다. 하지만 그것들은 우리로부터 존재론적으로 격리되어 있다. 그것들은 우리의 실재 안에 간접적으로 침입한다. 즉, 그것들은 메타 해석적 대상들을 통해 매개되어 우리의 생산적 상상력 발휘를 활성화하는 동시에 제약한다. 미적 경험을 토대로 삼아 예술 작품의 세부 사항들을 탐구할 때 우리는, 예술 작품 안에 함께 놓인 대상들과 의미장들이 서로 어떻게 연결되어 있는가, 라는 질문에 대하여 입장을 취하는 방식으로 우리의 상상력을 발휘한다.

풀이란 우리에게 악보의 형태로 주어지는 예술 작품의 요소들의 합성Komposition(함께 놓기Zusammenstellung)을 객체 수준에서 탐구하는 작업이다. 회화의 악보는 예컨대 틀과 함께 벽에 걸려 있는 색칠된 캔버스 조각이다. 조각의 악보는 정원에 놓인 청동 덩어리다. 소설의 악보는 복제되어 낱권으로 실존할 수 있는 텍스트다. 이 밖에도 다양한 예를 들 수 있다.[173] 문학적 허구적 생산물을 읽을 때 우리는 텍스트에서 끄집어낸 정보들을 결합하여 전체 그림을 산출한 다음에 해석 모드에서, 미적 경험 중에 분명해진 정보들을 덧붙인다.

이런 식으로 미적 경험 중에 우리는 우리 자신에 관하여 무언가를 배우는데, 이는 한마디로 미적 경험이 우리의 실재성의 본질적인 부분, 다시 말해 정신적 생물의 실존의 본질적인 부분이기 때문이다. 정신적 생물의 생각은, 죽음을 피할 수 없는 생물로서 우리가 그때그때 속한 개별 장면들을 얼마든지 멀리 벗어날 수 있다.

데릭 매트레이버스는 저서 『허구와 이야기*Fiction and Narrative*』에서 위 주장을 흥미롭게 정당화한다. 그는 재현Repräsentation과 직면 Konfrontation을 구별한다. 대상 또는 사건의 재현은 이야기라는 매체 안에서 우리 앞에 무언가를 놓는다. 이때 이야기는 고유한 정합성 조건들에 종속되며, 그 조건들은 심리학적 서사 연구에 의해 탐구된다. 매트레이버스는 그 서사 연구에 의지한다.[174] 재현은, 우리 자신이 속한 행위 맥락과 데이터를 직접 짝짓는 작업을 뛰어넘는 장면을 우리가 눈앞에 떠올릴 때 그 과정에 항상 개입한다.

블루멘베르크는 저서 『비개념성 이론*Theorie der Unbegrifflichkeit*』에서 이와 매우 유사한 논증을 펼친다. 그는 개념을 기대와 연결하는데, 기대는 인간이 욕구 충족의 대상들로부터 멀리 떨어져 있어서 틈새를 뛰어넘어야(또는 던지기로 극복해야) 할 때 비로소 출현한다(블루멘베르크는 던져진 물체의 운동을 다루는 탄도학Ballistik을 논리적 근원 실험실Urlabor로 여긴다).

인간, 곧 곧추섬으로써 가까운 지각 구역을 떠나고 자신의 감각 범위를 벗어나는 놈은 거리를 두고 작용하는 놈Wesen der actio per distans이다. 인간은 스스로 지각하지 못하는 대상들에 작용을 가한다. 최초 거처인 동굴 안에서 인간은 자신의 욕망과 생존 투쟁의 대상을 벽에 그린다. 개념은 사냥꾼이자 떠돌이인 놈의 삶에서 발생한다.[175]

물론 우리의 행위 범위는 가변적이다. 왜냐하면 우리는 기술을 통해 감각적으로 현존하는 환경을 당연히 넘어서니까 말이다 (드론 조종사나 지구적 네트워크를 생각해 보라. 이것들 덕분에 우리는 멀리 떨어진 곳에 개입할 수 있다). 그러나 우리가 직접 관여할 수 없는 행위 공간들이 항상 있다. 우리는 그 공간들을 눈앞에 떠올리지만, 그렇게 하더라도 그 공간들과 직면하지는 않는다. 나는 내가 군인이라면 어떨지 상상하기를 좋아하고 전쟁을 상상으로 미화하면서 감정의 북받침을 느낄 수 있다. 하지만 그런 상상 때문에 내가 언젠가 군인으로서 전쟁에 참여해야 하는 상황은 다행히 벌어지지 않는다.

재현은 직면의 틀을 뛰어넘는다. 이 사정은 종들의 생존 투쟁에서 우리에게 결정적인 유리함을 가져다주었다. 물론 우리의 기술적 권능 행사 때문에 그 유리함은 지속되지 못할 것이다. 지금 우리는 직접적 직면을 멀찌감치 초월한 덕분에 우리 자신의 생태 보금자리를 파괴하고 있으니까 말이다.[176]

그런데 매트레이버스는 우리가 재현과 직면할 수도 있음을 간과한다. 바로 평범한 미적 경험이 그런 직면의 사례다. 미적 경험의 동기는 묘사 모드로 앞에 놓인 재현이다. 우리는 나름의 추체험하는 상상 모드로 그 재현을 다시 재현한다. 이를 배경에 깔고 가다머가 전적으로 옳게 파악했듯이, 예술의 핵심적인 인간학적 기능 하나는 고유 시간Eigenzeit을 창조함으로써 지속의 체험을 우리의 생활 세계에 도입하는 것이다. 생활 세계 안에서 우리의 방향 잡기 Orientierung는 순전한 생존의 공간을 넘어선다. 매트레이버스는 늑대들이 동굴 공동체를 덮치는 근원 장면을 거듭 상기시킴으로써 순전한 생존을 계속 상상하게 만들지만 말이다. 우리는 재현을 통해 실재를 멀리 떼어 놓지 않는다. 오히려 우리는 예술 작품의 형태를 띤 재현을 통해 실재에 개입한다. 가다머가 설명하듯이, 예술 작품은 우리에게 하염없이 머무르기를 권하고 이를 통해 위험 없는 기간(축제)을 산출한다. 그 기간을 통해 우리는 상징적으로 우리 생존의 순전한 덧없음 위로 우뚝 솟아오른다(그렇다고 영생하게 되는 것은 아니지만).[177]

예술 작품은 미적 경험의 조건 아래에서 직면하는 대상이다. 이 직면에서 우리는 위험의 부재를 체험할 수 있다.[178] 이 사정은 블루멘베르크가 주목한 아름다움의 액땜 효과를 설명해 준다. 아름다움은 우리를 요람에 넣고 흔들어 미적 경험이 안전하게 지속되도록 한다. 예술의 가상 성격이 자주 언급되는 이유가 바로 여기에 있다. 예술을 진정한 실재 초월로 간주하기가 너무 쉽기 때문에, 사람들은 예술의 가상 성격을 들먹이는 것이다. 예술의 유혹, 예술의 힘은 재현과 직면의 단순한 구별, 사물들의 부재와 여기 있음의 단순한 구별을 잠식하고 그럼으로써 이 구별을 추방하는 복잡한 놀이를 통해 자신의 예술 성격을, 자신의 제작되었음을 문제화하는 것에 있다.[179] 이 사정은 예술가를 부재하는 질서의 매개자로 내세우는 천재 담론에 반영된다. 어떻게 누군가가 예술 작품이라는, 우리가 해석자(가다머의 표현으로는 〈공동 공연자Mitspieler〉)[180]로서 본질적으로 참여하는 관계적 합성을 만들어 낼 수 있는지 도무지 이해할 수 없기 때문에, 그런 천재 담론이 발생한다. 이른바 허구적 대상들은 해석되지 않은 채로 실존하지 않는다. 그것들은 발견되는 양탄자 속에 그냥 짜 넣어져 있지 않다. 또한 그럼에도 그것들은 우리가 임의로 처분할 수 있는 놈들의 범위 안에 들어 있지 않으며 오히려 우리가 주체들로서 그것들에 관하여 파악한 바를 수정한 다.[181]

이 대목에서 옌스 로메치는 개인적인 대화 도중에 이런 반론을 제기했다. 즉, 누군가가 틀린 사실 보고를 건네준다는 것으로부터, 그 사실 보고가 다루는 모든 것이 틀렸다는 결론을 내릴 수는 없다고 지적했다. 그는 어느 꼬마의 보고를 예로 든다. 한 꼬마가 정원에서 늑대를 보았다는 틀린 견해를 품고 그렇게 이야기할 수도 있을 것이다. 그럴 때 그 이야기로부터 늑대뿐 아니라 정원도 상상의 산물이라는 결론을 도출해서는 안 된다. 이어서 그는 이렇게 주장한다. 극영화의 대상으로서의 나폴레옹과 극영화 장면들이 포함된 역사적 다큐멘터리 영화의 대상으로서의 나폴레옹은 동일한 나폴레옹이다. 따라서 하여튼 모종의 비허구적 대상들이 허구적 의미장 안에 출현할 수 있는데, 그러면 격리 주장이 위태로워진다.

그런데 이 책에서 제안하는 존재론에 따르면, 극영화의 대상으로서의 나폴레옹은 나폴레옹과 동일하지 않다. 어떤 극영화도, 역사적 다큐멘터리 영화에 삽입된 어떤 극영화 장면도 나폴레옹을 다루지 않으며, 기껏해야 나폴레옹과 닮은 무언가 혹은 누군가를 다룬다. 내친김에 덧붙이면, 늑대와 함께 상상된 정원은 사람들이 보아 온 정원과 동일하지 않다. 우리의 상상들은 우리가 지금 직관적으로 마주한 몇몇 대상과 닮긴 했어도 그 대상들과 동일하지는 않다. 내가 지금 내 사무실을 상상력으로 떠올린다면, 그렇게 상상된 대상은 내 사무실과 동일하지 않다. 이 경우에 내 사무실은 나의 상상력 발휘의 동기였으므로, 양자가 서로 닮았겠지만, 그렇다 하더라도 양자는 동일하지 않다.

허구와 실재를 갈라놓을 수 있는 관점을 채택하면, 그 관점에서 〈실재하는〉이라는 표현은, 색인의 성격을 띤 우리의 환경과, 바꿔 말해 우리가 그 안에서 실존하는 의미장과 관련 맺는다. 그 표현이 관련 맺는 상대를, 우주에서 물리적으로 측정 가능한 부분의 (인과적으로 작동하는) 기반 층으로 국한할 수는 없다.[182] 실재는 양상 범주이며, 우리가 실재를 통찰함으로써 발견하는 실재하는 대상들이 조립되어 이룬 거대한 형이상학적 사물이 아니다.[183] 제드 마르탱은 『지도와 영토』 안에 엄연히 실존한다. 하지만 이것은 사람들이 그가 있는 곳으로 짐작할 만한 장소(파리)에 그가 실재함을 함축하지 않는다. 왜냐하면 파리에서 실재함은 우리 의미장에 속함의 함수이기 때문이다. 그런데 우리 의미장은 꾸며 낸 것으로부터 옳게 격리되어 있다.

바로 이것이 제드 마르탱은 실존하지 않는다고 우리가 말할 때의 취지다.[184] 이때 다음을 유의해야 하는데, 제드 마르탱은 실존하며 또한 실존하지 않는다. 우리는 이것을 간과하지 말아야 한다. 이것은 역설도 아니고 재담도 아니라, 존재론적 관계주의의 귀결이다. 무슨 말이냐면, 〈제드 마르탱은 실존하며 또한 실존하지 않는다〉라는 발언은, 제드 마르탱은 『지도와 영토』 안에 실존하지만 프랑스 안에는 실존하지 않는다, 라는 모순적이지 않은 명제를 표현한다.[185] 최선의 경우에 그는 『지도와 영토』 안의 프랑스 안에 실존할 텐데, 이는 그가 프랑스 안에 실존함을 의미하지 않는다. 왜냐하면 프랑스는 『지도와 영토』 안의 프랑스와 동일하지 않기 때문이다.

결론적으로 허구적 대상은 아예 실존하지 않는 것이 아니다. 허구적 대상의 비실존은 그것의 실존과 마찬가지로 관계적 사정이며, 오직 의미장들과의 관계 아래에서만 판정될 수 있다. 그렇다면 허구적 대상 앞에서 우리는 그 대상을 절대적 무(無) 안에, 곧 아예 실존하지 않는 놈의 영역 안에 두어야 하는 불편한 처지에 놓이지 않는다. 허구적 대상의 존재는 물론 가상이며 따라서 우리 의미장 안에서는 실존하지 않는 놈의 나타남이다. 하지만 보아하니 실존 하지 않는 이놈은 첫째, 다른 곳에서 실존하고, 둘째, 예술 작품이 우리와 직접 인과적으로 연결되어 있고 미적 경험을 권함을 통하 여, 우리가 위치한 여기에서 작용력을 발휘한다.

절대적 무는 불가능하다. 절대적 무는 모든 대상의 소거 Aufhebung일 터이고, 그 안에서 아무것도 나타나지 않는 의미장일 터이다. 그런데 의미장 존재론에 따르면, 특정한 대상 하나의 비존재 로부터 모든 대상의 비존재로 옮아갈 수 있다고 주장하는 고전적 소거 논증을 정합적으로 정식화하는 것은 불가능하다. 이는 우선 세 계 없음 직관의 단순한 따름 정리다. 모든 것에 대한 양화quantifizieren 를 형이상학적으로 성공적으로 해낼 수 있다면 〈세계〉라는 대상을 파악할 수 있겠지만 우리는 그런 양화를 해낼 수 없으므로, 우리는 소위 총체성을 소거하는 사고 실험에서 그런 대상을 떨쳐 낼 수도 없다. 우리는 개별적 부정의 능력을 보유하고 있긴 하지만, 모든 것 을 단번에 없애는 형이상학적-총체적 부정의 능력을 보유하고 있 지는 않다. 따라서 많은 특정한 것(이를테면 런던, 페르미온들, 달, 우주 등)이 우연적으로 실존한다는 것으로부터 모든 것이 우연적 으로 실존한다는 것이 귀결되지는 않는다.

이와 관련해서 최근에 그레이엄 프리스트가 의미장 존재론에 대한 반론을 제기했다. 그는 세계-대상(〈세계〉라는 대상)도 생각 할 수 있고 절대적 무도 생각할 수 있으며, 특히 세계-대상은 무와 달리 일관되게(모순 없이) 생각 가능하다고 주장했다.[186] 프리스트 의 주장에 따르면, 의미장 존재론의 조건들 아래에서 근거가 탄탄하지 않은 부분 전체론을 구상할 수 있는데, 그 부분 전체론에 따르면, 의미장 존재론 안에도 세계가 실존한다. 나는 이 주장에 대한 반론을 4~5장에서 제시할 것이다. 한편 절대적 무에 관한 프리스트의 견해는 이러하다. 그는 절대적 무를 대상 N으로 표기하고, 대상이 아닌 모든 것의 부분 전체론적 합으로 정의한다. 즉, N은 $\sigma x \neg Gx^*$와 같다. 그가 말하는 대상이란 사람들이 아무튼 언급할 수 있는 모든 것이므로, 대상이 아닌 것은 언급될 수 없다. 따라서 대상이 아닌 모든 것의 부분 전체론적 합이 그 자체로 대상인 것은 맞다. 그러나 이 대상은 대상들을 실존하지 않는 놈 전체로 통합하지 못한다. 요컨대 부분 전체론적 합 N은 헛도는 연산이다.

그런데 무는 대상이면서 또한 대상이 아니다. 프리스트는 이를 간단한 형식적 증명으로 보여 주는데, 그 증명은 몇 개 안 되는 부분 전체론적 전제만 필요로 한다. 특히 비정통적 전제 하나를 주목할 만한데, 그 전제에 따르면, 하나의 전체로 조립되는 대상들이 없더라도, 부분 전체론적 합을 구성할 수 있다. 왜냐하면 바로 이것이 절대적 무이니까 말이다. 어떤 부분도 가지지 않았으며 그 자신이 더 큰 전체의 부분도 아닌 그런 전체를 생각할 때 사람들이 얻는 것이 바로 절대적 무다. 절대적 무를 생각할 때 떠오르는 것은 공허한 슈퍼 롱 숏Supertotale, 곧 포착 범위가 최대지만 그 범위 안에 아무것도 등장하지 않는 장면이다. 당연한 말이지만, 이 사고 실험에서는 프리스트가 양진주의적으로 다루는 그 롱 숏도, 바꿔 말해 그가 절대적 무를, 그것에 관해서는 모순이 진실인 대상으로서 도입함으로써(바꿔 말해 이 대상은 대상이면서 또한 대상이 아님을 통하여) 다루는 그 롱 숏도 제거해야 한다(그럴 경우 전통적으로 발설 가능성 문제가 발생하지만).

* σx는 x들의 합을 나타냄.

이 행마에 대한 가장 간결한 반론은 다시 한번 세계 없음 직관에 의지한다. 세계 전체라는 긍정적 사례에서 형이상학적 보편 양화는 실패로 돌아가므로, 그 보편 양화는 부정의 모드에서도 역시 성공하지 못한다. 표현 $\langle \sigma x \neg Gx \rangle$ 안의 $\langle x \rangle$는 모든 대상을 가리키지 못한다. 만약에 모든 대상을 가리킨다면, 정당한 부정 연산을 통해 절대적 무를 산출할 수 있을 테지만 말이다. 우리는 모든 대상을 긍정적으로 통합하여 세계 전체를 이룩할 수도 없고 모든 대상을 부정 모드에서 싸잡을 수도 없다. 모든 대상이라는 총체는 딱 잘라 말해서 없다. 거듭 말하지만, 이 문제를 제거하기 위하여, 실존하는 대상과 이러저러한so-seiend 대상을 구별하고 후자를 존재론적 책임 없이 탐구할 수 있는 지향적 대상으로 간주하는 것은 부질없는 짓이다.

4장
세계는 허구가 아니다: 보르헤스 「알레프」의 부정합성에 관하여

애초의 가정에 따라, 실존을 위해서는 대상이 의미장 안에서 나타나는 것으로 충분하다면, 의미장 존재론은 다음과 같은 심각한 문제에 직면하는 듯하다. 세계를 어떤 형태로든 상상하거나 예술 작품의 틀 안에서 묘사하는 데 성공한다면, 세계가 실존한다는 것이 증명된 셈이 아닌가. 그렇다면 절대적 총체를 다루는 이론으로서의 형이상학을 위한 장이 활짝 열린다. 이로써 우리는 멜리히-코흐 반론에 이르렀다(73~74면 참조). 기억하겠지만, 이 반론에 따르면, 세계는 통상적인 형이상학적 실재론자가 염두에 두는 의미에서(곧 그냥, 또는 〈저 바깥에〉) 실존하지 않으며 오히려 본질적으로 상상된 것이거나 꾸며 낸 것이다. 세계가 상상력 안에 실존한다면, 세계는 실존한다. 따라서 형이상학이 귀환한다. 비록 허구주의라는 울타리에 둘러싸인 모습으로이긴 해도 말이다.

이런 행마의 타당성을 검증하기에 알맞은 사례로 호르헤 루이스 보르헤스의 언뜻 보기에 형이상학적인 환상 문학이 있다. 의미론적 주장들과 형이상학적 주장들을 다루는 그 환상 문학 중에서도 명백히 탁월한 사례는 단편소설 「알레프」다. 여기에서 이 단편소설에 대한 상세한 철학적 분석을 시도하는 것은 과도한 일일 것이다. 왜냐하면 이 작품은 아주 많은 층을 가지고 있어서, 그런 분석은 우리의 본론인 존재론적 이론 구성을 너무 오래 지체시킬 터이기 때문이다. 따라서 그 단편 소설의 제목과 그 단편 소설을 포함한 소설집의 제목에서 공통으로 언급되는 대상에 초점을 맞추기로 하자. 그 대상은 〈알레프〉다. 독자는 소설 속 화자 〈보르헤스〉를 통해 알레프를 접하게 된다. 이 화자는 사망한 베아트리스 비테르보의 회화 앞에서 자신의 이름을 누설한다. 이 첫 번째 고유 명사는 이미 단편 소설의 첫 문장에서 사용된다. 화자는 부에노스아이레스의 장축(長軸)인 가라이Garay 대로변의 주택에 들어서다가 문득 그 회화를 본다. 그 대로는 후안 데 가라이Juan de Garay의 이름을 따서 명명되었다. 그는 스페인 식민지 개척자로서 부에노스아이레스를 세우고 그 도시의 명명에도 관여한 인물이다.[187]

  이 단편 소설의 높은 문학적 수준은 사망하여 영영 여기 없는 베아트리스를 주제로 다룬다는 점에서 벌써 드러난다. 그녀의 사촌의 성(다네리Daneri)과 마찬가지로 베아트리스라는 이름은 단테 알리기에리를 연상시킨다.[188] 고유 명사 〈베아트리스〉는, 여러 텍스트를 아우르는 관점에서 보면, 단테의 베아트리체를 지칭한다. 이 사실은 「알레프」 텍스트의 구성과 그 고유 명사가 보르헤스의 작품들 전체에 등장하는 방식에서 뚜렷이 드러난다. 하지만 「알레프」의 기호학적 우주 안에서 〈베아트리스〉는 또 다른 인물을 가리킨다. 우리가 그 텍스트의 독자로서 상상하는 행위 구조의 틀 안에서 우리는 베아트리스를 부에노스아이레스에 두고 화자의 안내에 따라 그녀를 중심으로 이야기를 짓는다.[189] 이야기의 제목에서 알수 있고 또 그 제목이 소설집의 제목이기도 하다는 점에서도 알수 있듯이, 이 이야기에서 핵심 역할을 하는 〈알레프〉라는 대상은 총체적 대상인 세계에 〈해당한다〉. 무슨 말이냐면, 알레프는, 그 안에서 우리가 모든 대상들을 (따라서 알레프 자신도) **단번에**uno eodemque actu 관찰할 수 있는 그런 대상이다.

이 문제의 대상에 더 가까이 다가가 보자. 망자의 주택 지하실 한구석에 알레프가 놓여 있고, 카를로스 다네리는 화자에게 그 알레프를 가리켜 보여 준다. 다네리가 말하기를, 알레프는 〈모든 점을 자기 안에 포함한, 공간 안의 점들 가운데 하나〉라고 한다.[190] 다네리는 알레프에 관해서 들은 적이 있다고 보고한다. 왜냐하면 누군가 그에게 말하기를, 지하실 안에 〈세계가 있다habia un mundo en el sótano〉[191]고 했기 때문이다. 보르헤스는 지칭을 가지고 놀기를 전혀 삼가지 않는다. 카를로스가 이렇게 말을 잇는다. 〈나중에 깨달았는데, 그 친구가 말한 건 여행 가방이었어se refería (……) a un baúl. 하지만 난 정말로 세계가 있는 줄 알았지 뭐야.〉[192] 화자는 곧바로 알려 달라고 조른다. 알레프가 뭐냐고(〈알레프?〉라는 간단한 질문의 형태로) 그는 묻는다. 카를로스가 대답하기를, 알레프는 〈어느 각도에서 보든지 거기에 세계의 모든 장소가 서로 섞이지 않은 채로 있는 그런 장소el lugar donde están, sin confundirse, todos los lugares del orbe, vistos desde todos los ángulos〉[193]라고 한다. 이 대목까지 설명된 대로의 알레프는 모든 의미장들의 의미장 개념, 곧 의미장 존재론의 이론적 조건 아래에서 정식화할 수 있을 법한 세계 개념에 〈해당한다〉. 알레프는 단지 모종의 세계가 아니라 모든 각도에서 관찰되는 세계다.

단편 소설 「알레프」는 고유 명사들의 기능 방식에 지치도록 몰두한다. 〈알레프〉도 그런 고유 명사 중 하나다.[194] 고유 명사의 문학적 사용을 감안할 때, 일상적이며 비문학적인 사용에서 고유 명사는 누군가가 과거 언젠가 인과적으로 접촉했던 실존하는 개별자를 직접 지칭하는 반면, 문학적 허구적 맥락 안에서 고유 명사는 아무것도, 아무도 지칭하지 않는다고(왜냐하면 그런 고유 명사의 대상은 가정에 따라 실존하지 않으니까) 상정하는 것은, 시학(詩學)적으로 부적절하다.

그래서 이 책에서 사용되는 모형은 두 가지 유형의 대상들을 구별한다. 미적 경험이 일어날 때, 그 두 유형은 결합된다. 한 유형의 대상들은 예술 작품의 물질적 전제에 속한다. 지금 논의되는 사례에서는 텍스트에 속한다. 그 텍스트는 거듭 사용되는 기호 〈베아트리스〉를 포함한다. 텍스트를 읽음으로써 우리는 그 사망한 인물의 속성들을 더 자세히 규정하기 위한 꼭짓점들을 추론한다. 이때 우리는 우리의 배경지식을 사용한다. 만약에 그 배경지식이 없다면, 우리는 서사적 생산물을 (사실을 이야기하는 것이건, 허구를 이야기하는 것이건) 전혀 이해할 수 없을 것이다.[195] 사망한 그 인물은 우리가 상상해야 할 대상이다. 우리가 베아트리스를 어떻게 상상하는지는 우리가 부에노스아이레스에 관하여 예상하는 바에 의존한다. 보르헤스가 속한 아르헨티나 문학 전통에 관한 — 또한 그 전통에 속한 텍스트들 사이의 관련성에 관한 — 우리의 식견과 부에노스아이레스에 대한 우리의 이미지는, 베아트리스 비테르보가 독자인 우리에게 그때그때 정확히 어떻게 나타나는지를 규정하는 한 요인이다. 두 명의 독자가 베아트리스를 동일한 방식으로 상상하는 경우는 없다. 따라서 단편 소설 「알레프」의 의미장은 무한정 많은 해석들로 쪼개진다.

이 같은 시학적 근본 구조는 이 단편 소설의 메타 허구적 동기 중 하나다. 곁텍스트Paratext는 햄릿 인용과 홉스 인용으로 이를 명백히 드러낸다. 이 두 사람은 서사적 실재의 틀 안에서 외견상 가능한 그것, 곧 알레프의 실존을 부정한다. 서둘러 말하면, 알레프는 이 단편 소설의 틀 안에서도 불가능한 대상이라는 것이 내가 증명하고 싶은 가설이다. 이 대상은 아무튼 어딘가에 위치시키기에 충

분할 만큼 특징지어지지 않는다. 이 대상의 불가능성은 이 대상이
(둥근 정사각형처럼) 정확히 규정된 모순적 속성들을 지녔다는 것
조차도 아니다. 만약에 그것이라면, 이 대상은 불가능한 세계들의
의미론에서 다룰 주제로 간주될 테지만 말이다. 알레프는 너무 불
명확해서 (단어 〈알레프〉가 사용된다는 것을 넘어서는) 지칭의 대
상이 아예 될 수 없다. 알레프를 지칭하려는 시도는 알레프가 기호
〈알레프〉를 넘어서는 일이 절대로 없다는 점 때문에 실패한다. 그
러므로 의미장 존재론이 반박하는 세계-대상이 등장하는 단편 소
설을 보르헤스가 썼다는 반론은 부질없게 된다. 도리어 「알레프」의
핵심은 〈읽기에 대한 풍자Allegorie des Lesens〉, 더 정확히 말하면, 사
실에 관한 담화를 이해할 때 우리가 의지하는 등장인물 수립을 교
란하기다.

　　이로부터 귀결되는 것은, 폴 드 만이나 리처드 로티가 당대에
품었던 견해처럼, 허구적인 말을 고려할 때 사실에 관한 말은 은밀
히 꾸며 낸 말로 판정된다는 것이 아니라, 다만 문학적 텍스트의 이
해가 일종의 자기 관련(지칭)Selbstbezüglichkeit을 산출할 수 있다는
것이다(이 자기 관련에 시학적 고리들이 내장되어 있다).[196] 보르
헤스의 텍스트 자체가 알레프와 유사하게 기능한다. 즉, 우리가 해
석자로서 우리 자신의 위치를 그 텍스트 안에서 재발견한다. 하지
만 보르헤스의 텍스트가 알레프를, 곧 〈있는 것, 있을 것, 그리고 있
었던 것〉의 총체적 비전Vision을 포함하고 있다는 뜻은 아니다.[197]
요컨대 알레프는 우리에게 「알레프」를 어떻게 읽어야 할지에 관하
여 무언가 가르쳐 주지만, 그 무언가를 넘어서는 형이상학적 주장
을 속삭여 주지는 않는다.

　　그 텍스트에 대한 순박한 형이상학적 독해는 늦어도 화자가
저자의 성(姓)이기도 한 기호로 자기 자신을 그야말로 강조해서 지

칭하는 대목에서 오류로 밝혀진다. 〈나야, 나 보르헤스soy yo, soy Borges.〉[198] 이로써 자기 서사Homodiegese가 정점에 도달한다. 왜냐하면 마치 저자와 화자가 융합하는 것처럼 보일 수도 있기 때문이다. 물론 이것은 이야기에서 흔히 나타나는 패턴이다. 이 패턴에서, 허구적이라는 딱지가 붙은 묘사는 액자 안으로 들어가는데, 그 방식이 교묘하여 우리는 그 묘사에서 사실에 관한 서술을 기대하게 된다. 저자는 화자처럼 보이고 따라서 몸소 이야기 안에 들어 있는 것처럼 보인다. 물론 이 인상은 옳을 수 없다. 왜냐하면 베아트리스와 다네리가 사는 부에노스아이레스는 호르헤 루이스 보르헤스라는 저자가 사는 부에노스아이레스와 동일하지 않기 때문이다. 〈부에노스아이레스〉가 반드시 부에노스아이레스를 지칭하는 것은 아니다.

보르헤스가 진실과 거짓을 가지고 하는 문학적 놀이는 당연히 문학 연구자들에 의해 잘 연구되어 있다.[199] 내가 이 논의를 펼치는 것은 절대적 총체성을 띤 역설적 대상을 지칭한다는 발상을 가망 있게 만드는 틀을 기초부터 재구성하기 위해서일 따름이다.

이런 토대 위에서 프리스트는 의미장 존재론에 맞선 예리한 반론을 제기한다. 그는 일관적이지만 약간 비정통적인 부분 전체론을 채택한 의미장 존재론을 바탕에 깔고, 알레프가 대상으로서 정합적으로 생각될 수 있음을 보여 준다. 만약 이 논증이 옳다면, 의미장 존재론에 의거하여 세계가 — 적어도 「알레프」가 다루는 꾸며 낸 대상으로서 — 실존한다는 것이 입증된 셈일 터이다.

이 반론은, 라이프니츠가 관점적 우주perspektivisches Universum를 형이상학적으로 서술했으며 따라서 라이프니츠의 형이상학 안에는 우주가 아무튼 실존한다는 반론보다 더 전망이 밝다. 왜냐하면 의미장 존재론은 후자의 반론에 대한 재반론을 이미 명확히 제시했으니까 말이다. 특히 세계 없음 직관을 옹호하는 주요 논증이 보여 주는 바에 따르면, 그런 형이상학은 실패로 돌아간다. 왜냐하면 그런 형이상학은, 아무튼 정합적인 형이상학적 입장에 도달하기 위하여, 그 안에서 모든 의미장들이 나타나는 의미장을 충분히 특징지어야 할 텐데, 그렇게 하지 못하기 때문이다. 반면에 의미장 전체를 한 허구 안에 내장한다면, 그 안에서 의미장 전체가 나타나는 의미장을 특정한 셈이다. 따라서 방금 언급한 난점을 우회하여 형이상학이 다룰 대상을 간접적으로 마련해 주고, 그 대상의 구조를 논리적-의미론적으로 더 자세히 규정할 수 있을 터이다. 이 경우에 형이상학은 꾸며 낸 대상을 탐구할 터이며, 이것은 첫눈에 보기에 (비록 비정통적이긴 해도) 문제 될 것이 없다.

프리스트가 성공했다면, 그는 의미장 존재론이 비정통적 (정칙성 공리Fundierungsaxiom를 받아들이지 않는) 부분 전체론을 채택했음을 밝혀낸 셈일 터이다. 정칙성 공리는 순환 구조의 형성을 금지한다. 집합론에서 정칙성 공리란, $x_1 \in x_2 \cdots\cdots \in x_n \in x_1$을 만족시키는 원소 열은 없다는 것이다. 이로써 특히 중요하게 배제되는 사정은 집합이 자기 자신을 원소로 가지는 것이다. 이를 부분 전체론에 적용하면, 정칙성 공리는 부분 전체론에서의 반(反)대칭Antisymmetrie 공리와 연결된다. 반대칭 공리란 아래와 같다.

(반대칭 공리) x가 y의 참된 부분(진부분)이라면, y는 x의 참된 부분이 아니다.

이 공리는 많은 사례에서 명백한 진실이다. 내 손은 내 몸의 부분이지만, 내 몸은 내 손의 부분이 아니다. 헬골란트*는 독일의 부

* Helgoland. 독일 북해의 작은 열도.

분이지만, 독일은 헬골란트의 부분이 아니다. 단어 〈헬골란트〉는 이 문장의 부분이지만, 이 문장은 단어 〈헬골란트〉의 부분이 아니다. 이 밖에도 많은 예를 댈 수 있다. 이 공리를 포기하면, 부분 전체론적 고리들을 허용할 수 있다. 특히 당장 다음과 같은 고리가 허용된다. 대상 A는 자신의 의미장 f(A)의 부분이고, 거꾸로 f(A)는 A의 부분이다. 이를 부분-전체 관계의 열로 표현하면 아래와 같다.

…… 〈 f(A) 〈 A 〈 f(A) 〈 A 〈 ……

이에 기초하여 프리스트는 스스로 판정하기에 의미장 존재론의 부분 전체론적 구조를 보여 주는 정교한 모형을 제시한다. 이때 추가되는 전제는 대상이 자신의 의미장의 (진)부분이라는 것인데, 프리스트는 대상의 의미장을 대상 전체로 간주한다. 아래 그림에서 화살표 x→y는 x가 y의 진부분임을 나타낸다. 따라서 아래 그림이 성립한다.

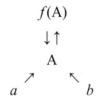

말로 풀면, A가 아닌 모든 것은 A의 진부분이고, A는 자신의 의미장 f(A)의 진부분이다.

그러나 프리스트의 의미장 존재론 모형은 많은 이유에서 불충분하다. 왜냐하면 의미장 안에서 나타남으로서의 실존이라는 존재론적 개념의 모든 요소 각각은 프리스트의 모형 안에 도입되는 방식과는 다르게 재구성되기 때문이다. 따라서 의미장 존재론이 근

거가 탄탄하지 않은 부분 전체론으로 환원된다는 그의 제안은 애
초부터 문제가 있다.[200]

첫째, 프리스트의 모형은 외연주의적이다extensionalistisch. 이 모
형은 의미장을 부분들로 이루어진 전체와 동일시하면서, 무릇 의
미장은 하나의 의미Sinn를 통일 함수로 전제함으로써 통일성을 확
보할 때만 부분들로 이루어진 전체라는 점을 도외시한다. 특정한
대상들은 그 의미 덕분에 의미장 안에 실존한다. 의미는 대상들의
배열 규칙이다. 주어진 의미장 안의 대상을 겨냥한 생각의 수준에
서 의미는, 말하자면 생각의 대상들의 주어져 있음이며 따라서 일
반적으로 동일한 의미장 안에서 나타나는 대상이 아니다. 더 정확
히 말하면 이러하다. 의미가 대상으로서 자신의 의미장 안에서 나
타나는 경우도 있고, 의미가 자신의 의미장 안에서 나타나는 것이
원리적으로 불가능한 경우도 있다.[201] 프리스트는 의미장 존재론이
의미에 관한 내포주의적 견해를 기반으로 삼는다는 결정적인 사정
을 간과한다. 그 견해는 실존을 위하여 의미를 고려한다. 실존하는
놈은 어떤 술어의 대상 영역 안에 있을 뿐 아니라, 내실 있는 생각
혹은 의미의 도달 범위 안에 본질적으로 속한다. 그 의미는 대상이
하나도 없더라도 존속할 터이다. 따라서 어떻게 대상들이 의미장
안에서 전체들을 이루는지를 유의미하게 미리 지정하는, 모든 것
을 포괄하는 부분 전체론적 규칙은 없다. 그러므로 의미장 존재론
의 내포주의적 조건들 아래에서 형이상학적 부분 전체론을 정식화
하는 것은 애당초 불가능하다.

둘째, 프리스트는 의미장 존재론이 〈어떤 형이상학적 부분 전
체론도〉 명시적으로 배척한다는 점을 도외시한다. 프리스트는 집
합론을 형이상학적으로 풀이하는 것에 대한 나의 반론들을 받아들
이는데, 그것들은 부분 전체론을 형식적이며 수학화 가능한 분과

로 간주하는 형이상학적 풀이에도 유사하게 적용된다.[202] 프리스트
는 이 명시적인 조건을 위반하면서도 그 위반을 정당화하는 반대
논증을 제시하지 않으므로, 의미장 존재론을 형이상학적 부분 전
체론으로 보는 그의 모형화는 이 수준에서 일단 실패로 돌아간다.

세계 없음 직관을 잠식하는 과정의 일환으로 형이상학적 부분
전체론 구조를 도입하는 이유를 제시하기 위해 프리스트는 두 가
지를 지적하는데, 그에 따르면, 그 지적들은 의미장 존재론을 이런
식으로 부분 전체론적으로 모형화하는 것이 예상과 달리 유의미함
을 보여 준다. 첫째, 프리스트는 보르헤스의 「알레프」를 들이댄다.
그는 이 작품이 〈썩 정합적quite coherent〉이라고 명시적으로 판정한
다.[203] 둘째, 그는 각각 a와 b로 명명한 명제 두 개를 제시한다. 아래
와 같은 그 명제들은 서로를 부분으로 포함한다.

    a: = b 또는 눈은 희다
    b: = a 또는 풀은 푸르다

두 지적을 꼼꼼히 살펴보자. 더 흥미로운 것은 첫째 지적이다.
왜냐하면 그 지적은, 절대자를 대상으로서 파악하는 것이 가능한
가, 라는 형이상학적 질문을 야기하기 때문이다. 그런데 프리스트
가 간과하는 것이 있다. 「알레프」의 저자 보르헤스는 바로 그 가능
성을 반박했고 그렇기 때문에 다수의 역설적인 이야기들과 논평들
을 내놓았다. 이는 절대자가 단지 허상Scheinbild일 뿐임을, 실제로
대상으로서 고정할 수 없는 허상일 뿐임을 보여 주기 위해서다. 보
르헤스는 여러 번 반어적으로 논리 경험주의에(특히 러셀에게) 동
조했으며, 형이상학을 환상 문학의 한 갈래로 칭했다.[204] 「알레프」
의 화자가 지하실에서 보는 알레프는 소설 안에서 심지어 〈가짜 알

레프falso Aleph)로 불리고,[205] 보고 전체가 명시적으로 〈문학에 의해, 허위에 의해 오염되어〉 있다.[206]

이런 점에서 프리스트의 첫째 지적, 곧 보르헤스 지적은 특히 중요한 논쟁을 걸어온다. 왜냐하면 이 지적은 서로의 맞짝 안에서 나타나는 두 명제 a, b와 달리 실제로 메타 형이상학적 문제를 제기하기 때문이다. 알레프를 정합적으로 생각하는 데 성공한다면(비록 일관성 없는 조건들 아래에서 성공하더라도), 의미장 존재론의 견해와 달리 세계가 (비록 문학의 의미장, 또는 문학적 상상력 발휘의 의미장 안에서라도) 실존함을 보여 주기 위한 첫걸음을 뗀 셈일 터이다. 따라서 보르헤스의 단편 소설 「알레프」가 창출하는 상황을 더 자세히 살펴볼 가치가 있다.

〈알레프〉라는 대상이 그 단편 소설에 내장되어 있다는 점과 더불어, 보르헤스가 다른 글들에서 강조한, 또한 의미장 존재론에서 핵심 지위를 차지하는, 한 논증을 추가로 고찰할 필요가 있다. 아주 짧은 산문 「노란 장미」는 잠바티스타 마리노*뿐 아니라 호메로스, 단테도 받았다는 한 계시에 관하여 보고한다. 그 산문의 한 대목은 이러하다.

> 그때 계시가 일어났다. 마리노는 아담이 낙원에서 볼 수 있었던 대로 장미를 보았다. 그리고 장미가 그의 말 안에 있지 않고 장미의 영원 안에 있음을 느꼈다. 그것을 우리는 단지 언급하고 암시할 수 있을 뿐, 표현할 수 없다. 그리고 홀 귀퉁이에서 황금빛 여명을 내뿜는 강력하고 의기양양한 책들이 (그가 헛되이 꿈꾼 대로) 세계의 거울이 아니라 세계에 추가된 무언가임을 느꼈다.[207]

* Giambattista Marino. 17세기 이탈리아 시인.

여기에서 보듯이, 사람들이 온 세계Weltganze라고 여기는 놈은 불완전하여 온 세계일 수 없다. 왜냐하면 우리가 세계 전체를 모사하거나 파악할 때 사용하는 모든 거울이 실은 세계 전체를 변형하기 때문이다. 대상으로서의 절대자는 우리가 그를 파악함을 통하여 변화한다. 왜냐하면 우리의 파악이, 완전하다고 억측된 세계에 또 하나의 대상(우리의 파악)을 추가하기 때문이다. 물론 이 같은 문학적 암시로 철학적 문제가 적절하게 포착된 것은 아직 아니다. 「알레프」의 화자는 이를 간접적으로 인정한다. 언제 그러냐 하면, 그가 다네리의 생각들을 부적절하고 유치찬란하고 장황하다고 평하면서 그런 이유로 그 생각들을 문학과 관련지을 때 그렇게 한다.[208]

결론적으로 프리스트가 하필이면 「알레프」를 언급하는 것은 자신의 부분 전체론적 모형을 적용할 수 있을 전망을 과대평가하는 것이다. 「알레프」는 도리어 내가 들이댈 만한 작품이다.[209] 절대자에 대해서만큼은, 절대자를 대상으로 도입하고 변형된 일관적 부분 전체론을 그 대상에 적용하는 것으로 충분하지 않다. 왜냐하면 절대자가 대상들 전체라면, 절대자에 대한 파악도 절대자의 한 부분이기 때문이다. 그런데 절대자에 대한 파악이 절대자의 일부라면, 프리스트가 언급하지 않는 무수한 형이상학적 난점들이 발생한다. 그는 그 아포리아Aporia들 중 몇몇을 익히 안다. 다른 글에서 그는 그 몇몇을 대단히 타당하게 분석했다.[210]

세계가 대상들 전체라면, 유한한 생각하는 놈들이 세계를 파악하는 순간 이전에도 세계는 하나의 대상이었을까? 절대자는 과연 시간적이면서도 그로 인해 변화하지 않을 수 있을까? 이 질문은 대상들 전체의 자기 동일성 문제와 맞물린다. 절대자는 시간적 부분(우주)과 무시간적 부분(추상적 대상들)을 가질까? 만일 그렇다면, 우리는 절대자를 이루는 모든 대상들이 실존하기 이전 시점에서 절대자를 어떻게 전체로 생각할 수 있을까?

이 문제들을 우회하기 위해 모종의 부분 전체론적 모형을 제시하고, 그 모형의 근거를 대기 위해 보르헤스의 단편 소설에 호소할 수는 없다. 왜냐하면 그 단편 소설이 옹호하는 것은 다름 아니라 절대자를 생각하기의 부정합성이기 때문이다.[211]

생각하는 놈을 절대자로부터 떼어 놓는 것은 절대로 불가능하다. 절대자가 **모든** 대상들을 부분들로서 포함해야 한다면, 절대자를 생각하는 놈도 그놈의 생각과 함께 포함해야 한다. 그렇기 때문에 절대자에 대해서만큼은, 절대자에 대한 파악은 인식론적 문제일 따름이며 의미론적 관점에서 그 문제는 파악되는 대상을 〈절대자〉라는 이름으로 언급하는 것만으로 해결된다고 항변할 수 없다. 무슨 말이냐면, 절대자가 유한한 생각하는 놈들에 의해 생각될 수 없다면, 우리의 파악이 닿지 않는 저 건너편에 절대자가 실존한다고 상정할 이유가 사라진다. 〈절대자〉라는 표현이 유한한 조건들 아래 놓인 유의미한 절대적 총체라는 의미로 사용될 수 없다면, 우리가 아무튼 〈절대자〉를 언급할 수 있다는 지적은 방향을 잃고 표류한다.

따라서 보르헤스의 단편 소설이 정합적이라는 추측은, 누군가 (화자, 등장인물 또는 그 단편 소설 속 상황을 상상하는 독자)가 알레프를 지칭함으로써 알레프가 충분히 특징지어진 대상이 된다는 것을 보증하기에 당연히 턱없이 부족하다. 이때 충분히 특징지어진 대상이란 사용되는 단어에 불과한 놈이 아니라, 그 무언가에 관하여 사람들이 진실 능력을 갖춘 (스스로 자신의 기반을 허물지 않는) 생각을 품을 수 있는 그런 무언가다.

프리스트는 자신의 대상 이론이 보르헤스의 단편 소설과 그것을 통해 환기된 (보르헤스가 의지하는 단테의 배후에 있는) 신비주의적 신학 전통에서 다루는 총체적 신비주의적 비전Vision을 포함한다는 견해를 필시 갖고 있지 않을 것이다.

이 대목에서 우리는 진지하게 받아들여야 할 형이상학적 지칭 문제에 봉착한다. 〈대상〉이라는 표현에 얽혀 있는 그 문제는 이러하다. **우리가 절대자가 포괄하는 불특정한 개수의 대상들을 충분히 특징지어 그것들에 실상 차원의 정보를 갖춘 인식을 할애하지 못하고 단지 말로만 거명할 수 있다면, 대상으로서의 절대자를 어떻게 생각해야 할까?** 절대자가 대상들 전체라면, 그런데 우리는 이 전체의 무한정 많은 부분을 인식할 수 없다면, 부분적으로 우리의 시야를 벗어난 그 전체 대상에 어떤 개념들을 적용할 수 있을지 불분명하다.

절대자에 대해서만큼은, 지칭 조건과 인식 조건의 구별을 도피처로 삼을 수 없다. 우리가 알레프 혹은 절대자를 완전히 인식할 수 없더라도 단편 소설 모드에서 그 대상을 언어적으로 겨냥할 수 있다고 여기는 것으로는 불충분하다. 왜냐하면 우리는 절대자와 우리의 인식을 떼어 놓을 수 없기 때문이다. 절대자에 대한 우리의 인식은 본질적으로 절대자의 한 부분이다.

마이농 본인은 존재 신학적으로 구상된 완벽한 생각하는 놈을 동원하는 전통적 행마로 이 난점에서 벗어난다. 그 생각하는 놈은 모든 대상을 선험적으로 인식한다.[212] 마이농의 대상 개념은 애초부터 최대로 이상화된 조건 아래에서의 인식 가능성에 맞게 재단되어 있다. 이 같은 인식론적 버팀목이 없으면, 마이농의 대상 이론은 붕괴한다. 왜냐하면 그 이론은 하나의 형식적 모형에 의해 지탱되는데, 과연 그 모형이, 우리에게 단지 논리적으로만 주어지는 것들이 아님을 입증할 수 있는 대상들의 범위 바깥에서도 적용 조건을 가지는지 가늠할 수 없기 때문이다.

요컨대 보르헤스의 「알레프」, 그리고 이 작품과 유사하게 적음 속의 많음multum in parvo에 관하여 보고하는 신비주의적 작품들은 프리스트의 평가와 달리 전혀 〈썩 정합적〉이지 않다.[213] 따라서 의미장 존재론에 맞선 멜리히-코흐 반론을 옹호하기 위해 그가 내놓는 예는 추가 설명이 없으면 설득력이 없다. 역설을 일으키기 십상인 세계-대상은 유한한 조건들 아래에서는 어떤 탐구의 대상일 수도 없다는 특별한 사정에 처해 있다. 왜 어떤 탐구의 대상일 수도 없냐면, 그런 탐구는 자신의 작동 조건들도 총체 안에서 포착해야 하는데, 이것은 불가능하기 때문이다.[214]

이제 프리스트의 둘째 지적을 살펴보자. 그 지적은 근거가 탄탄하지 않은 부분 전체론의 그럴싸함을 향상해야 할 텐데, 과연 그럴까? 솔직히 나는 아래 명제 a와 b가 서로의 참된 부분(진부분)임을 인정하는 것이 뭐가 문제인지 모르겠다.

a: = b 또는 눈은 희다
b: = a 또는 풀은 푸르다

명제 a는 b의 진부분이며 b는 a의 진부분이다. 바꿔 말해 나는 아래와 같은 사슬이 있음을 배제하지 않는다.

…… 〈 a 〈 b 〈 a 〈 b 〈 ……

그런데 세계 없음 직관을 옹호하는 논증은 근거가 탄탄한 부분 전체론이나 다른 모종의 부분 전체론에 기초를 두지 않는다. 프리스트는 나의 저서 『의미장들Fields of Sense』의 한 대목에 명시적으로 의지하지만 지목된 페이지에서 펼쳐지는 논증의 시작 부분만 재구성한다.[215] 따라서 이제부터 나는 그 논증의 윤곽을 현재 논의의 맥락에 맞게 단순화하여 제시하고자 한다. 일부 의미장이 자기 자신을 포함한다는(자기 자신 안에서 나타난다는) 점은 일반적으로 문제가 아니다. 예컨대 나는 이 책에 들어 있는 이 문장으로 제목이 〈허구의 철학〉인 책을 지칭하고 학술 문헌의 관례에 따라 이 지칭을 각주를 통해 명시할 수 있다.[216] 이처럼 이름이 〈허구의 철학〉인 의미장은 자기 자신 안에서 나타날 수 있다. 그렇기 때문에 나는 『의미장들』에서 총체성과 자기 포함의 조합을 역설의 원천으로 지목했으며, 어떤 의미장도 자기 자신 안에서 나타날 수 없다고 주장하지 않았다.

이를 배경에 깔고, 우선 의미장 존재론적 세계 개념을 두 가지로 구별할 수 있다. 하나는 **합산된**additive 총체, 다른 하나는 **통일된**vereinheitlichte 총체다. 만약에 세계가 의미장들의 선언적disjunktiv(접속사 〈또는〉을 통해 연결된) 무더기라면, 곧 합산된 총체라면, 그것이 대체 왜 총체인지 불분명할 터이다. 왜냐하면 함께-실존Ko-Existenz의 개념은 세계에 관한 구체적 진술들을 정당화하기 위한 지침을(의미를) 제공하지 않기 때문이다. 세계-무더기는 아직 형이상학을 이루지 못한다. 그래서 세계 자신도 하나의 의미장이어야 한다는 견해가 등장한다. 그런 식으로 세계를 모든 의미장들의 의미장으로 만들기 위해서다. 이렇게 되면 다음과 같은 두 가지 선택지가 우리 앞에 놓이는 듯하다. 즉 세계는 자기 자신 안에서 나타난다, 또는 다른 의미장 안에서 나타난다.

여기에서 프리스트는 세계가 자기 자신 안에서 나타난다는 쪽을 선호한다. 하지만 그쪽이 옳을 여지는 없는 듯하다. 세계 안에서 모든 의미장들이 나타나고, 그 의미장들 각각 안에서 각각의 고유한 대상들이 나타난다면, 세계는 의미장들 중 하나이거나 아니면 의미장들 중 하나 안의 대상들 중 하나여야만 자기 자신 안에서 나타날 수 있다. 프리스트는 세계가 의미장들 중 하나 안의 대상이라는 쪽을 선택한다. 그렇다면 그 의미장은 어떤 것일까? 세계는 세계 안의 근거가 탄탄하지 않은 고리의 한 지점에서 나타나는 대상인데, 그런 세계는 어떤 의미장 안의 대상일까?

이 대목에서 프리스트는 다시금 「알레프」를 예로 들 수 있을 것이다. 그럴 경우, 세계는 꾸며 낸 대상일 터이며, 이때 〈꾸며 낸〉의 뜻은 이제부터 명확히 제시되어야 할 것이다. 이 행마는 내가 이해하는 칸트의 허구주의 버전에 해당한다. 이 버전에 따르면 세계는 〈어림짐작을 위한 허구heuristische Fiktion〉 곧 이념Idee인데, 보르헤스는 이런 이념에 우호적일 성싶다. 그는 파이힝어의 『마치-처럼 철학』을 언급하는데, 그 책이 이 이념에 들어맞는 허구주의적 칸트 풀이를 담고 있으니까 말이다.[217] 반면에 프리스트가 두 번째로 지적하는, 서로를 포함하는 두 명제는, 세계가 논리적-의미론적 대상일 수 있음을 암시한다. 나름대로 이해한 의미장 존재론의 근본 발상에 〈많이 공감한다〉[218]는 프리스트의 말이 진실하다면, 그는 대상들의 집합이 모종의 의미장 안에서 등장함을 인정해야 한다. 물론 프리스트는 그 집합도 대상 이론적 대상으로, 곧 프리스트 자신의 대상 이론이 감당해야 할 존재론적 책무로 여길 성싶다.

그렇다면 세계는 외견상 모종의 의미장 안에서 등장하고, 그 의미장은 세계 안에서 등장한다. 그런데 이 경우에 세계는 근거가 탄탄하지 않은 부분 전체론 안의 기반 대상은 아니다. 바꿔 말해, 부분 전체론적 원자는 아니다. 단순한 대상들이 있건 없건 간에, 세계는 이 유형의 대상에 속하지 않는다. 왜냐하면 세계는 결국 모든 것을 포괄하며 따라서 — 아무튼 모종의 전체라면 — 모든 대상 가운데 부분들을 가장 많이 가진 대상, 곧 최대 부분 전체론적 전체이

기 때문이다.[219]

　요컨대 세계는 하나의 의미장이다. 그렇다면 세계는 의미장들의 원형 대열 안에서 등장한다. 이 원형 대열을 이루는 의미장 각각은 자신의 의미를 통해 다른 의미장들로부터 구별된다. 그런데 우리가 세계를 의미장 원형 대열 안에 배치하면 배치된 세계와, 배치된 세계를 받아들인 세계가 구별된다는 문제가 발생한다. 따라서 세계는 의미장 존재론 안에서 세계 전체의 진부분일 수 없다. 왜냐하면 세계 부분들(의미장들)은 제각각의 의미를 통해 개별화되며 세분화(細分化) 구조differentielles Gefüge 안에서 각 부분이 놓인 위치를 통해 규정되기 때문이다.

　나는 이 생각들을 생생히 설명하기 위해 「알레프」를 예로 들고자 한다. 보르헤스(화자)가 지하실 안에서 보는 (억측된) 알레프는, 지하실 안의 알레프를 보는 보르헤스를 포함한다. 따라서 보르헤스는 알레프에서 모든 것을 보면서 또한 알레프를 보는 자신도 본다. 그런데 그가 알레프에서 자신을 본다면, 그는 그 자신의 관찰 대상이다. 그의 관찰 대상은 알레프 안에 있는데, 알레프는 가정에 따라 보르헤스 자신보다 더 작다. 즉, 알레프는 모든 대상의 축소 복제본을 포함한 마이크로코스모스다. 알레프 안에서 나타나는 대상들은 그것들의 원본들과 동일하지 않다. 그 대상들은 알레프 안에서 출현하기 위해 규모가 달라야 한다.

　만약에 총체적 광경에서 알레프 안에서 나타나는 대상들이 지하실 안 알레프 옆 대상들과 규모가 다르지 않다면, 결과적으로 축척이 1:1인 역설적인 지도가 있는 셈일 터이다. 보르헤스는 콩트 「학문의 엄밀함에 관하여」에서 그런 지도를 조롱하는데, 그 콩트는 워낙 짧아서 전체를 인용할 필요가 있다.

학문의 엄밀함에 관하여

(……) 그 나라에서 지도 제작술은 완벽한 수준에 이르러, 단 한 주(州)의 지도가 한 도시 전체를 차지하고 전국 지도가 한 주 전체를 차지할 정도가 되었다. 시간이 흐르자 이 엄청난 지도들도 만족스럽지 않게 되었고, 지도 제작자들의 동료들은 새로운 전국 지도를 만들었는데, 그 지도는 나라의 영토 전체를 차지했고 모든 각각의 지점에서 나라와 각 지점과 포개졌다. 뒤를 이은 가문들은 지도 제작술 연구에 덜 열중하여 이 광활한 지도를 쓸모없게 여기면서, 무도하다면 무도하게도, 햇빛과 바람에 침식되도록 방치했다. 서부 황무지들에는 그 지도의 조각난 잔해들이 남아 동물들과 거지들의 거처로 쓰인다. 온 나라를 뒤져도 그 지리학적 용맹정진의 다른 유물은 없다
— 수아레스 미란다, 『신중한 사람들의 여행기』 4권, 45장, 레리다, 1658.[220]

요컨대 알레프 안의 대상들은 알레프 주변의 대상들과 규모가 다르다. 그러므로 다른 해명이 없다면, 양자가 동일하다고 단정할 수 없다. 근거가 탄탄하지 않은 부분 전체론을 의미장 존재론의 개량 모형으로 추천하기 위해서는 고리를 지닌 부분 전체론적 모형의 형식적 일관성을 보여 주는 것만으로는 부족하다. 최선의 경우에 그 보여 주기에서 드러나는 것은, 세계가 없다는 주장을 뒷받침하는 순수한 논리적 근거들을 제시할 수 없다는 점뿐이다. 의미장 존재론은 세계 직관들이 있다는 점을 반박하지 않는다. 다만 의미장 존재론이 논증하는 바는, 이 억측된 직관들이 대상을 가지지 않으며 더 자세히 살펴보면 어딘가에서 부조리에 빠진다는 것이다.

세계 없음 직관을 옹호하는 논증들의 기반은, 세계가 있다는 것이 논리적으로 불가능하다는 의미가 아니다. 메이야수는 2017년에 의미장 존재론을 주제로 열린 학회 강연에서, 아무튼 의미장 존재론의 주장은 세계가 사실의 차원에서 de facto 없다는 것이라고 옳게 논증했다.[221] 아닌 게 아니라, 세계가 없다는 것은 선험적으로 증명될 수 없다. 〈세계〉는 절대적으로 불가능한, 바꿔 말해 논리적으로 불가능한 대상이 아니다. 만약에 세계가 그런 대상이라면, 세계의 비실존을 세계의 개념으로부터 도출할 수 있을 터이다. 오히려 세계 없음 직관은 우리의 선존재론적 경험을 모사한 한 모형의 따름정리다. 이 따름 정리는 형이상학적 세계 직관들이 근거를 잃는 것을 통하여 정당화된다. 우리는 절대자를 하나의 총체로서 도입할 근거가 없다. 대상들의 총체의 형태를 띤 절대자를 도입하는 것도 근거가 없고, 사실들이나 의미장들의 총체의 형태를 띤 절대자를 도입하는 것도 마찬가지다. 우리의 선존재론적 경험과 학문적 지식에 비춰 볼 때, 전통적인 형이상학적 세계 상정(想定)은 근거가 없는 것으로 드러난다.

경험의 차원에서 우리는 세계-총체를 받아들일 근거가 없다. 우리의 정보 처리는 우리의 주요한 인과적 데이터 원천(곧 우주)이 어떤 절대적 전체의 부분이라는 점을 전제하지 않는다. 이 수준에서 물리학과 형이상학은 완벽하게 상호 독립적이다. 이는 놀라운 일이 아니어야 마땅하다. 이론의 차원에서도 마찬가지다. 왜냐하면 우리가 무모순성을 이룩하고자 할 경우 심지어 최선의 형식적 시스템조차도 불완전하다는 점을, 우리는 실은 지난 세기의 수학에서 배웠어야 마땅하기 때문이다. 늦어도 괴델과 코언* 이래로 인

---

* Paul Cohen. 연속체 가설이 표준적인 수학 공리 시스템으로부터 독립적임을 증명한 미국 수학자.

정받는 바지만, 우리는 모든 집합이 속한 집합 우주를 구성할 수 없다. 어떤 공리 시스템도 집합에 관한 모든 진실을 정리로서 포함할 수 없다. 따라서 집합에 관한 모든 탐구는 불완전하기 마련이다. 이것은 역설적 결과가 아니라 완벽하게 일관적인 여러 수학적 증명의 대상이다. 요컨대 불완전성은 우리의 사실 탐구의 경험적 영역과 형식적 영역 모두에서 공인된 정상적인 사례다.

　의미장 존재론의 세계 없음 직관은 이 불완전성 통찰을 자연과학 및 수학의 틀 너머로 일반화한다. 이를 위해 의미장 존재론은 어떤 조건들 아래에서 무언가가 실존하는지 탐구한다. 한 가지 조건만 대자면, 실존하는 놈은 **나타난다**erscheinen. 즉, 실존하는 놈은 특정한 배열 규칙 아래에서 주어진다. 모든 배열 규칙들을 자기 아래에 포함한 유의미한 하나의 배열 규칙은 있을 수 없다. 따라서 의미장들의 총체는 있을 수 없다. 이 불가능성은 존재론적이지, 논리적이지 않다. 이 불가능성은 사물들이 어떠한지, 사실들이 어떠한지에서 나온다. 단지 진실 개념을 재구성하는 작업만으로 이 불가능성에 도달할 수는 없다.

　반면에 메이야수는 바디우를 계승하여 자신이 강력한 논리적 논증을 손에 쥐고 있다고 여긴다. 그 논증의 핵심은 칸토어의 멱집합 공리에 대한 존재론적 해석이다. 그러나 칸토어 본인이 이미 알아챘듯이, 그 논증은 설득력이 부족하다. 칸토어는 오히려 자신의 초한 집합론을 기초로 삼아 수학적이지 않은 절대자를 도입했는데, 메이야수는 이를 간과한다.[222] 메이야수는 칸토어가 제시한 순박한 초한 집합론이 실존하는 놈의 논리적 형식을 명확히 드러내는 존재론이라는 점을 입증하지 못한다. 대안적인 집합론들이 있고 공리화는 표준적인 절차이므로, **유일무이한** 집합론으로부터 철학적 진술들을 도출할 수는 없다. 왜냐하면 그런 단일한 집합론을 상정하는 것 자체가 부적절하기 때문이다.

형식적 모형의 기능은 그 모형의 구성 및 속성 탐구에 선행하는 한 영역의 구조들을 파악하는 것이다. 모형이 1:1 축적으로 설계되어 있지 않다는 점은 모형을 적용하기 위한 조건의 하나다. 이 사정은 형식적 생각 모형으로서의 기호 논리학에 대해서도 성립한다. 논리학은 우리가 어떻게 생각하는지를 서술하지 못하며, 기껏해야 우리가 이상화된 조건 아래에서 어떻게 생각해야 마땅한지를 보여 준다. 전자의 서술하기와 후자의 보여 주기를 구별해야 하는 이유는, 우리가 문장들을 비논리적 언어로부터 논리적 언어로 번역할 수 있어야 한다는 간단한 숙고로부터 나온다. 이 번역은 우리가 추론적 관계들을 명확히 깨닫게 해준다는 장점이 있다. 이 번역이 없다면, 그 맥락(추론적 관계들)은 우리에게 은폐된 채로 머무를 것이다. 그런 번역은 우리의 비논리적 생각하기의 데이터 구조를 재코드화Umkodieren한다. 그런데 이 재코드화는 오로지 우리의 **실제 생각하기 과정**들과 생각하기 **모형**들 사이에 구조적 거리가 있어야만 이루어진다.[223] 거꾸로 말하면, 이미 정착된 기호 시스템은 예외 없이 적용 조건들을 가진다. 그렇지 않으면 우리는 그 시스템을 이해하고 기준으로 삼을 수 없을 터이다.

기호로 코드화된 관계들이 추론적 방향 잡기의 규범들로서 생각하는 놈 앞에 아른거린다는 것이 **유일무이한** 논리를 기준으로 삼는다는 것의 의미라면, 그냥 대뜸 유일무이한 논리를 기준으로 삼을 수는 없다. 이 사실은 늦어도 규칙 따르기 문제를 둘러싼 토론에서 뚜렷이 드러났다(14장 참조). 반대로, 우리가 모든 탐구에서 일부 행마를 수용 가능한 것으로 인정하고 다른 행마를 수용 불가능한 것으로 인정한다는 점이 유일무이한 논리의 핵심이라고 볼 수도 있을 것이다. 하지만 이 규범화는 어떤 주어진 형식적 (이 규범화를 기호로 표현하려 애쓰는) 계산에 명백하게 종속되지 않는다. 따라서 의미장 존재론에 맞서 세계의 실존을 보증하는 데 필요한 형식적 속성들을 갖춘 일관된 모형을 개발함으로써 존재론적 질문들을 해결할 수는 없다. 이 해결을 위해서는 적용 조건들이 구체적으로 명시되어야 한다. 그렇기 때문에 프리스트가 제안하는 의미장 존재론의 부분 전체론적 모형을 위한 적용 조건을 보르헤스의 「알레프」가 제시하지 않는다는 점은 사소한 일이 아니다.

5장
의미장 존재론은
마이농주의적 대상 이론이 아니다

이제부터 나는, 꾸며 낸 대상들은, 세계를 어림짐작을 위한 허구로 서라도 고려하는 것을 허용하는 간접적이며 근거가 탄탄하지 않은 고리를 우리의 생각하기에 도입할 동기를 원리적으로 제공하지 않음을 논증하려 한다. (신)마이농주의적 대상 이론은 심각한 결함을 지녔는데, 이 이론이 상정하는 대상 총체를 유한한 생각하는 놈인 이론가가 어떻게 지칭할 수 있는지를 그 이론가에게 이해시키는 지향성 이론을 내놓을 수 없다는 점이 바로 그 결함이다. 우리는 이상화된 생각하는 놈이 아니므로, 무한하며 제한되지 않은 생각하는 놈의 〈관점〉을 서술하는 것만으로는, 절대자에 관한 근거가 탄탄하지 않은 부분 전체론에 사실적 지칭을 귀속시키기에, 바꿔 말해 충족 가능한 적용 조건들을 귀속시키기에 충분하지 않다.

마이농주의는 처음 도입된 이래로 이른바 허구적 대상의 존재론을 위한 유망한 후보로 평가받아 왔다. 여기에서 미리 지적해 두는데, 마이농은 마이농주의의 기본 발상을 당연히 발명하지 않았다. 오히려 그 기본 발상은 고대 이래로 형이상학의 주요 주제에 속한다. 근대에는 무언가를 뜻하는 표현($\tau\iota$)*과 존재하는 무언가를

* 영어 what에 해당함.

뜻하는 표현(ὄν τι)*이 간단히 대상 개념으로 통합된다.[224] 고대 이래로 허구를 entia rationis(이성의 항목)로 취급하는 것은 허구 이론의 표준 행마다. 칸트는 entia rationis를 〈지어낸 것Erdichtung〉[225] 혹은 〈어림짐작을 위한 허구heuristische Fiktion〉[226]라고 부른다. 이 전통에 따르면, 실존하지 않는 대상은 성공적인 지칭의 대상이긴 하지만 세계-목록에 속하지는 않는다. 실존하지 않는 대상들은 우리 세계 안에 있지 않다. 그러나 그것들을 모순 없이 생각할 수 있다.

지향적 대상이라는 범주를 도입하면 엘레아학파의 역설이 해결된다. 왜냐하면 그 범주가 도입되면, 실존하지 않는 대상들을 실존하는 놈들로 확정하지 않으면서 지칭하는 일이 쉬워 보이기 때문이다. 하지만 방금 보았듯이, 이 행마는 새로운 역설에 빠질 위험이 크다. 왜냐하면 일찍이 마이농이 지적한 역설들이 이제 존재 영역을 덮치기 때문이다.[227]

이런 사정 때문에 신마이농주의적 대상 이론을 정교하게 완성하려는 프리스트의 기획은 한 문제에 봉착한다. 이하에서 그 문제를 명확히 서술하고자 한다. 이는 실재론적 의미장 존재론이 신마이농주의적 경쟁 프로젝트보다 변증법적으로 우월함을 보여 주기 위해서다.

태풍의 눈은 다음과 같은 **특징짓기 원리**Charakterisierungsprinzip, CP다.[228]

(CP) 대상은 그 대상을 특징짓는 속성들을 지녔다.

특징짓는 속성들은 대상을 다른 대상으로부터 구별해 준다. 대상이 단지 대상인 한에서 지닌 속성들과 달리 특징짓는 속성들

* 영어 being what, 독일어 seiendes Was에 해당함.

은 차별화한다. CP는 허구성 분석의 맥락 안에서 매력적이다. 왜냐하면 CP는 우리가 그레첸에게 특징짓는 속성들을 부여하는 것을 허용하기 때문이다. 그 속성들 덕분에 그레첸은 우리가 숙고할 수 있는 충분히 특정된 (지향적) 대상이다. 우리는 그녀에게 (우리의 〈실재 세계〉 안에서) 실존함이라는 속성을 부여하지 않아도 된다. 그런데 문제는, 이 원리가 충분히 일반화되지 않는다는 점이다. 만약에 특징짓기 원리를 충분히 일반화할 수 있다면, 첫째, 모든 것의 실존을 증명할 수 있을 터이다. 모든 것을 실존하는 놈으로 특징지으면 될 테니까 말이다. 또한 둘째 — 이것이 더 결정적인데 — 모든 것을 증명할 수 있을 터이다. 프리스트의 말을 들어 보자.

> 임의의 문장을 B라고 하자. 이제 $x = x \wedge B$라는 조건을 도입하자. 이 조건을 통해 특징지어지는 대상을 t라고 하자. 그러면 CP에 따라, $t = t \wedge B$가 성립하고, 이로부터 B가 도출된다. 요컨대 제한된 맥락 유형 $A(x)$ 하나에만 CP를 적용할 수 있는 것으로 보인다. 문제는 그 유형이 어떤 것이냐 하는 것이다. 이것이 특징짓기 문제다.[229]

프리스트가 내놓는 신마이농주의 버전을 이 책에서 고찰하고 의미장 존재론과 비교하는 이유는 프리스트가 특징짓기 문제를 대상 이론적 맥락주의를 통해 해결한다는 점에 있다. 〈CP의 적용 사례들이 이 세계가 아닌 다른 세계들에 있을 수 있다고 전제하면, CP는 제한 없이 유효할 **수 있다.**〉[230] 프리스트의 해결책에 담긴 묘수는 결국 존재론적 맥락주의Kontextualismus다. 즉, 한 세계 안에서 실존하는 놈은 다른 세계 안에서 실존하지 않으며, 거꾸로도 마찬가지라는 것이다.[231] 물론 프리스트는 한 세계 안에 있음이라는 대상의 지위를 실존과 동일시하지 않는다. 왜냐하면 그는 실존을 인과적으로 작용함wirk-lich이라는 속성으로 이해하기 때문이다.[232]

그러나 결정적인 차이는 다른 곳에서 불거진다. 프리스트는 〈모든 대상들의 집합the set of all objects〉을 고려한다.[233] 프리스트가 보기에 이 집합은 당연히 그 자체로 하나의 대상이다. 따라서 모든 것을 포괄하는 하나의 존재 영역이 있고, 그 영역은 모든 세계 각각에 대하여 동일하다. 그 영역은 다름 아니라 대상들의 집합이다. 그러나 모든 대상들로 하나의 집합을 구성할 수 있다면, 대상이란 무엇일까?

프리스트는 **얄팍한 형식적 대상 이론**에 매달린다. 그 이론에 따르면, 사람들이 명명할 수 있으며 술어를 거느린 주어일 수 있고 양화사가 붙을 수 있으며 지향적 정신 상태의 대상일 수 있는 모든 것이 대상이다.[234] 이 비공식적 정의는 당연히 순환적이다. 왜냐하면 **대상**을 지향적 **대상**으로 정의하기 때문이다. 하지만 이 결함은 쉽게 개선할 수 있다. 저자 프리스트의 취지에 입각하여, 대상이란 지향적 정신 상태가 겨냥할 수 있는 모든 것이라고 말하면 된다. 프리스트의 공식적인 〈대상〉 정의는 아래와 같다.

$$Gx : = \ominus y\ y = x$$

평범한 언어로 풀면 이런 뜻이다. 〈무언가가 대상이라 함은 그 무언가와 동일한 무언가가 있다는 뜻, 더 간단히 말하면 그 무언가가 무언가라는 뜻일 따름이다.〉[235]

요컨대 무언가와 동일한 놈이 있을 때, 그 무언가는 대상이다. 이 견해는 대단히 문제적이다. 첫째, 난점들이 대상 개념에서 동일성으로 옮겨진 형국이다. 이제는 동일성 수수께끼를 푸는 것이 관건이다. 그 수수께끼의 핵심은, 〈y=x〉 같은 동일성 진술들은 알려 주는 바가 없든지 아니면 모순적이든지 둘 중 하나인 듯하다는 점이다.[236] 이 문제는 무해하지 않다. 왜냐하면 〈a=a〉 같은 알려 주는 바가 없는 뻔한 자기 동일성은 특징짓기 원리의 모범 사례로 간주될 수 없기 때문이다.[237] 우리가 어떤 (대상으로 억측된) 대상에 관하여 오로지 그 대상이 자기 자신과 동일하다는 진술만 할 수 있다면, a=b를 배제할 수 없는 한에서, 우리는 그 진술을 a=a로도 표기할 수 없을 것이다. 〈a〉가 자기 동일성을 넘어 특징지어져 있지 않다면, 〈a〉는 우리가 성공적으로 언급할 수 있는 대상이 아니다. 기호 〈a〉의 사용은 b, c, d 등도 있음을 암시한다는 점을 상기할 필요가 있다. 프리스트의 형식적 대상 이론은 단 하나의 대상만 있을 수 있음을 정의를 통해 확언할 의도가 필시 없을 것이다. 따라서 다수의 대상을 고려해야 한다. 하지만 그러면 벌써 동일성이 난해한 문제로 다가온다.

　이 맥락에서 의미장 존재론은 프레게의 의미Sinn* 개념을 존재론적으로 독해함으로써 특징짓기 문제에 답한다. 있는 대상들은 이론적으로 우선 의미를 통해 개별화된다. 즉, 대상들이 생각하기에 어떻게 주어져 있을 수 있는가를 통해 개별화된다. 여기에 더하여 존재론적 실재론은, 대상들이 우리에게 말의 차원에서 주어져 있을 수 있다는 점을 추가한다. 우리는 그런 대상들을 실상의 차원에서 더 특징지을 능력이 결코 없다. 예컨대 우리가 그것들에 관해 아는 바가 (있을 수) 없음을 아는 것 외에는 영영 아무것도 추가로 알지 못하는 대상들이 그러하다. 우리는 우리가 인식하지 못하는

---

* 프레게 연구에서 일반적으로 쓰이는 번역어는 〈뜻〉. 이 번역서에서 〈의미〉는 Bedeutung의 번역어일 때도 있고 Sinn의 번역어일 때도 있다. 옮긴이는 이 혼용이 불가피하다고 판단했으며, 되도록 원어를 병기하여 혼란을 줄이려 했다.

(인식할 수 없는) 대상들이 있음을 알 수 있다. 〈대상〉 개념을 우리가 실재에 접근하기 위한 조건들에 속박함으로써 이런 증거 초월적 사정들을 제한하지 말아야 할 것이다. 비록 반(反)실재론은 몇몇 분야(예컨대 수리 철학이나 메타 윤리학)에서 그런 제한을 어느 정도 설득력 있게 주장하지만 말이다.[238]

내가 보기에 이 맥락에서 결정적인 실재론 기준은, 주어진 대상 영역(의미장) 앞에서 다음과 같은 견해를 품느냐 하는 것이다. 그 견해란 〈심지어 최적의 (인간적) 인식 조건들 아래에서 우리에게 나타나는 바도 실상과 다를 수 있다〉는 것이다. 이 견해는 더 까다로운 실재 개념과 구별되어야 한다. 그 개념은 객관성(곧 진실과 진실로 여기기의 구별)이 중요한 상황이라면 언제든지 채택된다. 따라서 설령 사람들이 한 의미장과 관련하여 반실재론을 선호하더라도, 그 때문에 탐구 대상들(예컨대 수학적 진실, 도덕적 진실, 미학적 진실)을 오류 불가능하게 파악할 수 있다는 결론은 도출되지 않는다. 요컨대 반실재론적 이론 틀 안에서도 수와 같은 대상들은 실재한다는 견해를 가질 수 있다. 그런 견해를 품더라도, 수에 관한 검증 초월적 진실들이 있다는 견해까지 반드시 품어야 하는 것은 아니다.[239]

의미Sinn 개념에 대해 말하자면, 의미는 객관적으로 실존하는, 대상들의 배열이다. 아무튼 일반적인 의미-반실재론을 옹호할 이유는 전혀 없다. 비록 몇몇 (언어적) 의미는 (그 의미의 본질이 바로 파악 가능함이기 때문에) 증거 초월적이지 않을 수도 있지만 말이다. 모든 대상이 생각하기에 주어져 있을 수 있음을 통하여 대상인 것은 아니다. 존재하기와 생각하기가 일반적으로 동일하지는 않다. 따라서 존재하기를 생각하기에 맞춰 재단하는 **존재론적 관념론**과 구별되는 **존재론적 실재론**을 채택할 동기가 성립한다.[240] 여기에서 존재론적 관념론이란, 무릇 대상 개념은 우리가 대상을 객관적인 생각하기의 목록 안에 집어넣는다는 것과 본질적으로 결부되어 있다는 취지의 주장이다.[241]

이런 입장을 옹호하는 논증 하나는 다음과 같은 꼴이다. 우리가 숙고하는 몇몇 놈은 첫눈에 보기에 오로지 누군가가 그놈을 이미 숙고한 적이 있을 때만 실존한다. 데카르트 이래로 이런 대상 유형의 후보들이 다수 거론되어 왔다. 통증, 모든 의식 상태들, 퀼리아, 감각 데이터, 자기의식 등이 그것들이다.[242] 그놈의 놓여 있음 Vorliegen(esse)과 알아채어짐Bemerktwerden(percipi)이, 혹은 더 일반적으로 그놈의 존재함esse와 생각됨Gedachtwerden(cogitari)이 동일하다는 인식적 특징을 지닌 모종의 대상이 있다면, 우리는 대상 개념을, 무언가가 대상이려면, 그 대상은 생각하는 놈이 알아채지 못할 수 있는 속성들을 반드시 가져야 한다는 취지로 좁힐 수 없게 된다. 그렇다면 그놈의 있음이 생각됨인 대상이 있고, 그렇지 않은 대상이 있는 듯하다.[243] 이 구별을 받아들이면, 대상 영역은 서로소인 대상 유형 집합들을 적어도 두 개 아우른다. 우리는 간단한 논의를 위해 첫째 집합을 **관념적**ideal 대상들, 둘째 집합을 **실재적**real 대상들이라고 부를 수 있다.

이제 우리는 이 집합들을 대상들의 집합 안에 집어넣고, 후자의 집합에 대응하는 무릇 대상들의 개념을 구성할 수 있을 듯하다. 하지만 이 대목에서 이런 질문이 제기된다. 무릇 대상들의 개념은 그것의 생각됨이 우연적인 그런 존재함을 가질까? 바꿔 말해, 무릇 대상들의 개념은 실재적 대상일까 아니면 관념적 대상일까? 그 개념이 실재적 대상도 아니고 관념적 대상도 아니라면, 우리는 서로소인 두 집합으로 이루어진 우리의 집합 시스템에 제3의 대상 유형을 추가해야 한다. 그렇게 하지 않으면 대상들의 집합을 완전히 구성하지 못한 셈일 테니까 말이다.

무릇 대상들의 개념은 반드시 생각된다고, 즉 관념적이라고 존재론적 관념론은 주장한다. 그 개념이 관념적 대상들의 개념과 실재적 대상들의 개념을 자기 아래에 포섭한다는 점은 이 주장을 두둔하는 듯하다. 생각됨이 본질인 대상들이 없다면, 어떻게 관념적 대상들의 개념이 있겠는가?[244]

당연한 말이지만, 추가 전제들이 없으면 이 숙고는 아직 결정적인 논증이 아니다. 무릇 대상들의 개념이 자신의 부분 집합인 관념적 대상들의 집합에 속할 수 있다는 것을 어떻게 이해해야 할지가 단박에 명백하지는 않으니까 말이다. 이 때문에 — 특히 피히테가 1804년부터 후기『학문론』들에서 꼼꼼히 서술한 — 관념론적 해법은 실재적 대상들을 관념적 대상들의 부분 집합으로 이해한다.[245] 이 해법에 따르면, 무릇 대상들의 집합은 관념적 대상들의 집합과 동일하며, 관념적 대상들의 집합은 실재적 대상들을 부분 집합으로 가진다.

이때 대상이 **실재적**이라 함은, 대상이 그 대상의 생각됨으로부터 독립적인 그런 대상으로 생각됨을 통하여 개별화되어 있다는 뜻이다(실재적 대상은 우리가 오직 경험적으로만 알아챌 수 있는 속성들을 내보이기 때문에 생각됨으로부터 독립적이라고 여겨진다). 따라서 피히테가 자임하는 과제는, 대상으로서는 관념적이지만 알아채어짐을 벗어날 수 있는 속성들을 지닌 그런 실재적 대상이 있도록 대상 개념을 상세히 규정하는 것이다.

그 속성들의 범주는 물론 다시금 관념적 대상들의 집합에 속한다. 왜냐하면 실재적 대상의 **개념**은 우리에게 알아채어짐을 벗어나는 속성들을 가지지 않았으며, 우리에게 알아채어짐을 벗어난(벗어날 수 있는) 속성들을 가짐이라는 속성이 실재적 대상의 개념을 개별화하기 때문이다. 이런 형태의 존재론적 관념론을 옹호하는 이유는 무엇일까? 관념론자들이 통상적으로 대는 이유는, 반대 입장인 존재론적 실재론은 피히테가 〈교조주의Dogmatismus〉로 칭했으며 오늘날 자연주의로 불리는 입장의 아포리아들에 빠진다는 것이다.[246]

여기에서 의미장 존재론은 제3의 길을 제공한다. 무슨 말이냐면, 의미장 존재론의 존재론적 실재론은 모든 대상에 관한 형이상학적 주장도 아니고, 생각하기를 생각하기 유형에 속하지 않는 무언가로 환원함으로써 관념적 대상이라는 성가신 문제를 모면하고 싶어 하는 자연주의적 입장도 아니다.[247] 존재론적 실재론은, 모든 있는 대상에 두루 참인 것은 없다는 점에서 귀결된다. 왜 없냐면, 모든 대상들의 부분 전체론적 출처인 유일무이한 대상der Gegenstand 은 유의미하게 서술될 수 없기 때문이다.

모든 있는 대상들에 두루 참인 것은 없다. 이 진술은 역설이 아니다. 왜냐하면 이 진술 안의 양화사들은 이미 적절히 제한되어 있기 때문이다.[248] 의미장 존재론을 명확히 제시할 때 사용되는 양화사들(예컨대 〈**모든** 대상들은 의미장들 안에서 나타난다〉 또는 〈**모든** 의미장들은 의미장들이다〉)은 형식적 존재론이라는, 곧 실존 개념을 모형화하는 학문 분야라는 의미장 안에 있는 대상들과 관련 맺는다. 가정에 따라서 의미장 존재론 자신도 하나의 의미장이며, 특히 그 안에서 의미장들이 제각각의 형식적 구조를 띠고 나타나는 그런 의미장이다.

의미장 존재론이라는 의미장 안에서 의미장이 아닌 의미장은 나타나지 않는다. 또한 의미장 안에서 나타나지 않는 대상도 나타나지 않는다. 의미장 존재론이라는 의미장 안에서는, 거기에서 마주칠 수 있는 모든 대상이, 의미장 존재론 안의 대상인 의미장으로서, 아니면 의미장 존재론 안에서 나타나는 의미장 안의 대상으로서 나타난다. 일부 의미장들 안에서는 그 안에서 의미장이 아닌 대상들만 나타난다. 바꿔 말해, 그런 의미장들 안에는 의미장들이 없다. 집합론은 (몇몇 해석에 따르면) 거기에서 나타나는 대상들이 모두 순수 외연적 구조물인 그런 의미장이다. 따라서 집합론 안에서는 의미장이 아닌 대상들만 나타난다. 물론 의미장 존재론은 설령 의미장을 알아채는 사람이 아무도 없더라도(예컨대 이론가들에게 오직 집합들만 대상으로서 나타나더라도) 의미장들은 존재할 것이라고 가르친다. 반면에 집합론 내부에서는 이에 대응하는 사정이 인식 가능하게 참이 아니다. 집합론의 보편 양화사들은 적용 범위가 집합들에(그리고 집합과 연관된 대상들에) 국한되어 있고, 의미장 존재론의 보편 양화사들은 적용 범위가 의미장들에(그리고 의미장과 연관된 대상들에) 국한되어 있다.

또한 세계 없음 직관을 메타 이론적으로 명확히 발설하는 수준에서 다음이 추가되는데, 몇몇 사정은 우리가 그것을 진술할 때만 대상에 관하여 참이다. 진술들에 관한 진술들은 대상들(진술들)을 다루는데, 그 대상들은 우리가 무언가를 하기(진술하기) 때문에 실존한다. 다른 대상에는 이 사정이 타당하지 않다. 사실들은 진실들인데, 이 진실들은 전적으로 누군가가 무슨 발언을 하기 때문에 성립하는 것들이 아니다. 사실들로 이루어진 바탕은 그 바탕을 모형화하는 우리의 진술들보다 더 넓게 펼쳐져 있다.[249] 따라서 진실은 일차적으로 진술(명제)의 속성이 아니다. 진술-진실Aussagenwahrheit은 진실의 한 사례일 뿐이다. 이 사례는 인식론적 특권과 논리적-의미론적 특권을 누리지만 존재론적 특권을 누리지는 못한다.

우리가 발견하는 실재하는 놈의 많은 속성은 그놈을, 우리가 첨가한 것 없이, 보여 준다. 그리고 이 문장으로 표현되는 속성은 우리가 생각하기를 스스로 탐구할 때 발견하는 한 속성이다. **우리의 생각하기는 존재에 속한다. 우리는 존재의 한 사례다.** 그렇기 때문에 양상 범주로서의 실재는 그 자체로 실재하는 무언가이며, 우리는 그 무언가를 발견한다. 우리가 오류 가능한 생각하는 놈이라는 점은 명백한 사실이다. 하지만 이 사실로부터 문제적인 자연주의가 도출되지는 않는다. 왜냐하면 이 사실의 축소 혹은 심지어 제거는 결코 예정된 바가 아니기 때문이다.[250]

여담 삼아 말하면, 마이농 본인은 존재론적 관념론자다. 그는 〈존재함esse〉을 〈생각됨cogitari〉에 속박한다.[251] 무슨 말이냐면, 그는 〈대상들 전체〉를 〈인식 대상들 전체〉로 규정한다.[252] 이를 바탕으로 그는 〈형이상학〉을 〈실존하는 것 전체〉[253]를 다루는 이론으로 간주하여 대상 이론과 구별한다. 대상 이론은 실재하는(실존하는) 놈만 다루지 않고 모든 인식 대상들을 다루니까 말이다. 그리하여 마이농의 대상 이론은 관념론적 바탕 위에서 작동한다. 그의 대상 개념에 따르면,

다른 방면에서도 매우 의미심장한 다음과 같은 허구[!]를 채택한다면, 인식 대상일 수 없는 대상은 있을 수 없다. 그 허구란, 인식 능력이 주체의 본질에 속하며 따라서 실은 결코 완전히 부재할 수 없는 흥분, 구별의 한계 등의 제한 중 어떤 것을 통해서도 악영향을 받지 않는다는 것이다. 성능에 한계가 없는 지능을 전제하면, 인식 불가능한 것은 없다. 그리고 인식 가능한 것은 또한 있다. 혹은 〈있다es gibt〉는 주로 존재자에 관해서, 특히 실존자에 관해서 말해지는 경향이 있기 때문에, 어쩌면 이렇게 말하는 편이 더 명확할 것이다. 모든 인식 가능한 놈은 주어져 있다ist gegeben. 무엇에 주어져 있냐 하면, 인식하

기에 주어져 있다. 그리고 모든 대상이 인식 가능한 한에서, 모든 대상에 대하여 예외 없이 — 대상이 존재하건 말건 간에 — 주어져 있음을 일종의 가장 보편적인 속성으로서 말할 수 있다.[254]

보다시피 마이농은 가장 일반적인 대상 개념을 명시적으로 허구와 연결한다. 대상들 전체가 완벽한 지능에 주어져 있다는 허구와 말이다. 이것은 순수한 형태의 절대적 관념론이다. 이 관념론은 다음 질문을 외면한다. 이상화된 생각하는 놈이 파악할 수 있다는 그런 전체가 과연 있을까?

물론 우리 앞에는 그런 전체가 가정에 따라서 어차피 없다. 우리가 이상화된 생각하는 놈이 아니라면, 우리는 인식 대상들을 빠짐없이 포괄한 전체가 있다고 확언할 수 없다. 그런 전체가 있다는 견해는 유한한 주장-조건들 아래에서 단연코 무해하지 않은 이상화(마이농의 표현으로는 〈허구〉)다.

오히려 우리는 그런 전체를 배척하고 〈무릇 대상〉의 개념을 〈공허 구역Leerregion〉에 배치할 이유들을 가지고 있다. 이는 후설이 마이농에 맞서 옳게 지적한 바다.[255] 인식 대상들 전체의 허울뿐인 그럴싸함은 이상화에서 유래하는데, 그 이상화는 유한성을 뛰어넘는다. 그러나 유한성은, 진실 능력을 갖춘 입장은 오로지 입장이 객관적이고 따라서 오류 가능할 때만 성립하기 때문에, 모든 인식에 내장되어 있다. 오류 가능성의 존재론적 원천은 다름 아니라 우리에게 모든 대상이 주어질 수는 없다는 것에 있다. 일부 대상은 늘 우리의 도달 범위 바깥에 남아 있다.[256] 단적으로 사정이 그러하다. 인식 대상들 전체를 객관적으로 다룰뿐더러 오류를 범하지 않는 지능이 존재할 수 있다는 견해는 부정합적이다.

여담이지만, 칸트는 이 문제를 알아챘다. 〈무릇 대상의 개념〉은 칸트에게 늘 〈문제적으로 여겨지며, 그 개념이 무언가인지 혹은 아무것도 아닌지 불확실하다〉.[257] 그는 (마이농풍의 완벽한 지능이 속할 만한) 예지계Noumena를 〈한낱 지어낸(비록 모순적이지는 않지만) 것〉[258]인 생각 사물들의 영역으로 규정한다. 따라서 칸트의 시스템 안에서 대상들 전체는 하나의 생각 사물(이고 따라서 무모순적)인지 여부는 일단 결정되지 않은 채로 남는데, 이것은 까다로운 사안이다.

이 역사적 전주곡으로부터 신마이농주의적 대상 이론이 직면하는 중대한 시스템적 존재론적 질문이 나온다. 대상은 본질적으로 우리가 지향적 정신 활동으로 지칭하는 놈일까? 바꿔 말해, 대상을 지칭하는 생각하는 놈이 없다면, 과연 대상이 있을까?

프리스트는 이 질문에 일단 어려움 없이, 일부 대상에 대해서는 당연히 그러하다고(생각하는 놈이 없어도 대상은 있다고) 대답할 수 있을 것이다. 그는 〈외부 세계의 의식으로부터의 독립성〉에 관한 실재론의 상투적 표현들을 반박할 의도가 전혀 없다. 이 대목에서 그를 따르지 않을 이유는 없다.

그런데 이어질 탐구를 위해 중요한 것은, 프리스트가 허구 실재론의 한 버전을 옹호한다는 점이다. 그의 견해에 따르면, 아서 코넌 도일이 셜록 홈스에 관한 글을 전혀 쓰지 않았더라도, 셜록 홈스는 셜록 홈스일 터이다.[259] 요컨대 홈스는 첫째, 의미장 존재론에서 말하는 의미에서 인식적으로 실재하고(도일을 비롯한 누구나 홈스에 관하여 착각할 수 있고), 둘째, 증거 초월적이다. 왜냐하면 홈스의 자기 동일성은 사람들이 그를 어떻게 상상하는가에 의존하지 않기 때문이다. 프리스트에 따르면, 홈스에 관한 새로운 이야기들을 지어내 그에게 본래의 홈스와 논리적으로 양립 불가능한 속성들을 부여하더라도 홈스를 변화시킬 수 없다. 〈대상에 관하여 새로운 것들을 상상하더라도, 대상은 변화하지 않는다.〉[260]

이 입장은 다음 주장으로 요약되는 **맹목적 허구 실재론**으로 귀결된다. 이 입장에 따르면, 허구적 대상들이 (물론 실존하지 않지만) 있으며, 그것들을 특징짓는 이러저러함은 그것들이 어떻게 상상되느냐에 전혀 의존하지 않는다. 그것들의 이러저러함은 그것들을 지칭하는 누군가가 전혀 실존하지 않더라도 존속한다는 의미에서 증거 초월적이다.[261]

이 유형의 허구 실재론을 내가 〈맹목적〉이라고 칭하는 것은 이 실재론이 다음 측면을 도외시하기 때문이다. 즉, 홈스는 (비록 프리스트가 말하는 의미에서 실존하지는 않더라도) 인간이라는 점을 도외시하기 때문이다. 더 나아가 홈스가 본질적으로 인간일 뿐 아니라 본질적으로 탐정이라고 해보자. 즉 홈스가 인간임과 더불어 탐정임을 통해 특징지어진다고 해보자. 그렇다면 그가 인생에서 어느 시점에라도 탐정인 적이 없다면, 그는 그 자신이 아닐 터이다.[262] 그런데 어떤 사람을 탐정으로 인정하는 누군가가 없다면, 그 사람은 탐정이 아니다. 탐정임은 명시적인 사회적 속성이다. 즉, 명시적인 등록 없이는 가질 수 없는 속성이다.[263] 그렇다면 홈스의 탐정임은 증거 초월적이지 않다. 결론적으로 홈스의 이러저러함은 증거 초월적일 수 없다. 홈스를 탐정으로 인정 가능하게 만드는 증거는 의식 없이는 있을 수 없다. 물론 모든 행위자들의 무의식적 승낙을 통해 누군가가 탐정이 되는 것은 아니다. 그러나 남들이 전혀 모르는 탐정은 없다. 당신이 탐정일 수 있으려면 당신이 탐정이라는 것을 누군가가 알아야 한다. 탐정들은 은밀히 활동하지만, 형이상학적 방식으로 숨어 있지는 않다.

요컨대 홈스의 이러저러함은 맹목적이지 않다. 그 이러저러함은 홈스에게 그냥 무턱대고 주어지지 않는다. 만약에 그렇게 주어진다면, 예컨대 그 안에서 홈스가 탐정임이라는 핵심 특징을 바꾸는 그런 이야기를 도일이 지어냄으로써, 그 이러저러함을 상상 속에서 아무렇게나 처분할 수 있겠지만 말이다. 홈스가 탐정임이라는 핵심 특징을 바꾸는 것은 프리스트의 반사실적 조건문에 모순되지 않는다. 그 반사실적 조건문에 따르면, 설령 도일이 홈스 이야기들을 쓰지 않았더라도, 홈스는 홈스일 터이다.[264] 그런데 어떤 조건들 아래에서 도일은 도일인가? 라는 질문을 제기하면, 프리스트는 더 불편해진다. 홈스 이야기의 저자임은 도일의 본질에 속할까? 홈스 이야기의 저자임은 대상으로서 도일의 이러저러함의 일부일까?

주지하다시피 라이프니츠는 자신의 동일성 이론으로부터, 어떤 놈이 모든 속성을 본질적으로 가지지 않으면, 그놈은 대상일 수 없다는 결론을 도출한다. 따라서 라이프니츠주의적 대상 이론은 도일에 관하여 말하기를, 도일은 본질적으로 홈스 이야기의 저자라고 할 것이다. 자기 동일성도 정보가 전혀 없을 수는 없다는 점, 전혀 없다면 우리는 자기 동일성이 부여된 특정한 대상을(b와 다른 a를) 갖지 못할 터라는 점은 라이프니츠를 옹호한다. 아닌 게 아니라, 자기 동일성은 〈논리적으로 맹목〉적이지 않다. 오히려 자기 동일성은 동일성과 비동일성(차이)의 맞섬에 근거를 둔다. a≠b를 생각할 수 없으면서 a=a를 생각하는 것은 무의미하다. 자기 동일성이 아무 정보도 제공하지 않는 것이 아니라면, 대상 이론에서 모든 대상은 속성들을 가지고, 그 속성들은 대상의 논리적 핵을 둘러싸 풍부하게 만든다. 도일의 경우에 그의 작가임이 그런 속성이 아닐 이유가 있는가?

요컨대 내가 여기에서 프리스트의 맹목적 허구 실재론을 놓고 지적하는 난점은, 도일의 작가임과 홈스의 탐정임을 이들의 자기 동일성의 본질적 핵심으로부터 떼어 놓는 것은 임기응변ad hoc이라는 것이다. 반면에 작가임과 탐정임을 이들의 자기 동일성의 본질적 핵심 안에 수용하면, 도일도 홈스도 남몰래(알아채어짐 없이) 이러저러함을 가질 수 없다는 점이 뚜렷해진다(홈스의 이러저러함이 본질적으로 왓슨 같은 누군가에 의해 알아채어질 수도 있다. 프리스트에 따르면, 왓슨은 실존하지 않는다. 그러나 왓슨은 아무 문제 없이 누군가를 탐정으로 인정할 수 있다. 왜냐하면 이 인정 능력은 왓슨의 이러저러함에 속하는 속성이기 때문이다).

더구나 홈스에게는, 있는 누군가에 의해 상상된다(인정받는다)는 점뿐 아니라 실존하는 누군가(도일)에 의해 상상되었다는 점이 본질적일 수 있을 것이다. 홈스가 도일에 의해 상상되었다는 것은 도일이 홈스를 지속적으로 상상해야 한다는 뜻이 아니다. 반실재론자라도 꼭 대상이 **기록하기**Registrierung에 의존한다고 주장해야 하는 것은 아니다. 단지 대상이 **기록**Registratur에 의존한다고 주장하는 것으로도 충분하다.[265]

그러므로 무릇 대상이(대상들 전체가) 문제일 때 우리가 실재론자여야 할지, 반실재론자, 관념론자, 또는 이들의 어떤 조합이어야 할지는 아직 확정되지 않았다. 내가 이해하는 한에서, 프리스트는 이 질문에 아직 명확히 답하지 않았다. 아마도 그는 **대략적인 실재론** 쪽으로 기운다. 왜냐하면 그는 이러저러함을 자기 동일성과 연결하고, 자기 동일성을 선사(膳賜)된 것으로 여기기 때문이다. 자기와 동일하지 않은 놈은 대상이 아니다. 그럼에도 그는 **전폭적인 실재론**을 옹호하지는 않는 것으로 보인다. 왜냐하면 무언가가 기록되지 않는다면, 그 무언가는 예컨대 통증일 수 없다고 프리스트는 보기 때문이다. 요컨대 보아하니 증거 초월적이지 않은 대상들(통증, 확실성 등)이 있다. 그것들은 알아채어져야만 있다. 그것들의 존재함esse은 지각됨percipi이다.[266]

그렇다면 그 문제의 대상, 최근 들어서 프리스트가 〈모든 것 everything〉(=A)이라는 이름으로 다루는 〈모든 대상들의 집합〉은 어 떠할까? (프리스트의 절대자 버전인) A는 실체일까, 혹은 주체일 까? 아무도 A를 마주하지 않더라도, A는 여전히 대상일까? 혹시 A 는 본질적으로 우리 숙고의 대상일까? 이 질문은 절대적 관념론을 강하게 연상시키는데, 프리스트는 이 질문에 아직 대답하지 않 았다.

다음 질문은 난점들을 추가로 야기한다. A가 증거 초월적 부 분과 증거 내재적 부분을 지녔다는 점이 A의 지위에 영향을 끼칠 까? 모든 대상들의 절대적 전체에는 빅뱅, 전자스핀과 마찬가지로 통증도 속한다.[267] 그렇다면 A는 증거-내재적 부분이 없는 대상이 아닐 것이다.

대상 이론적 우연주의 Kontingentismus와 **대상 이론적 필연주의** Nezessitismus 중 하나를 선택할 가능성은 첫눈에 보기에 프리스트에 게 여전히 열려 있다. 전자에 따르면, 절대자는 우연적 속성들을 가 질 수 있다. 절대자가 우연적 부분들을 가지고, 그 부분들이 절대자 의 속성들로 간주되면 그렇게 된다. 반면에 후자는 이 견해를 반박 하고, 외견상 우연적인 대상들을 결국 필연적인 것들로 판정한다. 왜냐하면 그것들은 절대자의 자기 구성Selbstkonstitution(자기 동일성 Selbstidentität)에 속하기 때문이다.

통증이 본질적으로 통증이고, 이 이러저러함(통증임) 안에 알 아채어짐이 들어 있다면, A는 통증을 부분으로 가져야만 대상일 수 있다. 그렇다면 우리 세계 안에 통증이 우연적으로 실존한다는 사실은 어쩌면 변신에서 다룰 사안이겠지만 신마이농주의적 대상

이론의 사정을 난처하게 만든다.[268] 요컨대 의식이 없다면, A는 A가 아닐 터이다. 그런데 A를 마주한 실존하는 의식은 그 자체로 대상이며, 더구나 실존하는 대상이다. 이 대상이 실제로 실존한다는 점은 프리스트에게 아무 문제가 아니어야 한다. 왜냐하면 우리는 이 대상의 실존을 약정에 따른 특징짓기를 통해서가 아니라 프리스트가 실행하는 이론 구성을 통해 보증하니까 말이다. 그러므로 인식됨이 존재함인 대상이 실존하지 않는다면, A는 A가 아닐 터이다.

따라서 신마이농주의적 대상 이론은 절대적 관념론으로 귀착한다. 이 결론이 반드시 그 대상 이론에 대한 반론인 것은 아니다. 하지만 이 결론은 그 대상 이론이, 그것의 고유한 (그 자체로 무해하지 않은) 형식적, 논리적 장치가 암시하는 정도보다 훨씬 더 큰 사변적 야심을 품고 있음을 보여 준다. 다음을 유의해야 하는데, 프리스트의 이론에서 〈A는 실존한다〉는 타당하지 않다. 왜냐하면 A는 인과적인 힘들을 보유하지 않았으니까 말이다. 단지 A의 일부만 실존한다. A는 실존하는 부분과 실존하지 않는 부분을 지녔다.

이 귀결들은 의미장 존재론과 아무 상관이 없다. 왜냐하면 의미장 존재론에 따르면, A는 실존하지도 않고 대상도 아니기 때문이다. A는 단지 이러저러함을 지닌 **것처럼 보일 뿐이다**. A를 특징지으면 역설들이 발생한다. 특히 신마이농주의적 대상 이론에 암묵적으로 함축된 절대적 관념론이 앞서 우리가 본 알레프의 부정합성과 마주치는 탓에 역설들이 발생한다.

어쨌거나 이 대목에서 관건은 의미장 존재론의 존재론적 실재론이 비총체성Nicht-Totalität과 뗄 수 없게 짝을 이룬다는 사정을 명확히 서술하는 것뿐이다. 대상들의 전체는(이 전체도 한 대상일 터인데) 없다. 대신에 원리적으로 한눈에 굽어볼 수 없는 의미장들의 증식Proliferation이 있다. 중심 투영 관점Zentralperspektive에서 이 의미장들을, 모든 것을 포괄할뿐더러 정보도 제공하는 토대 위에 놓을 길은 없다. 어떤 의미장도 그런 토대로서 적합하지 않다.

외견상 우리가 상상력이라는 매체 안에서 절대자(=A)를 도입할 수 있다는 점에서, 그런 토대로서 전망이 밝은 후보 하나는 허구다. 이 토대가 튼튼하다면, 절대자의 비실존은 우리가 아무튼 절대자를 상상할 수 있다는 점을 통해 반박된다.[269] 이것은 의미장 존재론이 비실존을 다루는 이론뿐 아니라 상상력의 존재론을 내놓아야 하는 가장 큰 이유 중 하나다. 이 대목에서 제기될 수 있는 반론들에 맞서 자신의 일관성을 확보하기 위하여 의미장 존재론은 상상력의 존재론을 제시해야 한다.

의미장 존재론에서 대상의 개념은 형식적-존재론적이다.[270] 대상들은 전체를 이루지 않는다. 만약에 전체를 이룬다면, 그 전체를 한 의미장에 배정할 동기가 있을 터이다. 바꿔 말해 하나의 배열 규칙이 있을 것이다. 자기를 한 세계의 부분으로 보려는 형이상학적 바람만으로는, 대상들 전체의 실존을 상정할 동기가 충분히 확보되지 않는다.

모든 대상들이 따르는 배열 규칙은 전혀 없다. 대상 개념은 그것에 관하여 참인 진술을 할 수 있는 무언가이지만 보편적 배열 규칙을 제공하기에는 충분하지 않다. 무언가가 대상 개념 아래 놓인다면, 곧 대상**이라면**, 그 무언가가 대상으로서 내장되어 있는 사실 하나가 앞에 놓인다. 이 사실은 다른 의미장들과 다른 한 의미장에 속한다. 그리하여 대상 개념의 형식적 일의성은 의미장 존재론의 존재론적 다원주의와 양립 가능하다.[271]

대상 열거라면 어떤 열거든지 존재론적으로 불완전하기 마련이다. 설령 대상들의 무한 집합을 허용하더라도 말이다. 무한 그 자체는 당연히 어떤 문제도 아니다. 예컨대 무한히 많은 자연수가 있다. 문제는 초한das Transfinite의 수준에서, 그리고 모든 이론의 불완전성에 대한, 초한과 연결된 통찰의 수준에서 비로소 발생한다. 하지만 초한 집합론도 독자적으로는 세계 없음 직관에 이르기에 충분하지 않다. 왜냐하면 초한 집합론은 외연주의적으로 작동하기 때문이다. 바꿔 말해 초한 집합론의 대상들은, 우리의 접근 방식을 도외시한 채로, 주어진 것들로서 고찰된다.[272]

의미 개념Sinnbegriff은 바로 그런 고찰에 반발한다. 실존하는 놈은 하나의 서술 아래에서 실존한다. 그놈은 이러저러함을 지녔다. 그놈의 이러저러함은 그놈을 같은 유형의 다른 대상들과 연결하고, 그 결과로 한 의미장이 성립한다. 하지만 무릇 대상이라는 관념은 무의미하다. 왜냐하면 무릇 대상을 통해서는 외견상으로만 한 의미장이 형성되기 때문이다. 그 의미장은 어떤 의미 조건에도 종속될 수 없다. 요컨대 모든 대상들의 집합이 있고, 그 집합 자신도 한 대상이며, 따라서 대상이 아닌 놈은 없다는 생각은 말하자면 존재의 의미에서 실패로 돌아간다.[273] 사람들이 지금 무언가를 사례로 제시한다면, 그 무언가는 적어도 그렇게 사례로 제시된다는 의미에서 또한 대상일 터인데, 그렇게 사례로 제시되지 않으며 따라서 대상이 아닌 무언가의 사례를 제시할 수는 없다는 것으로부터, 우리가 대상들에 관하여 말할 때 무제한의 보편 양화사를 사용한다는 결론은 도출되지 않는다. 거꾸로 의미장 존재론으로부터 다음이 도출된다. 우리는 그렇게 형이상학적으로 해석 가능한 보편 양화사를 사용하지 않는다. 왜냐하면 그런 보편 양화사에는 어떤 대상 영역도 대응할 수 없기 때문이다.[274]

2부
정신 실재론

실재론 논쟁의 핵심 주제 하나는, 의식(으로부터의) 독립성이라는 (그릇된) **형이상학적** 실재론 기준 때문에 존재론적 관점에서 제대로(혹은 심지어 전혀) 실재하지 않는다고 의심받는 놈들의 영역이다. 제대로(혹은 전혀) 실재하지 않는 놈은 환상Phantom이다. 정신 철학의 강력한 흐름 하나는 곤혹스럽지만 뿌리 깊은 한 얼버무리기에서 양분을 얻는다. 그 얼버무리기에서 〈정신〉은 유령 곧 환영과 혼동된다.[1] 이어질 2부에서는 이 흐름이 환상 통증을 힘겹게 헤쳐 나가는 중임을 폭로하고자 한다. 폭로의 결과로, 그 흐름이 총애하는 몇몇 주제(예컨대 진짜 환상 통증, 어디에서나 사랑받는 고무손 실험, 역사적으로도 신학적으로도 무식한 종교 비판)는 심각한 자기기만의 강력한 징후라는 점이 입증될 것이다.

그 흐름에서 정신은 환상이 된다. 어떻게 그리되냐면, 정신은 오로지 객관적으로 경우인 것만, 그러니까 특히 의식 있는 정신적 생물의 주관으로 〈물든〉 견해로부터 독립하여 경우인 것만 정말로 실존한다고 간주하는 개념적 기본 태도 때문에 실재의 그물망을 통과하여 추락한다. 인간은 의식 있는 정신적 생물로서 온갖 것에 관하여 오류를 범할 수 있으므로, 차라리 주체를 당장 실재로부터 떼어 놓는 편이 낫겠다는 생각이 들 만하다. 그러면 우리는 말하자면 무임승차로 완벽하게 객관적인 학문을 향해 나아갈 것이다. 정신을 필요로 하지 않는 학문을 향해서 말이다.

이 그릇된(또한 원리적으로 도달 가능하지 않고 합리적으로 바랄 만하지도 않은) 목표로 나아가는 과정에서 중요한 한 걸음은, 착각을 일으킨다고 여겨지는, 의식이라는 사용자 인터페이스를 파괴하는 것이다. 그 인터페이스는 마침내 객관성을 확보한, 과거에 주체로 불리던 것을 다루는 자연 과학 및 기술 과학에 방해가 되니까 말이다. 이 연구 프로그램은 이미 고유한 실험 설계의 존재론적 수준에서부터 그릇되었다. 오직 의식으로부터 독립적인 놈만 진짜로 실재한다고 간주되는데, 의식 현상들은 하여튼 있는 것처럼 보이기 때문에, 더 높은 영성 따위를 끌어들인다는 의심을 사지 않는 방식으로 그 현상들을, 소위 자연 과학적 세계상 안에서 완전한 시민권을 누리는 무언가에 잡아매는 작업이 성공적으로 이루어져야 한다.

따라서 여기 2부에서 관건은, 정신을 범주적으로 정신적이지 않은 놈으로 환원하거나 심지어 제거하는 작업이 무의미함을 보여주는 것이다. 그 프로그램은 간단명료하게 좌초한다. 그 이유는 이러하다. 그 프로그램은 주체들에 의해 진행되는데, 그들은 자기네가 가진 몇몇 속성들의 온전 실재성을 반박하고자 한다. 그런데 정작 그 주체들이 그 속성들을 특히 뚜렷하게 구현한다는 사실이 이 프로그램을 좌초시킨다.

그 프로그램에서 첫 번째 환원 작업은 벌써 완료되기라도 한 것처럼 대뜸 무시된다. 그 작업의 핵심은 주체를 정신에서 의식으로 바꾸는 것이다. 그런데 의식이란 과연 무엇인지 제대로 진술할 줄 아는 사람은 아무도 없다. 이 책이 옹호하는 견해에 따르면, 의식은 정신의 한 모듈이다. 곧, 의식은 우리 자화상의 한 요소다. 우리는 행위 설명의 맥락 안에서 우리 자신의 상황을 — 코스모스 안에서 인간의 위치를 — 환히 밝히기 위해 자화상을 사용한다.[2]

여기 2부에서 제시할 주요 주장은 신(新)실존주의를 기반으로 삼는다. 신실존주의는 인간을, 자신이 누구 혹은 무엇인지에 관한 견해를 조명(照明)으로 삼아 본질적으로 그 조명 안에서 실존하는 생물로 규정한다.[3] 따라서 실존 철학 전통의 잘 알려진 동기와 신실존주의가 연결된다. 그 동기는 주체를 본질적으로 자기 자신을 찾아가는 중인 놈으로 규정하는 것이다. 이 규정에 따르면, 우리는 〈어떤 존재자인데, 그 존재자가 존재하는 동안 그 존재자에게 관건은 자신의 존재 자체다〉.[4]

인간이 자신에 관한 견해를 담은 기록을 통해 우리에게 역사적으로 다가오기 시작한 이래로, 인간은 누구 혹은 무엇인가라는 질문에 대하여 제시된 많은 대답 중 하나는, 우리의 정신적 능력들이 어떻게 활성화되고 얼마나 멀리까지 미치는가에 관한 그림을 우리가 그린다는 점을 강조한다. 우리 자화상의 역사는 우리의 주관적 상태들의 경계가 통시적으로 또 공시적으로 가변적임을 보여준다. 〈의식〉과 같은 모종의 공통 칭호를 고수하고 그 칭호에 대응하는 놈의 최소 신경 상관자를 탐색하기 위하여 그 가변성을 건너뛸 수는 없다. 우리가 의식을 가졌는지, 또 가졌다면 어떤 의미에서 가졌는지는, 우리가 탐구하는 것이 정확히 무엇인지에 관한 안정적인 정보를 우리가 얻지 못하는 한, 우리 몸을 탐구함으로써 밝혀질 수 없다.

어떤 의미에서 신실존주의는 명백히 헤겔과 연결될 뿐 아니라, 놀랍게도 데닛이 깨달은 다음과 같은 사실과도 연결된다. 즉, 우리의 정신적 어휘가 서술하는 현상들은, 그것들에 관한 우리의 견해가 바뀌면 그것들 자체도 바뀌는 그런 현상들이다. 정신은 정신적 생물들이 정신을 어떻게 특징짓느냐 하는 것으로부터 완전히 독립적이지 않다. 정신은 자기 객체화, 곧 자기 파악Selbstauffassung과 본질적으로 맞물려 있다.

하지만 모든 자기 파악이 존재론적으로 혹은 진실과 관련해서 둥둥 떠 있다는(곧 진실도 아니고 거짓도 아니라는) 뜻은 전혀 아니다. 인간 과학들Humanwissenschaften은 (다른 학문들과 마찬가지로) 사실들을 발견한다. 그 사실들 중 일부는 인간에 관한 사실들이며, 우리는 우리 자신을 대할 때 이 사실들을 고려해야 한다. 사람들은 그렇게 하지 못하고 인간의 기원에 관한 신화적 견해들을 행위 조율에 사용할 수도 있다. 성공적일 경우 근대die Moderne는 인간 과학적 사실들이 널리 퍼지고 주체들이 점차 그 사실들에 동조하는 과정이다.[5] 인간학적 사실들은, 우리가 고려하는 자화상이 얼마나 옳은지 측정할 때 기준으로 삼을 잣대다.

모든 인간학적 사실들이 내가 〈정신〉으로 분류하는 것에 관한 사실인가 하면, 그렇지는 않다. 정신은 인간의 자화상 (제작) 능력이다. 우리는 이 능력을 정신의 핵심으로 간주하고 이 능력의 관점에 입각하여 특수한 모듈들을 파악할 수 있다.[6] 인간은 자신의 환경에 대뜸 들어맞지는 않는 놈이라는 사실을 숙고할 때 우리가 염두에 두는 것 전체가 바로 정신이다. 우리가 우리의 자기 관계들Selbstverhältnisse을 기록하기 시작하고, 그 결과로 이웃 집단 너머의 인간들을 그들의 자기 객체화를 통해 통시적으로 또 공시적으로 알 수 있게 된 이래로, 우리는 인간으로서, 어떻게 인간적인 것이 인간의 환경과 조화를 이루는지에 관한 그림을 구상하는 일에 열중해 왔다.

그림 제작 행동을 통해 인간은 인간과 마주치는 다른 생물들로부터, 살아 있는 자연과 죽어 있는 자연으로부터, 천문 현상들, 신들, 정령들 등으로부터 항상 이미 구별된다. 우리는 우리를 둘러싼 것들에 관한 견해를 신화, 우주 이야기, 예술 작품, 학문, 당장 유용한 인공물의 형태로 표현한다. 이런 식으로 자화상들이 발생하고, 그것들은 개별적인 집단 구성원을 일반적 구조의 사례로 분류할 여지를 열어 준다.

이와 관련하여 우선 두 개의 이론 층을 구별할 수 있다. 또한 그 층들은 인문학과 사회 과학의 관점에서 개별 분야들로 세분화된다. 첫 번째 상위(추상적) 이론 층은 인간성 개념을, 인간 그 자체를 다룬다. 두 번째 객체 중심objektlastig(구체적) 이론 층은 내가 호문쿨루스*라고 부르는 구체적 인간상들을 다룬다.

상위의 추상적 층에는 자화상 능력, 곧 정신 그 자체가 놓여 있다. 이 층에서 우리는 인간이 자신은 누구 혹은 무엇인가에 관한 견해를 기준으로 방향을 잡는 것을 관찰한다. 인간상은 행위의 길잡이다. 왜냐하면 우리는 우리가 행하는 바를 무엇보다도 〈삶의 의미Sinn〉에 관한 견해를 범위로 삼아 그 안에서 정당화하기 때문이다. 삶과 죽음, 병과 건강은 오늘날에도 모든 각자를 뒤흔들고, 일상에서 우리에게 자명해 보이는 모든 것을 의문시하게 만드는 기초적인 경험들이다. 삶의 극한 경험들Grenzerfahrungen은 삶 자체를 문제로서 초점으로 옮겨 놓고, 우리는 그 문제의 답을 어떻게든 발견해야 한다. 그 답을 모든 사람의 눈앞에 놓여 있을 법한 독립적인 잣대에 맞출 수 없음에도 불구하고 말이다. 객체화하는 인간 과학들(분자 생물학, 인간 유전학, 의학, 심리학, 신경 과학 등)의 진보를 통해 이 상황을 극복하는 것은 원리적으로 불가능하다. 영국 생리학자 ─ 시스템 생물학의 공동 개척자 ─ 데니스 노블은 이 견해를

* homunculus. 글자 그대로의 뜻은 〈작은 인간〉.

옹호하는 주목할 만한 논증을 제시한다. 그 논증을 매개자로 삼으면, 의미장 존재론의 이론 구조를 생명 철학에 대응시킬 수 있다.[7] 그 논증의 축은 〈생물학적 상대성〉 개념인데, 이 개념은 다양한 생물학적 시스템들(세포들, 기관들, DNA, 특징 공유 집단들 등)을 측량 막대(눈금)의 기준으로 삼을 수 있다는 통찰을 의미한다. 시스템에 대한 설명은 항상 시스템이 한 층에 정착해 있다는 것을 출발점으로 삼아야 한다. 그 층에서는 특정한 규모들이 결정적으로 중요하며, 모든 시스템에 대하여 무엇을 요소로서 다뤄야 할지 결정해 주는 전체 시스템이 있는 것은 아니다.

생물학적 상대성 개념에 따르면, 분자의 관점에서 세포가 거대하다고 간주하는 것은 정당하다. 왜냐하면 무엇이 〈그 자체로〉 미시적이거나 중시적이거나 거시적인지 결정해 주는 자연적인 잣대는 없기 때문이다. 관찰의 정상 상태(생활 세계적-중시적이)라고 할 만한 것이 있다는 믿음도 정당화할 수 없으므로 허용할 수 없는 인간적 왜곡이다. 이 왜곡은 우리 모든 각자에게 〈자연적〉이라고 느껴지는, 전혀 불명확한 측정 조건들에 우주를 맞춘다. 이런 연유로 노블은 일반 상대성 원리를 확장한다. 이 원리의 요점은,

충분히 정당화되지 않은 특권적 관점들로부터 거리를 두는 것이다. 절대적인 것들은 없다. 도리어 과학에서도 사물들은 단지 상대적인 의미에서 이해될 수 있을 뿐이다. 즉, 사물들은 우리가 던지는 질문에 따라 상대적으로만, 우리가 어떤 규모에서 질문을 던지느냐에 따라 상대적으로만, 우주에 관한 우리의 현재 지식에 따라 상대적으로만 이해될 수 있다. 우주에 관해서는 질문들이 영원히 남을 것이다.[8]

우리에게 가용한 유일한 인식 조건 아래에서 우주는 중첩 구조Verschachtelung(〈우주들 안의 우주들 안의 우주들〉)[9]로 나타난다. 따라서 생명을 형이상학적으로 특권적인 지점에 발 딛고 완벽하게 규정할 수는 없다. 우리가 하나의 현상을 어떻게 설명하는가는 주어진 층에 대응하는 규모에 의존한다. 그렇다고 자연 과학적 설명의 객관성이 위태로워지는가 하면, 전혀 그렇지 않다. 오히려 이 사정은 우리가 우주에 들이대는 잣대들이 의미장들(노블의 어휘로는 〈층들〉)로 귀결되고, 그 의미장들 안에서 대상들은 배열 규칙들을 따름을 보여 줄 뿐이다.

생명의 다양한 층들에 다양한 배열 규칙들이 대응한다. 이는 서로 다른 층에 속한 대상들 사이에 상호 작용이 없다는 뜻이 아니다. 여기에서나 다른 곳에서나 배제되는 것은 전체 시스템 상정이다. 그 전체 시스템에서 보면 모든 하위 시스템들이 요소들로 판명될 테고, 따라서 우주론적 전체 설명이 가능하겠지만 말이다. 우리가 우주 안에서 마주치는 모든 각각의 인식 가능한 시스템 안에서 의미장 존재론의 구조가 반복된다. 생명 시스템들은 열린 시스템들이다. 왜냐하면 궁극적 설명의 틀을 제공하는 전체는 있을 수 없기 때문이다. 그런 전체가 있다면, 임의의 시스템에서 이루어지는 모든 요소의 행동을 완벽하게 굽어보는 것이 가능하겠지만 말이다.

요컨대 인간 과학들의 형태를 띤, 우리의 자기 객체화가 도달하는 정점은, 우리의 둥둥 뜬 자기 규정의 짐을 우리에게서 최종적으로 벗겨 줄 굽어보기가 아니다.[10] 우리는 우리에 관하여 진실인 무언가를 제시함으로써 자기 규정의 부담 — 자기가 자유롭다는 주장 — 을 내려놓지 못한다. 인간이란 무엇인가에 관한 빠짐없이 완벽한 사실 보고는 영영 기대할 수 없다. 따라서 우리의 위치도 경험적으로 가변적인 상태로 남는다.

이 탐구 결과가 서술하는 바는 우리의 가변적 인간상들의 불변항, 더 높은 층의 불변항, 곧 정신이다. 따라서 〈정신〉은 종결 불가능한 자화상 발견의 차원을 가리키는 이름이며, 이 서술에서 그 차원 자체는 가변적이지 않다. 정신의 역사성이란 인간이 때로는 정신적 생물이고 때로는 그렇지 않다는 뜻이 아니다. 자화상 능력은 도리어, 그 자체로 방향 잡기의 기준점이 될 수 있는 보편적 근본 요소다. 그러나 그 기준점에 의지한 방향 잡기는 결국 대체로 헛돈다. 이것은 오래된 형식주의 문제의 한 변형이다. 즉, **인류는 오로지 인간임의 보편적 형식만 기준으로 삼아서는 유의미하게 방향을 잡을 수 없다. 왜냐하면 그 형식은 너무 많은 중대한 질문을 열어 놓기 때문이다.** 그 형식이 모든 인간을 인류라는 깃발 아래 연결하는 것은 사실이다. 하지만 그 연결로부터 우리 앞에 놓인 대립들을 내용적으로 해소하기 위한 행위 지침은 나오지 않는다. 그런 지침을 위해서는 경험적으로 가변적인 인간 과학들이 필요하다. 그것들은 무엇보다도 사회적 대립들을 명확히 드러내야 한다.

인간 그 자체(〈호모 사피엔스〉)의 삶꼴보다 아래에 놓인 이론 층에서 우리는 〈호모 이코노미쿠스(경제적 인간)〉, 〈호모 나란스 narrans(이야기하는 인간)〉, 〈호모 루덴스(놀이하는 인간)〉, 〈호모 에스테티쿠스(미적 인간)〉, 〈호모 폴리티쿠스(정치적 인간)〉 같은 특수한 호문쿨루스들을 발견한다. 즉, 인간의 관찰 가능한 활동 하나를 모범으로 삼고 거기에 입각하여 다른 모든 활동을 보는 인간상들을 만나게 된다.[11] 하지만 인간은 본령에서 경제적이거나, 서사적이거나, 정치적이거나, 놀이꾼스럽지 않다. 오히려 인간은 본질적으로 허구들에 기초한 자기 객체화에 늘 매여 있는 생물의 모범이다. 왜냐하면 우리 자신이 지속적인 해석의 동기이기 때문이다.

우리는 그 해석을 사회학적 연구의 수준에서 〈역할〉, 〈인종〉, 〈기품 Habitus〉, 〈소통〉 등의 유형에 속한 적절한 범주들을 써서 분류하고 객체화할 수 있다. 호문쿨루스들이 관찰 가능한 행태를 서술하기 위한 이상형들과 관련된 한에서, 호문쿨루스들은 편파적이기 마련이며 설명의 중심인 양 행세하는 경향이 있다. 그러나 이 행세는 개별 사례에서 자기를 다르게 규정할 수도 있는 인간의 자유에 걸려 좌초한다.

살아 있기도 하고 죽어 있기도 한 자연 안에서 인간의 위치를 정확히 지정하기 위해서 앙상블로 제시할 수 있는 특유한 인간적 활동들(놀기, 웃기, 울기, 이야기하기, 생각하기, 도덕적으로 행위하기, 교환하기, 꿈꾸기 등)의 목록을 빠짐없이 완벽하게 작성할 수는 없다. 왜냐하면 우리는 정확한 위치를 갖지 않았기 때문이다. 우리가 이론의 정합성을 위해 상정해야 하는 유일한 인간학적 상수는 이미 언급한 불변적 정신, 바꿔 말해 우리의 형식적 자화상 제작 능력이다.

인간의 자기 서술은 물론 더 세분되며 여러 표출 방식 중에서도 특히 정신주의적mentalistisch 어휘의 모습으로 표출된다. 그 어휘는 오늘날, 주의(注意), 진실로 여기기, 의식, 지향성, 그리고 성격 특징들(이를테면 외향성 등) 같은, 심리학의 섬세하며 실험적으로 작업화할 수 있는 개념들을 아우른다. 의식 개념은, 필시 우리가 다른 많은 생물과 공유한, 인간임의 한 측면을 파악하기 위하여 도입되고 더 상세히 규정된다. 하지만 우리는 어떤 최소한의 생리학적 상관자가 우리가 〈의식적〉이라고 분류하는 상태들에 대응하는지에 관한, 경험적으로 매우 탄탄한 견해들을 가지고 있지 않다.[12] 어떤 맥락 안에서 의식 개념을 도입하는 것이 가능하다면, 그 맥락의 자기 서술을 위해서는 훨씬 더 풍부한 정신적 어휘가 필요하다. 왜냐하면 의식 이론가들은 의식만 있는 것이 아니라, 그들 자신이 의식 현상들을 그 현상들이 깃든 복잡한 시스템들로부터 어떻게 추출하는지 이해하기 위하여, 수많은 인식 활동과 능력을 동원해야 하니까 말이다(그 복잡한 시스템들은 의식과 관련된 요소들의 범위를 훨씬 벗어난다). 모든 학문적 의식 탐구는 의식 개념에 대한 안정적이고 정합적인 분석을 전제하며, 그렇기 때문에 사람들이 뭉뚱그리는 상태들의 사실적 다원성을 벌써 도외시한다. 따라서 페르미온이나 은하가 있는 것과 같은 의미에서, 즉 앞에 놓여 있는 탐구 대상으로서(이때 탐구의 초점 설정은 대상의 구조와 무관하다) 의식이 있다는 견해는 매우 문제적이다. 의식은 우리의 자화상들을 소장한 박물관의 역사적으로 가변적인 장식(裝飾)에 속한다. 간단히 말하자. **의식은 자연종(自然種)이 아니며 따라서 자연 과학적으로 빠짐없이 온전하게 연구하기가 절대로 불가능하다.**

그렇다고 우리가 정신적 상태들을 가지지 않았다거나, 그 자체로는 너무 복잡한 우리 몸의 기계 장치를 설명에 유익하도록 재단하기 위하여 지향적 관점에서 추상물들을 개발하는 관찰자의 눈안에만 정신적 상태들이 있다는 뜻은 아니다.[13] 우리 몸의 기계 장치에 대한 온전한 물리적 서술이 있을 수 있는데 단지 우리가 그 서술을 (아직) 확보하지 못했을 따름이라는 생각은 과학주의적 이데올로기(메타 물리학Meta-Physik)일 뿐, 경험적으로 뒷받침된 가설이 아니다. 과학주의적 기계주의는 인간 자화상의 한 부분이지, 인간 상들의 평가 기준으로 삼을 수 있는 보증된 사실이 아니다.[14]

〈인간 기계L'homme machine〉는 라플라스의 악마Dämon와 마찬가지로 과학적으로 극복된 18세기 이데올로기에 속한다. 당대에 그 이데올로기는 사회 경제적 혁명들 및 반혁명들과 얽혀 있었다.[15] 오늘날까지도 사람들의 머리에서 사라지지 않은 형이상학적 환원주의는 그 시대의 유물이다. 그 환원주의는 우주의 궁극적 구성 요소들이 있으며, 모든 인과적 구조들의 계열 전체를 그 요소들에서 읽어 낼 수 있다고 믿는다. 현재로서는 이것이 부분 전체론적 원자들로 이루어진 순전히 신화적인(물리적으로 측정 가능하지 않은!) 토대, 또는 코스모스 혹은 우주 전체라는 신화적 전체 맥락인데도 말이다. 우주 전체에 통용되는 잣대로 삼을 수 있는 〈나의 자리 ποῦ στῶ〉는 단적으로 없다. 자연적인 잣대는 없다. 물리학자들은 통합된 (사실적으로 실존하지 않는) 물리학이 작동하는 근본적 층을 아주 단순하게 상상하곤 하지만, 그런 층도 없다.

여기 2부에서 하려는 작업은 정신의 핵심 모듈들의 실재론적 모형을 개발하는 것이다. 그 모형은, 주체성의 불가피성을 고수하면서도 주체성을 통이나 감옥으로 이해하는 것이 아니라 오히려 사실들을 향한 개방성으로 이해할 수 있게 해준다. 우리의 생각하기는 우리가 성공적으로 대상화할 수 있는 다른 모든 것과 마찬가지로 사실들 가운데 하나다. 사실성을 제작해야 하는 것은 아니다. 우리는 이미 사실성 안에 있다.

6장에서는 정신 철학에서 순박한 실재론으로부터 출발하여 현재 권위를 누리는 환상주의Illusionismus라는 막다른 골목에 이르는 전형적인 길을 재구성할 것이다. 이 작업을 통해 우리는 오래전부터 널리 쓰이는 비트겐슈타인의 말마따나 〈파리에게 파리 병에서 나가는 길을 보여 줄〉[16] 수 있을 것이다. 이때 모든 것이 걸린 관건은 의식(으로부터의) 독립성이라는 그릇된 실재론 기준을 떨쳐 내는 것이다. 또한 그러면서도 형이상학적으로 또는 인식론적으로 특별한 의미에서 〈의식 의존적인〉 무언가가(예컨대 의식 자체나 의식의 질적 상태들이) 있다는 똑같은 유형의 오류에 빠지지 않는 것이다.

이어서 7장에서는 정신의 불가피성을 특징지을 것이다. 우리가 이론적인 앎 주장들을 제기하고 학문에 기여할 때, 우리는 어김없이 〈한 인간의 관점에서〉[17] 그렇게 한다. 이 사실은 축소되거나 제거되거나 어떤 다른 방식으로 우회될 수 없으며 그렇게 할 필요도 없다. 성공적인 앎 주장들을 한 인간의 관점에서 충분히 제기할 수 있다. 이 관점이 회의주의에 취약한 변수들을 끌어들여 우리가 우리 자신이라는 감옥에 인식적으로 갇히는 결과를 초래하느냐 하면, 전혀 그렇지 않다. 인간의 정신적 삶꼴은 외부 실재로부터 격리된 캡슐이 아니다.

8장에서는 이 결과에 입각하여 후설의 생활 세계 개념을 해체함으로써 이 결과를 검증할 것이다. 후설은 문제를 알아채긴 했지만 특유의 치명적인 과학주의 성향 때문에 곧바로 문제를 왜곡했다. 후설의 생활 세계는 일종의 원초 실험Proto-Experiment이며 귀납적 세계 체득Weltaneignung 모형에 따라 구조화되어 있다. 이 때문에 후설의 현상학은 늘 〈엄밀한 학문으로서의 철학〉이라는 유령에게 시달린다. 학문 사회학적으로 보면, 이 사정은 무엇보다도 후설이 빈Wien학파와 경쟁하는 입장이었던 것에서 기인했을 법하다.[18] 후설의 생활 세계 개념은 문제적으로 유럽 중심적일뿐더러 인간을 가설 제작자로 연출한다는 점에서 오해를 유발한다. 후설은 이 연출이 이론적 결정임을 꿰뚫어 보지 못한다. 그리하여 그는 뜻하지 않게 생활 세계를 자연화한다.

그다음 9장에서 나는 의미장 존재론에 기초한 신실재론적 지각 이론에 기대어 객관적 현상학의 구조를 간략하게 서술할 것이다. 후설은 현상학이 〈어떤 실재하는 부분들도, 실재하는 변화들도, 인과 관계도〉[19] 모른다고 보지만, 오히려 나는 현상들이 모범적으로 인과적이라고 논증할 것이다. 지각은 지각 대상과 지각하는 주체가 관련을 맺는 인과적 사정이며, 이 관련은 정말로 실존한다. 이 관련이 지각이다. 지각은 지각되는 대상 측에서의 (말 그대로의) 내뿜기Abstrahlung와 우리 측에서의 인과적 되먹임 효과들이 없으면 전혀 실존하지 않을 터이다.

그렇게 정통 현상학의 **가리기 이론**Abschattungstheorie 대신에 신실재론적 **내뿜기 이론**Abstrahlungstheorie이 들어선다. 후자는 우리의 정신적 삶을 인과 관계의 모범 사례로 간주한다. 이것은 인과 관계를 세계에서 떼어 내 정신 안으로 옮겨 놓는 흄주의적이거나 칸트주의적인 행마가 전혀 아니다. 왜냐하면 현재 시점에서 정신-세계 구별은 이미 오래전에 극복된 것으로 간주되어야 하기 때문이다. 정신은 인과적으로 세계 안에 편입되어 있다. 그리고 이 인과성이 정신의 범주에 속하지 않는 무언가에 위임되어야 하는 것은 아니다. 이 사정을 지각에서 특히 명쾌하게 예증할 수 있다.

10장은 다시 한번 상상력의 존재론이라는 주제를 다룬다. 목적은 역사적으로 가변적이지만 완전히 초월할 수는 없는 상상의 제한선이 있음을 보여 주는 것이다. 〈세계〉 같은 형이상학적 대상들은 이 제한선을 뛰어넘으며 따라서 기껏해야 절대적 은유의 역할을 할 따름이다. 그럴 때 그 대상들은 은유 구성의 원천으로 기능하지만 개념의 단계에는 결코 도달하지 못한다. 잘 알려져 있듯이 절대적 은유 개념은 블루멘베르크의 은유학Metaphorologie에서 유래했는데, 우리의 논의와 관련해서 블루멘베르크는 이렇게 확언한다.

〈세계〉라는 표현 앞에서는 단어 대체 규칙들을 발견하려는 시도가 본질적으로 실패할 수밖에 없다. (……) 설령 내가 동조하는 경향이 있더라도, 〈세계〉에 관한 문장들은 향후 아예 구성하거나 사용하지 않는 편이 더 낫다. 물론 나는 이 금지가 언젠가 효력을 발휘할 수 있을지 몹시 의심스럽지만 말이다.[20]

나는 이 인용문에 부분적으로만 동의한다. 왜냐하면 나는 의미장 존재론의 틀 안에서 〈세계〉에 관한 언급을 피할 수 있다고 보기 때문이다. 〈세계〉는 공허한 손가락질, 무의미의 원천으로 전락하는 몸짓이다. 이 사실은, (당신 자신을 포함해서) 모든 있는 놈이 세계에 속한다는 것을 당신이 정확히 어떻게 상상하는지 말하려 해보면 곧바로 드러난다.

그다음 11장에서 꾸며 낸 대상, 상상된 대상, 지향적 대상의 구별이 제안될 텐데, 그 제안은 정신적 대상들도 하나의 공통분모로 통분할 수 없음을 통찰할 수 있게 해준다. 그런 공통분모가 있다면, 정신을 닫힌 지칭 대상들의 영역으로 규정할 수 있을 테지만 말이다. 〈지향성〉이나 심지어 〈무릇 의식〉은 가망 없이 과도한 일반화들이다. 이것들은 직간접으로 나Ich와 나-아닌-놈Nicht-Ich의 분열을 일으킨다. 그리고 그 분열에서 몇 걸음만 더 가면 일반적인, 정신과 세계의 일반적 구별에 다시 빠져들게 된다. 우리는 이 구별에서 벗어날 필요가 있다.

6장
순박한 실재론에서 환상주의로

순박한 실재론의 출발점은 의식 독립적 외부 세계가 있다는 것이다. 그런 외부 세계가 우리 앞에 있다는 것이 우리가 실재론을 채택해야 할 결정적 이유다. 이 견해는 순박한데, 왜냐하면 궁극적으로 자명해서 누구도 반박하지 않아야 마땅하거나, 아니면 이론적으로 불충분하게 정초되어 있기 때문이다.

(1) 순박한 실재론은 **사실성에 기초한 논증**에 의지해도 되는 한에서 궁극적으로 **자명하다.**[21] 그 논증을 아주 간단히 요약하면 이러하다. 즉 사실성에 대한, 이론적으로 명확히 발설 가능한 모든 입장은 무언가가 기록하기로부터 독립적이라고 간주한다. 무언가가 **기록하기로부터 독립적이라** 함은, 설령 특정한 시스템이 그 무언가를 파악하지 않더라도, 그 무언가가 그 시스템에 의해 파악되는 바와 똑같이 그러할 터라는 뜻이다. 그러니까 사실성에 기초한 논증은 단지 우리가 순간의 유아론Solipsismus des Augenblicks 상황에 처할 수 있다는 점만 반박한다. 순간의 유아론 상황이란, 우리의 정신적 창(窓)이 자발적으로 섬광을 발하는 상태다. 그 상태는 우리에게 우리의 인상 외에 무언가가 더 있다는 인상을 전달한다. 순간의 유아론은 극단적으로 회의적인 가설이다. 왜냐하면 모든 앎 주장을

한 방에 무효로 만들 위험이 있기 때문이다. 순간의 유아론이 서술하는 시나리오 안에서는 아무도 무언가를 알 수 없다. 왜냐하면 거기에서는 진실과 진실로 여기기가 포개지기 때문이다. 혹은 거기에서는 주체에게 앎을 주장할 능력을 주기에 충분할 만큼의 정신적 자원조차 없기 때문이다.

만약에 순간의 유아론이 진실이라면, 가정에 따라 우리는 순간의 유아론을 진실로 여길 수 없을 터이다. 따라서 그런 극단적으로 회의적인 생각 놀이조차도 진실을 무력화하지 못하며, 단지 자신의 상황을 파악할 능력이 없는 주체를 상상하는 데 성공할 따름이다. 우리는 그런 처지에 놓여 있을 리 없다. 왜냐하면 우리는 어떤 선택지가 어떤 귀결로 이어지는지 자문하는 중이니까 말이다. 그리고 이 자문 행동은 우리에게 이론적 관점에서 최소한으로 정초된 견해들이 가용함을 전제한다. 그러므로 극단적인 순간의 유아론조차도 누군가가 그 견해를 진실로 여김을 통하여 진실이 되지는 않는다. 왜냐하면 순간의 유아론은 진실이면서 또한 동시에 진실로 여겨질 수 없기 때문이다.

버클리풍의 주관적 관념론은 사실성에 기초한 논증의 조건을 위반하지 않는다. 버클리가 주장하는 바는, 물질적 3차원적 실재의 외관을, 정신적 상태들이 모종의 내적 구조를 띰으로써 우리가 우리의 정신적 무대를 바깥으로 투사한다는 것을 통해, 더 잘 설명할 수 있다는 발견을 이론적으로 표현하겠다는 것이다. 즉, 그는 증명할 필요가 있는 발견을 제시한다. 이 입장이 내놓는 이론적 주장 때문에 벌써 이 입장이 좌초하는 것은 아니다. 이 사정은 일부 뇌 연구자들이 이 입장을 현상적 의식에 관한 자기네 이론의 암묵적이거나 심지어 명시적인 출발점으로 채택한다는 점에서 이미 드러난다.[22]

현상적 의식이 정말로 존재론적으로 주관적이라면, 이것이 의미하는 바는, 현상적 의식이 놓여 있음이란 무언가가 우리에게 특정한 방식으로 나타남이라는 것이다. 현상적 의식의 존재함Sein(esse)과 나타남Erscheinen(percipi)은 일치한다. 물론 그렇다고 해서 현상적 의식이 더 나아가 인식적으로도 주관적이라는 뜻은 아니다.[23] 설령 우리가 정신적 현상들에 관하여 착각하더라도, 이는 우리가 착각할 때 우리가 착각한다는 것에 관하여 착각할 수 있음을 의미하지 않는다. 한 인상이 착각을 일으킬 수 있으려면, 그 인상이 놓여 있어야 한다. 인상은 놓여 있으면서 우리가 무언가에 관하여 착각하게 만든다. 그러나 인상이 놓여 있음에 관해서는 절대로 착각하게 만들지 못한다! 보존할 가치가 있는 이 통찰을 **최소 코기토**minimale Cogito라고 부르자. 최소 코기토는 위반하지 말아야 할 조건이다.[24]

버클리의 주관적 관념론은 이론적으로 경험주의에서 유래했다. 이것은 이론적 불상사가 아니라 실사(實事)에 이유를 둔 기원이다. 무슨 말이냐면, 버클리의 관념론은 순박한 실재론보다 더 적은 전제들을 채택한다. 순박한 실재론은 우리의 의식적 삶의 많은 요소에 지향적 대상들을 배정하고, 그것들은 이 삶이 놓여 있음의 원인으로 간주된다. 실재론이 (우리의 정신적 상태들을 이해하는 데 필수적이지 않은) 선택적 추가 전제로 변질하는 한에서, 실재의 유아론적 재구성으로의 후퇴는 이론적으로 진지하게 취급해야 할 선택지로 남는다. 왜냐하면 주관적 관념론은 사실성에 기초한 논증과 충돌하기는커녕, 우리의 정신적 상태들에 관하여 진실로 여겨질 수 있는 이론을 제시함으로써 곧장 그 논증을 고려하니까 말이다. 순박한 실재론과 주관적 관념론은 동일한 원천에서 영양분을 얻는다. 그런데 후자는 이론적으로 더 검약하며 현재의 정신 철학에서 존중할 만한 입장으로 평가된다. 그 주요 이유 하나는 주관적 관념론이 이종 현상학적으로 그럴싸하다는 점에 있다.

〈이종 현상학Heterophänomenologie〉은 데닛이, 우리는 정신적 현상을 주목할 때도 우리의 의식적 삶의 사실적 구조와 늘 상호 작용해야 한다는 통찰을 표현하기 위해 고안한 명칭이다.[25] 이런 식으로, 우리가 처한 정신적 상태와 그 상태를 주제화하는 방식을 구별할 여지가 늘 생긴다. 그렇다면 우리는 우리의 자기의식과 관련해서 본질적으로 오류 가능하다. 그리고 이 사실을 다음과 같은 구호에 적절한 변형을 가하여 도출할 수 있다. 만물은 이렇게 되어졌기 때문에 이러하다.[26]

현상적 인상을 가진다는 사정은 이 사정을 어떻게 의식하느냐와 동일하지 않다. 현상적 의식은 자기의식의 문턱 아래에 있다. 일찍이 라이프니츠는 〈작은 지각들petites perceptions〉이라는 개념으로 이 통찰을 표현했다. 지각Perzeption과 통각Apperzeption은 내포적으로 동일하지 않으며 외연적으로 항상 일치하는 것도 아니다. 이것은 우리가 수백 년에 걸친 심리학 탐구로부터 얻은 지식의 귀결이다. 따라서 이를 유념해야 하는데, 이 귀결은 최근 몇십 년 동안 신경과학이나 인지 과학에서 나온 발견이 아니다.

순박한 실재론을, 또는 그 정반대 편에 놓인 주관적 관념론을 일방적으로 지지하는 대신에, 이 대목에서 우리는 이 양자가 동일한 기반 위에 있음을 알아채야 한다. 그 기반은 사실성에 기초한 논증이다. 이로써 이론적 지형이 변화한다. 물론 서로 맞선 반대자들은 이 변화를 간과하겠지만 말이다. 공통 기반은, 우리의 정신적 상태들이 모든 정합적 시나리오에서 실재의 설비Einrichtung에 속한다는 불가피한 인정이다. 이로써 실재론 기준은 의식 독립적 외부 세계에 대한 인정이라는 견해는 최종적으로 배제된다. 의식은(우리가 의식을 어떻게 더 정확히 규정하건 간에), 순박한 실재론자가 자신의 의식으로부터 독립적인 외부 세계에 할당하는 모든 것과 마찬가지로, 있는 놈의 성분이다.

물론 순박한 실재론자는 여기에서 단호히 발을 구르며 반발하기를, 자신이 즐겨 벌이는 실재론 논쟁에서 관건은 관념론에 대한 반박이라고 단언할 수 있다.[27] 그런 식으로 그는, 의식에 관해서는 실재론을 고려할 이유가 전혀 없다는 전제를 애초부터 단언하는 것이다. 요컨대 그저 단언을 통해 자신을 관념론에 맞세움으로써 순박한 실재론자는 정신적임에 관한 중대한 전제를 채택한다. 그것은 정신적인 것이 의식에 의존한다는 것이다. 바꿔 말해 이제 이론적 강제 때문에 정신적인 것에 관하여 다음이 성립한다. esse est percipi aut percipere(존재함은 지각됨이거나 지각함이다).[28] 여기에 깃든 개념적 혼란은, 의식이 단지 의식 의존적이라는 의미에서만 추가로 규정된다는 점에 있다. 그런데 모든 대상은 자기 자신에 의존적이다. 따라서 실제로 귀결되는 바는, 의식은 어떤 특별한 의미에서 의식 의존적이라는 것이 명백히 아니며, 의식의 핵심은 이를테면 아무튼 무언가가 우리에게 나타난다는 점이라는 것도 명백히 아니다. 의식 독립성을 실재론 기준으로 격상하더라도, 특별하며 형이상학적으로 흥미진진한 의식 의존성의 의미가 발생하지는 않는다. 그렇다면 순박한 실재론은 주관적 관념론을 떨쳐 내는 것이 아니라 정신 안으로 옮겨 놓는 것이다. 콰심 카삼과 존 캠벨이 보여 주었듯이, 이 옮겨 놓기는 궁극적으로 물리학의 존재론적 진술 능력에 관한 순박한 견해에 기반을 둔다.[29]

순박한 실재론은 이미 이 수준에서 가짜 문제들과 씨름해야 한다. 자신의 고유한 실험 설계의 틀 안에서 순박한 실재론은 관념론을 생산하고, 그 관념론을 정신적인 것의 나라에 정착시키고 거기에서 진실로 간주한다. 그러므로 순박한 실재론자는 국지적 관념론자다. 그는 우리의 정신적 삶이 본질적으로 의식에 의존한다고 본다.

같은 이유로 또 다른 수준에서는 휴 프라이스가 〈위치 설정 문제들Verortungsprobleme〉이라고 부른 가짜 문제들이 발생한다.[30] 특히 심각한 난점은, 의식 의존적 의식이 의식 독립적 실재에 어떻게 들어맞는지를 순박한 실재론자가 결코 설명할 수 없다는 점이다. 순박한 실재론자는 그런 의식 독립적 실재를 실재론의 표준으로 여기는데 말이다. 타인들의 의식은 실재론과 관념론을 가르는 도랑의 건너편에(관념론 쪽에) 놓인다. 순박한 실재론자는 자신의 정신적 상태들을 물리적 실재로부터 떼어 놓기 위하여 그 도랑을 판다. 타인들의 정신적 삶은 외부 세계 의식 독립적 사물들의 파노라마에 어떻게 들어맞을까? 그 사물들 중에는 우리가 타인의 몸 안에서 발견할 수 있는 뇌도 있는데, 이 문제는 또 어떻게 이해해야 할까?

(2) 여기에서 보듯이, 순박한 실재론은 **이론적 기반이 부실하다.** 순박한 실재론은 주관적 관념론과 공통의 기반 위에 서 있기 때문에, 분업에 관한 가짜 문제들에 빠져든다. 주관적 관념론에서는 모든 (현상적인) 것이 의식에 맡겨진다. 이 때문에 추가로 발생하는 난점은 현상적 의식과 우리의 지향성을 선명히 구별하기 어려워지는 것이다. 여기에서 의미론에 의지하면서, 외부 세계 사물들에 관해서는 실재론자로, 내면세계 과정들에 관해서는 주관적 관념론자로 굴며 이 관념론을 모종의 반(反)실재론으로 보완하는 것은 해결책이 될 수 없다. 왜냐하면 한편으로 의식 독립적 외부 세계가 있고 다른 한편으로 〈존재함은 지각됨이다〉가 유효한 영역이 있다는 입장을 고수하려면, 이 구별이 실재 안의 무언가와 상응해야 하니까 말이다.

이 문제를 우회하기 위하여 최근에 환상주의의 다양한 버전들이 번창하고 있다. 그것들을 개척한 유명한 인물로 데닛을 꼽을 수 있지만, 당연히 환상주의는 오랜 역사를 지녔다. 왜냐하면 환상주의는 특히 불교의 몇몇 버전을 맥락으로 삼아 그 안에서 숙고되기 때문이다.[31]

데닛은 키스 프랭키시의 환상주의 버전을 명시적으로 선호한다. 그는 그 환상주의를 〈의식을 다루는 이론의 명백한 출발점〉이라고 서슴없이 평가한다.[32] 이 환상주의 이론에서는, 주관적 관념론을 존재론적으로 성가신 손님으로 불러들이는 (현상적) 의식을 허구적인 놈으로, 심지어 꾸며 낸 놈으로 다룬다. 여기에서 특히 흥미로운 것은 후자의 경우다.

우리가 이제부터 자세히 살펴볼 환상주의는 일반적으로

> 통상적으로 이해되는 대로의 현상적 의식은 환상이라는 견해다. 환상주의자들에 따르면, 의식적 경험들을 겪는다는 것이 아무튼 무언가라는 우리의 인상은, 우리가 그 경험들(혹은 몇몇 환상주의 버전에서는, 경험 대상들)을 체계적으로 그릇되게 묘사하여 그것들이 현상적 속성들을 가진 것처럼 만든다는 사실에서 기인한다.[33]

환상주의가 의도하는 바는 우리 경험의 현상성을 논박하는 것이다. 우리의 경험은 질적 속성들을 가지지 않았다고 환상주의자는 주장한다. 그 속성들이 〈물리적이건, 물리적이지 않건 상관없이〉 말이다.[34] 첫눈에 보기에 이것은 터무니없는 주장이다. 왜냐하면 이 주장은 초콜릿은 흔히 맛있고, 등에 칼을 맞으면 강렬한 통증이 느껴진다는 것을 부정하는 듯하기 때문이다. 그러나 사정은 그리 단순하지 않다. 왜냐하면 환상주의가 공격의 표적으로 삼는 것은 이 현상들에 관한 특정한 견해이기 때문이다. 그 견해에 따르면, 이 현상들은 〈발설할 수 없게, 내재적으로, 사적으로, 오류 불가능하게 알려진다〉.[35]

하지만 여기에서 드러나는 바는 환상주의의 표적이 터무니없다는 것이다. 환상주의는 퀄리아(현상적 속성들)에 관한 특정한 견해에 반발하며 따라서 현상적 의식 자체에 관하여 우리에게 무언가 가르쳐 줄 수 있는 견해로서 나설 수 없다. 기껏해야 환상주의는 왜 일부 이론가들은 퀄리아에 대하여 배척해야 견해를 그럴싸하게 여기며 품는지에 관한 진단을 제공할 수 있을 따름이다. 이것은 겸손한 목표일 터이며, 아무튼 데닛의 저서에 붙은 제목 〈의식을 설명함Consciousness Explained〉*에 어울릴 법한 목표는 결코 아니다.

요컨대 자신의 방향에 관한 공식적인 개념적 확언에서부터 환상주의는 현상적 의식을 다루는 주장과 현상적 의식에 관한 특정 견해를 다루는 주장 사이에서 왔다 갔다 한다. 한편으로 환상주의는, 의식적 경험을 겪는다는 것이 아무튼 이러저러하다고 느끼는 감각을 우리가 지녔음을 받아들인다. 다른 한편으로 환상주의는 이 현상에 관한 특정한 이론적 서술에 맞선다.

아무튼 환상주의는 단지 현상적 의식에 관한 특정한 이론적 서술이 환상이라는 주장에 그치지 않고 현상적 의식 자체가 환상이라는 주장일 때 더 흥미롭다. 우리는 이 독해 방법에 입각하여 사안을 더 자세히 들여다보기로 하자. 데닛과 프랭키시의 수많은 언급은 더 야심 찬 이 독법에 힘을 실어 준다. 결정적으로 프랭키시는 이렇게 주장한다. 〈환상주의의 근본적인 주장〉은 〈내성(內省)Introspektion이 제공하는 우리 경험의 부분적이며 왜곡된 모습은 복잡한 물리적 속성들을 그릇되게도 단순한 현상적 속성들로 묘사한

* 한국어판 제목은 〈의식의 수수께끼를 풀다〉.

다는 것이다).[36]

하지만 다음과 같은 결정적인 질문이 제기된다. 내성이 물리적으로 복잡한 무언가를(예컨대 신경 과정들을) 현상적으로 단순한 무언가로(예컨대 빨간색 컨버터블 승용차의 인상으로) 재현하는 일이 정확히 어떻게 이루어지는가? 현상적 의식이 그 자체로 현상적 왜곡을 일으킨다는 것을, 요컨대 가정상 환상적인 무언가가 역시 환상적인 무언가를 산출한다는 것을 정확히 어떻게 이해해야 하는가?

프랭키시는 일곱 가지 모형을 제안하는데, 그것들은 모두 부정합적이다. 그 부정합성을 명확히 확인하는 것은 유익한 작업인데, 왜냐하면 의식이 있음 자체가 환상이거나 꾸며 낸 무언가일 수 없는 이유를 우리가 알면, 반대 견해인 정신 실재론을 더욱 명확하게 파악할 수 있기 때문이다.

1. 사용자 환상

제안: (데닛이 제시한) 이 모형에 따르면, 의식은 인터페이스에서 발생하는 사용자 환상과 같다. 인터페이스는 컴퓨터 내부의 물리적 과정들을 우리의 컴퓨터 사용과 연결해 준다. 의식은 내 데스크톱 바탕화면의 파일 폴더가 환상인 것과 같은 의미에서 환상이다. 실제로 파일 폴더는 없고 단지 물리적 하드웨어 과정들이 있을 뿐이다. 그 과정들이 사용자인 나에게 모종의 방식으로 유의미하게 나타나지만, 그 방식은 아무것과도 대응하지 않는다. 이와 유사하게 신경 과정들은 물리적 하드웨어이고, 의식은 존재론적으로 내 데스크톱의 파일 폴더들과 같다. 그 파일 폴더들은 〈실제로〉 혹은 엄밀한 의미에서는 없다.

반론: 사용자로서의 나는 실제로 있고, 나의 파일 폴더 사용은 하드웨어 내 물리적 수준의 데이터 처리에 진정한 인과적 영향을 미친다. 더구나 내 데스크톱에 저장된 데이터가 중요하며 데이터 처리의 물리적 기반과 연결되어 있다는 나의 의식은 전혀 환상으로 밝혀지지 않았다. 컴퓨터 운영 시스템의 그래픽 사용자 인터페이스는 우리의 컴퓨터 사용의 맥락 안에서 환상이 아니다. 결론적으로 당장 사용자 인터페이스가 환상이 아니라는 점 때문에 벌써 이 제안이 의지하는 유사성은 무너진다.

또한 설령 실제로는 복잡한 전자 공학적 데이터 처리 과정들만 있고 단순한 그래픽 사용자 인터페이스는 없음을 어떤 식으로든 보여 줄 수 있다 하더라도, 그로부터 의식에 관한 유의미한 결론은 도출되지 않는다. 왜냐하면, 의식 인터페이스의 사용자는 대체 누구란 말인가? 나의 주관적 시야를 질적으로 체험한다는 나 자신의 인상이 신경 과정들의 그래픽 사용자 인터페이스라면, 사용자로서의 나는 대체 누구인가? 누가 의식을 사용하는가? 의식 있는 누군가가 사용하지 않는다면, 대체 누가 사용한다는 말인가?

2. 투영주의Projektivismus

제안: 의식은 투영, 곧 투사된 영상이다. 이 투영은 우리가 우리 종의 다른 구성원들에게 안정적 행태를 투사함으로써 발생한다. 이 투영의 발생은 — 우리가 기꺼이 인간 삶의 실재적 요소로 규정하고 싶어 하는 모든 것과 마찬가지로 — 모종의 진화적 이득으로 간주할 수 있다.[37] 따라서 의식 보유자, 곧 자아라는 환상은 있지만, 진짜 자아는 없다. 자아란 단지 타인과 나의 행동을 근사적으로 예측하기 위한 설명의 전제일 따름이다.

반론: 이 제안이 현상적 의식 및 내성(內省)과 무슨 관련이 있다는 말인가? 퀄리아를 가지기(느끼기)는 나 자신의 행동을 예측하기가 아니다. 더구나 설령 우리의 예측 재능이 진화에 뿌리를 두었다 하더라도, 그로부터 그 재능이 환상이라는 결론은 도출되지 않는다. 행동 예측은 여러 이유로 불완전할(즉, 불확실할) 텐데, 한 가지 이유는 인간의 행동은 자유롭고 따라서 완전히 예측하기가 결코 불가능하다는 점에 있다. 따라서 행동에 대한 우리의 예측적 태도로부터 안정적인 자아는 없다는 결론은 애당초 도출되지 않는다. 기껏해야 자아는 우리의 행동을 결정론적 법칙들에 따라 조종하는 자동 장치가 아니라는 결론이 도출될 따름이다. 자아를 반박한다는 것이 무슨 뜻인지를 행위 이론의 관점에서 정확히 어떻게 규정하건 간에, 이 모든 것이 현상적 의식과 어떤 관계인지는 현재 지식의 맥락 안에서 결국 수수께끼로 남는다.

3. 입순드룸 Ipsundrum

제안: 신경 과정들을 〈내부로부터〉 고찰할 때, 그 과정들이 현상성이라는 환상을 산출한다. 의식은 〈불가능한 것을 묘사하는 허구〉다.[38] 의식은 〈뇌가 뇌 자신에게 펼치는 마술 속임수〉다.[39] 이런 식으로 니컬러스 험프리가 말하는 〈입순드룸〉*이 발생한다. 이 신조어는, 의식적 경험이 있다는 인상을 일으키는 환상적 현상들의 한 원천을 뜻한다.

험프리는 의식을 이중 의미에서 발명품으로 간주한다. 한편으로 의식은 자연 선택을 통해 발생했으며 우리가 우리 자신과 환경을 이해하는 것을 돕는 인지 능력이다. 다른 한편으로 의식은 뇌가

---

* Ipsundrum. 〈모든 그것들 각각〉을 뜻하는 라틴어.

지어냈으며 우리 실존의 가치에 대한 우리 자신의 평가를 변화시키는 데 종사하는 상상물이다.[40] 험프리에 따르면, 입순드룸은 일종의 착시 현상이다. 이 착시 현상 때문에 물리적으로 불가능한 (현상적 의식 같은) 것들이 정말로 실존한다는 인상이 발생한다. 그는 이 사실이 언젠가 뇌에서 입증될 수 있기를 바란다. 하지만 그 입증이 어떻게 이루어질 수 있을지에 관해서는 어떤 조언도 제시하지 못한다. 결론적으로 이 제안은 순전히 개념적이며 경험적 토대가 없다.

반론: 이 제안 전체가 전제하는 바는, 감각적 데이터가 있고 누군가가 그 데이터를 받아서 그릇되게 해석한다는 것이다. 그 누군가는 과연 누구 또는 무엇일까? 여기에서 뇌를 여러 부분으로 분할하고, 뇌의 한 부분이 다른 부분을 그릇되게 해석한다고 말하는 것은 소용이 없다. 왜냐하면 이 전략은 문제를 다른 곳으로 옮길 따름이기 때문이다. 내가 빨간색 컨버터블 승용차에 대한 현상적 의식을 지녔다는 나의 인상이 뇌의 한 부분과 신경학적으로 연관되어 있다면, 험프리와 프랭키시가 선호하는 (끔찍하게 단순화된!) 물리주의적 세계상의 틀 안에서 그 연관성이 의미하는 바는 빨간색 컨버터블 승용차에 대한 현상적 의식이 있다는 것이다. 바로 이것이 설의 영향력이 큰 의식 이론의 핵심이다. 잘 알려져 있듯이, 설은 뇌의 한 부분이 다른 부분들을 재현할 수 있으며 그 결과로 주관적 체험의 의식적 부분을 산출한다고 여긴다. 설에 따르면, 주관적 체험은 환상이 아니라, 엄연히 신경 상관자neuronales Korrelat가 있는 현상이다.[41]

어떻게 인간이라는 생물 안에서 특정한 의식적 인상들이 발생하는가에 대한 설명의 한 부분이 신경 과정들이라는 것은 당연히 옳다. 이런 의미에서 인간의 색깔 인상과 기타 퀄리아는 생물의 〈발명품)이다. 우리의 질(質) 중심의 주의(注意)는 부분적으로 생물학적이며 따라서 진화를 통해 설명할 수 있다. 하지만 이로부터 의식적 체험은 어떤 중대한 의미에서 환상이라는 결론은 도출되지 않는다. 생물의 활동을 통해 발생하는, 생물학적으로 설명 가능한 제작물이 바로 그런 제작물이라는 이유로 환상인 것은 아니다. 만약에 그런 제작물이 환상이라면, 우리 몸도 환상일 터이다. 왜냐하면 우리 몸은 세포 분열을 통해 발생하는데, 세포 분열 프로그램은 (우리의 표현형을 산출하는) 미시 생물학적 과정들에 의해 규정되니까 말이다.

4. 2차 성질

제안: 의식과 그 바탕의 물리적 과정들 사이의 관계는 2차 성질과 1차 성질 사이의 관계와 같다. 2차 성질을 환상으로 간주할 수 있다면, 의식도 환상으로 간주할 수 있다.[42]

반론: 퀼리아가 2차 성질이라 하더라도, 그로부터 퀼리아가 환상이라는 결론은 도출되지 않는다. 왜냐하면 환상이란 누군가를 착각으로 이끌 수 있는 무언가이기 때문이다. 이 모형 안에는 착각에 빠지는 주체가 없다. 단지 잠재적 착각의 원천 ─ 퀼리아가 앞에 놓여 있음 ─ 이 언급될 뿐, 왜 퀼리아가 앞에 놓여 있음 자체가 벌써 환상인지 설명되지 않는다. 게다가 2차 성질은 퀼리아다. 따라서 의식이 2차 성질과 같은 유형이라면, 의식은 실존할 터이다. 물론 여기에서 역진을 감수하면서, 의식이 2차 성질로서 실존한다는 인상을 3차 성질로 간주하고 이 3차 성질이 실존한다는 인상을 4차 성질로 간주하는 식으로 진로를 선택할 수도 있겠지만, 이 진로는 바람직한 이론적 궤도를 확실히 벗어난다.

5. 허구주의

제안: 우리의 내성적 삶은 〈캄캄한 영화관 안에서 화면에 나타나는 애니메이션을 실재하는 무언가로 간주하는 아이의 체험〉과 유사하다.[43] 따라서 의식은 허구적 대상이며 〈실재〉가 아니다.[44]

반론: 이 견해는 납득할 만한 허구 이론에 기반을 두지 않았기 때문에 무너진다. (수용자가 미적 경험을 하면서 영화의 악보를 상연하기를 의미하는) 영화 해석은 환상이 아니다. 우리는 미적 경험의 틀 안에서도 당연히 착각할 수 있다. 더 나아가 누군가는 극영화를 기록 영화로 간주하여 극영화의 묘사를 근거로 엉뚱한 의미장 안의 사건들에 관한 결론들을 내리기도 한다. 하지만 이 사실들은 환상주의에 힘을 실어 주지 않는다. 왜냐하면 이 사실들은 영화의 묘사를 엉뚱한 무언가로 착각하는 관람자(수용자)가 있음을 포함하기 때문이다. 이 착각은 화면이 실재한다는 것을, 또한 그에 못지 않게 관람자가 실재한다는 것을 전제한다. 그렇다면 현상적 의식이 되돌아온 셈이다. 왜냐하면 이 착각은 누군가가(과연 누구일까?) 엉뚱한 무언가로(이를테면 창으로) 간주하는 화면에 관한 것이니까 말이다. 이 제안이 그럴싸하게 보이는 것은 단지 암묵적이고 막연한 방식으로 허구 이론의 견해들을 환기하기 때문이다. 왜 허구가 환상인지, 허구와 환상이 의식과 무슨 관계인지 이론적으로 명확히 설명하지는 않으면서 말이다. 여담으로 한마디 보태자면, 영화관 화면에 나타나는 애니메이션 인물들은 수긍할 만한 모든 관점에서 실재한다. 실재하지 않는다면, 사람들은 그 인물들을 볼 수 없을 터이다. 결론적으로 프랭키시가 내놓은 이 제안은 생각해 볼 수 있는 모든 관점에서 부정합적이다.

6. 착시 현상

제안: 현상적 의식은 착시 현상이다. 뮐러-라이어 착시 현상에서 두 선의 길이가 실은 같지만 우리에게는 다르게 느껴지는 것처럼, 의식도 실은 복잡한 물리적 과정인데 우리에게는 단순한 과정으로 나타나는 것이다.

반론: 착시 현상에서 우리는 우리가 착각한다는 점에 대해 반드시 착각하지는 않는다. 반드시 착각한다면, 우리는 착시 현상을 깨닫지 못할 터이다. 당신이 뮐러-라이어 착시 현상을 잘 알게 되면, 곧바로 당신은 특정한 인상들에 기초하여 두 선의 길이가 같다는 결론을 도출할 수 있다. 더 나아가 다음을 유의해야 하는데, 우리가 지각하는 두 선의 길이가 실제로 똑같은 경우는 절대로 없다. 따라서 차라리 우리의 지각 내용 전체를 환상으로 간주하는 편이 더 적절할 터이다.[45] 결론적으로 착시 현상은 의식 있는 수용자의 착각을 강제하지 않는다. 이 사실은 특히 아리스토텔레스가 발전시킨 오래된 생각, 곧 우리의 감각 데이터가 오류를 일으키는 것이 아니라 오히려 그 데이터에 대한 우리의 판단이 오류를 일으킨다는 생각에 부합한다. 오류는 대상을 감각으로 포착할 때 발생하는 것이 아니라 그 포착된 바를 판단할 때 발생한다.[46] 따라서 착시 현상의 감각적 기반 그 자체는 착각이 아니다.

이 사정은 예상과 달리 환상주의를 두둔하지 않는다. 왜냐하면 착시 현상의 감각적 기반은 이미 질적이기 때문이다. 선들은 주관적 시야 안에서 형태, 색깔, 방향 등을 가지는데, 환상주의는 이 사실 자체를 착각으로 간주한다. 하지만 이 사실이 착각을 유발하는 것은 아니다. 백번 양보하더라도, 이 사실을 우리 이론의 오류 불가능한 토대로 간주하는 이론적 판단이 오류를 유발한다. 이 오류를 지적하는 것은 전혀 다른 형태의 비판이며, 이 비판은 〈주어진 것이라는 신화〉, 사적 언어 논증 등을 다루는 담론 영역으로 우리를 이끈다. 그 담론 영역에서 관건은, 무언가가 감각에 주어졌다는 것으로부터 우리가 그 무언가를 실재와의 오류 불가능한 접촉의 토대로 삼아야 한다는 결론은 도출되지 않음을 보여 주는 것이다.[47]

7. UFO와 신

제안: 무언가에 관한 확신들과 발언들을, 그것들이 그 무언가 자체와 전혀 무관한 원인들에서 비롯되었다는 점을 통하여 완전히 설명할 수 있다면, 그 무언가를 환상으로 분류하는 것이 정당하다. 프랭키시에 따르면, 예컨대 UFO와 신이 그런 무언가다.[48] 이것들과 마찬가지로 의식도 환상으로 간주해야 마땅하다. 왜냐하면 내성을 통해 형성된, 의식에 관한 확신들은 의식 자체와 전혀 무관한 원인들을 통해 완전히 설명될 수 있기 때문이다.

반론: 이 제안을 떠받치는 (UFO와 의식의) 유사성은, 내성을 통해 형성된, 현상적 의식에 관한 확신들은 그 자체로 현상적이라는 점 때문에 성립하지 않는다. 내성은 외부에서 중립적으로 우리의 체험에 개입하기가 아니다. 오히려 내성은 〈내가 생각하기에〉가 장착된 자아 중심적 활동이다. 이것은 칸트가 의미심장하게도 의식의 분석적 통일과 종합적 통일을 구별한 이유 중 하나다.[49] 내가 현재 나 자신이 처한 몇몇 질적 상태를 의식하고 그 상태들을 그 상태들로서 알아챌 때, 나는 내가 그 상태들에 **처해 있다**는 사정과 내가 그 상태들을 **알아챈다**는 사정을 구별한다. 내가 지금 가진 지각 대상들을 모두 알아채는 경우는 절대로 없다. 이것은 일찍이 라이프니츠가 지적한 바이며, 이미 오래전에 심리학 연구를 통해 상세

히 입증된 바이다.

물론 내가 나의 지각 대상들을 주목함을 통하여 그것들이 변화하는 것은 가능한 일이다. 왜냐하면 내가 나의 지각 대상들을 그 대상들로서 의식할 때 나의 유기체Organismus가 실제로 다른 총체적 상태로 이행할 가능성이 있기 때문이다. 하지만 그렇다고 해서, 내가 나의 지각 대상들에 접근함을 통하여 그 대상들이 극단적으로 변화하며 따라서 내가 1인칭 관점에서 나의 지각 대상들을 숙고하는 것은 절대로 불가능하다는 결론이 반드시 나오는 것은 아니다.[50]

내성적으로 자신의 현상적 상태들을 주목하는 나의 개념적 자기의식의 **분석적** 통일은 오로지 그 자기의식과 그 현상적 상태들이 함께 속한 맥락 안에만 있다. 그렇지 않다면, 자신의 고유한 정신적 상태들에 관하여 1인칭으로 무언가 발언하는 것이 아예 불가능할 터이다. 왜냐하면 이 상태들이 완전히 불투명한 장벽에 의해 우리의 통찰로부터 격리되어 있을 터이기 때문이다. 그리고 그 맥락이 바로 의식의 **종합적** 통일이다.

더 나아가, 의식은 복잡한 과정들을 단순한 상태들로 재현하므로 의식에 관한 의식은 모두 환상이라고 간주하는 것은 심리학적으로 또 생물학적으로 기괴한 견해일 터이다. 또한 애당초 환상주의도 이에 못지않게 기괴한 견해일 것이다. 환상주의는 의식에 관한 어떤 1인칭 발언도 의식의 구조에 관한 증거 이상의 무언가로 인정할 수 없을 테니까 말이다. 그리하여 환상주의는 본래 진로를 벗어나 극단적인 제거적 유물론eliminativer Materialismus으로 귀착할 것이다. 하지만 이로써 우리는 다시 변증법의 출발점에 서게 될 것이다. 왜냐하면 이제 이런 질문이 제기될 터이기 때문이다. 의식이라는 환상이 아무튼 있다는 환상은 어떻게 발생할까? 이 대목에서 제거주의적 주전원(周轉圓)을 덧붙이는 대처는 논의를 진전시키지 못한다. 대신에 그 주전원이 다시 한번 보여 주는 바는, 환상주의라는 입장이 〈환상〉에 관한 불명료한 발언으로 전락한다는 것, 그리고 그 발언을 어떤 확립된 환상 이론으로도 뒷받침할 수 없다는 것이다.

결국 프랭키시는 허구주의Fiktionalismus를 편들고 따라서 — 짐작하건대 전혀 알아채지 못하는 채로 — 칸트가 처했던 것과 유사한 상황에 도달하는 듯하다. 『유령을 보는 자의 꿈*Träume eines Geistersehers*』이래로 칸트는 일관되게 다음과 같이 주장했다. 즉, 우리는 주체를 내성한 바에 기초하여, 우리가 불멸의 영혼을 우리 생각의 보유자로서 지녔다는 결론도 내릴 수 없고, 또한 — 데닛과 프랭키시가 놓친 결정적 통찰은 이것인데 — 우리가 생각하는 놈으로서 어떤 뇌 생리학적 상태나 과정과 동일하다는 결론도 내릴 수 없다는 것이 칸트의 입장이다. 칸트는 〈나의 생각하는 나가 동일한 몸의 다른 부분들이 있는 장소와 구별되는 한 장소에 있다〉는 견해를 반박하는 논증을 명시적으로 제시한다.[51] 이어서 그는 〈어떤 경험도〉 우리에게 〈나의 공유 불가능한 나를 뇌의 미시적인 한 장소에 가두라고〉 가르치지 않는다고 덧붙인다.[52] 칸트는 비웃음을 담아 이 가르침을 다음과 같은 견해에 빗댄다. 즉, 뇌 속의 〈형언할 수 없이 작은 한 장소〉에 인간의 영혼이 〈거미줄 중심의 거미처럼〉[53] 자리 잡고 이런저런 것들을 느낀다는 견해에 말이다. 그 견해는 다음과 같이 이어진다. 아래 인용문의 마지막 부분은 그 견해에 대한 칸트의 평가다.

뇌의 신경들이 영혼을 밀치거나 흔든다. 그러나 이를 통해 그 신경들이 빚어내는 결과는, 이 즉각적인 인상이 아니라,

아주 멀리 떨어진 신체 부위들에서 일어나지만 뇌 바깥에 있는 객체로 표상되는 그런 인상이다. 또한 기계 전체의 밧줄들과 막대들도 이 장소를 중심으로 움직여 그것들이 원하는 대로 임의의 동작들을 일으킨다. 이런 문장들은 매우 피상적으로만 증명되거나 아예 증명되지 않으며, 근본적으로 영혼의 본성이 충분히 잘 알려져 있지 않기 때문에, 또한 마찬가지로 아주 약하게만 반박된다.[54]

이로써 칸트는 신경계 안에 호문쿨루스가 있다는 생각을 명명백백하게 배척한다. 반면에 프랭키시는 호문쿨루스를 버리지 못한다. 그가 확언하는 바에 따르면, 우리의 현상학적 보고, 곧 1인칭 보고는, 우리가(이 우리는 누구일까?) 마술 속임수나 연극 상연에 빠져든 결과라는 의미에서 환상이다. 따라서 인지 과학자는 그 보고를 〈허구로 취급해야 한다. 비록 뇌 속에서 실제로 일어나는 일에 관한 단서를 제공하는 허구로 취급하더라도 말이다〉.[55] 하지만 이렇게 되면 관람자 문제Zuschauerproblem가 제기된다. 프랭키시가 좋든 싫든 빠져드는 (데카르트적) 연극의 관람자는 과연 누구일까? 아무튼 프랭키시 본인은 옳은 대답을 내놓는다. 그 대답에 따르면 〈그 환상을 위하여, 유기체 전체보다(혹은 적어도 유기체의 중추 신경계보다) 작은 통일된 관람자가 반드시 있어야 하는 것은 아니다〉.[56] 그러나 이로써 관람자는 사라지는 것이 아니라 진정한 의식 보유자의 후보로서 훨씬 더 그럴싸한 한 시스템과 동일시된다. 그 시스템은, 사람들이 〈내가 생각하기에〉라는 표현을 통해 자신의 자아 중심적 색인Index을 언급하려 할 때 지칭되는 그 생물 전체다.[57]

환상주의는 내성(內省)이 환상 혹은 허구와 결부되어 있다고 주장하지만 그 환상 혹은 허구에 관하여 설득력 있는 견해를 제시하지 못한다는 점에서 실패로 돌아간다. 최선의 경우에 환상주의는 내성이 작동하는 장소를 유기체 전체로 옮긴다. 즉, 유기체 전체가 자신의 한 부분을 현상적 의식으로 재현하는 것이라고 주장한다. 이 대목에서 우리가 적절한 부분 전체론적 구조를 제시해야 한다는 지적은 옳지만, 이로부터 현상적 의식은 환상 혹은 허구라는 결론은 도출되지 않는다.[58]

결론적으로 데닛과 프랭키시가 퍼뜨린 환상주의는 **호모(인간)**와 **호문쿨루스**를 혼동한 전형적 사례다. 환상주의에서 인간임은 인간이 지닌 측정 가능한 속성 하나에 고착된다. 그리하여 독특한 인간상 하나가 다른 독특한 (대개 종교적인) 인간상들에 맞서 경쟁하게 된다.

우리가 생물로서 우리 자신의 유기적 상태 일부를 현상적으로 의식한다면, 이런 형태의 의식은 부분적으로 생물로서 우리의 자기 제어에 도움이 된다. 하지만 이 자기 관찰은 전혀 오류 불가능하지 않다. 이 자기 관찰은 다양한 방식으로 교란될 수 있다. 예컨대 환지통이나 기타 통각 기능을 해치는 통증 장애의 형태로 교란이 발생할 수 있다. 통각 기능이 성공적으로 작동한다는 것은, 우리가 생물로서 통증의 원천을 식별하고 통증을 줄이기 위해 특정한 방식으로 행위한다는 것이다.

배고픔, 목마름, 성욕 같은 다른 모든 익숙한 현상적 의식들에 관해서도 마찬가지다. 우리의 의식 있는 (당연히 꿈도 포함한) 삶의 모든 순간에 우리는 이를테면 발언하거나 예측하는 논리적 나의 관점에서 오직 사실들만 기록하지 않는다. 오히려 만약에 우리가 1인칭 관점을 가지지 않았다면, 우리 유기체의 배경 잡음을 복잡한 현상적 의미장들의 형태로 기록하지 않는다면, 우리는 아무도 아닐 것이다. 이때 그 현상적 의미장들은 매번 이질적인 자극 원천들을 합쳐 융통성 있게 통일된 하나의 체험된 순간을 산출한다.

사실의 차원에서 말하면, 지향적 의식과 현상적 의식은 절대로 분리된 채 등장하지 않는다. 만약에 분리된 채 등장한다면, 지향적 의식의 순수한 생각하기는 몹시 기괴한, 완전히 탈신체적인, 자아 중심적 색인을 떨쳐 낸 경험일 것이다. 〈내가〉라는 표현이 신체화된 의식 보유자를 가리키지 않는다면, 순수한 〈내가 생각하기에〉는 땅으로부터 완전히 동떨어질 테고, 그 순수한 〈내가 생각하기에〉의 보유자는 어떤 현상적인 것도 가지지 않을 터이며 아예 아무것도 겨냥하지 않을 터이다.

그런 생각하기는 단번에 모든 것을 움켜쥐며 또한 동시에 아무것도 움켜쥐지 못한다. 왜냐하면 그런 생각하기는 물론 무언가를 생각한다고 주장하지만 그 무언가를 특정 가능한 하나의 관점에서 파악하지 않기 때문이다. 이것은 헤겔이 『논리의 학*Wissenschaft der Logik*』 첫머리에서 서술하는 바이기도 하다. 많이 논의된 그 대목은 순수한 존재를 분석하는데, 그 분석에 따르면, 순수한 존재Sein는 곧 무Nichts다.

매개된 존재를 가리키려 할 때 우리는 실존Existenz이라는 표현을 사용한다. 하지만 사람들은 어렵지 않게 존재를 — 이를테면 순수한 빛을 상상하면서, 흐려지지 않은 보기Sehen의 청명함으로서, 반대로 무를 순수한 밤으로서 — 상상하고 존재와 무의 구별을 이 익숙한 감각적 차이와 관련짓는다. 그러나 실제로 이 보기를 더 정확히 상상하면 쉽게 알아챌 수 있듯이, 절대적 청명함 속에서 사람들은 딱 절대적 어둠 속에서 보는 만큼만 본다. 절대적 청명함 속에서 보기는 절대적 어둠 속에서 보기와 다를 바 없는 순수한 보기, 무를 보기다. 순수한

빛과 순수한 어둠은 두 개의 공허이며, 이 두 개의 공허는 동일하다.[59]

환상주의는 하필이면 실제로 우리의 관점이 자연 과학적으로 중요한 대목에서, 곧 의식의 자기 탐구에서 부정합적인 〈어디도 아닌 곳에서의 관점〉을 요구한다. 환자의 표현과 상관된 신경 과정들을 탐색하기 위하여 환자의 보고를 이종 현상학적으로 기록하는 사람은 이 기록 작업을 할 때 의식이 있다. 의사는 환자의 목소리를 **듣고**, 인지 과학자는 환자의 몸속에 유기체의 전체 상태의 한 부분으로 있는 물질적 구조를 들여다보게 해주는 영상 모형들을 **보고 해석한다**. 이때 과학자는 자기 자신의 상태들을 충분히 도외시한다. 그리하여 그는 그 자신을 탐구하지 않는다. 그런데 도외시(추상화Abstraktion)를 통해 의식의 분석적 통일을 이루고 그런 식으로 (그 자체로 반드시 의식이 있지는 않은) 무언가를 지칭하는 우리의 능력에 휘둘려, 실은 현상적 의식은 전혀 없고 단지 우리 모형의 (우리가 이론적 추상화를 통해 접근할 수 있는) 요소들만 있다는 그릇된 결론을 내리는 일은 없어야 할 것이다.

신체 내부의 사정을 이야기하자면, 우리에게 익숙한 모든 현상적 의식의 사례에서, 고립된 신경 과정을 훌쩍 뛰어넘는 부분 전체론적 구조가 성립한다. 환상주의자도 이 사실을 반박하지 않는다. 도리어 환상주의자는 애당초 마술 속임수와 관람자를 중심으로 한 모형에 기초한 환상 이론을 제안하기 위하여 그런 부분 전체론에 의지한다. 의식 연구는 이례적인 상황에 처해 있다. 즉, 의식 연구는 독특한 자기 관련성(지칭성)을 띤다. 무슨 말이냐면, 의식이 자기 자신을 탐구할(더 나아가 자기 자신을 탐구하는 놈으로서의 자기 자신을 탐구할) 때, 의식은 그려지는 의식의 그림에서 의식 자신을 떼어 놓는 일을 결코 해낼 수 없다. 환상주의가 현상적 의식을 환상으로 규정한다면, 바로 그 사실 때문에 환상주의는 현상적 의식의 실존을 확실히 천명한 셈이다. 환상주의자는 그 실존하는 현상적 의식을 환상으로 간주한다. 하지만 환상은 의식의 한 형태다. 그 의식 형태 안에서 우리에게 나타나는 현상적인 놈은 우리를 오류로 이끌 수 있는 방식으로 나타난다.

따지고 보면 바로 이것이 마술 속임수의 묘미다. 우리의 감각 시스템들은 심리학 및 생리학의 관점에서 연구할 수 있는 특정한 구조를 지녔다. 그 구조 때문에, 우리가 특정한 말초적 자극 패턴 앞에서 엉뚱한 방향으로 유도되어 본래 지각을 통해 접근 가능한 것들에 접근하지 못하는 일이 벌어질 수 있다. 마술사는 (영화감독, 배우, 소설가와 마찬가지로) 우리의 주의를 조종하는 동시에 딴 방향으로 돌림으로써 그가 우리의 주의를 어떻게 조종하는지를 우리가 알아채지 못하게 만든다. 많이 논의된 실험에서 사람들은 주변의 움직임들 때문에 주의가 흐트러져서 객관적 시야를 가로지르는 고릴라를 의식에 등록하지 못한다. 그럼에도 사람들은 의식적이지 않은 방식으로 그 보이지 않는 고릴라를 본다.[60]

하지만 이 실험 결과는 현상적 의식이 없음을 의미하지 않는다. 도리어 우리의 의식 때문에 비로소 우리가 환상적 상태를 가질 수 있음을 보여 준다. 환상이 반드시 2차 환상Illusion zweiter Stufe인 것은 아니다. 착시 현상의 현존은 연구될 수 있으며, 그 연구의 결과는 현상적 구조의 해소가 아니라 (성공적일 경우) 통찰이다. 뮐러-라이어 착시 현상에서 선들은 길이가 (대충) 같음을 당신이 알더라도, 그 선들은 여전히 길이가 다르게 보인다. 따라서 환상은 착각도 아니고 다른 유형의 오류도 아니다. 대신에 환상은 기껏해야 오류를 유발할 수 있는 무언가다. 환상이 현존할 경우, 환상은 엄연히 실재의 성분이다. 환상은 실재하는 놈이며, 그놈 덕분에 우리는 실재에 관하여, 곧 우리가 착각하기 쉬우며 이 취약성을 개선할 수 있다는 점에 관하여 무언가 경험할 수 있다.

7장
정신의 불가피성

실재(성)를 양상 범주로 보는 인식적 입장으로부터 일반적인 실재론 기준이 도출된다. 이 중립적 실재론 기준은 존재론적 다원주의와 양립할 수 있다. 왜냐하면 실재성은 인식적 양상 범주라는 것으로부터, 무엇이 실재하는지 결정하는 대상 영역이 딱 하나 있다는 결론은 도출되지 않기 때문이다. 실재하는 놈은 더 줄일 수 없는 다수의 의미장에 속할 수 있다. 어떤 에누리도 없이 그러하므로, 그 의미장들은 함께 단일한 전체를 이루지 않는다.

그럼에도 그 의미장들은 한 가지 결정적인 철학적 측면에서 초점이 맞춰져 있다. 그것들의 **허초점**focus imaginarius은 인간이 정신적 생물로서 채택하는 불가피한 관점이다.[61] 그렇다고 해서 실재 전체가 인간에게 맞춰져 있다는 뜻은 아니다. 왜냐하면 집단적으로 하나의 전체를 이룬 실재는 없기 때문이다.

사실들이 어떠한지에 관하여 무언가 알기를 아예 불가능하게 만드는, 의미장들의 구조는 고려에 포함될 수 없다. 우리 자신의 합리성에 관한 정합적인 이론적 그림을 그리되, 그 그림이 실재를 있는 그대로 파악하는 우리의 능력을 반박하는 결론에 이르도록 만들 수 있을까? 그럴 수는 없다. 따라서 실재론은 순수한 형이상학적 주장일 수 없다. 실재론 질문 앞에서 우리는 한편으로 실재가 우리의 접근으로부터 독립적이라는 형이상학적 주장과, 다른 한편으로 실재가 파악될 수 있다는 인식론적 주장을 유의미하게 구별할 수 없다.

우리는 실재를 있는 그대로 파악할 수 있기 때문에, 우리의 인식적 입장은 모종의 정합성을 띠어야 하고, 그 입장은 이 정합성 덕분에 비로소 입장으로서의 자격을 얻는다. 이 정합성은 역사적으로 열려 있을 수 있으며, 통시적으로 또 공시적으로 가변적일 수 있다. 정신의 불가피성은 풍부한 선험적 구조들을 갖춘, 까다롭고 부담스러운 초월적 주체가 있음을 의미하지 않는다.

앞서 보았듯이, 환상주의는 정신이 정신 자신의 상태들에 접근할 수 있다는 점을 살금살금 반박하기 때문에 실패로 돌아간다. 만약에 환상주의가 옳다면, 우리는 결국 환상주의를 제대로 이해하지 못할 것이다. 왜냐하면 환상주의가 내놓는 주장을 우리가 이해하고 수긍하려면, 현상적인 것의 층이 있다는 점과 그 층의 실상은 우리에게 나타나는 그 층의 모습과 다르다는 점이 전제되어야 하기 때문이다. 그런데 현상적인 것의 층이 아예 없다면, 환상주의가 주장하는 바가 대체 무엇인지 이해할 수 없게 된다.

그런 한에서, 정신 실재론이라는 반대 입장을 제시하는 것은 충분히 납득할 만하다. 그런데 이 제시 작업은, 실재론이란 정신 독립적 실재를 위한 배치 함수를 내놓겠다는 확약이라는 견해와 결별하는 것을 전제한다. 정신과 정신의 생각들은 보존Boson, 걸상, 돌고래, 반물질과 마찬가지로 실재에 속한다. 인식적 실재 개념에 따르면, 이것이 의미하는 바는 우리가 정신에 관하여 착각할 수 있다는 것이다. 우리의 정신적 삶과 결합된 현상적인 것은 인식적으로 투명한 무언가가 아니다. 바꿔 말해 그것을 파악하려는 시도가 자동으로 성공하는 것은 아니다. 어떤 (정신적) 상태에 처해 있음과 이 상태를 명시적으로 인식함은 원리적으로 동일하지 않다.

그런데 인식적 자기의식이라는 사례는 방금 제시한 주장을 반박하는 것처럼 보인다. 그렇기 때문에 늦어도 피히테의 『학문론』이래로 인식적 자기의식은 **관념론적 투명성 주장**을 넌지시 입증하는 증거로 간주된다.[62] 그 주장에 따르면, 몇몇 경우에 우리는 우리가 무언가를 안다는 것을 알 수 있어야 한다. 왜냐하면 그렇지 않을 경우, 우리는 우리 자신을 생각들을 생각하는 놈으로 간주할 수 없을 터이기 때문이다. 따라서 자기가 의식이 있음을 안다는 취지의 의식적인 앎 주장을 제기하는 사람은, 그가 안다고 주장하는 바가 무엇인지를, 바로 그런 주장을 제기한다는 사실 때문에 당연히 아는 것처럼 보인다. 이 경우에 앎 주장과 그것의 성공은(이 둘을 묶어서 부르는 표현이 바로 피히테의 〈사실 행위Tathandlung〉다) 분리될 수 없다. 그러므로 우리는 정신적 상태와 그 상태를 당사자 스스로 명시적으로 인식함이 일치하는 모범적인 사례를 지목할 수 있다.

그러나 의식이 있을 때 우리는 우리가 의식이 있다는 사정을 늘 의식한다(혹은 의식할 수 있다), 라는 것은 옳지 않다. 위 문단의 내용이 옳다 하더라도, 이 견해가 옳다는 결론은 아직 전혀 나오지 않는다. 아리스토텔레스의 말마따나 일반적으로 우리는 우리의 생각 과정 자체를 기껏해야 〈부수적으로ἐν παρέργῳ〉[63] 다룬다. 물론 인식적 최대 성공 사례, 곧 우리가 무언가를(이를테면 우리가 의식이 있음을) 알뿐더러 우리가 그 무언가를 안다는 것도 (이를테면 자기의식의 사례에 의지하여 앎의 구조를 떠올림으로써) 아는 사례가 있음을 부정하는 것은 아니다. 반복성 주장Iterativitätsthese(〈S는 명제 p를 안다〉로부터 〈S는 명제 p를 안다는 것을 안다〉가 도출된다는 주장)은 일부 경우에 타당하다. 하지만 그 주장이 앎의 일반적 속성을 서술하는 것은 아니다. 때때로 우리는 명제 p를 알뿐더러 우리가 p를 안다는 것도 안다. **이런 경우를 무시하지 말아야 한다. 왜냐하면 이를 무시할 때 우리는 실재론의 한 측면만 고려하게 되기 때문이다. 실재론은 우리가 실재에 관하여 착각할 수 있다는 견해일 뿐아니라, 모범적인 사례들에서 우리는 실재를 어려움 없이 곧장 파악한다는 사정을 인정하는 태도이기도 하다.**

신실재론에 따르면, 그런 모범적인 사례들은 다음과 같은 구조를 공유한다. 인식론적 탐구에서 우리는 자기의식을 자기 자신을 되풀이하여 붙잡을 수 있는 무언가로 파악한다. 우리는 우리 자신이 의식 있음을 의식할 수 있고, 따라서 앎 주장 자신의 성공을 보증하는 그런 앎 주장을 내성에 기초하여 명확히 발설할 수 있다. 하지만 이것은 자기의식이 오류 불가능함을 의미하지 않는다. 대상(의식)과 대상에 대한 파악(자기의식)은 동일한 대상이 아니다. 왜냐하면 의식의 범위는 의식 있음에 대한 우리의 순간적 통찰을 훌쩍 벗어나기 때문이다. 따라서 자기의식은 (1층의 객체-의식과 달리) 더 높은 층에 위치한다. 모든 의식이 자기의식인 것은 아니다. 바꿔 말해 의식이 의식 자신에게 반드시 투명한 것은 아니다.

정신의 자기 탐구에서 우리는 우리 자신의 의식 일부만 파악한다. 우리는 이 사실을 자연 과학 및 정신 과학 탐구로부터 안다. 그러나 환상주의의 견해와 달리, 이로부터 우리의 의식은 우리 유기체의 환상적인 사용자 인터페이스라는 결론은 도출되지 않는다. 도리어 이 사실을 정신 실재론의 정황 증거로 볼 수 있다. 무슨 말이냐면, 우리 의식의 범위가 우리의 자기의식을 훌쩍 벗어남을 우리는 안다(그리고 이를 알 때 우리는 실재하는 우리의 의식에 관하여 무언가를 경험하는 것이다). 이 자기 인식은 자기의식의 한 사례다. 그러므로 이 경우에 우리는 사정을 있는 그대로 파악했다고 확신해도 된다.

방금 언급한 사정은 현상적인 것의 불가피한 실재성에 대한 인정을 포함한다. 실재가 있을뿐더러 더 나아가 실재가 자신을 드러낸다는 사정도 있다. 정신적 생물인 우리의 관점에서는, 실재가 자신을 드러내는 방식의 핵심은 우리가 실재의 의미Sinn를 파악하는 것이다. 실재는 이러저러하다. 실재가 어떠한가 하는 것이 실재의 의미다. 따라서 실재는 **외연적**일 뿐 아니라 또한 항상 **내포적**이다. 실재는 객관적 감각 데이터 형태로 우리에게 나타난다.[64]

우리의 감각 양태들은 말하자면 장(場)감각들Feldsinne이다. 즉, 우리의 감각 양태들의 핵심 특징은, 우리가 주어진 의미장(=감각장Sinnfeld) 안에서 대상들과 접촉한다는 것이다. 우리가 이 접촉을 이뤄 내려 애쓸 필요는 없다. 이 접촉이란 무엇인가, 라고 우리가 물을 수 있다면, 이 접촉은 이미 이루어졌다.[65] 이 결론은 정신의 불가피성 현상으로부터 도출된다. 다음 논증은 정신의 불가피성 현상을 생생하게 보여 준다.

실재가 우리에게 드러내는 모습과 실재 자체는 근본적으로 다르다고 상상해 보자. 근본적으로 다르다 함은 이를테면 이런 뜻이다. 즉, 우리가 대상으로 지목할 수 있는 요소 a, b, c, ……, n 각각이 우리가 붙인 술어 F, G, H, ……, N 중 어느 것과도 들어맞지 않는다는 뜻이다. 바꿔 말해 우리는 a F(a는 F다)라고 생각하는데, 실상은 이를테면 b H라는 뜻이다. 만약에 a가 F와 들어맞지는 않지만 다른 술어 G와 들어맞는다면, 오류를 해명할 수 있을 터이다. 즉, 〈a는 F다〉라는 견해에서 〈a는 G〉라는 견해로 이행하기 위해서 모종의 조치를 할 수 있을 터이다. 이 경우에 우리는 착각한 것이다. 이처럼 우리가 아무튼 착각할 수 있다면, 실재가 우리에게 드러내는 모습과 실재는 **근본적으로** 다를 수 없다. 착각 혹은 오류는 무언가를 옳게 인식했음을 전제한다. 방금 든 예에서 우리는 a를 파악했지만 그릇되게도 a를 F인 무언가로 간주했다. 요컨대 실재가 우리에게 드러내는 모습과 실재는 사뭇 다를 수 있지만 근본적으로 다를 수는 없다. 만약에 근본적으로 다를 수 있다면, 아예 아무것도 우리에게 자신을 드러내지 않는 셈이니까 말이다.

당연한 말이지만, 이 대목에서 인식론적 실재론에 맞서 형이상학적 실재론을 내세울 수도 있을 것이다. 즉, 실재가 우리에게 드러내는 모습과 실재 자체는 근본적으로 다를 수 있지만 우리는 이를 확인할 길이 영영 없다는 견해를 제시할 수도 있을 것이다. 실재는 말하자면 전혀 다른 놈일 수 있고, 우리는 그런 놈에 관하여 정당한 추측조차 할 수 없다면서 말이다.

하지만 이 행마는, 가정에 따라서 실상대로 나타날 수 없는 전혀 다른 놈과 현상적인 놈이 구별된다는 (현상적인 것에 관한) 견해를 채택한다는 점에서 실패로 돌아간다. 이 견해는, 현상적인 놈을, 다른 무언가와 근본적으로 구별할 수 있는 무언가로서 파악했음을 전제한다. 요컨대 이 견해를 채택한다는 것은 말하자면 관계 ⟨pRw⟩의 3분의 2를 파악했다는 것을 의미한다. 이때 pRw는 현상적인 놈das Phänomenale과 실재das Wirkliche 사이의 관계를 나타내는 기호다. 그렇다면 사람들이 이런 식으로 표현하고자 하는 인식은 과연 어떤 것일까? 사람들이 현상적인 놈과 전혀 다른 실재와 현상적인 놈 사이에 성립할 만한 관계 ⟨pRw⟩를 파악할 때, 사람들은 무엇을 어떻게 인식할까?

이 경우에 사람들은 실재를 단지 말의 차원에서 (⟨w⟩로) 표기할 수는 있지만 실상의 차원에서 성공적인 서술 대상으로 만들 수 없으므로, ⟨w⟩는 마치 기호 ⟨pR?⟩ 속의 물음표와 같다. 따라서 현상적인 놈과 최대로 인식 불가능한 놈 사이에 성립하는 관계는 의문스럽다. 이 관계는 완전히 투명하지 않다. 이 관계가 정확히 어떠한지 우리는 모른다. 왜냐하면 관계 지어진 놈 하나가 우리의 인식 범위를 벗어나 있기 때문이다. 다른 한편으로, 우리는 이 관계 전체에 관하여 쉽게 착각할 수 있다. 왜냐하면 우리는 이 관계를 더 자세히 규정할 근거를 가지고 있지 않기 때문이다. 예컨대 사람들은 환상주의가 옳기 때문에 실재는 우리에게 나타나는 모습과 근본적으로 다르다는 견해를 품을 만하다. 그렇다면 이 관계는 실은 중추신경계의 한 부분과 다른 부분 사이에서 성립할 터이다. 하지만 우리가 통 속의 뇌라는 견해를 품거나, 실재가 우리에게 나타나는 모습과 근본적으로 다르다는 사정을 서술하는 다른 임의의 가설을 곧이곧대로 믿는 것도 충분히 가능하다. 그러므로 관계 ⟨pRw⟩는 그 자체로 실재하는 무언가다. 우리가 근본적으로 착각하는 상황이 어떠한지에 관하여 우리는 착각할 수 있으므로, 우리는 실재와 접촉하고 있다. 따라서 실재는, 우리가 실재에 관해서는 단지 추측만 제기할 수 있을 정도로 우리로부터 멀리 떨어져 있을 수 없다. 왜냐하면 오히려 우리는 실재가 우리에게 나타나는 모습과 실재 자체가 어떤 조건 아래에서 근본적으로 다른지 알 수 있기 때문이다.

실재가 우리에게 드러내는 모습과 실재 자체가 실제로 다르다면, 그 다름의 정도만큼 실재는 우리에게 사실적 오류 원천의 형태로 자기를 드러낸다. 실재가 근본적으로 다르다는 생각은, 좋든 싫든 이 생각이 너무 많은 오류 원천을 단번에 상정하고 따라서 스스로 사용하는 실재 인식의 개념을 수정한다는 점에서 실패로 돌아간다.

요컨대 실재가 우리에게 드러내는 모습과 실재 자체는 근본적으로 다를 수 없다. 왜냐하면 근본적으로 다르다면, 근본적으로 다르다는 사정 자체를 명확히 발언할 수 없을 터이기 때문이다. 그렇기 때문에 환상주의자들은 특별한 경험 중심적 제안들을 바탕에 깔 수밖에 없다. 이는 현상적인 놈과 실재의 인식적 어긋남을 물리적(혹은 형이상학적) 사정으로 묘사하기 위해서다. 그 제안들은 경험적 탐구의 외피를 쓰고 등장하지만 실은 회의적 가설들인데, 이 사실은 그 제안들에 의해 은폐된다.

현상적인 놈에 대한 경험적 탐구는 원리적으로, 실재는 우리에게 드러나는 모습과 다르다는 억측된 통찰로 귀착하지 않는다. 왜냐하면 그 탐구는 오히려 실재의 나타남 조건을 그 자체로 실재하는 무언가로 옳게 취급하기 때문이다. 이런 식으로 정신의 불가피성으로부터 부수 현상주의Epiphänomenalismus에 대한 원리적 반론을 도출할 수 있다.[66] 잇따라 등장하는 복잡한 신경 상태 N_1과 N_2가 있다고 해보자. 더 나아가 N_1에 정신적 상관자 M_1을, N_2에 정신적 상관자 M_2를 대응시킬 수 있다고 하자. 부수 현상주의에 따르면, N_1은 N_2의 충분조건이다. 따라서 M_1의 등장은 N_2나 M_2의 등장에 인과적으로 고유하게 기여하는 바가 없다. 하지만 우리에게 나타나는 사정은 이러하다. 한여름에 목마름 인상은 당신이 냉장고로 가는 결과를 초래한다. 왜냐하면 당신은 냉장고 안에 있는 시원한 음료를 상상하기 때문이다. 이때 목마름 인상 M_1은 N_1과 대응하고, 시원한 음료에 대한 상상 M_2는 N_2와 대응한다고 해보자. 부수 현상주의는 목마름 인상과 그것의 신경 상관자가 동일하지 않다고 보아야 한다. 왜냐하면 동일할 경우 정신적 과정들은 자동으로 인과 관계에 개입할 테고, 따라서 부수 현상주의는 물거품이 될 터이기 때문이다. 그러므로 부수 현상주의는 M_1이 N_1에서 N_2로의 이행에 인과적으로 개입한다는 것을 반박해야 한다. 그러나 이 사례에서 실재가 우리에게 나타나는 방식은 이러하다. 목마름 인상에 이어 차가운 음료에 대한 상상이 뒤따른다. 그 상상은 냉장고를 향해 이동할 동기다. 그리고 이 모든 과정에 냉장고, 차가운 음료 등의 대상들이 관여하는데, 그것들은 명백히 신경 상관자들과 동일하지 않다. 내가 냉장고 안에 차가운 음료가 있음을 알기 때문에 차가운 음료를 상상할 때, 차가운 음료는 진행되는 행위 과정의 본질적 요소다. 차가운 음료에 대한 상상이 없다면, N_1에서 N_2로의 이행이 일어나지 않을 것이다. 그런데 만약에 부수 현상주의가 참이라면, 차가운 음료에 대한 상상은 신경 연결망들에 반영될 수 없을 것이다. 그 상상은 이 연결망들과 통합될 수 없을 것이다. 왜냐하면 이 통합은 인과적 개입의 한 형태일 터이기 때문이다. 그러므로 부수 현상주의는, 이 단순한 사례에서 실재가 자신의 실상과 근본적으로 다르게 자신을 내보인다고 주장하는 셈이다.[67]

또 다른 대안으로, 그 안에서 N_1이 목마름 인상과 짝을 이루는 그런 인과 구조를 상정할 수 있다. 그 인과 구조 안에서 목마름 인상은 차가운 음료에 대한 상상을 일으키고, 이 상상은 다시 인과적으로 신경 활동 패턴에 영향을 미친다. 이런 인과 구조를 상정하려면, 신경 활동의 인과적 환경을 당연히 확장해야 하고, 신경망들이 완전히 자기 생산적으로(스스로 짓기 방식으로) 작동한다는 전제를 버려야 한다. 이 전제는 애당초 현상학적으로 전혀 그럴싸하지 않으며, 우리의 신경계가 유기체의 일부라는(또한 그 유기체는 한 생태 보금자리 안에 내장되어 있다는) 엄연한 사실에 반한다. 생존 능력을 갖춘 인간 유기체 안의 중추 신경계는, 줄기세포들이 특수한 세포 유형들로 분화하는 것으로부터 독립적으로 성장하지 않는다. 이 분화 및 성장 과정을 순수한 신경 생리학적 관점에서 연구할 수는 없다.

요컨대 신경계를 관찰함으로써 부수 현상주의가 타당하냐는 질문에 **경험적으로** 답할 수는 없다. 왜냐하면 이 질문에 답하기 위해 신경계를 관찰하는 것은 부수 현상주의에 대한 선호를 **개념적으로** 미리 확고히 밝히는 것과 마찬가지이기 때문이다. 그런데 부수 현상주의는 환상주의의 개념적으로 부정합적인 버전이라는 점을 고려하면, 경험적 가설로서의 정신의 불가피성에 의지하여 신경 중심주의를 배척하는 것은 정당하다. 우리는 신경 중심주의를 진실로 여길 근거를 확보할 수 없다. 신경 중심주의는 회의적 가설과 맞닿아 있다. 이를 염두에 두면, 왜 일부 신경 중심주의자들이 우리의 뇌를 말 그대로 통 속의 뇌로 간주하는지 이해할 수 있다. 더 정확히 말하면, 일부 신경 중심주의자들은 우리의 뇌를, 유기체 안에 갇혀 있으면서 인식적으로 접근 불가능한 외부 세계의 내적 재현들을 생산하는 신경계로 간주한다.

앎은 그 자체로 정신적 상태다. 주체 S가 사실 p를 알 때, S가 처하는 전체 상태는, S가 사실 구조 p를 이루는 대상들과 연결되어 있음을 포함한다. 따라서 앎의 모든 사례는 그 자체로 사실성에 관여한다. 생각하기Denken는 존재Sein의 한 사례요, 정말로 있는 무언가다.

이와 관련하여 티머시 윌리엄슨은 우리가 〈인지적으로 고향이 없음〉을 보여 주는, 많이 논의된 논증들을 제시했다.[68] 우리의 정신적 삶의 인지적 중심은 없다고 그는 주장한다. 이때 그 중심은 〈그 안에서는 아무것도 우리에게 은폐되어 있지 않은, 현상들의 나라〉를 뜻한다.[69] 모든 유형의 관념론적 투명주의에 맞선 자신의 일반적 반론을 예증하기 위하여 윌리엄슨은 현상적 상태가 스스로 자기를 드러낸다는 통념을 표적으로 선택한다. 그가 드는 예는 명확한 추위 감각 K다. 기호 φ는 명확한 추위 감각 K가 있음을 나타낸다고 하자. K는 우리의 정신적 삶에서 특정한 시간 간격 동안 있다. 윌리엄슨은 명확한 추위 감각이 있음과 기타 다른 모든 사례에 적용되는 발광력 조건Leuchtkraft-Bedingung을 제시한다. 여기에서 사례란 현상이 인식적으로 충분히 접근 가능해서 φ임을 우리가 항상 알 수 있는 경우를 말한다. 윌리엄슨에 따르면, 우리의 정신적 삶에서 충족될 수 있는 조건 B가 발광력을 가졌다는 것은 아래 사정을 뜻한다(L은 발광력을 나타냄).

(L) 모든 사례 φ에 대하여 다음이 성립한다. φ가 조건 B를 충족하면, φ 상태에 처한 당사자는 B가 충족되었음을 알 수 있다.[70]

이 장황한 표현이 뜻하는 바는, 당신이 명확히 추위를 느끼는 동안, 당신은 자신이 명확히 추위를 느낌을 알 수 있다는 것이다. 윌리엄슨은 L에 맞선 반론을 내놓는데, 그 반론은 시점 t_i에서의 사례 φ를 상정한다. 이 시점과 이 시점으로부터 1밀리초 뒤인 t_{i+1}은 서로 구별된다.

이 대목에서 윌리엄슨은 추가로 전제 하나를 채택하고 그 전제로부터 자신의 반론을 도출한다. 그 추가 전제는, 당면 상황에서 당신이 신뢰할 만할 때만 당신은 무언가를 안다는 것이다. 이 전제에 따르면, 당신이 투명 사례를 주목하고 앎 주장을 제시할 수 있는 한에서, 당신은 투명 사례에 처했을 때 모범적으로 신뢰할 만하다. 추위를 느끼면서 자신이 추위를 느낀다는 취지의 앎 주장을 제시하는 사람은 자신의 정신적 삶의 발광력을 성공적으로 사용하는 것이다. 이제 생각해 보자. 시점 t_i에 적절한 수준의 확신을 품고 자신이 추위를 느낀다고 판단하는 사람은 1밀리초 뒤인 t_{i+1}에 그 판단을 철회하지 않을 것이다. 따라서 당신 자신이 추위를 느낀다는 것을 당신이 t_i에 안다면, 이로부터 당신은 t_{i+1}에도 그것을 안다는 것이 도출되고, 이것으로부터 당신은 t_{i+1}에도 추위를 느낀다는 것이 도출된다. 그런데 언젠가 당신은 추위를 느끼기를 그치고, 그러면 (L)로부터, 당신이 더는 추위를 느끼지 않는 시점 t_n에 당신은 자신이 추위를 느낌을 안다고 주장해도 되기 위하여 계속 추위를 느껴야 한다는 그릇된 결론이 도출된다.

이 반론의 아킬레스건은, 앎 개념의 형식적 속성들에 관한 개념적 논의에 느닷없이 심리학적 기준(확신)을 끌어들인다는 점이다. 추위를 느끼는 누군가가 자신이 추위를 느낀다고 판단한다는 것으로부터, 실제로 추위 느낌이 있는 시간 간격 뒤의 어떤 시점에 그가 여전히 추위를 느낀다는 결론은 도출되지 않는다. 비록 자신이 추위를 느낀다는 그의 정당한 앎 판단은 그가 추위를 느끼기를 그치자마자 곧바로 철회되지 않더라도 말이다. 현상적인 것이 스스로 자기를 드러낸다는 고전적 견해의 지혜로운 특징은 다름 아니라, 그 견해가 정확히 특정된 시간 간격에 대하여 정의되어 있다는 점, 그리고 스스로 자기를 드러내는 현상적 상태의 지속에 관한 심리학적 내기를 걸지 않는다는 점이다.

더 중요한 지적은 이것인데, 윌리엄슨의 반론은 다른 유사한 사례들에는 적용되지 말아야 한다는 점에서 실패로 돌아간다.[71] 내 자동차가 내 집 대문 앞에 주차되어 있다고 상상해 보자. 나는 자동차를 거기에 세워 놓았고 지금은 책상 앞에 앉아 이 상황을 내가 아는 무언가의 예로 선택한다. 요컨대 나는 내 자동차가 내 집 대문 앞에 서 있음을 t_0에 알고 틀림없이 t_{0+1}에도 안다(여기에서 t_0와 t_{0+1} 사이 간격은 5분). 그런데 도둑이 어둠을 틈타 내 자동차를 훔쳐 가고, 나는 이를 곧바로 알아채지 못한다고 해보자. 이 경우에 나의 정신적 상태는 내가 모르는 사이에 변화했다. 왜냐하면 내 자동차가 도난당했기 때문에, 어떤 시점 t_{1+n}에 나는 내 자동차가 내 집 대문 앞에 있음을 아는 상태에서 벗어나 내 자동차가 어디에 있는지 모르게 되니까 말이다. 이 사례는 그야말로 윌리엄슨의 앎 개념을 대표할 만한데도, 그는 철저히 외재주의적인 이론을 옹호한다. 그 이론은 나의 정신적 상태가 변화하는데도 그 변화가 정신적으로 투명하지 않은 경우를 허용한다. 결과적으로 윌리엄슨은, 내가 t_{1+n}에 내 자동차가 어디에 있는지 알지 못했음을 수긍하지 말아야 한다. 물론 나는 내 자동차가 도난당할 수도 있음을 고려할 동기가 없었으므로(설령 이 가설적 사례가 보여 주듯이, 내 자동차는 당연히 도난당할 수 있었다 하더라도) 내 자동차가 내 집 대문 앞에 있다는 확신을 생각 가능한 최선의 근거들에 기초하여 t_{1+n}까지 연장하지만 말이다.

요컨대 우연적인 명제는 실제 상황이 바뀌면 진릿값이 바뀌는데, 우리가 그런 우연적인 명제를 아무튼 알 수 있다면, 왜 발광력을 지닌 명제들의 경우에는 이것이 적용되지 말아야 하는지 납득할 수 없다. 외재주의와 신뢰 가능주의Reliabilismus는 이 경우에도 길잡이가 될 수 있을 것이다. 왜냐하면 당신은 당신이 처한 현상적 상태, 곧 발광력을 지닌 상태도 다른 우연적 사정들과 마찬가지로 주어진 것으로서 발견하기 때문이다. 그렇다면 나를 둘러싼 환경을 다루는 우연적인 외부 세계 명제와 나의 현상적 정보 수준을 보여 주는 우연적인 내면세계 명제 사이의 차이는 단지 후자가 발광력을 지녔다는 점에 있을 터이다.

현상적인 것의 발광력은 우리 앎 주장의 진로에 오류 불가능성을 부여하지 않는다. 발광력 주장은, 우리가 우리의 정신적 삶에 확신들을 어떻게 분배하느냐에 관한 시간적이며 심리학적인 주장이 아니다. 오히려 발광력 주장은 단지 현상적인 것이 자기를 드러내는 시간 간격 안에 국한된 주장이다. 관념론적 투명성 주장(곧 발광력 주장)의 취지는, 이 시간 간격 동안 φ가 있음은 φ가 φ의 알려짐으로부터 원리적으로 벗어나지 않음과 짝을 이룬다는 것이다. 윌리엄슨은 이 주장이 거짓임을 증명하지 않았다. 왜냐하면 이를 증명하려면 현상적인 것이 모종의 본질적인 구조들을 지녔기 때문에 우리의 파악 범위를 훌쩍 벗어난 곳에 위치함을 보여 주어야 할 터이기 때문이다.

주목할 만하게도 윌리엄슨은 L에 맞선 자신의 반론을 일반화할 수 없다고 생각한다. 윌리엄슨에 따르면, 발광력을 가진 상태들이 있다.[72] 그가 드는 예는 〈사람이 실존한다는, 심지어 사람이 생각한다는 데카르트적 조건〉이다.[73] 당연한 지적이지만, 여기에서 윌리엄슨이 간과하는 바는, 데카르트가 말하는 〈코기타레cogitare(생각하기)〉는 다름 아니라 윌리엄슨이 발광력 없다고 간주하는 현상적 상태들을 가리킨다는 점이다. 더구나 데카르트에 따르면, 생각하는 놈의 실존은 본질적으로 신체적이다. 로메치는 〈코기타레의 다원 양상Plurimodalität〉을 옳게 강조하는데, 사람들은 즐겨 이를 배제함으로써 데카르트가 말하는 생각하는 놈의 실존이 본질적으로 신체적이라는 점을 외면한다.[74]

생각하는 놈이 신체적이라는 점은 우연적인 사정이 아니다. 즉, 그 점은 생각하는 놈이 실존한다는 사정과 달리 일부 경우에는 성립하고 다른 경우에는 성립하지 않는 그런 사정이 아니다. 윌리엄슨이 발광력에 맞선 자신의 반론에서 생각하기를 제외한다면, 그는 우리의 신체성뿐 아니라 신체성의 현상적 드러남도 제외해야 한다. 왜냐하면 이 드러남은 생각하기의 한 사례일 뿐 아니라 특히 우리가 정신적 생물로서 띤 실존 형태니까 말이다.[75] 현상적인 **느끼**

기|sentire의 발광력을 반박하면서 우리의 생각하는 놈으로서의 실존을 이성적으로 **파악하기**|intelligere의 발광력은 버리지 않는 대가는 기계 속 정신의 부활이다. 왜냐하면 이제 우리의 생각하기는 두 가지 모듈로, 곧 정신의 감각적 활동과 이성적 활동으로 쪼개지기 때문이다. 이때 후자는 생각하는 놈의 신체성에 속박되어 있지 않다.

윌리엄슨이 내놓은 반론의 일반화 가능성에 대한 특히 눈에 띄는 제한은 그 반론을 인식론에 자기 적용하는 것에서 유래한다. 무슨 말이냐면, 윌리엄슨에 따르면, 비가 온다고 판단하기는 발광력이 있다.[76] 즉, 비가 온다고 판단할 때 나는, 비가 온다고 내가 판단한다, 라는 형태로 판단한다는 것을 상기할 수 있다.

> 누군가가 비가 온다고 판단할 때, 그는 자신이 비가 온다고 판단한다는 것을 알 수 있다. 그가 약간 다른 명제 p라고 판단할 때, 그는 자신이 비가 온다고 판단한다는 매우 틀린 견해를 갖지 않는다. 그는 자신이 p라고 판단한다는 매우 옳은 견해를 갖는다. 왜냐하면 그 견해는 p 자체로부터 그 견해의 내용을 끌어내기 때문이다. 따라서 발광력 조건이 충족될 때만 사람들이 그 조건을 고려하는 그런 사례에는 [발광력에 맞선 —— 마르쿠스 가브리엘] 반론을 적용할 수 없다. 그런 사례들은 그 반론의 일반성을 아주 미미하게 제한한다. 아무튼 우리가 추측할[원문은 〈conjecture!〉 —— 마르쿠스 가브리엘] 수 있는 바로는, 조건 B가 성립하지 않는 사례들로부터 성립하는 사례들로 점진적으로 이행하면서 줄곧 B를 고려할 수 있다면, B는 발광력이 없다는 것이 모든 B에 대하여 타당하다.[77]

이로써 윌리엄슨의 반론은 물거품으로 돌아간다. 반론으로 제시되었던 것이, 윌리엄슨 스스로 인정하듯이, 발광력 없는 조건들이 있다는, 논리적으로 일반화할 수 없는 추측으로 전락한다. 이 추측으로 논박할 수 있는 상대는 소수에 불과하다. 구체적으로, 일부 상태들이나 사건들의(대표적으로 판단하기의) 관념론적 투명성으로부터 하여튼 생각 가능한 모든 것의 관념론적 투명성을 도출하는 상대들만이 추측을 통해 논박당한다.[78]

더 나아가 윌리엄슨의 접근법은 명제적인 것과 관련하여 절대적 관념론, 곧 무제한적 관념론을 두둔한다. 만일 p라고 판단하는 상태가 발광력을 지녔을 때만 당신이 p라고 판단할 수 있다면(그 상태가 발광력이 없다면, 당신은 p라고 판단하지 않고 이를테면 q라고 판단할 텐데), 생각하는 파악하기가 발광력을 지녔다는 것이 모든 판단 가능한 p에 대하여 타당하다. 따라서 명제적인 것의 공간 전체가 판단 가능성의 측면에서 발광력이 있다. 만일 윌리엄슨의 견해대로 발광력 있음이 판단하기의 본질에 들어 있다면 말이다.

사실을 말하자면, 현상적인 것의 불가피성을, 자기를 알리는 상태들에 우리가 (앎을 위해 우리가 들이는 추가 노력을 떠받치는 정확히 특정 가능한 토대를 마련해 주는) 인식적 특권을 허용하는 것을 모범으로 삼아서 파악하지 말아야 한다. 이것이야말로 윌리엄슨의 발광력 논증이 제공하는, 간직할 가치가 있는 교훈이다. 결론적으로 이 논증은 약간 부적절한 근거에 기초하여 옳은 방향을 가리킨다. 이 책에서 채택한 행마는, 현상적 상태들이 발광력을 지니지 않았다는 윌리엄슨의 추측을 통해 무력화되지 않는다. 왜냐하면 그 추측의 요지는 우리가 우리의 판단하기 내용에 접근할 수 있으며 이 접근 가능성이 스스로 자기를 알린다는 것이기 때문이다.

이로써 주어진 것의 신화는 현상적인 것에서 이성적인 것das Intelligibile으로 옮겨지며, 이는 문제의 해소가 아니다. 왜냐하면 이제 우리의 판단 내용이 갑자기 지나치게 투명해지니까 말이다. 우리가 판단하기에서도 착각할 수 있다면, 우리의 판단 내용은 사실의 차원에서 그보다 덜 투명해야 한다. 그런데 판단하기에서도 우리는 적어도 사실의 차원에서 착각할 수 있다. 이는 수백 년 전 이래로 심리학 문헌이 가르치는 바이며, 정신 분석, 행동 경제학, 인지 과학 등에서 다양한 사례를 통해 입증된 바이다. p라고 판단하기는 투명하지 않다. 우리는 다른 무언가라고 판단하면서 p라고 판단한다고 믿을 수 있다. 왜냐하면 우리의 판단과 그 판단의 대상은 동일하지 않기 때문이다.

이 대목에서 문제의 범위를 더 좁혀서 다음과 같은 견해를 채택할 만하다. 즉, 비록 (우리가 내리는 판단이 아닌) 사실을 판단할 때는 우리가 오류를 범할 수 있지만, 이로부터 우리 자신이 생각하는 놈이라는 우리의 자기 판단이 발광력을 지니지 않았다는 결론은 도출되지 않는다는 견해를 말이다. 비가 온다고 판단하는 사람은, 비가 오는가? 라는 질문 앞에서 착각할 수 있는 것과 마찬가지로, 당신은 비가 온다고 판단하는가? 라는 질문 앞에서도 착각할 수 있다. 반면에 비가 온다고 자기가 판단한다고 판단하는 사람은, 당신은 판단하는가? 라는 질문 앞에서 착각할 수 없다. 하지만 주의할 필요가 있다! 비가 온다고 우리가 판단한다고 우리가 판단할 때, 우리는 우리가 판단한다고 판단하는 것이 아니다. 무릇 판단에 대한 판단은 비에 대한 판단에 대한 판단과 사뭇 다르다.

무릇 판단의 개념을 판단의 대상으로 삼는다는 것은 사람이 내릴 수 있는 모든 판단을 말하자면 흐릿하게 시야에 담는다는 뜻이 아니다. 판단들을 서로 구별짓는 것, 판단들을 특수화하는 것은 판단의 내용이다. 그리고 판단의 내용은 여러 요인을 통해 규정되지만, 한 요인은 그 판단이 다루는 실재가 어떠한가다. 비가 올 때 비가 온다고 판단하기와 비가 오지 않을 때 비가 온다고 판단하기는 동일한 판단하기가 아니다. 전자는 옳게 판단하기고, 후자는 그르게 판단하기다. 양자는 동일한 판단일 수 없다. 판단은 자신의 진릿값을 바꿀 수 없다. 도리어 판단은 자신의 진릿값과 의미를 통해 개별화되며, 의미를 매개로 자신의 진릿값을 드러낸다.

이 대목에서, 방금 언급한 두 판단의 내용은 동일해야 한다는 반론이 제기될 만하다. 왜냐하면 두 경우 모두에서 당신은 강우(降雨)를 상상하면서 실재가 어떠한지에 관한 견해를 품으니까 말이다. 그러나 이 반론은 판단이 정말로 실존하는 생각하는 놈의 정신적 삶 안에서 사실적으로 구현된다는 점을 간과한다. 무슨 말이냐면, 정말로 실존하는 생각하는 놈은 단지 우연적으로 신체화되어 있는 것이 아니다. 그놈은 자신이 있는 현장에서 비가 온다고 판단한다. 그의 판단은 불분명하게 특정된 장소에서 이루어지며, 그 장소의 윤곽은 인간의 삶꼴을 통해 주어진다. 내가 보기에 지금 여기에서 일어나는 일은 실재의 한 부분과 관계가 있다. 나는 틀 안에서 실재를 마주하는데, 그 틀 자체도 실재하는 무언가다. 왜냐하면 무엇이 사실인지 들여다보기는 예외 없이 그 들여다보기가 파악하는 장면 안에 스스로 속하기 때문이다.[79]

비가 온다고 판단할 때 어디도 아닌 곳에서 판단하는 추상적인 나, 논리적인 나는 없다. 논리적인 나는 비에 관하여 판단할 권한이나 책임이 있다고 느끼더라도 그런 비와 접촉할 수 없을 터이다. 따라서 모든 판단은 자아 중심적 색인과 관련 맺은 상태를 유지한다. 왜냐하면 판단이 누군가에 의해 내려진다는 점은 판단을 위해 본질적이기 때문이다. 판단의 내용을 이해하려면, 그 누군가의

실재성을 함께 고려해야 한다.[80]

옳은 판단과 그른 판단은 동일한 내용을 가질 수 없다. 왜냐하면 내용은 무엇보다도 〈누군가가 판단한다〉라는 사정이 성립하기 위한 조건들이 충족되어 있음을 통해 개별화되기 때문이다. 그 조건들은 판단을 범례에 따라 〈주체 S가 p임을 안다고 주장한다〉라는 공식으로 변환하는 논리적 스냅숏이 모사하는 바를 훌쩍 넘어선다.

그런 한에서 나는 뢰틀의 지적에 동의한다. 그 지적에 따르면, 우리가 공식 〈S가 p임을 안다〉를 분석함으로써 진보한다고 믿는 것은 현재 인식론의 한 갈래가 들어선 그릇된 길이다.[81] 앎 주장을 위한 사실적 조건들은, 개념 분석 모드에서 선험적으로 발견되는 조건들을 한 주체가 충족시킨다는 것에 국한되지 않는다. 이 의문스러운 개념 분석 과정을 설문 조사나 언어학을 통해 개량하는 것도 도움이 되지 않는다. 왜냐하면 사람이 무언가를 알려면 어떤 사실적 조건들이 성립해야 하는가, 라는 질문의 답을, 당신은 언제 〈안다〉라는 술어가 당신에게 귀속한다고 여깁니까, 라고 사람들에게 물음으로써 얻을 수는 없기 때문이다. 단어 사용 통계를 말끔히 정리하더라도, 우리가 판단자로서 판단하는 모든 장면에 우리 자신이 본질적 부분으로 포함되어 있다는 점을 고려하지 않는다면, 누군가가 비가 온다고 판단할 때 실제로 벌어지는 일에 관하여 어떤 단서도 얻지 못할 것이다. 앎 주장은 실재 바깥에서 실재를 판단하지 않는다. 왜냐하면 실재 바깥은 없기 때문이다. 우리는 실재에 몰래 접근하고, 우리가 실재에 충분히 접근했음을 인식론적 숙고를 통해 확인한 다음에, 무엇이 사실인지에 관하여 수용할 만한 수준의 확실성을 갖추고 신뢰할 만하게 정보를 제공할 필요가 없다.

일부 양자 이론가들은 이 사정이 인과성의 원천이라고 추측한다. 그리하여 그들은 우리가 지각 안에 인과적으로 내장되어 있다는 점을 까다로운 존재론적 방식으로 고려한다. 최근에 이 노선에서 카를로 로벨리는, 엔트로피와 맞물린 시간의 화살을 실제로 있는 우리 관점의 귀결로 재구성할 것을 제안했다. 이 견해의 기반은, 우리의 앎 주장을 설명할 때 우리가 우주 안에 있음을 하나의 요소로 고려해야 한다는 옳은 통찰이다.

우주를 우주 안에서 고찰해 보자. 우리가 우주의 무수한 변수 중 아주 적은 일부와 상호 작용하는 상황 안에서 말이다. 우리는 우주의 불명확한 그림을 본다. 이 불명확성은, 우리와 상호 작용하는 우주의 동역학이 엔트로피의 지배를 받는다는 것을 함축한다. 엔트로피는 불명확성의 값이다. 엔트로피 값은 우주보다 우리와 더 많은 관련이 있다.[82]

정신 실재론은 이 발견의 한 부분을 진지하게 받아들인다. 우리의 정신적 상태는 환원 불가능하게 실재에 속하며, 인과 관계에 중대하게 기여한다. 로벨리나 코흐/토노니가 옳다면, 그 기여는 정신적인 것이 결정적인 인과성의 원천일 만큼 중대하다. 로벨리의 모형에서 인과성은 우주가 우리에게 시공적으로 나타나는 방식이며, 그 방식의 두드러진 특징은, 우주가 우리의 오류 가능한 앎 주장의 대상일 수 있는 무언가로서 우리에게 나타난다는 것이 특별한 일이라는 점이다. 물론 착실한 자연주의자답게 로벨리는, 우리의 특별함은 우리의 중추 신경계가 과거의 흔적을 기록하고 예측을 통해 불확실한 미래를 위한 프로젝트를 구상한다는 점에 있다고 여긴다. 이런 관점에서 보면, 시간의 비대칭성은, 과거는 우리의 신경 경로를 가열하여 열로 코드화된 흔적을 남기는 놈인 반면 미래는 아직 그렇지 않은 놈이라는 것에서 유래한다. 하지만 이것은 문제의 해결이 아니다. 왜냐하면 시간의 비대칭성은 우주 안의 인과적 과정들에 투사되는데, 로벨리에 따르면, 그 과정들은 오로지 우리의 관점에서 그 과정들이 특별한 무언가로 나타남을 통해서만 인과적이기 때문이다. 따라서 로벨리는 우리의 무지를 기준으로 시간을 측정하고, 그렇게 함으로써 시간과 결부된 인과성은 색인성Indexikalität과 동일화된다.

로벨리의 논증을 좀 더 자세히 살펴보자. 그 논증은 정신 실재론에 접근하지만 결국 실재론과 자연주의를 혼동하는 오류를 범한다.[83] 로벨리는 시간의 화살의 방향을 엔트로피를 통해 설명할 수 있다는 통념을 논의의 실마리로 삼는다. 그에 따르면, 오직 열역학만 비가역 과정들을 서술한다. 그 과정들은 한 방향으로 진행하며, 그 과정들이 반대 방향으로 진행하는 것은 동일한 방정식들을 통해 설명할 수 없다. 반면에 양자 이론이라는 근본적인 층에서는 시간의 화살이 거론될 수 없다. 왜냐하면 모든 과정이 구조적으로 동형isomorph이기(즉, 역방향으로도 설명 가능하기) 때문이다. 로벨리는 엔트로피 증가를 생생히 보여 주기 위해 카드 뭉치를 예로 든다. 우리가 카드 52장으로 된 표준적인 뭉치를 발견했는데, 카드들이 위에서부터 아래로 처음 26장은 모두 빨간색이고 나머지 26장은 모두 검은색이라면, 우리는 그 뭉치가 이례적으로 질서 정연한 상태라고 여긴다. 이제 우리가 카드들을 뒤섞어 뭉치를 재구성한다면, 이 질서 정연한 상태가 재현될 확률은 다른 배열이 등장할 확률보다 훨씬 더 낮다. 열역학적 과정들은 이 패턴을 따른다. 즉, 그 과정들은 다음 상태에 비해 특별히 질서 정연한 상태를 개연성이 더 높은 상태로 이행시킨다. 우리가 특별하다고 느끼는 질서 — 이를테면 색깔에 따른 질서 — 는 우리가 보기에만 특별하다. 왜냐하면 사람들은 앞에 놓인 카드 뭉치의 질서를 다른 기준에 따라(예컨대 그림에 따라) 측정할 수도 있으니까 말이다. 그렇다면 엔트로피 증가는 질서 측정에 어떤 기준을 채택하느냐에 의존한다. 그리하여 관찰자가, 즉 우리의 관점이 개입하게 된다.

따라서 로벨리는 시간 구조를 우리 관점의 귀결로 간주한다. 하지만 이 구조는 환상이 아니라, 오히려 정신적인 것의 결정적인 인과적 기여다. 우리는 우리가 관찰하는 규모에서 자연의 상황을 흐릿하게 만든다. 그 결과로 시간적이고 자아 중심적 색인이 달린 질서가 발생한다.

이와 관련해서 로벨리는 주목할 만한 개념적 대립을 거론한다. 한편에는 질서나 무질서를 특징으로 가지지 않은 자연이 있다. 이 자연에서는 예컨대 한 과정의 초기 상태가 (우리가 보기에) 질서 정연한 것은 놀라운 일이 아니다. 더 특별한 상태도 없고, 덜 특별한 상태도 없다. 왜냐하면 이 자연에서는 오직 특이점(단독자)들 Singularitäten만 있으니까 말이다. 로벨리에 따르면, 이 층에서는 엄격한 사건 유명주의Ereignisnominalismus가 타당하다.

더 자세히 숙고하면 어떤 배치라도 모두 특별하다. 내가 모든 개별성들을 고찰한다면, 모든 배치 각각이 유일무이하다. 왜냐하면 모든 배치 각각은 자신을 유일무이한 방식으로 특징짓는 무언가를 가졌기 때문이다.[84]

양자 이론으로 서술 가능한 이 층에는 그저 사실들만 있으며, 로벨리에 따르면, 그 사실들은 늘 사건들의 형태를 띤다. 그 사건들은 철저히 단독적이며, 그 사건들로부터 낱알 같은körnig 시공이 발생한다. 우리는 그 시공을 연속적 구조로 경험한다. 왜냐하면 중시적(中視的)인 충에서는 양자들이 속한 의미장의 부분적 불특정성이 붕괴하여 특정한 상황들이 나타나기 때문이다.

로벨리는 이 같은 엄격한 유명주의적 충과 우리의 관점을 구별한다. 무언가를 후속 상태에 비해 특별히 질서 정연한 배열로 분류하려면, 세부 사항들을 생략해야 한다. 우리 눈앞에 카드 뭉치가 나타나면, 우리는 상호 작용하는 사건들의 총체를 특징짓지 않는다. 우리의 감각 양태들은 환경에서 유래한 정보들을 선별한다. 어떻게 선별하냐면, 우리가 행동의 기준으로 삼는 질서/무질서 기준에 따라 우리가 의식적으로 파악할 수 있는 방식으로 선별한다. 이 선별은 우리의 생태적 적응을 반영한다. 우리는 지각의 인과적 정박(碇泊)Verankerung을 설명하는 수준에서 이 적응을 숙고해야 한다. 안 그러면 우리는 지각의 인과적 요소를 인식적으로 고려할 수 없으니까 말이다. 그리하여 많이 논의된 감각(영어로 **sensation**)과 지각(**perception**)의 구별이 도입된다. 이 구별은 인과 문제를 정신의 영역으로 옮겨 놓는 것을 의미한다.[85] 무슨 말이냐면, 감각은 인과적으로 설명 가능한 반면 지각은 인식적 상태로서 이유들Gründe의 공간 안에 놓인다면, 늦어도 이 대목에서 이런 문제가 발생한다. 인과 공간은 정신의 영역에 있는 이유들의 공간과 어떻게 연결될까? 로벨리의 모형에서 인과는 다르게 내장되어 있다. 인과는 정말로 실존하는 우리 관점의 귀결이니까 말이다. 우리의 관점이란, 실재가 우리에게 특정한 방식으로 나타나는데, 그 방식은 우리가 특정 질서들을 선호함을 전제한다는 것이다. 생존에 이롭기 때문에 우리가 선호하는 패턴은 실재가 시간적 질서를 따른다는 인상을 정당화한다. 그러나 이 인상은 우리 관점 바깥의 어떤 무관점적 구조와 대응하지 않는다. 이로써 시간의 화살은 환상이 아니라 정말로 실존하는 우리 관점의 속성으로 밝혀진다.[86] 이 입장은 비인간적 우주에서 시간성을 배제한다. 엔트로피는 인간의 예측 도구이지, 사실 인식이 아니다.

그런데 로벨리는 다음 질문 앞에서 두드러지게 미흡한 대답을 내놓는다. 우주가 근본적으로 무시간적이며 사건-유명주의적인 층을 지녔고, 인간이 접근할 수 있는 중시적 층에서는 그 무시간적인 층이 흐릿해진다면, 우리는 그 근본적인 층에 어떻게 접근할 수 있을까? 아래 인용문이 보여 주듯이, 로벨리의 대답은 부정합적인 인식론 안으로 휩쓸려 들어간다.

〈이해하다〉의 고유한 본래 의미를 우리는 아직 명확히 알지 못한다. 우리는 세계를 보고 서술하고 질서를 부여한다. 우리가 세계에서 지각하는 바와 세계 자체 사이의 관계에 관하여 우리가 완벽하게 아는 것은 거의 없다. 우리가 보는 범위가 아주 넓지는 않음을 우리는 아주 잘 안다. 대상들이 방출하는 폭넓은 전자기파 스펙트럼에서 우리는 작은 부분만 본다. 물질의 원자 구조뿐 아니라 공간의 굴곡도 우리 눈에 보이지 않는 채로 머문다. 우리는 우리와 우주 사이의 상호 작용으로부터 우리 스스로 추출한 정합적인 세계를 본다. 그 세계는 비참할 정도로 성능이 약한 우리 뇌가 처리할 수 있는 개념들로 조직화되어 있다. 우리는 돌, 산, 구름, 사람의 개념을 통해 세계를 생각한다. 이것은 〈우리가 마주한 세계〉다. 우리로부터 독립적인 세계에 관하여 우리는 많이 알지만, 얼마나 많이 아는지는 모른다.[87]

여기에서 로벨리가 제안하는 바는 잘 알려진 다양한 변형으로 헤겔의 『정신 현상학』에 등장하며 이미 그 작품에서 반박되었다.

로벨리가 자연주의적 견해의 옹호자로서 우리의 생각하기를 〈도구〉[88]라고 칭하는 것은 놀랍지 않다. 그러나 이 견해는 정말 형편없어서 구제할 가망이 없다. 로벨리의 견해가 옳다면, 우리가 마주한 세계와 세계 그 자체 사이에 깊은 골이 생겨난다. 로벨리는 〈힘과 지성〉*을 모범으로 삼기라도 한 것처럼 두 세계 사이에 그 골을 배치한다. 그 두 세계는 인과적으로 얽혀 있지만, 인과성은 단지 우리 관점의 속성일 따름이다. 로벨리에 따르면, 오로지 절대적 단독자들의 세계만 있는데, 인간의 관점에서는 그 세계가 시간적으로 질서 잡힌 모습으로 나타난다.

그렇다면 이 이원론이 상정하는 질서는 어떻게 될까? 실재 그 자체는 우리 관점에 내재하는 질서와 무질서의 구별 너머에 있을까? 만약에 그렇다면, 보편적 구조들(법칙들, 힘들, 기본 입자들의 속성들 등)을 상정하는 우리의 자연 과학 이론이 〈집단 섬망〉[89]일 가능성을 배제할 수 없을 성싶다.

로벨리는 이 같은 존재론적 이원론을 정신적 이원론으로 되풀이한다. 그가 보기에 이성은 우리의 〈생기 넘치고 격렬한 느낌들〉[90]을 우리 스스로 규제하기 위한 도구다.

그 느낌들이 우리의 실체다. 그 느낌들이 우리를 싣고 내달린다. 그리고 우리는 그 느낌들을 아름다운 말로 포장한다. 그 느낌들이 우리를 몰고 간다. 그 느낌들의 어떤 측면은 질서를 세우는 우리의 말에서 늘 벗어난다. 왜냐하면 우리가 알듯이 질서를 창출하려는 모든 시도는 원리적으로 무언가를 바깥에 남겨 두기 때문이다.[91]

* 『정신 현상학』 3장의 제목.

요컨대 로벨리의 입장은 인식론적 부정합성에 맞닥뜨려 산산조각으로 부서진다. 그 원인은 세계 그 자체와 우리가 마주한 세계가 구별된 것, 이 구별이 양자 이론적 측정 문제를 모범으로 모형화된 것, 그리하여 그 구별이 외견상 자연주의적 정당성을 획득한 것에 있다. 로벨리가 이런 결론에 도달하는 것은 놀라운 일이 아니다. 〈우리가 세계에서 지각하는 바와 세계 자체 사이의 관계에 관하여 우리가 완벽하게 아는 것은 거의 없다.〉[92] 그는 우리의 앎을, 우리가 우리의 관점에서 포착한다고 여기는 질서가 결여된 세계에 질서를 투사하는 활동으로 이해한다. 따라서 로벨리의 탐구는 그 탐구 자신이 생산한 자연주의적 외압에 눌려 붕괴한다. 왜냐하면 로벨리는 실재를 오로지 우리가 인지적 인식적으로 가공할 수 없는, 세계 그 자체라는 잔여로만 이해하기 때문이다. 세계 그 자체는 우리의 정신적 장치에 말 그대로 열역학적 형식으로 침전한다. 왜냐하면 이것저것을 겪는 우리의 삶은 외부 세계가 우리 신경계에 남기는 인상일 따름이기 때문이다.

오뒷세우스가 스퀼라와 카륍디스 사이로 항해하듯이, 진정한 정신 실재론은 **환원적이며 결국 제거적인 물리주의와 부드러운 혹은 자유주의적인 자연주의** 사이로 나아간다. 후자는 더 폭넓은 경험 과학 개념을 사용한다.[93] 부드러운 자연주의는 외견상으로만, 형이상학적으로 너무 까다로운 동일성 이론의 정합적 대안이다. 이 이론은 모든 정신적인 것을 어떤 과정들과 동일시하는데, 우리는 그 과정들을 기껏해야 우연적인 방식으로 다소 적절하게 파악할 수 있을 따름이다. 부드러운 자연주의는 정신적인 것을 실재하지 않는 것으로 보지 않고 경험 과학이라는 매체 안에서 탐구할 수 있는 무언가로 간주함으로써 외견상의 그럴싸함을 획득한다.

경험 과학은 자신의 이론을 궁극적으로 지각, 관찰 명제, 경험적 실험에 비추어 검증한다. 이런 의미에서 보면, 예컨대 경험적 동물 연구나 인지적 심리학도 경험 과학이다. 그러나 이 경험 과학들이 다루는 대상은 정신, 곧 정신적 상태들과 과정들을 지녔을뿐더러 사회적 조직을 어느 정도 발전시킨다. 정신적 능력들과 사회적 관계들은 통상 자연의 일부로 간주되는 동물계 안에 깊숙이 들어와 있다.[94]

그러나 이 행마는 기만적이다. 왜냐하면 이 행마는, 부드러운 자연주의자는 정신적인 것에 관한 자신의 앎을 어디에서 어떻게 획득하는가, 라는 질문에 아무런 대답도 내놓지 못하기 때문이다. 자연주의자는 지각과 관찰 명제와 경험적 실험을 토대로 오류 가능한 이론을 세웠기 때문에 정신이 있음을 아는 것일까? 만약에 그렇다면, 그런 식의 진행이 실재에 관하여 체계적이고 과학적인 앎을 축적하는 유일무이한 방식이므로 이 방식으로 나아가야 한다는 것을 과연 어떤 경험 과학이 자연주의자에게 가르쳐 주었을까?

자연주의의 첫째 거짓말πρῶτον ψεῦδος은 이 작업에 개념적으로 선행한다. 그 거짓말은, 우리가 정신적인 것을 관찰 데이터를 통해 처음 알게 되고 그다음에 인간 집단들 안에서의 삶에 익숙해지는 과정에서 정신적인 것을 내면화한다는 것이다.[95] 그러나 우리가 내성에 기초하여 우리 자신을 이미 잘 아는 상태가 아니라면, 정신적인 것을 타인에게서 (우리가 정신적으로 조종된 것으로 해석하는) 행동의 형태로 지각함으로써 배워 터득할 수 없다. 인간은 정신적인 것에 관한 이론을 세우고 그다음에 자기 자신에게서 정신적 패턴을 발견함을 통하여, 명확한 발언이 오가는 언어 공동체에 진입할 통로를 확보하지 않는다. 우리의 이론적 작업은 우리가 정신적 생물로서의 우리 자신에 접근할 길을 완성하는 것보다 훨씬 더 나중에 이루어진다. 우리는 먼저 우리 자신의 상태들을 익히 아는 상태에서, 우리의 내면적 삶의 요소들을 환경의 대상들과 동일시하는 법을 신속하게 배운다. 이를 위한 선(先)역사적, 진화적 전제들이 있으며, 그것들이 충족되지 않았다면, 우리는 우리의 생태 보금자리에 적응하기 위해 필요한 대상 유형들을 식별해 내는 성취에 이르지 못했을 것이다. 하지만 우리가 타인들의 (원초 자연 과학적 proto-naturwissenschaftlich 가설의 형태로 추론되는) 내면적 삶을 경유하여 간접으로 우리 자신을 알게 된다는 것은 방금 언급한 선역사적, 진화적 전제들에 포함되지 않는다.

간단히 정리하자. 자연주의는 과학 철학적으로도 많은 것이 생략된 과학적 앎 획득 모형을 과도하게 일반화하며, 그 모형을 호모 사피엔스의 인지적 운영 시스템으로 간주한다. 그러나 우리의 정신적 삶에 관한 이 모형은 인식적으로 가망 없는 형태의 근대적 신화다. 이 신화는 인류의 문화적 발전 전체를 우리 종(種)이 환경에 적응하기 위해 거쳐 온, 일종의 자연 과학적 시행착오 과정으로, 경험적 뒷받침 없이 재구성한다.[96]

지금까지 로벨리와 데넷(앞의 주 93 참조)의 사유 모형들을 비판하며 펼친 논의를 통해 다음이 예증되었어야 마땅하다. 정신적인 것에 대한 자연주의적 견해는 한 가지 결정적인 측면에서 순박한 주관적 관념론과 순박한 실재론보다 우월하다. 왜냐하면 그 견해는 정신적인 것을 아무튼 인과적으로 실재 안에 통합하는 것을 허용하기 때문이다. 하지만 그 견해로는, 이런 기반 위에서 우리가 어떻게 〈외적인〉 또는 〈내적인〉 사물들 그 자체에 관하여 무언가 알 수 있는지를 설명할 수 없다. 더구나 우리 자신의 정신성에 관한 자기 지칭적 앎을 설명할 수 없다는 점은 따로 말할 필요조차 없을 것이다.

의미장 존재론이 제공하는 실재 모형은 정신의 진정한 불가피성과 이해 가능성을 보존하는 것을 허용한다. 왜냐하면 의미장 존재론은 일관되게 세계관을 제쳐 놓기 때문이다. 그리하여 딱딱한 자연주의와 부드러운 자연주의의 거대 담론은 불필요하게 된다. 그 거대한 이야기에 따르면, 모든 것을 포괄하는 우주라는 기반 층이 있으며, 그 층은 비정신적인(정신을 결여한) 근원 물질로 이루어졌고, 그 근원 물질이 수십억 년 동안 구조 변화를 겪은 끝에, 어느 순간 우리 은하의 변방에서 유기 물질이 생산되고, 그 유기 물질이 우리 행성의 국지적 속성들 때문에 수백만 년 동안 진화하여 인식하는 생명을 산출하는데, 그 생명은 이 발생사를 회고적으로 눈앞에 펼칠 수 있다. 이 거대한 이야기는 물리적 시간의 문제를 모르는 채로 우주 전체에 하나의 타임라인을 가져다 붙인다는 점에서 벌써 실패로 돌아간다. 그 타임라인은 빅뱅 시점에서 시작하여 한 방향으로 곧장 뻗어 간다. 하지만 이미 오래전부터 우리가 알듯이, 우주 전체에 타당한 포괄적인 시간 규정은 없다. 최선의 경우에 자연주의의 거대한 이야기는 우리의 발생 과정을 바라보는 우리의 관점에 관한 서술이며, 로벨리는 자연주의자로서는 드물게 이 사실을 용케 염두에 둔다. 하지만 그런 서술은 물리학적 앎의 관점에서 봐도 우주와 우주 안에서 우리의 위치에 관한 적절한 서술이 결코 아니다. 왜냐하면 우주를 보는 우리의 관점을 적절히 고려하는 물리학 이론은 없기 때문이다. 물리학 안에 우리가 들어설 자리가 어느 정도 있다면, 바로 그 정도만큼 물리학은 다음과 같은 형이상학적 오만과는 본질적으로 구별 가능한 활동으로 머무른다. 그 오만에 따르면, 우리는 언젠가 우주의 완벽한 파노라마를 펼쳐 놓을 수 있을 것이며, 그 파노라마는 우리가 인과적으로 닫힌 우주를 파악할 수 있게 해줄 것이며, 그 우주의 사건들은 단일한 타임라인에 등재될 수 있을 것이다. 잠재적인 라플라스의 악령으로서 물리학자가 품는 이런 환상은 늦어도 지난 세기 초에 현대 물리학에 의해 반박되었다.[97]

학문들의 통일성 및 다양성에 관한 질문을 어떻게 취급하고, 따라서 학문들에 의해 관찰된 자연의 통일성과 다양성을 어떻게 취급하건 간에, 정신을 피해 갈 수 없다는 점은 확고부동하다. 우리가 우리 자신의 정신성에 경험적으로 접근하는 것은 원리적으로 불가능하다. 더 정확히 말해서, 우리가 경험 데이터를 기초로 모형들을 개발하고, 그 모형들 안에서 처음으로 우리의 맞은편에 우리 자신이 정신적인 놈으로서 나타나는 것은 원리적으로 불가능하다. 당장 경험 데이터 수집이 벌써 우리의 정신성을 보여 주는 정황 증거다. 바꿔 말해 우리의 정신성은 이론보다 먼저 사용된다. 우리는 우리 자신을 정신적 생물로서 발견한다. 물론 그렇다고 우리가, 정신이란 무엇인가, 라는 질문과 관련해서 오류를 범할 수 없다는 뜻은 아니다. 정신은 실재하는 무언가이기 때문에, 우리는 우리 자신의 정신성에 관하여 착각할 수 있다. 자기기만은 정신에 특유한 가능성이다. 자연주의는—완고한 버전과 부드러운 버전을 막론하고—자기기만의 한 형태다. 왜냐하면 자연주의는 오로지 정신을 정신적이지 않은 무언가와 동일시하는 만큼만 정신을 실재하는 무언가로 간주할 수 있기 때문이다. 그런 정신적이지 않은 무언가로는 기본 입자들의 배열, 자기 관련적selbstbezügliche 양자 정보, 신경계, 유기체의 창발적 속성, 중추 신경계 안에 형성된, 아직 밝혀지지 않은 물질-에너지적 인과 구조, 타인의 행동을 관찰한 결과의 내면화 등이 거론된다. 이런 식으로 정신의 불가피성이 반박된다. 따라서 자연주의는 앞서 제시한 가정에 따라, 자기기만의 한 형태다.

8장
의미장 존재론의 생활 세계

많은 독자가 이미 짐작하겠지만, 자연주의를 비판하는 의미장 존재론은 후설의 핵심 통찰 하나와 비교될 수 있다. 그 통찰은 〈생활 세계Lebenswelt〉라는 용어와 관련되어 있다. 잘 알려져 있듯이, 위기 논문Krisis-Schrift에서 후설은 갈릴레이 이래 근대 물리학이 기술화 Technisierung 과정들을 개시했다고 지적한다. 후설이 보기에 그 과정들은,

> 이상적인 것들로 이루어졌으며 수학적 기반 구조를 갖춘 세계를, 유일하게 실재하는 세계, 실제로 지각에 적합하게 주어진 세계, 늘 경험되고 경험 가능한 세계, 곧 우리의 일상적 생활 세계와 은근슬쩍 바꿔치는 과정이다. 이 바꿔치기는 곧바로 후계자들에게, 뒤이은 몇백 년 내내 활동해 온 물리학자들에게 대물림되었다.[98]

후설에 따르면, 이 이상화의 기반은 〈이 세계를 자유롭게 바꿔 상상하기〉다.[99] 때때로 간과되지만, 후설은 자신의 학문(과학) 비판에서 시작해 초월적 관념론에 이르는 추론을 일사천리로 진행하지

않고 우선 〈이상화된 자연〉과 〈선학문적으로 직관되는 자연〉[100]을 구별한다. 여기에서 독자들은, 적당히 에누리를 둔다면, 의미장 존재론을 이런 현상학적 계통 안에 놓을 수 있다는 견해를 품을 만하다. 왜냐하면 후설의 현상학은 실제로 정신의 불가피성 주장을 제기하고 선학문적으로 주어진 자연을 위한 공간을 마련하여, 결과적으로 자연을 자연주의에 넘겨주지 않으니까 말이다.

그러나 후설은 곧바로 생활 세계를 이론주의적 부담을 이미 떠안은 방식으로 구상한다. 그는 귀납적 설명을 모범으로 생활 세계를 떠올린다. 〈예측하건대, 우리는 귀납이 모든 삶의 기반이라고 말할 수 있다. 모든 단순한 경험 각각의 존재에 대한 확신이 이미 가장 원시적인 방식으로 귀납을 실행한다.〉[101] 이 주장의 근거로 후설은, 우리가 보는 사물들은, 우리가 그것들에서 〈실제로 또 정말로〉 보는 것과 비교할 때 〈항상 이미 그 이상〉이라는 점을 댄다.[102] 그러나 이 근거 제시는 처음 보면 대단히 그럴싸하게 느껴지지만, 다시 보면 그 느낌이 대폭 줄어든다. 여기에서 후설은 다음과 같은 숙고에 의지한다. 즉, 우리는 우리가 지각하는 사물들에서 항상 우리의 시공간적 위치 때문에 우리에게 직접 접근 가능한 측면 혹은 면모만 지각한다는 숙고에 말이다.[103] 나는 내 컴퓨터의 앞면을 보지만, 내 컴퓨터가 뒷면도 가졌음을 안다. 따라서 내가 컴퓨터를 돌리면, 컴퓨터의 뒷면이 보이리라고 나는 예상한다. 모든 지각 사물에 대하여 이것이 타당한데, 지각 사물은 내가 지금 지각하지 못하지만 특정 조건이 충족되면 지각하게 될 많은 면모를 지녔다. 〈동일한 대상에 대하여 무한정 많은, 내용이 제각각인 지각들이 가능한 것은 이 사정과 관련이 있다.〉[104] 주어진 지각 사물에 관하여 내가 더 많이 알수록, 나의 귀납적 예측은 더 신뢰할 만하다. 나는 내 거실을 잘 알기 때문에, 서가가 놓인 벽을 마주 보고 왼쪽에서 오른쪽으로 이동하면 서가에서 어떤 책을 가장 먼저 보게 될지 등을 예측할 수 있다.

이것이 위기 논문에 담긴 후설의 학문 이론(과학 철학)의 기반이다. 후설에 따르면, 학문은 단지 우리의 일상적인, 지각에 기초한 앎 획득 방법의 연장일 따름이며, 이 앎 획득을 위해 우리는 학문적 모형들을 짠다. 후설은 그 모형을 〈생각 옷Ideenkleid〉[105]이라고 부른다. 요컨대 후설이 보기에 생활 세계와 학문 사이에 원리적 간극은 없다. 왜냐하면 학문은 우리가 생활 세계에서 체득한 방법들의 확장이며 또한 다음이 타당하기 때문이다.

> 학문을 통해 우리는 구체적인, 아직 혹은 더는 현실적으로 주어지지 않는, 생활 세계적–직관적 세계 사건들을 예견할 가능성을 얻는다. 일상적 예견의 성취를 무한히 능가하는 예견의 가능성을 말이다.[106]

후설에게는 생활 세계가 학문의 의미 기반이 되는데, 이는 그가 본의 아니게 생활 세계를 이미 원초 학문적 방식으로proto-wissenschaftlich 서술함을 통해서다. 생활 세계와 학문을 화해시키는 후설의 전략은 순환적이다. 왜냐하면 그는 생활 세계를 이미 학문을 모범으로 삼아 서술하기 때문이다. 그리하여 학문은 우리의 나머지 앎과 그런대로 연속선상에 놓일 수 있다. 후설은 학문의 이념을 우리의 정신적 장치 안에 설치한다. 그런 다음에, 학문이 우리의 일상적 앎을 위태롭게 하는가, 라는 질문이 제기되면, 그 이념을 끄집어낸다.

우리의 선(先)이론적 경험에 대한 후설의 이해는 그의 학문 이론을 우리의 지각 장치에까지 연장 적용한 결과다. 이로써 그는 근대적 과학주의적 오해에 종사한다. 그 오해에 따르면, 우리는 이미 일상적인 작업 조건 아래에서도 지각의 수준에서 사건들의 진행에 관한 가설들을 세우고 우리 삶의 방향을 그것들에 맞춘다.[107] 후설에게는 일상적 조건들이 벌써 원초 학문적 활동으로부터 발생하고 따라서 유럽 〈고향 세계Heimwelt〉는 역사적으로 형성되었으며 그로 인해 〈원시적인 것〉으로부터 연결 불가능하게 격리되어 있으므로, 짐작하건대 사정은 더 문제적이다.

이런 연유로 후설은, 『존재와 시간』에서 세계-안에-있음이라는 개념으로 생활 세계라는 주제를 다루는 하이데거와 마찬가지로, 보편적 인간성의 구조를 규명하지 못하고 그 대신에 애초부터 학문적 객관화에 적합하게 재단된 국소적 실재 경험을 규명하는 곤란한 처지에 빠진다. 그리하여 이런 문제가 발생한다. 당대의 이른바 〈원시인der Primitive〉을, 곧 후설로부터 다른 유형의 생활 세계를 부여받고 하이데거로부터 다른 형태의 현존재를 부여받는 그를 어떻게 이해할 수 있을까?[108]

신성함을 박탈당한 우리 세계에서 성장한 우리 유럽인은 우리 자신을 정상적인 인간으로 전제해도 될까? 혹시 비정상적 사례로 전제해야 하는 것은 아닐까? 모든 세계 통각Welt-Apperzeption에서 핵심은 무엇일까? 상호 이해와 공동 세계를 가능케 하고 또한 신화적인 것을 다른 모든 것과 마찬가지로 이해할 수 있게 해주는 그 핵심은 무엇일까? 고향 세계에서 신화적인 것과 신화적이지 않은 것은 어떻게 구별될까? 거기에서 구별이 필수적일까? 모든 통각 안에, 신화적인 것이 전제하는 핵심이 반드시 있어야 하지 않을까? 비록 신화적인 것이 모든 구체적 통각 안에 성분으로 들어가고, 고향 세계 사람들에게

는 그 통각에 더욱 구체적으로 귀속한다 하더라도 말이다.[109]

후설의 생활 세계 개념에 기입(記入)되어 있는 이 같은 문화 이론적으로 유지될 수 없는 유럽 중심주의라는 난점은 이 대목에서 부차적이다. 그럼에도 여기에서 시스템적인 문제 하나를 확인할 수 있다. 그 문제는 논의 속에 깊이 묻혀 있지만, 사회 철학적 관점에서 이방인 문제로 불거진다. 무슨 말이냐면, 후설은 유럽인이 왠지 유난히 학문을 즐긴다고 여기는데, 그런 유럽인의 〈고향 세계〉라는 후설의 환상은 그릇된 자기 상상에 기반을 두고 있다. 후설은 지각을 귀납의 한 형태로 간주한다. 왜냐하면 그는 주체를 대뜸 실재로부터 떼어 놓고 따라서 종합 행마를 거쳐 다시 실재 안에 정박해야 하기 때문이다. 이와 결부된 논리적-의미론적 소외Entfremdung는 고향 세계라는 허구를 통해 상쇄된다. 초월적으로 진짜 고립된 주체들은 그 허구를 매개로 공동의 터전인 생활 세계를 마련한다.

후설이 무수히 변주하는 — 실재론-관념론 문제와 관련한 후설의 제거 불가능한 양면성이 드러나는 자리인 — 논리적-의미론적 소외는 다음과 같은 논증의 결과로 발생한다. 이 논증을 간단히 현상학적 논증이라고 부를 수 있다.[110] 아래 제시한 현상학적 논증에서 〈사물Ding〉은 의식적 지각의 대상, 모범적으로는 철학에서 예로 등장하는 사과, 탁자, 나무, 집 같은 것이다.[111]

(1) 우리는 사물 전체를 절대로 지각할 수 없다.

(2) 내가 사물을 지각할 때, 나는 단지 사물의 한 측면만 직접 지각한다.

(3) 사물의 한 측면에 대한 지각은 다른 사물 측면들을 은폐한다(그늘 지우기 정리).

(4) 지각 판단은 우리가 직접 지각하는 바와 관련 맺는다.

(K) 지각 판단은 절대로 사물 전체와 관련 맺지 못한다.[112]

    현상학적 논증은 지각 개념과 맞물린 오류 가능성과 배우기 행동을 서술한다는 이론적 장점을 지녔다. 우리는 단 하나의 사물도 전체로서 파악하는 경우가 절대로 없기 때문에, 사물들을 잘못 분류할 수 있고 환경에 관하여 무언가 배울 수 있다. 어떤 사물이라도 항상 또 다른 관점들에서 고찰될 수 있고, 그로 인해 우리의 기대를 수정하는 다른 판단들이 나올 수 있다. 이런 식으로 〈적절성 등급Skala der Adäquanz〉[113]을 도입할 수 있다. 종합적 지각 행위의 부분 행위들은 개선될 수 있다. 그 결과는 성공적인 지각에 포함된, 오류를 유발하는 성분들이 차츰 수정되는 것이다.

    하지만 이렇게 되면 다음과 같은 문제가 불거진다. 성공 사례의 규범, 곧 해당 사물을 직접 지각하지 못한다면, 성공적인 지각에 포함된 오류를 유발하는 성분들을 어떻게 수정할 수 있을까? 그 사물이 부분 행위들로부터 마치 모자이크처럼 발생한다면, 그리고 나는 모자이크가 아닌 방식으로 원본 사물에 접근할 수 없다면, 나는 지각 행위의 부분들을 성공 사례에 비추어 평가할 수 없다.

    엄밀히 살펴보면, 현상학적 논증은 근거 없는 회의주의로 빠르게 미끄러져 떨어진다. 그 회의주의는 논증의 첫째 전제 안에 이미 들어 있으며, 따라서 그 전제는 은밀히 부정합적이다. 그 전제를 떠받치는 것은 우리가 사물이 아니라 사물의 측면을 지각한다는 생각이다. 측면 대신에 일반적으로 면모라고 부르자. 이 용어를 사용하는 의도는 시각뿐 아니라 모든 감각 양태를 아우르기 위해서다. 모든 감각 양태 각각이 사물을 특정 방식으로 보여 주니까 말이다. 우리가 사물을 직접 파악하는 경우는 절대로 없고 항상 면모들만 직접 파악한다면, 지각 개념은 두 부분으로 분열한다. 한편으로, 온전한 사물 — 탁자 — 이 지각의 대상(사물)이라고 전제된다. 다른 한편으로, 우리는 이 온전한 사물을 직접 지각할 수 없으며 대신에 이 온전한 사물을 귀납적으로 완성해야 한다고 전제된다. 이때 귀납에 기초한 지각 판단의 기반은 한 면모에 대한 직접 파악이어야 한다(물론 후설 본인은 이 파악을 공식적으로 지각으로 간주하지 않는다). 그렇다면 모든 지각 판단은 사물의 하나 혹은 여러 면모로부터의 은밀한 추론을 포함한다. 이때 우리는 그 사물의 면모 혹은 면모들을 직접 파악한다. 이런 생각을 바탕에 깔고, 후설은 지각 대상이 〈실제로 주어져 있다〉는 생각을 〈허세Prätention〉라 칭하고 결국 배척한다.[114] 그의 눈앞에 어른거리지만 그가 명시적으로 거부하는 직접적 실재론 버전에 맞서 후설은 다음과 같은 논증을 내놓는다.

> 지각이 허세로 주장하는 대로 만약에 지각이 항상 대상의 실재적이고 참된 자기 제시라면, 지각의 고유한 본성은 이 자기 제시가 전부일 터이므로, 모든 대상 각각에 대하여 오직 단 하나의 지각만 있을 터이다.[115]

이 모형의 아킬레스건은, 면모들이 딱 보기에 그 자체로 우리가 지각하는 사물들이라는 점이다. 내 책상의 나를 향한 표면은 그 자체로 한 사물이며, 그 사물은 뒷면을 지녔다. 내 책상의 나를 향한 표면은 원래 면모여야 하는데, 그 표면을 조금만 더 자세히 숙고하면 나는 그 표면이 면모가 아니라 한 사물에 붙어 있는 또 하나의 사물임을 — 후설도 인정하듯이 〈사물적 부분〉[116]임을 — 알아챈다. 그러므로 나는 가정에 따라 그 표면에 직접 접근할 수 없다. 그렇다면 이제 나는 나를 향한 책상 측면의 대용물을 필요로 한다. 면모의 이론적 기능을 수행할 수 있는 대용물을 말이다. 그리고 그 대용물은 직접 주어져 있어야 한다.

이런 식으로 지각 대상과 지각 내용 Gehalt의 구별이 발생한다.[117] 지각 대상은 사물, 지각 내용은 면모다. 그런데 사정이 이렇다면 나는 계속 다시 새로운 사물들을 도입하게 된다. 그 새로운 사물들은 나를 원래 사물로부터 멀리 떼어 놓으며, 나는 또 다른 면모들을 통해 그 새로운 사물들로부터 격리된 채 머무르고, 더 자세히 숙고하면 그 면모들 역시 사물들로 밝혀진다. 따라서 악성 무한 역진에 봉착할 위험이 있고, 이 문제를 피하기 위해서는 내용을 사물로 간주하지 않고 범주적으로 다른 무언가로 간주해야 한다는 것이 자연스럽게 떠오른다.[118]

그리하여 정신적 내용들, 곧 재현들이 속한 특수한 영역이라는 관념이 발생한다. 재현들은 진실 규범성 veridische Normativität 아래 놓인다는 점에서 사물들과 구별될 수 있다. 내용은 옳음 조건을 충족시키거나 아니면 충족시키지 않는다. 내용은 우리에게 사물을 특정한 방식으로 제시하고, 우리는 그 방식을 옳음 및 그름과 연결하여 평가할 수 있다. 사물은 자신의 진면목대로 있으며, 내용은 사물을 옳거나 그르게 제시한다. 사물은 규범성 아래 놓이지 않지만, 내용은 규범성 아래 놓인다. 내용은 오류 가능한 반면, 사물은 그렇지 않다. 이런 식으로 많은 차이가 있다.[119]

그러나 진실을 말하자면, 우리는 사물의 측면을 지각한다고 주장할 수 없다. 우리가 지각하는 바는 실사 자체, 바로 사물 자체일 수밖에 없다. 그런데 우리가 사물을 내용이라는 매체 안에서 직접 지각한다면, 내용은 우리와 사물 사이에 놓인 사물이 아니기 때문에, 어떻게 우리가 이런 방식의 지각에서 오류를 범할 수 있는지 이해할 수 없게 된다. 지각은 성공 사례를 가리키는 이름이든지, 아니면 오류 가능하기 때문에 아직 성공 사례가 아니다. 전자라면, (내용이라는 매체 안에서의) 사물에 대한 직접 지각은 오류 불가능하다. 세세한 내용이 아무리 오류를 유도하더라도 전혀 상관없이 말이다. 후자라면, 우리가 무엇을 지각하느냐는 질문 앞에서 내용 때문에 열린 태도를 취해야 할 것이다. 그 결과는 우리가 사물을 직접 지각한다는 생각을 포기하는 것이다. 만일 내가 (내용이라는 매체 안에서, 바꿔 말해 예컨대 여기에서 바라봄으로써) 내 노트북을 직접 지각한다면, 내가 무엇을 지각하느냐에 관한 유의미한 의심의 여지는 없다. 나는 실재 지각을 위해 오류 가능성을 내던져 버린 셈이다.[120]

사물은 사람이 특정한 방식으로, 즉 이러저러하게 지각하는 그것이다. 사물과, 사람이 사물을 지각하는 방식 사이에 거리가 있어서, 후자가 오류 가능성의 원천일 수도 있지 않을까? 그렇다면 그 거리는 매체의 유형일 터이다(매체는 성공 사례에서도 역할을 담당한다).

이것은 외견상 매력적인 생각이지만, 다음과 같은 후속 문제를 일으킨다. 사물과 내용은 과연 어떻게 관련 맺을 수 있을까? 거짓인 지각 판단에서는, 사물 D가 부분적으로 그른 방식 $G^\#$으로 파악되는 상황이 주어져야 한다. 반면에 참인 지각 판단에서는 D와 G^1가 들어맞는다. 그런데 우리가 추측하는, D와 G의 일치나 불일치가 어떻게 생겨날까?[121] 여기에서 그 관련은 인과적 과정들을 통해 확보된다는 주장을 고수할 수는 없다. 왜냐하면 인과적 과정들은 사물들 사이에서는 성립하지만 사물과 정신적 재현 사이에서는 성립하지 않아야 하기 때문이다. 만약에 정신적 재현이 모종의 사물(신경 상태)과 동일하다면, 정신적 재현은 사물일 테고, 이 사물은 우리가 지각하는 사물과 우리인 사물 사이에 놓일 터이다. 사정이 이렇다면, 악성 무한 역진이 발생한다. 그러므로 정신적 재현은 비인과적 특수 영역에 속한 듯하다. 그 특수 영역의 핵심 특징은 내재적 규범성이다. 하지만 이 행마 역시 도움이 되지 않는다. 왜냐하면 우리는 어떻게 사물들의 인과적 짜임새가 이유들이 속한 논리적 공간 안에서 모종의 지문(指紋)을 나타낼 수 있는지 이해할 수 있게 해주는 개념을 가지고 있지 않기 때문이다.

여기에서 귀납 개념은 그것이 약속하는 바를 이뤄 내지 못한다. 어떤 단일한 실재 통찰 사례도 비정신적 사물들과의 접촉을 성취하기에 충분하지 않다면, 우리는 귀납을 시작할 수조차 없다. 오히려 정신적인 것은 근본적으로 고유한 삶을 꾸려 가기 시작하고, 그 삶은 〈자연스러운 태도natürlichen Einstellung〉에서 정신적인 것이 지각한다고 여겼던 환경과의 접촉을 보증할 수 없다. 이런 연유로 현상학적 논증은 순식간에 회의주의로 이어진다. 왜냐하면 그 논증은 우리가 사물들을 제대로 지각할 수 없다고, 왜냐하면 우리는 실재와의 감각적 상호 작용의 수준에서 이미 가설들을 제작하는데, 그것들은 우주의 인과적 구조에서 너무 멀리, 결정적인 한 걸음만큼, 떨어져 있기 때문이라고, 처음부터 전제하기 때문이다.

볼프강 데텔은 이 회의주의적 귀결을 대단히 명확하게 서술하고 수용한다. 그러면서 그는 그 귀결을 귀류법 사용의 빌미로 평가하는 것이 아니라 부드러운 자연주의를 뒷받침하는 근거로 평가한다. 그는 자신의 논증을 펼치면서 이렇게 확언한다. 〈재현들은 옳거나-그름, 들어맞거나-들어맞지 않음, 참이거나-거짓임이라는 이상하고 심지어 수수께끼 같은 속성을 지녔다.〉[122] 이 진술을 보면, 데텔은 자신이 어떤 난점들에 직면하는지 어렴풋이 느끼는 것이 틀림없다. 그야말로 기이한 것은, 이 대목에서 신을 인식할 가능성을 반박하는 데텔의 논증이 〈칸트주의적 물리주의〉[123]라는 회의주의적 입장으로 귀착한다는 점이다. 이 입장의 핵심은 데텔이 〈전제Annahme 3〉이라고 칭한 다음과 같은 뻔한 견해를 기껏해야 잘 정당화된 가설로 간주하는 것이다. 〈외부 세계는 특유한 특징들을 지녔으며 구조를 갖춘 요소들(상태들, 사건들, 객체들)로 이루어졌다.〉[124]

관찰 가능한 일련의 중요한 현상들에 대한 최선의 설명으로서 전제 3은 더없이 그럴싸하다. 하지만 그 전제는, 우리가 우리의 생각하기의 한계에서 초월을 〈보고〉 또한 동시에 초월의 원리적 인식 불가능성을 파악하는 과정, 그 수수께끼 같은 과정의 청사진이다. (……) 종교적 언어를 일종의 시(詩)적인 노력으로 간주하면, 다시 말해 우리가 초월에 관하여 원리적으로 아무것도 알 수 없음을 명시적으로 인정하면서도 불완전한 그림들을 활용해 우리를 초월로 향하게 하려는 노력으로 간주하면, 종교적 언어를 신 없는 종교성의 표현으로 받아들일 수 있다.[125]

이 같은 초월을 향한 불필요한 항로 이탈은 그릇된 지각 이론의 귀결이다. 그 이론은 우리의 정신을 정신적 재현들로 가득 채우는데, 그것들은 세계에 속하면 안 된다. 왜냐하면 세계는 사물들의 인과적 배열로 이해되며, 그 배열 안에는 진릿값 차이가 들어설 자리가 없기 때문이다.[126] 이처럼 불합리한 귀결을 지닌 전제에서 나오는 종합적인 결론은, 우리가 사물들을 지각하는 것이 아니라 모종의 재현들을 지각한다는 것이다. 그 재현들이 우리 정신의 내부에 깃들어 있든, 외부에 깃들어 있든 상관없이 말이다.

정신 실재론은, 애당초 과학주의적으로 왜곡되지 않은 선(先)
이론적 경험의 편에 서서, 이 모형에 등을 돌린다. 그 선이론적 경
험을 이해하려면, 후설과 하이데거의 견해와 달리 〈원시적〉이고
〈신화적〉이라는 특징을 띠지 않은 다른 놈에 호소해야 한다.[127] 그
런데 이 다른 놈 혹은 낯선 놈은 실은 무언가이거나 심지어 다른 누
군가가 아니라 우리가 불가피하게 처한 입장Position이다. 이 입장은
모든 대상을 아울러 하나의 보편적 영역 안에 귀속시키는 세계관
으로서의 입장이 아니다. 정반대로 우리의 선이론적 경험은 근본
적으로 다원적이다. 우리는 무한정 많은 의미장들의 인터페이스에
위치하며, 우리가 우리 경험의 요소들을 대상화하는 순간 곧바로
제시하는 상황은 그 의미장들의 겹침이다. 그러나 우리의 경험은
결국 부분적으로 비대상적이며 그렇게 머무른다. 우리가 대상적
특징짓기를 통하여 아무리 정확하게 상황을 파악한다 하더라도 말
이다.

그런데 이를 비대상적인 것이 속한, 정확히 특정된 실재 층이
있다는 뜻으로 이해하면 안 된다. 그 안에 대상들이 실존하는 모든
입장 안에서 모종의 의미Sinn는 명확히 발설되지 않은 채로 남는다
는 점, 따라서 실존하는 모든 것이 언젠가 대상이 될 수 있는 것은
아니라는 점은 의미장 존재론의 기능적 존재론적 차이에서 귀결된
다.[128] 요컨대 실재가 말하자면 양쪽 절반—대상들, 그리고 비대상
적인 것 — 으로 갈라지는 것이 아니다. 이 갈라짐은 세계 없음 직
관을 통해 이미 배제되었다. 그 직관의 부정적 존재론적 판결은, 대
상들 전체로서의 하나의 실재는 생각될 수 없다는 것이다.

이런 식으로 지각 이론을 위한 신실재론적 패러다임이 발생한
다. 그 패러다임은 그늘 지우기 정리를 필요로 하지 않는다. 그 패
러다임에 따르면, 지각 이론의 핵심 개념은 그늘 지우기가 아니라

내뿜기Abstrahlung다. 이 패러다임은 이제부터 서술할 생각과 연결되어 있다. 그 생각은, 지각되는 사물들과 우리가 동일한 (물리적으로 설명 가능한) 장 안에 있다는 의미에서 우리의 지각 상태들은 인과적으로(인과 관계 안에) 내장되어 있다는eingebettet 사실을 고려하려 애쓴다. 태양은 어느 순간 우리의 신경 말단을 자극하기 이전에는 하늘 어딘가에 또는 우리 태양계의 중심에 있지 않다. 태양을 〈저 위에〉 또는 〈우리 태양계의 중심에〉 놓기는 의인화하는 투사다. 바꿔 말해 우리의 맥락에서는, 감각적 외관의 구조를 설명하기 위한 이론적 구성이다. 아무튼 태양의 감각적 외관은 특정한 구조를 지녔다. 이를 현상적 구조phänomenale Struktur라고 부르자. 인간의 시각적 지각장 안의 현상적 구조가 지닌 특징 하나는, 대상들이 우리에게 실제보다 더 작게 나타난다는 것이다. 우리는 지각장 안에 나타나는 태양을(혹은 태양의 특정한 구역을) 외견상 우리의 손바닥으로 가릴 수 있다. 반면에 태양(혹은 태양의 특정한 구역) 자체를 우리의 손바닥으로 가릴 수는 없다.

그러나 이를 기반으로 삼아 태양을 두 개의 대상, 곧 우리가 마주한 태양(현상/내용)과 태양 자체로 갈라놓는 어리석음을 범하면 안 된다. 이 고전적인 전략은 대개 태양의 대표자를 도입하는 결과를 초래한다. 우리의 정신(혹은 우리의 뇌) 안에 있는 대표자를 말이다. 이 모형에 따르면, 상상력이 지각 과정에 본질적으로 관여한다. 즉, 지각 과정에서 상상력이 내면적인 태양 도식을 산출한다. 그리하여 사람들은 태양 현상의 변화를 태양 도식들의 변화로 설명하고, 이제 우리는 표상(대표자) 계열의 **심리적** 순서와 사물들의 **인과적** 순서를 구별할 수 있다.[129]

하지만 이 모형은 방금 언급한, 인간적 조건 아래의 태양 및 태양 현상이라는 사례에서 실패로 돌아간다. 무슨 말이냐면, 내가 하늘에서 보는 그것을 내가 내 손바닥으로 가릴 때, 이 행동은 〈나의 정신 안에서〉 또는 〈나의 뇌 안에서〉 일어나는 과정이 아니다. 왜냐하면 내 손바닥도, 내가 하늘에서 보는 현상을 내 손바닥으로 가리는 행동도 〈나의 정신 안에〉 또는 〈나의 뇌 안에〉 있지 않기 때문이다. 물론 그늘 지우기 이론은 사정을 다르게 보고, 천문 현상과 내 손바닥의 현상적 나타남 둘 다를 〈나의 정신 안에〉 또는 〈나의 뇌 안에〉 위치시킨다. 그리하여 생활 세계 전체가 결국 정신적인 영역 안으로 옮겨진다. 이와 관련하여 카삼과 캠벨이 내놓는 옳은 진단에 따르면, 갈릴레이와 데카르트의 뒤를 이은 근대 초기 학문에 대한 특정한 해석의 결과로 지각 사물들은 차츰 우리 머릿속으로 밀려 들어갔다.[130]

그러나 이 모형은 수많은 정신적 재현주의의 역설을 낳는다. 그 역설들은 흔히 철저하게 훈련되어 왔다. 지금 우리가 위치한 추상 수준에서는 정신적 재현들을 인과적이라고 간주하든, 비인과적이라고 간주하든 아무 상관이 없다. 인과적이라고 간주하면, 실재를 뇌 안으로 들여놓는 결과가 발생한다. 반면에 정신적 재현들을 규범적이라고, 곧 비인과적이라고 규정하면, 우리는 의무론적 이원주의에 도달한다. 이 의무론적 이원주의는 지각에서 존재와 당위를 맞세울 뿐, 그로 인해 벌어지는 틈새를 존재론적으로 어떻게 메울 수 있는지 설명하지 못한다.

정신적 재현이 주체의 상태 변화에 따라 인과적으로 불러일으켜졌다는 것으로 환원될 수 없는 옳음 조건을 통해 재현들이 개별화된다면, 재현들은 규범적이라고, 곧 비인과적이라고 간주되는 것이다. 내가 나의 환경이나 체내 유기적 과정들을 통해 발생하는 모종의 상태에 처해 있다는 것은 당연히 내가 무언가를 정신적으로 재현한다는 것을 아직 뜻하지 않는다. 물론 나의 상태를 어떤 원인이나 원인 복합체가 있다는 정황 증거로 해석할 수는 있겠지만, 이로부터 나의 유기적 시스템 안의 모든 환경 흔적이 (내가 앎 주장의 형태로 무언가와 관련 맺기 위하여 사용하는) 의식적 표상과 똑같은 의미에서 재현이라는 결론은 나오지 않는다.

의무론적 모형의 주요 난점은, 실재가 우리에게 나타나는 방식과 실재하는 세계를 갈라놓는 이원주의가 도입된다는 것이다. 이 이원주의는 양립 불가능한 두 개의 개념적 질서를 확립한다. 즉, 원인들로 이루어진 논리적 공간과 이유들로 이루어진 논리적 공간을 확립한다.[131] 우리가 실재를 재현하는 방식은, 이 방식이 규범들 (예컨대 논리 법칙들이나 추론 규칙 시스템)에 종속되기 때문에, 실재와 구별되어야 한다. 인과적인 사건 진행은, 단적으로 그 진행은 규범적 법칙의 표상 없이도 법칙에 따르게 되어 있기 때문에, 저 규범들에 종속되지 않는다.

이 견해는 칸트의 저술에 의지한다. 저서『윤리 형이상학 정초』의 의미심장한 한 대목에서 칸트는 자신의 행위 이론의 틀 안에서 이유와 원인을 구별한다. 이는 그런 식으로 우리의 정신적 장치를 인과적 질서로부터 멀리 떼어 놓기 위해서다.

자연의 모든 사물 각각은 법칙들에 따라 작용한다. 오직 이성적인 놈만 **법칙들의 표상에 따라**, 즉 원리들에 따라 행위할 능력을, 바꿔 말해 **의지**를 지녔다. 법칙들에서 행위들을 도출하려면 **이성**이 필요하므로, 의지란 다름 아니라 실천 이성이다. 만일 이성이 의지를 필연적으로 규정한다면, 이성적인 놈의 객관적으로 필연적이라고 인식되는 행위들은 주관적으로도 필연적이다. 바꿔 말해 의지란 이성이 성향으로부터 독립하여 실천적으로 필연적이라고 인식하는 것, 곧 선하다고 인식하는 **것만** 선택하는 능력이다. (……) 그런데 실천적으로 **선한** 것이란, 이성의 표상을 통하여, 곧 주관적 원인들에 입각해서가 아니라 객관적으로, 즉 모든 이성적인 놈으로서의 이성적인 놈에게 유효한 이유들에 입각하여, 의지를 규정하는 무언가다.[132]

이로써 칸트는 그의 이론 철학에서 보인 이원주의적 행마를 행위 이론의 영역에서 되풀이한다. 실천 이성은, 인과적 세계 운행 자체에 대한 우리의 표상들이 인과적 세계 운행에 속하지 않음을 통하여 열린 공간을 차지한다. 그 결과로 칸트는 상상력이 접근할 수 있는 별도의 영역을 확립한다. 이 내감(內感)innerer Sinn의 영역은 태양의 현상과 손바닥의 현상을 담고 있다. 이때 태양 자체가 지각장 안에 있는 태양의 변형에 정확히 어떻게 인과적으로 기여하는지는 설명할 수 없는데, 이는 이 설명이 인식적으로 도달 불가능하기 때문이다. 칸트는 현상을 사물 자체로부터 너무 멀리 떼어 놓는다. 그리하여 그는 현상을 적절한 객관적 현상학의 대상으로 간주하지 못한다. 객관적 현상학은 현상적인 것 자체를 인과 질서의 요소로 다룬다.[133]

의미장 존재론의 중립적 실재론은 벌써 감각 이론의 수준에서 시작되며 현상을 정신 안으로 옮기는 것을 원천적으로 봉쇄한다는 점에 놀라지 말아야 마땅하다. 태양이 한번 의식 안으로 떨어지면, 태양은 거기에 감금된다. 따라서 지각 이론의 맥락 안에서 실재론은, 태양 자체와 태양에 관한 나의 시각적 견해 사이에 대표자로 끼어드는 불필요한 제3의 대상을 제거한다.[134] 그런 대표자는 단적으로 없다. 인과적 질서 안에도 없고, 심리적 질서 안에도 없다. 오히려 지각은 이항관계, 지각 사물과 지각하는 놈을 매개하는 이항관계다. 이 매개가 바로 지각이다. 바꿔 말해 지각은 정신적 인터페이스가 아니며 대상을 이루지 않는다. 일부에서는 지각이 그런 대상으로서 정신과 세계 사이에 놓여 정신의 세계 재현을 돕는다고 주장하지만 말이다.[135]

요컨대 우리는 정신적 재현의 도움 없이 사물 자체를 지각한다. 지각 과정에서 우리가 성취하는 바는 지각 사물과 이항관계를 맺는 것이다. 이 이항관계는 많은 인과적 시스템들을 아우른다. 특히 중요한 시스템들로는 전자기장들과 우리 유기체의 특정한 하위 시스템들을 꼽을 수 있는데, 이 시스템들은 감각 시스템들의 형태 안에 인과적으로 코드화된 정보를 읽어 낼 수 있다. 태양이 이런저런 속성들을 지녔다는 시각 정보는 인간이 보기에 특정한 형태를 띤다. 우리는 그 형태를 여러 방식으로 설명하는데, 한 방식은 우리의 감각 장비의 구조를 통해 설명하는 것이다. 한 생물학적 시스템이 인과적으로 지각 과정과 유관하게 현존하지 않는다면, 인간의 의식적 지각은 없다. 하지만 우리가 우주 안에 현존함으로써 새로운 유형의 [까마득한 과거부터 이미 현존하는 대상들(〈정신 외적 실재라는 원시 암석〉[136])과는 절대로 〈직접〉 비교할 수 없는] 대상들(정신적 재현들)이 생겨난다는 뜻은 아니다.

결론적으로 무언가를 지각한다는 것은 사물들이 어떻게 놓여 있는지와 접촉한다는 것을 의미한다.[137] 우리의 접촉은 특정한 형태를 띤다. 즉, 지각의 형태를 띤다. 이 형태는 〈인상〉이라고 불러도 좋은 무언가를 포함한다. 단, 인상을 사물을 재현하는 무언가로 간주하지 않는 한에서 말이다. 태양에 대한 나의 인상은 내가 태양계에 속한 나의 인과적 입장에서 정보들을 받음을 통하여 발생한다. 이 정보 수신과 인상 발생은 무엇보다도 제대로 작동하는 피질을 전제한다. 하지만 건강한 피질은 생존 능력을 지닌 인간의 의식적 지각을 위한 충분조건이 아니다. 왜냐하면 우리 각자는 인간으로서 통 속의 뇌가 아니라 복잡한 시스템이며, 그 시스템 안에서 수많은 하위 시스템들이 협동하기 때문이다. 우리의 지각은 철저히 신체화되어 있다.[138]

의미장 존재론 모형에서 생활 세계는 우리가 인간적이지 않은 환경 안에 인과적으로 내장되어 있음에 대한 자기 탐구의 불가피한 출발점이다. 물론 그렇다고 생활 세계가 학문의 세계로부터 분리되어 있다는 뜻은 아니다. 생활 세계는 자연 과학적으로 설명 가능한 (익명의 과정들이 펼쳐지는) 외부 세계로부터 격리된, 이유들이 속한 비실재적 공간이 아니다. **오히려 생활 세계는 인간의 삶꼴이 속한, 환원 불가능하게 실재하는 환경이다.**

우리의 생태 보금자리Nische는 허깨비도 아니고, 우리가 물리학 실험과 이론을 통해 그 비밀을 규명하는 물리적인 것과 우리를 갈라놓는 장벽도 아니다. 왜냐하면 실험과 이론은 내가 소유한 후설 저서 표지의 녹색이나 베토벤 연주에서 음높이들의 계열과 똑같이 생활 세계의 구성 부분이니까 말이다. **우리에게 실재가 나타나는 방식은 그 자체로 실재하는 무언가다.** 생각하고 경험할 때 우리는 우리에 아랑곳하지 않는 인과적으로 폐쇄된 그-자체An-sich를 초월하는 것도 아니고, 외부 세계가 어떠한지에 관한 가설 세우기를 포함한 성공적인 설명을 통하여 정신적 내면 공간을 넘어서는 것도 아니다.

따라서 후설의 생활 세계 개념은 말할 것도 없이 시대에 뒤처졌다. 왜냐하면 그 개념은 그릇된 지각 이론을 토대로 삼을뿐더러 그 이론을 학문 이론(과학 철학)의 토대로서 확장 적용하기 때문이다. 그리하여 후설의 학문 이론은 지각 이론의 오류들을 물려받고, 역방향의 세습도 이루어진다. 이런 식으로 후설의 시대와 현재를 막론하고 오류를 유발하는 인상이 발생한다. 그것은 학문이 위기에 처했다는 인상이다. 후설이 위기 논문의 첫 부분에서 내놓는 추측에 따르면, 그 위기는 어쩌면 〈유럽 인류가 처한 근본적인 삶의 위기의 표현〉[139]이다.

의미장 존재론에서는 생활 세계를 거론하는 대신에 궁극적으로는 **불가피성 공준**Unhintergehbarkeits-Postulat을 존중하는 것으로 충분하다. 그 공준에 따르면, 우리는 인간적이지 않은 현상들에 대한 모든 설명에서 정신의 엄연하고 환원 불가능한 실존을 함께 고려해야 한다. 우리는 인과 질서에서 우리의 관점을 설명을 통해 제거할 수 없다. 또한 제거해야 하는 것도 아니다. 무슨 말이냐면, 우리는 우리의 관점에서 또 우리의 관점에서만 사물 자체를 성공적으로 인식할 수 있기 때문에, 우리의 관점은 인식적으로 특권적인 방식으로 인과 질서에 속한다. 이 사정은 지각의 수준에서 벌써 시작되며, 그렇기 때문에 지각에 대해서는 사실성이 유효하다. 즉, 무언가가 사실임을 한 개인이 지각한다는 것으로부터, 그가 지각하는 그 무언가가 사실이라는 것이 귀결된다.

이때 사실성은, 우리의 사실적 지각과 그것의 감각적 짜임새로부터 독립적으로 성립하는 무언가가 아니라, 지각 관계의 형식적 속성이다. 지각은, 학문적이거나 전적으로 일상적인 행위 지식[*] 같은 인식적 특권을 지닌 상태들과 마찬가지로 이러한 형식적 속성을 지녔다. 예컨대 이런 앎들을 보라. 내가 양손을 들어 올리는 지금, 나는 내가 양손을 지녔음을 안다. 나는 2+2=4임을 어린 시절 언젠가 내 손가락들을 꼽아 가며 배운 덕분에 2+2=4임을 안다. 나는 역학에 대한 기초 지식을 지녔으므로, 다른 물리적 시스템들과의 관계 안에서 달의 가속도와 결부된 특정한 질량을 달이 가졌

---

[*] Handlungswissen. 행위를 위해 필요한 앎.

음을 안다.

이 마지막 앎이 온전히 지각 앎*인 것은 아니다. 우리는 지각 에피소드들을 겪음으로써가 아니라, 지각 에피소드들을 예측하고 적절한 기술적 장치들의 도움을 받아 일으킬 수 있기 위하여 수단으로 삼는 이론들을 구성함으로써, 역학 법칙들을 안다. 우리의 기술적 장치들은 지각 에피소드들의 기반을 이루는 인과 구조들을 산출한다. 그리하여 이런 식으로 실재 내에 입증 관계가 설치된다.

지각의 설명적 우선성을 불가피성 공준의 근거로 삼는다면, 그것은 중대한 오류다. 고전적 경험주의는 지각을 우리의 나머지 앎으로부터 격리하고 결국 그릇된 지각 이론을 지어낸다는 점에서 실패로 돌아간다. 그 지각 이론에서는 정신적 재현들이 핵심적인 지위를 차지한다.[140]

---

* 지각 그 자체인 앎.

9장
객관적 현상학

앞 장에서 반박된 현상학적 논증은 일석이조를 위한 시도로 간주될 수 있다. 한편으로 그 논증은 세계를 들여다보는 창구로서의 인터페이스를 도입한다. 이런 식으로 우리의 오류 가능성을 해명할 수 있을 것처럼 보인다. 즉, 인터페이스에 위치한 우리의 정신적 재현이, 우리의 정신적 장치에 인과적 흔적을 남기는 사물과 들어맞지 않으면, 우리는 최소한 부분적으로 착각한 것이다. 다른 한편으로 현상학적 논증은 사실성을 갖춘 성공 사례도 당연히 해명하려 한다. 이를 위해 그 논증은 우리의 지각 앎을 경험적 앎의 한 형태로 해석한다. 즉, 있는 놈을 부분적으로 들여다본 것에 근거를 둔 앎으로 해석한다.

그러나 이로써 현상학적 논증은 지각 앎을 잘못 설정된 지각의 영역에 위치시킨다. 그 논증은 어떻게 우리가 무언가를 지각함으로써 그 무언가를 알 수 있는지 제대로 알려 주지 않는다. 왜냐하면 그 논증은 앎 주장을 지각과 관련짓지 않고, 추론 형식을 띤 감각 경험과 관련짓기 때문이다. 이런 식으로 그 논증은 지각과 지각된 사물 사이의 사실성 연결을 끊는다.

사실성 연결 Faktivitäts-Verbindung이란, 누군가가 무언가를 지각한다는(이를테면 자동차를 본다는) 것으로부터 그가 지각하는 그 무언가가 있다는 점, 그리고 그 무언가가 그가 지각하는 대로라는 점이 귀결된다는 것이다.[141] 이 연결은 인식적으로 중요하다. 왜냐하면 지각은 존재 판단만 정당화하는 것이 아니라 명제적 구조를 띠기 때문이다. 여기에서 명제적 구조를 띤다는 말이 뜻하는 바는, 우리가 단지 개별 사물을 점의 형태로 지각하는 것이 아니라 환경 안에서 특정 속성들을 지닌 사물을 지각한다는 것이다. 이 속성들은 우리의 지각적 파악의 수준에서 질적이다. 즉, 그것들은 특정 감각들에만 포착되는 색깔, 형태, 소리, 맛 등이다. 이때 지각된 속성들은 본질적으로 그것들이 등장하는 맥락 안에 속한다. 동일한 자극도 등장하는 맥락이 바뀌면 다르게 지각된다. 특정한 파란색 빛은 질적으로 약간 다른 파란색 배경 앞에서 지각될 때보다 검은색 배경 앞에서 지각될 때 더 강렬할 수 있다. 이는 심오한 깨달음이 아니라 잘 알려진 심리 물리적 사실들일 따름이다.

더 심오한 것은, 우리가 개별 사물들을 지각하지 않고 한 맥락 안의 개별 사물들을 지각한다는 사정은 지각과 사실 사이에 성립하는 사실성 연결에 기반을 둔다는 통찰이다. 우리가 지각하는 것은 사실, 곧 하나나 다수의 대상에 관하여 진실인 무언가다. 그렇기 때문에 한 대상에 대한 지각으로부터 무언가가 사실이라는 것이 귀결된다. 그러므로 사실성 연결의 수준에서는 사물 지각과 사실 지각을 유의미하게 구별할 수 없다(말할 필요도 없겠지만, 우리가 지각한다는 사실이 지각된 사실과 동일하다는 뜻은 전혀 아니다).

사물 지각 Ding-Wahrnehmung은 우리가 개별 사물을 지각의 인과적 원천으로 간주함으로써 이론 안에서 얻는 결과다. 이 모형에 따르면, 개별 사물은 주어진 지각의 중요한 원인이다. 지각에 관한 순수한 인과 이론은 지각을 인과 구조로 환원한다. 그 구조의 출발점에는 개별 사물이 있으며, 그 사물이 정보를 방출한다. 그리고 그 구조의 끝에서 모종의 감각 생리학적 과정이 일어난다. 우리는 내성(內省)에 기초하여 그 과정이 지각임을 익히 안다. 그러나 이 이론은, 사물이 그렇게 간단히 광선처럼 우리의 정신 안으로 들어와 지각을 흔적으로 남기는 것이 아니라는 점 때문에 실패로 돌아간다. 이 모형이 옳다면, 지각은 전혀 사실적이지 않을 터이다.

아울러 이 이론은 개별 사물에 대한 우리의 의식적 파악이 지각에 어떻게 개입할 수 있는지 설명하지 못한다. 이 순수한 인과 이론에 따르면, 지각은 우리가 지각을 주목하고 지각에 관하여 발언하기 전에 이미 완성되고 고정되어 있다. 우리가 지각하면서 무엇을 생각하는지는 지각 자체에 아무런 영향을 미치지 않는다. 그러나 이것은 명백히 거짓이며, 많은 사물은 우리가 명시적으로 개념을 적용할 때 비로소 지각된다는 간단한 연구 결과에 모순된다.

이 대목에서 순수한 인과 이론은 대개 이론적 인공물을 만들어 내고 그것을 〈지각〉이라고 칭함으로써 발뺌한다. 그런 이론적 인공물을 거론하는 취지는 우리의 인과적 환경이 우리 안에 남기는 흔적이 현존한다는 것이다. 이런 식으로 우리의 온전한 정신적 삶이 요소들로 분해되며, 그 요소들은 모듈들과 대응한다. 특히 순수한 선(先)의식적 지각 모듈이 상정된다. 그 모듈은 옳음 조건을 지녔는데, 우리는 그 조건에 절대로 의식적으로 접근할 수 없다. 이렇게 상정된 공준은 인간이 아닌 동물의 지각과 신생아나 병에 걸린 환자의 지각 장애를 지목함으로써 정당화된다. 하지만 다른 생물들이, 혹은 같은 종의 생물들이 때때로 위축된 지각 경험을 가진다는 것으로부터, 내가 이 문장을 타이핑하는 지금 겪는 것과 같은 지각 에피소드가, 본래 제각각 독립적으로 작동하지만 모종의 방식으로 — 이른바 결합 문제Bindungspro blem(binding problem)가 아직 풀리지 않았기 때문에, 우리는 이 방식이 어떤 것인지 모르는데 — 인과 작용에서 충분히 동시화되어 말하자면 개념적으로 매끄럽게 연마된 지각 경험의 인상을 함께 산출하는 모듈들로부터 조립된다는 것은 당연히 귀결되지 않는다. 이 대목에서 순수한 인과 지각 이론은 결국 환상주의로 주저앉는다. 왜냐하면 그 이론은 내가 지금 스스로 작성하는 문장들을 지각한다는 매우 정당한 인상을, 내가 문장들(따라서 의미들)을 지각하는 것을 원리적으로 불가능하게 만드는 인과적 메커니즘에 종속시키기 때문이다. 요컨대 순수한 인과 지각 이론에 따르면, 지각은 사물 지각과 동일하지 않으며, 더 나아가 순수한 인과 지각 이론의 이론적 구성물이라는 의미에서의 사물 지각이 과연 있는지조차 의심스럽다.

여기에서 인간에게는 정교한 맥락 지각이 있음을(왜냐하면 우리는 이유들의 공간 안에 있으니까) 인정하는 한편, 다른 동물들에게는 단지 개별 사물에 대한 자극-반응 지각만 허용하는 것은 난관을 극복하는 데 도움이 되지 않는다. 지각 능력을 가진 다른 생물들이 자기네 실재를 대체 왜 원자적이며 불연속적인 개별 사물들의 더미로 경험한단 말인가? 정반대로 어느 모로 보나 다른 생물들은 우리와 마찬가지로 의미장 안의 대상들을 파악한다. 가장 먼저 떠오르는 근거를 대자면, 왜냐하면 대상들은 결국 의미장들 안에서만 등장할(곧 실존할) 수 있기 때문이다. 있는 것은 개별 사물들의 계열이나 집합이 결코 아니다. 다른 개별 사물을 변형하지 않으면서 각각의 개별자를 사실적으로 혹은 사고 실험에서 제거할 수 있는 경우는 결코 없다.[142] 사물들은 실제로 연결되어 있으며, 그 연결은 나중에 종합을 통해 형성되는 것이 아니다. 그 연결은 우리가 그 연결을 기대함으로써 실현되는 것이 아니다.

이런 연유로 지각은 본질적으로 **사실 지각**Tatsachen-Wahrnehmung

이다. 우리가 지각하는 것은 고립된 개별 사물들, 형이상학적으로 다소 우연히 동일한 장소에 놓인 개별 사물들이 아니다. 오히려 우리가 지각하는 것은 개별 사물들이 연루된 사실들이다. 그래서 지각은 사실적faktiv이다. 사실성은, 우리가 언어로 코드화된 개념적 표상들을 품을 때 비로소 발생하는 것이 아니다. 오히려 사실성은 지각 자체의 속성이다. 우리가 지각에 명제적 구조를 〈덮어씌움〉으로써 비로소 지각이 사실성이라는 속성을 획득하는 것이 아니다.[143]

현상학적 논증이 우리에게 제공하는 바는 기껏해야, 지각 자체는 우리에게 지각 사물에 관한 앎을 제공하지 않는데도 우리가 어떻게 그 앎을 획득하는지에 대한 설명이다. 따라서 이 논증에 기초한 현상학이 흔히 동물 지각에서 난관에 봉착하는 것은 놀라운 일이 아니다. 왜냐하면 그 현상학은 애당초 지각 앎을, 다른 포유동물이나 심지어 곤충에서는 좀처럼 기대할 수 없는 이론적 성과로 간주하니까 말이다.

인간 신생아는 더 큰 난점이다. 왜냐하면 진화적으로 습득된, 논리적 귀납과 충분히 유사한 온갖 행동을, 신생아의 신경계 형성에 기인한 것으로 설명해야 하기 때문이다. 그래야만 신생아들이 이유들로 이루어진 논리적 공간에 진입할 수 있다. 왜냐하면 현상학적 논증에 따르면, 지각 에피소드들을 해석할 능력이 아직 형성되지 않았을 경우, 지각만으로는 그 공간에 진입할 수 없기 때문이다.

물론 현상학 전통은 이와 관련하여 수많은 대답을 준비해 놓았다. 그러나 실재론자로서 나는, 지각을 경험적 인식 모델에 따라 재구성하지 않고 독자적인 앎 원천으로 간주하는 대안이 성립한다면 그 대답들이 가리키는 항로로 나아갈 필요가 전혀 없다고 본다.

그 독자적인 앎 원천은 기초적인 데이터로부터 조립되지도 않으며, 우리에게 앎을 제공하기 위해 이론적 해석이나 귀납에 의지하지도 않는다.

현상학적 논증을 체계적으로 궁지에 몰아넣기 위하여, 그 논증이 해결하려 하는 것처럼 보이지만 막상 해결하려 하면 상당한 난관에 봉착하게 되는 한 문제를 제시할 수 있다. 실제로 이 문제는 내가 **지각에 관한 조건 이론**Bedingungstheorie der Wahrnehmung이라고 부르는 대안을 통해 더 잘 해결된다. 조건 이론은 주어진 지각 에피소드를 그것의 필요조건들(총괄하면 충분조건)이 충족된 상황 안에서 분석할 수 있게 해준다. 이 분석에서는 그 조건들이 환원 불가능한 구조 안에서 서로 연결되어 있다는 점이 고려된다. 그 구조는 해당 지각 에피소드가 속한 의미장을 통해, 그리고 그 의미장이 다른 의미장들과 함께 이룬 연결망을 통해 형성된다. 요컨대 지각 에피소드의 실재성은 원자론적으로 아래에서 위로, 집을 지을 때처럼 요소들로부터 건축되지 않고, 전체론적으로 맥락의 통일성으로부터 규정된다. 이 방식이 보장하는 바는, 환상주의에서와 달리 지각 이론의 주제가, 바꿔 말해 사실적인 지각이 간과되지 않는 것이다.

조건 이론의 맥락 안에서 지각의 필요조건은 엄밀한 의미의 물리적 대상들(이를테면 광자들, 이온들, 신경들, 질량 중심들, 전자들, 별들, 자연 상수들 등)이다. 전자들과 광자들이 없다면, 어떤 인간도(또한 우리 행성에 사는 어떤 다른 생물도) 태양을 지각하지 못할 터이다. 하지만 물리적 대상들은 지각 에피소드를 산출하기에 충분하지 않다. 왜냐하면 그 대상들은 제각각 고립되어 있을 경우 감각적 환상을 산출하기 때문이다. 당사자인 생물은 그 환상을 지각 사물과 혼동할 수 있다. 이와 관련하여 유익한 러셀의 어휘를 빌리면, 물리적 대상이 우리의 감각 생리학적 구조 안에 남기는 감각적 인과적 흔적은 **주관적**이다. 왜냐하면 우리는 오직 오류를 범하기 쉬운 방식으로만 그 흔적들로부터 지각 사물의 속성들을 추론할 수 있기 때문이다. 물론 그렇다고 우리가 감각적 환상들에 자동으로 휘둘려 인식적 희생자가 된다는 뜻은 아니다.

현상학적 논증과 신실재론적 조건 이론 둘 다를 잘 알려진 한 사례에 비추어 논할 수 있다. 크립키의 로크 강의(책 제목은 〈지칭과 존재: 로크 강의Reference and Existence: The John Locke Lectures〉)가 마침내 출판되어 영향력을 발휘하고 있으니, 우리는 당대에 존 오스틴과 앨프리드 에이어가 벌였던 토론을 재개할 수 있다.[144] 그 토론에서 다뤄진 사례를 나는 **얼룩점 별 문제**Fleck-Stern-Problem라고 부른다. 두 사람이 별이 빛나는 밤하늘을 바라본다고 상상해 보자. 한 사람이 별을 가리키며 하늘에 있는 얼룩점이라고 말한다.[145] 실제로 이 비유는 부적절하지 않다. 왜냐하면 그 사람의 주관적 시야 안에는 하얀 얼룩점이라고 할 만한 것이 있으니까 말이다.[146] 우리 현대인은 적절한 상황에서 그 하얀 얼룩점을 별과 동일시하는 데 익숙하다. 우리가 하늘에 있는 얼룩점을 적절히 별로 식별할 때, 우리는 오늘날 우리가 보유한 방대한 배경지식을 사용한다. 현재 살아 있는 — 모든 사람은 결코 아니더라도 — 많은 사람은 우리가 밤하늘에서 볼 수 있는 하얀 얼룩점의 대다수가 태양들이라고, 즉 익숙한 (우리가 느끼기에 우리에게 알맞은 중시적 규모에서 눈에 띄는) 지상의 물리적 대상들과 비교할 때 크기가 어마어마한 물리적 대상들이라고 믿는다.

얼룩점 별 문제의 핵심은, 그 얼룩점과 태양을 동일시하는 것이 학문적으로 잘 정당화되어 있긴 하지만 겉보기만큼 간단하지 않다는 점이다. 왜냐하면 그 얼룩점은 학문적으로 특징지어진 별이 갖지 않은 속성들을 가졌고, 거꾸로도 마찬가지이기 때문이다. 그러므로 양자는 외견상 동일하지 않을 수 있다. 그렇다면 그 얼룩점을 태양과 동일시한다면, 그것은 오류일 터이다. 하늘에 있는 그 얼룩점은 내가 다가가면 더 커진다(물론 우주 비행사가 되어야만 이를 경험할 수 있겠지만). 또 우리는 그 얼룩점을 손바닥으로 가릴 수 있다. 반면에 그 얼룩점과 동일해야 할 태양은 손바닥으로 가리기에는 턱없이 크다(또한 뜨겁다). 우리가 태양에 아주 가까이 접근한다면 이 사실을 금세 알아챌 터이다. 그런데 우리는 이 모든 것을 오늘날의 천체 물리학 지식에 기초하여 안다.

오스틴은 그 얼룩점을 태양의 재현으로 간주하는 것은 그릇된 해결 전략이라는 점을 옳게 지적한다.[147] 그 얼룩점은, 그 얼룩점이 태양을 다룬다는 의미에서 태양을 재현하지 않는다. 그 얼룩점은 의미론적 내용의 사례, 곧 태양을 이러저러하게 표상하는 방식이 아니다. 물론 우리가 그 얼룩점을 의미론적 내용으로 사용할 수는 있지만, 그 얼룩점의 현존이 아무런 추가 조건 없이 그대로 의미론적 내용의 사례인 것은 아니다. 나는 내 주관적 시야 안의 그 얼룩점을 나에 의해 속성들을 부여받는 무언가로 다룰 수 있다. 나는 얼룩점들을 비교할 수 있으며 일부 얼룩점들은 다른 것들보다 더 크다고, 혹은 더 밝다고 서술할 수 있다. 이는 천체 물리학적 이론으로 나아가는 단초다. 이 경우에 나는 그 얼룩점을 특정 방식으로 재현한다. 바꿔 말해 그 얼룩점은 천체 물리학적 이론 구성을 위한 데이터로 사용할 수 있게 된다. 하지만 이로부터 그 얼룩점 자체가 본질적으로 그런 이론 구성의 데이터라는 결론은 나오지 않는다.

만일 그 얼룩점을 밤하늘이 아니라 지각 의식 안에 위치시킨다면, 사정이 달라 보일 것이다. 이 경우에는, 그 얼룩점은 의미론적 내용의 한 형태라고 말할 수 있을 터이다. 즉, 그 얼룩점은 태양을 특정한 방식으로 표상한다고 말이다. 그렇다면 그 얼룩점은 태양의 주어져 있음의 한 방식일 터이다. 그러나 이 전략은, 주관적 시야 전체를 내 의식 안으로 옮겨 놓을 수 있다는 인상을 유발한다. 그런 옮겨 놓기가 가능하다면, 내가 첫눈에 지각 사물로 간주하는 모든 것이(예컨대 내 앞에 놓인 탁자가) 정신적 내용이 될 테고, 따라서 우리는 현상학적 논증의 달갑지 않게 또렷한 버전으로 복귀할 터이다. 그러면 나의 주관적 시야는 갑자기 객관적 시야와 전혀 겹치지 않게 된다. 왜냐하면 나의 주관적 시야는 예컨대 타자들도 볼 수 있는 사물들을 포함하지 않고 단지 나의 사적인 의미론적 내용들만 포함하게 되기 때문이다. 그리고 나는 그 내용들을 수단으로 삼아 타자들도 볼 수 있는 사물들을 재현한다(이것은 마야의 베일을 치는, 널리 알려진 한 방식이다). 여기에서 우리가 현상학적 논증으로 미끄러져 떨어진 이유는, 의미론적 내용은 보유자를 필요로 하는 것처럼 보인다는 점에 있다. 우리는 그 보유자를 가장 먼저 (우리의 지향성의 인간적 실현으로서의) 의식에서 발견할 수 있을 테고, 그렇다면 우리는 프레게의 사상과 노에마에 관한 후설의 발언을 연결하는 다리를 놓을 수 있을 터이다.[148]

이런 방향의 논의가 어떻게 펼쳐지건 간에, (대체로 자족적인 〈표상 세계Vorstellungswelt〉로 귀착하는) 〈표상으로서의 세계〉 모형은, 어떻게 누군가가 정신적 재현을 매개로 인식적으로 실재와 연결되는지 설명하지 못한다. 모종의 수정하는 인식적 시스템을 통한 뒷받침이 없으면 정신적 재현은 그 연결을 이뤄 내지 못한다. 이를 다음 사실에서 확인할 수 있다. 즉, 인류는 과거 수천 년 동안 한결같이 태양의 사실적 크기에 관하여 터무니없는 오류를 범했다. 태양들이 특정 유형의 물리적 대상들이라는 발견은 세계사적으로 비교적 최근에 이루어졌다. 점성술과 천체 물리학은 몇백 년 전에야 비로소 어느 정도 깔끔하게 분리되었다. 이것은 수정하는 인식적 시스템을 통해 실재와의 연결이 이루어진 사례다.

이 대목에서 현상학적 논증의 옹호자는 한 발짝 물러나 원인 개념에 호소하면서, 그 얼룩점은 특정한 물리적 과정들을 통해 인간의 정신/뇌 안에서 발생하는 흔적이므로 태양의 재현이라는 견해를 펼 수도 있을 것이다. 이 견해에 따르면, 태양은 인간 지각의 주관적 시야 안에 놓인 얼룩점의 원인이다. 그렇다면 달 표면의 발자국이 우주인들이 거기에 있었음을 재현하는 것과 똑같은 의미에서 그 얼룩점은 태양을 재현한다.

그러나 정신적 재현에 관한 이 같은 인과 이론은, 감각적 표상이 어떤 방식으로 앎 주장의 구실을 할 수 있는지를 보조 전제 없이는 설명할 수 없다. 왜냐하면 감각적 표상은 기껏해야 앎 주장의 근거로 쓰일 수 있을 따름이기 때문이다. 앎 주장은 흔적이 있음으로부터 그 흔적의 원인의 구조를 끌어내는 추론을 해야 한다. 그런데 이렇게 되면 흔적 자체는 신뢰할 수 없는 무언가가 된다. 왜냐하면 적절한 보조 개념들과 (귀납을 출발점으로 삼는) 추론 절차들로 이루어진 (우리가 지각하는 유기체로서 아무튼 생존 능력을 갖추기에 충분할 만큼 우리의 정신적 삶을 조직화하는) 인식 장치를 활용하지 않고서는 그 흔적을 신뢰할 수 없으니까 말이다. 우리의 의식적이고 명시적이며 언어로 코드화된 앎 주장의 문턱 아래에 모종의 감각적 옳음sensorische Richtigkeit이 있어야 한다. 그래야 우리의 감각 인상들이 언어로 코드화되고 특징지어질 수 있다.

흔적 모형은 지각의 성공 사례를 결정적 측면에서 그 성공 사례와 닮지 않은 상황으로 부당하게 변환한다는 점에서 실패로 돌아간다. 앞서 우리가 상상한 현상학적 상황, 곧 정신적 흔적을 독해하는 상황과 발자국을 어떤 사실의 재현으로 읽어 내는 평범한 상황을 비교해 보자. 사냥꾼이 사슴의 발자국을 보고 사슴의 발자국으로 알아챌 때, 사냥꾼은 우선 발자국의 정신적 흔적을 한 흔적의 흔적으로 알아채야 하는가 하면, 전혀 그렇지 않다. 도리어 사냥꾼은 발자국을 직접 보고, 과거 이 장소에 사슴이 있었음에 도달하는 적절한 인식적 연결을 이뤄 낸다. 왜냐하면 그는 사슴, 사슴의 서식지, 현재 계절에 토양의 속성 등을 관련짓는 인과 사슬을 알기 때문이다. 평범한 발자국은 정신적 발자국이 아니다.

만약에 지각 전체가 단지 정신적 흔적의 전시(展示)라면, 우리는 정신적 흔적과 그것의 원인 사이에 인과 관계가 있음을 결코 알아낼 수 없을 것이다. 왜냐하면 가정에 따라서 우리는 원인을 발견하는 것이 아니라 단지 원인의 흔적만 발견할 수 있을 테니까 말이다. 그런데 이 모형에 따르면, 정신적 상태의 원인이 항상 또 다른 정신적 상태여서는 안 된다. 그러나 이 모형은 정신적 상태가 아닌 무언가가 발견될 가능성을 봉쇄한다. 그렇기 때문에 이 대목에서 최선의 설명을 향한 추론의 개념을 들이댈 수도 있겠지만, 그것은 아무 소용이 없다. 우리가 원인과의 정신적 접촉을 이뤄 낼 수 없다면, 우리가 원인을 상정하는postulieren 것을 통해서도 이뤄 낼 수 없다.

간단히 말해서, 정신적 재현의 원인에 도달하는 독립적이고 직접적인 통로가 어딘가에 있어야 한다. 그래야만 누군가가 한편으로 자신의 상태들과, 다른 한편으로 자신의 지각 시스템으로부터 독립적인 사건들 사이의 인과적 연결을 발견할 수 있다는 점을 설명할 수 있다. 지각은 그런 독립적 통로의 한 사례다. 이를 부정하면서 우리가 모종의 비감각적 통로로 우리의 의식적 지각 상태의 원인에 도달한다고 주장할 수도 있겠지만, 그런 통로를 어떻게 설명할 수 있겠는가? 그런데 바로 그런 본질 직관을 현상학자는 요구할 수밖에 없다. 그래야만 현상학자는 정신적인 영역에 관한 자신의 유지할 수 없는 이론을 정신적 재현에 관한 인과 이론으로 슬그머니 보완할 수 있다.

현상학적 논증에 따라 우리가 받아들여야 할 견해는 기껏해야, 우리가 비경험적 추론적 통로로 사물 자체에 성공적으로 도달한다는 것이다. 이때 사물 자체는 우리가 품은 표상의 이론적 원인의 역할을 한다. 지각 개념에 깃든 변증법의 한 부분인 이 대목에서, 이미 현상학에 충성할 것을 맹세한 현상학자가 아닌 사람이라면 누구나 **단순성에 기초한 논증**Argument der Einfachheit을 제시할 권리가 있다. 사물 자체에 이르는 통로가 아무튼 필요하다면, 최선의 설명을 위한 추론의 형태를 띤, 이론적 상정들로 이루어진 사슬의 끝에서야 비로소 그 통로를 허용할 이유가 있겠는가? 이론이 추론적인 생각하기의 과제로 간주하고 싶어 하는 사실 인식을 다름 아니라 지각이 해낸다고 인정하지 않을 이유가 있는가?

다른 글에서 나는 이와 유사한 고찰을 〈사실성에 기초한 논증 Argument aus der Faktizität〉이라고 명명했다.[149] 그 논증의 결론은 이러하다. 우리는 절대적 사실들을 받아들여야 한다. 이때 절대적 사실이란, 아무튼 성립했을 무언가, 곧 우리가 그것의 성립을 확언하지 않았더라도 성립했을 무언가다. 그런 사실을 확언할 때 우리는 그 사실이 양상적으로 굳건함을 안다. 즉, 그 사실의 성립이 우리의 단언하는 언어 행위의 인과적 결과나 논리적 결과가 아님을 안다. 요컨대 우리가 일반적으로 절대적 사실들을 피해 갈 수 없다면, 우리는 사실성을 우리가 실재와 접촉하는 과정에 대한 반성적 설명의 끝에서야 비로소 상정하지 않을 권리가 있다. 사실성에 기초한 논증은, 우리가 실재와 인식적으로 접촉하는 과정의 가장 이른 단계들을 성공적인 앎 주장들로 간주할 수 있는 모든 이론적 행마를 지원한다. 지각 개념은 우리가 우리의 환경과 말 그대로 접촉하는 과정을 가리키기 위해 도입되었으므로, 우리는 직접적 지각 실재론 direkter Wahrnehmungsrealismus을 선호할 권리가 있다.

그러나 직접적 지각 실재론의 모든 버전이 얼룩점 별 문제를 설득력 있게 해결하는 것은 아니다. 우리의 다소 단박인 환경 안에 중시적 대상들이 있다는 주장에 국한된 순박한 실재론은 아무리 늦어도, 물리학적 대상들과 일상의 가구(내용물)들은 서로 어떤 관계냐, 라는 질문 앞에서 난관에 봉착한다.[150]

이 책에서 옹호하는 직접적 지각 실재론은 의미장 존재론을 기반으로 삼는다. 이미 보았듯이, 의미장 존재론의 토대는 정신의 불가피성 주장이다. 이 주장에 따르면, 우리의 선존재론적 경험은 안정적이며, 손톱들, 원자들, 과거, 대통령들, 신경들, 지각들, 생각들, 예술 작품들, 탁상들 등이 있다. 우리가 이 대상들에 관하여 무언가 알 수 있다면, 우리는 그것들이 제각각의 의미장 안에서 특정한 고유 속성들을 가지며 그 속성들에 의해 동일한 의미장 안의 다른 대상들과 구별됨을 항상 안다.

의미장 존재론의 존재론적 다원주의는 물리적 대상들과 비물리적 대상들 사이의 관계를 서술하는 모형을 제시하며, 그 모형은 지각 이론에 관한 귀결들을 함축한다. 그 모형에 따르면, 예컨대 손은 실제로 있다. 이 사정은, 우리가 손을 분해함으로써 발견할 수 있는 기본 입자 시스템이 특정한 방식으로 조율되어 있지 않다면 손은 존재할 수 없을 터라는 사정과 상충하지 않는다.[151] 입자 물리학은 입자 물리학이 연구하는 의미장들 안에 놓인 기본 입자들의 속성들을 서술한다. 이때 입자 물리학은 기본 입자들이 속한 의미장들과 다른 의미장들의 겹침을 도외시한다. 즉, 입자 물리학은 앙겔라 메르켈이 독일 총리로서 갖는 속성들을 서술하지 않는다. 또한 메르켈의 물리적 속성들(질량, 가속도 등)을 서술하는 물리학적 시스템들과 앙겔라 메르켈 사이의 관계도 서술하지 않는다. 입자 물리학은 〈앙겔라 메르켈〉만큼 복잡도가 높은 대상들의 합성Komposition을 다루는 이론을 포함하지 않는다. 이 사정은 까마득한 미래에도 달라지지 않을 것이다. 왜냐하면 독일 연방 공화국의 법과 자연법칙은 영영 동일하지 않을 터이기 때문이다.

이 대목에서 어떤 이는 반론하기를, 입자 물리학이 서술하는 우주는 인과적으로 닫혀 있으며 따라서 우리는 앙겔라 메르켈과 그녀의 독일 총리로서의 속성들을 다루는 입자 물리학적 합성 이론을 얻을 수 있다고 할지도 모르겠다. 기본 입자들의 배열로부터 앙겔라 메르켈의 독일 총리로서의 속성들을 도출할 수 있다면서 말이다. 그러나 이 반론은 사실적인 물리학을 은근슬쩍 미래의 형이상학으로 바꿔치기한다.

물리학은 모든 물리학적 속성들을 완전히 서술하고 심지어 예측하는 능력을 결코 갖출 수 없다. 물론 기본 입자 수준에서는 그 능력이 이미 확보되었다. 그 수준에서는 통계적 법칙들이 유효하며 엄격한 결정론은 유효하지 않다. 우주는, 특정 규모에서 앙겔라 메르켈의 모습을 띠는 〈힘으로 연결된 톱니바퀴 장치〉가 전혀 아니다.[152] 현재의 물리학은 데모크리토스의 모형에 따른 원자론적 형이상학을 전혀 두둔하지 않는다. 오늘날 알려진 기본 입자들은 데모크리토스나 루크레티우스의 이론을 입증하지 않는다. 오늘날의 물리학과 데모크리토스의 원자론적 형이상학을 역사적이며 비판적인 고찰 없이 동일시하는 사람은 고대의 원자론 형이상학의 세부 사항뿐 아니라 무엇보다도 현재 물리학의 세부 사항도 완전히 간과하는 것이다. 현재의 물리학은 모든 것을 포괄하는 원자론적 세계상이나 그와 비슷한 것을 내놓지 않는다.

논증적 철학적 가치를 너무 많이 둘 생각 없이 한마디 보태면, 심지어 미시 물리학의 임박한 주요 성취들에 대한 많은 해석은 존재론적 윤곽이 의미장 존재론의 자연주의적 버전과 상당히 유사한 듯하다. 이 사실을 나에게 가장 먼저 알려 준 사람 중 하나는 카를로 로벨리다.[153] 당연히 의미장 존재론의 탄생에 중요하게 기여한 장 개념에 대한 로벨리 본인의 해석에 따르면, 시공은 모든 장의 기반이 아니며, 그 안에서 사건들이 일어나는 그릇은 더더욱 아니다 (시공이 포괄적인 기반이요, 그릇이라는 뉴턴주의적 견해는 상대성 이론에 의해 반박되었다).

시공은 중력장이다(그리고 중력장은 시공이다). 뉴턴이 직관적으로 알아챘듯이, 시공은 물질이 없어도 존재한다. 그러나 시공은 — 뉴턴의 견해대로 — 세계의 나머지 사물들로부터 분리된 무언가가 아니라 다른 장들과 마찬가지인 하나의 장이다. 세계는 단일한 캔버스에 그려진 한 그림이 아니라, 많은 캔버스들의 중첩, 많은 층들의 중첩이다. 그 층들 가운데 중력장은 다른 장들과 동등한 하나의 장일 따름이다. 다른 장들과 마찬가지로 중력장은 절대적이지도 않고 균질적이거나 불변적이지도 않다. 오히려 중력장은 휘어지고 펴지고 수축하고 다른 장들과 뭉쳐진다. 방정식들은 모든 장들의 상호 영향 관계를 서술한다. 그리고 시공은 그러한 하나의 장이다.[154]

여기에서 로벨리의 생각에 남아 있는 형이상학적 잔재를 〈해체〉하려 하는 것은 지나친 시도일 터이다. 그 잔재는, 모든 장들이 영향을 주고받는다는 그의 견해에서, 또한 그가 결국 자연주의적 세계상의 초안을 제시한다는 점에서 드러난다. 그러나 그 세계상은 대체로 의미장 존재론과 양립 가능하다. 하지만 그가 보여 줄 수 없는 바는, 그 자신이 연구하는 고리 양자 중력 이론loop quantum gravity에 대한 해석으로서 그가 제시하는 장 구조가 비물리적 대상들에 적용된다는 점이다. 물론 그는 이에 관한 제안을 하긴 한다. 그러나 그 제안은 정신적 재현주의의 모범적 버전이다. 정신적 재현주의는 우리의 정신적 상태들을 말 그대로 에너지 흔적으로 간주함으로써 우리를 무지의 거품 방울 안에 가둔다. 결과적으로 그는 뜻하지 않게 자신의 이론 전체를 마치-처럼 철학으로 연출한다.

물리학이 연구하는 의미장들 전체가 물리학이 접근하기에 이론적으로 부적절한 의미장들과 물리적 관련을 맺고 있는 것은 아니다. 존재론적 관점에서 손을 익명의 법칙들을 따르는 기본 입자들의 배열로 환원할 수는 없다. 이 환원에서 몇 걸음만 더 나아가면 터무니없고 완고한 제거적 결정론에 도달할 터이다. 이 결정론에 따르면, 누군가가 자기 손을 자유 의지로 들어 올리거나 아무튼 무언가를 한 적은 전혀 없다. 왜냐하면 현상적 실재는 그저 복잡한, 약한 창발적 시스템*일 따름이기 때문이다. 비록 현재로서는 그 시스템에 관한 인식적 예측이 물리학적으로 불가능하지만, 결국 이상이 실현되면 그 시스템은 통합된 물리학의 언어로 몇 개의 미분 방정식을 통해 완벽하게 파악될 것이라고 이 결정론은 주장한다.

이제 의미장 존재론에 기초하여 얼룩점 별 문제의 해결을 모색해 보자. 모든 실재하는 지각 에피소드 각각은 많은 의미장들의 얽힘Verschränkung이다. 우리가 우리 환경에 관한 앎에 지각 에피소드의 형태로 도달하려면, 적어도 필수적인 물리적 조건들(예컨대 전자기장의 현존)과 필수적인 생물학적 조건들(원뿔 세포들, 신경

---

* 약한 창발적 속성이란 컴퓨터 시뮬레이션을 비롯한 여러 형태의 사후 분석으로 접근 가능한 창발적 속성.

들, 피질, 외배엽 등)이 갖춰져야 할 뿐 아니라 우리 몸 바깥에서 적절한 사건들이 일어나야 한다.[155] 실재하는 지각 에피소드는 무엇보다도 자연 안의 사건이며, 이 사건에서 여러 자연적 의미장들이 겹친다. 그 의미장들은 양자 이론이 서술하는 의미장, 신경 생물학으로 접근할 수 있는 의미장 등이다. 신경 생물학적 의미장과 물리학적 의미장이 동일하다는 더없이 사변적인 견해를 자연 과학적이며 경험적인 지식에 기초하여 품을 권리가 현재로서는 우리에게 없다. 대신에 기껏해야 그 의미장들이 본질적인 측면들에서 겹친다는 견해를 품을 권리가 있을 따름이다. 학문적 관점에서 대체로 독립적인 분야들을 하나로 환원하는 작업은 기껏해야 자연 과학들에 대한 형이상학적 해석에 의해 뒷받침된다. 그 작업에서 자연 과학들은 난감한 상황에 내몰리고, 결과적으로 자연 과학들이 출발점으로 삼은 사실적 자연 과학적 토대가 아니라 형이상학적 해석이 사변적 견해들을 지탱하게 된다. 그리하여 사변적 견해들의 실상은 단지 외견상으로만 경험적 타당성을 지닌 순수한 사변임이 드러난다.[156]

지각 에피소드는 당연히 그것의 물리학적-생물학적 성분으로 환원될 수 없다. 필수적인 자연적 지각 조건들뿐 아니라 다양한 의미장들이 의식 있는 인간의 지각에(여기에서 우리는 지각을 앎의 한 형태로 다루고 있다) 개입한다. 그 의미장들 안에서 대상들은 사실 다발들로 나타나는데, 본질적으로 그 다발들은 끝내 환원 불가능한 정신적 어휘를 통해, 바꿔 말해 정신의 언어로 파악된다. 현재 논의에서 이것이 의미하는 바는, 우리가 우리 자신을 지각 시스템들로 간주할 수 있다는 점, 그리고 지각 에피소드들을 우리가 의식적으로 꾸려 가는 삶의 부분으로 규정할 수 있다는 점이다. 우리의 삶에 대한 이 같은 자기 규정은 인식적 앎 주장의 관점에서 이루어진다. 그리고 그 관점은, 인간의 앎의 범위를 어떻게 보고, 따라서 인간을 어떻게 보느냐와 연결되어 있다.

의미장 존재론에서 **정신**이란, 우리가 인간으로서 자화상을 그릴 때 고려하는 설명 구조explanatorische Struktur를 가리키는 이름이다. 그 자화상은 우리가 비인간적 환경 안에 내장되어 있다는 점에 이론적으로뿐 아니라 행위에 영향을 미치는 방식으로도 관심을 기울인다. 사람들은 코스모스* 안에서 인간의 위치에 관한 자신의 견해에 비추어 삶을 꾸려 간다.[157] 철학적 지각 이론의 중요한 과제 하나는, 지각 개념을 인간상과 연관 짓는 것이다. 그런데 여기에서 우리가 채택하는 인간상은 고차원적이다. 무슨 말이냐면, 우리는 인간이 자기 자신을 고찰하는 놈인 한에서만 인간을 고찰한다. 이 같은 자기를 마주한 관찰자 지위에 기초하여 지적할 수 있는 바는, 우리가 오로지 지각 에피소드를 훨씬 뛰어넘는 개념 사용에서만 지각 개념을 보유한다는 점이다.

반면에 지각에 대한 특수한 자연 과학적 탐구들은, 그 탐구들이 우리의 정신적 삶의 개별 층들을 지각 에피소드의 필수 조건들로서 포착하여 성공적이라고 받아들여지는 기존 앎 주장들과 연결한다는 최소한의 의미에서, 추상화 작업들로 간주할 수 있다. 무엇이 성공적이라고 받아들여지느냐는 여러 요인에 달려 있는데, 중요한 요인 하나는 학문 내적 기준이다. 이 기준의 합리적 수용 가능성은 그것의 진실성과 동일하지 않다. 한스 파이힝어의 과학 철학적 허구주의가 말해 주는 진실의 핵심은, 자연 과학들에서의 합리적 수용 가능성이 앎과 동일하지 않다는 통찰이다. 왜냐하면 수용 가능한 것 중 일부는 결국 거짓으로 판명되기 때문이다. 이를 기반으로 삼고 칸트의 발자취를 따라 파이힝어는 〈허구〉와 〈가설Hypothese〉을 구

* 자연 과학의 연구 대상인 우주와 구별하기 위해 Kosmos를 〈코스모스〉로 번역한다.

별한다.[158] 그에 따르면, 가설이 거짓으로 밝혀질 경우, 가설은 진실로 간주될 수 없다. 반면에 허구는 거짓으로 판명되더라도 제구실을 한다. 자연주의는 인간의 지각을 의식 없는 감각 데이터 처리 기계의 작동으로(말하자면 자극과 행위 사이에 놓인 순간온수기의 작동으로) 축약하는데, 이 축약은 정확히 파이힝어가 말한 의미에서의 (기껏해야!) 허구다.[159] 사람들이 이 허구를 진실로 여기면서 지적인 자기 파악의 수준에서(이를테면 철학에서) 인간 정신은 오로지 비지능적인 (각각 개별적으로 진화적 성취로서 이론에 진입하는) 모듈들로만 구성된다는 견해를 품지 않는다면, 이 허구는 해롭지 않다.[160]

지각에 관여하는 정신의 면모들에 대한 자연 과학적 탐구는 예컨대 신경 생물학적으로 이루어진다. 그러나 신경 생물학적 현상으로서의 지각은 실제 지각 에피소드와 동일하지 않다. 지각을 다루는 신경 생물학은 단지 지각 에피소드의 한 부분만 파악한다. 현재 수준에서 그 신경 생물학은 기껏해야 지각 에피소드의 현존을 위한 충분조건만 탐구한다. 적절한 신경 설비가 없다면 우리의 정신적 삶은 발생하지 않을 터이다. 그럼에도 본질적으로 지각 신경 생물학은 축약된 지각 개념을 채택한다. 왜냐하면 그 신경 생물학은 주어진 지각 에피소드의 사실적 존재에 제각각 인과적으로 기여하는 (예를 들면) 양자 역학적 필요조건들을 고려하지 못하고, 관찰 가능한 우주 전체는 더더욱 고려하지 못하기 때문이다

사실적 지각에 관여하는 의미장들의 부분 집합 하나에 초점을 맞추는 것은 추상화다. 하지만 추상화 자체는 아직 왜곡이 아니다. 이론 선택이 자동으로 대상들을 구성하기인 것도 아니고, 거짓인 무언가를 설명에 유용한 것으로서 의식적으로 받아들이기인 것도 아니다.

이 대목에서 의미장 존재론의 정신 개념은 후설 이래 현상학 전통의 근본 견해 하나와 만난다. 즉, 우리는 인간의 지각하기에 대한 우리의 선이론적 경험에서 (말하자면 무대 뒷벽 너머를 살펴보기 위하여) 벗어날 수 없으며 꼭 벗어나야 하는 것도 아니라는 견해와 말이다. 보지 않으면서 무대 뒷벽 너머를 볼 길은 없다! 우리가 우리의 관점을 이론적으로 분해하더라도, 우리의 관점은 사라지지 않는다. 우리가 우리의 관점을 실제로 분해하면, 우리는 죽는다. 환원주의가 서술하는 바는 우리의 삶이 아니라 우리의 죽음이다. 그렇기 때문에 환원주의는 관철될 수 없다. 이론 구성의 차원에서 환원주의는 정신적 자살이다. 대중이(또한 학계의 일부 인물들이) 이론 구성 차원의 환원주의를 우리 정신적 삶의 필요조건들은 규명하지만 충분조건은 규명하지 못하는 모형으로 간주하지 않고 곧이곧대로 받아들인다면, 그 정신적 자살은 해롭다.

이 같은 의미장 존재론의 정신 모형은 얼룩점 별 문제를 해결할 수 있게 해준다. 그 모형을 채택하면, 얼룩점을 분석하여 지각 환상Wahrnehmungsillusion으로 판정할 수 있으니까 말이다. 그 환상을 밀어내고 태양을 그 자리에 놓기 위해서 그 환상을 인식적으로 제거해야 하는 것은 아니다. 그런 제거는 결국 의식적 지각 공간을 물리적 시공 안에서 일어나는 사건들과 뒤바꾸기일 터이다. 우리의 생리학적 지각 장치의 인과적 구조는 고유한 광학을 발생시킨다. 선학문적이고 직관적인 방식으로 표현하면, 태양에서 나온 광선들은 우리의 유기체에 닿아 굴절된다. 우리는 광속으로 움직이는 놈을 인과적인 방식으로는 절대로 지각하지 못한다.

광자들이 우리 유기체에 〈닿는〉 순간, 상호 작용(굴절)이 일어난다. 이런 방식으로 유기적 과정들이 촉발되고, 우리의 유기체는 그 과정들을 의식적 지각 체험의 형태로 가용하게 만든다. 이 의식 있는 지각 체험은 얼룩점을 한 부분으로서 수용한다. 이를테면 우리가 여기에서 특정한 하늘 방향을 가리키며 누군가에게 얼룩점이 저기 있다고 말할 때, 우리는 주관적 시야 안의 한 위치를 그 얼룩점에 배정한다. 이로써 우리는 타인들도 볼 수 있는 색인 축indexikalische Achse을 특정한다. 타인들은 유사한 지각 장치를 지녔으므로 그 동일한 태양을 볼 수 있다. 그 태양은 그들의 지각 장치에 얼룩점으로 나타난다. 비록 색인 축은 저마다 다르겠지만 말이다.

광학 법칙들과 객관적 원근법에 관한 법칙들은 관점들 사이에 성립하는, 수학적으로 코드화할 수 있는 사정을 우리가 알아챌 수 있게 해준다. 그리하여 우리는 인과적 상황에 대한 이론적 그림을 그릴 수 있다. 이 이론적 그림은 우리의 태양 파악을 위한 터전이며, 두 의미Sinn, 곧 여기의 얼룩점과 저기의 얼룩점을 통분하여 태양(이라는) 대상Sonnengegenstand을 공통분모로 갖게 만드는 길잡이 의미Leitsinn다. 물론 그 태양 대상은 얼룩점도 아니고, (하루 중 어느 시간에 언급하느냐에 따라) 〈저 위〉나 〈저 아래〉에 있는 거대하고 뜨거운 물체도 아니다. 오히려 그 태양 대상은 물리적 관점에서 볼 때 장들의 겹침이다. 그 겹침이 〈여기까지〉 도달하는 것이며, 결과적으로 우리는 두 의미장 곧 〈얼룩점〉과 〈태양〉을 융합함으로써 이렇게 말할 수 있다. 즉, 우리는 태양으로부터 멀리 떨어져 있는 것이 아니라 태양 안에, 정확히 말하면 태양이라는 전체 장 안에서 우리가 거주할 수 있는 한 위치에 있다고 말이다. 우리 행성의 온도뿐 아니라 우리가 사물들을 볼 수 있기 위한 결정적 뒷배인 가시적 태양 빛도 전체 장으로서의 태양 안에서 발생한다. 물리적 우주 자체도 잘 특정된 개별 사물들(〈저 위〉의 거대하고 뜨거운 태양 같은 실체들)로 이루어져 있는 것이 아니라 장들로 이루어져 있다. 물리학은 그 장들의 상호 작용을 방정식의 형태로 코드화할 수 있다. 왜냐하면 우주의 법칙성은 관계의 형태를 띠기 때문이다. **우주는 순수한 관계요, 형이상학적 실체가 없는 사건이다.**[161]

물리적 장들은 특정한 굴절 조건들 아래에서 인간 유기체의 시야 안에 나타나는데, 그 조건들도 객관적으로 탐구할 수 있다. 이 굴절의 규모는 감각 생리학의 언어로 규정되는데, 우리는 그 언어 전체를 물리적 장 공식으로 환원할 정당한 동기를 가지고 있지 않다. 왜냐하면 우리 몸 역시 정신의 일부이기 때문이다. 강조하거니와, 정신은 비물질적인 유령이 아니라 사실적으로 실존하는, 실재하는, 자기 규정의 설명 구조다. 그리고 그 구조는 자연적 필요조건으로 유기체를 전제한다.

유기체가 정신의 일부라는 말은 주관적-관념론적이거나 현상주의적인 주장이 아니다. 풀어서 말하면, 우리의 펼쳐져 있지 않은 정신적 내면의 삶에 주어져 있는, 우리가 사적으로 접근할 수 있는 감각 데이터로부터 우리가 유기체를 조립한다는 주장이 아니다. 여기에서 사용되는 부분 전체론의 기준은 조건 분석이다. 우리가 관계 짓고자 하는 요소들은 얼룩점과 별이며, 별은 천체 물리학이라는 의미장 안의 대상으로 밝혀지고 얼룩점은 인간의 감각 생리학이라는 의미장 안의 대상으로 밝혀짐으로써 그 양자의 관계가 맺어진다.

이때 얼룩점은 태양의 정신적 재현이 아니라, 아무리 태양을 중심으로 생각하더라도, 태양의 모형과 비슷한 무언가다. 얼룩점이 그림(이미지)이라면, 비트겐슈타인이 『논리 철학 논고』에서 말하는 의미의 그림이다. 이 작품에 담긴 그림 이론Bildtheorie은 모형 개념을 기반으로 삼는다.[162] 태양의 질량과 우리가 겪는 감각 생리학적 현상들의 규모를 관계 짓는 배열 시스템이 있다. 이 배열 시스템 덕분에 우리는 얼룩점의 현존으로부터 의식 없는 우주의 구조를 추론할 수 있다. 왜냐하면 얼룩점은 한 인과 시스템에 속하고, 그 인과 시스템은 부분적으로 순수하게 물리적으로, 또 부분적으로 감각 생리학적으로 파악 가능하기 때문이다.

그런데 여기에서도 우리는 우리 자신의 추상화의 제물이 되어서는 안 된다. 내가 방금 간략하게 설명한 모형을 보유하게 되면 곧바로 우리는 얼룩점을 달리 취급할 수 있다. 방금 우리가 물리적 실재의 덧없는 정신적 재현으로뿐 아니라 독립적 탐구의 진정한 대상으로 규정한 학문적 대상으로서의 얼룩점은 이제 탐구의 한 부분이며, 그저 멍한 얼룩점이 더는 아니다.

지금 내가 따르고 있는 것은 조슬랭 브누아의 실재론에 담긴 주요 생각 중 하나다. 그 실재론은 대상이 그때그때의 상황에서 규범이라는 점을 거듭 지적한다. 무엇이 어떠하냐가 관건인 사실적 상황에서 우리는 그 규범을 지침으로 삼는다. 우리의 생각하기는 매우 뿌리 깊은 맥락성을 띠며, 그 결과로 우리는 우리의 성공적인 지칭을 설명하고 앎 주장을 설명하기 위해 상황을 초월한 대상을 필요로 하지 않는다.[163] 우리가 우리의 선이론적 경험을 특징지으면서, 마치 우리가 처음엔 얼룩점을 보았고 그다음 언젠가 그 얼룩점이 태양의 전체 장과 연결되어 있음을 발견했던 것처럼 말한다면, 이는 우리가 매번 규범이 설정된 맥락 안에서 활동한다는 점을 간과하는 것이다. 의미장 존재론의 어휘를 써서 표현하면 이러하다. 대상들은 늘 한 의미장 안에서 하나의 역할만 한다. 이때 대상들은 그 의미장 안에서 길잡이 의미 아래 놓인다. 길잡이 의미는 대상들이 초점으로 등장하도록 사실들을 조직화한다.

이를 저녁 별과 새벽 별에 관한 고전적인 프레게 모형을 통해 추가로 예증할 수 있다. 금성은 우리에게 때로는 저녁 별로 나타나고 때로는 새벽 별로 나타나는 동일한 대상이라고 당신이 말한다면, 당신은 우리의 인식 관심이 기준으로 삼을 길잡이 의미 하나를 제시하는 것이다. 늘 저녁 별만(즉, 당사자의 주관적 시야 안에서 특정 위치에 등장하는 금성만) 보아 온 사람은, 때로는 저녁 별로 나타나고 때로는 새벽 별로 나타나는 동일한 대상으로서의 금성 개념을 보유하지 못한다. 프레게가 논한 지시 대상Bedeutung으로서의 금성 개념은, 뜻Sinn으로서의 저녁 별 개념과 구별된다. 이 뜻은 우리를 금성과 연결한다. 프레게가 논한 지시 대상들의 의미장 안에서 금성은 저녁 별과 동일하다. 반면에 프레게가 논한 뜻들의 의미장 안에서는 그렇지 않다. 저녁 별-뜻(뜻으로서의 저녁 별)과 금성-뜻은 결코 동일하지 않다. 왜냐하면 만약에 동일하다면 정보를 제공하면서 모순도 없는 동일성 판단들이 있다는 동일성 수수께끼를 풀 수 없을 터이기 때문이다.[164]

얼룩점과 별 사이의 관계를 우리가 알더라도 우리가 지각하는 바는 달라지지 않는다는 의미에서, 얼룩점을 광학적 환상optische Illusion으로 취급할 수 있다. 우리가 지각하는 바는 우리의 앎으로부터 영향을 받지 않는다. 예컨대 뮐러-라이어 환상*에서 선들의 길이는 여전히 상당히 다르게 지각된다.[165] 그러나 인간의 지각 에피소드가 발생하는 데 기여하는 자연종들의 층에 펼쳐진 인과 연결망을 연구함으로써 우리는 그 환상의 구조를 이해할 수 있다.

나는 지금 〈착각Täuschung〉이라 말하지 않고 〈환상Illusion〉이라고 말하는데, 이는 환상이 반드시 착각을 일으키는 것은 아니기 때문이다. 환상은 우리가 환상을 환상이 아닌 무언가로 간주할 때만 착각을 일으킨다. 우리는 광학적 환상을 꿰뚫어 볼 수 있고, 따라서 광학적 환상은 앎을 얻기 위한 단서가 될 수 있다. 신기루는 갈망하는 오아시스가 가까이 있다고 여기는 목마른 사람만 착각에 빠뜨

---

* 통상적인 번역어는 뮐러-라이어 착시.

린다. 반면에 다른 사람은 앞에 놓인 신기루를 특정한 자극들이 유발하는 우리의 지각 과정을 연구하기 위한 데이터로 활용할 수 있다. 요컨대 관건은, 환상을 어떻게 사용하느냐 하는 것이다. 환상은 자체적으로 착각을 일으키지 않는다. 오히려 환상은 특정한 조건들 아래에서만 착각을 일으킨다. 그 조건들이 착각을 유발한다.

태양의 복사가 우리의 지각 장치에 진입하는 것에 대한 설명의 한 부분은 태양의 전자기장들이다. 우리는 우리의 지각 매체들(감각 양태들)의 선택 메커니즘 때문에 그 복사를 감지한다. 이 일이 잘 이루어지는 것은 오로지 우리의 감각 양태들이 태양의 장들에 속함으로써 그 장들과 상호 작용하기 때문이다. 우리 감각 양태들의 장들은 동일한 인과적 층에서 태양의 장들과 상호 작용한다. 이런 의미에서 우리의 태양 지각은 태양 안에서 일어난다. 우리는 태양 장 안의 대상들이다. 따라서 태양은 다른 위치에(〈저 위〉하늘에, 또는 우리 태양계의 중심에, 또는 그 밖에 어느 곳에도) 있지 않다. 〈저 위에〉라는 식으로 태양의 위치를 지정하면, 태양 환상과 태양 대상을 혼동하여 착각이 발생하기 십상이다. 태양이 〈여기에〉 있지 않으면서 〈저기에〉 있을 수는 없다는 점은 지금 여기가 환하다는 것에서 드러난다. 여기에 와 있는 태양 빛은 태양의 일부이지, 태양의 대리자가 아니다.

지각의 의미장들과 태양의 의미장들 사이의 인과적 상호 작용이 지각 환상을 산출한다. 그 지각 환상은 태양 안에서 일어나 태양을 (미미하게) 변화시킨다. 이 변화는 실은 양자 이론의 발견 이래로 우리가 이미 아는 바지만 철학적 지각 이론에서는 부당하게도 간과되어 왔다. 왜냐하면 그 분야의 담론 지형은 제대로 작동하지 못하는 주체-객체 모형에 여전히 얽매여 있기 때문이다. **지각 주체는 실재에서 멀리 떨어진 채로 코스모스의 사건을 지켜보는 구경꾼**

이 아니라 그 자체로 코스모스에 인과적으로 내장된 대상적 구조다.

따라서 얼룩점은 객관적으로 실존하는 그림이다. 이때 유념해야 할 것은 그 그림이 무언가를 모방한 그림, 곧 모상(模相)이 아니라는 점이다. 오히려 그 그림과 회화 작품 사이의 유사성은, 객관적으로 실존하는 그림들 안의 감각 데이터는 감각적으로 단박에 접근 가능한(또 다른 그림들을 통해 매개되지 않은) 구조들이라는 점에 있다. 우리가 매체 안에서 감각 데이터를 지각한다는 것은 천연색 영화가 우리에게 천연색 장면을 보여 준다는 것과 같은 의미에서다. 감각적 매체는 실사(實事) 자체를 제시한다. 감각적 매체가 제시하는 것은 모상이 아니라 실재하는 그림이며, 우리는 그 그림을 생산하는 것이 아니라 우리의 기록들에 기초하여 파악한다. 우리는 그 그림에 인과적으로 기여하는데, 그 기여는, 지각 전체가 사실적으로 실존하는 관계라는 점에 있다. 만약에 지각하는 놈의 기여가 없다면, 그 관계는 현존하지 않을 터이다. 그 인과적 기여는 우주의 다양한 층에서 일어난다. (양자 이론이 연구하는) 미시 물리학적 사건들과 생리학적 전제들이 없다면 우리는 감각을 보유하지 못했을 터이다. 요컨대 지각을 위해 필수적인 자연적 전제들이 있다. 물론 이 사정을 자연 과학만으로 규명할 수는 없다.

감각 데이터는 〈의식 안에〉 있지 않다. 감각 데이터는 외부 원인에 의해, 인식 불가능한 영향 관계를 통하여 일어나는 사적인 사건이 아니다.[166] 요컨대 얼룩점은 실재한다. 우리는 얼룩점을 가리킬 수 있으며, 우리 종의 다른 구성원들도 똑같은 광학 법칙들에 따라 유사한 경험을 한다고 간주할 권리가 있다.

하지만 얼룩점이 항상 지각 **대상**인 것은 아니다. 내가 태양을 예컨대 온도나 광도로 지각한다면, 지각 대상은 태양이다. 그런데 나는 함께 등장하는 얼룩점을 나름의 대상으로 삼아 예컨대 어떻게 그 얼룩점이 특정한 광도의 빛을 내는지 탐구할 수 있다. 이 탐구는 현대 천체 물리학에서 핵심적인 역할을 한다. 현대 천체 물리학은 별이나 기타 우주 현상의 속성들을 탐구하기 위하여 예컨대 스펙트럼 분석을 시행한다.

다른 경우와 마찬가지로 이 경우에도, 어떤 놈이 그 안에서 나타나는 맥락(의미장)이 확고하지 않다면, 그놈이 무엇이건 간에 그놈 자체는 대상이 아니다. 얼룩점은 한 의미장 안에서 지각 대상이면서 다른 의미장 안에서 그림(감각 데이터)일 수 있다. 이 사정은 대상과 의미장의 기능적 존재론적 차이에 부합한다.[167] 우리가 무엇을 지각하느냐는 맥락과 결부되어 있다. 이때 맥락은 오로지 특정 대상들의 현존을 통해서만 선택되는 것이 아니라 인간의 욕구에 의해서도 선택된다. 이 사정은 지각 상황에 대한 브누아의 정밀한 분석들이 상기시켜 온 바다.[168]

우리가 태양을 지각하는 한에서, 얼룩점은 광학적 환상이며 시각적 지각 의식에 속한다. 그 얼룩점은 신기루와 유사하다. 그 얼룩점은 마치 얼룩점이 있는 것처럼 상황을 제시하지 않지만, 마치 자신의 원인인 별이 있는 것처럼 사정을 제시하지도 않는다. 그 얼룩점은 그 무엇도 재현하지 않는다. 물론 특정한 물리적 또는 광학적, 생물학적, 생리학적 규칙성의 결과를 무언가의 재현으로 간주한다면 얘기가 달라질 수도 있겠지만 말이다. 그러나 그렇게 간주하는 것은 〈재현〉의 인식적 의미에서 벗어난 판정이다.

우리의 지각에 기초하여 우리는 특정한 별이 있음을 알 수 있다. 왜냐하면 우리가 그 별을 지각하기 때문이다. 우리는 그 별과 우리 사이의 상호 작용을 통해 발생한 얼룩점을 탐구함으로써 그 별에 관하여 무언가 배울 수 있다. 바로 이런 배움들이 천체 물리학에서 인식적으로 핵심 역할을 한다. 천체 물리학은 천체 현상들의 빨강 치우침red shift과 체험되는 깜빡임을 데이터 원천으로 활용하여 천체 물리학적 대상들에 관해 무언가를 경험한다. 요컨대 얼룩점은 태양의 재현이 아니다. 물론 얼룩점이 천체 물리학적 사례 연구에서 증거의 역할을 할 수 있기는 하지만 말이다.[169]

우리의 의식 있는 지각 경험은 우주의 일부다. 그 경험은 인과 관계들에 속박되어 있다. 그 인과 관계들을 탐구함으로써 우리는 지각 경험의 대상들에 관해 무언가 알아낼 수 있다. 불가피한 우리 관점에 대한 자기 탐구를 토대로 물리적 대상들에 접근하기는 실재와 인식적으로 접촉하기다. 그렇기 때문에 우리는 우리 정신으로부터 말하자면 독립적인 사물들이 어떠한지 알 수 있다.

내가 〈말하자면〉이라는 표현을 끼워 넣은 것은, 우리가 지각하는 대상들이 실은 우리 정신으로부터 인과적으로 독립적이지 않기 때문이다. 우주가 등장하는 인과적 장들 안에서 우리가 등장할 때, 우리는 우리 자신이 우주 안에 있음을 통하여 우주 자체를 변화시킨다. 이 같은 인간의 인과적 기여가 얼마나 근본적인지는 아직 완전히 밝혀지지 않았다. 그 기여가 현존하며 시급히 고려되어야 한다는 점은 상대성 이론과 양자 이론의 기념비적인 성취들 이래로 잘 알려진 현대 물리학의 귀결이다.

요컨대 우리는 우리 정신으로부터 인과적으로 독립적인 사물들을 지각하는 것이 전혀 아니다. 왜냐하면 그런 지각은 인과적으로 불가능하기 때문이다. 그렇다고, 우리의 의식을 통해 표상의 베일이 쳐져 우리가 못 보도록 사물들을 가린다는 뜻은 아니다. 지각 의식은 무언가가 나타나는 화면이 아니라, 객관적으로 실존하는 정보를 한 관점에서 파악하기다. 그 관점은 주위 환경과 인과적으로 상호 작용한다. 얼룩점을 비롯한 모든 (육안으로 보일 수도 있고 그렇지 않을 수도 있는) 감각 데이터는, 그 데이터를 그 데이터가 아닌 무언가로(이를테면 늘 실사 자체를 어둡게 만들 뿐인 화면상의 결함으로) 간주하는 것이 가능하다는 의미에서, 환상이다.

우리의 지각 앎을 위해서는 그 앎을 위한 자연적 필요조건들의 부분적 불투명성이 반드시 필요하다.[170] 우리와의 인식적 접촉을 전부가 아니라 일부만 인과적으로 산출하는 무언가와 인식적으로 접촉하기 위해서, 우리가 오류 불가능할 필요는 없다. 바꿔 말해 현존하는 지각 에피소드의 모든 필요조건들(총괄하면 충분조건)을 환히 알 필요는 없다. 일반적으로, 현존하는 앎의 성공 사례를 위한 모든 조건이 충족되었음을 알기 위하여 그 모든 조건을 환히 알아야 하는 것은 아니다.[171] 모든 성공적인 앎 주장은 무지의 영역을 산출하고, 우리는 그 영역을 점진적으로 탐사할 수 있다. 그리고 당연히 그 탐사를 통해 우리는 무지의 영역들을 추가로 산출한다. 우리는 알 수 있는 것들의 영역을 절대로 완전히 밝혀낼 수 없다. 당장 떠오르는 확실한 이유 하나는, 우리가 형이상학적 보편 양화사들을 일단 한번 선험적으로 붙여 보기 위하여 미지의 영역에 〈순수 논리〉를 정찰대로 먼저 투입한다는 점이다.

오류 가능성은 객관성을 위해 본질적이다. 이 사실은 지각 사례에서도 드러나는데, 어떻게 드러나느냐면, 주어진 지각 에피소드를 위한, 사실적으로 상호 작용하는 모든 자연적 정신적 조건들을 체계적으로 완벽하게 나열한 목록을 프리즘으로 삼아 그 지각 에피소드를 파악하는 것은 원리적으로도 불가능하다는 점에서 드러난다. 왜 불가능하냐면, 그런 파악 시도는 지각 상황을 변화시키기 때문이다. 지각되는 바가 우리의 인지적 개입을 통해 심리적으로 변화한다는 이야기가 아니다. 오히려 우리가 지각의 인과적 구조를 파악하려 하면, 이 파악 자체도 인과적이기 때문에 지각의 인과적 구조가 변화한다는 뜻이다.

우리가 우리의 감각 양태들을 모형화하여 파악하려 할 때 수단으로 삼는 이론적 개념들은, 그 어떤 섬세한 이론으로도 다룰 수 없다는 점을 본래적 속성으로 지닌 사안에 접근하는 것이다. 따지고 보면, 주어진 시점에 주어진 생물의 지각 시스템을 기준으로 삼을 경우, 다른 감각 양태가 섞여 들지 않은 순수한 보기 사례는 없다. 정신적 생물에서 일어나는 정신적 상태 변화의 복잡성은 우리가 완전히 꿰뚫어 볼 수 있는 모든 것을 넘어선다.

우리는 오류 가능하다(오류를 범할 수 있다). 그렇기 때문에 우리는 (그것들에 대해서 우리가 오류 가능한 그런) 대상들에 관하여 무언가 알 수 있다. 오류 가능성과 객관성은 실제 앎 획득에서 뗄 수 없는 한 쌍이다. 따라서 지각 에피소드가 이런저런 조건들 아래에서 일어난다는 점은 그 에피소드로부터 획득한 앎의 성공 사례를 방해하지 않는다. 도리어 그 사정은 우리가 알 수 있는 것을 언젠가 우리가 따라잡을 수 있는 만큼보다 더 많이 제공한다.

지각에 관한 조건 이론에서 일부 독자는 우리가 결국엔 지각 대상들에 직접 접근할 수 없다는 인상을 받을 것이 틀림없다. 아무튼 얼룩점이 우리와 별 사이에 끼어든다는 얘기가 아닌가? 얼룩점이 광학적 환상이라면, 어떻게 우리의 시각 경험이 우리와 사물 자체 곧 별을 연결할 수 있단 말인가? 그 연결은 얼룩점이 별을 재현함을 통하여 이루어지는 것도 아니고, 별이 원인으로서 얼룩점을 결과로 낳음을 통하여 이루어지는 것도 아니다. 인과 관계에 대한 앎 그 자체는 지각 에피소드의 본래적 면모가 아니다. 지각하면서 특정한 별이 있음을 아는 것과, 이 특정한 별이 이 특정한 얼룩점을 낳은 원인이기 때문에 이 특정한 별이 있음을 사람들이 안다는 점을 아는 것은 동일하지 않다.

이 인상에 기초한 반론에 대응하여 말하면, 조건 이론은 별이 지각의 대상이라는 주장을 반박할 것을 요구하지 않는다. 지각은 별과 관련 맺는다(별을 지칭한다). 이 관련 형태는 한 인과 구조를 끌어들이고 따라서 한 의미장을 끌어들인다. 얼룩점은 그 의미장 안에서 등장한다. 우리가 별을 지각한다면, 얼룩점은 지각의 대상일 수 없다. 왜냐하면 얼룩점을 시각적으로 경험하는 것만을 근거로 별을 지각한다는 견해를 품는 것은 타당하지 않기 때문이다. 그렇기 때문에 시각적 얼룩점 경험은 환상이다. 그 경험은 착각을 유발할 수 있지만, 반드시 유발하는 것은 아니다.

요컨대 얼룩점은 우리의 오류 가능성에 대한 자기 파악의 맥락 안에서, 우리의 오류 가능성을 설명하는 맥락 안에서, 역할을 부여받는다. 얼룩점은, 우리가 정신적 생물로서 우리 지각 에피소드들의 층에서 오류 불가능하지 않은 이유에 대한 설명의 한 부분이다. 우리가 얼룩점을 지각한다면, 우리는 이 지각의 오류 가능성에 대한 설명을 필요로 할 테고, 그렇다면 다시금 더 높은 층의 비가시적 얼룩점(이를테면 〈맹점〉)이 발생할 테고, 이런 식으로 무한정 설명이 필요할 것이다.

시각적 얼룩점 경험은, 내가 지각하는 얼룩점이 있다고 주장할 권리를 나에게 단박에 주지 않는다. 이는 더운 여름날 뉴멕시코 주 고속 도로 위에 마치 물이 있는 것 같은 상황을 내가 시각적으로 경험하더라도, 그 경험이 거기 고속 도로 위에 물이 있다고 주장할 권리를 나에게 단박에 주지 않는 것과 같다. 반면에 태양을 지각하면서 얼룩점 경험을 한다면, 이 지각 및 경험은 앎을 주장할 권리를 나에게 단박에 준다. 왜냐하면 대상 — 태양 자체 — 이 현존하고, 기타 맥락적 변수들을 통해 옹호할 수 있는 나의 앎 주장을 유발한 계기가 있기 때문이다.

사실성 연결이 이루어진다면 특정한 장소에서 이루어져야 하므로, 실재론적 정신에 입각하여 안심하면서 우리는 그 장소를 시각적 얼룩점 경험에서 대상 지각으로 옮길 수 있다. 요컨대 우리는 우리의 지각 경험에 기초하여 우리 지각의 대상을 파악할 수 있으며 그 대상이 여러 지각 에피소드에 걸쳐 동일함을 확언할 수 있다. 그렇기 때문에 또한 우리는 우리가 지각하는 그 동일한 대상을 다른 비인간 생물들도 여러 에피소드에서 지각한다고 간주할 권리가 있다. 박쥐는 내가 지각하는 태양과 동일한 태양을 지각한다. 설령 다른 감각 양태들로 지각하더라도 말이다. 색맹인 사람은 내가 보는 신호등과 동일한 신호등을 본다. 설령 다른 색깔들로 보더라도 말이다.

이것이나 저것이 지각의 대상임을 아는 것과, 이것이나 저것을 어떻게 지각하느냐는 별개의 사안이다. 더구나 우리는 무수한 대상들을, 그것들이 무엇이냐에 관한 개념 없이 지각한다.

지각 대상은 지각하는 놈의 앎 주장을 통해 확정되지 않는다. 이것은 지각 이론 안에서 실재론이 발휘하는 힘의 결과다. 이처럼 의미장 존재론은 우주의 실재하는 구성 요소인 광학적 환상과 지각 대상을 구별함으로써 누구나 아는 실재론적 주장을 이행한다. 얼룩점은 별이 아니다. 그러나 얼룩점은 별이 속한 인과적 연결망의 구성 요소다. 이것이 의미하는 바는, 어딘가에 있는 특정한 별이 특정한 생물에 빛을 비춰 그 생물의 신경 말단들을 자극함으로써 그 생물의 몸 안에 얼룩점을 남긴다는 것이 아니다. 인과적 지각 이론의 이 같은 엉성한 버전은, 여기에서 거론되는 에피소드에 관여하는 물리적 장들 안에서의 인과적 정보 전달을 양자 이론적으로 파악해야 한다는 사정과 양립할 수 없다.

객관적 현상학은, 물질적 외부 세계의 건너편에 위치한(그럼에도 그 외부 세계의 영향을 받는) 정신적 지각 주체와 외부 세계의 맞섬을 무력화한다. 이런 점에서 객관적 현상학은 양자 이론에 대한 지식을 갖춘 상태에서 지각을 분석하여 얻은 견해에 가깝다. 물론 이 사정은 그 견해에 대한 철학적 정당화의 결정적 요소가 아니다. 왜냐하면 선행하는 철학적 해석이 없으면 양자 이론은 개념적 분석을 뒷받침하기에 적당하지 않기 때문이다.

그러나 적어도 고전적 견해와 결별한다는 의미에서, 즉 우리의 지각 장치는 말하자면 〈어디도 아닌 곳에서의 관점Blick von nirgendwo〉이며 정신으로부터 독립적인 세계가 우리의 신경 말단을 자극함으로써 그 관점 앞에 나타난다는 견해와 결별한다는 점에서, 양자 이론과 객관적 현상학은 실질적으로 서로 가깝다. 고전적 견해에 따른 모형들은 순박한 개별 사물 존재론을 전제한다. 그 존재론에 따르면, 더없이 잘 특정된 개별 사물들로 이루어진 하나의 세계가 있으며, 개별 사물들은 실재의 가구(家具, 내용물)를 이루고, 우리는 오로지 인과 사슬들을 통해서만 그 가구에 관한 정보를 얻을 수 있다. 이런 모형들은, 지각의 발생에 실제로 기여하는 지각 과정 자체가 실재 안에 인과적으로 내장되어 있다는 점을 고려하지 않는다는 점에서 벌써 실패로 돌아간다. 그 실재하는 기여는 우리의 정신 안에 있는 것도 아니고, 우리의 뇌 안에 있는 것도 아니다. 오히려 그 기여는 단적으로, 우리가 생물로서, 아무튼 인과적 형태를 띤 임의의 우주의 구성 요소라는 점에서 유래한다.

여기에서 제안하는 객관적 현상학은 다음과 같은 외견상 자명한 지각 과정의 모형화를 맹렬히 반박한다. 러셀은 지각 실재론의 몇몇 버전을 과학에(또는 자연 과학의 성과들에 대한 러셀 본인의 해석에!) 비추어 깎아내리기 위해 이 모형을 제시한다.

상식의 견해에 (비록 매우 명시적인 견해는 아니더라도) 따르면, 지각은 우리에게 외부 대상들을 직접 드러낸다. 즉 우리가 〈태양을 볼〉 때, 우리가 보는 것은 태양이다. 과학은 다른 관점을 채택하지만 그 관점이 함축하는 바를 깨닫지 못한다. 과학의 견해에 따르면, 우리가 〈태양을 볼〉 때 한 과정이 일어난다. 태양에서 시작되어 태양과 눈 사이의 공간을 가로지르는 그 과정은 눈에 도달할 때 성격이 바뀌고, 시신경과 뇌에서 다시 한번 성격이 바뀌어, 결국 우리가 〈태양을 보기〉라고 부르는 사건을 산출한다. 태양에 관한 우리의 앎은 이런 식으로 추론적인 것이 된다. 우리의 직접적인 앎은 어떤 의미에서 〈우리 안에〉 있는 사건에 관한 앎이다.[172]

요컨대 러셀에 따르면, 우리는 결코 태양을 보지 못한다. 태양을 본다고 주장할 때 우리가 아는 바는 추론에 기반을 둔다. 러셀이 채택하는 것은 현상학적 논증의 자연주의적 버전인데, 이 채택은 상황을 개념적으로 개선하지 못한다. 위 인용문에서 러셀의 오류는 다음과 같은 방식으로 발생한다. 그는 과학이 우리가 태양을 볼 때 일어나는 일련의 과정들을 열거한다는 것으로부터, 태양에 관한 우리의 직접적인 앎은 오로지 그 과정들의 종착점과만 관련 맺으며 그 종착점은 어떤 의미에서 〈우리 안에〉 있다는 것을 추론한다. 러셀은 그 종착점을 사건이라고 부르는데, 대체 어떤 의미에서 그 사건이 〈우리 안에〉 있다는 것일까?

태양을 보기가 우리의 뇌 안에서 일어나는 사건이라는 것이 러셀의 견해라면, 우리는 뇌 안의 한 사건(이를 〈신경 사건〉이라고 부르자)에 관한 직접적 앎을 가질 테고, 그 앎으로부터 외부 원인인 태양을 추론할 것이다. 그런데 신경 사건을 직접 아는 것은 어떻게 가능할까? 우리가 추론적으로 태양과 관련지을 수 있는 얼룩점을 관찰함으로써 신경 사건을 직접 안다는 것이 러셀의 견해일까?

실제로 이것이 러셀의 견해인 듯하다. 특히 이 독해는 중립적 일원주의의 틀 안에 있기 때문에, 이 인상은 더 강해진다.* 이 대목에서 중립적 일원주의는, 의식적 얼룩점 체험은 물질의 내적 면모이며, 의식 있는 살아 있는 놈으로서 우리가 보유한 것은 그 내적 면모라고 가르칠 법하다. 그렇다면 얼룩점과 신경 사건은 동일한 사건의 두 면모일 터이다. 그 동일한 사건은 말하자면 펼쳐짐 Ausdehnung이라는 속성을 매체로 삼아 그 안에서 나타나기도 하고, 생각하기Denken라는 속성을 매체로 삼아 그 안에서 나타나기도 한다. 더 정확히 말하면, 우리가 뇌를 고찰할 때는 그 동일한 사건이 펼쳐짐으로 나타나고, 우리가 얼룩점 인상을 고려할 때는 그 동일한 사건이 생각하기로 나타난다.

그러나 이 장황한 설명은 인과 이론에 기여하겠다는 자신의 호언장담을 이행하지 못한다. 왜냐하면 이 설명은 우리의 시각적 경험 자체(얼룩점)는 앎의 원천이 아니라는 입장을 고수하기 때문이다. 이 설명 모형에 따르면, 우리가 직접 아는 바는 태양에 관한 것이 전혀 아니고 단지 태양 인상에 관한 것이다. 우리가 태양에 관하여 아는 바는 태양 인상에서 나오지 않는다. 그 인상은 오로지 우리가 과학적으로 원인을 앎으로써만 태양에 관한 우리의 앎과 연결된다. 원인에 관한 과학적 앎은 태양과의 인식적 접촉을 태양 인상의 원인으로 간주한다.[173]

반면에 객관적 현상학은 우리의 시각적 경험(얼룩점)을 태양을 소개하는 내용Gehalt으로 취급한다. 얼룩점은 태양이 우리에게 특정한 방식으로 파악되게 하는 지각 명제Wahrnehmungsproposition다. 지각 대상들은 우리 감각 장치들의 선택 처리를 통해 선발되기에

* 러셀은 실재가 정신적이지도 않고 물질적이지도 않은, 단일한 중립적 유형이라고 보는 중립적 일원주의자다.

적합하다. 왜냐하면 그 대상들이 띤 장 구조는 우리 자신의 장 구조들과 겹치기 때문이다.

이 같은 양편의 구조들 사이에 번역 관계Übersetzungsrelation가 성립하며, 그 관계를 정보 개념과 연결할 수 있다. 아쉽게도 정보 개념은 어느새 분별없이 마구 사용되고 있지만 말이다.[174] 우리의 논의에서 정보란, 아리스토텔레스적 전통에 기대어 대략적으로 표현하면, 지각 사물이 어떤 구조(로고스λόγος)를 띤다는 것이라고 이해할 수 있다. 이때 그 구조는 명제적 내용의 구조로 번역된다. 그런데 지각 사물과 지각하는 유기체 사이에 성립하는 관계로서의 지각도 나름의 형태를 띤다. 지각은 그 자체로 하나의 로고스, 실재의 한가운데 있는, 부당하게 〈정신화〉 혹은 〈내면화〉되어서는 안 되는 로고스다.[175] 얼룩점은 지각의 형태에 속한다. 바꿔 말해 얼룩점은 형성 안에in Formation 있다.

지각의 인과 관계는 타임라인의 형태가 아니라 얽힘 Verschränkung의 형태를 띤다. 타임라인의 형태를 띤다 함은, 지각 사물을 수신자보다 시간적으로 앞선 송신자로 간주하는 것을 뜻한다. 그렇게 하면 지각의 인과 구조는 시간적 토막들로 분해된다. 이 철학적 서술을 자연 과학적 서술로 변환할 수 있느냐는 무엇보다도 양자 이론의 측정 문제를 올바로 해결하고 그 해결을 우리의 지각 장치가 관찰 시스템으로서 하는 역할에 적용하는 것에 달려 있는데, 이에 관한 결론을 여기에서 내리는 것은 부적절하다.

현재 물리학은 지각 이론의 기반이 될 수 있는 명확한 형이상학을 산출하는 총괄 이론으로 충분히 통일되어 있지 않으므로, 객관적 현상학은 지각의 존재론적 인식론적 재구성에 기초하여 제기되는 견해다. 그 재구성은, 지각의 사실성을 위한 공간을 제공하고 시각적 경험 자체를 엄연한 앎의 원천으로 간주하는 지각 모형을 개발할 수 있게 해준다.

또한 조건 이론은 우리의 오류 가능성에 대한 설명을 제공한다. 지각 앎을 획득할 때 우리는 지각 에피소드의 모든 조건을 절대로 완전히 파악할 수 없기 때문에 오류를 범할 수 있다. 시각적 경험에서 우리는 지각 에피소드의 일부 측면들만, 즉 내용의 형태로 등장하는 측면들만 파악한다. 그 측면들은 우리를 지각 사물과 접촉시키는데, 이 접촉은 그 측면들을 통해서만 매개될 뿐, 그 이상의 추가 매개는 없는 접촉이다.

우리가 지각하면서 착각한다면, 그 원인은 우리가 곧장 손에 쥘 수 없는 조건들을 잘못 추론하는 것에 있다. 이런 연유에서 지각 앎은 지각에 기초하여 추론된 (사실적으로 현존하는 지각의 조건들을 주제로 삼은) 앎보다 최소한 한 단계 덜 매개되어 있다. 지각 자체는 오류를 범하지 않는다.

이른바 지각 착각Wahrnehmungstäuschung(perceptual illusion)은 매개되어 있다. 그 착각은 복사(複寫) 오류Kopierfehler, 곧 당신이 지각에 기초하여 그 지각의 바탕에 실은 놓여 있지 않은 무언가가 바탕에 놓여 있다고 추론할 때 범하는 오류다. 요컨대 우리의 오류 가능성의 원천은 우리의 지각 앎이 아니라 우리가 지각에 기초하여 제기하는 추론적 앎 주장이다. 이를 추론주의적 오류 이론이라고 부르자. 당연한 말이지만, 추론주의적 오류 이론은 우리가 지각 앎에 기초하여 제기하는 추론적 앎 주장이 모두 거짓이라고 주장하지 않는다. 이 오류 이론은, 지각 에피소드의 현존을 위한 필요조건들을 밝혀내는 추론이 그릇될 수 있다고 주장할 따름이다.

이 논점에서 객관적 현상학과 맥이 통하는 최소 경험주의minimaler Empirismus는 학문과 회의주의를 구별하는 데 결정적으로 기여한다. 학문적 앎 주장의 수정 가능성은, 우리가 특히 지각 앎을 비롯한 모든 앎을 의문시할 수 있어야 한다는 것에 기반을 두지 않는다. 우리의 지각 에피소드들이 우주 안에 인과적으로 내장되어 있다는 사정에 대한 자연 과학적 자기 탐구가 이루어질 수 있는 것은 오로지 그 탐구가 지각 에피소드들을 제거하지 않기 때문이다. 우리가 모든 학문적 앎 주장으로부터 독립적으로 이미 아는 무언가에 기초하여 학문적 앎 주장을 제기할 수 있는 것은 지각 에피소드들 덕분이다.

　이것은 강한 경험주의적 혹은 토대주의적 주장이 아니다. 즉, 의식이 자신의 상태들과 친숙함을 통하여 보유하는 앎이 속한, 정확히 특정된 정신적 근본층이 존재한다는 주장이 아니다. 우리의 지각 앎은 무언가에 관한 앎인데, 그 무언가 자체가 반드시 지각의 사례인 것은 아니니까 말이다. 내가 지금 자판을 두드리는 내 손가락들을 본다면, 나는 지각을 보는 것이 아니라 내 손가락들을 본다. 한마디 보태면, 설령 러셀의 (우리가 신경 수준의 사건들만 직접 안다는) 견해가 옳다고 치더라도, 이 사정은 거의 바뀌지 않을 터이다. 왜냐하면 그럴 경우에도 지각 앎은 의식 자신에 관한 앎일 뿐아니라 신경 수준의 사건들에 관한 앎일 테고, 타인들은 그 사건들을 내적으로 파악하지는 못하더라도 외적으로 (이를테면 영상화를 통하여) 파악할 수 있을 터이기 때문이다.

　시각 경험은 진실하고 환원 불가능한 앎의 원천이므로, 지각 실재론을 옹호하지 않는 고전적 경험주의는 받아들일 수 없다. 왜냐하면 그 경험주의는 도리어 정신적인 사이 층을 도입하고 그 층은 원인들을 재현하기 때문이다. 그리하여 얼룩점은 우주 안에서 무수한 조건의 기여로 발생하는 사건이 되는 것이 아니라 태양의 대리자가 된다. 그 조건들은 결국 가능한 우주의 인과 구조를 포함하며, 그 구조는 우리의 관점에 기초하여 파악 가능하다.

10장
상상력의 존재론:
의미장 존재론의 표현 한계(라고들 하는 것들)

허구 비실재론이 의지하는 전형적인 버팀목은, 허구적 대상들은 상상력의 발명품이며 기껏해야 〈한낱 상상된 것들〉이어서 실재하지도 않고 실존하지도 않는다는 견해다. 데카르트와 흄은 근대 초기의 철학에서 이 견해의 바탕에 깔린 우려를 표명한다. 〈인간의 상상력만큼 자유로운 것은 없다.〉[176] 로크, 흄, 버클리가 저마다의 버전으로 주창한 고전적 경험주의의 한 동기는 상상력을 제한하기다. 이와 관련하여 그들이 품은 부분적으로 올바른 기본 발상은, 상상의 한계가 존재하며, 그 한계는 우리가 상상할 때 단순 관념(곧 더 이상 분석할 수 없는 정신적 표상)의 형태로 인식 장치에 주어지는 것을 재조합할 따름이라는 사실을 통하여 정해진다는 것이다. 이때 단순 관념은 그것의 원천인 내적 감각과 외적 감각에서 유래한다. 그럼에도 상상력이 핵심적인 인식론적 지위를 인정받는 근거는 오류 가능성에 관한 데카르트적 숙고에서 나온다. 그 숙고에 따르면, 우리는 오류를 범할 수 있다. 왜냐하면 우리는 감각에 주어진 것에 밀착하여 그것을 단지 자극-반응 패턴의 틀 안에서 이루어지는 데이터 처리의 단초로 취급하며 가공하는 것에 머물러 있지 않기 때문이다. 우리는 자유롭다. 즉, 우리는 진화적으로 미리 주어진 동물적 변수들에 속박되어 있기만 한 것이 아니라 그 동물성의 사슬에 말하자면 느슨하게 매여 있다.

물론 우리가 내성(內省)에 기초하여 익히 아는 자유로운 정신적 생물로서의 인간만 그러한 것은 아니다. 환경이 어떠한가에 관한 견해, 곧 환경상(像)에 맞춰 삶을 꾸려 가는 다른 동물들도 마찬가지다. 지금 우리의 논의에서 중요한 것은 인간이 유별나다는 데카르트의 견해를 위한 변론이 아니라 다음과 같은 논증이다. 만약에 우리의 인지 장치가 외적으로 또는 내적으로 주어진 (때때로 특정한 자극 문턱을 넘을 경우 우리가 의식하게 되는) 정보를 마치 순간온수기처럼 즉석에서 처리하는 장치에 불과하다면, 우리는 합리적 지침에 따른 인식 추구의 결과로 안정적인 상(像)을 획득할 수 없을 터이다.[177]

우리가 인식론적 관점을 채택하되 그 관점 자신의 인식 능력을 점검하는 그런 관점을 채택하면, 우리는 인간 정신과 그것이 갖춘 능력에 관한 부정합적인 견해들을 물리칠 수 있다. 그런 견해의 한 유형으로, 우리의 인식 틀은 진화적으로 코드화된 처리 메커니즘들의 (기껏해야 속도가 빠를 뿐인) 고속 버전이라고 암시하거나 아예 전제하는 이론들이 있다.

이를 배경으로 삼아 데카르트는 상상력과 근대 학문(과학)을 옳게 연결한다. 그가 보기에 이 연결은 모든 유망한 학문 이론(과학철학)의 핵심 요소다. 왜냐하면 인식 추구 과정은 감각적으로 또 역사적으로 주어진 것의 틀을 늘 넘어서기 마련이기 때문이다. 오늘날에도 그 과정은 사고 실험의 형태로 그 틀을 넘어섬으로써 우주의 다양한 규모에서의 데이터 수집을 과학으로 발전시킨다. 호르스트 브레데캄프가 시각화 방법들에 관한 미술사적 연구에서 보여 주었듯이, 그림들이 없었다면 근대 학문은 없었을 것이다.[178]

그런데 인간 정신은 자신의 신화적 기원으로부터 결코 완전히 해방되지 않았다. 신화적 의식은 실재를 감각적으로 주어진 것을 훌쩍 능가하는 무언가로 경험한다. 그리하여 신화적 의식은 그 의식 자신이 인식할 수 있는 범위의 변방에서, 우리에게 열려 있는 지성적 인식 가능성의 공간을 잠식한다.[179] 현대 물리학도 이 같은 (감각적 소여를 뛰어넘기) 패턴을 이용한다. 현대 물리학은 우리가 직접적인 감각으로 접근할 수 없는 규모들에서의 우주가, 우리가 외관을 무비판적으로 신뢰할 때 품을 만한 견해와 전혀 다르다는 점을 점점 더 근본적인 충격을 가하며 가르쳐 준다.[180]

　　따라서 우리는 확실하다고들 하는 순박한 개별 사물 존재론으로 움츠러들 수도 없다. 왜냐하면 그 존재론은 이미 자연 과학적 이유에서 우리의 경험에 적합하지 않은 허구로 밝혀지고 있기 때문이다. 우리가 우주에 관하여 아는 바에 비춰 볼 때, 세계는 그릇이고 그 안에 대상들이 있으며 그 대상들은 의식으로부터 독립적으로 개별화되어 있다는 생각은 유지될 수 없다. 세계는 가구(家具)를 보유하고 있고 우리가 그 가구를 마주하고 조사한다는 생각은 틀렸다. 많은 이들이 받아들이는 오늘날의 형이상학에서 모든 정당한 탐구의 교조주의적 출발점으로 전제되는 고전적 역학적 기계적 자연 개념은 20세기 물리학의 철학적 귀결들과 비교하면 터무니없을 정도로 수준이 낮다.

　　개별 사물들로 이루어진, 의식으로부터 독립적인 근본 층을, 바꿔 말해 원자론적 기반 실재를 토대로 삼아 의미장 존재론을 건축할 경험적으로 뒷받침된 동기는 없다. 오늘날의 물리학은 낡은 실재론의 형이상학을 이미 오래전부터 더는 지지하고 보호하지 않는다.[181] 가치들이나 색깔들, 의식되는 감각들, 심지어 정신 자체는 2차 성질들의 헛된 실재성을 1차적인 것들의 참된 실재성보다 위에 놓는 인간적인 너무나 인간적인 투사Projektion의 산물들이라는 생각 자체가 인간 정신의 상당히 진부한 투사다. 이 생각은, 우리가 우주의 모든 규모에서 고향처럼 편안함을 느끼는 것은 아니라는 발견이 유발한, 근대인이 느끼는 무의미성에 부합한다. 인간은 자신이 물리적으로 우주 운행의 중심에 있지 않음을 깨달으면서 형이상학적 고향을 상실했다. 그러나 그 깨달음 자체가, 현대 물리학에서 도출되는 실존적으로 의미심장한 발견이 아니라, 허상들을 산출하는 경험이다. 천체 물리학적 우주관의 특정 규모에서 우리가 점유하는 시공상의 위치로부터, 우주 자체가 무의미하게 현존한다는 결론은 도출되지 않는다. 사물들의 무의미한 그-자체임An-sich의 맞은편에 우리의 자기를-마주함Für-sich이 들어서서 삶에 의미를 부여한다는 생각은 애당초 어떤 사실 인식에도 정박해 있지 않다. 바꿔 말해 그 생각은, 사실 인식이란 항상 그-자체임의 파악이라는, 따라서 그-자체임과 자기를-마주함 사이의 관계는 그 생각 자신의 전제들에 따라 사실 인식일 수 없다는, 그릇된 견해를 기반으로 삼는다. 간단히 표현하자. 우주 그 자체는 무의미하다는 견해는, 우주 인식에서는 귀결되지 않는 무의미성 경험의 원천에 관심을 기울이게 만든다.

이렇게 잠시 본론에서 벗어나 실존주의의 존재론적 분위기를 거론하는 것은 다음과 같은 생각을 예증하기 위해서다. 즉, 우리의 궁극적 형이상학적 환경상은 우리를 둘러싼 형이상학적 환경보다 우리 자신에 관하여 더 많은 말을 해준다. 왜냐하면 의미장 존재론에 따르면, 우리는 형이상학적 총체의 일부가 아니기 때문이다. 만약에 그런 총체가 있다면, 그 총체에 기초하여 우주와 우리 위치의 의미나 무의미를 판정할 수 있을 테지만, 그런 총체는 없다. 이것은 키르케고르나 니체, 하이데거, 사르트르만을 반박하는 역사적 각주가 아니다. 이 철학자들의 공통된 견해에 따르면, 우주는 무의미하다. 따라서 이들은 인간 실존에 자기 규정의 충동을 부여한다. 현재 이른 바〈실존주의 제3세대(실존주의 셋째 물결third wave existentialism)〉가 형성되고 있는데, 이 철학적 흐름은 다음과 같은 질문을 절박한 현안으로 제기한다. 우리의 정신적 삶을 우리의 합리적 통제로부터 앗아 가는 신경 과학이 초래하는 우리의 의식 있는 삶의 무의미화에 어떻게 대처해야 할까?[182] 그레그 카루소와 오언 플래너건은 이렇게 천명한다.

> 신경 실존주의neuroexistentialismus는 정신 과학들이 최종적이며 자각적인 방식으로 **정신**을 추방하고 기계 속 유령이라는 데카르트적 신화를 진지하게 받아들이지 않을 것을 권고하는 단계에 도달할 때 획득된다.[183]

신경 실존주의가 (사르트르가 펼친 자기를−마주함의 존재론과 달리) 얼마나 뻔뻔스럽게 부정합적인지는, 그 입장이 정신을 부정하고 나서 곧바로 그 입장 자신을 〈**시대정신**〉으로 정의한다는 점에서 벌써 드러난다. 신경 실존주의는 〈인간적 목표들 및 의미가 없다는 불안을 품은 채로 그 목표들 및 의미를 중점적으로 다루는 작업을 포함한〉 시대정신으로 자부한다.[184]

비록 한 페이지 뒤에서 이 주장이 〈규제적 이념regulative Idee〉* 이라고 밝히기는 하지만, 카루소와 플래너건은 〈우주는 인과적으로 닫혀 있으며 정신은 뇌다〉[185]라는 주장을 아무런 근거 없이 내놓는다. 몇 페이지에 불과한 이들의 논의에서 물리학과 신경 과학은 은근슬쩍 형이상학으로 전환되고, 그 형이상학으로부터 인간의 정

---

* 앎 획득 과정에 가이드라인을 제공하는 역할만 하는 원리를 뜻하는 칸트의 용어.

신적 삶의 잠재적 무의미성이 결론으로 도출된다. 이 결론은 학문적 제안이 아니다. 바꿔 말해, 그것을 입증하거나 반증하기 위해 데이터를 모을 수 있는 그런 가설이 아니라 형이상학적 허구다. 이 허구를 구성하면서 인간은 비인간적 우주 안에 내장되어 있는 자신의 자화상을 그리고 그 자화상을 매개로 자신의 가치 평가 메커니즘에 대한 통제권을 쥐려 애쓴다. 신경 실존주의 〈이론가들〉은 이 과정의 원리들을 알아채지 못한다. 그리하여 그들은 그들 자신의 허무주의적 자기 경험을 현대 신경 과학에 투사하면서 근거 없는, 방법론적 기반이 없는 어지럼증에 빠진다.

상상력은 핵심적인 대목에서 의미장 존재론의 이론 구성에 개입한다. 왜냐하면 상상력은 방금 언급한 유형의 형이상학이 범하는 오류들의 원천을 파악할 수 있게 해주는 요소이기 때문이다. 절대적 총체에 관한 이론으로서의 형이상학은 세계상과 인간상을 그린다. 따라서 형이상학은 상상력 발휘에 기반을 둔다. 상상력은 경험적으로 발견될 수 있는 모든 것을 넘어서며 오늘날에는 (이른바) 학문을 신봉한다면서도 〈영성 Spiritualität〉이라는 잔여를 빼앗기지 않으려 한다. 형이상학적 자연주의는 자연 과학적 앎 주장들의 진실 능력을 인정하는 데 머물지 않고 그보다 훨씬 더 많은 것을 추구한다. 형이상학적 자연주의는 자연 과학을 존재자 전체의 구조를 통찰하는 형이상학적 왕의 지위로 격상하고 그 통찰에 기초하여 유한한 것들 사이에서 방향을 잡으려 한다.

그러나 형이상학적 자연주의 세계상은 양쪽 끝에서 환상에 빠져 있다. 첫째, 형이상학적 자연주의는 절대적 총체를 우주로 실체화한다. 물리학적으로 탐구할 수 있는 우주가 실존 전체로 설정된다. 이 설정 자체가, 오늘날의 우주론적 불확실성들(통일되지 않은 물리학)에 비춰 볼 때, 곧 물리학적으로 교조주의적이다. 둘째, 〈명백한〉세계상이라는 허구, 혹은 밀려드는 〈과학적〉세계상 및 인간상의 제국주의 앞에서 위험에 처한 (결국 어디로도 피난할 수 없게 될) 생활 세계라는 허구가 발생한다.

우리의 일상적 〈생활 세계〉라는 허구는 근대가 실제로 확실하게 밝혀낸 사실을 대체로 무시함으로써 유지된다. 그 사실이란, 우리가 통상적으로 체험하는 사물들의 운행과 우리의 생활 세계가 갖춘 가구는 일종의 환상이며, 우리는 오로지 애써 새롭게 상상력을 발휘함으로써만 그 환상을 극복할 수 있다는 것이다. 우리가 의식적으로 인지하는 개별 사물들이 나타나는 중시적 규모는, 자연과학적으로 탐구할 수 있는 실재와 별도로 그 실재 뒤에, 또는 아래에, 또는 곁에 놓인 존재론적으로 고립된 영역이 아니다. 생활 세계와 학문을 맞세울 필요가 없다. 그러므로 철학적으로 충격을 준다고들 하는 소위 발견들(이를테면 자유 의지는 없다, 시간은 없다, 초지능의 등장이 임박했다 등등)을 통해 생활 세계의 실상을 폭로하겠다는 열정도 불필요하다.

완벽하게 계몽된 의식은 오늘날까지도 없다. 왜냐하면 계몽 자체도 특정한 인간상 및 세계상에 매여 있으며, 그 인간상 및 세계상은 자화상에 비추어 삶을 꾸려 가는 우리 능력의 틀 안에서만 입증될 수 있기 때문이다. 이러한 연유로, 허구 이론은 반드시 상상력의 존재론을 제시해야 하며, 그 존재론은 상상력을 우리의 인지 활동을 제한하는 부속물로 간주하면서 제쳐 놓지 말고 인간 정신 안에서 상상력이 수행하는 핵심적이며 본질적인 기능을 인정해야 한다.

그런데 솔직히 고백하거니와, 바로 이 조건이 의미장 존재론을 존재론적 난관에 빠뜨린다. 무슨 말이냐면, 세계 없음 직관이라는 반형이상학적 선언은 스스로 만들어 낸 표현의 한계에 봉착하

는 듯하다. 구체적으로 말하면, 다음과 같은 반론을 쉽게 제기할 수 있다.[186]

(1) 의미장 존재론에 따르면, 무언가가 (모종의) 존재장 안에서 나타날 때, 그리고 오직 그럴 때만 그 무언가는 실존한다.

(2) 제드 마르탱은 실존한다. 왜냐하면 그는 (최소한)『지도와 영토』라는 의미장 안에서 나타나기 때문이다.

(3) 대상들의 총체로서의 세계를 누군가(예컨대 형이상학자)가 상상할 경우, 그 세계는 제드 마르탱과 마찬가지로 (모종의) 허구적 의미장 안에서 나타난다.

∴ 세계는 실존한다(비록 허구적 대상으로서 실존하더라도).

멜리히와 코흐가 이 반론을 제기하는데, 그들이 주요 배경으로 삼는 것은 칸트가 형이상학적 허구주의라고 부를 만한 입장을 옹호하는 듯하다는 점이다. 그들은 칸트가 형이상학을, 그 안에서 절대적 총체가 〈어림짐작을 위한 허구〉[187]로서 등장하는 그런 허구로 이해한다는 점을 부각한다.[188] 의미장 존재론에 따르면, 이 같은 등장은 실존을 위한 충분조건이므로, 의미장 존재론적 형이상학이 귀결될 테고, 그렇다면 의미장 존재론은 형이상학을 따끔하게 비판하는 힘을 부분적으로 잃을 것이라고 멜리히와 코흐는 지적한다.

당연한 말이지만, 형이상학적 허구주의 전체는 딱히 매력적인 입장이 아니다. 왜냐하면 그 입장은 다양한 이론적 후속 비용을 유발하기 때문이다. 그러나 이 사실은, 이제 세계가 실존할 여지가 (외견상) 생겼다는 문제를 없애지 못한다. 물론 세계는 허구적 대상이라는 존재론적 지위를 가지겠지만, 그 지위가 세계의 실존 권리를 삭감하지는 못할 터이다. 그렇다면 우리는 제드 마르탱을 상상하듯이 세계를 상상할 수 있을 듯한데, 과연 그럴까?

우선 짚어 두어야 할 점은 이것이다. 〈세계〉라는 표현이 실존하고 그 표현의 의미Sinn가 〈절대적 총체〉라 하더라도, 이로부터 그 표현을 통해 외견상 가리켜진 대상도 실존한다는 결론은 당연히 나오지 않는다. 의미장 존재론은 신마이농주의적 대상 이론의 한 버전이 아니다. 의미장 존재론에 따르면, 어떤 대상이 나타나려면 그 대상이 실재해야 한다. 바꿔 말해, 우리가 그 대상에 관하여 오류를 범할 수 있어야 한다. 우리가 대상에 관하여 착각할 수 있으려면, 우리는 대상을 도입하는 임의적 방식으로부터 독립적으로 대상에 실존을 부여할 근거를 가져야 한다.

제드 마르탱의 경우에는 이 조건이 해석과 풀이의 구별(1장 참조)을 통해 충족된다. 제드 마르탱을 아무렇게나 상상하면서 그와의 접촉을 유지할 수는 없다. 왜냐하면 『지도와 영토』의 악보가 우리의 상상을 제한하기 때문이다. 우리가 그 제한을 뛰어넘으면, 우리는 제드 마르탱을 시야에서 놓치게 된다. 그 상상 제한은, 풀이로 뒷받침되지 않은 그릇된 해석들에 맞서 악보가 저항하는 것에서 유래한다. 내가 파우스트를 벽으로 상상한다면, 나는 오류를 범하는 것이다. 왜냐하면 『파우스트』 텍스트는 명백히 한 인간을 공연하기 때문이다. 물론 그 텍스트에 파우스트는 인간이라는 진술이 명시적으로 들어 있지는 않지만 말이다. 어떤 수용할 만한 텍스트 독해 방식도 파우스트를 벽으로 상상하는 것을 허용하지 않는다. 엄연히 상상의 제한이 있으며, 허구적 대상은 어떤 본질도 없고 실존은 더더욱 없으므로 아무렇게나 이해해도 된다는 주장을 고수함으로써 그 제한을 없앨 수는 없다.

결론적으로 세계를 허구적 대상으로 간주하려면, 세계 대상을 정합적이고 오류 가능하게 상상할 수 있게 해주는, 충분히 명확하게 진술된 허구적 텍스트가 필요할 것이다. 그러니 보르헤스가 쓴 「알레프」를 엉성하게 변형한 「올람Olam」이라는 텍스트를 도입하기로 하자. 이 텍스트에서는 이름이 코키네로Cocinero인 화자가 부에노스아이레스의 어느 지하실 귀퉁이에서 〈올람〉이라는 대상을 발견한다. 그 대상은 보르헤스의 단편 소설에 나오는 알레프와 달리 형이상학으로부터 반어적으로 격리되어 있지 않다. 이제 우리가 그 이야기 텍스트가 제공하는 시나리오를 상상한다면, 우리는 형이상학적 태도를 취하게 될까? 이제 내가 방금 고안한 허구적인 허구적 텍스트 안에 세계가 있게 될까?

이 같은 형이상학적 허구주의를 명확히 표현하려 할 때 부딪치는 첫째 문제는 허구적 대상의 본질에서 유래한다. 즉, 허구적 대상은 우리로부터 격리되어 있다. 『지도와 영토』 안의 〈파리〉라는 표현은 파리가 아니라 파리˙를 지칭한다. 이때 파리˙는 파리가 지니지 않은 몇 가지 속성(예컨대 제드 마르탱을 거주자로 가졌다는 속성)을 지닌다. 모든 허구가 전달하는 최소한의 메시지는, 허구 전체가 비허구적 사실에 관한 보고일 수는 없다는 것이다. 더 자세히 들여다보면 드러나듯이, 허구적 대상의 존재론은 허구적 묘사가 비허구적인 것에 관하여 성공적으로 진술한다는 것과 양립할 수 없다. 순전히 진실인 진술들로만 이루어진 듯한 허구적 묘사가 있다면, 그 허구적 묘사를 비허구적 실재와 관련짓는 특정 해석이 있을 때만 그런 허구적 묘사가 있을 터이다. 그런데 그런 해석은 허구를 허구로 알아채지 못할 테고, 따라서 그런 해석을 채택하는 사람은 최소한 묘사의 모든 측면을 보고로 간주하지는 말 것을 요구하는 허구성 계약을 애당초 맺지 않을 터이다.

따라서 「올람」 안에서 나타나는 이른바 세계 대상은 첫눈에 보기에도 세계와 동일할 수 없다. 왜냐하면 그 대상은 세계가 띠지 않은 몇 가지 속성을 띠기 때문이다. 예컨대 그 대상은 부에노스아이레스의 어느 지하실 안에 놓여 있다는 속성을 띤다. 아무튼, 단편 소설 「올람」이 있다는 것에만 기초하여(물론 이 단편 소설은 실존하지 않으며, 우리 논의에서 사고 실험의 일환으로 도입된 허구적인 허구적 대상이다) 부에노스아이레스에 올람이 있다고 믿을 근거는 없다.

둘째 문제는, 우리가 올람을 그냥 대뜸 상상할 수 없다는 점에서 비롯된다. 우리가 어떤 대상을 상상한다면, 그 대상은 다른 대상들과 구별된다. 그렇지 않다면, 우리는 어떤 단어를 상상하기는 하더라도 절대적 총체로서 소통되기에 충분할 만큼 특정된 대상을 상상하는 것은 아닐 터이다. 게다가 이 경우에 세계는 최대 개체 maximales Individuum일 터이다. 왜냐하면 세계는 어떤 규정도 결여하지 않을 테니까 말이다. 만약에 그런 세계가 있다면, 그런 세계는 온 실재omnitudo realitatis일 것이다. 그렇다면 우리가 세계를 상상하려 할 때, 우리는 무엇을 상상하게 될까? 우리는 세계를 정확히 어떻게 상상할까?

여기에서 증명의 부담을 져야 할 쪽은 형이상학적 허구주의다. 왜냐하면 형이상학적 허구주의는, 의미장 존재론을 설득하여 세계의 실존을 인정하게 만들기 위하여, 우리가 무엇을 상상해야 하는지 알려 줘야 하니까 말이다. 당신이 〈세계〉라는 단어를 내뱉으면서 형이상학적 허구주의를 두둔하는 무언가를 상상했다고 호언장담하더라도, 이를 통해 당신이 벌써 세계라고 할 만한 무언가를 상상한 것은 아니다.

내가 지적하고 싶은, 형이상학적 허구주의의 셋째 문제는 너무 다원주의적이라는 점이다. 만약에 세계가 허구적 대상이라면,

바꿔 말해 세계가 본질적으로 상상력의 활동 안에서 나타나고 따라서 존재론적으로 제드 마르탱이 속한 존재 영역에 속한다면, 우리는 세계를 무한정 많은 방식으로 치장할 수 있을 터이다. 바꿔 말해, 이 형이상학적 입장을 저 형이상학적 입장과 대비할 수 있게 해주는 안정적인 형이상학 이론은 없을 터이다. 설령 과거와 현재의 형이상학 문헌들을 허구적 대상으로서의 세계를 다루는 허구들로 간주하더라도, 이로부터 귀결되는 바는, 이 모든 형이상학 각각이 세계에 관한 옳은 서술로 간주될 권리를 동등하게 지녔다는 것일 터이다. 우리는 세계를 〈내 마음대로 아무렇게나〉 만들 수 있을 터이다. 만약에 이것이 의미장 존재론에 맞서 형이상학을 구원하려는 유일한 존재론적 시도라면, 의미장 존재론이 가뿐히 승리한 셈이다.

「올람」 안에서 코키네로는 절대적 총체를 시야 안에 담을 수 있고, 따라서 어디도 아닌 곳에서의 관점은 부정합적이지 않다는 생각이 당연히 들 만하다. 하지만 이 생각이 옳다면, 코키네로는 부에노스아이레스의 어느 지하실 안에 서 있는 그 자신도 시야 안에 담아야 할 테고, 그런 자신을 시야 안에 담은 그 자신도 시야 안에 담아야 할 테고, 이런 식으로 무한히 많은 그 자신을 시야에 담아야 할 터이다. 그러나 유한한 생물이 총체적 시야를 가질 수 있게 만드는 기적을 누군가의 시야 안에서 등장하는 대상이 과연 어떻게 일으킨단 말인가?

플라톤, 아리스토텔레스, 신플라톤주의 등의 위대한 시스템들로부터 현대까지 이어지는 형이상학 전통에서 절대적 총체는, 오로지 우리가 분별되는 대상들을 파악할 때 채택하는 통상적인 명제적 구조를 극복할 때만, 〈한꺼번에 ὁμοῦ πάντα〉[189] 모드로 시야 안에 들어온다고 여겨진다. 부정(否定) 신학 전통의 핵심에 놓인 견해에 따르면, 절대자는 오로지 일관되게 진술할 길이 없는 유형의 관련 맺기 안에서만 자기를 드러낸다. 그 전통은 어떤 경우에도 형이상학을 대상 이론으로 연구할 수는 없다는 점을 옳게 통찰했다.

절대자는 모종의 직관이 마주하는 잘 특정된 대상이 아니다. 절대자를 상상할 수는 없다. 기껏해야 절대자를 상상한다고 상상할 수 있을 뿐이다. 이 상상을 공연하는 걸작이 바로 보르헤스의 단편 소설 「알레프」다. 이 작품은 간접적으로 신비주의와 연결되며, 신비주의의 본질은 우리가 절대적 총체를 대상으로 파악할 수 있다는 그릇된 견해를 극복하기다.

형이상학적 허구주의가 외견상 띤 정합성은, 그 입장이 세계를 상상된 것의 모드 안에서 치장하려는 시도를 진지하게 하지 않는 것에서 유래한다. 대신에 그 입장은 단지 〈세계〉 혹은 〈올람〉이라는 단어 표시만 사용하여 의미장 존재론이 외견상 품은 문제를 진술한다. 세계의 실존을 부정하기 위하여 우리가 반드시 세계를 상상해야 하는 것은 아니다. 우리가 세계 없음 직관에 따라 세계의 실존을 부정하는 것을 통하여, 세계가 어떤 특정한 의미장 안에서 나타나는 것은 아니다.

그런데 바로 여기에서 다시 한번 의미장 존재론이 직면하는 표현의 난관이 귀결되는 듯하다. 제임스 힐은 세계 없음 직관에 맞서 이른바 〈발설 불가능성에 기초한 반론〉을 제기함으로써 그 난관을 지적한다.[190] 그는 세계 없음 직관이 일종의 수행적 자기모순에 빠진다고 본다. 구체적으로 말해서, 의미장 존재론은 세계에 관한 부정적 실존 판단을 내릴 수 없다는 것이 힐의 견해다. 이와 관련하여 그는, 세계 없음 직관이 모든 의미장들의 절대적 총체에 관한 무제한적 양화를 허용하지 않는다는 점을 옳게 지적한다.

그렇다면 세계는 모종의 의미장 안에 실존하고 그 의미장은 가브리엘이 양화하거나 숙고할 수 있는 범위 바깥에 위치할 가능성이 있다. 이 가능성을 그가 어떻게 배제할 수 있을까, 라는 수수께끼가 발생한다.[191]

그의 반박이 콕 집어 겨냥하는 표적은, 내가 〈둥근 정사각형〉과 관련 맺기 위해 요구하는 행보를 세계 없음 직관과 관련해서도 취할 수 있다는 생각이다. 그 행보의 핵심은, 〈둥글다〉라는 표현과 〈정사각형〉이라는 표현에 각각의 지시 대상Bedeutung을 배당하여 유클리드 기하학의 의미장 안의 어떤 대상도 둥글면서 또한 정사각형일 수 없음을 우리가 알 수 있게 만드는 그런 의미장(이를테면 유클리드 기하학의 의미장)이 확실히 있다고 주장하는 것이다. 둥근 정사각형은 유클리드 기하학 안에서 불가능하다. 그러나 다른 틀 안에서 우리가 무한한 원을 중심이 둘레로부터 무한히 멀리 떨어진 도형이라고 순전히 형식적으로 정의한다면, 둥근 정사각형은 허용될 수 있는 도형일 터이다. 왜냐하면 무한히 큰 정사각형도 중심이 둘레로부터 무한히 멀리 떨어져 있다고 할 수 있을 터이기 때문이다.[192] 그런 지시 대상 배정에서는 무한히 큰 원과 무한히 큰 정사각형이 동일한 도형일 터이다. 그런 의미장이 제구실을 할 수 있을지, 또 할 수 있다면 어떤 조건들 아래에서 그러할지는 별개의 문제다. 아무튼 둥근 정사각형은 없다는 말은 모종의 상황과 관련 맺으며, 그 상황 안에는 둥근 놈과 정사각형인 놈이 있다. 그리하여 둥근 정사각형은 없다는 비실존 주장은 단지, 해당 의미장 안에서 이 두 가지 대상 유형을 조합할 수 있다는 진술의 부정을 표현할 따름이다. 힐에 따르면, 이 행보는 어떤 실존하는 대상도 둥근 정사각형과 동일하지 않음을 전제하는데, 세계에 대해서는 이 전제를 채택할 수 없다.

가브리엘에게 맞서 이렇게 반론할 수 있다. 두 진술은 중요한 방식으로 서로 다르다. 즉 둥근 정사각형의 경우에, 〈모든 X에 대하여 X≠둥근 정사각형〉이라는 진술은 둥근 정사각형과 관련 맺기를 필요로 하지 않는다. 반면에 〈모든 X에 대하여 X≠세계〉라는 명제에서 〈모든〉이라는 표현은 무제한으로 양화되어 있고 따라서 세계와 관련 맺는다.[193]

그러나 이 반론을 통해 힐은 나의 논증을 부당하게 (또한 그 자신의 목적에 오히려 도움이 덜 되게) 단순화한다. 즉, 그는 둥근 정사각형에 대해서는 무제한적 존재 양화를 허용하고 실행하면서 유독 세계에 대해서는 그런 양화를 반박한다. 하지만 의미장 존재론에 따르면, 모든 대상을 아우른 우주에 포괄적으로 적용되는 보편 양화는 없다. 〈∀x (x=x)〉 같은 논리식에서 기호 〈x〉는 모든 대상을 가리키는 것이 아니라 x의 자리에 고유 명사를 대입하는 것을 허용하고, 그 고유 명사는 주어진 하나의 의미장 안에서 무언가를 가리킨다(무언가와 관련 맺는다).

존재론적 실재론은 지칭 범위를 제한한다. 우리는 〈∀x (x=x)〉 같은 논리적 기호열에서 우리의 생각하기가 어느 범위까지 미치는지 읽어 낼 수 없다.[194] 확립된 형식적 시스템(곧 계산 언어)의 틀 안에서 〈∀x (x=x)〉가 적절하게 사용된다는 것으로부터, 주어진 형식적 시스템에 동일성 공리를 도입하는 것은 의미장 존재론의 세계 없음 선언을 위반하는 것이라는 결론은 도출되지 않는다. 왜냐하면 변수 〈x〉는 적용 조건들(대입 규칙들)이 제한되어 있기 때문이다. 이 사실은 잘 알려진 수학적 불완전성 정리들에서 벌써 도출된다. 그 정리들에 따르면, 모든 형식적 시스템들의 모든 정리들을 도출할 출처가 될 수 있는 형식적 시스템은 없다. 어떤 공리 시스템에서도 참인 진술들을 모조리 도출할 수는 없다. 연역적 형식적 시스템을 구성하고 그 시스템의 보편 양화가 형이상학적 전체 영역을 포괄하게 만드는 것은 원리적으로 불가능하다. 왜냐하면 어떤 주어진, 잘 구성된 시스템 안으로도 완전히 수용될 수 없는 잔여가 항상 남기 때문이다.[195]

심지어 수학 안에서도, 모든 수학적 대상들을 아우른 우주를 그냥 대뜸 상정하는 것은 부당하다. 더구나 형식적 시스템을 구성하는 방식으로 그런 우주를 상정하는 것은 확실히 부당하다. 왜냐하면 모든 형식적 시스템은 모종의 수학적 진실을 빠뜨리고 따라서 모종의 대상들을 빠뜨리기 때문이다.[196] 이것은 역설이 아니라 형식적 시스템들의 불완전성에 대한 통찰이다. 의미장 존재론은 그 불완전성에 기초하여, 형식적 논리적 수준에서 무릇 만물에 관한 형이상학적 문장들을 얻을 수는 없다는 결론을 내린다.

보편적이라고 여겨지는 주어진 논리에서 존재론을 끌어낼 수는 없다. 여담이지만, 힐이 의지하는 학자인 프리스트도 이 사실을 지적함으로써 양화사들에서 형이상학적 아우라를 제거한다.[197]

의미장 존재론에 따르면, 둥근 정사각형이 있음을 반박하는 것은, 둥근 정사각형을 모든 대상과 비교하고 어떤 대상도 둥근 정사각형과 동일하지 않음을 확인하는 것을 의미하지 않는다. 왜냐하면 우리의 내용 있는 생각하기는 의미장들을 통해 제한되어 있고, 모든 의미장을 포괄한 총체는 없기 때문이다.

나는 나의 존재론에 반하는 어떤 의미장 안에 세계가 있을 수 있음을 선험적으로 배제하지 않는다. 그러나 거꾸로 나는 세계처럼 이례적인 놈을 인정할 선험적 이유도 모르겠고, 선존재론적 경험 안에서 그 인정을 위한 토대를 찾지도 못하겠다. 선존재론적 경험은, 그 안에서 우리가 모든 대상 또는 모든 의미장에 관하여 내용 있게 말하게 되는 그런 총체 안에 우리를 집어넣는 일이 결코 없다. 요컨대 세계는 선험적으로도 없고, 후험적으로는 더더욱 없다. 의미장 존재론에 반발하면서 세계가 있고 세계를 다루는 이론(이를테면 형이상학 또는 심지어 물리학)도 있다고 여기는 사람은 자신의 견해를 증명할 책임이 있다. 왜냐하면 의미장 존재론의 논증들에 비춰 볼 때 세계의 실존은 자명하지 않기 때문이다.

따라서 의미장 존재론에 맞선 반론들이 들어설 여지가 있다는 점은 놀랍지 않다. 그러나 의미장 존재론에 따르더라도 세계의 실존이 인식적으로 가능하다고(왜냐하면 이제껏 고려되지 않은 모종의 의미장 안에서 세계의 실존이 인정되어야 하기 때문에) 단언하는 것만으로 그 반론들이 성공에 이르는 것은 아니다. 제안된 존재론이 무언가를 간과했을 가능성, 그 약한 인식적 가능성은 늘 성립하지만 철학적 앎 주장에 해를 끼치지 않는다. 이는 경험적 견해의 수정 가능성이 학문의 객관성을 해치지 않는 것과 마찬가지다. 오히려 수정 가능성은 객관성의 징표다. 왜냐하면 우리가 어떤 사안에 관하여 내용 있는, 곧 진실 능력을 갖춘 판단을 내릴 수 있을 때, 우리는 그 사안에 관하여 착각할 수 있기 때문이다. 세계 없음 직관은 오류일 가능성이 없는 통찰이 아니라, 어떤 단일한 원리에도 종속되지 않은 현상들의 다원성을 마주하는 선존재론적 경험을 출발점으로 삼은 숙고들과 논증들의 시스템이다. 그 숙고들과 논증들이 보여 주는 바는, 그 다원성을 단일한 의미Sinn 구조로 환원할 타당한 이유가 없다는 것이다. 우리는 의미장들 안에 있지만 만물을 아우른 하나의 의미장 안에 있지는 않다. 다른 견해를 품은 사람은 그 견해를 뒷받침하는 아주 좋은 근거들을 확보해야 한다. 거

듭 말하지만, 그 근거들을 현대적인 계산 언어들이나 경험으로부터 얻을 수는 없다.[198]

힐은 의미장 존재론이 말하는 실존 개념의 형식적 구조를 고찰하면서 당연히 한 걸음 더 나아간다. 그는 의미장 존재론의 실존 개념이 다음과 같은 의미에서 다의적이라고 여긴다. 〈실존이란 의미장 안에서 나타나기, 또는 의미장 안에서 삐딱하게 나타나기, 또는 의미장 안에서 파열되어 나타나기 등이다.〉[199] 따라서 세계가 실존하지는 않더라도 삐딱하게 실존하거나 파열되어 실존하는 등의 가능성이 열려 있음을 내가 인정해야 한다고 힐은 주장한다.

그러나 힐이 간과하는 것은 내가 통상적인 일의성/다의성 구분을 받아들이지 않는다는 점이다. 〈실존〉은 철학 이론(의미장 존재론)의 형식적 개념으로서 형식적으로 일의적이다. 실존하기는 항상 의미장 안에서 나타나기를 뜻한다. 실존하기가 사실적으로 어떤 것인지는 존재론의 틀 안에서 실존 개념을 이론적으로 분석해서는 밝혀지지 않는다. 왜냐하면 사실적 실존은 전형적으로 선존재론적 조건들 아래에서 확정되기 때문이다. 이것은 의미장 존재론이 존재론적 실재론으로서 가진 결정적 면모다. 그 이론은 각각의 의미장 안에서의 실존이 구체적으로 어떤 것인가를 열린 질문으로 놔둔다. 그리하여 존재론으로부터 형이상학적 구조를 추론할 수는 없다. 또한 그렇다고 해서 존재론의 형식적 개념들이 무의미해지는 것은 아니다.

이로써 의미장 존재론에서 말하는 실존 개념의 실존이 배제된 것은 아니다. 그 실존 개념은 한 모형의 틀 안에서 고안된 것인데, 다른 모형들과 비교할 때 그 모형은 존재 신학Ontotheologie 없이, 곧 존재론과 형이상학의 직접 연결 없이 작동한다는 점이 두드러진 특징이다. 이 대안의 장점은, 우리가 지난 세기의 [당연히 이론적 정보학(컴퓨터 과학)을 포함한] 수학과 물리학에서 배워 잘 아는 우리 이론의 불완전성에 대한 통찰을 존재론에까지 확장한다는 점에 있다. 우리의 유한성은, 절대적인, 관점 없이 있는, (유감스럽게도) 우리가 도달하지 못하는 총체와 대비할 만한 제한된 관점이 아니다.[200]

불완전성은, 영영 도달하지 못할, 어디도 아닌 곳에서의 관점을 팔짱 끼고 추구하는 관찰자의 눈 안에 있지 않다. 우주 안의 어떤 생물도 우주에 관하여 모든 것을 알 수 없다는 점 때문에 벌써, 형이상학적인, 어디도 아닌 곳에서의 관점은 배제된다. 우주에 관한 우리의 앎은 우주의 인과 구조 덕분에 가능하며, 그 구조는 우리가 모든 것을 동시에 측정하고 알 수는 없음을 포함한다. 우주는 우연적인kontingent 인식 제한을 특징으로 지녔다. 그러므로 우리는 물리학이 형이상학적으로 불완전한 이유들을 물리학 자체로부터 끌어낼 수 있다.[201]

의미장 존재론의 이론적 우위를 어떻게 입증하건 간에, 의미장 존재론은 힐이 의미장 존재론의 입장으로 간주하는 바로 그것을 배제한다. 실존은 형식적으로 일의적이다. 그때그때 실존하는 놈은 실존의 형식을 그때그때 구체적으로 실현한다. 그리고 이 구체적인 실현 방식 때문에, 실존 개념에 기초하여 모든 실재하는 의미장을 굽어보는 것은 불가능하다.

우리의 오류 가능성과 연결된 이 같은 사정은, 의미장 존재론 모형이 그런 형이상학적 굽어보기의 가능성을 배제한다는 점을 통해 설명된다. 형이상학자들은 의미장 존재론자에게 자기네 입장을 해명할 책임이 있다. 왜냐하면 예로부터 그들은 우리가 유한한 조건 아래에서는 절대적 총체를 인식하지 못함을 인정하니까 말이다. 절대적 총체는 처음 도입된 이래로 유한한 인식에게는 문제로 간주된다. 이런 연유로 플라톤은 『향연』에서 철학을, 우리가 보유할 수 없는 신적인 실존과 개념적 질문들에 무관심한 동물적 실존 사이에 위치한 활동으로 규정한다. 현재의 이른바 〈분석적〉 형이상학은, 절대적 총체를 논리적 〈공짜 점심〉으로 제공하겠다고 장담하는 논리적 레고 블록 세트를 신뢰할 수 있다고 여기면서 이 같은 표현성 문제들Expressivitätsprobleme을 그냥 우회하려 한다. 그러나 절대적 총체는 실존하는가, 라는 질문이 관건일 때, 외톨이 기호 논리학은 우리에게 그리 도움이 되지 않는다. 오로지 확립된 논리학의 틀 안에만 머무른다면, 실존 개념을 어떻게 사용해야 적절한지 설명할 수 없으며, 실존 개념의 적절한 사용법이 없다면, 우리는 진짜 주제 — 모든 실존하는 것의 절대적 총체가 있는가? — 를 그냥 외면하는 것이다.

힐이 쓴 다음과 같은 문장은 거의 옳다. 〈절대적 보편에 대한 반박은 그 반박 자신에 비춰 볼 때 제한되어 있으며 절대적으로 보편적이지 않다.〉[202] 나는 이 같은 힐의 해석에 대한 나의 동의를 제한하는데, 얼마나 제한하냐면, 힐을 비롯한 몇몇 학자가 주장하는, 보편자와 보편 양화 사이의 연관성이 어떤 것인지 설명할 필요가 있는 만큼 제한한다.[203] 힐의 암묵적 견해는, 실존이 가장 보편적인 개념이며, 만물이 그 개념 아래 포섭되고, 따라서 그런 실존 개념이 총체의 실존을 보증한다는 것인데, 그는 나를 위해 이 암묵적 견해를 구체적으로 펼쳐 놓을 책임이 있다. 그래야 우리가 탄탄한 기반 위에 발을 딛게 되고, 의미장 존재론은 그 기반 위에서 비로소 확실한 입장을 취할 수 있다. 이쯤에서 힐은 그 아래에 모든 특수자가 포섭되는 궁극적 **유(類)**의 구조를 설명해야 할 성싶다. 그저 〈논리학〉을 지목하는 것만으로는 그에 대한 설명이 이루어지지 않으므로, 보편 양화에 의지한 그의 논증은 따분한 호언장담으로 머무르니까 말이다.

힐은 의미장 존재론에 맞서 우연적이고 유한하며 열려 있는 총체의 개념을 내세운다. 하지만 유감스럽게도 그는, 어떤 의미에서 그런 총체가 가산(加算)적이지도 않고 의미장 존재론의 논증들에 걸려드는 방식으로 통일되어 있지도 않은지 설명하지 않는다. 더 나아가 그는 그런 총체를 가능케 하는 보편 양화의 형식을 통찰할 수 있게 해줄 만한 언급도 하지 않는다.

본, 파리, 코빌량에서 이루어진 일련의 대화에서 찰스 트래비스는 다음과 같은 진단을 제안했는데, 나는 그 진단을 적당히 에누리하여 받아들인다. 첫눈에 보기에 대상의 개념은, 진실 능력을 갖춘 생각에 개입하여 그 생각이 열린 자리를 더는 갖지 않도록 만드는 무언가의 개념이라고 간주할 수 있다. 〈_는 빈에 있다〉라는 표현은 빈의 사실들에 관한 통찰을 제공하지 않는다. 이런 점에서 이 표현은, 참인 생각을 발설하기 위해 사용할 수 있는 표현인 〈알베르티나*는 빈에 있다〉와 구별된다. 그러므로 알베르티나는 대상이다. 반면에, 〈그 대상〉이라는 표현은 사정이 다르다. 이를테면 〈그 대상〉이라는 표현에 더 먼저 언급된 무언가를 지칭 대상으로 부여하는 맥락이 확정되어 있지 않은 상황에서 당신이 〈그 대상은 빈에 있다〉라고 말한다면, 당신은 진실 능력을 갖춘 생각을 발설하는 것이 아니다.

내가 이해하기에 일반적으로 대상이란, 그놈에 관한 무언가가 진실인 그런 놈이다(131면 이하 참조). 진실을 거론할 수 있으려면 대상 영역이 확정되어야 하고, 그 영역에 관한 무언가가 진실일 수 있어야 한다. 이런 발상을 기반으로 삼아 그림Grim, 바디우, 크라이스 등은 우리가 모든 대상들을 포괄하는 대상 영역을 기호로 표시

* Albertina. 빈에 있는 미술관.

할 수 있다는 견해를 제시한다(통상적으로 이 견해를 옹호하는 사람들은 순수 양화의 대상 영역이 다원주의적으로 파열하는 것을 막는 조건들을 덧붙인다). 또한 그들은 이 견해가 우리를, 해결할 수 없으며 따라서 부정적인 변증법에 휩쓸리게 만든다고 여긴다. 만약에 이 생각이 옳다면, 역설을 일으키는 전체 영역을 양화하지 않으면서 대상들을 언급할 수 있게 해주는 임의의 수정 조치를 취하는 것이 당연할 터이다. 크라이스의 부정적 변증법은 이론적 오류의 표현이며, 그 오류는 사람들이 (통상적인 술어 논리의) 순수 양화 차원에서의 제한 없음을 고수하면서 이를 형이상학적 전체 영역의 증거로 간주하기 때문에 발생한다. 그러나 양화사들이 효과를 발휘하려면, 진실인 진술들을 가리키는 문장 기호들을 도입할 수 있게 해주는 의미Sinn 기준들이 이미 작동해야 한다. 그런데 부정적인 변증법은 그런 의미 기준들의 작동을 원천적으로 불가능하게 만든다.

집합론만으로 또는 술어 논리만으로 형이상학적 상황을 적절히 표현할 길은 없다. 왜냐하면 우리의 생각이 관련 맺는 대상이 속한 영역의 동일성 기준을 우리가 항상 선험적으로 지정할 수 있는 것은 아니기 때문이다(수학적 대상으로서의 집합은 그런 영역의 사례다). 도리어 우리가 진실 능력을 갖춘 생각을 통해 관련 맺는 대상은 늘, 내용 있는 술어들을 전제하고 따라서 경험과 결부된 인식을 전제해야만 분류할 수 있는 대상이다. 경험적 인식의 장은 그 장의 본성상 열려 있다. 모든 대상을 아우르는 절대적 총체를 대상으로 삼아 그 장에 귀속시키는 것은 무의미하다. 내가 지금 이 문장을 파리에서 적고 있다는 진실인 생각을 내가 생각할 때, 나는 무릇 있는 모든 것 혹은 모든 대상이 모종의 속성들을(이를테면 셀 수 없이 많다는 속성을) 지녔다는 생각을 함께 하지 않는다.

이와 관련하여 트래비스가 나에게 옳게 일러 준 대로, 우리는 $\forall x\ (x=x)$ 유형의 무제한적인 듯한 보편 양화에 대한 해석을 최소한 두 가지로 구분할 수 있다. 첫째, 이 보편 양화를 통하여 우리는, 그놈에 관해 우리가 진실인 생각을 생각할 수 있는 **대상이라면 어떤 대상이든지** 아무튼 그 대상 자신이어야 한다는 점을 생각하고자 할 수 있다. 둘째, 이 보편 양화를 통하여 우리는, 무릇 있는 **모든 대상**은 아무튼 자기 자신이어야 한다는 점을 생각하고자 할 수 있다. 우리가 판단 형식으로 파악하는 대상이라면 어떤 대상이든지 그 대상 자신이다. 예컨대 바나나는 휘어졌다고 우리가 발언할 때, 그 대상(곧 바나나) 자신은 판단 형식의 일부로서 파악된다. 바나나가 휘어졌음은 바나나가 바나나임을 함축한다. 이는 전혀 놀라운 일이 아니다. 우리가 바나나에 관해 이러쿵저러쿵 판단하는 것을 통하여 바나나가 변화하지는 않는다. 만약에 변화한다면, 우리는 바나나가 휘어졌다는 것을 생각할 수 없을 터이다. 대상을 맥락 안에 넣는 작업이, 발설할 수 없다고들 하는 사물의 개별성의 바닥에 술어적으로는 도달하지 못한다는 결과를 항상 초래한다면, 생각은 생각의 대상을 빗나가는 셈일 터이다. 바나나가 휘어졌음은 다른 것들도 휘어졌을 수 있음을 함축한다. 그렇기 때문에 바나나가 휘어졌음은 우연적이다. 바나나는 형이상학적 필연으로 휘어져 있지 않다. 우리는 곧은 바나나를 재배할 수 있다.

생각하는 놈으로서의 우리에게 주어질 수 있는 대상이라면 어떤 놈이든지 아무튼 그놈 자신이라고 생각한다는 것이 의미하는 바는 단지, 우리가 진실 능력을 갖춘 생각으로 다루는 사물들은 전형적으로 유형 술어sortales Prädikat를 통해 표현되는 속성을 드러낸다고 간주한다는 것이다. 사물이 어떤 속성도 드러내지 않을 만큼 신속하게 변화하는 경우는 결코 없다. 왜냐하면 그렇게 신속하게 변화하려면 최소한 예컨대 인간 동물의 시간적으로 속박된 파악 능력을 벗어나기에 충분할 만큼 신속하게 변화해야 할 터이기 때문이다.

무릇 무언가와 관련 맺는 모든 보편 진술은 유형에 속박되어 있으며 따라서 적용 영역이 한정되어 있다. 우리는 모든 사자, 모든 고양이, 모든 페르미온, 모든 프린터, 모든 숟가락 등에 대해서는 유의미하게 양화할 수 있지만, 모든 대상에 대해서는 그렇게 할 수 없다. 왜냐하면 존재론에서 대상 개념은, 우리에게 모든 대상의 절대적 총체를 보여 주기에는 논리적으로 턱없이 부적합한 형식적 개념으로 기능하기 때문이다.[204] 대상은 유형이 아니다.

이 같은 통찰에 선구적으로 도달한 인물로 윌리엄 제임스를 꼽을 수 있다. 1908년에 행한 히버트 강의Hibbert Lectures에서 제임스는 존재론에 다원주의 개념을 도입했다.[205] 그 강의에서 제임스는 절대주의와 다원주의를 구별하고 전자를 〈**모든 – 형식**all-form〉과, 후자를 〈**각각 – 형식**each-form〉과 짝짓는다.[206] 그는 자신의 다원주의적 입장을 〈급진 경험주의radical empiricism〉라고도 칭한다. 급진 경험주의의 추측에 따르면,

> 모든-형식은 결국 아예 없을 수도 있으며, 실재의 실체는 영영 완전히 취합될 수 없을 수도 있고, 그 실체 중 몇몇은 늘 이제껏 구성된 그 실체의 최대 조합combination 바깥에 머무를 수도 있으며, 실재의 분배적 형식 곧 **각각**-형식은 일반적으로 명백히 자명한 것으로 받아들여지는 모든-형식과 비교할 때 논리적으로 동등하게 수용할 만하고 경험적으로 동등하게 그 럴싸하다.[207]

제임스가 옳게 지적하듯이, 논리학의 과제는 〈우리에게 실재의 본성을 이론적으로 알려 주는 것이 아니다〉.[208] 그러므로 제임스가 보기에 실재의 본질은 〈실재, 삶, 경험, 구체성, 단박성 Unmittelbarkeit이 (어떤 단어로 표현하건 상관없다) 우리의 논리를 넘어서고 범람하고 에워싼다[209]는 점에 있다〉.

심지어 제임스는 이 같은 기반 위에서 존재론적 맥락주의를 제시하기까지 하는데, 그 입장이 내놓는 〈**어떤** 실재하는 **놈**도 환경을 가졌다는 사정에서 벗어나지 **못한다**〉[210]라는 확언은 의미장 존재론이 추구하는 실재론적 방향을 표현한다. 왜냐하면 〈실재론〉의 핵심 취지는 진실과 진실로 여기기의 잠재적 어긋남을 인정하는 것이니까 말이다. 이 잠재적 어긋남은 존재론에서 불완전성의 형태로 나타나는데, 그 불완전성이란 어떤 이론도 형이상학적 총체 (세계)를 온전히 서술할 수는 없다는 것이다. 이론적으로 접근 가능한 대상 영역이라면 어떤 것이든지 다른 영역들 사이의 한 영역이다. 따라서 이론적으로 접근 가능한 대상 영역이라면 어떤 것이든지(곧, 각각의 의미장은) 그 영역(의미장) 자신의 개념적 자원으로는 완전히 해명할 수 없는 환경을 가진다.

그러므로 실재론은 실재의 짜임새 Textur에 기반을 둔다. 어떤 이론도 그야말로 무릇 모든 것에 관한 이론이 아니다. 이로써 확실해졌듯이, 우리는 **오류 가능성 환경** 안에 놓여 있다. 각각의 앎 주장 진술은, (그 주장 안에서는 불투명한) 환경이 충분히 안정적이어서 우리가 우리 자신의 주장에 만족할 수 있다는 점에 의존한다. 어떤 생각도 ─ 순수한 철학적 생각도 포함해서 ─ 이론적으로 명확히 발설할 때 잘못될 위험에서 벗어나 있지 않다.

이 같은 실재론 기준은, 실재론을, 가장 잘 정당화된 우리의 전체 이론 Gesamttheorie조차도 틀린 것일 수 있다는 견해로 이해하는 입장과 한 가지 결정적인 측면에서 다르다. 왜냐하면 힐러리 퍼트넘이 스스로 〈형이상학적 실재론〉이라고 부르는 것에 맞서 펼친 다양한 반론에서 보여 주었듯이, 유의미한 전체 이론은 애당초 있을 수 없기 때문이다.[211] 오히려 생각들이 이론의 형태로 제시되는 모든 경우에, 바꿔 말해 진술들이 다루는 한정된 대상 영역 곧 의미장을 특정하기에 충분할 만큼 명확히 드러난 맥락 안에서 생각들이 제시되는 모든 경우에, 오류 가능성 요구는 타당하다. 이와 관련하여 완전히 이해하기 어려운 부분은, 왜 제임스가 자신의 《《다중 우주Multiversum》》는 여전히 《우주Universum》를 이룬다〉라는 주장을 계속 고수하는가 하는 점이다.[212] 이 주장에 제임스가 덧붙이는 언급은, 각각의 부분과 다른 각각의 부분 사이에 가능한 혹은 매개된 연결connexion이 성립한다는 것이다. 그는 이를 〈전일(全一)성alleinheit〉이라고 부르는 대신에 명시적으로 〈상호 침투durcheinander〉라고 부르며 결국엔 〈연결주의적 유형synechistischer Typus〉이라고 칭한다.[213]

그러므로 제임스의 다원주의적 우주는 한 가지 결정적 측면에서 의미장 존재론과 구별된다. 의미장 존재론의 대상 구역은 유례없이 독특한, 독보적인 다중 우주다. 실재는, 우리가 실재의 부분 각각을 다른 부분 각각과 원리적으로 연결할 수 있다는 방식으로조차도 다 함께 연결되어 있지 않다. 왜냐하면 연결에 관한 제한이 있기 때문이다. 세계 없음 직관은 연결 가능성의 상한선을 규정한다.

안톤 프리드리히 코흐의 〈해석학적 실재론hermeneutischer Realismus〉은 의미장 존재론과 기반을 공유하면서도 미묘하게 다른 대안이다.[214] 의미장 존재론과 달리 해석학적 실재론은 시공 안의 개별 사물들을 기반 장으로 삼아 작동하며, 그 기반 장 위에서 진정으로 환원 불가능한 의미장들의 다원성이 추가 발생supervene한다.

그런데 이미 여러 번 언급했듯이, 코흐는 의미장 존재론에 맞서 아무튼 세계를 상상할 수 있다고, 따라서 세계를 허구적 대상들의 영역 어딘가에 위치시켜야 한다고 반론한다. 그는 나름의 간략한 상상력 이론에서 이 반론을 편다.[215] 최근 들어 그는 그 이론을 가능 세계들에 대한 이해의 기반으로 삼고 그 이해의 틀 안에서 해석학적 실재론을 제시한다.

그는 상상력 이론이 필수적인 이유를 다음과 같이 제시한다. 우리가 이러저러한 특징을 가진 공간을 의식할 뿐 아니라 〈장소 다양체Stellenmannigfaltigkeit〉의 원소들을 지칭하고자 한다면, 우리는 대상들을 생생히 떠올려야vergegenwärtigen 한다.[216] 코흐에 따르면, 우리는 집을 볼 때 항상 〈집의〉 한 부분, 곧 〈우리를 향한 벽면〉을 보는 방식으로만 본다.[217] 이렇게 표현된 코흐의 견해는 지각 이론에서 몇몇 난점들을 일으키는 것이 사실이지만, 우리는 그 난점들을 제쳐 둘 수 있다. 왜냐하면 집을 집으로 만드는 그놈을 우리가 생각하기로 넘겨짚기만 하는 것이 아니라 집이 어떠한지에 관한 그림을 그린다는 것은 아무튼 옳으니까 말이다. 그 그림은, 우리가 바라보지 않아도 집이 그대로 있다는 것, 집이 지하실과 특정한 질량을 가졌고 내부를 가졌으며 어쩌면 우리가 사망한 뒤에도 존속하리라는 것 등을 포함한다. 간단히 말하면, 우리와 집의 접촉은 집에서 나오는 복사와 신경 말단 사이의 자극 교환에 국한되지 않는다. 왜냐하면 집-상황Haus-Sachlage에 대한 완전히 유효한 명제적 지각을 가능케 하는 접촉을 이뤄 내려면 우리가 집을 객체화(대상화)해야 하기 때문이다.[218] 코흐가 강조하듯이, 집에 관한 우리의 지각적 앎은 〈담론적 재현들diskursive Repräsentationen〉에서만 유래하는 것이 아니라 또한 그리고 무엇보다도 〈상상적 표상들imaginative Vorstellungen〉[219]에서 유래한다.

여기에서 코흐가 말하는 상상력은 표상 능력 전반을 뜻한다. 왜냐하면 본질적으로 표상 능력 전반은 상상하기를 본성으로 가진 활동들 — 이 활동들이 개별 학문에서 정확히 어떻게 국소적 정신 모듈 안으로 녹아들건 간에 — 안에서 발휘되니까 말이다.[220] 코흐는 본질적으로 상상하는 표상 능력을 도입하는 이유를 〈상상적 추상화imaginative Abstraktion〉[221]를 통해 제시한다. 상상적 추상화를 통해 우리는 공간을 텅 비우고,

> 초월적으로 필연적이지만 형이상학적으로 불가능한 공간의 근본 상태를 직관적으로 떠올린다. 그 근본 상태를 다루는 이론이 바로 유클리드 기하학이다. 물론 수학은 담론적 일반화를 통해 유클리드 기하학을 벗어날 수 있으며 실제로 벗어났다. 그러나 유클리드 기하학은 여전히 우리의 공간 표상의 확고부동한 기반이다.[222]

이를 바탕으로 코흐는 가능 세계들을 〈반(反)가능적 한계 사례〉 혹은 〈존재하기와 생각하기의 불가능한 기본 상태〉[223]의 모형들로 보는 발상에 접근하려 한다. 그러면서 그는 그 발상을 〈초월적 상상transtendentale Imagination〉[224]으로 간주한다. 하지만 왜 텅 비운 공간이 유클리드적이라는 것인지 나로서는 모르겠다.[225]

이런 틀 안에서 코흐는 〈투명주의Transparentismus〉에 반발한다. 그가 말하는 〈투명주의란 원리적으로 실재를 완전히 서술하고 인식할 수 있다는 견해다〉.[226] 코흐와 나는 우선 투명주의가 틀렸다고 (혹은 터무니없다고) 본다는 점에서 의견이 일치한다. 또한 투명주의를 모든 세계 직관(세계관)의 본질적 기반으로 본다는 점에서도 의견이 일치한다. 가능 세계들을 다루는 이론은, 〈잘 규정된 거대

개체들Großindividuen로서의 가능 세계들에 관한 이야기는, 가능 세계들은 그 세계들을 인식할 수 있게 만들고 철학적 맥락들 안에서 개념적으로 사용할 수 있게 만드는 구조를 띤다는 점을 형이상학적 토대로 삼는다는 점에서 벌써)[227] 투명주의를 요구한다.

그런 거대 개체들은 없으며 있을 수도 없다. 한마디 보태자면, 이것은 세계 곧 거대한 개체로서의 실재 세계가 없는 또 하나의 이유다. 실제로 세계는 단지 상호 관계들의 열린 지평으로서만 있다.[228]

그런데 코흐는 가능 세계 모형을 이용하여 자신의 주요 주장인 주체 주장Subjektivitätsthese을 정당화한다. 그 주장에 따르면, 각각의 가능 세계 안에서 언젠가는 주체가 시공상의 한 위치를 차지한 놈으로서 등장해야 한다.[229] 이렇게 되면 주체 주장은 방법론적 자기모순에 빠질 위험에 처한다. 왜냐하면 기껏해야 이 주장은, 나중에 배척할 개념적 수단을 일단 사용하는 귀류법의 한 요소일 수 있을 따름이니까 말이다. 가능 세계들이 존재론적으로(혹은 형이상학적으로 아예) 불가능하다면, 〈가능 세계들이 있다〉가 그 안에서 참인 그런 가능 세계는 없다.

코흐는 현대 물리학의 이상화하는 모형화를 언급하면서 곤경에서 빠져나온다. 그에 따르면, 가능 세계들은 형이상학적으로 불가능하지만—가능 세계들은 없고, 있을 수도 없지만—우리는 사고 실험에서 가능 세계들을 다룰 수 있다.[230] 그러나 이로부터 귀결되는 것은 약화된 입장이다. 왜냐하면 가능 세계들이 있다면 주체가 있어야 한다는 것이 아무튼 증명되니까 말이다. 하지만 가능 세계들은 없으므로, 주체의 실존이 형이상학적 필연이라는 증명은 아예 불필요하다.

우리는 〈모든 가능한 물질적 시공 시스템에서 동일한〉 〈유클리드적 기본 상태〉[231]를 전혀 상상할 수 없다. 왜냐하면 그런 상상은 〈실재에 적용될 때〉[232] 실패로 돌아가기 때문이다. 우리가 상상으로 떠올리는 놈은 그 떠올리기를 통하여 실재하는 놈이다. 코흐가 텅 비우고자 하는 논리적 공간은 그런 놈에 의해 벌써 말하자면 휘어진다. 텅 빈 물리적 공간이 없는 것과 마찬가지로 텅 빈 논리적 공간도 없다.

이 대목에서 의미장 존재론의 존재론적 실재론을 돌아볼 필요가 있다. 그 실재론이 방법론적 차원에서 〈비초월적 경험주의nicht-transzendentaler Empirismus〉[233]에 해당하는 것은 우연이 아니다. 실재에 관한 생각은 수정 가능한 한에서 오류 가능하다. 실재에 관한 수정 불가능한 생각은 실재하지 않는다. 〈세계는 세계다〉 또는 〈실재는 실재다〉 또는 〈모든 것은 자기 자신과 동일하다〉 같은 외견상의 동어 반복으로부터 우리가 종합적-선험적 진실들을 통찰할 능력을 지녔다는 결론을 끌어내는 것은 허상(虛像)이다. 세계는 내용 있는 생각하기의 대상이 아니며 따라서 상상할 수 있는 무언가가 아니다.

진짜 동어 반복은 주어진 형식적 시스템 안에서 타당한 논리적 진실이다. 무언가가 논리적 진실인지 아닌지는 우리가 어떤 형식적 시스템을 탐구하고 있느냐에 달려 있다. 하지만 어떤 형식적 시스템을 탐구하느냐와 전혀 상관없이, 우리가 세계를 〈세계〉라는 표현의 형태로 언급하는 것을 통하여 세계를 도입할 수는 없다. 〈세계는 세계다〉로부터 어떤 존재 명제가 도출되려면, 〈세계〉라는 표현에 의미Sinn가 주어져야 하고, 그 의미는, 그 안에서 세계라는 대상이 나타날 수 있는 대상 영역을 특정하는 것을 가능케 해야 한다.

그런데 의미장 존재론에 따르면, 바로 그런 의미를 〈세계〉라는 표현에 부여하는 것은 불가능하다. 왜냐하면 애당초 세계는, 그 시스템의 변환 규칙들이 해석되지 않은 그런 형식적 시스템 안에서는 등장하지 않기 때문이다. 어쩌면 그런 방식으로 〈세계〉라는 기호를 도입할 수 있겠지만, 이 도입만으로는 형이상학적 세계 대상을 성공적으로 명명하기에 턱없이 부족하다. 왜냐하면 성공적인 명명을 위해서는 지칭 관계 혹은 재현 관계가 필요하고 따라서 형식적 기호 시스템의 해석이 필요하기 때문이다. 이로써 우리는 다시 의미장 존재론이라는 기반에 도달했다.

11장
꾸며 낸 대상, 상상된 대상, 지향적 대상

상상력 발휘를 통해 담론에 도입할 수 있는 모든 대상이 꾸며 낸 대상인 것은 아니다. 꾸며 낸 대상은 본질적으로 허구라는 의미장에 속하며, 그 의미장의 특징은, 그 의미장 안에서 나타나는 대상들에 접근할 수 있으려면 우리가 그것들을 상연하고 해석해야 한다는 점이다. 그러므로 우리가 꾸며 낸 대상에 이르는 과정은 상상된 대상을 통해 매개된다. 꾸며 낸 대상이 상상된 대상의 형태로 우리에게 나타나지 않는다면, 우리는 꾸며 낸 대상에 관하여 아무것도 모를 터이다.

우리의 지각 환상의 내용은 **상상된 대상**이다. 그 내용은 우리와 지각 대상 사이에 장애물처럼 놓여 있지 않다. 오히려 그 내용은 지각 가능한 대상이 우리에게 나타날 때 띠는 형태다. 그 내용은 환상이다. 왜냐하면 지각 대상을 그 안에서 그 대상이 나타나는 매체와 혼동하는 일이 너무 쉽게 일어나기 때문이다. 이 혼동은 그 매체가 아무 어려움 없이 (당연히) 다른 지각의 대상이 될 수 있기 때문에 발생한다. 우리는 일반적으로 인간종(人間種)에 고유한 방식으로, 또 맥락에 고유한 방식으로, 또 개별적으로 각각의 실제 지각 에피소드에 관여한다. 인간으로서 우리는 특정한 시점에, 체득되었으며 자서전의 영향을 받는 앞선-앎Vorwissen 아래에서 한 장면을 지각하고, 그 장면 안에서 친숙함이라는 지표가 붙은 대상들이 등장한다. 자기의식 있는 삶의 표준적인 경우에 우리는 그 대상들이 우리에게 무엇으로서 친숙한지를 술어적으로 명확히 발설할 수 있다. 지각 가능한 대상과 우리의 개념 사용 사이에 말할 수 없음이라는 틈새가 벌어지지 않는다. 왜냐하면 우리의 개념 사용 자체가 실제 지각 에피소드에 적용하기에 알맞게 되어 있기 때문이다.

브누아와 트래비스가 옳게 강조했듯이, 그렇다고 해서 우리의 감각이 명제적 필터이며 그 필터 덕분에 우리가 성공적으로 진술할 수 있다는 뜻은 아니다.[234] 오히려 감각적 실재는 독자적인 실재이며 바로 그렇기 때문에 우리가 그 실재를 언어로 성공적으로 파악하는 것을 배제하지 않는다. 감각적 실재가 현존하기 위해서 정신적 명명 활동이나 선(先)언어적 지표는 필요하지 않다.

지향적 대상은 관련 맺기(지칭)의 대상이다. 이때 관련 맺기는 직관의 매개 형식을 전제하며 따라서 관점적이다perspektivisch. 요컨대 지향적 대상이란 우리가 특정 (감각적으로 코드화되었건 개념적으로 코드화되었건 상관없는) 조건들 아래에서 파악하는 대상이다. 일부 지향적 대상은 상상된 대상이다. 그러나 모든 지향적 대상이 상상된 대상인 것은 아니다. 예컨대 내가 직접 접근할 수 있는 주관적 시야 안의 대상은 나의 지각 입장에 맞춰져 있다. 하지만 성공한 지각 대상들 자체가 특정 지표에 맞춰져 있는 것은 아니다. 만약에 그렇게 맞춰져 있다면, 우리는 여러 주체가 똑같은 놈을 비록 다르게 지각하더라도 지각할 수 있다는 사정을 고려할 수 없을 터이다. 여기에서 **직관** 개념이 도입되는데, 일반적으로 그 개념은 선별 함수Auswahlfunktion를 규정하되, 파악 가능하지만 아직 아무도 파악하지 못한 대상들이 늘 추가로 있도록 선별 함수를 규정한다.[235]

모든 대상이 통상적인 의미에서 감각적이지는 않으므로, 감각적이지 않은 직관도 있는 듯하다. 그러나 이 견해는 우리가 실재하는 대상의 두 유형을 구별한다는 조건 아래에서만 타당하다. 즉, 한편으로 우리가 감각적으로 파악할(인식할) 수 있는 대상들이 있고, 다른 한편으로 우리가 생각할 수는 있지만 감각적으로 파악하기는 원리적으로 불가능한 대상들이 있다고 전제할 때만 위 견해가 타당하다. 나는 양쪽 대상들을 모두 〈실재하는〉 대상이라고 부른다. 왜냐하면 내가 이해하기에 **실재성**이란, 우리가 대상에 관하여 오류를 범할 수 있게 해주는 인식적 양상 범주이기 때문이다. 우리는 예컨대 수학적 대상들에 관해서도 착각할 수 있고 대상 개념(이 개념 자체가 하나의 대상이다)에 관해서도 착각할 수 있으므로, 이른바 〈추상적〉 대상들도 실재하고 철학이 다루는 형식적 대상들도 실재한다. 정확히 말하면, 실재론적 의미장 존재론의 요점 하나는 실재하지 않는 대상은 없다는 것이다.

　우리가 그것에 관한 진실들을 인지하는 모든 대상은 지향적 대상이다.[236] 이로부터 모든 대상은 지향적 대상이라는 결론은 도출되지 않는다. 실재는 초월적 현상학에서처럼 포괄적 의식 안으로 빨려 들어가지 않는다. 실재와 생각하는 놈 사이의 상관관계가 예외 없이 성립하는 것은 아니다. 우리가 인지하는 대상들은 원리적으로 한눈에 굽어볼 수 없는 조건들 아래에서 그때그때 우리의 주의를 끌 자격이 있는 무언가로서 우리가 선별한 대상들이다.

　원리적으로 한눈에 굽어볼 수 없는 그 조건들이 우리의 관점을 이룬다. 우리는 우리 자신의 관점을, 지향적 대상들을 어떤 식으로든 우리의 선별 함수들과 함께 시야에 포착하는 방식으로 파악할 수 없다. 오히려 우리의 관점은 본질적으로 투명하다. 그렇기 때문에 우리는 칸트를 계승하여 직관을 단박 표상unmittelbare Vorstellung

으로 분류할 수 있다.[237] 우리가 특정 대상을 탐구하기 위한 모든 조건을 우리는 절대로 파악하지 못한다. 이는 우리가 이론 수준을 한 단계 높여서 이를테면 주어진 지각 에피소드를 그것의 물리적 환경 조건들과 함께 명확히 서술하기 시작하더라도 마찬가지다.[238] 설령 우리가, 양자 이론에서 등장하는 상보성(相補性)이라는 물리적 이유 때문에 벌써 감당할 수 없는 과제, 곧 모든 물리적 내장 조건Einbettungsbedingung을 완전히 파악하기라는 과제를 어떤 불가능한 방식으로 수행했다 하더라도, 우리가 무수한 정신적 이론 조건들을 서술하기 시작한 것은 전혀 아니다.[239] 왜냐하면 이론으로 정립될 능력을 갖춘 우리의 관점은, 우리가 언젠가 실제로 완전히 파악할 수 있는 모든 것으로부터 규정할 수 없을 만큼 멀리 벗어나 있는 사회 경제적 전제들, 개념적 전제들, 역사적 전제들, 논리적 전제들을 포함하기 때문이다.

우리가 실제로 완전히 파악할 수 있는 것은 모형에 속박되어 있다. **모형**이란 직관의 형태를 고정하고 공적으로 접근 가능하게 만드는 개념 시스템이다. 모형은 선별 함수를 명시적으로 묘사한 것이다. 따라서 우리는 모형에 기대어 우리 자신의 정보 필터를 부분적으로 파악할 수 있다. 그렇기 때문에 우리는 논리학과 기타 유사한 학문 분야들에서 생각 모형들을 개발할 수 있다. 그 생각 모형들은 우리가 어떻게 생각하는지, 혹은 생각해야 하는지에 관한 설명을 우리에게 제공한다. 어떤 모형도 그 모형이 묘사하는 것과 동일하지 않다. 만약에 동일하다면, 모형은 척도가 1:1인 무의미한 지도로 전락할 것이다. 모형에 대해서는 완전성 정리와 불완전성 정리를 제시할 수 있지만, 직관과 직관의 조건들에 대해서는 그럴 수 없다. 왜냐하면 직관은 우리의 기반 실재를 이루기 때문이다. 기반 실재에 대해서는, 모든 대상을 아우른 유의미한 총체는 전혀 없으므로 우리가 **모든** 대상을 파악한 상황은 절대로 있을 수 없다는 의미장 존재론의 핵심 조건을 비롯한 실재론적 이론 조건들이 유효하다.

모형이 예컨대 컴퓨터 시뮬레이션이나 지도 같은 대상일 경우, 우리는 모형에 대한 직관을 가질 수 있다. 하지만 그렇다고 해서 모형 자체가 직관인 것은 아니다. 또한 우리의 직관이 모형인 것은 더더욱 아니다. 우리의 직관은 실재와 직접 접촉해 있다. 왜냐하면 직관 자체가 실재하는 무언가로서 우리의 실제 지각 상황에 관여하기 때문이다.

직관은 우리 정신의 기반 실재다. 바꿔 말해 이 기반 실재는 원자적 요소들이나 시공 안의 개별 사물들, 또는 그와 유사한 물질적인 것으로 이루어지지 않았다. 오히려 직관 자체가, 이 논의와 같은 이론적 자기 모형화에서 우리가 선별하는 능력 시스템의 한 부분이다. 내가 다루는 직관은 다름 아니라, 내가 정신 유형이 아닌 무언가와 어떻게 늘 접촉해 있는지에 관한 그림을 그릴 수 있기 위하여 수행하는 자기 모형화에서 등장한다.

그런 한에서 우리는 피히테에게 동의할 수 있다. 잘 알려져 있듯이, 피히테는 〈인간 정신 시스템〉[240]의 틀을 다음과 같은 원리를 통해 규정한다. 〈**나는 나 안에 공유 가능한 나와 공유 가능한 나–아닌–놈을 맞세운다.**〉[241] 여기에서 피히테가 말하는 〈공유 가능한 나–아닌–놈〉은 지향적 대상의 범주다. 나는 〈공유 가능한 나〉에 상상된 대상들을 배정한다. 이 양자가 구별되는 장소인 나는 정신이며, 정신은 그런 구별을 스스로 모형화한다. 정신은 허구 안에서 자기를 대상화(객체화)하며, 허구는 상상된 대상과 지향적 대상의 구별을 포함한다. 이는 상상된 대상과 지향적 대상이 없다거나 꾸며 낸 놈들이라는 것을 의미하지 않는다. 우리가 우리 자신의 근본 개넘들의 포트폴리오를 탐구하려 할 때, 자기 모형화는 불가피하다. 이 자기 모형화는 이론 조건들에 예속해 있다. 그 조건들은 방금 논한 정신의 불가피성과 더불어 다음과 같은 실재론적 불완전성 정리를 포함한다. **우리 자신을 정신적 생물로 간주하는 어떤 모형화도 한 정신적 에피소드가 앞에 놓여 있기 위한 모든 필요조건들(총괄하면 충분조건)을 파악할 수 없다.** 이 사정을 **본질적 불투명성**이라고 할 수도 있다. 우리가 한 이론 층의 기본 구조를 설명의 형태로 적용하기 위하여 초보적으로나마 서술해 놓자마자, 또 하나의 이론 층이 등장하고, 그 이론 층은 서술된 의미장이 이제껏 탐구하지 않은 환경(또 다른 의미장) 안에 내장되게 만든다.

하지만 정신의 불가피성 때문에 이것은, 우리가 정신을 원리적으로 정신에서 벗어난 무언가 안에 내장한다는 것을 의미하지 않는다. 만약에 그렇게 내장한다면, 다시 환상주의의 변증법에 휩쓸려 들 터이다. 오히려 실상은 이러하다. 우리가 자기 모형화에서 직관의 기반을 예컨대 의식에 두고 의식의 기반을 자기의식에 두기 위하여 자기 모형화를 하면서 도입하는 각각의 이론 층은 말하자면 정신의 심화를 일으킨다. 우리는 우리 자신을 파악할 때 정신에서 벗어나지 못하며, 다만 정신의 시선을 옮길 따름이다.

요컨대 **정신**은 진실 능력을 갖춘 생물로서 우리의 자기 파악의 무한정 확장 가능한 차원이다. 그래서 정신은 공시적으로 또 통시적으로 한눈에 굽어볼 수 없는 방식으로 가변적이다. 그러므로 우리 종(種)이라는 벌거벗은 약탈적 유인원이 뇌가 정상일 때 띠는 확정 가능한 구조를 옹호하기 위하여 우리의 자기 관계의 역사성을 건너뛸 수는 없다.[242] 우리의 특징짓기 능력에 관한 이 같은 특징짓기에서 상정해야 할 유일한 불변항은 방금 서술한 우리 자신의 수정 가능성이라는 차원이다.

정신적 생물인 우리는 본질적으로, 상상된 대상들을 매개로 우리 자신을 파악한다. 상상된 대상들은 우리가 감각을 통해 실재와 상호 작용하는 근본적인 수준에서 등장한다. 우리의 몽상 Tagträumerei은 우리가 생각들을 풀어놓아 어슬렁거리게 할 때 비로소 시작되지 않는다. 오히려 우리의 몽상은 우리가 우리 삶의 한 에피소드에 직관들을 결합하는 수준에서 발생한다. 이 사정은 늦어도 아리스토텔레스 이래로 알려진, 우리의 생각이 건축될 때 상상력이 하는 역할에 부합한다. **판타시아**φαντασία*는 실재와 동떨어진 과정이 아니라, 우리가 지향적 대상들을 파악하는 방식이다.[243] 판타시아는 지향적 대상을 한 관점에 기초하여 우리 앞에 세우는데, 우리는 그 관점을 완전히 파악할 수 없다. 그리하여 그 관점은 늘 확장 가능한 상태로 남는다. 어떤 인식 가능한 총괄 규칙 아래에도 종속되지 않은 이 무한정한 확장 가능성 덕분에 우리는 생물로서 열린 어림셈법을 통한 발견의 과정 안에 실존한다.[244]

의미장 존재론에서 대상 개념은 형식적 기본 개념이며, 당연히 대상들은 사실들 안에 내장되어 있다는 것을 통해 설명된다. 이런 식으로 대상 영역은 무제한의 총괄 이해 원리들로부터 보호된다. 우리는 임의로 작성된 함수 안에 내장될 수 있는 모든 것은 바로 그 사실에 의해 대상이라는 견해를 배제할 권리가 있다. 이 권리를 정당화하는 행마는 세계 없음 직관의 실재론에 의지한다. 우리가 알고 있듯이, 모든 실존하는 대상에 대하여 총괄적으로 진실인 것은 없으므로, 늘 일부 대상들은 생각 가능한 형식적 대상 영역 규정 각각의 바깥에 머무른다. 그 경계를 선험적으로 통찰할 수 있고 또한 무릇 모든 대상을 포함하는 담론 우주는 없다.

이로부터 귀결되는 바는, 우리가 대상들을 두 개의 범주로 완

* 상상을 뜻하는 희랍어.

벽하게 분류할 수 없다는 것이다. 바꿔 말해, 추상적/구체적, 물질적/비물질적, 자연적/정신적 같은 통상적인 이분법들이 대상 영역 전체를 양분한다는 것은 사실이 아니다. 범주의 개수를 늘려도 사정은 개선되지 않는다. 모든 대상을 분류하여 한 개나 여러 개의 틀 안에 집어넣는 범주들의 개념, 그것들의 완전성을 선험적으로 통찰할 수 있는 그런 범주들의 개념은 배제된다. 이를 배경에 깔고 나는 『의미와 실존』에서 의미장 존재론을 〈비초월적 경험주의〉라고 칭한 바 있다.[245]

일부 대상은, 그 실존이 선험적으로 인식될 수 없는 그런 의미장 안에서 나타남을 통해서만 개별화된다는 확실한 사정이 벌써, 대상들을 범주 격자에 배치하여 총괄적으로 이해하는 원리들을 추구하는 프로젝트를 무너뜨린다.[246] 그러므로 이 장에서 대상들을 **꾸며 낸** 대상, **상상된** 대상, **지향적** 대상으로 분류하는 것을 제안했는데, 이 분류를, 비지향적 대상들을 추가함으로써 전체 광경으로 완성할 수 있는 형이상학적 가설로 간주하면 안 된다. 왜냐하면 이런 식으로 추구되는 완전성은 존재론의 형태를 띨 테고, 그 존재론에 따르면 네 개의 의미장(꾸며 낸 대상들의 의미장, 상상된 대상들의 의미장, 지향적 대상들의 의미장, 비지향적 대상들의 의미장)이 있을 터인데, 그렇다면 이 의미장들이 함께 또 다른 한 의미장 안에 실존하는 것이 아닌가, 라는 질문이 제기될 터이기 때문이다. 이 질문의 답이 부정이라면, 그 네 개의 의미장은 그것들 자신 중 하나 안에서 등장해야 한다. 이제부터 그 네 개의 의미장이 각각의 의미장 안에서 등장할 가능성을 살펴보자. 그 가능성들은 근대 이론 철학의 기초를 특징짓지만, 대다수 경우에 사람들은 이를 통찰하지 못한다. 칸트 이후 관념론자들은 이 사정을 간단히 〈교조주의〉라고 칭했다.

1. 형이상학적 허구주의

형이상학적 허구주의는 모든 대상이 허구의 의미장 안에 실존하며, 꾸며 낸 대상이라는 견해다. 이 견해와 관련하여 우리가 여기에서 다룰 만한 것은 기껏해야, 다른 세 가지 대상 유형이 저마다의 의미장 안에 내장되어 있음을 고려하는 미묘한 구조다. 이행성 Transitivität 방지 원리로 인해, 상상된 대상들은 꾸며 낸 것의 의미장 안의 상상된 것의 의미장 안에 실존할 수 있다. 그렇게 실존하더라도, 상상된 대상들이 곧 꾸며 낸 대상인 것은 아니다. 단지 상상된 대상들의 의미장만 꾸며 낸 것이며, 그 의미장은 애초의 가정에 따라 꾸며 낸 대상이다. 그러므로 형이상학적 허구주의가 주장하는 바는, 다른 의미장들이 해석에 의존하여 실존한다는 점, 그리고 이것이 꾸며 낸 것의 의미라는 점이다. 그렇다면 철학적 이론 구성은 악보에 의존할 테고, 악보는 놀이 공간 안에서의 해석을 통해 보충될 수 있을 터이다. 따라서 네 가지 대상 유형으로 이루어진 실재의 악보가 정확히 어떻게 상연되느냐에 따라 다양한 존재론들이 있을 터이다. 그런 해석 의존적 존재론들의 기본 형태를 일찍이 니체와 파이힝어뿐 아니라 카르나프도 익히 알았으며, 퍼트넘과 현재의 다양한 허구주의도 익히 안다.[247] 그런데 일반적으로 간과되는 것은, 꾸며 낸 것의 의미장이 자기 자신 안에서 나타난다는, 부정하기 어려운 자기 관련성(자기 지칭성)이다. 이 자기 관련성으로 인해 최소한 문제적인 역진(逆進)이 발생한다. 왜냐하면 모든 의미장이 꾸며 낸 것이라는 명제 자체도 꾸며 낸 것이니까 말이다. 니체는 많이 인용되는 아래 대목에서 이를 정확히 지적한다.

〈오로지 사실들만 있다〉라는 현상에 머무르는 실증주의

에 맞서 나는 이렇게 말하겠다. 아니다, 사실들은 없고, 단지 해석들만 있다. 우리는 사실 〈그 자체〉를 단언할 수 없다. 그런 단언을 바라는 것은 어쩌면 터무니없는 짓일 것이다. 〈모든 것은 주관적이다〉라고 당신들은 말한다. 그러나 그 말이 벌써 해석이다. 〈주체〉는 주어진 것이 아니라 덧붙여-지어낸 무언가, 뒤에-숨은 무언가다. 해석의 배후에 해석자를 놓을 필요가 과연 있을까? 벌써 그것이 꾸며 내기요 가설이다. 〈인식〉이라는 단어가 아무튼 유의미한 그만큼, 세계는 인식 가능하다. 그러나 세계를 다르게 해석할 수 있다. 세계는 자신의 배후에 의미를 가진 것이 아니라 무수한 의미들을 가졌다. 〈관점주의.〉

　　세계 해석은 우리의 욕구다. 우리의 충동과 그 충동에 순응하는 것과 반발하는 것. 각각의 충동은 일종의 지배 열망이다. 누구나 자신의 관점을 지녔으며 그 관점을 나머지 모든 충동에 규범으로 강요하고 싶어 한다.[248]

최근에 브누아가 옳게 상기시켰듯이, 이 인용문은 특히 훗날의 파이힝어에 맞선 반론이다. 왜냐하면 진짜 적수는 실증주의이지, 실재론이 아니기 때문이다. 니체는 전혀 다른 이유에서 실재론도 그릇되었다고 여긴다.[249] 이런 식으로 니체는 〈일반화된 해석학 herméneutique généralisée〉에 도달한다.[250] 이 사정은 20세기 니체 연구의 결과로 널리 알려져 있다.[251] 이 대목에서 관건은 정합적인 니체 풀이를 제시하는 것이 아니다(추측하건대 이것은 성공할 가망이 없는 시도다. 니체 본인이 사정을 그렇게 만들었다). 더 중요한 것은 형이상학적 허구주의가 자기 자신의 장 안에 놓인다는 통찰이다. 니체는 이를 명백히 인정했지만, 이 상황을 이론 수정의 이유로 보지 않았다. 이런 점에서 그는 주목할 만하게 정합적-부정합적이었다.

형이상학적 허구주의는 꾸며 낸 것의 개념을 확장하며 따라서 마찬가지로 많이 인용되는 데리다의 격언, 텍스트 바깥에는 아무것도 없다, 에서 정점에 도달한다.[252] 여기에서도 주의해야 한다. 왜냐하면 데리다는 관련 대목에서 루소 독해 방법론을 다루면서 단지 간접적으로만 보편적 형이상학이라는 주제와 씨름하기 때문이다. 이 대목에서 데리다에게 관건은 저자 기능의 이름으로서 〈루소〉가 동일 인물 장 자크와 어떤 관계냐 하는 것이다. 이 인물의 주체성은 루소가 사용하는 문학적 형태들 안에서 위험에 처한다. 그리하여 우리는 문학 이론의 영역으로 이끌리는데, 여기에서 우리는 그 영역을 배제할 수 있다. 그럼에도 다음을 반박하기 어려운데, 데리다의 방법론에의 호소와 『그라마톨로지 Grammatologie』에서의 시종일관한 지칭 배척은, 《실재 réel》라는 표현을 거리 두기용 문장 부호 안에 놓는 결과를 가져온다.[253] 이 모든 것은, 싫증이 날 만큼 철저히 가공되어 있으며, 모든 대상을 지향성으로 되돌리는 허용되지 않은 환원에서 유래한다. 따라서 데리다도 허구주의의 제물이라기보다는 지향주의의 제물이라고 할 수 있다.

내가 데리다를 언급하는 것은, 당신이 형이상학적 허구주의자라면 떠안게 되는 귀결을 데리다가 어렴풋이 감지하기 때문이다. 당신이 형이상학적 허구주의자라면, 당신은 세계를 받아들이지만, 세계는 그 자체로 인식 불가능한 〈근원 문서 Archi-écriture〉[254]가 된다. 이 근원 문서는 〈학문의 대상 objet d'une science〉[255]이 결코 아니다. 왜냐하면 당신이 각각의 이론적 태도를 독해로 간주하고 이 독해를 문학적 풀이 모형에 따라 모형화하면, 꾸며 낸 것의 개념이 지나치게 확장되기 때문이다. 그렇게 모형화하면, 실제로 데리다가 목격한 〈추가 요금 supplément〉 효과가 발생한다. 이 효과의 핵심은 상상된 대상이 우리와 근원 문서 사이에 끼어들어 근원 문서의 현존이 결국 의문스러워지는 것이다(사람들은 당연히 여기-있음 형이상학Präsenzmetaphysik의 함정에 빠지지 않으려 한다……). 니체에서와 마찬가지로 데리다에서 이 사정은 영영 끝나지 않으려 하는 애크러배틱으로 귀결되며, 그 애크러배틱은 미국 〈이론〉계에서 〈해체Dekonstruktion〉의 깃발 아래 완벽하게 다듬어졌다. 그러나 모든 대상을 꾸며 낸 것의 의미장 안에 집어넣거나 더 조심스럽게 그때그때 (다들 꾸며 낸 것의 의미장 안에 실존하는) 네 의미장 중 하나 안에 집어넣을 때 발생하는 역설은 고스란히 남아 있다.[256]

2. 형이상학적 상상주의

형이상학적 상상주의는 모든 대상을 상상된 것의 의미장 안에, 또는 상상된 것의 의미장 안에서 나타나는 네 개의 의미장 중 하나 안에 집어넣는다(이때 상상된 것의 의미장은 당연히 자기 자신 안에서 나타난다). **상상된** 대상이란 실재와 인식적 실재 파악 사이의 인터페이스에서 발생하는 대상이다. 지각의 수준에서는, 무언가를 무언가로서 우리에게 보여 주는 관점적 내용이 상상된 대상이다. 상상된 대상은 우리의 오류 가능성의 기반이다. 왜냐하면 상상된 대상이 지각 가능한 대상의 면모들을 우리에게 보여 주기 때문이다. 이때 상상된 대상은 지각 가능한 대상을 차단하지 않는다. 지각 가능한 대상은 우리가 지각하는 그놈이며 그놈으로 머무른다. 그러나 우리는 지각 가능한 대상을 매체의 구실을 하는 내용 안에서 (형태, 색깔, 소리, 명제 등으로) 지각한다. 그런 연유로 우리는 지각 가능한 대상에 관하여 착각할 수 있다. 왜냐하면 우리가 그 대상의 일부 면모들을 그릇되게 파악하기 때문이다. 착각의 기반은 동일한 대상과의 성공적인 접촉이다. 그 대상에 관하여 우리는, 직접 접촉을 통해 뒷받침되지 않은 추가 견해들을 품는다. 내용들은 실제로 실존하는, 실재하는 대상들이며, 매체로서의 지각(지각 매체) 안에서 우리에게 나타난다. 지각 매체는 실재하는 관계다. 지각 가능한 대상의 질적 속성은 〈우리의 의식 안에〉 있는 것도 아니고, 〈우리의 머리 안에〉 있는 것은 더더욱 아니다. 오히려 그 속성은 우리와 지각 가능한 대상 사이에 있다.

이로부터 벌써 귀결되는 바는, 모든 대상이 상상된 대상일 수는 없다는 것이다. 지각 사례에서 상상된 대상은 지각 시스템(예컨대 호모 사피엔스 유형의 정신적 생물)과 지각되는 대상 사이의 관계다. 지각되는 대상은 통상적으로 우주에 속하므로, 지각에 관여하는 인과 관계는 상호 작용이나 얽힘Verschränkung의 형태이며, 우주의 논리적 형태를 양자 이론에서 끌어낼 수 있다. 원리적으로 보편적 기틀 이론으로 정식화할 수 있는 양자 이론은 잘 알려진 적용 영역인 미시 세계를 넘어서, 〈세계의 현상적 성격〉[257]을 해명해 주는 개념들을 제공한다. 하르트만 뢰머에 따르면, 얽힘이란

양자적 시스템의 기묘하고 몹시 유별난 특징이다. 아래 조건들이 충족되면 얽힘이 일어날 수 있고 일어날 것이다.

• 한 시스템 안에서 부분 시스템들을 식별할 수 있으며, (시스템 전체와 관련된) **전체적으로 관찰 가능한 것들**과 (부분 시스템들에 속한) **국소적으로 관찰 가능한 것들**을 구별할 수 있다.

• 국소적으로 관찰 가능한 것들과 상보 관계에 있는, 전체적으로 관찰 가능한 것들이 있다.

• 시스템이 이른바 **얽힌 상태**에 처해 있다. 예컨대 전체적

으로 관찰 가능한 것들이 어떤 고유 상태에 처해 있는데, 그 상
태에서 국소적으로 관찰 가능한 것들의 측정 결과는 불확정적
이다.[258]

이 어휘를 의미장 존재론의 언어로 번역할 수 있다.[259] **전체적
으로 관찰 가능한 것들**은 우리가 인식하는 생물로서 속한 의미장의
의미Sinn에 해당한다. 우리가 한 지각 상황에 처해 있다고 해보자.
그 상황은 항상 의미장들 중 하나이며, 우리는 의식이 있는 한에서
그 의미장 안에 실존한다.[260] 지각의 의미(배열 규칙들)는 지각의
의미장 안에서 나타나는 대상들을 두 개의 부분 시스템에 배정한
다. 그 부분 시스템들은 지각하는 시스템과 지각되는 시스템이다.
이 부분 시스템들도 의미장들이다. 바꿔 말해 이 부분 시스템들은
국소적으로 관찰 가능한 것들을(곧 국소적으로 내장된 의미들을)
가지며, 그것들의 방향 설정은 지각 의미장에 의존한다. 우리가 주
어진 대상 수준의 지각에 추가로 지각에 대한 지각을 보탬으로써
지각 상황의 의미장을 파악할 수는 없다. 왜냐하면 그렇게 할 경우
우리는 우리의 정신적 에피소드를 중대하게 변경하게 되기 때문이
다. 이 사실은 반성이 우리의 정신적 상태에 개입하여 대상을 향함
을 중단시키는 것에 관한 클라이스트의 숙고를 통해 잘 알려져 있
다.[261] 어떤 조건들 아래에서 우리의 지각 의식이 발생하는가, 라는
질문을 우리가 제기하면, 그 질문 제기를 통해 우리의 지각 의식이
변화한다. 지각 생리학에 대한 우리의 탐구는, 우리가 예컨대 파란
주사위를 우선 대상 수준에서 고찰하고 그다음에 파란 주사위를
지각 시스템과 함께 고찰한다는 의미에서, 지각 대상을 변화시킨
다. 이때 우리는 지각 상황으로부터 완전히 빠져나오는 것은 아니
지만 지각 상황을 중대하게 변화시킨다. 왜냐하면 이제 우리는 다

른 대상들을 지각하기 때문이다. 우리가 전체적으로 관찰 가능한 것들을 마주하자마자, 우리는 국소적으로 관찰 가능한 것들을 변화시키고, 거꾸로도 마찬가지다.

측정 결과는, 바꿔 말해 대상 지각 수준에서의 대상 규정은, 우리가 지각한다, 라는 사정의 관점에서 보면 불확정적이다. 따라서 한 생물이 주어진 지각 상황에서 다음번에 무엇을 지각할지는 원리적으로 결정론적으로 예측할 수 없다. 한마디 보태자면, 이 사정은 놀랍지 않다. 이 사정은 우리의 발견법Heuristik을 반영한다. 우리의 발견법은 오류 가능하고 열린 시스템이며 진로 변경 능력을 갖췄다. 그 시스템의 진로 변경을 우리가 생태 보금자리에 적응하기 위해 거치는 시행착오 과정에서 얻은 학습 성과로 판정할 수 있다. 우리가 지각한다는 것이 정해져 있더라도, 바꿔 말해 우리가 지각 시스템 전체를 탐구하더라도, 우리가 대상 수준에서 무엇을 지각하는지는 아직 정해져 있지 않다. 이 사정은 다음과 같은 상황을 고려해 보면 뚜렷해진다. 즉, 지각 이론가나 감각 생리학자도 자신의 이론 틀 안에서 생물의 인식 상태를 밝혀내기 위하여 측정 시스템을 사용할 때 지각하기를 그치지 못한다.

그러나 우리가 이 모형을 형이상학으로 부풀리면, 이 모형은 순식간에 한계에 봉착한다. 아킬레스건은 필시 비지향적 대상들이다. 이것들의 의미장은 상상된 것의 의미장 안에서 등장한다. 형이상학적 상상주의는, 비지향적 대상들의 의미장이 상상된 대상들의 의미장과 얽혀 있다고 간주해야 한다. 우리가 원리적으로 지각했을 수 없는 대상들(빅뱅, 블랙홀 내부의 〈상태들〉, 기타 등등)은, 우리가 지각하지 못하는 대상들이 있음을 우리가 지각함을 통하여 실제로 변화한다. 왜냐하면 우리 지각의 전체적으로 관찰 가능한 것들은 비지향적 대상들의 국소적으로 관찰 가능한 것들을 변경하기 때문이다. 그러므로 형이상학적 상상주의는, 인식 과정이 대체로 우리의 작용 범위 바깥에서 그 구조가 형성되는 영역들에 영향을 미친다고 보는 양자 이론 해석에 다가간다. 바꿔 말해 형이상학적 상상주의는 유진 위그너의 양자 이론 해석과 유사하다.[262]

아무튼, 형이상학적 상상주의의 존재론적 문제들을 그 입장의 양자 이론 해석을 명확히 제시함으로써 완전히 해소할 수는 없다. 물론 양자 역학 해석을 둘러싼 싸움은 가짜 싸움이 아니라 이 이론 지형의 중요한 부분이지만 말이다. 결정적인 것은, 형이상학적 상상주의가 형이상학적 관념론으로 기운다는 점이다. 형이상학적 관념론은 실재 전체를 결국 인식 과정에 의존하게 만들고, 그럼으로써 다시금 총체의 개념을 요구한다. 우리가 생각하는 놈들로서 그 안에 포함된 총체의 개념을 말이다. 그리하여 어느새 우리에게 익숙해진 총체 문제들이 다시 불거지고, 따라서 형이상학적 상상주의는 다시금 알레프의 정합성에 의지한다. 그 정합성은 이미 의문스러운 것으로 밝혀졌는데도 말이다(4장 참조).[263]

3. 형이상학적 지향주의

형이상학적 지향주의는 많이 논의된 메이야수의 상관주의 비판이 진정으로 타격하는 표적이다.[264] 왜냐하면 **형이상학적 지향주의**가 주장하는 바는, 모든 대상은 지향적 대상이든지 아니면 지향적 대상들의 의미장 안에서 나타나는 의미장들 안에서 나타난다는 것이니까 말이다. 그러므로 전자와 후자 중 어느 쪽이건, 관련 맺기(지칭)의 대상이 아닌 의미장은 단 하나도 없다. 이 입장이 곧장 존재적(통상적 표현으로는, 주관적) 관념론으로 주저앉는 것은 아니다. 왜냐하면 모든 의미장들이 지향적 대상들이라 하더라도, 이로부터 비지향적인 것의 의미장 안에서 나타나는 비지향적 대상들이 곧 지향적 대상들이라는 결론이 당장 나오지는 않기 때문이다. 형이상학적 지향주의자는 이 귀결을 일단 비켜 갈 수 있다. 왜냐하면 그는 비지향적 대상들의 의미장을 공식적으로 인정하기 때문이다. 물론 그 의미장은 존재론적 이론 수준에서 지향적이지만 말이다.

이 선택지를 특히 신중하게 서술한 철학자는 피히테다. 사람들은 실상과 전혀 딴판으로 부당하게 그를 존재적 관념론자로 평가하지만 말이다. 정립되지 않은 것으로 정립된 대상들을 다루는 피히테의 이론 구조는 우리의 현재 논의와 닮았다. 즉, 우리는 비지향적(정립되지 않은) 대상들의 의미장을 정립한다. 이것은 대개 오해되는 콰인의 존재론적 책무ontological commitments 수용 공식과 일치한다. 콰인은『단어와 대상』6장에서 그 공식을 다음과 같이 요약한다.

정립을 정립이라고 칭하는 것은, 정립하기를 위에서 내려다보며 다루는 것을 뜻하지 않는다. 인위성이 덜하지 않은 다른 보조 수단들을 수용하지 않는 한, 정립은 불가피할 수 있다. 이론 구성 과정을 서술하는 관점에서 보면, 우리가 그 실존을 인정하는 모든 것은 정립이며, 구성된 이론의 관점에서 보면, 실재한다. 또한 우리는 이론의 관점을 착각으로 간주하며 내려다보지 않으려 한다. 왜냐하면 우리는 한 이론이나 다른 이론의 관점을 채택하는 것을 넘어선 수준에 결코 도달할 수 없으니까 말이다.[265]

이 공식을 인식론에서 형이상학으로 옮겨 적용할 경우, 어떻게 비지향적 대상들이 지향성의 지평 안에 무사히 진입할 수 있는지 설명해야 하는 문제가 발생한다.[266] 비지향적 대상들이 본질적으로, 애초의 가정에 따라 지향성의 의미장 안에서 나타나는 의미장 안에서 나타난다는 것은 정확히 어떤 의미일까? 이쯤 되면, 다음과 같은 유형의, 역설에 빠지기 쉬운 초월적 논증transzendentales Argument, TA에 귀의할 생각이 들 법하다.

(TA1) 지향성이 없다면, 비지향적인 것의 의미장도 없을 터이다.
(TA2) 비지향적 대상들이 비지향적인 것의 의미장 안에서 나타나지 않는다면, 비지향적 대상들은 없을 터이다.
∴ 지향성이 없다면, 비지향적 대상들도 없을 터이다.

TA가 어떤 해석에서나 역설로 귀결되는 것은 아니다. 왜냐하면 위 결론은 특정한 비지향적 대상들(예컨대 보존들Bosonen, 달, 알프스산맥, 빅뱅 등)에 관한 대상 수준의 직접적 주장을 제기하지 않으니까 말이다. **형이상학적 지향주의자가 주장하는 바는, 만약에 주어진 특정한 비지향적 대상과 아무도 관련 맺지 않는다면 그 대상은 실존하지 않을 터라는 것이 아니라, 다만 만약에 우리가 비지향적인 것의 의미장과 관련 맺지 않는다면, 거기에서 나타나는 비지향적 대상들은 거기에서 나타나지 않을 터라는 것이다.** 그렇다면 비지향성이라는 더 높은 수준의 존재론적 속성은 지향성에 의존하는데, 이 사정이 비지향적 대상들을 곧장 물들이지는 않는다. 당연한 말이지만, 비지향적 대상들은 단지 말의 차원에서 명명할 수 있을 뿐, 실상의 차원에서 개별화하여 보여 줄 수는 없다. 형이상학적 지향주의의 관점에서 보면, 비지향적 대상들은 비지향적인 것이라는, 내적 형태가 없는 덩어리를 이룬다. 아도르노는 이 덩어리를 〈존재

의 원시 암석Urgestein des Seins〉이라고 불렸다.[267]

비지향적 대상의 내용 있는 사례를 제시하면 그 사례가 지향적 대상으로 바뀔 터이므로, 우리는 비지향적 대상의 내용 있는 사례를 단 하나도 제시할 수 없다. 이 때문에 비지향적 대상들은 지향적으로 보호되어야 한다.[268] 따라서 비지향적 대상들은 형이상학적 지향주의자의 존재론적 포트폴리오 안의 한 범주다. 더 정확히 말하면, 그 대상들은 핵심 범주다. 왜냐하면 비지향적 대상들이 형이상학적 지향주의 프로젝트를 존재적 관념론과 차별화하기 때문이다. 존재적 관념론은 모든 의미장들을 단 하나의 의미장(정신적 의미장)으로 환원한다. 존재적 관념론에 따르면, 오로지 정신적 상태들 혹은 그 상태들의 보유자만 있다. 따라서 그 보유자는 정신적 의미장에 포함되지 않은 듯한 모든 것을 재해석한다. 요컨대 그는 혁명적인 형이상학을 옹호하는데, 그 형이상학은 과연 정합적인지 의심스럽다. 하지만 이 입장을 분석적으로 무너뜨릴 수는 없다.[269] 존재적 관념론은 선험적으로 틀린 입장이 아니다. 왜냐하면 이 입장은 실재가 어떠한가에 관한 주장이며, 이런 주장들은 자신의 진실성을 스스로 획득할 수 없기 때문이다. 존재적 관념론은 사실들에 부합하지 않지만, 이 사정은 존재적 관념론을 방해하지 못한다. 왜냐하면 존재적 관념론은 그런 부합을 일관되게 반박하기 때문이다.

아무튼 형이상학적 지향주의자는 비지향적인 것의 의미장을 인정함으로써, 실재를 정신적 상태들의 보유자 앞에 나타남이라는 형식적 틀 안에 집어넣는 과도한 환원을 피한다. 그러나 형이상학적 지향주의자는 비지향적인 것의 의미장을 내용 있게 채울 수 없으므로, 형이상학적 지향주의는 메이야수가 말하는 〈약한 상관주의〉로 전락한다.[270] 비지향적인 것은 존재론적 구조 안에 자리 잡을 공간을 획득하긴 하지만, 그 공간은 채워질 수 없다. 이 사정은 —
이 변증법을 모범적으로 꼼꼼히 서술한 — 칸트를 때때로 강한 상
관주의의 품으로 몰아간다. 왜냐하면 그는 가능한 경험의 장 바깥
에 비지향적 대상들이 있음을 보증할 수 없기 때문이다.[271]

형이상학적 지향주의를 특히 존재적 관념론으로부터 보호하
는 그것은 다른 한편으로 형이상학적 지향주의를 전반적으로 약화
시킨다. 왜냐하면 비지향적 대상들은 우리가 진실 능력을 갖춘 의
도를 품고 관련 맺는 놈의 표준 사례이기 때문이다. 우리는 실재를
우리의 지평에 맞추려는 의도를 품고 실재를 숙고하지 않는다. 오
히려 우리는 실재를 우리의 그때그때의 주의(注意)가 띤 발췌의 성
격을 뛰어넘는 무언가로 의식한다. 실재는 우리의 예상을 폭파할
수 있는 놈이다. 물론 그렇다고 해서 실재는 오로지 재앙이나 전혀
다른 놈의 형태로만 인지될 수 있다는 결론을 내려서는 안 된다. 실
재가 간접적으로만 〈우리로부터 독립적〉이라는 징후를 띠고 우리
에게 나타나는 것은 전혀 아니다. 오히려 실재가 우리에게 맞춰져
있음을 보여 주는, 실재의 나타남에서 읽어 낼 만한 단서는 없다.
이는 단적으로 실재가 우리에게 맞춰져 있지 않기 때문이다. 진실
과 진실로 여기기의 잠재적 어긋남, 곧 우리의 관련 맺기의 객관성
은 그 자체로 사실이다. 이를 명확히 표현하기 위해 피히테는 탁월
하게도 〈사실성Fakticität〉이라는 단어를 고안했다.[272]

형이상학적 지향주의는 인식론의 수준에서 옹호될 수 있다.
왜냐하면 이 입장은 실제로 가망 없이 부정합적이지는 않기 때문
이다. 하지만 그렇다 하더라도, 형이상학적 지향주의는 형이상학의
수준에서 위태롭게 흔들린다. 왜냐하면 이 입장은 스스로 제시한 시
나리오를 무한정 반복하기 때문이다. 피히테는 가장 후기의 『학문
론』 강의들에서 이 무한정 반복을 〈자기 회귀 가능성Reflexibilität〉이라

고 칭했다.[273] 이 무한정 반복은, 지향성 의미장이 나머지 세 개의 의미장, 곧 꾸며 낸 대상들의 의미장, 상상된 대상들의 의미장, 비지향적 대상들의 의미장 외에 또한 자기 자신을 포함해야 한다는 점을 우리가 숙고할 때 불거진다. 지향성 의미장이 자기 자신을 포함한다는 것은 **형이상학적** 지향주의의 핵심이다.

형이상학적 지향주의자가 자신의 환경 상황이라고 여기는 바는 실은 그 자신의 상황이기도 하다. 그 상황은 무한 겹으로 중첩되어 있다. 그렇다면 이런 질문이 제기된다. 우리는 대체 어떤 이론 수준에서 비지향적 대상들의 범주를 다룰까? 비지향적 대상들은 지향적인 비지향적 대상들의 의미장 안의 비지향적 대상들과 동일할까? 그 대상들은 지향적인 지향적 비지향적 대상들과 다를까? 〈지향적임〉과 〈비지향적임〉을 대상들을 분류하고 격리하는 속성들로 간주한다면, 〈지향적인 지향적임〉이 있고 따라서 〈지향적인 비지향적임〉 등도 있다고 인정할 때 발생하는 숱한 속성들도 그렇게 간주해야 하지 않을까? 피히테는 초기부터 이 문제를 실천적으로 해결하려 한다. 우리가 자기 회귀 가능성을 어느 수준에서 멈추고 사물들에 접근할 때, 고르디아스의 매듭은 결국 사실적으로 절단되니까 말이다. 요컨대 놀랍게도 사실 행위Tathandlung가 사물들을 존재하게 한다. 사실 행위는 일각에서 말하는 학문론의 존재적-관념론적 성격에 들어맞지 않는다. 사실 행위의 핵심은 모종의 이론 수준에서 멈춰 비아(非我)적인 기반 실재를 인정하는 것이다. 피히테는 이 사정을 〈존재〉[274]라고 부른다.

그런데 이 행마의 내적 안정성을 유지하기 위하여, 형이상학적 지향주의의 모범적 옹호자 피히테는 한 가지 완전성 증명에 의지한다. 즉, 지향적 대상들의 의미장과 나란히 인정되는 의미장들은 완전히 열거될 수 있어야 한다. 그래야 반복을 통제 가능하게 실행하고 고르디아스의 매듭을 이론적으로 정당하게 절단하는 것이 허용된다. 의미장들은 질서 정연한 위계 안에서 위아래로(곧 수직으로) 증식하는 것만 허용되고, 전체 폭이 통제 없이 (수평으로) 늘어나는 것은 허용되지 않는다. 이 때문에 피히테 본인은 세계관의 개수가 유한하다는 정리를 개발한다.[275]

헤겔의 『정신 현상학』 프로젝트도 무리한 요구를 유사하게 제기한다. 즉, 그 프로젝트는 가능한 지향성 이론들의 〈필연성과 완전성〉을 목표로 삼는다.[276] 그런 식으로 헤겔이 확립하고자 하는 바는, 생각하기의 지향성의 내재적 구조를 통해 실재의 독립성을 보장하는 최대로 정합적인 이론 시스템이 있다는 것이다. 말하자면 생각하기의 내부를 들여다본 결과, 실재는 존재론적 고유 자격을 지닌 무언가로 밝혀진다고 한다. 하지만 실재와 우리의 파악 사이에 〈단적으로 갈라놓는 경계〉[277]가 설정될 정도로 실재가 아주 멀리 옮겨 가지는 않는다고 한다. 여기에서 헤겔은 셸링이 『초월적 관념론 체계』에서 제시한 구상을 대체로 계승한다. 독일 관념론 전성기에 나온 초기 시스템들의 기본 발상은 〈자연〉이 비지향적인 것의 영역을 가리키는 이름이 되는 결과를 초래한다. 생각하기의 객관성에 관한 질문은 결국 자연 철학에 위임된다. 그리하여 19세기 후반기의 실증주의를 위한 바탕이 마련된다.[278] 실증주의는 인식론적으로 또 존재론적으로 정당화되지 않은 급진적 행마를 통해 지향성의 난관들에서 벗어나고, 지향 관계 발생의 경제적 전제들, 감각 생리학적 전제들, 생물학적 전제들, 간단히 줄여서 물질적 전제들을 경험적으로 탐구함으로써 생각하기의 실재성을 확인한다.

19세기에 득세한 계보학이라는 〈방법〉은 통속적인 형태의 자연 철학이다. 원래 자연 철학은, 지향성이 우회로로 침투 확산하여 비지향적 대상들에 도달하지 않음을 보여 주어야 할 형이상학적 지향주의의 필수 요소다. 그 보여 주기가 이루어지면 비지향적 대상들은 우리의 인식 성과들 앞에서 (개념 앞에서) 특정한 수준의 독자성을 부여받는데, 그 수준의 독자성이 없다면 우리는 우리의 생각하기가 객관적이라는 점을 확인할 수 없을 터이다. 그리하여 우리 시대의 자연주의에서 숙고 없이 잔향을 울리는 실증주의는, 비지향적인 놈의 영역 곧 자연을 일반화하는 것으로 만족하고, 이로써 전격적인 기습으로 지향성을 제쳐 놓는다. 지향성의 자리에는 경험적 학문이 들어선다.

이 같은 인식론적으로 또 형이상학적으로 허약한 행마는 자연 과학들의 설명적 성공을 지목함으로써 은폐된다. 물론 이때 자연주의는 실제 자연 과학적 앎을 지목하기와 그 앎을 수정하기 사이에서 흔들린다. 이 수정하기는, 자연 과학들은 형이상학 면허증을 발급해 주지 않는다는 점이 새삼 뚜렷해질 때마다, 필요해진다.

자연 과학들 그 자체는 지향성의 형이상학을 함축하지 않는다. 자연주의는 모든 경험적 인식에 앞선 결정이며, 이 결정은 정당한 개념적 탐구의 공간을 임기응변적으로, 당장 자연주의자가 자신의 지향성을 부정하기 위해 필요로 하는 포맷에 맞춘다. 우리가 생각하기의 객관성에 관하여 아는 바를 우리는 비지향적 대상들의 영역으로서의 자연에 대한 경험적 탐구로부터 끌어냈을 리 없다. 왜냐하면 이 탐구는 부분적으로만 자연 안에서 이루어지기 때문이다. 우리가 자연을 축약하여, 제한되지 않은 지향성을 본질적으로 배척하는 놈으로 이해하는 한, 자연 안에서 우리는 생각하는 놈으로서 허상Scheinbild의 형태를 띠고 실존한다. 강조하거니와 우리는 우리 자신이 오류 가능하다는 점을 인간 동물과 그 진화적 〈선조들〉에 대한 연구를 통해 발견하지 않는다. 만약에 이것이 우리가 생각하기의 객관성에 접근하는 방식이라면, 정말로 흥미로운 다음과 같은 질문이 곧바로 제기될 터이다. 인간 동물에 대한 우리의 연구는 인간 동물의 환경 적응과 마찬가지로 오류 가능할까? 자연주의자는 자신의 실재 기록하기가 야수성을 띤다는 점을 자기 정당화의 이론 공간 안에서 기꺼이 인정하는데, 그런 자연주의자가 어떻게 야수성에서 벗어나 그 이론 공간 안에서 일종의 객관성에 도달할 수 있을까? 더구나 자연주의자는 객관성을 불가능한 것으로 여기는데 말이다.

여담이지만, 여기에 지향성에 관한 정말로 난해한 형이상학적 문제가 웅크리고 있다는 점을 쇼펜하우어도 알았다. 그의 사상은 독일 관념론의 동역학에서 출발하여 신경 관념론에 이르는 돌진을 시도한다.[279] 어쩌면 최초로 쇼펜하우어는 표상으로서의 세계 안에 인식적으로 포함된 나를 자연적인 익명의 과정들의 산물로서의 뇌와 동일시하면서, 나는 이 자기 인식 활동을 오직 천재와 신성에 가까운 극단적 조건 아래에서만 이뤄 낼 것이라고 논평한다. 쇼펜하우어와 (그를 계승한) 니체는 그들 자신을 터무니없는 자기 숭배의 양식에 끼워 맞추고, 그럼으로써 그들의 부정합적인 자연주의적 관점의 성취를 삶을 향한 의지의 영웅적 자기 극복으로서, 혹은 권력을 향한 의지의 첨예화로서 경축한다. 지향성의 선취라고들 하는 이 같은 영웅적 면모는 오늘날까지도 자연주의의 정신적 분위기를 지배한다. 자연주의가 브라이트 운동Bright movement이나 입에 올리기도 꺼림칙한 조르다노 브루노 재단Giordano Bruno Foundation 같은, 종교와 미신을 마침내 말살하려는 연합체들을 결성하는 것은 이런 연유에서다. 이론적으로 극복되지 않은 종교에 맞선 조직적 봉기는 자연주의의 민낯을 더없이 서투르게, 또한 역사 왜곡을 대가로 치르면서 은폐한다. 지향성의 형이상학이 이해되지 않은 종교 곁으로 옮겨지는 것을 통해 자연주의가 실행으로 증명하는 바는, 자연주의가 중시하는 것은 학문이 아니라는 사실이다. 만약에 그렇지 않다면, 〈진화적 인본주의evolutionärer Humanismus〉라는 공허한 구원의 약속을 떠벌리고 다니기에 앞서, 역사학, 종교학, 신학, 철학 같은 학문 분야들의 조언을 구해야 마땅할 것이다.

자연주의는 지향성의 아포리아들이 드리운 긴 그늘이다. 그래서 자연주의가 이 대목에서 언급되는 것이다. 정확히 독일 관념론이 특히 강한 힘을 발휘하는 지점에서, 곧 자연주의가 자신의 앎 주장을 스스로 정당화하는 대목에서 자연주의는 좌초한다. 한마디 보태면, 이 같은 변증법의 대목에서 자연주의자들이 즐겨 품는 견해와 달리, 이것은 가벼운 비신사적 행동이 아니라 치명적 오류다. 자연주의는 우리의 모든 생각하기는 다름 아니라 우리의 의식적 파악에서 벗어난 어떤 규모의 진화적 과정들이 내는 소음일 뿐이라고 알려 주는 쪽지를 〈객관성〉이라는 주제에 관한 사용 설명서로 삼는 이론 시스템인데, 이 이론 시스템이 말해 주는 바는, 이 이론 시스템 자신도 자의적이며 따라서 합리적으로 수용될 가망이 본질적으로 없다는 것이다.[280]

자연주의는 형이상학적 지향주의의 뒷면이다. 형이상학적 지향주의가 피히테에 의해 완성된 이래로 줄곧 자연주의와 뒤엉켜 온 것은 그런 연유에서다. 결국 두 입장은 모두 지향성의 고향을 발견하는 데 실패한다. 지향성은 기반이 없거나, 아니면 고향이 없는 것처럼 보인다.[281]

형이상학적 지향주의는 지향성을 오직 자기 안에서만 발견할 수 있다. 따라서 형이상학적 지향주의는 자신의 모형 틀 안에서 비지향적 대상들을 도달할 수 없는 먼 곳으로, 무한한 접근을 아무리 지속하더라도 가닿을 수 없는 먼 곳으로 옮긴다.[282] 비지향적 대상들은 지향적 대상들로부터 본질적으로 격리되어 있다. 왜냐하면 비지향적 대상들은 지향성 의미장 내부의 한 의미장 안에서 나타나기 때문이다. 비지향적 대상들이 자기네 비지향성 의미장 안에서 나타날 때 띠는 의미는 이 의미장이 지향성 의미장 안에 내장되어 있기 때문에 띠는 의미와 본질적으로 다르다. 비지향적 대상들은 비지향적이라고 정립되어 있다. 그것들이 지향성 안에 내장되어 있다는 사정이 그것들을 물들인다. 왜냐하면 형이상학적 지향주의에 따라서, 지향적 대상들이 없으면 비지향적 대상들도 없을 터이기 때문이다. 요컨대 비지향적 대상들은 지향성에 기반을 둔다. 한편, 지향성은 원리적으로 비지향적인 것(〈자연〉)에 기반을 둘 수 없다. 그리하여 지향성은 기반이 없어지고 실행 불가능한 자기 정당화 행마를 강요당하는 처지가 된다. 이 모형에 맞춰진 주체는 본질적으로 몸이 없는 상태에 머무른다.[283]

자연주의자는 지향성의 〈싸늘한 고향kalte Heimat〉[284]을 발견(혹은 발명)하긴 하지만, 그러면서 자기 자신의 지향성을 시야에서 놓친다. 그렇기 때문에 자연주의는 종교 및 미신과 불운한 관계를 맺는다. 자연주의는 종교와 미신을, 우리의 생각하기의 객관성은 의식 없는 인과 과정들의 인식적으로 연장된 팔이라는 나름의 통찰에 맞선 최후 보루로 본다. 그 인과 과정들은 개별적으로 아메바의 논리적 형태를 띠지만, 많은 아메바의 협력을 통해 전적으로 유용한, 의식 있는 생각하기라는 사용자 환상이 생겨난다고 자연주의는 설명한다. 설령 우리가 — 데닛처럼 — 이 비유는 상상력 발휘(〈직관 펌프들intuition pumps〉)라는 점을 명시적으로 인정하더라도, 진짜 문제는 데닛이 주목한 이론 수준보다 더 높은 수준에서 비로소 제기된다. 데닛은 어떻게 이른바 뇌의 사용자 환상을 꿰뚫어 보는 데 성공했을까? 뇌가 뇌 자신으로부터 풀려나 자연주의자에게 베일 너머를, 뇌가 어떤 통찰도 없이 완전히 맹목적으로 짜는 베일 너머를 보여 준다는 것일 텐데, 대체 어떻게 뇌가 그 일을 해낼까?

자연주의가 그럴싸하게 보이는 것은, 의식 문제를 이제껏 없었던 자연 과학자들의 전문적 조언에 맡김으로써 그 문제를 처리하겠다는 선언 덕분이다. 자연 과학자들이 정신을 너끈히 처리할 것이라는 선언 덕분에 말이다. 자기가 이행할 수 없는 호언장담을 내놓기는 자연주의의 형이상학적 본질Wesen(혹은 행패Unwesen)에 속한다. 이 사실에서 알 수 있듯이, 자연주의가 보는 종교와 자연주의 자신은 구조적으로 유사하다. 거듭 말하지만, 여기에서 우리가 채택한 시각으로 보면, 이 모든 것은 단지 형이상학적 지향주의의 어두운 면에 불과하다. 형이상학적 지향주의는 대상들의 구조 안에 비지향적 대상들이 들어설 자리를 마련하기 위하여 역진 차단기에 의존한다.

4. 형이상학적 실재론

형이상학적 실재론은 무릇 대상을 비지향적 대상과 동일시한다. 이 입장은 오로지 그것의 실존과 상태가 본질적으로 우리의 파악으로부터 독립적인 그런 대상만 실재하는 대상으로 간주한다. 지금 우리가 탐구하는 모형의 틀 안에서 형이상학적 실재론이 주장하는 바는, 꾸며 낸 대상들의 의미장과 상상된 대상들의 의미장, 그리고 지향적 대상들의 의미장이 비지향적 대상들의 의미장 안에 실존한다는 것이다. 이 견해가 꾸며 낸 대상들과 상상된 대상들과 지향적 대상들의 인식적 탄탄함을 고려하는 듯하다는 것은 이 견해의 장점이다. 무엇이 한 대상을 꾸며 낸 대상으로 만드는가는 우리가 원하는 대로 처분할 수 있는 문제가 아니다. 꾸며 낸 대상은 본질적으로 꾸며 낸 것이다. 즉, 그 대상의 꾸며 내어졌음은 해석 실행을 통해 생겨나지 않는다. 오히려 그런 실행이 있다는 것이, 꾸며 낸 대상들의 의미장 안에서 몇몇 대상들이 나타난다는 사정과, 바꿔 말해 그 의미장이 비어 있지 않다는 사정과 들어맞는다.

그런데 이로써 벌써 형이상학적 실재론의 주요 문제가 지목되었다. 만일 꾸며 낸 대상들의 의미장이 실재한다면, 바꿔 말해 현재 채택된 기준에 따라 그 의미장이 비지향적이라면, 꾸며 낸 대상들이 있다는 결론이 도출된다. 하지만 해석되어야만 실존하는 대상들은 꾸며 낸 것들이다. 그런 대상들의 의미장은 애초의 가정에 따라 해석되지 않은 채로 실존할 수 있겠지만, 이것은 다름 아니라, 그 의미장 안에서 나타나는 대상들은 본질적으로 이러저러하게 해석된 대상들로서만 실존할 수 있음을 의미한다. 따라서 형이상학적 실재론은, 지향성이 실제로 비지향적인 것의 의미장 안에 실존함을 통해서는 주어질 수 없는 그런 지향성이 실존함을 설명할 의무가 있다. 지향성의 실제 실존의 핵심이 그 실존은 비지향적 대상이라는 것일 수는 없으니까 말이다. 형이상학적 실재론은 의식(으로부터의) 독립성 혹은 더 일반적으로 재현 독립성을 실재성 기준으로 삼는다. 실제로 실존하는 대상은 재현과 비교할 때 최대의 양상적 탄탄함을 가졌다는 것을 통해 규정된다. 이 모형에 따르면, 실제로 실존하는 놈은 투사나 재현 덕분에 있는 것이 아니라, 우리의 파악이 대상의 개별화에 어떤 중대한 의미에서도 기여함 없이 우리가 성공적으로 파악하거나 놓치는 무언가로서 앞에 놓여 있다.

형이상학적 실재론이 얼마나 곤란한 처지에 놓여 있는지를 최근에 샤믹 다스굽타가 이른바 〈빠진 가치의 문제problem of missing value〉를 통해 예리하게 보여 주었다. 그가 표적으로 삼은 것은 시어도어 사이더의 형이상학적 실재론이다. 실제로 사이더의 입장은 순수한 형태의 형이상학적 실재론이다.[285] 형이상학적 실재론은,

실재는 항상 이미 확립되어 있다는 생각을 받아들인다. 우리의 확신 중 어떤 것이 참이고 어떤 것이 거짓인지를 결국엔 확립된 실재가 판정한다. 우리가 부적합한 견해로 보고 배척하는 유형의 어긋남이 어떻게 발생하느냐에 관한, 쉽게 떠오르는 입장은 자의성을 방지해야 한다는 발상에서 나온다. 이 대목에서 다스굽타와 사이더는 넬슨 굿맨의 〈삐딱한 술어들Diagonalprädikate〉[286]을 철저히 연구한다. 즉, 단지 우리가 실재를 부적절하게 세분했기 때문에 참(진실)인 견해들을 생산하는 개념들을 연구한다. 그 연구에 따르면, 참이긴 하지만 부적절한 유형의 견해들이 있다. 그 부적절함은 다소 근거 없는 재량에 따라 사물들을 세분하는 것에 있다. 예컨대 별자리를 생각해 보자. 별자리는 자의적으로 구성된 대상이다. 별자리에는 〈실제로〉 아무것도 대응하지 않는다. 우리가 별자리를 구성할 때 요소들로 삼는 별들은 별자리와 구별된다. 별들은 형이상학적으로 중대한 의미에서 별자리보다 더 탄탄하다. 그럼에도 당연히 우리는 별자리에 관하여 참인 진술들을 할 수 있고, 예컨대 다양한 문화들의 별자리들을 서로 비교하거나 다소 명확히 경계가 그어진 문화의 틀 안에서 별자리들의 발전사를 탐구할 수 있다(이때 문화의 개념은 애초부터 미심쩍으며, 형이상학적으로 별자리의 개념보다 더 낮게 조직되어 있지 않다는 점을 유념해야 한다).

이를 기반으로 형이상학적 실재론은 속성들을 두 가지 유형, 즉 자연적 속성과 비자연적 속성으로 구분한다.[287] 형이상학적 실재론의 관점에서 보면, 비자연적 술어를 주어에 붙이는 참인 진술은 자연적 술어를 중심으로 한 진술과 비교할 때 결함이 있다. 이 대목에서 다스굽타의 반문은 이것이다. 형이상학적 실재론은 이 결함을 어떻게 설명할까? 자연적 술어와 비자연적 술어의 구분 자체가 자연적 속성이 아니라면, 형이상학적 실재론은 위태로워진다. 다스굽타의 논증은 바로 이 사정을 출발점으로 삼는다. 논증이 보여 주는 바는, 형이상학적 실재론은 스스로 주장하는 그 결함을 자신의 고유한 자원으로 설명할 수 없다는 것이다. 대체 왜 우리는 자연적 속성들을 기준으로 삼아야 할까? 자연적 술어들은 실재를 더 낮게 세분한다는 점을 지목하는 것으로는 불충분하다. 왜냐하면 바로 이 인식적 가치 판단이야말로 우리가 정당화하고 싶은 바이기 때문이다. 어떤 술어를 〈자연적이라고 — 또한 따라서 특권적이라고〉 칭한다고 해서 화자가 원하는 특권이 그 술어에 부여되는 것은 아니다. 다스굽타의 비유를 빌리면, 이는 누군가의 성이 암스트롱Armstrong이라고 해서 그의 팔이 힘센 것은 아닌 것과 마찬가지다.[288] 그렇다면 비자연성이라는 속성이 모종의 속성을 가져서, 그 속성이 자연적 속성의 인식적 특권을 정당화해야 한다. 그런데 자연적 속성을 위해 실재론자가 제시할 수 있는 모든 것은 기껏해야 존재론적 책무들의 증가를, 곧 자연적 속성들의 축적을 유발할 따름이다. 자연적 속성들이 있다면, 그 속성들이 인식적으로 또 존재론적으로 특별하다는 점은 아무튼 자연적 속성이 아닌 듯하다.

다스굽타는 이를 다음과 같은 비유로 예증한다. 벤 다이어그램 두 개를 그린다고 해보자. 한 벤 다이어그램은 자연적 속성들의 집합을 나타내고, 다른 벤 다이어그램은 비자연적 속성들의 집합을 나타낸다. 이때 자연적 속성들의 벤 다이어그램은 잉크로 그리고, 비자연적 속성들의 벤 다이어그램은 분필로 그릴 수 있을 터이다. 하지만 이로부터, 잉크로 둘러싸인 속성들을 제시하면 실재가 더 잘 파악된다는 결론이 도출되지는 않는다! 자연적 속성들이 잉크로 표시되어 있다는 점은 기껏해야 이를테면 미적인 이유에서 분필보다 잉크를 선호하는 관찰자가 보기에 자연적 속성들을 돋보이게 만들 따름이며 따라서 우리가 지금 논하는 인식적 가치 판단을 정당화하지 못한다. 그리고 다스굽타에 따르면, 이 수준의 형이상학적 실재론의 틀 안에서 우리는 그 가치 판단에 대한 다른 유형의 정당화를 제시할 수 없다.

요컨대 형이상학적 실재론이 말하는 자연적 속성은 자신의 인식적 특권을 정당화하는 과제를 해결할 수 없다. 따라서 왜 형이상학적 실재론은 모든 대상을 이 잣대에 맞추려 하는가, 라는 수수께끼가 발생한다. 더 자세히 살펴보면 이 잣대의 이론 의존성이 드러나는데도 말이다. 비지향적(=자연적) 대상들과 한낱 지향적(=비자연적) 대상들 사이의 구분은 그 자체로 지향적이다. 이 사실은 빠진 가치의 문제를 제기함으로써 환히 드러난다. 자연적 속성을 위하여 무엇을 들이대든 간에, 유사한 방식으로 비자연적 속성도 옹호할 수 있다. 왜냐하면 비자연적 속성의 개념으로 인해 우리는 무릇 비자연적 대상을 주제로 삼기라는 목표에 도움이 되는 모든 것을 제시할 권리가 있기 때문이다. 결론적으로, 꾸며 낸 대상이나 상상된 대상 또는 지향적(=비자연적) 대상에 관하여 아무튼 참인 진술들이 있다면, 이 대상들이 형이상학적 실재론자가 특권을 부여하는 대상들보다 덜 실재적인 이유를 댈 수 없다.

이 문제는 이른바 〈사변적 실재론〉의 몇몇 버전에서 특히 도드라지게 불거진다. 가장 대표적인 버전은 객체 지향 존재론이다. 그레이엄 하먼에 따르면, 대상들이 인식 불가능하다는 점은 대상들[〈objects(객체들)〉]의 본질이기까지 하다.[289] 따라서 하먼은 가치 문제라는 난관에서 일관되게 빠져나온다. 그러나 그 대가로 부정합성을 노골적으로 드러낸다. 하먼에 따르면, 대상들은 원리적으로 인식될 수 없다. 왜냐하면 어떤 접근이라도 대상들을 이미 멀리 옮겨 놓기 때문이다. 이로써 반대쪽 극단의 경우가 발생한다. 그 경우에 대상들은 인식적 특권을 철저히 상실한다. 왜냐하면 대상들이 인식될 수 없다는 것이 대상들의 본질로 간주되기 때문이다! 하면은 자신이 이것을 어떻게 아는지에 관하여 어떤 언급도 할 수 없다. 만약에 무언가 언급한다면, 사물 자체는 우리의 인식적 파악에서 벗어나 있다는 그의 판단을 스스로 반박하게 될 터이다. 그런 한에서 객체 지향 존재론은 유지될 가망이 없는 입장이다.

형이상학적 실재론의 아킬레스건은 자연적 대상들과 비자연적 대상들 사이의 경계를 자의적으로 긋는다는 점이다. 이 경계 긋기는 비자연적 대상들을 자의적인 투영들Projektionen로 간주하기의 귀결이다. 형이상학적 존재론의 시야 안에는 비자연적 대상들이 들어설 적절한 자리가 없다.

이처럼 무릇 대상의 개념을 유의미하게 명시하려는, 반쯤 구조를 갖춘 모든 시도는 꾸며 낸 대상과 상상된 대상과 지향적 대상을 특권화하거나 아니면 비지향적 대상을 특권화한다는 점에서 실패로 돌아간다. 이런 특권화가 이루어질 때, 특권화되지 않는 다른 대상 유형들은 정합적으로 자리 잡지 못한다. 그런 대상 유형들은 존재론적 고유권을 잃고, 따라서 실재가 왜곡된다. 의미장 존재론의 존재론적 다원주의와 실재론은 이 사정을 고려하기 위하여, 〈무릇 대상들이 있다〉라는 진술을 넘어선 방식으로 명시될 수 있는 그런 무릇 대상들이 있다는 견해와 결별한다. 무릇 대상은 우리로부터 독립적인 공간 안에 거주하는 가장 일반적인 개념도 아니고, 그보다 더 특수한 개념이나 개념 없는 무언가도 아니다. 우리는 근거 없는 객체 수준의 형이상학 안에 있는 세계(또한 모든 세계상들과 세계관들)와 더불어 무릇 대상을 없애야 한다.

3부
사회 실재론

사회적 사실 ─ 예컨대 뉴욕시에서는 세 가지 유형의 소득세를 내야 한다는 사정 ─ 은 명백히 비사회적인 사실 ─ $E = mc^2$이라는 사정 ─ 과 어떻게 다를까? 모든 사회적 사실을 모든 비사회적 사실로부터 구별해 주는 명확히 정해진 특징이나 체계적으로 정리된 특징 유형이 있을까? 사회적인 것을 다루는 특별한 존재론이 있을까?

철학의 하위 분야인 사회 존재론은, 특정한 사실들의 이러저러함So-Sein이 사회적이기 위한 일반적 구조적 조건들이 있는가, 라는 질문을 체계적으로 탐구한다. 어떤 사실의 이러저러함이 한 종에 속한 다수 개체의 상호 조율된 행동과 본질적으로 얽혀 있다면, 그 사실은 **사회적이다**. 사회적 사실은 **다수의** 개체가 동일한 유형의 행위를 실제로 수행할 때만 존재하는 것이 아니다. 단 하나의 개체도 자신의 행위를 통해 사회적 사실들을 창출하거나 사회적 사실들 안에 내장되어 있을 수 있다. 설령 그 개체가 이 같은 사정을 영영 알아채지 못하더라도 말이다.

이어질 논의에서 내가 논증하려는 바는, 만약에 한 개체의 관점이 다른 개체의 행위 계열 안에 명시적이거나 암묵적으로 통합되는 일이 어느 시점엔가 일어나지 않는다면, 사회적 생물의 행위들은 실행될 수 없을 터라는 점이 사회성을 위해 결정적이라는 것이다. 그렇다면 사회적인 것은 상당히 곧이곧대로 관찰자의 눈 안에 있다. 즉, 인간은 관점을 보유하고 있기 때문에 타인들과 다르게 지각한다는 점이 사회적인 것의 핵심이다. 나는 우리 종의 생물학적 완전성을 주장하지 않고 우리 종에 집중할 것인데, 우리 종에 속한 정신적 생물들에서 관점 보유는 본질적으로 사회적이다. 왜냐하면 우리는 사회적으로 생산된 생물, 즉 오로지 우리 각각의 조상들이 번식 행동을 통해 우리 각각이 있도록 만들어서 비로소 〈세상〉의 빛을 보는 생물이기 때문이다. 우리 종의 생물들은 사회적으로 생산되므로, 사회성은 말 그대로 대물림된다. 사회성은 세포 생산의 수준에서 벌써 영향력을 발휘한다. 즉, 우리 어머니들의 행동(음식 섭취, 신체 동작 등, 그리고 그것들과 상관된 생화학적 회로들)은 세포들의 짝짓기에서 유래하는 유전적 기본 코드와 더불어, 개체가 아직 어떤 의식도 획득하지 못했을 때 벌써, 우리가 환경을 지각하는 방식을 개체 발생적으로 규정한다. 그러므로 지향성은 철저히 사회적(으로 생산된 것)이다. 사람들은 이 사실을 즐겨 외면하는데, 언제 그러느냐면 행위자의 1인칭 관점을 출발점으로 삼을 때 그렇게 한다. 사회 존재론자로서의 행위자는 자신을, 〈내가 생각하기에 p다〉라고 판단함으로써 근거들을 주고받는 놀이에 참여한 전형적인 참여자로 간주하는데도 말이다.

실재하는(단지 상상된 것이 아닌!) 사회적 맥락 안으로의 통합이 없다면, 행위들은 없다. (이어질 논의에서 결국 주제가 될) 인간 같은 사회적 생물에서 무언가를 함은 상호 조율된 다수의 관점이 있음을 전제한다. 이 상호 조율은 명시적인 인정이나 공감, 또는 타인의 의식을 대하는 기타 투명한 태도를 필요로 하지 않는다. 이 상호 조율은 모르는 사이에 행위자들의 등 뒤에서 일어날 수 있다.

영영 아무도 명시적으로 알아채지 못할 사회적 사실들이 있다.

그렇다고 해서, 행위 조율 원리들을 명시함으로써 사회적 사실들이 발생하고 유지될 **수도 있다**는 점이 배제되는 것은 결코 아니다. 단지, 그런 원리 명시에 따른 사회적 사실의 발생은 사회적인 것의 통례도 아니고 모범도 아니라는 것이 위 서술의 취지다. 예컨대 제도화된 교통 규칙은 행위 조율 원리의 명시에 의존하여 사회적이다. 왜냐하면 교통 상황을 보는 관점이 서로 엇갈리는 다양한 개인들이 도로 교통에 참여한다는 점을 명시적으로 고려하지 않는다면, 교통 규칙은 없을 터이기 때문이다.

홀로 고속 도로를 달리는 사람은 설령 근처에 다른 개인이 없더라도 당연히 사회적 행위를 하는 것이다. 왜냐하면 고속 도로와 자동차의 구조는 과거에 다수의 개인이 고속 도로와 자동차의 발생에 참여했다는 점에 본질적으로 속박되어 있기 때문이다. 또한 그 참여는, 행위자들이 저마다의 관점을 암묵적으로, 그리고 이 사례에서는 또한 명시적으로 상호 조율하는 방식으로 이루어졌다.

사회적 사실은 항상 성립하는 사실이 아니다. 사회적 사실의 실존은 우연적이다. 내 표현으로 바꾸면, 사회적 사실은 생산된 사실이다. 사회적 사실이 정확히 어떠하냐는, 곧 사회적 사실의 이러저러함은 역사적으로 우연적인 행위 조율 과정들에 달려 있다. 실제로 그 과정들은 선험적으로 작성할 수 있는 설계도에 따라 진행되지 않는다. 그렇기 때문에 사회의 구조는 가변적이며 지속적 생산에 의존한다.

그러나 〈자연적〉 사실이란 그것의 이러저러함이 사회적 생산을 통해 특정되지 않는 그런 사실을 뜻한다는 점을 고려할 때, 위 서술은 사회적 사실들이 자연적 사실들로부터 말하자면 격리되어 있다는 뜻으로 보일 수도 있겠지만, 전혀 그렇지 않다. 사회적 사실의 생산에 참여하는 생물들이 어떤 속성들을 지녔느냐 하는 것이 궁극적으로 온통 사회적 생산의 결과는 아니다. 선(先)사회적 자연과 무(無)사회적 자연이 여전히 우리의 사회적 실행들과 결합되어 있다. 행위 조율을 통한 사회적 사실 생산의 결과로 우리 같은 목숨 붙은 생물이 자연에서 벗어나지는 못한다. 사회권(圈)은 허공에 둥둥 뜬 생각을 통해 구성된 초월적인transzendent 〈목적들의 나라〉가 아니다.

이 마지막 부의 목적은 비구성적인 실재론적 사회 존재론의 기반을 마련하는 것이다. 그 존재론은 객관적 정신이 들어설 자리를 허용한다. **객관적 정신**이란, 사회적으로 생산된 사실들이, 인간적 삶꼴의 틀 안에서, 사람들은 오로지 타인들의 진실로 여김을 통해 수정되거나 타인들의 진실로 여김을 수정할 때만 무언가를 진실로 여길 수 있다는 점을 통하여, 발생하고 존속한다는 사정을 말한다. 내가 진실로 여기는 무언가를 타인들이 거짓으로 여긴다는 사정에 직면하는 일은 의견 불일치에 기반을 둔다. 내가 말하는 〈의견 불일치Dissens〉는 동일한 사실에 관한 엇갈리는, 양립 불가능한 의견의 표출이라는 소통적 면모만 뜻하는 것이 아니라, 동일한 대상 혹은 동일한 사실이 다수의 개인에게(혹은 한 개인에게 다양한 시점에) 다르게 주어질 수 있다는 사정을 뜻한다.

의견 불일치는 의미 차이Sinndifferenz이며, 두 명의 개인이 각자에게 익숙하며 서로 양립할 수 없는 태도들을 가지거나 더 나아가 이 태도들을 언어로 명확히 표현할 때 비로소 존재하게 되는 것이 아니다. 무언가를 타인과 다르게 보기도 의견 불일치의 한 형태다. 이 의견 불일치는, 동일한 대상이 여기에서는 이렇게 보이고 저기에서는 다르게 보인다는 점이 어떤 양립 불가능성도 유발하지 않음을 통찰함으로써 쉽게 해소할 수 있다.[1]

이어질 논증에서 내가 보여 주려는 바는, 의견 불일치가 인간 사회 형성의 기반이라는 것이다. 우리가 규범으로 인정하는 잣대들에 맞춰 행위를 평가하는 제도들이 있는 인간 공동체는 구성원들의 그때그때의 의견 불일치 상황으로부터 발생한다. 간단히 말하면 이러하다. 사회는 의견이 불일치하는 자들의 공동체이며, 언제 어느 곳에선가 특정한 의견 불일치가 일어나고 행위 조율 조치들을 통해 조정되면서 발생한다. 사회적 생물에서 의견 불일치는 지각의 수준에서 이미 불가피하다.

우리의 진실로 여기기, 곧 생각하기는 사회적으로 생산된 것이다. 우리가 그때그때 무엇을 믿건 간에, 우리는 의견 불일치의 맥락 안에서 일어나는 행위 조율 과정들 덕분에 그 무엇을 믿는다. 이때 의견 불일치는, 동일한 장면에 속한 두 관찰자의 말 그대로의 관점 차이처럼 대수롭지 않을 수도 있고, 전략적으로 조율되고 강압적으로 조정되는 정당들의 갈등처럼 확연히 불거질 수도 있다. 결정적인 것은 의견 불일치가 판단 수준에서 불가피하게 표출된다는 점이다. 따라서 인간의 생각하기가 내리는 판단이 완전히 선사회적이거나 무사회적인 경우는 궁극적으로 없다.[2]

요컨대 인간은 본질적으로 사회적인 생각하는 놈이다. 그런데 이하에서 나는, 이 유형의 사회성이 다른 사회적 생물들에도(심지어 세포들로 조직된 모든 생물에) 동일하거나 적어도 유사한 관점에서 적용되는가, 라는 질문을 파고들지 않을 것이다. 따라서 나는 인간의 차별성에 관한 특정한 견해를 전제하지도 않을 것이다.[3]

내가 배척하는 입장(혹은 뒤섞인 이론들)은 사회 구성주의다. 사회 구성주의적 입장이 **급진적**인가 ─ 그리하여 자연적이라고 간주되는 많은 혹은 심지어 모든 사실도 실은 사회적으로 구성된 것이라고 주장하는가 ─ 아니면 구성 개념을 사회적 사실들의 이러저러함에 국한해서 적용하는가 하는 문제는 부차적이다. 내가 주장하는 바는 사회적 사실들이 **구성된** 것이라는 생각이 오류라는 것이다. 따라서 나의 주장은, 그 구성이 사회권을 넘어서 얼마나 광범위하게 작동하는가, 라는 질문으로부터 대체로 독립적이다. 사회적 사실들이 **구성된** 것이라는 생각은 다양한 토론이 이루어지고 난 지금도 여전히 큰 인기를 누린다. 하지만 내가 이 3부에서 보여 주고자 하듯이, 그 생각은 부정합적인 생각 시스템의 표현이며 지금도 여전히 그러하다.

사회 구성주의의 기본 생각을 옹호하는 이유로 제시되는 것은 일반적으로 다음과 같은 전형적인 숙고의 한 변형이다.

일반적으로 무언가가 사회적이라 함은, 그 무언가가 본질적으로 집단의 행동과 결부되어 있다는 뜻이라고 간주할 수 있을 것이다. 이 수준에서 사회적인 놈은 첫째, 개별적인 놈과 구별되며, 둘째, 행동할 능력 혹은 행위할 능력이 아예 없는 놈과 구별된다. 이 정의에 따르면, 생물들의 집단이 있기 전에는 사회적인 놈이 없었다. 우주는 원리적으로 다소 정확하게 특정 가능한 시점까지 무사회적이었다. 무사회적 우주를 **익명의 자연**이라고 부르자.

익명의 자연은, 우리가 사회적으로 조직된 자연 과학을 매개로 알아낼 수 있는 구조들과 합법칙성들을 띠기는 한다. 그러나 익명의 자연이 가진 결정적 특징은 사회성에 의존하지 않는다는 점이다. 은하가 블랙홀을 중심으로 회전하는 것, 행성들이 발생하는 것 등은 익명의 자연에 속한 사건들이다. 이것들을 정확히 설명하기 위해 사회적 조직을 언급할 필요는 없다.[4] 그렇다면 이런 질문이 제기된다. 진정한 사회적 사실은 익명의 자연에 속한 자연적 사실과 정확히 어떻게 다를까?[5]

사회적 구성이라는 개념 혹은 **사회적인 것의 구성**이라는 개념은 이 존재론적 질문에 대한 특정한 대답을 바탕으로 삼아 발생한다. 그 대답은 인간의 사회성을 주목하며, 기존 제도들의 맥락 안에서 이루어지는 명시적 행위 조율 현상을 중심으로 개념들을 세운다. 사회적 구성이라는 기본 발상은 반실재론적 설계도에서 귀결된다. 그 발상에 따르면, 사회적 사실은 한 집단의 구성원들이 그 사실의 존립을 받아들일 때(그리고 더도 덜도 아니라 받아들이는 동안만) 존립한다. 요컨대 사회적 사실은 그 사실의 존립을 정신적으로 재현하는 개인들의 암묵적이거나 명시적인 수용에 기반을 둔다.

그리하여 사회 구성주의의 영향권 안에 있는 이론가들에게는 존재론적 질문의 중심에 궁극적으로 규범성이 들어선다. 즉, 특정한 방식으로 규범화된 행위들이 사회적인 것으로 간주된다. 사회적 사실은 그런 행위들의 결과다. 사회적 사실은 내재적 규범성을 통해 자연적 사실과 구별되며, 그 규범성은 — 각각의 이론에 따라서 — 인정 관계에 기반을 두거나, 아니면 인정 관계를 이뤄 낸다고 여겨진다.

이런 틀 안에서 사회적 사실의 내재적 규범성에 의지함으로써 사회적 사실의 〈자연화〉가 방지된다. 사회적 사실이 집단의 맥락 안에서 인간 행동의 상호 규범화라는 역사적으로 우연적인 과정들 덕분에 존립하는 한에서 말이다. 이런 식으로 사회적 사실이라는 개념은 처음부터 사회적인 것의 표현이자 사회적인 것에 내재하는 규범성의 객관화인 제도들의 변화 가능성과 결부된다.

이 같은 이상형적iealtypisch 구도는 거의 공통 견해로 자리 잡았다. 왜냐하면 인간의 행위는 익명의 자연 사건과 근본적으로 구별되며 따라서 범주가 다른 조직화 원리들의 지배를 받는다는 점은 많은 이에게 명백해 보이기 때문이다. 규범-자연 구별 혹은 당위-

존재 구별은 이 추측을 반영하기 위한 또 다른 방편이다. 사회 구성주의란 방금 개략적으로 서술한 견해, 곧 인간적 영역은 전혀 다른 (이 영역 자체에 기반을 둔) 원리들의 지배를 받으며 그 원리들 덕분에 우리의 행위는 익명의 자연 사건이 아니라는 견해를 공통 기반으로 가진 이론들의 번잡한 복합체다.

근본적인 오류는 익명의 첫째 자연이라는 오도된 관념에서 벌써 시작된다. 사람들은 이 익명의 자연을 자연 과학의 대상으로 여긴다. 다른 한편으로 정신 과학과 사회 과학을 자연주의의 습격으로부터 보호하기 위해 사람들은 규범성이라는 특별 구역을 발명한다. 그 구역의 발생은 기껏해야 창발적 현상으로 설명될 수 있는데, 대다수 사회 구성주의자는 그 구역의 발생을 아예 설명하지 않는다.[6]

사회 구성주의 실험 설계의 첫 단계에서 사회적인 것은 자연적인 것과 구별된다. 그리하여 어떻게 사회적인 것이 자연에 들어맞는가, 라는 문제가 발생한다. 이 상황은 〈둘째 자연(제2의 천성)〉이라는 관념이 끊임없이 인기를 끄는 데 기여한다.[7] 이 관념에 따르면, 사회적인 것이 익명의 첫째 자연을 제거하지 않기 때문에 우리의 사회학적 어휘가 자연 과학적 어휘와 양립 가능할 경우, 사회적인 것은 또한 자연적이다. 하지만 내재적 규범성이 핵심 특징인 둘째 자연은 첫째 자연의 바깥에 놓인다. 둘째 자연은 아직 해명되지 않은 초월에서 유래한다. 이 초월 덕분에 인간의 사회성은, 둘째 자연을 거론하는 이론가 대다수가 보기에, 다른 생물들에서 관찰될 수도 있는 사회성과 근본적으로(형이상학적으로) 구별된다. 인간의 사회성은, 인간이 자손의 행동을 고유한 방식으로 규범화함으로써 —교육과 교양을 통해— 〈목적들의 나라〉[8]를 만들어 냄을 통하여, 혹은 그런 나라의 구성원들의 활동에 자기의식을 갖고 참여

하는 능력을 양성함을 통하여 발생한다.[9]

이런 맥락에서 사회 구성주의의 두 가지 유형을 구별할 수 있음을 명심하자. 즉, 급진 사회 구성주의와 온건 사회 구성주의를 구별할 수 있다. 급진 사회 구성주의는 외견상의 첫째 자연을 사회의 규범적 자기 이해의 부수 효과로 간주한다. 익명의 자연은 없으므로, 우리가 익명의 자연으로 여기는 것은 사회적 학문 시스템에 의존한다. 온건 사회 구성주의는 자연과 규범, 혹은 첫째 자연과 둘째 자연을 범주적으로 구별하는 것에 머무른다. 하지만 이 온건한 버전은 금욕적인 자연 철학을 채택하기 때문에, 첫째 자연이 존속하는 상태에서 과연 어떻게 둘째 자연이 발생할 수 있는지 설명하지 못한다.

온건 사회 구성주의에서 사회적 구성의 개념은 **의무론적 차이** deontologische Differenz에 기반을 둔다. 즉, 자연적 사실과 사회적 사실은 분리되어 있으며 둘 사이의 거리는 (온전히) 자연적이지 않다는 것에 기반을 둔다.[10] 둘째 자연은 — 만일 이 자연이 그 안에서 정신들이 서로 분리되는 그런 자연이라면 — 기껏해야 반(反)자연 Widernatur이다. 왜냐하면 둘째 자연은 사회적 사실들을 생산할 가능성을 열어 주고, 사회적 사실들은 우리의 첫째 자연의 구조에 소급적으로 개입하기를 가능케 하기 때문이다. 이런 연유로, 인간의 삶꼴에 내재하는 규범성은 어떤 지위를 띠는가, 라는 질문 앞에서 서로 엇갈리는 다양한 견해가 제기된다. 그 규범성은, 첫째 자연과 더불어 또 하나의 그냥 엄연한 사실로서 발견되는 둘째 자연일까? 아니면, 자연 개념은 자연 과학의 대상 영역을(이 영역 안에는 익명의 자연의 과정들만 있으리라고 짐작된다) 가리키기 위해서만 사용해야 하므로, 둘째 자연은 결국 전혀 자연적이지 않은 것이 아닐까? 요컨대 이제껏 해결되지 않은 중대한 문제인 온건 사회주의 문

제는 자연 철학의 문제다.[11]

어떤 사회적 사실들이 성립하는지는 의무론적 차이로 인해 무(無)역사적으로 확정되어 있지 않기 때문에, 내재적 규범성 개념으로부터는 행위자들이 지침으로 삼을 만한 행위 지시가 첫눈에 보기에 도출되지 않는다. 그렇다면 사회 이론가들이 발견하는 실제 행위 지시들은 본질상 역사적으로 우연적이다. 왜냐하면 이론의 구조 때문에 그 지시들은 오로지 역사적으로 가변적인 사실들로서만 발견되고 확인될 수 있기 때문이다.

사회적 구성의 주어진 특정 버전을 옹호하는 사람이 의무론적 차이를 비형이상학적으로 다루는 정도만큼, 내재적 규범성을 자연화를 통해 해치지 않는다는 조건을 충족하는 내재적 규범성의 계보학을 상정할 공간이 마련된다.[12] 이런 틀 안에서 다음을 출발점으로 삼을 수 있다. 즉, 집단 구성원들은 다른 구성원들의 관찰 가능한 행동을 제재를 통해 규제하며, 이로부터 규범성이 나온다고 전제할 수 있다. 이 모형에서 규범성은, 일부 주체들이 다른 주체들의 행동을 규칙에 맞게 수정하면서 발생한다. 이런 식으로 그들은 질서를 산출하고, 모든 주체는 그들의 판결을 따르거나 아니면 그 질서 전체를 여차하면 뒤엎을 목적으로 그들의 판결을 위반함으로써 그 질서에 예속된다.

내가 이 맥락 안에서 이 모형의 결정적 특징으로 보는 것은, 이 과정 전체가 어떤 유의미한 지점에서도 익명의 자연과 관련 맺지 않는다는 사정이다. 대신에 이 과정 전체는 둥둥 떠 있는 새로운 구역 안에서 일어난다. 그렇다면 **사회적 구성**이란, 주어진 집단의 구성원들이 담론적으로 재현하는 규범들을 기준으로 서로를 규범화함을 통하여 관찰 가능한 행동을 산출하는 활동이다.[13] 이 모형이 사회 존재론적으로 명확하게 제시되는 것은, 전형적으로 사회성과 지향성 사이의 간격을 좁힐 (우리 논의에서는 배척된) 목적으로 이루어지는 집단적 지향성kollektive Intentionalität에 관한 토론의 틀 안에서다.[14]

　　이 모형에 따르면, 무언가가 — 인종, 계급, 젠더, 제도, 언어, 문화, 법 시스템, 미적 취향, 에티켓, 국가, 은행, 돈, 공공 기관, 도덕적 가치 등이 — 사회적으로 구성된 것이라면, 그것이 구성되는 과정은 오로지 집단의 한 하위 시스템이 어떤 관점에서도 익명의 자연에 기반을 두지 않고 다른 하위 시스템의 판결을 기준으로 방향을 잡는 것 덕분에 이루어진다. 왜냐하면 사회 구성주의에서 사회적 규범성의 유일한 원천은, 이러이러한 행동을 저러저러하게 제재하자는 앞선 제안에 대한 인정일 수밖에 없으니까 말이다. 사회 구성주의는, 거기에서 사회적 사실들을 읽어 낼 수 있는 그런 자연이 있다는 생각을 배척한다(또한 그 결과로, 자연은 구성되지 않은 사실들이 속할 수 있는 유일한 의미장이 아니라는 점을 간과한다). 사회 구성주의자가 보기에 모종의 규범적 질서에 대한 최초 수용은 그 질서가 특정 집단 소속으로부터 독립적으로 잘 정당화된 타당성을 지녔다는 통찰에서 도출될 수 없다. 왜냐하면 그런 통찰은 존립하는 사실 앞에서 개인이 품을 만한 태도이기 때문이다. 따라서 규범성은 인정 실행에서 유래하고, 그 실행의 결과로 등록하고 기록할 수 있는 사실들이 성립하며, 당연히 그 사실들은 사회적 조건들이 변화하면 언제라도 수정될 수 있어야 한다.

　　그렇다면 사회적(곧, 사회적으로 구성된) 사실에 대한 평가는 오로지 평가자가 특정 집단 소속이라는 것을 통해서만 설명될 수 있다. 그 집단이 지배자 집단이건, 피지배자 집단이건 상관없이 말이다.[15] 지배자들은 규범을 구성하고 타인들이 그 규범을 내면화하게 만드는 자들이다. 피지배자들은 자신을 그 규범에 맞추는 자들이다. 거듭 말하지만, 사회 구성주의에 따르면, 누군가가 어떤 주어진 규범에 자기를 맞추는 것은 순전히 이 맞추기로부터 독립적인, 이 맞추기를 통해 구성되지 않은 사회적 사실들을 통찰한 결과일 리 만무하다. 만약에 순전히 그런 결과라면, 구성되지 않은 사회적 사실들이 있을 테고, 구성주의적 사회 존재론은 붕괴할 테니까 말이다. 이 대목에서 사회적 구성의 역진을 상정하고, 규범의 수용은 과거의 사회적 구성이 현존함을 통찰하는 것이라고 간주함으로써 이 모형을 수정하는 것은 효과적인 대책이 아니다. 왜냐하면 이런 질문이 제기되기 때문이다. 아무튼 규범성이 발생했다는 이야기인데, 과연 어떻게 그런 일이 일어날 수 있었을까? 확립된 최초 규범은 과거의 사회적 구성에 대한, 이미 사회적으로 구성된 통찰 덕분에 확립되었을 수 없다.

그러므로 일관된 사회 구성주의는 규범에 관한 질문 앞에서 중립적인 기반을 확보할 수 없으며, 집단들의 갈등을 합리적으로 해결하는 결정을 내리기 위하여 의지할 만한, 자연적으로 주어진 기반은 더더욱 확보할 수 없다. 규범에 관한 질문 앞에서 한 집단이 이뤄 내는 모든 합의는 (많은 인정 이론가들의 의도와 정반대로) 오로지 명시적이거나 암묵적인 권력 투쟁에 기초를 둔다. 이런 이론적 사정은 〈인정 투쟁〉에 관한, 많은 주목을 받는 담화기에서, 좋든 싫든 간에 표출된다.[16]

이제껏 개략적으로나마 서술한 복잡한 이론적 지형에 대한 대안은 새로운 **사회 실재론**이다. 이 대안이 주장하는 바는, (1) 인정을 초월한 (부분적으로 불투명하고 결코 의식할 수 없는) 규범적 사실들이 있으며, 주어진 집단에서 구성원들의 행동이 어떤 조건 아래에서 옳거나 그른지를 그 사실들이 결정한다는 점, (2) 그 규범적 사실들은 구성된 것이 아니라는 점, (3) 그 규범적 사실들은 첫

째 자연에도 속하지 않고 둘째 자연에도 속하지 않는다는 점이다.[17]

개별 인간의 삶의 성공, 혹은 더 정확히 말하면, 개별 인간의 삶에서 주어진 기간의 성공은 객관적으로 확정된 조건들에 의존하며, 그 조건들 가운데 일부는 익명의 자연의 귀결들이다. 익명의 자연의 합법칙성은 인간의 삶꼴에 심층적인 영향을 미친다. 이 사실만 상기해도, 둘째 자연을 첫째 자연으로부터 격리하려는 시도가 부질없음을 알 수 있다. 명백히 실존하는 익명의 자연은 우리 삶의 성취들에 영향을 미친다. 왜냐하면 우리 각각은 본질적으로 유기체 곧 생물학적 시스템이기 때문이다. 그러나 우리 각각이 생물학적 시스템과 엄밀히 동일한 것은 아니다. 인간은 무엇보다도 먼저 특정 종의 동물이다. 그러나 인간의 행위를 어떤 보편적인 의미에서 동물적 행동으로 환원할 수 있다는 뜻은 아니다. 우리가 특정 종의 동물이라는 것의 의미는 인간의 생물학적 자기 탐구를 통해 제시되며, 의미장 존재론에서 이 생물학적 자기 탐구는 자연 과학적 탐구 대상이 아닌 정신이 있다는 것과 상충하지 않는다.

곧 서술할 사회 실재론은 사회적인 것을 자연적인 것에 맞세우지 않는다. 어떻게 사회적인 것이, 그 자체로 (인과적으로 혹은 존재론적으로) 닫혀 있는 익명의 첫째 자연의 사실 공간에 들어맞느냐는 질문은 애당초 그릇된 형이상학적 질문으로 간주되어 배척된다.

이런 행마를 위해, 이 책이 옹호하는 사회 실재론은 당연히 의미장 존재론에 의지한다. 왜냐하면 의미장 존재론에서는 원리적으로 모든 것을 포괄하는, 그 합법칙성이 자연 과학을 통해 탐구되는 자연은 없기 때문이다. 이때 이 자연 과학적 탐구 방식은, 첫눈에 보기에 자연 과학적으로 탐구할 수 없는 속성들을 띤 놈들을, 그 속성들을 도외시함으로써 결국 더 잘 혹은 완벽하게 서술하는 것을 포함한다. 간단히 말해 형이상학적 자연주의는 의미장 존재론에서 벌써 오래전에 폐기된 입장이다. 그러나 유감스럽게도 그 입장은 세계상으로서 곳곳에서 출몰한다.

이런 사정을 배경에 깔고 보면, (외견상) 보편적으로 유효한 (이를테면) 양자 물리학의 합법칙성을 고려할 때 행위자가 자신의 행위 패턴을 스스로 결정하는 것이 어떻게 가능한가, 라는 그릇된 질문에 답하라는 것은 사회 존재론 연구자에게 제기할 만한 정당한 요구가 아니다. 기본 입자들의 놀이 공간은 여러 의미장 가운데 하나이며 어떤 상황이냐를 막론하고(곧 형이상학적으로) 특권적인 의미장이 아니라면, 사회적 규범성을 반드시 기본 입자들의 놀이 공간 안에 포섭해야 하는 것은 아니다.

의미장 존재론의 존재론적 다원주의는 사회 구성주의를 두둔하지 않는다. 인간의 삶꼴을 우리가 생물이라는 점으로부터(부분적으로 그 생물의 구조를 익명의 자연 과정들에 기초하여 가장 잘 설명할 수 있다는 점으로부터) 의무론적으로 분리할 불가피한 이유는 없다. 익명의 자연 과정들의 작용은 인간 유기체에서 유보되지 않는다. 오히려 그 작용은, 익명의 자연 과정들을 통해 완전히 설명할 수 없는 시스템이라는 맥락 안으로 통합된다.

개인들이 성공적이라고 (행복을 가져온다고) 느끼는 생존 변수들을 인간의 삶꼴이 정의하는 한에서, 인간의 삶꼴에 대한 분석은 사회적으로 중요한 규범성의 잣대들을 제공한다.[18] 생물로서의 인간은 특정한 (생태적) 조건 아래에서만 자신의 생존이 행복하다고 느낄 수 있기 때문에, 자연 과학적으로도 연구할 수 있는 우리 삶꼴의 면모들로부터 원리적으로 성공적인 삶의 규범들이 발생하는데, 그 규범들은 아직 완전히 밝혀지지 않았다.

인간 삶꼴의 한 부분은 익명의 자연이 미치는 작용에 의해 구조가 결정되는데, 이어질 논의에서 나는 그 부분을 **인간의 생존꼴** menschliche Überlebensform이라고 부를 것이다. 인간 생존꼴의 구조는 우리의 특유한 동물성이다. 이 동물성은 오늘날의 학문 시스템에서 의학 및 자연 과학 분야들에(이 분야들이 인간을 다루는 한에서) 거점을 둔 인간 과학들Humanwissenschaften에 의해 연구된다.[19]

그러나 인간의 삶꼴은 자연 과학적으로 연구할 수 있는 범위보다 무한정 더 큰 범위를 포괄한다. 이 잉여 범위의 정점은 정신인데, 이때 정신이란, 인간은 (때때로) 자기가 누구이며 누구이고자 하는지에 관한 견해에 비추어 삶을 꾸려 나간다는 점을 고려하는 설명적 차원이다.[20] 간단히 말해, 인간은 인간상을 길잡이로 삼으며, 정신 과학들과 사회 과학들은 인간상의 공시적 차원 및 통시적 (역사적) 차원을 탐구한다.

정신이란 복잡한 정신주의적mentalistisch 어휘를 사용해야만 설명할 수 있는 인간적 행동을 우리가 (때때로) 하며 개인이 무언가를 한 이유를 그 어휘가 이해할 수 있게 해준다는 사정을 말한다. 그 어휘는 이른바 자유 의지를 포함하는데, 자유 의지의 핵심은, 우리가 오로지 충동적으로만, 따라서 부분적으로 예측 및 조작 가능한 방식으로만 행위하는 것이 아니라, 우리의 행위 패턴을 우리의 규범적인 전체적 방향(우리의 〈가치들〉)에 비추어 수정할 수 있다는 점이다. 자신의 충동을 잘 아는 사람은, 병에 걸리지 않았다면, 그 충동을 부분적으로 통제할 수 있다. 정신은 실재한다. 정신은 (단지) 관찰자의 눈 안에 있는 것이 아니다. 따라서 데닛의 물리적 관점처럼 정신의 완전한 자연화를 추구하는 것은 부질없는 짓이다.[21] 우리가 물리적 관점을 채택하기 위해 지향적 관점을 초월할 수 없다는 점은 인식적 결함이 아니라 존재론적 사실이다. 인간의 행위를 설명할 때, 우리가 그 행위를 지향적 수준에서 특정한 방식으로 서술한다는 점을 완전히 도외시하면, 설명은 설명의 목표 곧 인간의 행위를 완전히 빗나가게 된다. 요컨대 정신은 환상이 아니며, 앞에서(6장 이하) 충분히 다룬, 막연한 의미의 〈허구〉는 더더욱 아니다.

사회 실재론이 사회 구성주의에 맞서 제기하는 반론은, 사회적 사실들이 구성된다는 모형은 심각하게 부정합적이며 특히 규범과 관련해서 미흡하다는 것이다. 만약에 사회 구성주의가 옳다면, 규범적(대표적으로 도덕적) 진보는 기껏해야 한 집단이 다른 집단에 솜씨 좋게 부과하는 조율된 행동 변화에 불과할 터이다. 그렇다면 규범을 길잡이로 삼은 교육은 어떤 형태건 간에 기껏해야 잘 은폐된 조작일 따름일 터이며, 그 목적은 한 집단이나 개인의 행동을 예측 가능하게 만드는 조건들을 창출하는 것일 터이다. 규범화의 목표는 통제일 터이다. 왜냐하면 규범화의 핵심은, 우리의 생존꼴에 정박해 있으며 정신에서 명시적으로 통찰할 수 있게 되는 사회적 사실들에 행동을 맞추기일 수 없기 때문이다.

반면에 사회 실재론은 이를테면 오래전부터 잘 알려진, 우리의 생존꼴에 관한 사실들에 의지한다. 그런 사실의 한 예로, 인간은 아주 어릴 때도 이미 규범적 기대를 품으며 그 덕분에 우리는 어린아이에게 명시적인 도덕적 기대를 가르칠 수 있다는 점을 들 수 있다. 인간은 — 다른 생물들과 마찬가지로 — 근본적으로 규범적 성격을 띠고 있다. 그렇지 않다면 우리는 제재의 위협을 전혀 느끼지 못할 터이다. 규범성을 〈감시와 처벌〉 모형만으로 설명할 수는 없다. 규범성은 주어진 〈힘 양들Kraft-Quanta〉[22]의 관계에 관한 사안, 곧 행위자의 배후에서 서로 충돌하고 규범적 질서를 창발시키는 〈힘 양들〉에 관한 사안에 불과하지 않다.

이어질 논의에서 제안할 사회 실재론이 자연주의적으로도 성취 가능한 전술에만 의존하는가 하면, 전혀 그렇지 않다. 그런 전술의 예로 오늘날의 게임 이론, 행동학 연구, 영장류학 연구의 잘 알려진 방법들을 들 수 있다. 인간의 사회성은 원시적 행동 패턴들의 집합으로 유의미하게 환원될 수 없다. 〈사회〉 또는 법 시스템이나 유치원 등의 더 기본적인 하위 시스템들 같은 유형의 복잡한 사회적 조직은, 이진수 코드로 분해하거나 심리학적 실험으로 연구할 수 있는 무의식적인 〈결정〉 과정들의 집합이 아니다. 그렇기 때문에 사회적 시스템은, 행위자들이 통계적 분석 조건을 모르는 한에서만, 그 조건 아래에 놓인다. 인간의 행동은 오로지 그 행동을 관찰하는 자들이 관찰되는 자들에게 그들이 얼마나 정확히 관찰되는지 알려 주지 않을 때만 예측 가능하다. 이것은 심리학 실험을 설계하는 사람이라면 누구나 잘 아는 뻔한 과학 철학적 진실이다. **예측 치안**predictive policing은 미래의 범법자들에게 예측 기준을 알려 주지 않으면서 그 기준에 따라 그들을 추적하는 한에서만 제구실을 한다.

사회 구성주의의 틀을 깨부수고 진정한, 곧 환원주의적이지 않은 사회 실재론이 들어설 공간을 마련하기 위해 12장에서 논증할 바는, 인간의 사회성이라는 환원 불가능한 사실의 핵심은 다수의 주체들이 마주치면서 자신이 거짓으로 여기는 바를 타인은 진실로 여김을 확인하는 데 있다는 점이다. 제도들은 실제로 실존하는 의견 불일치를 조정하는 장소를 창출하는 시스템들이다. 그러므로 플라톤의 『변론』에서부터 칸트의 『순수 이성 비판』과 그 너머까지, 법적인 판단(판결)의 개념이 생각하기의 자기 탐구를 위해 적합한 장소로 제시되는 것은 우연이 아니다.[23] 짝짓기로 맺어진 한 쌍을 넘어 소집단에 이른 모든 인간 조직은 의견이 일치하지 않는 자들의 공동체다.[24]

물론 각각의 의견 불일치에 조정 메커니즘들을 제공하는 제도 하나가 배정되는 것은 아니다. 그런 식으로 배정된다면, 사적 영역은 없어질 터이다. 사적 영역은 개인적 행위들의 놀이 공간이다. 거기에서도 사회성이 등장할 수 있는데, 제도적 기틀 조건에 저촉되지 않는 한에서 그 사회성을 제도적 조정 없이 다루는 것이 허용된다. 인간의 사회성 전체를 제도적 기틀 규정과 연결하는 것은 원리적으로 불가능하다. 왜냐하면 인간의 사회성은 궁극적으로 절대로 완전히 투명할 수 없기 때문이다. 사람들이 상호 협력의 맥락 안에서, 또는 사적 영역에서의 활동이라고 항변하면서 어떤 행위 패턴을 형성할지는 완전히 예측하거나 통제할 수 없다. 그렇기 때문에 모든 제도는 규범적인 옳음 및 그름의 기준과 더불어 중립(희랍어로 〈아디아포라adiaphora〉) 개념을 필요로 한다. 어떤 제도도 총체적일 수 없다. 이런 사정들은 13장, 16장, 17장에서 다뤄질 것이다.

여기에서는 먼저 우리 시대가 위기라는 지각에 대한 기본적인 진단을 과감히 시도하고자 한다. 위기의 구체적 내용은, 디지털 혁명의 여파로 공론장Öffentlichkeit이 중대하게 교란되어 중립성 상실이 우려된다는 것이다. 이 같은 지각은 사회 구성주의와 관련이 있으며, 또한 사회 구성주의가 미디어 이론에, 따라서 특권적 공론장으로서의 미디어에 미치는 영향과도 관련이 있다. 정치적 싸움으로부터 완전히 독립적인 사회적인 것이 없으면, 소셜 미디어들은 사회적 구성이 이루어지는 장소가 된다. 한 행위자가 다른 행위자에 맞서 등장하는데, 그 목적은 다른 행위자를 설득하는 것이 아니라 적절한 수법으로 조작하는 것이다. 공론은 진실(을 산출하는) 기계라는 근대적 계몽주의적 견해가 밀려나고, 규범적인 영역에는 어떤 객관적 기준도 없고 단지 집단 소속감을 창출하거나 잠식하기 위해 사용할 수 있는 이미지와 상징의 홍수가 있을 따름이라는

탈근대적 고정 관념이 그 자리를 차지한다.[25]

이 같은 사회 존재론적 오류에 맞서, 사회적인 것에 관한 판단은 판단되는 규범적 질서에의 개입을 초래한다는 점에서 그 자체로 사회적이라는 생각은 틀렸다는 통찰을 되새길 필요가 있다. 이 통찰에 따르면, 사회적인 것은 모든 바람직한 방식을 통해 객관적으로 판단될 수 있다. 한마디로 사회적인 것은 관찰자의 눈 안에 들어 있지 않다. 또한 모든 사회적인 것이 규범적이라는 점은 맞지만, 존재론적으로 볼 때 규범성은 권력 투쟁에서 나오는 것이 아니라 인간이 (다른 생물들과 마찬가지로) 규범을 느끼는 감각을 보유하고 있다는 것에 기반을 둔다는 점을 개념들에 기초하여 깨달을 필요가 있다. 만약에 그런 규범 감각이 없다면, 우리에게 제재를 가하는 것은 불가능할 터이다. 규범적인 것에 대한 우리의 파악은 우리가 생각한다는 점, 곧 진실인 믿음과 거짓인 믿음을 품는다는 점에서 유래한다. 우리가 이 점을 명시적으로 간파할 수 있는 것은, 타인들이 우리와 다르게 판단하는 덕분이다. 타인들의 판단은 우리 자신의 판단에 이르는 필수 불가결한 통로다. 타인을 우회할 길은 없다.

우리는 생각하기 감각을 보유하고 있다. 현재 논의 맥락에서 이것이 의미하는 바는, 우리가 규범성 탐지 장치를, 곧 생각하기를 보유하고 있다는 것이다.[26] 생각하기 능력(물론 이 능력이 구체적으로 표출되는 방식은 무한정 많은데)은 의견 불일치를 통해 실재화된다. 타인들은 다르게 생각한다는 점에 당신이 직면하지 않는다면, 당신은 생각하는 것이 아니다.

그리하여 13장에서 내가 논증하려는 바는, 실제로 실존하는 (포괄적인 사회적 시스템이라는 의미에서의) 사회는 반드시 불투명한 구역들을 가진다는 점이다. 사회적 불투명성이 없다면, 우리가 서로를 수정하는 것은 불가능할 터이다. 분업화된 복잡한 사회 안에서 우리는 우리 자신이 무엇을 하는지, 또 정확히 무엇을 해야하는지 완벽하게 알지 못하기 때문에, 사회 구조는 환원주의적으로 아래에서 위로, 또는 위에서 아래로 재구성될 수 없다. 따라서 (개인들로부터 사회를 지어 올리는) 사회 존재론적 원자론과 (상위의 사회적 전체로부터 개인들을 도출하는) 사회 존재론적 전체론의 진격 방향은 둘 다 틀렸다.

우리가 아는 모든 것이나 알지 못하는 모든 것을 아는 사람은 아무도 없다. 따라서 진실로 여기기의 총체, 곧 모든 것을 포괄하는 믿음 시스템은 없다. 심지어 사회 구성원의 전부나 압도적 다수가 공식적으로 동일한 믿음 시스템을 공유한 경우에도, 사회 내적인 의견 불일치가 발생하며, 그에 대처하기 위한 조정 조치들이 개발된다. 그런 조치들이 없다면 사회는 해체될 터이기 때문이다. 따라서 제도들의 목표는 사실적인 합의일 수 없다. 오히려 그 목표는 견딜 만한 수준의 의견 불일치 관리로 표출되어야 한다.

우리의 〈반사회적 사회성〉[27]은, 타인들은 우리와 다르게 판단한다는 점(따라서 우리와 다르다는 점)이 예견될 때만 우리가 집단을 형성할 수 있다는 것에 존립한다. 그렇기 때문에 모든 사회적 시스템은 다르게 생각하기를 통해 특징지어지는 하위 시스템들로 세분되거나, 다르게 생각하기를 바깥으로 투사한다. 이를 통해 잠재적인 친구-적 도식이 생겨난다. 어떤 사회적 우리도 모두를 포괄하지 않는다. 사회는 반드시 다수의 진실로 여기기로 분열한다. 이 사정을 말끔히 해소할 수 있는 조치는 없다.

이것은 사회학과 정치학 담론에서 잘 알려져 있는 사실들이다. 이 3부에서 사회학 및 정치학 담론은 한 사회 존재론의 틀 안에 편입될 것이다. 그 사회 존재론의 관점에서 보면, 사회적인 것은 연구자나 관찰자의 눈 안에 있지 않다. 왜냐하면 사회적인 것은 오히려 우리가 영영 완전히 명시화할 수 없는 불투명성과 근본적으로 결부되어 있기 때문이다. 요컨대 사회 실재론은 사회 구성주의의 폐해를 바로잡는 존재론적 장치의 구실을 할 것이다. 사회 과학들에서 그 폐해는 사람들이 단지 경험적 데이터에 의지한다고 여길 때도(혹은 바로 그럴 때) 나타난다.[28]

물론 흔히 말하는 〈관찰자의 눈〉이 다음과 같은 의미에서 사회적으로 생산된 것이라는 점을 부정하는 것은 아니다. 즉, 사회적 시스템이 있기 위해 반드시 필요한 참여자 관점은 오로지 사회적 생물들 — 대표적으로 인간들 — 이 있기 때문에 실존한다. 협력을 통해 번식에까지 이르는 인간들이 인간들을 낳는다. 인간 태아는 자궁 안에서 영양분을 섭취하는데, 이때 어머니의 영양 섭취 행동은 본질적으로 사회적 번식의 맥락 안에 편입되어 있다. 인간은 저절로 성장하는 것이 아니라, 오로지 그 인간의 발생에 관여한 타인들이 집단의 구성원들이고 그 집단이 그들의 행동을 조율하는 것을 통해서만 성장한다. 그런 행위 조율은 본질적으로 사회적이다. 왜냐하면 그 조율은, 다른 개인들이 모종의 의견을 품었다는 의견을 개인들이 (반드시 의식적이거나 기호적으로 명시적인 것은 아닌 방식으로) 품었기 때문에 행위자의 다수가 무언가를 한다는 점을 전제하기 때문이다. 타인들의 견해와 자신의 견해를 상상으로 비교함을 통하여, 한 집단에 속한 개인들에게 행위의 놀이 공간(재량 공간)이 열린다. 행위의 가능성들은 가능한 행위 패턴들의 전승을 통해 열린다. 그 패턴들은 애당초 향후 모방의 모범으로 삼을 수 있는 근원적 창시가 있었다는 인상을 유발한다.[29]

당신에게 무엇이 가능한지는, 타인들이 당신의 가능성으로 간주하는 무언가를 누군가가 함으로써 규정된다. 따라서 인간의 행위 놀이 공간은 역사적으로 열려 있으며 가변적이다. 가능한 행위

427

들의 목록을 완전무결하게 작성하여 예컨대 이상적인 법전의 형태로 돌에 새기는 것은 원리적으로 불가능하다. 어떤 유형의 행위들이 미래에 가능할지 우리는 모르며 어렴풋이 짐작할 수조차 없다. 벌써 이 같은 역사성으로 인해 우리는 근본적으로 자유롭다. 무슨 말이냐면, 자연과 사회의 설계도에 대한 통찰 덕분에 미래의 행위 가능성들을 빠짐없이 예측할 수 있는 상황은 영영 벌어지지 않는다. 인간의 행위는, 그의 행위 놀이 공간이 이상화된 시험 상황(예컨대 게임 이론에서 다루는 유형의 상황)으로 제한된 한에서만, 예측될 수 있다. 예컨대 경제학적 모형에 의지한 예측의 성공 사례는 당연히 통계적이며 따라서 확률적이다. 그런 예측은 계산 가능한 오류의 놀이 공간을 만들어 낸다. 하지만 이 사정조차도 오직 고도로 이상화된 시나리오에 대해서만, 또한 행위자들이 자신의 행위를 계획할 때 관찰의 잣대를 명시적으로 고려할 수 없는 한에서만 성립한다. 어떤 이들이 성공적으로 관찰되어 그들의 행동이 예측될 수 있으려면, 그들이 이 관찰 및 예측에 관하여 완벽한 정보를 얻지 못해야 한다. 잘 알려진 이 사실은 사회적인 것의 제거할 수 없는 불투명성이 표출되는 한 방식이다.

14장에서는 (흔히 거론되는) 규칙 따르기 문제에 대한 실재론적 해법이 제시될 것이다. 그 해법에 따르면, 규칙 적용의 핵심은, 이제껏 발생하지 않은 경우들이 기존 규칙의 계속된 적용을 정당화할 것인가에 관한 견해를 누군가가 품는 것이 아니다. 마찬가지로, 과거에 한 규칙이 준수되었으며 따라서 아직 도래하지 않은 미래에도 그 규칙이 준수되어야 한다는 규범적 요구가 발생한다는 점을 누군가가 모종의 정신 상태에서 홀로 확립하는 것이 규칙과 규칙 적용의 전부가 아니다.

오히려 규칙과 규칙 적용의 핵심은, 어떤 규칙을 따라야 하는지 규정하는 제도들이 속한 맥락이 실존한다는 것이다. 규칙 자체가 규칙의 옳은 적용과 그른 적용을 갈라놓는다. 요컨대 규칙 자체가 규범성을 보유하고 있다. 규범성의 핵심은 행위자의 의도(그 의도란 결국 행위자가 자신의 행동을 규칙에 관한 모종의 견해에 맞추고자 한다는 것일 텐데)가 아니다. 왜냐하면 견해에 옳음 조건을 부과하는 무언가와 견해가 어떻게 연결될 수 있는지가 명확히 밝혀지지 않으면, 견해를 행동의 지침으로 삼을 수 없기 때문이다. 견해는 스스로 자기를 규범화하지 못한다. 오히려 타인들이 다르게 파악할 수 있는 속성들을 규칙이 지녔다는 점을 통하여, 견해가 규칙 적용의 사례로 규정된다. 타인들이 규칙을 다르게 파악하기 때문에, 옳은 규칙 적용에 관한 질문이 발생하며, 그 질문은 규칙이 개별 견해들과 그것들이 합산되어 이룬 집단적 견해 집합을 넘어서는 실재성을 띨 때만 적확하게 대답될 수 있다.

간단히 요약하자. 한 개인의 진실로 여기기도, 많은 개인의 다양한 진실로 여기기도 규칙 따르기의 객관성을 설명해 주지 못한다. 그 설명을 위해서는 실재하는 놈—규칙—이 필요하다. 즉, 그 놈 덕분에 행위자가 오류를 범할 수 있는 그런 놈이 필요하다. 주체들의 구성적 활동은(따라서 상호 주관성도) 진실로 여기기의 진실성을 확립하기에 턱없이 부족하다. 모종의 행위로 알아챌 수 있는 행동에 관한 옳음 조건이 확립되어 있다면, 그 옳음 조건은, 구성원들이 현존하는 옳음 조건의 영향을 받는다는 점을 통하여 한 집단이 형성되었고 그 집단이 그 옳음 조건을 인정한다는 것으로 결코 환원될 수 없다. 위반과 오류가 가능한 곳에는 그놈을 기준으로 무언가를 위반과 오류로 기록할 수 있는 그런 실재하는 놈이 항상 있다. 모든 개별 견해가 오류일 수 있다는 점에서, 그 실재하는 놈은 모든 개별 견해로부터 〈독립적이다〉. **실재하는 놈은 반박될 수 없**

다. 왜냐하면 실재하는 놈은 반박의 주체이기 때문이다.

　규범은 실재하는 놈이다. 규범이 인간의 행동을 특정 유형의 행위로 규정한다. 즉, 규범이 규범화한다. 이 때문에 규범은 행위자의 착각을 일으킬 수 있다. 무슨 착각이냐면, 행위자가 규칙을 준수할 때 스스로 자신을 규제한다는 착각을 말이다. 15장에서 이 착각을 자세히 다룰 텐데, 거기에서 실재론이 환원주의적 자연주의로, 즉 사회가 항상 암묵적이고 사실적인 것에 기반을 둔다는 점으로부터 자율은 없다는 틀린 주장을 도출하는 환원주의적 자연주의로 쪼그라드는 일은 벌어지지 않을 것이다.[30] 자율은 오히려 우리가 우리 자신의 사회적 규범성을 — 우리의 행동이 실제로 사회적으로 생산되며, 옳은 것과 그른 것을 수록한 다양한 목록에 비추어 분류된다는 사정을 — 명시적 규범으로 격상하는 것에서 유래한다. 이는 〈의지의 이념 Idee des Willens〉이란 **〈자유로운 의지를 의지하는 자유로운 의지〉**라는 헤겔의 표현과 들어맞는다.[31] 이 표현이 말하는 특유하게 자율적인 규범성은 통시적으로 또 공시적으로, 자신의 사회성을 의식하는 행위자들의 명시적 채택 덕분에 성립하는 것이 아닌 규범성에 기반을 둔다. 그러므로 특정한 규범에 맞선 저항은 실재하는 과정으로 파악될 수 있다. 이로써 비판을 통해 부당한 규범적 요구들에 저항할 수 있게 해준다는 것이 사회 구성주의의 의도인데, 이 의도를 관철하지 못한다는 점에서 사회 구성주의는 실패한다는 부르디외의 정당한 의심이 다른 사정하에서 참작된 셈이다.[32]

　이를 배경에 깔고 나는 신화와 이데올로기와 허구를 구별할 것이다. **신화** Mythologie*는 암묵적 모범들이 영향력을 발휘하는 방식이다. 상상의 수준에서 이 방식은 역사적으로 신들의 계보에 대한

---

* 저자는 Mythologie와 Mythos를 구별하지만, 양쪽 모두 신화로 번역한다.

의식의 형태로 나타나며, 우리 시대에는 특히 슈퍼히어로 신화를 비롯한 일상의 신화로 영속한다(또한 세계 종교들이 존속한다는 점은 따로 말할 필요도 없다). 신들의 계보에 대한 의식은 결코 종결되지 않았다. 블루멘베르크의 표현을 되살리면, 신화를 다루는 작업은 영영 종결될 수 없다.[33]

현재 논의의 맥락에서 신화는 규범들의 실재성이 까마득한 과거로 옮겨지는 방식으로 나타난다. 이 과정은 인간임의 모범을 창출함으로써 우리를 신화의 잠재적 제물로 만든다. 그 모범은 새로운 행위 선택지들 — 혁신적 가능성들 — 의 생산을 방해함으로써 현재 행위에 영향을 미친다. 그러므로 호메로스가 묘사한 모든 신, 힌두교의 신계(神界), 또는 가톨릭의 성인 숭배만 신화적인 것이 아니라, 인간은 원시림과 사바나에서 수천 년에 걸쳐 빚어졌기 때문에 신경 과학적으로 보증된 예측과 게임 이론적 예측의 대상이 되도록 예정되어 있다는 고인류학의 이야기도 신화적이다. 인간의 행위 형태를 어떤 과거에 — 〈과학적으로〉 보증된 과거라 할지라도 — 기초를 둔 것으로 간주하는 사람은 원시적으로 생각하는 것이다. 원시적인 생각하기는 희랍의 신들에 이르러 몰락하지 않았다. 그 생각하기는 인간을 문화적 유인원으로 보는 새로운 신화의 형태로 우리에게 들러붙는다. 이 신화의 유용한 기능은 인간이 상상된 〈인간 공원〉에서 탈출하지 못하도록 저지하는 것이다.[34]

신화와 달리 **이데올로기**는 사회 경제적으로 가치 있는 자원들의 비대칭적 기존 분배를 정당화하는 생각 구조물이다. 이 정당화를 위해 이데올로기는 그 비대칭성의 생산 및 재생산에 참여하는 행위자들의 주의(注意)를 바로 그 생산 및 재생산이 아닌 딴 곳으로 돌린다.[35] 이때 이데올로기적인 생각하기는 신화적 하부 구조를 즐겨 사용한다. 왜냐하면 원시적인 생각하기는 특유의 타율성 때문에 달리 생각하면 명백한 현재의 문제를 호도하기에 특히 적합하기 때문이다. 이데올로기는 철학의 문 앞에서 멈추지 않는다. 철학적으로 중요한 이데올로기의 한 예는 우리가 2부에서 비판한 갖가지 형태의 정신 허구주의다. 정신 허구주의는 우리의 개념적 능력을 인지로 간주하는 자화상을 그리는데, 이 인지라는 전문 용어는, 왜곡된 — 대개 〈뇌〉로, 또는 중추 신경계 안에서도 경계가 더 명확한 하위 시스템으로, 또는 인간 전체의 다른 하위 시스템으로 환원된 — 인간의 자화상을 우리가 실제로 무엇인가에 관한 온전한 진실로 팔아먹는 데 기여한다. 통상적인 신경 철학의 부분 전체론적 추론 오류들은 우리가 규범성을 조종할 때 수단으로 삼는 언어의 복잡성을 〈의식〉이나 〈인지〉 같은 유형의 열쇳말 몇 개로 환원함으로써, 행위를 서술하는 우리 어휘의 진실 조건을 위조한다.[36] **허구**라는 개념은 인간에 관한 그런 객체 수준의 (그 정체가 이데올로기적 이야기들임이 드러나는) 이야기들을 밀어내고 그 자리에 들어선다. 이 대체는 우리가 모든 감각적 개별 에피소드를 넘어서 있음을, 곧 우리의 생각하기 감각을 규명할 수 있게 해준다. 인간은 어떤 주어진 그림imago을 기준으로 측정되는 것이 아니라(그 그림을 아무리 〈과학적으로〉 입증된 것으로 여기더라도) 그의 자화상 그리기 능력을 기준으로 측정된다.

16장에서는 소셜 네트워크의 개념이 도입된다. 이는 우리가 〈소셜 네트워크〉라고 부르는, 우리의 정보권 내 디지털 시스템은 연결망을 이룬 행위자들의 행위 놀이 공간을 체계적으로 제한하는 기능을 한다는 주장을 펼치기 위해서다. 개인들이 자신의 자화상을 우리의 자기 모형을 공개적으로 전시하는 플랫폼에 내놓음으로써 이루는 자기 객체화는 개인들의 미래 행동이 예측 가능해지는 결과로 이어진다. 그런데 그 이유는 인간이 투명해서가 아니라 오히려 그 플랫폼의 구조(곧 사용자 인터페이스)로 인해 그 플랫폼이 특정한 자화상들을 선호해서다. 소셜 네트워크의 정보 공급 구조, 뉴스 영역과 광고 영역의 구분, (완곡한 표현으로) 보안 설정(이라고 불리는 것), 그야말로 무한히 증가하는 그림과 짧은 동영상 등은 일정한 틀을 만들어 내고, 그 틀 안에서는 오로지 특정한 견해들만 가능하다. 그리하여 우리는 예측 가능해지고, 정보권의 역사화를 가능케 할 디지털 혁명이 일어나지 않는 한, 예측 가능한 상태로 머무를 것이다. 정보권의 역사화가 구체적으로 의미하는 바는, 기업의 물질적 토대의 변경을 옹호하는 것이다. 이 경제적 역동, 곧 기업의 물질적 토대의 변경은 현재 신화적으로 또 이데올로기적으로 위장된 독점 형성을 통해 억제되고 있다.

독점 형성은 항상 기존의 사회 경제적 상태를 공고히 하는 데 기여한다. 소셜 네트워크의 경우에, 독점 형성은 인간의 자화상 그리기 능력에 아주 깊이 개입한다. 그리하여 심지어 학문적 담론조차도 우리 시대에는 소셜 네트워크에서의 자기 전시를 본받는다. 학문적 성과와 더불어 특히 〈게시물〉과 〈파워포인트 발표〉가 중시된다. 이것들은 잘 프로그래밍하고 선별한 그림들을 통해 복잡성을 가장한다. 그렇게 개념의 이미지가 개념을 밀어낸다. 시각적 발표가 의도하는 바는, 그 발표의 선별 메커니즘이 청중의 자발적인 시각화 활동을 통해 다시 숙고되는 것이다. 그런데 이것은 〈학문적〉 성공의 전략들을 뒷받침하기는 하겠지만, 진실을 발견하는 데는 기껏해야 우연적으로 기여한다. 이런 격식들로 인하여 소셜 네트워크의 존재론은 학문적 담론에서도 어디에나 존재하며 인터넷이라는 가상적 차원에 국한되지 않는다.

마지막으로 17장에서는 소셜 네트워크의 존재론에 맞서 정신의 공론장이라는 유토피아가 선포될 것이다. 의식의 환상적 디지털화를 밀어내고, 우리의 자화상 그리기 능력 그 자체를 가치의 원천으로 삼는 시나리오가 들어설 것이다. 우리의 자기 규정 능력은 형식적인 같음을 추구하는 (우리가 정신적 생물이라는 사정을 고려하는) 공론장의 토대다. 정신적 생물은, 자기가 누구인지에 관한 그릇된 견해로 인해 그릇된 삶을 살 수 있는 그런 생물이다. 우리가 심각하게 현혹되어 있을 때조차도 우리는 우리 자신을 규정한다. 자유를 성공적으로 떨쳐 낼 길은 없다. 하지만 자유가 심각하게 손상되어, 스스로 의도하거나 의도하지 않은 방식으로 거짓에 예속된 당사자가 그 예속에 대한 자신의 암묵적 선입견에 오랫동안 명시적으로 접근할 수 없는 일은 충분히 벌어질 수 있다.

그리하여 이 책에서 채택한 철학적 방법론은 결국 분석적으로 더 깊이 파고드는 이데올로기 비판이라는 점이 드러난다. 그 비판에 선행하는 것은 공론장의 구조를 존재론적으로 탐구하는 작업이었다. 이런 맥락에서 내려지는 핵심 진단은, 모든 탐구의 출발점을 이루는 현상으로서의 인간 정신이 인간 정신에 의해 스스로 반박되는 것은 늘 극복해야 할 위기 현상이라는 점이다. 그런 자기 반박의 주요 원천 하나는 허구와 실재 사이의 경계가 존재론적으로 부당하게 흐릿해진 덕분에 성립한다.

꾸며 낸 대상들이 지표를 통해 정박된 우리의 실재에 (간접적으로) 인과적으로 끼어든다는 점을 인정할 때만 그 경계가 명확해진다는 사실은 겉보기에만 역설적이다. 왜냐하면 근본적으로 인간은 자신이 처한 모든 각각의 상황을 넘어서기 때문이다. 초월을 거쳐 자기 자신을 발견하기 위하여 우리의 정신적 삶은 항상 허구라는 매체 안에서 움직인다.

12장
사회적 사실의 본성

사회 존재론은, 사회적 사실이 실존한다는 것은 정확히 어떤 의미인가, 라는 질문을 탐구한다. 사회적 사실과 다른 유형의 사실들은 어떻게 다를까? 그런데 (설Searle이 창시한) 사회 존재론의 주류는 자연주의적 선입견에 심각하게 짓눌려 있다. 무슨 말이냐면, 일반적으로 그 전통은 다음과 같은 **위치 설정 문제**에 골몰한다. 어떻게 사회적 사실들이 궁극적으로 혹은 근본적으로 비사회적인 실재, 곧 자연에 들어맞을까? 이런 틀 안에서 자연은 우리의 관여 없이 현존하는 놈으로 상정된다. 반면에 사회적인 것은 아리스토텔레스의 기술τέχνη 모형에 따라 인공물로 간주된다. 요컨대 현재의 사회 존재론은, (객관적) 정신을 이루는 형이상학적으로 환원 불가능한 요소들이 있느냐, 라는 질문의 한 변형 덕분에 성립한다.

바로 이것이 어느새 정설로 자리 잡았으나 오류를 유발하는 견해, 곧 사회적인 것은 구성된 것이라는 견해의 출발점이다. 비교적 최근의 주요 옹호자들만 꼽아도 설, 버틀러, 해슬랭어 등의 매우 다양한 이론가들이 이 견해에 동의한다.[37] 이런 상황은 영향력이 큰 설의 프로젝트 때문에 더 악화되고 있다. 설에 따르면, 그 프로젝트의 과제는 〈이 시대 철학의 근본 질문〉에 답하는 것이다. 설은 그 문제를 다음과 같이 규정한다.

> 물리적으로, 화학적으로, 또 나머지 기초 학문들의 관점
> 에서 서술된 세계에 관한 모종의 견해를, 우리가 인간으로서
> 의 우리 자신에 관하여 알거나 안다고 믿는 바와 조화시키는
> 것이 (아무튼 가능하다면) 어떻게 가능할까? 우주가 오로지
> 역장(力場)들 안의 물리적 입자들로만 이루어졌다면 의식, 지
> 향성, 의지의 자유, 언어, 사회, 윤리, 미학, 정치적 의무 같은
> 것이 어떻게 실존할 수 있을까?[38]

잘 알려져 있듯이, 설의 대답은 진짜로 사회적인 사실들이 있
다는 것이다. 이때 사회적 사실이란 무언가가 실은 무언가가 아닌
데도 무언가로 통할 수 있다는 것이라고 설은 말한다. 자연적 대상
혹은 사실=x는 특정한 맥락 안에서 범주적으로 다른 무언가=y로
통한다.[39] 이것저것이 인쇄된 종이가 특정한 경제의 틀 안에서 돈
으로 통한다. 사람이 이름의 보유자로, (헌법 같은) 텍스트가 사회
의 규범적 설계도로 통한다. 이 밖에도 얼마든지 예를 들 수 있을
것이다.

이 접근법의 첫 번째 중대한 문제는 그 안에서 x가 y로 통하는
맥락 C가 그 자체로 이미 사회적이어야 한다는 점이다. x가 y로 통
해야 한다는 구성 규칙이 성립하려면, 그 규칙을 성립하게 하는 제
도가(이를테면 중앙은행) 있어야 한다. 따라서 이런 질문이 제기된
다. 사회적인 것을 산출해야 할 제도 자체는 과연 어떻게 산출될
까? 그리하여 역진이 발생하는데, 설은 언어를 근원 제도Urinstitution
로 간주함으로써, 즉 언어를 다른 모든 사회적인 것의 조건이며 그
자신은 조건으로서의 제도 아래 놓이지 않은 사회적인 것으로 간

주함으로써 그 역진을 막는다.[40]

이런 식으로 설은 언어를 자연화할 수밖에 없는 처지에 놓이는데, 그는 언어를 지향성에 정박함으로써 그 자연화 과제를 또 다른 정당화 영역으로 옮긴다. 그리고 그는 지향성을 자연화하는 것은 명백히 가능하다고, 왜냐하면 지향성은 어떤 뇌 구역의 활동과 동일하기 때문이라고 주장한다.[41] 자연화된 지향성이라는 허구를 언어의 자연적 조건으로 상정함으로써 설은 형이상학적 정당화 피라미드를 건설하는 셈이다. 그 피라미드의 자연적 토대는 의식을 산출하는 신경 과정들이라고 설은 주장한다.

그러나 설이 간과하는 바는, 인간에서 신경 조직의 형성은 이미 부분적으로 사회적 산물이라는 점, 왜냐하면 그 형성은 자궁 안에서 일어나고 어머니의 행동(음식 섭취, 신체 동작 패턴 등)과 인과적으로 연결되어 있기 때문이라는 점이다.[42] 또한 신생아는 오직 사회적 맥락들 안에서만 뇌 구조들을 형성하며, 그 맥락들은 기존의 오랜 사회적 관례화 역사와 인과적으로 (행동 조종을 통해) 연결되어 있다는 점은 따로 말할 필요도 없을 것이다. 따라서 의식 있는 정신적 사회적 생물인 우리 종의 신경 구조는 〈그냥 엄연한 사실 brute fact〉, 곧 순전히 자연적인 사실이며 그 사실로부터 우선 정신적 사실들이 창발하고 결국 사회적 사실들도 창발한다는 견해는 옳지 않다. 인간 생물에서 신경 조직은 정원의 잡초처럼 성장하는 것이 아니라 인간의 생존꼴을 사회적으로 재생산하기 위한 조건들 아래에서 성장한다. 따라서 사회적이지 않으며 그런 의미에서 자연적이라고들 하는, 사회적 사실들의 창발의 토대는 이미 대부분 사회적으로 생산된 것이며 그렇기 때문에 역진을 막아야 한다는 존재론적 요구에 부응할 수 없다.

인간 유기체는 사회적 생산물이다. 인간은 나무처럼 성장하는 것이 아니라, 매우 특별한 조건들 아래에서 성장한다. 그리고 그 조건들은 타인들을 포함한다. 누군가가 아무튼 인간이라면, 그의 발생은 타인들이, 또 타인들의 사회적 관계들이 관여한 결과다.[43] 이 대목에 어울리는 아리스토텔레스의 간결한 문구를 인용하겠다. 〈인간이 인간을 낳는다ἄνθρωπος ἄνθρωπον γεννᾷ.〉[44] 인간의 몸은 사회적 생산물이므로, 사회적 사실들을 〈그냥 엄연한 사실들〉에 기반을 둔 창발적 현상으로 환원하려는 시도는, 당장 사회적인 것을 사회적이지 않은 방식으로 존재론적으로 떠받쳐야 할 이른바 〈그냥 엄연한 사실들〉이 아예 없다는 점에서, 실패로 돌아간다.

그렇다고 해서 자연종들(예컨대 보존들, 초신성들 등)에 관한 사실들이라는 의미의 자연적 비사회적 사실들이 없다는 뜻은 전혀 아니다. 위 서술의 취지는 단지 설의 사회 존재론이 스스로 의도하는 바를 성취하지 못한다는 점을 지적하는 것뿐이다. 의식을 아직 전혀 사회적이지 않은 무언가로 환원할 수도 없고, (서술적 기능을 하는) 언어를 사회적인 것의 출발점으로 삼을 수도 없다. 왜냐하면 언어가 없더라도 사회적 사실들은 존재하기 때문이다. 그런 사회적 사실들은 언어 이전의 사회성에 정박해 있다.

이 책에서 옹호하는 사회 실재론은 이런 연유로, 사회적 사실이란 맥락 K 안에서 x가 y로 통한다는 것이다, 라는 공식을 배척한다. 왜냐하면 맥락 K가 이미 사회적이며, 따라서 이 분석 시도는 악순환에 빠지든지 아니면 합리적으로, 곧 이론적으로 통제된 방식으로 종결할 수 없는 역진에 빠져 실패하기 때문이다. 이로써 설의 대답이 띤 논리적 형식은 논의에서 배제되었지만, 사회 존재론의 과제는 여전히 논의해야 할 사안이다.

말을 배우는 사람은 이미, 문법화된 행동 패턴 곧 공적으로 알아챌 수 있는 행동 패턴을 나타내는 공동체의 일원이다. 다양한 개인들은 그 패턴을 기준으로 방향을 잡을 수 있다. 말을 배우는 누군가가 관찰하는 인간의 행동은, 행동의 본보기가 될 수 있는 방식으로 관습화되어 있다. 규칙을 따르는 사람은 우선 한 모범을 따른다. 요컨대 언어 습득은 부분적으로 선(先)언어적인 사회성에 기반을 둔다. 왜냐하면 한 언어 안에 도입되는 것들은 이미 한 사회적 구조에 속해 있는 것들이기 때문이다. **언어는 사회의 계통 발생적 토대가 아니며 존재론적 토대는 더더욱 아니다.**

이미 실존하는 언어 공동체가 새로 태어난 구성원들에게 행동으로 보여 주는 바는 가시적 규범성이다. 그 규범성 보여 주기는 젖먹이들의 시선 인도, 일상의 규칙화(이를테면 모든 부모가 익히 아는, 수면 습관 가르치기) 등을 포함하며, 따라서 기초적인 생존 수준에서의 자극 제공 조절을 포함한다. 그리고 이 조절은 새로 태어난 유기체의 발달 및 구조 형성에 영향을 미친다. 젖먹이가 성인으로 태어나지 않는다는 엄연한 사정은 젖먹이가 생태 보금자리에 깃드는 일이 원리적으로 사회적 조건들 없이는 일어나지 않음을 의미한다.

인간 동물로서의 인간은 사회적 생산물이지, 마치 잡초처럼 인간 집단 안에서 우연히 발생하는 선사회적 성장물이 아니다. 달리 표현하면, 인간의 중추 신경계도, 따라서 (의식의 신경 상관자는 아직 식별되지 않았지만 아무튼 있다는 가정하에 말하면) 의식의 신경 상관자도 실제로 사회적 생산물이다. 사회적 조건 아래에서 실존하게 되지 않은 누군가가 의식을 가졌던 일은 아직 한 번도 없었다. 신경 조직은 자발적으로 생겨나지 않으며 유기체로부터 독립적으로 생겨나는 것은 더더욱 아니다. 그리고 유기체가 신경 조직만으로 이루어졌냐 하면, 전혀 그렇지 않다.[45]

사회 존재론에서 인정(認定)Anerkennung 패러다임은, 사회적 사실이 담론적 실행을 통해 산출된다는 것, 그리고 그 실행이 사회적 사실의 성립을 재현함으로써 구성한다는 것을 출발점으로 삼는다. 그렇다면 아무도 그것의 성립을 믿지 않는 사회적 사실은 있을 수 없다. 물론 사람들은 주어진 사회적 사실에 관하여 참인 견해와 거짓인 견해를 품을 수 있다(즉 설의 표현을 빌리면, 사회적 사실은 〈인식적으로 객관적이다〉). 하지만 사회적 사실의 성립은 궁극적으로 〈존재론적으로 주관적이다〉. 왜냐하면 사회적 사실에 대응하는, 다수가 공유한 모종의 믿음이 없다면, 사회적 사실은 현존하지 않을 터이기 때문이다.[46] 그러므로 반실재론적 패러다임에 따르면, 인정이 없으면 사회적 사실은 인식될 수 없다. 왜냐하면 인정이 없으면 사회적 사실은 실존하지조차 않기 때문이다.

반면에 자연적 사실은 우리의 인정 조건들을 뛰어넘는다. 우주의 구조 때문에 정해진 우리의 경험적 한계들로 인해 우리가 원리적으로 인식할 수 없고 인정할 수는 더더욱 없는 자연적 사실들이 있음을 우리가 선험적으로 배제할 수 없다는 점은 자연적 사실의 개념에 포함되어 있으니까 말이다. 자연 과학들은 그것들의 대상 영역(우주)의 존재론 때문에 본질적으로 오류 가능하다. 이 결론은 자연 과학들의 방법에서가 아니라 실사(實事) 자체에서 귀결된다.[47]

설이 제시한 버전의 사회 구성주의는, 어떤 사회적 사실이든지 논리적 서술의 형식으로 그것과 관련 맺는(그것을 지칭하는) 사람이 없으면 성립하지 않을 터라고 본다는 점에서 반실재론적이다. 이 사회 구성주의에 따르면, 사회적 사실의 성립과 서술되어 있음은 존재론적으로 일치한다.[48]

돈의 유효성Geltung 구조에 비추어 사회 구성주의를 설명하는 설의 행마는 필시 부당하게 단순화된 〈마르크스주의적〉 사용 가치와 교환 가치의 구분 모형에 기초를 둔다. 설에 따르면, 자연적 대상의 사용 가치에 교환 가치가 추가로 기입(記入)될 때(또한 사용 가치가 교환 가치를 지배하지 못할 때), 사회적인 것이 시작된다. 설이 즐겨 드는 예가 지폐의 교환 가치라는 점은 놀랍지 않다. 지폐는 지폐와 교환할 수 있는 사용 대상들과, 한눈에 굽어볼 수 없을 만큼 복잡한 재현 관련을 맺고 있다. 그 재현 관련Repräsentationsbeziehung은 모사가 아니며, 지폐를 일종의 진술로 취급하는 진실 함수는 더더욱 아니다. 오히려 설의 모형에서 그 재현 관련은 일종의 유효성이다. 지폐는 빌려 온 집단적 지향성을 지닌다. 지폐는 오로지 지폐의 유효성에 대한 인정을 통해서만, 지폐와 교환할 수 있는 자연적 대상들 및 인공물들과 관련 맺는다. 설에게 돈은 객체화된 유효성이다.

설의 이론에서 사회적인 것의 유효성은 자연 과정의 익명성과 존재론적으로 결별한다. 그리하여 이런 문제가 제기된다. 어떤 조건들 아래에서 무릇 사회적인 것이 창발할 수 있을까? 설의 이론과 그를 계승한 철학적 사회 존재론 프로젝트들은 사회적인 것의 형이상학으로 자처한다. 그것들은 경험적 사회 과학들의 초경험적 기반을 규명한다고 자부한다. 사회적 사실과 비사회적 사실이 어떻게 구별되는지 밝혀짐에 따라, 경험적 사회 과학들은 그 구별을 통해 짜인 틀 안에서 움직이는 것을 과제로 부여받는다.

이런 식으로 〈급진 사회 구성주의〉로 불리는 과도한 사회 구성주의를 배척한다는 것이 설과 그를 계승한 학자들이 자부하는 바다.[49] 급진 구성주의의 끔찍한 위험은 사회적이지 않은 사실들의 현존을 부정하는 것에 있다. 그리하여 설의 사회 존재론에서는 사회 과학들의 대상 영역이 개념적으로, 곧 선험적으로 한정되고 자연 과학과 사회 과학 사이에 선명한 경계선이 그어진다. 그 경계선은 자연을 허가되지 않은 이론적 습격들로부터 보호할 수 있게 해준다.

그러나 이런 식으로 구성주의를 제한하는 것으로는 충분하지 않다. 무슨 말이냐면, 여기에서 사회 구성주의는 그 자체로 문제로 서 인식되지 않고 오히려 고유하게 할당된 영역에 국한된다. 그리 하여 막대한 구성주의적 잔재들의 퇴적이 일어난다. 최근 사례를 꼽자면, 그 잔재들은 대체로 설을 계승한 마우리치오 페라리스를 창발주의로 이끈다.[50]

창발주의에 따르면, 우주는 불투명한 익명의 상태들에서 출발 하여 어느 순간엔가 국지적으로, 정보 중심의 자기 조직화 형태들 로 이행하고, 더 나중에는 정신적이고 사회적인 것의 형태로 자신 을 명확히 표현한다. 페라리스가 보기에 사회적인 것의 기반은 거 래를 기록하기, 프리드리히 키틀러의 이론적 용어로 표현하면, 〈적 어 두기 시스템Aufschreibesystem〉[51]의 확립이다.

하지만 이렇게 되면 다음 질문이 제기된다. 일련의 창발들을 우주 안에 위치시키는 것을 허용할 만한 형이상학 혹은 자연 철학 은 과연 어떤 것일까? 통시적으로 창발한다는 우주의 층들은 공시 적으로 정확히 어떻게 서로 연관될까? 또한 그 층들을 범주적으로 가르는 경계선들이 적확하게 그어졌다는 것을 어떻게 보증할 수 있을까? 우주가 일련의 창발 도약을 거친다는 것을 선험적으로 통 찰할 길은 아마도 없을 성싶다. 아무튼 창발 도약들이 있다면, 그것 들은 적절한 방법들로만 확인될 것이다. 그런데 그 적절한 방법들 은 어떤 것들일까?

자연 과학들의 형이상학과 자연 철학이 없으면, 생명과 정신 과 사회성이 이것들 각각과 범주적으로 다른 무언가로부터 창발한 것이 틀림없다는 막연한 추측은 철학적으로도, 다른 학문적 방식 으로도 진위가 판별될 수 없다. 창발주의는, 우주를 기본적으로 정신에 적대적인 장소로, 익명의 과정들이 일어나는 장소로 보는 형이상학을 배경에 깔 때 설득력을 발휘하는 현대의 신화다. 그런 우주 안에서 사람들은 존재론적으로 다루기 어려운 놈을 위한 자리를 나중에 돌이켜 비로소 발견해야 한다.

이처럼 창발주의는 자연 철학을 전제하면서도 그 자연 철학을 제시하지 않는다는 문제를 지녔다. 하지만 이 문제는 제쳐 두더라도, 더 중대한 반론이 있다. 그 반론에 따르면, 사회 구성주의 자체가 부정합적이며 따라서 창발주의는 사회적인 것의 허구를 부당하게 사회적인 것의 본질로 간주하기 위해 근거도 없고 필요도 없는 과정을 상정한다. 애당초 사회 구성주의를 제한하는 시도가 성공적이기는 어렵다. 사회 구성주의에 새끼손가락을 내주면, 사회 구성주의는 곧바로 손 전체를 가지려 든다. 사회적인 것이, 따라서 모든 형태의 언어적 규범성이 사회적으로 구성된다는 것을 인정하면, 곧바로 〈자연〉이라는 표현의 의미도 (또 자연적인 것을 지칭하는 다른 표현들, 예컨대 애초의 가정에 따라 〈페르미온〉, 〈보존〉, 〈분자〉, 〈빅뱅〉, 〈초신성〉, 〈신피질〉 등의 의미도) 인정과 결부된다. 〈자연〉이라는 표현은, 한 언어 공동체가 자기네에게 자연적이라고 통하는 x를 가리키기 위해 〈자연〉이라는 단어 표시를 사용하는 한에서만, 설이나 페라리스가 보기에 그 표현이 의미해야 할 바를 의미한다. 요컨대 자연적인 것이라는 인식 가능한 지위가 담론적 실행을 통해 부여되고, 따라서 다층 구조 전체가 사회 구성주의적 상층부에 짓눌려 붕괴할 위험에 처한다.

이런 틀 안에서 로티는 올바르게도 언어적 지칭의 사회성을 논증의 출발점으로 삼는다. 그는 그 출발점으로부터 진실로 나아가고, 이어서 순전히 자연적이라고들 하는 우주의 사실 구조로 나아간다.[52] 사회적인 것이 (또한 따라서 언어가) 구성된 것이라면, 언어적 지칭도 마찬가지고 따라서 자연 과학적 이론의 존재론적 책무들도 마찬가지다. 〈전자〉의 의미가 사회적으로 구성된 것이라면, 전자는 구성된 것이 아니라는 견해를 더는 유지할 수 없다. 왜냐하면 우리가 전자의(혹은 한층 더 사변적인 이론적 상정물의) 존재를 확신한다고 다짐할 때 짊어지는 책무들은 언어로 발설되기 때문이다. 따라서 어떻게 우리 견해들을, 결국 우리를 언어로부터 독립적인 놈들과 직접 연결하는 견해와 그렇지 않은 견해로 구분할 것인지가 불분명하다.[53]

의미장 존재론의 틀 안에서 보면, 통상적인 사회 존재론의 설정은 당연히 애초부터 존재론적 오류다. 그 오류를 나중에 만족스럽게 수정할 길은 없다. 그 존재론적 오류는, 자연 과학의 대상 영역으로서의 우주를 **형이상학적으로** 특권화하고 다른 모든 의미장을 기껏해야 창발적 시스템들로 서술하는 것에 있다. 자연 과학적으로 연구할 수 있는 우주를 존재자 전체로 부풀리면, 자연 과학적 모형으로 그 행동을 예측할 수 없는 놈들이 들어설 공간은 결국 자연스럽게 사라진다. 이것은 주어진 의미장 하나를 터무니없이 과도하게 일반화하는 형이상학적 오류의 전형이다. 무릇 있는 모든 것이 물리학의 의미장 안에서 등장한다는 결론은 현대 물리학에서 도출되지 않는다. 예컨대 독일 연방 의원 선거는 기본 입자들로 이루어졌으며 따라서 빅뱅 〈시점〉에 〈원리적으로〉 이미 정해졌다고 여기는 사람은 너무나 많은 터무니없음의 수렁에 빠져 있는 것이다. 그를 신속하게 건져 낼 가망은 없다.

물론 설은 사회적인 것을 규범적인 것으로 간주함으로써 이 모형의 몇몇 과도한 부분을 우회한다. 사회적인 것은 유효성이고, 그 유효성은 인과적으로 닫혀 있으며 순전히 물리적으로 서술 가능한 우주에 개입하지 않는다. 그러니 논의를 되돌려 다른 지점에서 새로 시작하자. 이는 사회적인 것의 본성을 다른 관점에서 재구성하기 위해서다.

사실Tatsache이란 무언가에 관하여 진실인 무언가다. 그리고 **진실**Wahrheit이란 무언가가 무언가에 들어맞는다는 것이다. 들어맞음 Zutreffen과 진실임wahr sein은 동일하다. 이 제안에 따르면, 진실을 진술의 진실로(명제의 참으로) 유의미하게 환원할 길은 없다. 내가 보기에 이 환원은 현재 주류 진실 이론의 첫째 거짓말이다. 진술의 진실은 진실의 **한** 사례다. 진술은 들어맞을 수 있다. 진술이 들어맞는다면, 그것은 대응하는 사실(존재적 진실)이 성립하기 때문이다. 이 모형에 따르면, 진실인 진술이 분배되는 세 개의 존재론적 층을 구분할 수 있다.

첫째 층에는 대상들이 있다. 그 대상들은, 둘째, 본질적으로 의미장들 안에서 나타난다. 따라서 사실 구조(곧 존재적 진실)가 형성된다. 의미장 안에서 무언가가 의미장 안의 대상들에 들어맞는다. 왜냐하면 대상들을 의미장에 배정하는 배치 함수가 있으니까 말이다. 이것저것이 사실이라는 취지의 진술은 의미장 안의 대상들에 관한 것이다. 사정이 진술이 묘사한 대로라면, 진술은 진실이다. 그 진술은 들어맞는다. 즉, 진술의 진실이 있다.

진술이 들어맞는지 여부는, 원리적으로 진술 실행에만 달려 있을 수 없다. 진실에 관한 질문과 고유하게 맞물린 진술 실행을 **진실로 여기기**라고 부르자. 진실로 여기기가 들어맞기 위한 잣대는 해당 사실이다. 사실은 진술 진실의 규범이다. 왜냐하면 사실은 주어진 진술을 옳은 판단의 영역이나 그른 판단의 영역에 위치시키기 때문이다. 우리의 판단들을 성공한 판단과 실패한 판단으로 구별하는 놈으로서의 실재가 규범을 세운다. 판단하는 놈이 판단에 내재하는 어떤 규범에 자신을 맞추는 식으로 작동하는 추가적인 규범성은 필요치 않다. 언어 바깥에 사실들이 있고 그것들 덕분에 비로소 우리가 판단한다는 점을 고려하지 않는다면, 기술적으로 능숙하게 판단 행위를 반성하거나 진술 형식을 논리적으로 분석하더라도 규범성을 재구성할 수 없다.

진술은 문장 p를 주장하며, 진술을 실행하는 사람은 p가 옳다고 여긴다. 그런데 무언가를 진실로 여기려면 한 사실을 창출할 수밖에 없다. 그 사실은 다름 아니라 바로 그 진실로 여기기라는 사실이다. 따라서 한 진술을 다루는 진술의 관점에서 보면, 그 진술은 한 사실이다. 무슨 말이냐면, 그 진술은 누군가가 p라고 주장한다는 사실이다. 이때 실제로 p인지 여부는 전혀 중요하지 않다. 누군가가 진실을 거짓으로 여기거나 거짓을 진실로 여기더라도, 그는 사실에서 벗어난 것이 아니다. 오히려 그는 새로운 사실을, 곧 믿음 사실doxastische Tatsache을 창출한 것이다.

이로써 우리는 사회적 사실들이라는 수수께끼의 원천에 도달한다. 사회적 사실은 다름 아니라 우리가 우리의 진실로 여기기를 통해 **창출하는** 사실인 듯하다. 이 견해에 따르면, 진실로 여기기 자체가 대표적인 사회적 사실이다. 왜냐하면 진실로 여기기의 본질은 주장하기를 통하여 새로운 유형의 사실을 창출하기이기 때문이다.

진실로 여기기가 창출하는 그 새로운 유형의 사실은 의견 불일치를 통해 규범화되어 있어야 한다는 점에서 사회적이다. 이 모형에 따르면, 비사회적 사실은 우리가 그것을 정확히 어떻게 생각해야 하는지 지시하지 못한다. 왜냐하면 그 사실 자체는 지시하는 힘이 없기 때문이다. 특정한 방식으로 판단해야(진실로 여기기를 실행해야) 한다는 점은 수정의 여지가 없으면 절대로 의식될 수 없다. 그리고 진실로 여기기를 수정할 여지는 진실로 여겨질 수 있는 것 중 일부가 다른 일부보다 더 나쁠 때만 존재한다. 따라서 진실로 여기기가 존재적 진실을 통해 규범화된다는 점은 진실로 여기기 개념에 내재하는 조건이다. 진실인 진술은 (규범인 사실에 비춰 볼 때) 거짓인 진술보다 더 낫다.[54]

주장하는 진술은 진실이라는 규범 아래 놓인다. 진술들이 이런 식으로 규범화되어 있는 한에서, 진실과 거짓은 구별 가능해야 한다. 그런데 진실과 거짓은, 사람이 무언가를 진실로 여기면서 또한 동시에 동일한 관점에서 거짓으로 여길 수는 없기 때문에 무언가를 진실로 여긴다는 것만을 통해서는 구별될 수 없다. 무언가는 진실**이다**. 거짓인 판단은 오로지 비사회적 실재만을 통해서는 수정될 수 없다. 왜냐하면 수정을 위해서는 거기에 비추어 거짓 판단을 수정할 참 판단이 추가로 필요하기 때문이다. 수정의 동기는 한 주체에서만 유래할 수 없다. 왜냐하면 판단하는 인간 주체는 이미 사회화되어 있기 때문이다. 판단 실행에 이르는 놈, 곧 살고 생존하는 놈은 이미 생물로서 사회적 맥락들 안에 내장되어 있다. 그 맥락들이 없으면 그놈은 유기체조차도 아닐 터이다.

진실을 길잡이로 삼으려 애쓰기는 진실로 여기기에 내재한다. 무언가를 진실로 여긴다는 것은, 자신이 진실을 길잡이로 삼았다고 확신한다는 뜻이다. 따라서 진실이 무엇이냐는 오로지 특정한 진실로 여기기를 통해서만 제시된다. 사람들은 문장 p를 진실로 여김으로써 다른 것을 배제한다. p와 양립할 수 없는 것들, 특히 p 아님은 단도직입적으로 배척된다. 그런데 단순히 진실을 길잡이로 삼음으로써 성공적인 판단 경로를 벗어나지 않을 수 있는 것은 아니다. 추론 관계들이 난해해지자마자, 기존 도출 관계들에 관한 추가적인 진실로 여기기가 필요해진다. 하지만 진실에 도달하려는 의도 없이 진실로 여기기라는 바늘귀를 통과할 수는 없다는 점은

매번 타당하다(이는 놀랄 일이 아니다).[55]

논리적이고 사적인 방식으로 자기를 수정할 수는 없다. 이는 비트겐슈타인의 사적 언어 논증을 둘러싼 토론에서 도출해야 할 최소한의 통찰이다.[56] 개별적인 진실로 여기기는 그 자체로서는 개선될 수 없다. 물론 문장 p를 진실로 여기기를 p 아님을 진실로 여기기로 교체할 수 있지만(대표적인 경우를 들면, 왜냐하면 q이고 q로부터 p 아님이 인식 가능하게 도출되기 때문에), 이 교체를 실행하라는 요구는 p를 진실로 여기기로부터 자연스럽게 발생하지 않는다. 무슨 말이냐면, p를 진실로 여기기는 자기가 진실을 길잡이로 삼았다는 견해를 품기를 포함한다. 진실이라는 규범은 진실로 여기기에 본래적으로 내재한다. 바꿔 말해, 진실이라는 규범을 길잡이로 삼기와 성공적으로 진실을 향하기는 외연이 다를 수 있다. 만약에 그 양자가 외연이 같다면, 무언가는 이러저러하다고 우리가 생각함을 통하여 우리는 본질적으로 개선 능력을 보유할 터이다. 우리는 개선 능력을 보유하고 있는데, 왜냐하면 우리는 순차적으로 생각할 뿐 아니라 우리의 판단들은 서로 연결되어 있기 때문이다. 판단들의 연결은 우리가 무언가를 학습함에서 유래하고, 우리가 학습함은 우리가 어디에선가 수정되었음을, 전향되었음을, 곧 특정한 방향으로 인도되었음을 전제한다.[57]

여기에서 〈이성의 사회성〉[58] 개념, 곧 이성은 사회적이라는 생각이 유래한다. 우리는 앎 주장을 제기하는 놈으로서, 곧 진실로 여기기를 실행하기에 참여하는 놈으로서 본질적으로 수정 가능하다. 이 수정 가능성은 진실로 여기기 개념에서 유래하긴 하지만 타인들이 실제로 방향 전환을 권장한다는 점을 고려하지 않으면 충분히 설명될 수 없다. 타인들은 다른 것을 진실로 여긴다. 그리하여 무릇 모순(거슬러 말하기 Wider-Spruch)이 발생한다. 그러므로 모순

방지는 순수한 논리적 규범이 아니다. 바꿔 말해 청명하게 선험적인 규범이 아니다. 오로지 선(先)사회적인 진실로 여기기 개념만을 원천으로 삼으면, 오류의 **가능성**조차도 도출되지 않는다. 오류는 즉 모순은 타인들이 다르게 판단할 때 비로소 등장한다.

인간이 판단한다면, 그것은 선사회적인 진실로 여기기 개념이 실현된 사례가 아니다. 인간이 판단한다면, 인간은 생물로서 사회적으로 생산되었다는 점을 통해 이미 오래전에 조건화된 상태에서 판단한다. 심지어 우리의 감각들도 사회적 조율 과정들 덕분에 작동한다. 따라서 우리가 이를테면 선사회적 중추 신경계를 갖춘 채 태어나고 그다음에 그 중추 신경계에 주어진 사회 질서가 설치되어야 하는 것이 아니다. 그렇기 때문에 다른 생물들을 통한 사실적인 수정으로부터 격리된 〈순수한〉 진실로 여기기 개념은 논리적인 최대 사적 영역을 상상하는 오류를 유발한다. 물론 그런 것을 상상하는 사람들에게는 그 오류가 청명한 보편성을 마주하는 행복으로 느껴질 수도 있겠지만 말이다.

모순은 문제인데, 왜냐하면 우리와 모순되는 누군가가 지적하기를, 실재는 우리의 견해대로일 수 없다고 하기 때문이다. 그러나 우리는 실재가 우리의 견해대로라고 여긴다. 왜냐하면 우리는 실재가 그러하다는 것을 진실로 여기기 때문이다. 우리와 모순되는 사람은 우리가 판단함으로써 좋든 싫든 스스로 우리 자신에게 부과한 규범을 우리가 어겼다고 비난한다. 판단하는 사람, 곧 타인들이 거짓으로 여길 수 있는 무언가를 진실로 여기는 사람은 그렇게 여김으로써 이미 규범성의 공간 안에 놓인다. 그렇기 때문에 실재는 규범이다. 우리는, 미래에 우리 자신을 어떤 규범적 질서에 맞출 것인가, 라는 질문을 제기하기 전에 이미 우리 자신에게 그 규범(실재라는 규범)을 부과했기 때문에 그 규범에서 벗어날 수 없다.

우리와 모순되는 사람은 (역설에 빠지기 쉬운) 우리 자율의 핵심을, 곧 판단하기를 건드린다.[59] 우리가 거짓인 무언가를 진실로 여긴다는 사실을 모르면서 그렇게 여길 수 있다는 점에서, 판단하기는 역설에 빠지기 쉽다. 우리가 그르게 생각하면서 오직 수정됨을 통해서만 이를 알아채는 경우가 있을 수 있다. 우리의 판단은 그 판단 자체를 통해 수정될 수 없다. 언젠가 타인이 등장하여 우리로 하여금 우리가 착각하고 있을 가능성을 마주하게 만들었다. 또한 이 가능성은, 오로지 우리가 타인의 판단을 올바로 알아채야 함을 통해서만, 바꿔 말해 우리가 타인의 판단을 우리를 수정하는 무언가로 판단해야 하고 따라서 우리 자신의 판단하기가 자기 자신에 맞설 수 있어야 함을 통해서만 등록될 수 있다. 그렇다면 결국 우리는 타인의 판단을 계기로 삼아 우리 자신을 스스로 수정해야 한다. 누구도 우리에게 진로 수정을 강제할 수 없다. 판단할 때 우리는 한결같이 자유로우며 그렇기 때문에 영향을 받을 수 있다.

하지만 당신이 당신 자신을 스스로 수정할 수 없다는 뜻은 아니다. 다만 당신이 내리는 판단은, 당신이 그렇게 판단한다는 점에서 개선될 능력이 없다는 뜻이다. 왜냐하면 판단하기는 무언가를 진실로 여기기이므로, 당신이 판단할 때 그 무언가를 거짓으로 여기기는 실제로 배제되기 때문이다. 한 진실로 여기기가 거짓일 가능성이 누군가에게 언제라도 주목받으려면, 그 가능성이 타인으로부터 유래해야 한다. 왜냐하면 당신의 고유한 믿음들로 채워진 삶은 결국 판단들의 계열인데, 그 판단들의 잠재적 혹은 사실적 양립 불가능성은 타인이 우리에게 다른 방향을 가리킬 때 비로소 주목받기 때문이다. 이것은 인간 삶의 사실이지, 〈논리적 형식의 초월적 사정〉이 아니다. 한 판단은 다른 판단을 수정한다. 당신은 내면의 광장에서 이 사정을 자기 수정에 활용하는 법을 처음엔 타인들을 통해 배운다.

이제까지의 논의를 주장들의 형태로 요약하자. 그 논의의 취지는 이러하다.

1. 판단, 곧 무언가를 진실로 여기기는 규범적이다. 왜냐하면 판단은 진실이거나 거짓이고, 따라서 성공 사례들과 실패 사례들로 나뉠 수 있기 때문이다.

2. 판단이 진실이거나 거짓인 것은 맞지만 오류 가능하지는 않다. 판단은 착각하지 않는다. 누군가가 착각한다. 거짓임과 오류는 동일하지 않다.

3. 오류 가능성은 누군가가 개선 능력을 갖췄음을 의미한다. 개선 능력은, 타인들이 다르게 판단하며 우리를 수정함을 통하여 사회적으로 획득된다.

4. 자기 수정 능력은 사회적으로 획득되고 육성된다. 자기 수정 능력을 육성하는 길은 무한정 많은 사회적 하위 시스템들에서 통시적으로 또 공시적으로 다양하다.

판단의 자기 회귀Zu-sich-Kommen가 일어나는 초월적 역사는 없다. 우리의 자기 규정은, 또한 따라서 정신적 생물로서 우리의 자유는, 타인들이 다른 것을 진실로 여김으로써 우리에게 선험적으로는 가늠할 수 없는 양립 불가능성을 보여 줌을 통하여 작동하게 된다. 진로 수정에 필요한 실재 충격은 우리의 사적인 진실로 여기기에서 기원하는 것이 아니라 늘 가능하며 언젠가는 실재적인 상호 거짓으로 여기기에서 기원한다. 그 상호 거짓으로 여기기는 인간 사회 형성의 형식적 기반이다.[60]

사회적 사실들은, 타인들이 거짓으로 여길 수 있는 무언가를 우리가 진실로 여긴다는 사정에 기반을 둔다. 그 사정이 초래하는 결과는 우리가 명시화할 수 있는 규범들에 직면하는 것이다. 그리고 그 규범들은 그 자체로 가시적인 제도들로 구현된다. 규범적인 것의 첫째 공공성Öffentlichkeit은 우리의 생존꼴에 관한 자연적 사실들의 존립이다. 그 사실들이 없으면 사회적 사실들도 없을 터이다. 자연적 사실들은 사회적 사실들의 필요조건이지만 원리적으로 충분하지 않은 조건이다. 더 나아가 그 자연적 사실들의 부분 집합 하나만 사회적 사실들의 필요조건이다. 그런데 그 부분 집합이 실제로 어떤 것인지 정확히 댈 수는 없다. 왜냐하면 우리는 우주 전체를 초보적으로라도 굽어볼 수 있는 수준에 까마득히 못 미치기 때문이다. 페르미온들이 있다는 사실은 필시 사회적 사실들의 자연적 필요조건일 것이다. 그러나 그 자연적 사실은, 인간 생명의 유성 생식을 위한 자연적 필요조건들보다 덜 중요하다. 주어진 사회적 사실의 본질을 위한 자연적 필요조건들이 무엇인지는 선험적으로 판정할 수 없으며 따라서 사회 존재론에 기반을 두고 판정할 수도 없다.

사회적 사실들은 우리가 판단하기 때문에 성립한다. 우리가 판단한다면, 타인들은 다르게 판단하는 것이 원리적으로 가능하다. 그런 일이 일어나면, 우리는 일종의 엇갈림에 직면한다. 그 엇갈림은 사회적이며, 자연적 사실들로 환원될 수 없다. 타인들의 판단은 나의 유기체 안에서 일어나는 어떤 과정과 동일하지 않으며, 중시적 규모에서 영혼을 가진 타인의 몸으로 나타나는 기본 입자들이 있다는 사실과는 더더욱 동일하지 않다. 요컨대 판단하기의 공공성 기준Publizitätskriterium이 있으며, 그 기준의 기반은 우리가 개인들로서 사물들을 특정한 관점에서 지각한다는 사정이다. 이 사정은 다음과 같은 명제 p라고 판단할 동기다.[61] p = **우리의 판단하기는 사회적 근원 사실이다. 우리는 로고스를 가진 동물로서 사회적이다.**

명시적인 공동체 형성은 〈판단들의 일치〉[62]를 전제하며, 비트겐슈타인이 옳게 진술했듯이, 그 일치는 부분적으로 〈측정 결과들의 어떤 불변성을 통해〉[63] 규정된다. 〈이렇게 되면 논리가 무력화되는 듯하지만 실은 그렇지 않다.〉[64] 왜냐하면 논리는 생각하기와 판단의 규범성의 구조를 다루는 이론으로서, 논리가 어딘가에서 유한한 정신적 생물의 판단 실행과 관련 맺어야 한다는 점을 도외시하면, 어떤 구체적 형식도 가질 수 없고 따라서 어떤 내용도 가질 수 없기 때문이다. 논리가 〈순수하다〉 함은 논리를 적용할 가능성이 없다는 의미가 아니다. 그런 의미의 〈순수한〉 논리는 이해할 수 없는 수수께끼일 터이다.

우리는 저마다 다른 감각적 출발 상황을 가지기 때문에 타인들과 다르게 판단한다. 원리적으로 우리는 이 사정을 뛰어넘을 수 없으며 뛰어넘어야 하는 것도 아니다. 왜냐하면 판단은, 내가 그 판단을 내리기 위한 **나의** 조건들을 도외시함을 통하여 객관적인 것이 아니라, 내가 판단하는 놈으로서 공동체의 맥락 안에서 개선 능력을 갖췄기 때문에 객관적이다. 나의 믿음을 개선하기 위한 잣대는 사실들을 통해 주어진다. 나의 수정 조치는 타인들의 거짓으로 여기기에서 유래한다. 사람들은 원래 오로지 존립하는 의견 불일치 때문에 수정된다. 이 사정의 궁극적 원인은, 자연의 편이 아니라 인간의 사회성의 편에 놓여 있는 사실들이 있다는 점이다.[65] 따라서 비인간적 실재에 비추어 실행되는 자기 수정은 계통 발생적이며 개체 발생적일 뿐 아니라 타인의 수정과 비교할 때 부차적이다. 타인들이 우리를 이미 다른 방향으로 이끌었을 때 우리는 우리 자신을 수정하는 법을 배운다. 당연한 말이지만, 이 사정은 오직 우리가 정신적 생물로 (이미 판단하는 생물로) 태어나기 때문에 우리에게 적용된다. 따라서 진실로 여기기는 우리의 생존꼴에 속해야 한다.

왜냐하면 그렇지 않다면 우리의 생존꼴은 역사적으로 가변적인 삶꼴로 승화할 수 없을 터이기 때문이다.

누군가가 p를 진실로 여기는데 어떤 타인이 거짓으로 여길 경우, 무엇보다도 먼저 제기되는 질문은 이것이다. p일까, 아니면 p 아님일까? 이처럼 사람들이 진실로 여기는 무언가가 거짓일 수도 있다는 생각은 의견 불일치의 실재성에서 유래한다.[66] 이때 진실성 개념은 충돌을 해소하는 역할을 한다. 이 역할을 기반으로 삼아 칸트는 이미 『순수 이성 비판』가운데 2장 순수 이성의 규준Kanon 3절 〈견해, 앎, 믿음에 관하여〉에서 까다로운 삼각법Triangulation 개념을 제시했다. 칸트가 보기에 판단의 〈사(私)적 타당성Privatgültigkeit〉이란, 〈단지 주체 안에 놓여 있을 뿐인 판단 근거가 객관적이라고 간주되는 것이다〉.[67] 이런 〈진실로 여기기는 소통될 수 없다〉.[68] 왜냐하면 이런 진실로 여기기는 단지 누군가가 p를 진실로 여긴다는 것이 전부이기 때문이다. 상황 개선의 첫걸음은, 다르게 판단하는 〈타인의 이성〉[69]이 추가로 등장하는 것이다. 하지만 둘째 걸음에서 〈판단의 진실성〉이 〈시금석〉으로서 추가로 가담한다. 왜냐하면 칸트에 따르면 〈진실인 판단들은 공통의 근거 곧 객체에 기반을 두기〉 때문이다. 〈따라서 진실인 판단들은 객체와 일치한다.〉[70]

그러나 진실성은 객체와의 일치에 기반을 둔다. 따라서 모든 지성 각각의 판단들은 객체에 비춰 볼 때 일치해야 한다 (제3자와 동의하는 두 사람은 서로 동의하는 것이다consentientia uni tertio, consentiunt inter se).[71]

그렇다면 (〈생각하기를 생각하기〉를 매체로 삼아) 자기를 주제화하는 객관성은 본질적으로 사회적이다. 우리는 착각할 수도 있음을 통해서만 생각을 파악할 수 있다. 왜냐하면 우리는 견해들의 충돌을 거쳐서, p이거나 아니면 p 아님인 상황, 곧 원리적으로 판정이 가능해야 하는 상황에 직면하기 때문이다.

인간 사회성의 본성은 의견 불일치, 곧 엇갈림에 기반을 둔다. 여기에서 엇갈림의 핵심은, 우리 자신이 감각을 갖춘 생물로서 속한 상황 안에서 실제로 차지한 위치로부터 유래하는 한 관점에서 우리가 판단한다는 점이다. 의견 불일치는 정신적이거나 언어적인, 또는 정치적인 (합의를 조성하는) 사회 계약의 탓으로 돌릴 수 없고 그럴 필요도 없다. 의견 조정만으로 합의에 도달할 수 있느냐 하면, 전혀 그럴 수 없다. 왜냐하면 칸트가 옳게 서술하듯이, 합의를 위해 필요한 일치의 공통 초점은, 그것에 관하여 무언가가 진실인 대상이기 때문이다. 객관성은 사회의 인식론적 기반이자 존재론적 기반이며 따라서 극복할 수 없게 실재에 정박되어 있다.

당연한 말이지만, 사회 구성원들은 항상 이미 사회적 동물들이다. 왜냐하면 인간들은 계통 발생의 매우 이른 단계에, 또한 통상적인 번식 활동에서 이미 사회적 맥락들 안에 내장되어 있기 때문이다. 그 맥락들이 없으면 인간들은 살 수도 없고 생존할 수도 없을 터이다. 심지어 (현상적) 의식도, 개인이 다른 개인 곧 어머니와 공생하면서 발달할 때만 개인 안에서 형성된다. 어머니의 영양 섭취, 행동 등은 발생 중인 개인의 미래 속성들에 막대한 영향을 미친다. 요컨대 인간은(또한 다른 동물들도) 본질적으로 사회적이다. 왜냐하면 사회성이 없으면 우리는 어떤 내면의 삶도 갖지 못할 터이기 때문이다. 우리 내면의 삶은 인과적이며 사회적인 맥락들 안에 내장되어 있다. 그 맥락들이 없으면, 의식의 최소 신경 상관자의 발생조차도 (그 상관자가 무엇이건 간에) 이루어지지 않을 터이다.

의견을 조정한다는 생각은 또 다른 의견들을 끌어들이는 것으로부터 독립적인 잣대가 있음을 전제한다. 그 잣대를 고려할 때, 유일하게 합리적인 관점은 앞에 놓인 엇갈림을 의견 불일치로 간주하는 것이다. 두 견해, 곧 진실로 여기기의 두 사례가 앞에 놓여 있는데 한 견해는 p라 하고 다른 견해는 p 아님이라 한다면, 누가 옳은지를 실재가 판정한다는 것이 인정될 때만 안정적인 공동체가 형성된다. 실재의 판정을 배제하면, 화해 불가능한 모순이 발생하여 판단 공동체의 붕괴를 유발한다.

사회는 그 전체가 사회적 유형인 것은 아닌 무언가에 기반을 둔다. 그 무언가는 사회적 동물의 생존 조건들을 포함한다. 요컨대 규범성의 비규범적(동물학적) 전제들이 있다.[72] 사회적 사실들의 현존을 위한 자연적 필요조건들은 형이상학적 경계선 너머에 있지 않다. 오히려 그것들은 판단 실행에 관여한다. 인간의 사회성은 둥둥 떠 있는 정신적 영역이 아니라 생물들의 속성이며, 그 생물들은 활동의 모든 수준에서 자연적 조건들의 충족에 의존한다.

우리는 실재를 통해 사회화된다. 이것은 개체 발생적으로뿐 아니라 계통 발생적으로도 옳다. 우리는 실재를 지목함으로써 서로에게 진실로 여기기의 제한선을 일러 준다. 실재를 보여 주기는 사회가 기반으로 삼는 근본 기능이다. 생각을 생각하는 놈으로서 우리는 보여 준다. 생각하는 정신적 생물들의 공동체는 본질적으로 의견이 불일치하는 놈들의 공동체다.[73] 하지만 의견 불일치는 그 자체로 목적이 아니다. 의견 불일치의 성공 여부를 판정하는 잣대가 있다. 누가 옳은지는 실재가 판정한다. 물론 틀린 견해들이 유통되고 사실이 아닌 무언가가 진실로 여겨진다고 해서 사회가 붕괴하는 것은 아니다. 그러나 진실이라는 개념이 사라지고 따라서 우리의 진실 능력이 상기되지 않으면, 의견이 불일치하는 놈들의 공동체는 파열한다. 그러면 진실 주장들을 제기하는, 정당하게 **의**

견이 **불일치하는 놈들**Dissentierende이 근거 없고 본질적으로 변덕스러운 견해에 종속된 **이교도들**Dissidenten로 바뀐다.[74] 이교도는 진실을 잣대로 삼은 자유로운 의견 형성이 구조적으로 침식되는 경우에만 있다. 이상적인 담론 조건 아래에서는 이교도의 역할이 한물간 것이 된다. 모든 반대파가 이교도인 것은 아니다. 왜냐하면 반대파는 의견 형성을 위한 본질적 조건이기 때문이다. 진실로 여기기는 주어진 거짓으로 여기기에 맞서 성공적인 정당화를 추구하니까 말이다.

사회 존재론적 관점에서 보면, 이상적인 극단의 경우에 정치적 자율이란, 사회의 적확한 이념으로서의 사회가 사회 자체 안으로 들어가는 것이다. 이상적인 정치 공동체는 근본적으로 인간 사회성의 실제 구조를(곧 안정적으로 의견이 불일치하는 놈들의 공동체라는 이념을) 기준으로 방향을 잡기 때문에, 그 공동체의 제도들은, 그것들이 어떤 방식으로 의견 불일치들을 조정하고 도덕과 무관한 사적인 것들이 들어설 중립적 놀이 공간들을 열어 두는지를 기준으로 평가된다.

그렇기 때문에 해방의 과정이 공동체의 철학적 기반에 대한 반성과 짝을 이루는 것은 우연이 아니다. 성공적인 정치적 자율의 기준은 자기 규정 구조에 관한 진실이다. 정치적 이념들의 충돌은, 공동체 형성의 이념에 관한 공개된 논쟁이 함께 이루어지는 한에서만, 근대적 해방 프로젝트의 명분에 부합한다. 근대가 사회화된 삶의 자기 이해에 가담하는 정치 이론들과 본질적으로 관련되어 있는 것은 우연이 아니라, 근대 고유의 자기 규정 형태를 기준으로 삼은 자기 규정 형태의 귀결이다. 바로 이것이 사회적 자율의 이념이다.

자유로운 정신적 생물들의 사회적 자율은 자기 회귀적reflexive 형태를 띤다. 우리는 주어진 실정적 규범들에 맞춰 방향을 잡을 수 있을 뿐 아니라 더 나아가 우리가 규범들에 맞춰 방향을 잡을 수 있다는 사정에 맞춰 방향을 잡을 수 있다. 바꿔 말해, 우리의 고유한 규범성이 방향 잡기의 동기가 될 수 있다. 이 같은 (칸트가 탁월하게 서술한) 회귀적 자기 규정 형태가 형식주의를 꼬집는 반론의 압력에 무너지지 않는 것은 오로지 우리가 실재 앞에서 자기를 규정하기 때문이다. 우리의 자기 규정이 성공적인지 아닌지는 실재가 판결한다. 따라서 우리의 자기 규정은 진공에서 이루어지는 경우가 절대로 없다. 모든 자기 규정, 판단하기에 대한 모든 판단은 실재의 한가운데에서 이루어진다.

이때 실재는 자연과 동일하지 않다. 규범성의 비규범적 전제들은, 자연 과학이 모범적으로 탐구하는 영역으로서의 자연 안에만 있지 않다. 사회적인 것의 자연(본성)Natur과 자연 과학이 탐구하는 자연을 혼동하는 오류를 이 대목에서 즉각 떠오르는 표현을 사용하여 **자연주의적 추론 오류**naturalistischer Fehlschluss라고 부르자.[75]

사회 구성주의는 자연주의적 추론 오류를 범하지 않으려고 애쓰지만 성공하지 못한다. 그리하여 사회 구성주의는 본질주의에 대한 특유의 반론을 채택한다. 왜냐하면 그릇되게도 사회 구성주의는, 사회적인 것 안에 본질적인 무언가가 있다는 생각을 추구할 가치가 있는 해방 프로젝트가 저지되는 원인으로 간주하기 때문이다. 그러나 인간의 자기 규정을 위한 생물학적 행동학적 동물학적 조건들에 대한 통찰은 해방을 가로막기는커녕 가능케 한다. 왜냐하면 그 통찰은 공허할 수도 있는 담론을 실재에 정박하는 닻의 기능을 담당하기 때문이다. 우리는 우리 자신을 진공에서 규정할 수 없다. 따라서 사회 구성주의라는 터무니없는 입장 역시 실제로 성공하는 사회화를 위한 기반의 구실을 할 수 없다.

사회 구성주의가 실패하는 것은 여러모로 부정합적인 사회적 구성이라는 관념 때문이다. 이 관념이 얽혀 드는 변증법을, 사회적 구성이라는 관념을 분석적으로 명확하게 발설하려는 해슬랭어의 시도에서 대표적으로 목격할 수 있다.[76] 가장 먼저 눈에 띄는 것은 해슬랭어가 〈사회적인 것〉이라는 표현을 정의하는 작업을 명시적으로 회피한다는 점이다. 대신에 그는, 아래와 같은 자신의 견해를 (〈내가 믿기에I believe〉라는 표현을 앞세워) 의심스러운 기반으로 제시한다.

〈사회적임〉을 순환적이지 않은 방식으로 정의하는 것은 불가능하다. 따라서 엄밀히 말하면, 분석은 가능하지 않다. 그렇다고 해서 사회적인 것에 대한 언급account조차 불가능한 것은 아니다. 그러나 이 프로젝트의 윤곽은, 사회적인 것에 대한 모든 언급의 윤곽이 그렇듯이, 구체적인 프로젝트에, 또한 달성하려면 사회적인 것의 개념이 필요한 목적들 등[!]에 의존할 것이다. 다른 경우들에서처럼 이 프로젝트에서 나의 접근법은 국소적 분석을 적용하는 것이다. 나의 목적을 위한 국소적 핵심 개념은 조율된 활동이다.[77]

요컨대 〈사회적인 것〉에 대한 분석은 엄밀한 의미에서 불가능하지만, 국소적 분석은 가능하다는 얘기다. 그런데 이 대목에서 해슬랭어는, 엄밀한 의미에서의 분석과 국소적 분석이 정확히 어떻게 구별되는지 알려 주어야 할 텐데, 그렇게 하지 않는다. 대신에 놀랍게도 그녀는 국소적 분석이라는 개념을 하필이면 아리스토텔레스의 프로스헨 관계*와 관련짓는다.[78] 아리스토텔레스는 건강함이라는 개념을 예로 들어 이 관계를 설명한다. 당연한 일이지만, 해

* πρòς-ἕv-Relation. 〈프로스헨〉은 〈하나를 향하여〉를 뜻하는 희랍어.

슬랭어는 이 유비(類比)를 곧바로 제한한다. 왜냐하면 그녀는 아리스토텔레스가 말하는 초점은 반본질주의의 사례가 전혀 아님을 알기 때문이다. 아리스토텔레스가 보기에 모든 판단하기의 초점은 우시아*다. 따라서 엄밀한 의미의 정의가 아무튼 있다면, 아리스토텔레스의 초점 분석이 바로 그런 정의다.[79]

그렇기 때문에 해슬랭어는 곧바로 서둘러 덧붙이기를, 〈핵심 의미 혹은 초점 의미는 당사자의 이론적 목적에 따라 다를 수 있다〉고 한다.[80] 〈사회적인 것〉이라는 표현의 의미가 이론적 의도에 따라 다를 수 있다는 주장은 첫눈에 보기에 문제 될 것이 없다. 그러나 악마는 세부 사항에 들어 있다. 일반적으로 해슬랭어는 의미론적 외재주의를 채택해야 한다고 느낀다. 그런데 의미론적 외재주의는, 〈사회적인 것〉이라는 표현의 의미는 이론적 의도에 달려 있다는 견해와 쉽사리 양립할 수 없다.[81] 심지어 해슬랭어는, 사회 과학은 〈사회종들social kinds〉[82]을 연구한다는 점에서 인식적으로 중요하다는 입장을 명시적으로 옹호한다.[83]

그러나 외재주의에 따르면, 〈물〉의 의미Bedeutung는 누군가의 이해 관심에 전혀 의존하지 않는다. 따라서 사회적인 것 자체는, 해슬랭어의 전제들에 따라서, 〈사회적인 것das Soziale〉이라는 전문 용어를 통해 지칭되는 사회종일 수 없다. 이런 식으로 해슬랭어는, 〈사회적인 것〉을 〈조율된 활동〉으로 간주하자는 자신의 제안을 철학적 비판뿐 아니라 사회 과학적 전문 지식들에 맞서 버텨 낼 수 있게 만든다. 철학적 비판은 명시적인 약정 행위를 통해, 사회 과학적 전문 지식들은 사회적인 것 자체를 사회종으로 간주하지 않음으로써 막아 낸다. 그러나 사회적인 것 자체는 본질을 가지고 있지 않다는 점을 해슬랭어는 어떻게 알까? 왜 그녀는 본질들이 있고 심지어

* οὐσία. 실체 혹은 본질을 뜻하는 희랍어.

사회적 본질들도 있다고 믿으면서, 다른 한편으로 사회적인 것은 본질이 없다고 믿을까? 어떤 타당한 이유가 있을지도 모르지만, 그녀는 그 이유를 알려 주지 않는다.

해슬랭어의 사회적 구성(물) 개념도 이론적으로 형편이 그리 좋지 않다. 그녀는 사회적인 것이 정확히 무엇인지 알려 주지 않으므로, 그녀 자신의 개념 규정을 이해하기 어렵게 만든다. 그녀는 아래 항목들을 구별하는데, 이 구별은 겉보기에만 유용하다.

1. 일반적인 사회적 구성
2. 인과적 구성
3. 본질적 구성
4. 담론적 구성
5. 모범적 구성[84]

나머지는 제쳐 두고, 일반적인 사회적 구성에 대한 해슬랭어의 개념 규정(〈정의〉라는 용어는 사용하지 말자)을 더 자세히 살펴보자. 그 규정은 아래와 같다.

일반적인 사회적 구성: 무언가가 일반적인 의미에서 사회적 구성물이라 함은, 그것이 사회적 실행의 의도하거나 의도하지 않은 산물이라는 것이다.[85]

이 개념 규정은 많은 기대를 충족시키지 못한다. 이미 예상한 대로, 이 규정은 우선 가망 없이 순환적이다. 왜냐하면 사회적 실행을 통해 사회적인 것을 규정하니까 말이다. 둘째, 이 대목에서는 이 결함이 더 중요한데, 우리는 〈구성〉이라는 표현의 의미에 대해서 충분한 정보를 얻지 못한다. 다만, 구성을 〈인공물을 모형으로 삼아〉 생각하는 것이 〈적어도 처음에는 도움이 된다at least initially (……) useful〉는 조언을 들을 수 있을 따름이다.[86] 그러나 이 모형 구성이 어떻게 이루어지는지, 또 인공물에 대한 해슬랭어의 견해는 무엇인지, 우리는 알 길이 없다. 다만, 〈명확한 의미에서〉 제도들은 인공물이며, 그런 의미에서 제도들은 사회적 구성물이라는 견해를 들을 수 있을 뿐이다.[87] 그러나 이것이야말로, 제도들은 사회적으로 구성된 것들인가, 또 그렇다면 어떤 의미에서 그러한가, 라는 질문의 관건이다! 만약에 해슬랭어가 소망하는 〈명확한 의미〉가 있다면, 사회 구성주의에 반대할 생각은 아무도 품지 않을 터이다.[88]

호의적으로 해석하면, 해슬랭어는 구성물을 〈생산물Produkt〉로 간주함으로써 〈구성물〉이라는 표현을 설명한다. 그런데 그녀는 사회적인 것의 핵심에 조율된 활동이 있다고 간주하므로, 그녀의 제안은, 무언가가 조율된 활동의 생산물이라면 그 무언가는 사회적으로 구성된 놈이라는 것이다. 그러나 그녀는 〈의도하지 않은〉이라는 개념 요소를 통해 이 제안을 대폭 약화시킨다. 무슨 말이냐면, 예컨대 기본 입자들의 조직 개편도 많은 조율된 활동들의 의도하지 않은 생산물이다. 합창단이 「환희의 송가」를 부르는 것은 확실히 조율된 활동의 한 사례다. 이 사례에서 목소리들은 의도하지 않은 방식으로 온 우주와 상호 작용한다. 즉, 우주는 그 합창단원들의 노래와 동작을 통해 장(場) 구조들을 변경한다. 이 변경이 없다면, 물리적으로 코드화된 정보 전달은 이루어질 수 없을 터이다. 따라서 우주는 사회적으로 구성된 부분들을 (비록 양적으로 미미하더라도!) 지녔다. 바꿔 말해 아무튼 무언가가 사회적 구성물이라면, 우주는 (부분적으로) 사회적 구성물이다.

해슬랭어는 어쩌면 이 귀결을 꺼리지 않을 것이다. 어차피 사회 존재론에서 걸림돌인 자연과 문화의 구별을 이런 식으로 제거하는 것이 그녀의 취지일 수도 있을 것이다.[89] 그러나 이 같은 그녀의 모형에서는 인간의 생태 보금자리 전체가 사회적 인공물이 된다. 왜냐하면 인간들은 사회화될 때만 생존 능력을 갖추기 때문이다. 이 사정은 가정에 따라 인간의 생활 공간 전체를 물들인다. 실제로 해슬랭어는 자신의 개념 규정에 기초하여 성인(成人)은 〈특별한 유형의 인공물〉이라고 일관성 있게 결론짓는다.[90] 하지만 이 결론은 완곡하게 말해서 과장이다. 우리 자신 전체의 몇몇 부분을 〈사회적 구성물〉로 간주하는 것은 물론 첫눈에 보기에 그럴싸하지만, 한 인간 전체를 인공물이나 심지어 사회적 구성물로 간주하는 것은 터무니없다. 왜냐하면 이 견해는, 인간의 생존에 관여하는 자연 종들 — 우리의 장기들, 세포들, 세포들의 필수 성분인 분자들 — 이 사회적 구성물이라는 전제를 바탕에 깔 터이기 때문이다. 이로써 이 견해의 터무니없음이, 혹은 이 견해가 급진적 사회 구성주의로 귀착한다는 점이 명백히 드러난다.

인간의 삶에서 역할을 하는 많은 것이 사회적 활동, 곧 조율된 활동의 생산물이라는 견해는 전적으로 옳으며 형이상학적으로 무해하다. 그런데 생산물을 만들어 내는 분업적 생산 조건으로 인해 개별 행위자들은 생산물의 사회성을 간파하지 못할 수 있다. 이것은 마르크스주의의 지당한 가르침이며, 훨씬 더 대답하기 어려운 다음 질문과 짝을 이룬다. 자신의 사회성을 은폐하는 생산물의 기반에 어떤 특별한 생산 조건이 놓여 있을까?[91] 하지만 〈사회적 구성〉이라는 부정합적인 개념 도구를 가지고는 이 질문에 답하기 위한 분석을 충분히 수행할 수 없다.

그렇기 때문에 우리는 사회 구성주의의 어휘를 사회 존재론에서 영구히 제거해야 한다. 장 보드리야르는 당대에 『푸코를 잊자

Oublier Foucault』에서, 사회적 구성에 관한 생각은 충분히 숙고되지 않은 권력관(觀)으로 인해 실패한다는 점을 지적함으로써 방금 언급한 제거를 옳게 촉구했다.[92] 푸코의(또한 푸코를 계승한 버틀러와 설의) 이론에서는, 사회적인 것이 (이 이론의 견해에 따르면) 구성되었다는 점을 고려할 때 사회적인 것이 어떤 구조를 갖고 어떻게 유지되는가, 라는 질문이 제기된다. 사회적인 무언가 — 성생활, 젠더, 감옥, 형벌 시스템, 식물 및 동물 분류 시스템 등 — 가 사회적으로 구성되었음이 입증된다면, 그 무언가는 자연적인 방식으로 생겨난 놈이 아니다. 대표적으로 푸코가 탐구한, 담론 관행의 역사성과 우연성은 사회적 시스템들이 행위자들에 의해 만들어진다는 점을 전제한다. 그런데 그 시스템들의 존속을 위해 필수적인, 그 시스템들에 대한 믿음은 어떻게 유지될까? 본질상 역사적으로 수정 가능한 무언가가 대체 어떻게 유지될 수 있을까?

푸코의 권력관은, 우연적으로 실존하는 관행의 유지를 설명하기라는 이론적 과제를 수행하려 한다. 이를 위해 푸코는 학자 경력 동안 다양한 모형들을 제안했다. 한편, 버틀러와 설은 푸코와 달리, 사회적 시스템들의 유지를, 최소한 사회적 시스템을 바꾸거나 아예 없애기에 충분할 만큼의 저항은 하지 않는 행위자들의 인정과 연결하기 위하여 오스틴의 발화 행위 이론(화행론Speech Act Theory)에 의지한다.

반면에 보드리야르는 사회 구성주의의 근본 생각 — x가 y로서 유효하게 존속하기 위해 행위자들이 함께 배려하는 한에서만 또 배려함을 통해서만 x(물질적 토대)가 y(사회적 상부 구조)로서 실존한다는 생각 — 이 역사적으로 우연적이며 근대에 특유한 재현 모형을 따른다는 점을 지적한다. 그 모형의 바탕에 깔린 전제는, 사회 이론은 사실들의 생산을 고려해야 한다는 것이다. 그 모형은 보드리야르가 〈유혹과 신비의 세계〉[93]라고 부르는 것에 집중하는 대신에 시스템들의 인식 가능성과 명시화에 집중한다.

우리는 보드리야르의 〈유혹과 신비의 세계〉를 **암묵적인 것**das Implizite이라고 부르자. 언어로 코드화된 명시화는 원리적으로 기존의 암묵적 사회성 다음에만 등장할 수 있다. 따라서 선언(宣言) 혹은 수행 상황에 초점을 맞추는 모형은 뜻하지 않게, 사회적인 것을 설명하거나 존재론적으로 적절한 위치에 놓지 못한 채로 벌써 사회적인 것을 활용하는 셈이다. 사회적인 것은 늘 배후에서 작용하며, 따라서 전면에서는 사회적인 것의 작용을 절대로 파악할 수 없고 단지 재현 모드로만 사회적인 것을 파악할 수 있다는 점은 사회적인 것의 실존 조건에 속한다. 그런데 사회적인 것의 구속력과 사회적인 것의 재현의 구속력은 동일하지 않다. 왜냐하면 사회적인 것의 재현은 집단의 안정성에 기초하여 기생하기 때문이다. 재현이 상징적 힘을 발휘할 수 있으려면, 집단의 안정성이 전제되어야 한다.

설은 이론적으로 명확히 발설하고 논증하는 미덕을 지녔는데, 그 미덕 때문에 명시적인 것을 앞세울 때 생기는 문제들이 설의 이론에서 특히 뚜렷하게 불거진다. 무슨 말이냐면, 설은 사회적 사실들에 특정한 맞추기 방향을 부과한다. 그 방향은 세계를 단어에 맞추는 방향world-to-word direction of fit이다. 그럴 권한이 있는 누군가가 타인을 〈존〉이라고 명명하면, 그때부터 존은 존으로 불린다. 따라서 생각하기와 말하기의 사회성이 놓이는 위치는 선언하는 발화 행위의 논리적 형식이다.[94] 우리의 생각하기와 말하기는, 우리가 무언가를 무언가로서 재현함을 통해 함께 무언가를 만들어 내기 때문에 사회적이다. 우리는 종잇조각에 유효성을 부여함으로써 지폐의 가치를 구성한다. 지폐는 권한을 부여하는 언어 행위로부터 독립적으로는 그 유효성을 갖지 않을 터이다. 이런 식으로 사회성은 재현과 연결되며, 잘 알려져 있듯이 설은 재현을 의식의 지향성 안에 위치시킨다. 그리고 의식의 지향성은 (정확히 어떤 구역들인지 아무도 댈 수 없는) 뇌 구역들에 기초하여 ─ 어떻게 창발하는지는 모르지만 ─ 창발한다. 이처럼 지향성을 자연화한다는 점에서 설의 행마는 전적으로 지혜롭다. 그 행마의 목적은 재현을 실재에 정박하는 것이다. 그러면 재현은 사회적 구성물이라는 의심으로부터 완전히 해방될 터이다.[95] 하지만 이 행마는, 자연화된 지향성이 어떻게 ─ 사회적으로 구성되었으므로 ─ 자연화할 수 없는 사회적 사실들이라는 추가 차원을 제공하는지 명확히 설명하지 못한다는 점에서 결국 실패로 돌아간다. 설의 선언적 언어 행위는 구성적인 방향으로 작동하는데, 그 방향은 설의 자연주의적 세계상과도 들어맞지 않고 그 세계상을 충분히 확장하려는 그의 노력과도 들어맞지 않는다.[96]

푸코는 ─ 일찍이 니체가 그랬듯이 ─ 준(準)자연화를 실행하고 준자연적 기반을 가진 담론적 실행을 통해 자아가 발생하게 함으로써 이 문제들을 부분적으로 우회한다. 그렇기 때문에 푸코는 주체성을 성적 절제, 상호 감시 등의 실행과 연결한다. 이는 주체성이 익숙한 행동 패턴들로부터 유래했다는 생각을 그런 식으로 유도하기 위해서다. 사회적 시스템들은 신체적 훈련으로서 주체의 자기 구성에 영향을 미친다.

그러나 이 이론적 전략은 본질적으로 자신의 고유한 작동을 전혀 보지 못한다. 이 때문에 푸코는, 초보적으로나마 특히 유럽 중심의 선입견으로부터 자유로운(이를테면 로마 문명을 아시아의 영향으로부터 격리하지 않는) 참된 현재의 역사를 한 번도 쓰지 않았다(푸코는 아시아가 로마 문명에 미친 영향을 아예 언급하지 않는다). 푸코가 자신의 고유한 관점에 간접적으로 도달하기 위해 서술하는 역사적 회랑은 주로 〈서양의〉 자원들로 이루어졌다. 그리하여 근대 인간 과학들의 역사가 아테네, 로마, 초기 기독교 역사의 연장이라는 것이 최소한 암시된다. 중요하다고 판단된 출처들의 선별은 저자의 지문을 뚜렷이 보여 준다. 물론 저자는 외견상 중립적인 권력 분석을 내세우며 뒤로 숨고 싶어 하지만 말이다.[97] 이런 계보학의 저자는, 저자를 죽이고 주체를 권좌에서 끌어내리기는커녕, 자신의 고유한 구성의 가장(家長)으로 드러난다. 그 저자는 거의 익명의 목소리로서 자신의 고유한 구성 뒤로 물러난다.

이 같은 이론적 상황 앞에서 나는, 마르크스와 보드리야르를 (물론 전혀 다른 기조로) 계승하여 불명확성과 부정합성 사이를 오가는 〈사회적 구성〉에 관한 언급을 밀어내고 그 자리에 **생산** 개념을 놓자고 제안한다.[98] 우리가 사회적이라는 점을 통하여 우리는 새로운 사실들을 만들어 낸다. 그 사실들은 믿음과 인식에 관한 사실들을 포함한다. 그러므로 우리는 판단을 분석함으로써 이성의 사회성에 도달할 수 있다.

그런데 판단하기의 사회적 본성은, 우리가 생각을 생각하는 놈으로서 본질적으로 오류 가능하다는 점에 존립한다. 생각을 생각하는 놈들은 〈순수한〉 진실로 여기는 놈들이 아니라 사회적으로 생산된 생물들이다. 그 생물들의 정신적 상태들은, 그놈들이 그 안에 인식적으로 갇혀 있는 고립된 진실로 여기기 사건들이 아니다. 우리의 진실로 여기기의 내용은 한편으로 사회적이지 않은 실재를 통하여, 그리고 다른 한편으로 타인들이 그 내용을 우리에게 보여 줌을 통하여 형성된다. 이와 관련해서 고려해야 할 점은, 인간의 감각은 비사회적인 익명의 사실이 아니라, 진화의 산물로서 우리 생존꼴 재생산 조건들을 통해 사회적으로 발생했다는 사정이다. 앞서 언급했듯이, 인간의 신경 연결망들은 사회 이전의 성장물이 아니라, 까마득한 과거 이래로 부분적으로 무의식적이고 부분적으로 의식적인 사회성에 의해 조종되어 온 복잡한 선택 메커니즘들이 퇴적된 결과다.

우리는 수정을 필요로 한다. 실제 수정이 없다면 인간은 생존조차 하지 못한다. 그렇기 때문에 정신 — 우리의 자화상 능력 — 은 그 자체로 사회적이다.[99] 우리가 수정될 때, 우리는 인식적 양상 범주로서의 실재 개념을 획득한다. 사적으로 성취하기가 논리적으로 불가능한, 실재와 직면하기는 객관성의 인식적 근거이자 존재적 근거다.

그런데 사회적인 것의 본성 그 자체가 사회적 생산물인 것은 아니다. 사회적인 것의 핵심은 우리 같은 생물들이 오직 진로 수정을 통해서만 생존 능력을 보유한다는(또한 그렇기 때문에 근거를 요구하고 제시하는 놀이를 할 동기를 얻는다는) 점에 있다는 사실은 그 자체로 사회적으로 생산된 것이 아니다. 단적으로 우리는 오직 사회적 조건들 아래에서만 존속할 수 있다는 점을 본성으로 가진 그런 유형의 생물이다. 우리가 우리 자신의 생존 조건들을 지속적으로 재생산하지 않는다면, 정신적 생물로서의 우리는 없을 터이다. 그리고 인간 같은 사회적 생물에서 그 재생산은 오직 협동을 통해 가능하다. 인간으로서 우리는 영양을 섭취하고, 움직이고, 보고, 풀이하는 법을 배운다. 이 기본적인 훈련이 없다면, 실제로 아무도 성년에 이르지 못한다. 하지만 이 같은 사정의 어떤 부분도 생산된 것이 아니다. 우리는 사회적인 방식으로 우리 자신을 사회적 생물로 만들지 않는다. 오히려 우리가 사회적이라는 것은 엄연한 사실이다. 자연적 생물로서 사회적임은 우리의 본질이다. 우리는 이 구조에서 벗어날 수 없다. 주어진 시대에 인간의 자기 극복에 관하여 그 어떤 환상이 만연하건 상관없이 말이다.

이 사실성을 자연주의적으로 이해할 길은 없다. 왜냐하면 이 사실성은 정신의 실존과 실재성을 전제하고, 정신은 완전히 자연화될 수 없기 때문이다. 정신적 생물들로서의 우리는 생각들을 생각하는 놈들이며, 그 생각들은 우리가 오류 가능하며 변함없이 그러하리라는 의미에서 사회적이다. 이 오류 가능성은, 늦어도 우리가 이 구조의 명시적 표현을 통해 우리 자신을 조종할 때, 명확히 표출된 방식으로 정신적이다. 이 자기 조종, 곧 고차원적인 인간적 행위는 기본적인 수준에서 벌써 자극-반응의 울타리를 벗어난다. 반면에 우리의 원초적 감각적 데이터 처리는 그 울타리 안에서 작동하며, 그 처리의 변수들은 부분적으로 진화의 관점에서 설명될 수 있다. 당연한 말이지만, 우리는 누구나 유전학과 신경 생물학 등에 따라 인간 동물에게 가능한 장비의 한정된 스펙트럼상의 어딘가에서 태어난다. 우리는 그 장비와 상호 작용하며, 이 상호 작용을 예컨대 후생 유전학에서 유전자 발현을 위한 행동 요인들과 사회적 환경 요인들을 고려함으로써 탐구할 수 있다.[100] 그러나 인간에 대한 그런 동물학적 부검으로는 우리의 정신적 삶꼴과 그 삶꼴이 역사적으로 성장했으며 개량될 능력을 갖춘 판단 제도들의 형태로 명확히 표출되는 것을 초보적으로라도 이해하는 수준에 영영 도달할 수 없다.

인간은 자화상 능력을 통해 자신을 조종한다. 육성된 사회성을 기반으로 우리는, 어떻게 우리가 자연에 들어맞는지에 관한 그림을 그림으로써 새로운 사회적 사실들을 생산한다. 생태 위기의 시대에 그 그림은 이런저런 방식으로 영향력을 발휘한다. 우리가 우리의 동물성을, 따라서 우리가 자연에서 차지한 위치를 어떻게 평가하느냐는 우리가 어떤 사회적 사실들을 만들어 낼지 결정하는 한 요인이다. 그러므로 명확히 표출된 우리의 자화상 능력, 곧 정신의 실재성은 이미 철저히 사회적이다. 물론 그렇다고 해서, 지향적인, 진실 능력을 갖춘 판단 방식의 구체적 사례들이 객관적으로가 아니라 〈상호 주관적으로〉 규제된다는 뜻은 아니다. 명확히 표출된 정신의 사회성은, 지향성은 어느 모로 보나 사회적이라는, 요구가 많은 주장을 두둔하지 않는다. 물론 우리의 생각들은 생물들의 사회적 생산이 없으면 실존하지 않았을 인과적 맥락들에 속박되어 있지만, 이 사정은 (많은 추가 전제들이 없으면) 진실을 모종의(정당한 주장 가능성이나 이상화된 조건 아래에서의 합의와 같은 유형의) 사회적 규범으로 대체할 수 있다는 결론을 뒷받침하지 않는다. 모든 것이 사회적이지는 않다. 사회적 사실들이 존립하기 위한 모든 구체적 필요조건들도 사회적이지 않다.

13장
우리의 생존꼴: 불투명한 사회

정신의 사회적 본성은 우리의 오류 가능성에 기반을 둔다. 오류 가능한 놈은 수정 가능하며 따라서 규범화Normierung의 주체다. 규범화가 사회적이라 함은, 다른 주체들이 한 주체에게 진로를 제안함을 통하여 규범화를 실행할 수 있다는 뜻이다. 사회적 집단은 서로의 곁에서 행위하는 (제각각 오류 가능한) 주체들의 한낱 집합체가 아니다. 오히려 사회적 집단은 실재의 도전 앞에서 이뤄 낸 행위 조율의 결과다. 왜냐하면 우리가 지각 수준에서 지향성을 보유하고 따라서 믿음을 품는 방식으로 환경에 적응함을 통하여, 실재는 이미 우리의 생각하기와 행위하기가 암묵적으로 규범을 따르게 만드니까 말이다. 이때 환경은 그 자체로 생각이 아닌, 바꿔 말해 견해의 형태를 띠지 않은 대상들을 포함한다. 우리의 지각은 실재의 한가운데에서 실재하는 무언가로서 일어난다. 명백히 우리의 지각은 어디도 아닌 곳에서 바라보기가 아니라 특정한 위치에서 이루어진다. 우리가 (지각 상태 외에) 또한 다른 상태들에 처하고 따라서 몇몇 의식적 면모를 띤 정신적 전체 상태가 현존할 때만 우리가 무언가를 지각하는 한에서, 지각 상황은 부분적으로 의식된다.

사회적 생물에게 지각은 이미 부분적으로 사회적 산물이므로

(왜냐하면 우리의 지각하기를 위한 자연적 필요조건들은 사회적 재생산의 틀 안에서 발생하니까) 지향성은 엄연히 사회적이다.[101] 하지만 그 주요 원인은 (사람들이 품을 법한 견해와 달리) 우리가 타인의 지향성을 내면화해야 한다는 점에 있지 않다. 우리의 자아는, 우리가 젖먹이 시절에 우리 자신을 알아채지 못하는 채로 최초 모범들을 들이닥치는 나-아닌-놈들로서 경험하는 방식으로, 거울 속에서 발생하지 않는다. 우리가 이미 지향적이지 않다면, 바꿔 말해 우리가 이미 사실들을 향하는 태도를 취하지 않는다면, 우리는 자아상을 내면화할 수 없을 터이다. 근원적으로 나와 나-아닌-놈으로 갈라지지 않은 절대적인 나에게, 그 나로부터 독립적인, 그 나의 처분 권한 안에 있지 않은 실재를 인정하라고 촉구할 수는 없을 터이다.

따라서 믿음에 관한 사회적 분업 — 양립 불가능한 진실로 여기기들을 다수의 협동하는 행위자에게 분배하기 — 은 객관성의 기원에 속한다. 정신의 사회적 본성은 주관적인, 개별화된 진실로 여기기를 위태롭게 만들지 않는다. 오히려 그 본성은 주관적인 진실로 여기기에 인식적 객관성을 탑재한다. 타인들이 다르게 생각하기 때문에 우리는 우리에게 명백한 바의 한계에 봉착하고, 우리의 진로를 수정하라는 요구나 이미 들어선 경로에서 타당한 근거에 의지하여 더 나은 방향을 탐색하라는 요구에 우리 자신이 줄곧 직면한다는 점을 깨닫는다. p라는 자신의 앎 주장에 대한 정당한 도전 앞에서 p를 고수하고 싶은 사람은 자신의 주장을 굳건하게 보강하는 작업을 피할 수 없다. 당신이 p 아님을 고려할 준비가 되어 있지 않아 계속 p를 고수한다면, 당신은 헤겔이 이 맥락에서 적절하게 〈고집〉이라고 표현한 것에 빠지는 셈이다. 고집이란 여전히 노예임 안에 머물러 있는 자유다. 이런 의식에게는 순수한 형태가 본질이 될 수 없는 것과 마찬가지로, 이 자유는, 개별 너머로의 확산으로 간주할 경우, 보편적인 짓기나 절대적인 개념이 아니라, 오히려 솜씨다. 일반적 권능과 대상적 본질 전체를 지배하는 것이 아니라 몇몇만 지배하는 솜씨 말이다.[102]

이제까지의 논의에 담긴 생각을 다음과 같이 재구성할 수 있다. 우리가 p를 진실로 여긴다면, 그럴 만한 **동기**나 **근거**가 있다. 이때 동기란, 우리를 한 정신적 상태에 처하게 만드는 무언가이며, 그 정신적 상태는 단박에 정보 상태 변화로 기록된다.[103] 우리의 정신적 삶의 기본적인 실현 방식은, 명명할 수 있는 모든 순간 각각에 우리가 다른 정보 상태에 처하는 것이다. 우리는 〈생각들과 삶의 흐름〉[104]을 상태들의 계열로 경험한다. 그런데 우리가 정신적 생물로서 그때그때 처하는 정신적 전체 상태는 우주 안의 사건으로서 미세한 알갱이처럼 개별화되어 있다. 즉 그 상태는 바로 그 상태이며, 다른 상태가 아니다.[105]

정신적 전체 상태들은 근본적으로 단독적이며 따라서 반복 불가능하다. 그것들은 제각각이다. 그렇지 않다면 나는 그것들을 나의 상태로 여길 수 없을 터이다.[106] 한 정신적 상태에서 다른 정신적 상태로의 이행은 기존에 한 번도 없었던 새로운 정보 상태를 창출한다. 이런 방식으로 정신이 사건으로서 실현된다. 이때 사건은 자신을 사건으로서 알아챌 수 있다. 자기의식과 언어 능력이 있는 생물로서 우리는 다양한 상태들에 두루 속한 정보 상태 요소들을 재식별하기 위한 어휘를 보유하고 있으며, 그 덕분에 우리는 동기들을 명명할 수 있다. 우리가 이런 방식으로 성공적으로 명명하는 놈

(대상)은 무언가를 진실로 여길 동기다. 왜냐하면 대상들은 항상 환경(의미장)의 부분이니까 말이다. 환경이 없으면 대상들은 실존할 수 없을 터이다.

동기Anlass*를 **자극**Reiz과 혼동하지 말아야 한다는 점을 유의하라. 〈자극〉은 이미 세분된 이론적 역할을 띤 개념이며 무엇보다도 〈직접〉 관찰되는 놈이 아니다. 자극은 상정되는 반면, 동기는 명백하다. 동기를 자극으로 환원할 수 있는지 여부는 환상주의와 실재론이 맞서 벌이는 논쟁의 관건이다. 앞서 보았듯이, 모든 동기를 우리 주의(注意)의 문턱 아래에서 작용하는 자극 다발과 동일시하려는 과감한 시도는 터무니없다. 왜냐하면 이 시도가 성공한다면, 우리는 주의의 문턱 자체도 파악할 수 없을 터이기 때문이다. 주의의 문턱 자체가 오직 주의의 문턱 아래에서만 작용할 가능성은 희박하다. 환상주의를 환상주의 자신에 일관되게 적용하면, 환상주의의 정체는 나쁜 마술임이 드러난다.

동기와 달리 **근거**Grund는 이유를 요구하고 제시하는 놀이에서의 한 행마다.[107] 근거는 정당한 반론에 맞서 p를 확고히 하기 위해 우리가 제시할 수 있는 무언가다. p에 대한 정당한 반론은, 무언가가 관건인 맥락 안에서 p 아님의 신빙성을 높인다. 그 안에서 우리가 판단하는 맥락은 그 맥락 자신의 존재론적 무게를 우리의 판단에 빌려준다. 떠올리면 진실로 여길 수밖에 없는 그런 p(예컨대 〈나는 의식이 있다〉, 〈나는 p라고 판단한다〉, 〈나는 살아 있다〉, 또는 〈나=나〉)가 있음을 자기 자신에게 증명하는 것은 무의미하다. 왜냐하면 이 프로젝트는, 그 안에서 명백한 무언가를 지목하기가 유의미한 그런 맥락 — 예컨대 명제적 내용들에 관한 철학적 논쟁 — 이 있다는 점을 간과하기 때문이다. 이렇게 구호처럼 표현할 수 있

* 이 책에서 Anlass는 때때로 〈기회〉로도 옮겼다.

다. 모든 코기토와 모든 의식은 스스로 만든 것이 아닌 상황 안에, 예컨대 〈울름 근처 어느 시골〉[108]에 있다. 자기의식과 짝을 이루는 능력, 곧 스스로에게 자신을 확신시키는 능력은 믿음에 관한 분업의 맥락 안에서만 발생한다. 그리고 그 분업을 통해 우리는 정신적 생물로서 우리의 생존을 성취한다. 인과적으로 고립된 코기토는 얼어 죽는다. 데카르트도 난로가 필요하다.

근거는 인식적 비대칭성을 산출하고 그럼으로써 반대파(야당 Opposition)라는 이념을 발생시킨다.[109] 요컨대 우리가 그 안에서 판단하는 논리적 공간은 항상 이미 휘어져 있다. 그 공간이 휜 정도는 타인들의 흔적이다. 평평한 논리적 공간은 있을 수 없기 때문에, 항상 무언가가 p라고 말해 주며, 이 말은 **사실적으로** p 아님을 반박한다. 따라서 실질적 양립 불가능성이 성립하며, 그 양립 불가능성은 모든 것을 포괄하는 논리적 공간 전체와 관련하여 정의되어 있지 않다. 그렇기 때문에 부정은 말하자면 p에 동그라미를 쳐서 다른 모든 것으로부터 격리하는 논리적 자유 이용권이 아니다. p를 부정하는 사람은 오직 q를 내세우며 부정할 때만 성공적으로 부정한다. 그 부정은 p를 진실로 여기기가 q를 진실로 여기기와 양립할 수 없음을 나타낸다. **유의미하게 부정하는(곧 내실 있는 대안을 내놓는) 사람은 반대 의견을 내놓는 것이다. 막연히 포괄적으로 부정하는(대안 없이 〈아니요〉라고 말하는) 사람은 기껏해야 거부하는 것이다.**

이 같은 진실로 여기기의 사회적 구조를 사회 이론과 연결할 수 있다. 사회는 맹점들을 가지고 있으며, 이 사실은 사회를, 중심에서 알아낼 수 없는 규칙을 따르는 하위 시스템들로 세분화시키는 본질적 동력이다. 사회는 중심이 없다. 만약에 중심이 있다면, 사회는 기능할 수 없을 터이다. 이것은 사회 존재론에서 고려해야 할 시스템 이론의 기본 통찰이다.

이 생각을 명확하게 표현해 보자. 우리는 오류 가능하다. 이 오류 가능성에서 타인이 등장한다. 타인은 우리의 진로를 수정한다. 타인들은 다르게 판단한다. 그러나 우리는 타인들 〈전체가〉 어떻게 판단하는지 한눈에 굽어보지 못한다. 왜냐하면 그런 굽어보기의 귀착점은 더는 반박할 수 없는 생각들 전체를 처분 가능하게 보유하기이기 때문이다. 사회를 한눈에 굽어보기는 아무것도 보지 않기일 터이다. 타인들이 정확히 무엇을 생각하는지는 결국 처분 불가능하게 남는다. 타인들은 늘 우리를 놀라게 한다.

아무리 완벽한 감시 장치도 사회를 통제하지 못한다. 그렇기 때문에 감시 장치의 권능은 대중의 견해를 감시하고 대중이 중심의 예측과 다르게 판단할 경우 필요하다면 그 견해에 개입하는 데 있지 않다. 오히려 감시 장치는 기껏해야, 그 장치에 굴복한 자들이 그 장치가 전능하다는 허구에 자신들을 맞추는 것을 통하여 다수를 조종한다. 성공적인 검열은 자기 검열에 의존한다. 성공적인 검열은 모든 것이 감시당하고 있다는 견해를 유효한 행위 모형으로 변환하여 행위자들 앞에 내놓는다. 그리고 행위자들은 결국 그 모형을 스스로 짊어진다.

타인들 전체가 어떻게 판단하는지 알지 못하기 때문에 우리는 수정 경로에 머무른다. 이 사정은 정신적 생물들의 공동체가 협동을 통해 생존하고, 삶의 상황을 체계적으로 개선하려 애쓰는 것을 가능케 한다. 정해진 목표를 가능한 최소의 적절한 걸음으로 도달하기 위하여 우리가 제시할 수 있는 근거는 항상 반박 가능하다. 정확히 어디에서 반박이 들어올지는 항상 후험적이다. 이 사정은 누구에게나 마찬가지다.

이것이 완벽한 독재자 역설의 기반이다. 완벽한 독재자 역설이란, 완벽한 독재에 성공한 독재자는 피해망상에 빠진다는 것이다. 왜냐하면 그 독재자는 감시 장치를 제작해도 예견할 수 없는 진로로 나아가는, 낯선 진실로 여기기의 원천을 더는 허용할 수 없기 때문이다. 예속된 신민(臣民)들을 완전히 불안에 빠뜨리기 위한 무의미한 살인, 곧 전체주의적 국가 테러는 이 문제를 해결하지 못하고 오히려 고착시켜 지속적으로 반란을 두려워해야 하는 상태로 만든다. 오늘날 많은 이들이 느끼는, 이론적으로 정당화 가능한 통치 형태로서의 민주주의적 법치 국가의 이념이 처한 위기는, 그 이념의 반대자들이 20세기의 모범을 따르는 전체주의적 독재자들이 아니라는 점에서 유래한다. 오늘날 민주주의적 법치 국가의 이념에 맞선 개념적 도발은, 부드러운 형태의 총체적 사회화가 가능해졌다는 사실에서 양분을 얻는다.

내가 체계적으로 분배된 권력이라는 이념에서부터 모든 것을 포괄하는 중심이라는 이념에까지 이르는 이 놀이 공간을 거론하는 목적은 단지 사회적 시스템이 중심이라는 허구를 통해 스스로 자신을 조종하는 사례를 제시하는 것뿐이다. 그 허구를 우리는 예컨대 국가라는 이름으로 익히 알고 있다. 전체주의 국가란 국가를 **유일무이한** 사회와 동일화하고 사회를 식별 가능한 전(全) 사회적 우리라는 기반으로 환원하는 그런 국가다. 전체주의 국가는 본질적으로 국경 바깥에 있는 다른 국가들에 맞선다. 즉, 전체주의 국가는 카를 슈미트가 말하는 의미에서 정치적이다.[110] 오늘날 사람들이 민족 국가주의의 재강화라고 느끼는 바는 슈미트를 계승한 정치관이 지구적 무대 위에 복귀하는 과정이다. 나중에(15장에서) 보겠지만, 이 움직임은 신화적 특징들을 띤다.

사회적 사실들은 근본적으로 선언들로 이루어져 있지 않으며, 바로 그렇기 때문에 사회가 가능하고 실재한다. 사회적인 것을 탄생시키는 근원적인 인정(認定) 행위는 없다. 거듭 말하지만, 그런 인정 행위를 상정하는 모형은, 필요한 인정을 성취하기 위해서는 근원적 인정 행위 자체가 이미 사회적이어야 한다는 점 때문에 실패로 돌아간다. 즉, 이 모형을 옹호하는 이론가는 악성 순환이나 역진에 빠진다. 이런 식으로, 합의를 중심에 놓는 사회 존재론은 머나먼 근원의 신화를, 곧 앎의 고고학을 산출한다. 우리가 협동하는 것은 협동이 좋음을 언젠가 통찰했기 때문이 아니다. 왜냐하면 우리의 그런 통찰은 이미 협동일 테니까 말이다. 결론적으로 우리는 근거 없이 협동한다. 물론 협동할 동기는 충분히 있다. 따라서 사회 생물학이 사회적 사실들을 우리가 생물들이라는 점과 연결할 때, 사회 생물학은 방향을 옳게 잡은 것이다. 인간의 삶꼴은 정신에 참여한다. 그런데 생물학은 인간의 삶꼴에 속속들이 스며들어 있다.

우리의 생존꼴은 철저하게 협동적이다. 우리는 호모 사피엔스라는 공통점을 통해서만, 바꿔 말해 명시화할 수 있는 자기 모형들을 통해서만 연결되어 있는 것이 아니라 이미 호미니드*로서 연결되어 있다. 모든 상상되거나 실제로 실행된 문화적 편입에 앞서 우리는 호미니드들로서 인간 집단의 부분이다. 우리가 그 집단을 비로소 결성해야 하는 것이 아니다. 요컨대 인간의 사회성은 근본적인 수준에서 아무튼 — 사회적 구성이 〈자연적임〉과 대비되는 한에서 — 사회적으로 구성된 것이 아니다.

우리는 자연적으로 사회적이다. 이것은 우리의 생존꼴의 표현이며, 우리의 생존꼴은 통계적으로 평균된 보편자를 산출한다.[111] 인간 행위의 놀이 공간들은 근본적인 생물학적 수준에서 생태 보금자리 안에 내장되어 있다. 우리 삶은 그 생태 보금자리로부터 영양분을 공급받는다. 생존, 죽음, 양성 번식, 우리의 기초적인 감정들 등은 보편적인 패턴들을 나타낸다. 10만 년보다 더 이른 과거 이

* hominid. 사람과(科)의 동물.

래로 인간은 그 패턴들에서 자신을 알아볼 수 있다. 문화적 지역적 특색은 이 핵심을 수정하지 않으며 오히려 역사적으로 우연적인 관습 안에 편입한다. 그렇다고 해서 이 핵심이 없어지는 것은 아니다.

그렇기 때문에 우리의 생존꼴은 개념적 혹은 심지어 형이상학적 심연을 사이에 두고 우리의 정신적 삶꼴로부터 분리되어 있지 않다. 그럼에도 우리의 생존꼴과 삶꼴은 동일하지 않다. 그렇기 때문에 사회적인 것은 근본적으로 불투명한 채로 머무른다. 왜냐하면 우리의 자연(본성)은 정신이라는 매체 안에서 우리에게 완전히 알려지지 않기 때문이다. 그러므로 인간 동물들로서 우리는 모든 경험적 식견을 무한정 멀리 벗어나는 방식으로 연결된 사정들을 항상 산출할 것이다. 인간은 인간 자신을 영영 완전히 해독하지 못할 것이다. 왜냐하면 우리는 본질적으로 환경 안에 내장되어 있는데, 그 환경의 시스템적 복잡성으로 인해, 우리가 그 환경을 완전히 통제하게 되는 일은 영영 일어나지 않을 것이기 때문이다. 아르민 나세히는 이를 이렇게 요약한다. 〈우리는 우리 자신에게 불투명하다.〉[112] 그는 아래와 같이 단언하는데, 나는 이 단언에 전적으로 동의한다.

사회적인 것의 영역에서 보편적인 규칙은 드물다. 모든 것은 역사적으로 상대적이며 무수한 경험적 경계 조건에 종속되어 있다. 그러나 나는 다음과 같이 과감하게 말하고자 한다. 아무튼 예외가 있다면, 그 예외는 열려 있으며 자유로운 소통, 그리고 공동체 형성의 가능성이다. 공동체 형성은 오히려 소통을 포기할 수 있음의 결과다. (……) 공동체 되기는, 특정한 소통적[!] 내용들, 요구들, 형태들, 어긋남들이 등장하지 **않음**

을 통해 주로 촉진된다.[113]

생각들을 생각하는 놈으로서 우리의 오류 가능성은 우리의 생존꼴로부터 남김없이 도출되지 않는다. 이것은 탈레스와 트라키아인 하녀가 등장하는 원초적 장면에 담긴 교훈이다. 그 하녀는 먼 곳을 보느라 명백한 것을 보지 못한 탈레스를, 그렇게 생존에 서툰 탈레스를 비웃는다.[114] 인간의 생각하기는 우리가 생존해야 한다는 사정을 훌쩍 벗어난 곳에까지 도달한다. 그렇기 때문에 우리의 개념적 능력을 진화론에서 특권을 인정받는 어떤 근본 패턴으로 환원하는 것은 초보적인 수준으로도 불가능하다. 허구들은 사라지지 않는다. 허구들은 모조리 명시적인 (이데올로기의 개입에 휘둘리지 않는) 규칙들로 대체될 수 없다.

그러므로 우리의 생각하기는 진화의 연장된 팔에 불과하다. 생각하기는, 어두운 삶 충동이 자신의 환경을 모사한 그림을 얻기 위해 사용하는 진화적 더듬이가 아니다. 물론 모든 행동에 임의의 적응적 장점을 갖다 붙일 수 있다. 실제로 진화 심리학이라는 장르의 흔히 터무니없는 논문들을 그런 역겨운 사례로 꼽을 수 있다.[115] 그러나 바로 그 임의성은, 〈박테리아에서 바흐까지〉 포괄하는, 정신에 관한 진화적 설명들이 비과학적임(혹은 덜 논쟁적으로 표현하면, 초경험적임)을 보여 준다. 주어진 인간 행동을 적응적인 것으로 간주하는 이야기를 임의로 지어낼 수 있으므로, 비유적으로 진화론에 기댄 설명은 아무것도 설명하지 못한다. 과도하게 잡아늘인, 결국 사이비 생물학적인 모형들이 내놓는 설명이 터무니없다는 점을, 그 모형들이 한 행동 — 사랑에 빠지기, 직립 보행, 자연과학적 이론 구성, 놀이 충동, 음식 취향 등 — 의 단적인 현존으로부터, 그 행동이 생존에 이로우며 따라서 적응적이라는 결론을 도출하는 것에서 알 수 있다. 특정한 행동이 우리를 죽이지 않는다는 것으로부터 그 행동이 적응적이라는 결론은 도출되지 않는다. 만약에 도출된다면, (자살을 제외한) 모든 행동이 적응적일 터이다. 왜냐하면 모든 행동은 유기체가 무언가를(그 행동의 실행을) 하게 만드니까 말이다.[116]

사회적인 것은 계통 발생적으로 불투명성에 기반을 둔다. 왜냐하면 우리는 정신적 **생물**로서 우리의 생존꼴에서 협동에 의존하기 때문이다. 사람은 다른 모든 사람이 무엇을 아는지 절대로 정확히 알 수 없기 때문에, 모든 명시적 행위 조율은 허구들의 작동에 의존한다. 그 허구들 덕분에 참여자 관점이 유지된다. 요컨대 사회는 앎 주장이나 기타 유효한 조형(造形)Gestaltung 주장으로부터 발생하지 않는다. 오히려 이런 형태의 주장들이 제기될 수 있다면, 사회는 이미 현존한다. 그런데 불투명한 구역은 경계가 명확하지 않다. 참여자들은 다른 모든 참여자가 무엇을 아는지 모르기 때문에, 다른 모든 사람이 무엇을 모르는지도 모른다. 앎의 정확한 수준은 늘 명시화 가능성을 벗어나 있다. 막스 베버는 이 사정을 합리화 Rationalisierung라는 열쇳말을 중심으로 탐구했다. 그가 합리화를 거론하는 취지는, 근대 사회들이 이른바 전근대적 혹은 비근대적 사회들보다 더 합리적이라는 것이 아니다. 오히려 합리화의 핵심은, 전지적 관찰자(전문가 위원회)라는 허구가 통용된다는 것이다. 그 허구는 제도들의 기능 방식을 항상 다시 새롭게 시험대 위에 세우기라는 부담스러운 과제로부터 개인들을 해방시킨다.[117]

정신적 생물들의 사회성의 핵심은 그들이 그들 자신을 생존의 늪에서 끌어올리는erheben 것이다. 인간은 숭고하다erhaben(높이 솟아 있다).[118] 달리 표현하면, 우리는 실존주의가 말하는 강조된 의미에서 실존한다. 이 강조된 의미의 실존은, 우리가 필수적인 자연적 조건들로부터(우리는 그 조건들 덕분에 생존하는데) 거리를 둔다는 점에 그 핵심이 있다. 우리는 우리의 정신적 삶을 자화상(인간상)에 비추어 꾸려 가는 능력을 명백히 지녔다.

인간상들은 서로를 배제한다. 구체적으로 말하면, 우리의 생존은 생존의 자연적 조건들을 충분히 고려하지 못하는데, 그런 우리의 생존은 어떤 것일까에 관한 그림을 우리는 그린다. 이 점은 명백한데, 얼마나 명백하냐면, 우리가 우리의 생존꼴(인간의 몸)의 자기 조직화를 완전히 아는 수준에 못 미치는 만큼과 같은 정도로 명백하다. 우리는 우리가 완전히 통제하지 못하는 과정들인 건강과 질병, 삶과 죽음에 내맡겨져 있으며 앞으로도 그러할 것이다. 어떤 의미에서 삶은 창발한다. 삶은 하위 시스템들의 조율에 매여 있다. 그리고 전체가 원인으로서 전체의 부분들에 수직 방향으로 가하는 작용이 없다면, 그 조율을 이해할 수 없다. 더 나아가 우리의 생존이 벌써 사회적 조건들에 매여 있다. 그리하여 우리 각각의 유기체가 깃든 생태 보금자리와 더불어 사회적 환경이 우리가 아무튼 발달하는 것에, 그리고 정확히 어떻게 발달하는지에 관여한다.

우리는 우리의 환경에 적응하는 생물학적 복잡성을 개별(심지어 분자적) 요소들의 고립된 인과성에 의지하여 기계적으로 설명하는 수준에 한참 못 미치므로, 우리는 이론적으로도 우리 자신의 동물성으로부터 거리를 두고 있다. 우리의 순수한 생존을 주제로 삼을 수 있기 위해서도 우리는 인간상에 의존한다. 이런 인간상들은 우리의 행동을 조종한다. **우리는 우리 자신의 동물성에 대한 견해를 길잡이 삼아 행위한다.**

오늘날의 통상적인 자연주의자들처럼 다소 이타적인 살인자 유인원으로서의 자기 모형을 통해 자기를 조종하거나 어떤 다른 동물학적 모형에 따라 자기를 조종하는 사람은, 불멸의 영혼을 믿는 사람과는 근본적으로 다른 태도로 자신의 생존을 마주한다. 자연주의와 종교는, 왜 우리는 생존하는가, 라는 질문에 대한 답의 양극이기도 하다. 한마디 보태면, 생명은 무엇인가, 라는 질문은 자연주의자들의 호언장담과 달리, 환원주의적으로 혹은 기계주의적으로 명확히 대답되지 않았다. 생기론Vitalismus이 명백히 극복되었다는 견해는 부당하다. 대다수 경우에 그 견해는 당대에 드리슈와 베르그송이 참여한 논증 상황을 사람들이 애써 살펴보지 않는 것에서 유래한다. 드리슈와 베르그송은 수많은 생기론 옹호자 중 두 명일 따름이다.[119] 내가 이 언급을 하는 것은 — 생기론자들도 배척한 — (불멸의) 영혼을 옹호하기 위해서가 아니라, 다만 우리의 정신적 삶꼴은 우리가 우리의 동물성과 맺는 자기 관계의 수준에서 벌써 드러난다는 생각을 명확히 표현하기 위해서다. 인간은 생물로서 당황스러운 상태에 처해 있다. 우리는 다른 동물들처럼 우리의 동물성 안에 편히 머무르지 못한다. 자신의 동물성 안에 편히 머무르는 동물의 자기 조종은 자기 묘사를 경유하여 이루어지지 않는다. 〈인간은 동물이 아니고자 하는 동물이다.〉[120]

모종의 인간상은, 비인간적 우주의 인과 구조와 다중으로 엮인(우리의 행동은 힘들과 자연법칙들이 지배하는 놀이 공간 안에서 이루어지므로) 우리의 동물성의 본질에 부합한다. 다만 우리는 어떤 객체 수준의 인간학이, 곧 어떤 인간상이 우리의 동물성을 적확하게 파악하는지 모른다. 말하자면 인간은 아래쪽으로, 곧 동물학적으로 여전히 열려 있다. 이 문제가 유발하는 대응은 인간상들의 충돌이다.

이와 관련하여 유발 노아 하라리는 『사피엔스』에서 옳은 주장을 제시한다.[121] 인간들은 이야기를 기초로 삼아 (〈사회〉라고 부를 수 있는) 집단을 형성한다. 인간들은 자기네 생존의 수수께끼를 길들이기domestizieren 위하여 이야기를 지어낸다. 따라서 의술은 사회 구조에서 핵심적 지위를 차지하는데, 철학은 이를 너무 등한시한다. 의술의 사회적 핵심 지위는 사람들이 〈전근대〉로 분류하곤 하는 사회들에 못지않게 〈근대〉 사회들에서도 본질적이다.[122] 의술의 진보는 우리 자화상들의 역사와 밀접한 관련이 있다. 그도 그럴 것이, 현재로서는 한눈에 굽어볼 수 없을 만큼 복잡한 인체 내 조절 회로들이 정확히 어떻게 연관되어 있고, 인체 내에서 함께 작동하는 제각각 복잡한 시스템들의 정상적 협응 상태로서의 건강을 정확히 어떻게 규정할 수 있는지는 자연 과학적 관점에서 최종적으로 밝혀지지 않았다.

인간의 사회 형성은 근본적으로 허구적이다. 우리가 〈사회〉 혹은 〈문화〉라는 익숙한 명칭으로 부르는 인간 집단의 결속은 역사적으로 신화 짓기 덕분에 이루어졌다. 비인간적 코스모스 안에서 인간의 위치에 대한 신화적 의식을 빼놓고 인간을 이해할 수는 없다.[123] 물론 하라리는 이 통찰을 곧바로 그르친다. 무슨 말이냐면, 그는 편파적으로 자연주의적인 인류 **역사**를 풀어놓는다. 그 역사는 모든 통상적인 목적론적 패턴들을 되풀이한다. 그 패턴들은 원시적 생존에서부터 근대 유럽 문명으로 이어진다. 그리고 하라리의 스토리에서 그 패턴들이 캘리포니아에 이르러 정점에 도달하는 것은 우연이 아니다.[124] 그의 진정한 모범인 니체와 마찬가지로 하라리는 우리의 불가피한 자기 이야기를 이용하여 초인을 예비한다. 하라리는 역사 서술을 통해 은폐된 방식으로 인류의 자기 파괴에 몰두한다. 이 사실에 가장 잘 어울리는 그의 행마는 다음과 같은 철학적으로 터무니없는 주장을 퍼뜨리는 것이다. 즉, 디지털화라는 새로운 감시 장치는 자유 의지에 대한 최종적 반박이며 따라서 **자유** 민주주의의 종말의 시작이라고 하라리는 주장한다.[125]

객체 수준의 인간학 하나를— 초인본주의Transhumanismus 인간학을— 다른 객체 수준의 인간학들(특히 유신론적 인간학)에 맞서 내세우는 이 자의적인 행마 대신에, 이 책에서 옹호하는 신실존주의는 **더 높은 수준의 인간학**적 발상을 권한다. 그 발상은 인간학적 불변항인 인간상들의 불가피성을 주춧돌로 삼는다. 이 불변항은 보편적 유효성들의 원천이다. 인간들이 있는 곳이라면 어디에서든지 이 불변항은 삶과 죽음 등에 관한 객체 수준의 견해보다 더 높은 수준에서 인간들의 사회 형성을 조종한다. 치료와 장례는 어디에서나 이루어진다.

이것이 철학적 위치 지정 문제의 기원이다. 가치들, 정신, 의식, 삶, 아름다움, 수(數), 색깔 인상 등이 어떻게 우주 안에 들어맞는가, 라는 문제는 가장 큰 인식론적 난점들을 야기한다. 왜냐하면 우리의 인간상은 항상, 우리가 비인간적 환경에서 벗어나 있다는 사정에 기초를 두기 때문이다. 우리가 〈중심에서 벗어난 위치〉에 있음을 모범적으로 보여 주는 학문 분야가 된 현대 천체 물리학도 이 사정을 전혀 변화시키지 않았다.[126] 우리는 우리 자신을, 한때 우리 자신의 위치로 여겼던 추정된 중심으로부터 계속해서 떼어 놓는다. 이 자기 부정은 이른바 〈근대〉에 무의미성 의심의 형태를 띤다. 그 의심은, 우리의 삶은 생존을 본질적으로 초월하는 의미를 가질 수 없다는, 왜냐하면 우리는 우리 안에서 단지 별이 남긴 먼지만 볼 뿐이기 때문이라는 생각에서 정점에 이른다. 우주적 관점에서 보면, 그 먼지는— 많이 인용되는 쇼펜하우어의 문구를 빌리면— 〈곰팡이 더께Schimmelüberzug〉이며, 그 더께가 〈살며 인식하는 놈들을 낳았다〉.[127]

그럼에도 쇼펜하우어는 이 같은 탈중심적 관점이 우리에 의해 채택되며 따라서 우리의 자기 서술에서 한 기능을 담당한다는 점을, 그러므로 이 자기 서술은 본래의 취지와 달리 결국 〈경험적 진실, 실재, 세계〉[128]가 아니라는 점을 어렴풋이 감지한다. 우주적 관점에서 본 삶에 대한 서술은 오직 우리가 그 관점을 채택함을 통해서만 삶의 의미를 위협한다. 이로써 그 서술은 인간의 자기 규정에 기여하는 한 성분으로 정체를 드러낸다. 그 서술은 〈경험적 진실, 실재 세계〉가 전혀 아니며, 오히려 특정 형이상학에서 귀결되는 기분 묘사, 혹은 스스로 형이상학으로서 발언하는 기분 묘사다.[129]

혼란에 빠진 인간상 앞에서 발생하는 이 같은 형이상학적 기분들은, 이 책에서 제안하는 진단에 따르면, 사회적 상황의 표현이다. 왜냐하면 사회는, 우리는 무엇 혹은 누구이고자 하는가, 라는 질문에 대한 답의 한 부분이기 때문이다. 참여자 관점에서 보면, 사회적 시스템들은 구성원들이 자기네 상황을 묘사하는 그림을 제작함을 통하여 조종된다. 사회적 시스템들은 이언 해킹이 말하는 의미에서 상호 작용적이다. 즉, 사회적 시스템들이 무엇이며 어떻게 기능하는지에 관한 우리의 견해는 그것들이 무엇이고 어떻게 기능하는지를 본질적으로 규정하는 한 요인이다.[130]

이 현상은 우리를 사회 구성주의를 향한 그릇된 길로 이끌기 쉽다. 왜냐하면 사회적인 것은, 행위자들이 그것을 어떻게 대하느냐 하는 것으로부터 독립적이지 않기 때문이다. 사회적인 것은 의견 불일치를 관리하는 활동을 통해 생산되며, 이 생산은 가변적(바꿔 말해 우연적)이다. 이런 최소한의 의미에서, 일부 항목들(특히 사회적인 것)은 구성된 것이라고 말할 수도 있을 것이다. 그러나 이로부터 모든 것이 구성된 것이라는 결론은 도출되지 않는다. 만약에 이 결론이 옳다면, 구성 개념을 더 명확히 설명할 필요가 있을 터이다.[131] 여기 3부에서 그 설명은, 〈구성〉이 그것의 실재론적 맞짝인 생산으로 대체됨을 통하여 이루어질 것이다.

사회적 시스템들이 생산되고 재생산된다는 사실은, 모든 참여자들이 사회적 시스템들에 관한 오류에 빠져 있을 가능성을 배제하지 않는다. 무슨 말이냐면, 사회적 시스템들은 의식적인 혹은 투명한 구성 행위를 통해 제작되지 않는다. 오히려 사회적 시스템들은 항상 불투명한 조건들 아래에서 생산되며, 그 조건들의 범위는 사회적 시스템의 창설자들이 직접 접근할 수 있는 범위를 훌쩍 능가한다.[132] 이런 연유로, 한눈에 굽어볼 수 없을 만큼 많은 하위 시스템을 거느린 복잡한 사회들에서는 상층의 사회적 시스템들이 설립된다. 그 시스템들은, 주어진 아래층 사회적 시스템들의 기틀 조건들을 명시화하기 위하여 위험 평가와 기타 평가 변수들을 적용한다. 그런데 이 작업은 부분적으로만 성공한다. 왜냐하면 곧바로 잠재적으로 악성인 역진이 발생하기 때문이다. 우리는 그 역진을 국가 철학과 법철학의 창설 기록들에서 보아 익히 안다. 무슨 말이냐면, 주어진 사회적 시스템의 상층 감시 시스템이(예컨대 한 도시 구역을 관할하는 경찰서가) 감시당하는 사회적 시스템들에 금지된(이를테면 차별적인) 방식으로 개입한다는 의심을 받게 되면, 그 상층 감시 시스템의 기능 방식을 더 높은 층에서 관찰하는 또 다른 사회적 시스템(검찰, 행정 안전부)이 필요해지고, 이런 식으로 무한정 많은 상층 시스템들이 필요해진다. 이런 분업 조건 아래에서 완전한 투명성은 원리적으로 성취될 수 없다. 왜냐하면 어떤 관찰 시스템이든지 고유한 〈맹점〉을 갖게 마련이기 때문이다. 이것은 시스템 이론의 올바른 주요 통찰 중 하나다.[133]

이 모든 것은 사회 과학적 공유 자산이며, 우리는 사회 존재론적 실재론의 틀 안에서 그 공유 자산을 간과하지 말아야 한다. 우리의 사회 형성은 이상화된 최적의 인식적 조건들 아래에서 이루어지지 않는다는 사정을 간과하면 안 된다. 이 사정은 철학적 이론 구성에 피드백 효과를 발휘한다. 왜냐하면 철학적 이론 구성은 사회적 진공에서 이루어지는 것이 아니라 책 인쇄, 대학교, 공적인 논쟁이라는 매체 안에서, 학회들에서, 전문가 집단에서, 그 밖에 다양한 조건 아래에서 이루어지기 때문이다.

사회적인 것에 관한 철학적 이론 구성의 사회적 조건들을 영구적으로 도외시하지 말아야 한다. 왜냐하면 그렇게 도외시할 경우, 다음과 같은 의미에서 모형과 실재의 중대한 뒤바뀜이 일어날 수 있기 때문이다. 구체적인 사회 존재론적 접근법이라면 어떤 접근법이든지, 이론 구성을 위한 축의 구실을 하는 근본 개념을 선별하여 채택한다. 이를테면 규범성, 인정, 권능, 주권, 소통, 시스템 등을 말이다. 이어지는 이론 구성은 추론적 연결망들을 확립하고, 그 연결망들은 행동을 이론적 진술로 묘사하는 모형을 정식화할 수 있게 해준다. 모형은 모형이 목표로 삼아 겨냥하는 놈과 절대로 동일하지 않다. 모형의 일부 요소들에는 실재하는 무언가를 지칭하는 기능이 귀속되어야 한다. 그런 요소들이 없으면 모형은 공회전한다. 잘 알려져 있듯이, 콰인은 이 귀속시키기를 〈존재론적 책무〉라고 칭한다. 모형의 존재론적 책무들은 실재하면서 모형화될 수 있는 무언가가 있음을 전제한다. 그 책무들이 무엇인지는 주어진, 이미 확립된 모형에 대한 분석 없이는 제시할 수 없다. 그런데 사회 이론의 존재론적 책무들은, 그 이론이 구성되는 동안에는 부분적으로 불투명하다. 여기에서 내비치는 사정은, 사회적인 것을 다루는 이론의 구성을 위한 사회적 조건들이 있으며, 사람들은 제안된 이론들에 대한 상호 비판을 통해 그 조건들을 파악하려 애쓴다는 점이다. 비판에서 벗어나고 따라서 대안들의 정당성에서 벗어나려 하는 사회 이론은 성공적인 자기 구성에 이르러 몰락한다. 왜냐하면 그런 이론은 자신의 오류 가능성을 보이지 않게 만들기 때문이다. 인식적 양상 범주로서의 실재가 — 따라서 오류 가능성이 — 밀려나고 궁극적으로 성공한 사회 연구의 패러다임을 성취했다는 허위의식이 들어선다. 루이스 고든은 이를 〈학문 분야의 타락disziplinäre Dekadenz〉이라는 열쇳말 아래 연구했다.[134]

우리는 **학문 분야의 추론 오류**라는 용어를 사용하기로 하자. 이 오류는 공유한 모형의 세부 속성들에 관하여 의견을 주고받는 구성원들로 이루어진 한 집단의 폐쇄성으로부터 그 집단의 책무들이 존재론적 진실이라는 결론을 도출한다.[135] 이런 추론 오류는 실용주의적 진실 이론을 통해 확고한 권위를 인정받는다. 그 진실 이론은 진실을 합의 혹은 합리적 수용 가능성에 관한 모종의 다른 규범과 동일화하며 따라서 실재 개념을 모형 구성으로부터 멀리 떼어 놓는다.

학문적 패러다임들은 개념적으로 신화적 패러다임과 유사하다. 이 유사성은 사람들이 믿을 법한 정도보다 더 강하다. 이 사정역시 콰인이 지적한 바다. 이와 관련한 콰인의 언급에 따르면, 현대 물리학의 존재론적 책무들은 호메로스가 묘사한 신들보다 범주적으로 우월하지 않지만 그렇다고 전자를 버리고 후자를 택할 이유는 전혀 없다.[136] 〈정립을 정립이라고 칭하는 것은, 정립하기를 위에서 내려다보며 다루는 것을 뜻하지 않는다.〉[137]

이 모형-모형*의 일반적인 문제는, 개념적으로 실재를 극복할 수 없을 만큼 멀리 떼어 놓는다는 점이다.[138] 그렇기 때문에 — 모든 실용주의적 이론과 신실용주의적 이론에서 그렇듯이 — 이 모형-모형에서는 진실에 관한 것이 아닌 성공 기준이 진실을 대체한다. 이를테면 한 세계상에 동조하겠다는 결심이 진실을 대체한다. 또한 그 세계상은 진실이 아니라 기술적이거나 사회적인 관철(貫徹)

* 모형을 다루는 모형.

력에 기반을 둔다. 구체적으로 사회 존재론적 맥락에서 이 약점은, 이 모형-모형이 자신의 위치를 사회적인 것으로 파악할 수 없다는 사정으로 표출된다. 왜냐하면 그 위치를 사회적인 것으로 파악할 수 있다면, 관찰 가능한 목표 시스템과 설명적 모형 사이의, 범주적이라고들 하는 구별을 피해 갈 수 있을 터이기 때문이다. 모형 구성이 이미 사회적이라면, 사람들이 모형을 매개로 겨냥하는 속성 — 여기에서는 사회성 — 은 당연히 이미 모형 속성이다.

쾌인은 이 사정을 간접적으로 실토한다. 즉, 그는 〈근원 번역 radical translation〉은 이론가가 자신의 고유한 어휘를 명시화하고 자기 언어의 의미론을 반성적으로 점검할 때 시작되는 것이 아니라 〈집 안에서부터 시작된다〉는 점을 인정한다.[139] 쾌인에 따르면, 다들 알다시피 언어적 표현들은 〈그냥 대뜸〉 무언가를 지칭하지 않는다. 오히려 언어적 표현들은 오직 의미(지칭 대상)들을 부여하는 모형 형태의 맥락이 확립되어 있음을 고려할 때만 무언가를 지칭한다. 그렇기 때문에 쾌인이 보기에 의미(지칭 대상)들은 자연적이지 않으며 따라서 자연주의적 관점에서 보면 존재론적 책무가 될 자격이 없다. 이로써 의미(지칭 대상)를 안정화하는 사회적 사정은 시야에서 멀어진다. 내가 다음 장에서 신실재론적 전제들 아래에서 탐구할 그 사정은, 언어적 의미(지칭 대상)는 오직 공유된 규칙 따르기의 맥락 안에서만 가능하다는 것이다. 생각하기가 사회적 본성을 가진 정도만큼, 바꿔 말해 우리가 인식 가능하게 오류 가능함을 통하여, 모든 담론은 이미 〈타인의 담론〉이다.[140] 우리의 오류 가능성의 방향은 자연적 조건들과 사회적 조건들에서 나온다. 그리고 그 조건들은 (그 조건들이 작동한다는 점 자체를 고려할 때) 늘 부분적으로 불투명하다. 아무도 홀로 착각하지 않는다.

이 사실을, 앎 주장의 정당화 조건을 들어 예증할 수 있다. 그 조건은 오류 가능성에 관한 논쟁이 불붙는 지점이다. S가 p임을 안다면, S가 p를 진실로 여길 모종의 근거가 있다. 앎이 성공한 사례에서 앎의 근거는, S가 진실로 여기는 것을 진실로 여겨야 할(왜냐하면 그것은 진실이니까) 충분한 근거다. 앎이 성공한 사례에서, 진실로 여기기의 근거는 진실로 여겨지는 바와 일치한다. 이 때문에 윌리엄슨을 비롯한 인식론적 외재주의자들은 정당화 조건을 진정한 조건으로 간주하지 않고 앎을 분석 불가능한 독자적 유형의 정신적 상태로 간주하는 그릇된 방향을 선택했다.[141] 따지고 보면, 나는 양손을 지녔다, 라는 취지의 앎 주장의 가장 좋은 근거는 결국 모종의 사실 — 이를테면 내가 양손을 지녔다는 사실 — 이며, 나는 인식적 태도로, 특히 진실로 여기기 태도로 그 사실을 대한다. 일찍이 플라톤이 명확히 간파했듯이, 앎 주장은 정당화 조건을 함축하기 때문에, 고전적인 앎 정의는 무해한 방식으로 순환적이다. 무슨 말이냐면, 앎의 성공 사례에서 당신은 진실인 것을 진실로 여기는데, 이는 궁극적으로 그것이 진실이기 때문이다. 앎의 성공 사례에서 진실과 진실로 여기기는 서로 결합되어 있다. 이 결합을 가리키는 플라톤의 명칭이 바로 로고스λόγος다.[142]

내가 양손을 가졌다는 사실이 앎의 근거인지, 아니면 내가 양손을 지녔음을 내가 지각한다는 사실이 앎의 근거인지는 이 대목에서 부차적이다. 왜냐하면 앎에 대한 분석은 예외 없이, 모종의 사실 — 진실인 무언가 — 이 내 앎의 근거라는 것으로 귀착하기 때문이다. 이런 연유로 누군가가 p임을 안다는 것을 스스로 아는 것이 가능하다(그러나 필연적이지는 않다). 앎 주장은 원리적으로 **반복 가능하지만**iterierbar **반복적이지는**iterativ 않다.

그렇다면 이런 조건들 아래에서 어떻게 하면 오류 가능성을 적절하게 생각할 수 있을까? 앎이 우리가 앎의 성공 사례를 가리킬 때 사용하는 이름이라면, 당연히 앎은 오류 가능하지 않다. 앎의 성공 사례라는 관념을 우리의 인식적 입장에 대한 분석에서 성공적으로 삭제할 수 없으므로, 다른 무언가가 오류 가능해야 한다.

유감스럽게도, 간단히 앎 주장을 오류 가능성의 보유자로 간주할 수는 없다. 무슨 말이냐면, 그렇게 간주하자는 제안은 성공적인 앎 주장을 배제한다는 난점을 극복해야 한다. 왜냐하면 앎 주장의 성공 사례는 앎이며, 앎은 가정에 따라 오류 가능하지도 않고 오류 불가능하지도 않기 때문이다. 오히려 앎은 우연적이지 않은 방식으로 정당화된 진실로 여김이다.[143] 만약에 앎 주장이 본질적으로 오류 가능하다면 앎 주장은 성공할 수 없을 것이다. 이 문제 앞에서 이른바 〈건전한gesund〉 오류 가능주의로 후퇴할 수는 없다. 왜냐하면 모든 앎 주장은 오류 가능하다(왜냐하면 앎 주장은 본질적으로 오류 가능하기 때문에), 라고 주장하기는 결국 앎을 부인하기로 귀착하기 때문이다.

앎 주장의 모습을 충분히 복잡하게 만들어, 앎 주장은 절대로 유보 없이 성공할 수 없다, 라는 인상을 말하자면 과학 철학적(학문 이론적)으로 또는 과학사(학문사)적으로 바탕에 깔기 위하여, 정당화 전체주의나 어떤 다른 정합주의 버전으로 후퇴하더라도, 인식론적 상황은 개선되지 않는다. 객관성의 계보학이나 앎의 고고학의 심연으로 뛰어드는 것도 전혀 도움이 되지 않는다.[144] 인식론을 역사화하는 시도는 기껏해야, 우리가 무언가를 정말로 아는 경우는 절대로 없다는 터무니없는 주장을 넘어서는 개념적 진보를 이뤄 내지 못하는 채로, 실험 설계들과 사회적 인정 메커니즘들의 변화를 서술할 따름이다.[145] 〈앎〉의 역사화는 항상 기껏해야 유예된 회의주의일 따름이다.

앎 주장들이 성공적일 수 있다면, 실제로 제기되는 첫째 층의 앎 주장들은 오류 가능하지 않으며 개별적으로 성공적이거나 성공적이지 않을 수만 있다. 각각의 앎 주장은 성공하거나 성공하지 못한다. 요컨대 앎 주장은 성공과 실패를 오가며 진동하지 않는다. 진동하는 것은 우리, 곧 정신적 생물들이다. 정신적 생물은 그놈 자신의 상태 계열과 정신적 구조의 귀결로 착각할 수 있는 그런 생물이다. 착각하는 놈은 언어적으로 명확히 발설된 앎 주장이 아니라 그런 앎 주장을 제기하는 생물이다.

p라는 취지의 앎 주장이 성공한다면, p 아님이라는 취지의 앎 주장은 실패한다. 이것이야말로 진정한 양자택일이다. 성공과 실패 사이에서 진동하므로 모종의 정당화 행마를 통해 확실히 고정되어야 할 제3의 경우, 중립적인 경우는 없다.[146] 그런데 우리가 **앎 주장**을 제기한다는 점 때문에 우리가 오류 가능한 것이 아니라면, 우리가 오류 가능한 것은 무엇 때문일까?

대답은, **우리**는 오류 가능하지만 예컨대 우리의 실제 앎 주장들은 오류 가능하지 않다는 것이다.[147] 누군가가 앎 주장을 제기한다면, 그는 실패할 수 있다. 왜냐하면 정신적 생물인 그는 경험적으로 한눈에 굽어볼 수 없으며 결국 원리적으로도 한눈에 굽어볼 수 없는 복잡한 상태 계열을 거쳐 p를 주어진 일련의 대안들보다 선호하기 때문이다. p를 선호하기는 p를 진실로 여기기로 이어지며, 이 진실로 여기기는 한눈에 굽어볼 수 없을 만큼 많은 진실로 여기기 상태들에 의해 세부적으로 뒷받침된다. 오류의 근거는 앎 주장에, 곧 특정한 판단에 있지 않고, 다른 판단 요인들이 그 판단을 흐리는 것에 있다. 판단이 진실이거나 거짓이라는 점이 판단 시점에 투명하다면, 오류에 빠지기 쉬운 주체의 다른 상태들과의 분쟁은 일어나지 않을 터이다. 그 다른 상태들은 다른 판단들만 포함하는 것이 아니다. 왜냐하면 생물로서 우리는 판단하기만 하지 않고 다양한 유형의 태도들을 취하며, 그 태도들은 우리의 판단을 가능케 하고 거기에 영향을 미치기 때문이다. 내가 지금 갖춘 감각이 없다면, 나는 나의 판단에 관한 이 같은 나의 판단들을 종이에 적지 못할 터이다. 나의 감각은 내 판단에 개입하는 다른 모든 실재적 요인들과 절대로 완전히 굽어볼 수 없게 상호 작용하면서 개연성 영역(나에게 현재 가용한 명확성)을 산출한다. 그 개연성 영역은 나의 판단을 유도한다(그러나 나의 판단을 강제하지는 않는다).[148] 원리적으로 항상 불투명한 이 모든 과정이 나의 오류 가능성의 근거다. 이 모든 과정은 일반적으로 전달 가능한 나의 앎 주장이 아니다.

우리가 p라고 판단함으로써 앎 주장을 제기한다면, 판단하기 사건이 일어나게 만드는 조건들 B_1, B_2, ……, B_n이 충족된 것이다. 당신은 한 시점에 p라고 판단하고, 그 판단은 한 맥락 안에서 일어난다. 판단들은 의미장 안의 탐구 대상들로서 표출된다. 즉, 판단들은 실존한다. 우리가 정신적 생물들로서 무언가를 한다면, 예컨대 판단한다면, 우리의 활동이 인식 가능하기 위한 자연적 조건과 사회적 조건이 충족된 것이다. 우리가 제기하는 앎 주장은 완전히 비가시적이지 않다. 만약에 완전히 비가시적이라면, 그 앎 주장이 판단하는 바는 이론 능력을 갖추지 못할 터이다. 하지만 제기되는 앎 주장의 모든 조건이 완전히 가시적인 것도 아니다. 왜냐하면 그 모든 조건이 완전히 가시적일 경우, 우리는 그 앎 주장의 보유자로 간주될 수 없을 터이기 때문이다. 요컨대 주체성 없는 객관성은 없다. 그렇다고 해서, 앎이란 앎 주장의 성공 사례라는 생각을, 따라서 앎 주장은 성공한 앎 주장과 실패한 앎 주장으로 유형이 나뉜다는 생각을 버려야 한다는 뜻은 아니다. 고전적인 용어로 표현하면, 판단하기(근원-분할하기Ur-Teilen)는 우리의 인식적 삶을 두 가지 유형의 사례들로 갈라놓는다. 판단한다는 것은, 자신이 한편에 있다고 믿는다는 것이다. 이때 그 한편은 대안과 함께 있다. 이로써 우리는 결국 정신적 생물들로서의 우리 자신과, 곧 사실적으로 앎 주장을 제기하는 우리 자신과 관련 맺는다. 이 사실성은 너무 복잡해서 완전히 굽어볼 수 없다. 우리 삶의 한 부분은 늘 우리의 관할 범위를 벗어난다. 또한 우리의 삶을 우리에게 투명한 부분과 불투명하게 남는 부분으로 나눌 수 있게 해줄 만한 확고한 경계선은 없다. 사실적으로 그 경계선은 선험적이지 않은 기준들에 따라 옮겨진다. 다른 글에서 나는 이 사정을 〈역사성Ge-schicht-lichkeit(층들이 쌓여 있음)〉이라고 칭한 바 있다.*[149] 한 인식적 사건을 위한, 총괄하면 충분한 조건들은 나중에 부분적으로 분석적인 방식으로 조사될 수 있고 여러 의미장에 귀속될 수 있다. 또한 그 의미장들은 고고학적 방식으로 층Schicht들로 분리될 수 있다. 우리가 오류 가능한 것은, 이 요소들의 상호 작용이 더 높은 수준의 통제적 감독 아래 놓일 수 없기 때문이다. **우리가 무언가를 인식하기 위해 동원하는 모듈들에 대한 모든 반성적 통제는 우리가 처한 전체 상태를 변화시키며, 그 변화의 양상은 통제적 감독을 요청하도록 우리를 이끈 근거들로부터 우리가 항상 추가 판단을 끌어내야 하는 것일 수 있다.**

이로써 악성 무한 역진의 전형적인 사례가 등장할 위험이 닥친다. 일반적으로 무한 역진은, 기록 과정의 틀 안에서 강제로 실행되는 규칙의 종결 불가능한 재적용이다. 그러므로 각각의 무한 역진에 대응하는 알고리즘이 있다. 예컨대 모든 사실적인 생각에 〈내가 생각하기에Ich denke〉가 동반될 수 있어야 한다는 규칙에 따른 무한 역진이 그러하다.[150] 앎(혹은 앎 주장)에 관한 앎 주장들을 제기하는 인식론을 정당화하는 맥락 안에서 무한 역진은, 인식 가능한 p

* 저자가 Geschichtlichkeit를 Ge-schicht-lichkeit로 분철한 것은, Schicht(층)를 강조하기 위해서인 듯하다.

아님 사례가 아니라 p를 (다른 견해와 달리 한 견해를) 옹호하기 위해 우리가 획득하는 정당성이 오로지 p 아님을 배제하기 위해 q를 도입해야만 획득된다면, **악성이다.** 이 정당성 획득 과정은 q에 대해서 반복된다.[151] 내가 q라고 판단함으로써 p 아님을 배제할 때만 p라고 판단할 수 있다면, 내가 q 아님을 배제하지 않은 채로 q라고 판단할 수 있는 이유를 선험적으로 파악할 수 없으며, 그렇다면 또 r이라는 판단이 필요하며, 등등이다.

그러나 정당화 역할을 하는, 선험적이지 않고 경험적인 역진 봉쇄자가 있다면, 우리는 이 문제에서 벗어난다. 그렇기 때문에 우리는 준선험적quasi-apriori 방식으로, 곧 이론들을 비교함으로써, 경험적인 역진 봉쇄자를 받아들일 권리가 있다. 나는 〈준선험적〉이라고 말하는데, 왜냐하면 순수하다고들 하는 인식론의 생각하기에 사실성을 도입하는 행마의 요점은, 철학적 앎 주장들도 사실적이며 따라서 실재성으로 충만한 맥락들 안에서 제기된다는 것이기 때문이다. 그런 맥락들은 역사적 유한성에서 벗어날 수 없으며, 우리가 아무튼 성공적으로 판단할 수 있는 것은 그 유한성 덕분이다. 왜냐하면 그런 맥락들이 없다면, **우리 같은 사람**도 없을 테고, 따라서 우리의 판단하기도 고려할 사안이 아닐 테니까 말이다.[152]

그런데 사회는 사실성의 실재화를 위한 부분적으로 불투명한 조건들에 속한다. 사실들이 진실로 여기기로부터 인식 가능하게 구별되는 것은 자연종들이 있기 때문만이 아니다. 우리가 자연에 관하여 그릇된 견해들을 품을 때 — 자연종들의 의미장으로 이해된 — 자연은 자연 자신에 관하여 착각하지 않는다. 자연은 인간 안에서 눈을 뜨지도 않고, 인간들을 생산하고 부분적으로 어둠 속에 놔둠으로써 그릇된 의견을 품게 하여 자연 자신을 현혹하지도 않는다. 즉, 진실로 여기기를 위한 자연적 조건들만 있는 것이 아니라 사회적 조건들도 있다는 점을 유념해야 한다. 후자의 본질적 핵심은 우리가 자화상에 비추어 삶을 꾸려 간다는 점이며, 그런 한에서 후자는 부분적으로 비자연적이다. 사회종들soziale Arten과 자연종들 natürlichen Arten이 구별된다는 점을 오류의 세 가지 유형에 기대어 예증할 수 있다.[153]

A) **자연종들에 관한 오류**: 내가 자연종에 관하여 착각한다면, 나의 착각은 그 자연종의 내재적 속성들을 전혀 변화시키지 않는다. 이것은 자연종에 내재적 속성들을 부여하는 것이 합리적이라고 느껴지는 이유 가운데 하나다. 자연종에 관한 우리의 앎이나 그릇된 견해는 그 자연종의 속성들의 변화를 자동으로 유발하지 않는다. 우주의 머나먼 (기본 입자들을 충돌시켜 새로운 기본 입자들을 산출하는 입자 가속기도 없고, 기본 입자 유형을 변화시킬 만한 다른 요인들도 없는) 구역에 있는 기본 입자 유형의 개수는 정해져 있다. 그 구역에 정확히 여섯 가지 유형의 쿼크가 있다고 해보자. 그런데 누군가는 귀동냥으로 쿼크에 관하여 무언가를 배웠는데 쿼크와 보존을 혼동하는 바람에 방금 언급한 구역에 다섯 가지 유형의 쿼크가 있다는 견해를 품을 수도 있을 것이다.[154] 그러나 쿼크와 보존에 관한 누군가의 진실이거나 거짓인 견해는 쿼크와 보존의 속성들을 변화시키지 않는다.

B) **자기기만**: 자신에 관하여 착각하는 누군가는 자신의 상태를 변화시킨다. 내가 나 자신에 관하여 착각한다면 — 이를테면 나는 불멸의 영혼을 가졌는데도 가지지 않았다고 믿는다면, 또는 모든 타인이 보기에 나의 탱고 스텝은 전혀 탱고로 보이지 않는데도 내가 탱고를 출 때 유난히 멋진 자세를 취한다고 믿는다면, 또는 내가 오류를 범하고 있는데도 무언가를 안다고 믿는다면 등등 — 나

는 그 착각을 통해 나 자신을 변화시킨다. 이 상태 변화는 정상성이라는 표제 아래에서 사회적 분류 시스템의 측정법에 따라 측정된다. 그 덕분에 우리는 주어진 사회적 시스템 안에서 특정한 행동 방식들을 〈정상적인〉(곧 평범한) 것으로, 다른 행동 방식들을 〈비정상적인〉 것(곧 위반)으로 분류할 수 있다. 이 분류가 규범성의 기원이다.[155]

C) **사회적인 것의 자연화**: 셋째 유형의 오류는 사회적인 것의 자연화를 과도하게 실행하는 것, 다시 말해 자연적인 것과 정신적인 것 사이의 경계선을 그릇된 곳에, 정신의 핵심 구역 안에 긋는 것이다. 이 오류는 둘째 자연의 병인성 잠재력과 짝을 이룬다. 둘째 자연은, 우리가 익명의 자연에 뿌리박고 있다는 사실을 인과적 기반으로만 보는 것이 아니라 정당화 순서를 수정할 동기로 간주하도록 유도한다. 담론적 관행의 훈련과 관습은 아직 개념적 지도(指導) 없이 의미론적으로 맹목적이다시피 하게 이루어지는 반복을 전제한다는 사실은 지향성을 기초적이며 자연화 가능한 재현 형태들과 유사한 것으로 간주할 수 있음을 의미하지 않는다. 사회적 시스템 안에서 오로지 그 시스템의 복잡성 때문에 은폐된 선사회적인 익명의 자연 과정들의 표현만 알아보는 사람은 제도들의 구조를 간과하는 것이며, 따라서 객관적 정신이 선사회적인 것으로 실제로 환원될 개연성을 높이는 것이다. 그런 환원은 사회적 시스템 안에서 제도들을 허무는 효과를 낸다.

사회종들은 특유하게 인간적인 자기기만 포맷들 안에 본질적으로 내장되어 있다는 점에서 자연종과 구별된다. 정신 과학들과 사회 과학들은 인간의 자기 규정 능력을 고려하면서 사실, 사건, 텍스트, 예술 작품 등을 탐구한다. 그런데 인간의 자기 규정은 자기기만과 사회적인 것의 자연화라는 형태로 실패할 수 있다. 사회는 정화(淨化)의 공간이다. 즉, 어떤 자기 규정 형태들이 성공적이라고, 또는 틀렸다고, 또는 중립이라고 여겨지는지는, 삶이 어떤 조건 아래에서 성공하는지를 결정하는 한 요인이다. 이 차원이 없다면, 행위자들은 규범 위반에 대한 제재를 징벌로 경험할 수 없을 터이다. 우리 삶의 성공 여부는 무엇보다도 대체로 암묵적으로 공유되어 배경에 깔린 규범들에 대한 사회적 지각에 의해 판정된다. 그 규범들은 우리의 자기 규정을 외적 잣대들에 대고 평가한다. 특정한 춤 사위가 실제로 성공적인지, 특정한 행위 패턴이 성적인 괴롭힘의 한 형태인지, 특정한 정신적 상태 계열이 적응 장애의 징후인지, 특정한 수염 스타일이 최신 유행인지, 특정한 사회 경제적 거래가 부패의 사례인지, 요란한 웃음이 분방함의 표현인지 아니면 위협인지 등은 행위들을 평가받는 행위자에게만 달려 있지 않다. 계속 실패하는 자기 규정은 사회적 제재를 유발한다. 그 제재는 온화한 형태의 배제부터 자유 박탈까지, 심지어 사법 시스템에 따라서는 죽음까지 초래할 수 있다.

자연종들은 성공하거나 실패하는 자기 규정에 관여한다. 사회종들은 사회적이지 않은 사실들 위의 도달할 수 없이 먼 곳에 떠 있지 않다. 당신이 어떻게 춤추는지는 당신의 신경이 겪은 전사(前史)에 달려 있으며, 또한 일반적으로 당신의 신체적 조건과 연습이 일련의 동작을 어느 정도까지 가능케 하느냐에 달려 있다. 적응 장애는 사회적으로만 〈병〉으로 분류되는 것이 아니다. 적응 장애는 교란된 생화학적 과정들의 결과일 수 있다. 정신의 삶은 자연적 조건들 아래 놓여 있다. 그러나 원리적으로 그 조건들은 자기 규정의 현존을 위한 충분조건이 아니다.

정신의 부분 전체론은 형이상학적이어서 선험적으로 안정적이라고들 하는 순서를 거꾸로 뒤집는다. 자연주의자는 그 순서를 자명한 것으로, 또는 자연 과학들이 성취한 설명들의 귀결로 간주하지만 말이다. 거꾸로 뒤집힌 순서란 다음과 같다. 정신이 자연의 부분인 것이 아니라, 오히려 자연이 정신의 부분이다.

이 같은 존재론적으로 중대한 변환은 사회적 측정 단위들로, 곧 설명 가능한 규범들로 코드화되고, 비트겐슈타인의 유명한 비유를 빌리면, 그 규범들은 우리를 위한 길잡이의 역할을 한다.[156] 규범은 원래 암묵적이다. 규범은 불문법(不文法)들에서 나온다. 행동 방식은 사실적인 수정을 통해 고쳐진다는 점에서 규범은 원래 암묵적임을 알 수 있다(사실적인 수정은, 우리가 대안들과 마주침을 통하여 비로소 우리의 행동 방식이 우리가 모범적이라고 여기는 것과 일치함을 알아채는 방식으로 이루어질 수도 있다). 이런 연유로, 암묵적인 것은 모든 사회 존재론적 분석의 출발점이다. 왜냐하면 암묵적임이라는 개념은 우리가 불투명하게 얽혀 들어가 있다 verstrickt는 사정에 부합하기 때문이다. 부르디외가 옳게 단언하듯이, 〈우리는 세계 안에 얽혀 들어가 있다. 그렇기 때문에 우리가 세계에 관하여 생각하고 말하는 바는 암묵적인 요소를 반드시 포함하기 마련이다〉.[157]

이 대목에서, 많이 논의된 예로 매너를 들 수 있다. 우리는 이해하기 어렵다고 느끼는 대안과 마주쳐 다급히 그 대안의 명료화와 정당화를 추구할 때 비로소 매너를 사회적 규범으로 인지한다. 이것은 아주 낯선 나라를 여행하는 사람이라면 누구나 쉽게 겪을 수 있는 경험이다. 중국이나 일본에서 통상적인 식사 매너는 뮌헨의 10월 축제나 파리의 고급 식당에서 통하는 매너와 무척 다르다. 인사 방식도 마찬가지다. 예컨대 퀘이커교도들이 만민 평등의 상징으로 도입한 것으로 추정되는 악수가 그러하다. 우리는 이런 매너를 당연시하며 사용하다가 대안에 직면할 때 비로소 그것을 사회적 규범으로 알아챈다.

이 사정은 크리스토프 묄러스의 견해를 반박한다. 그는 규범 개념으로부터 다음과 같은 결론을 도출한다.

암묵적 규범에 관한 담화는 (……) 무의미하다. 왜냐하면 규범은, 부정적 평가와 **미래를 향한** 일반화를 결합하는 경험에 기초하여 비로소 발생하기 때문이다.[158]

또한 묄러스는 〈단 두 개의 요소로 이루어진 축소된 규범성 개념〉을 권한다.[159]

나의 주장은 이것이다. 규범은 한 **가능성**에 대한 묘사와 그 가능성의 실현에 대한 긍정적 평가로 이루어져 있다. 나는 그 평가를 실현 표지Realisierungsmarker라고 부를 것이다.[160]

암묵적 규범에 맞선 이 같은 반론은 일반적으로 타당하다고 묄러스는 주장하지만, 실은 그렇지 않다. 왜냐하면 아래와 같은 묄러스의 견해는 부당하기 때문이다.

현재 상황을 지나간 상황에 적용되는 규범이 비로소 발생한 상황으로 서술하는 것과, 그런 규범에 전혀 의지함 없이 사건이 서술되는 상황으로 서술하는 것이 과연 어떻게 구별될 수 있을지 불분명하다. 따라서 암묵적 규범에 관한 발언은, 제재가 무엇에 대한 제재인지 지목할 수 없으면서도 제재에 관하여 발언할 수 있다는 인상을 풍긴다. 규범의 현존을 옹호할

근거가 오직 규범에 대한 〈반응〉뿐이라면, 사건을 〈반응〉으로 칭하지 말아야 한다.[161]

마지막 문장은 표현이 부적절하다. 왜냐하면 규범에 대한 반응은 명백히 규범의 현존을 옹호할 근거이기 때문이다. 더 나아가 이렇게 묻지 않을 수 없다. 왜 반응을 〈반응〉이라고 칭하지 말아야 하는가? 이 호칭 금지를 정당화하려는 논증 역시 도움이 되지 않으며 오히려 묄러스 본인의 뜻에 반하여 그를 크립켄슈타인*이 제기하는 규칙 문제의 심연에 빠뜨린다. 우리는 다음 장에서 이 문제를 다룰 것이다.[162] 암묵적 규범이 있다는 생각의 취지는, 설령 한 규범이 공동체 구성의 본질적 요소이며 따라서 공동체 구성원들이 그 규범을 이제껏 알아챈 적이 없더라도, 그 규범이 작동하는 상황이 있을 수 있다는 것이다. 예컨대 특정한 집단이 까마득한 옛날부터 늘 젓가락으로 식사해 왔는데 어느 순간에 칼과 포크를 원하는 집단과 마주치면, 젓가락 사용이 규범이라는 점이 드러난다. 왜냐하면 다른 집단은 그 규범을 위반하기 때문이다. 그 규범은 이제껏 암묵적이었지만 이제 집단 구성원들에게 명시적이다. 그들은 자기네가 그 규범에 속박되어 있다는 점을 전혀 느끼지 못했거나 어쩌면 신화적인 방식으로 다뤘을 것이다. 이를테면 젓가락질이 운명이나 자연 또는 신의 지시로서 통용된다는 식으로 말이다.

사회적인 무언가가 자연적인 무언가로 간주되면, 사회적인 무언가의 규범성이 은폐된다. 신화와 이데올로기는(15장 참조) 나의 분류법에서 암묵적 규범의 사례들과 도킹한다. 그러면 그 사례들에서 규범 등록은 규범성이 간과되는 방식으로 이루어진다. 규범

* Kripkenstein. 비트겐슈타인의 규칙 따르기 역설The rule-following paradox에 대한 크립키의 해석을 옹호하는 가상 인물을 가리키는 합성어.

에 따른 것이라고 서술할 수 있는 모든 사건은 규범 없이도 서술할 수 있다. 관건은 어떤 서술이 옳으냐 하는 것이다. 사회 이론가가 한 상황을 규범적이라고 특징짓느냐, 아니면 비규범적이라고 특징 짓느냐는 일반적으로, 그 상황이 실제로 어떤 유형이냐, 라는 질문에 답하기 위해 결정적으로 중요하지 않다. 사회 이론이 다루는 모든 대상이 그 이론 자신에 의해 생산되지는 않는다. 사회 이론은, 사회 이론가가 사회적 시스템들에 개입함으로써 발생하는 대상들만(이런 대상들이 없다면, 학문적 주장을 담은 사회 이론가의 제안은 효과를 낼 수 없을 터인데) 생산한다.

뮐러스는 사실적으로 현존하는 규범의 사회 과학적 인식 가능성의 조건들로부터 그 규범의 존재론을 추론한다.[163] 블루멘베르크의 표현에 의지하여 그는 규범에 속박된 행위자들에게 〈**가능성 의식**〉[164]을 귀속시킨다. 가능성 의식이 있을 수도 있겠지만 이로부터 [행위자로서의 우리가 종차(種差)를 통해, 곧 우리가 가능한 것들에 대하여 사회적 태도를 취한다는 점을 통해 다른 생물들과 구별되게 해주는] 일반적인 가능성 의식이 암묵적 규범과 충돌한다는 결론은 나오지 않는다.

우리의 자유 의식은 규범성의 한 전제다. 타인들은 우리와 의견이 엇갈리기 때문에, 우리는 우리 자신이 착각할 수 있다는 인식적 가능성의 개념을 보유한다. 의견 불일치가 없는 곳에서는 사회가 발생하지 않는다. 만약에 완벽한 합의가 지배하는 사회가 있다면, 그 사회는 붕괴할 것이다. 만약에 우리 모두가 모든 질문에 대하여 항상 의견이 일치한다면 — 모든 경우에 보편적 의견 일치가 이루어진다면 — 사회는 존립하지 못할 것이다. 하지만 사회적 실행에 참여하는 놈들이 (주체들로서) 자아 중심적 지표를 통해 정의된다는 점 때문에 벌써 그런 보편적 의견 일치는 이루어지지 않는다. 그 자아 중심적 지표 덕분에 그들은 늘 무언가를 말 그대로 타인들과 다르게 지각한다. 이미 우리의 지각 판단들이 우리를 의견 불일치 상황에 처하게 만든다. 왜냐하면 우리는 동일한 실재를 본질적으로 다르게 표상하기vorstellen 때문이다.[165] 인간들이 판단하는 한, 사실적 의견 불일치의 존속은 보증된다. 그리하여 이미 선사회적 등록 수준에 현존하는 복잡성이 내용과 대상의 측면에서 재생산된다.[166]

이 같은 사회 존재론적으로 근본적인 사정은 암묵적 규범의 현존과 충돌하지 않는다. 암묵적 규범은 의견 불일치를 통해서만 눈에 띄지만, 이 의견 불일치는 사회 과학자(혹은 자신에게 부분적으로 투명한 사회적 시스템 안에 휩쓸려 든 모든 외래 관찰자)와 관찰되는 시스템 사이의 상호 작용에서 나타날 수 있다. 암묵적 규범이 사회 형성에 관여한다는 점은(바꿔 말해 사회 과학적 관찰을 통해 비로소 나타날 수 있는 규범은) 사회 과학의 객관성을 이루는 한 요소다.[167]

한 예로 문법적 규범들을 들 수 있다. 사람들은 문법학을 통해 그 규범들을 명확히 파악하려 할 수 있다. 그렇기 때문에 (뮐러스의 견해와 달리) 언어는 철저히 규범적이다. 왜냐하면 언어 행동은 상호 수정 과정에 종속되어 있기 때문이다. 문법학은 고유의 목적을 위해 따로 고안한 어휘를 써서 그 수정 과정에 적용되는 판정 기준을 명시한다.[168] 반면에 뮐러스의 견해에 따르면, 언어적 규칙들은 규범들이 아니다. 이 견해를 뒷받침하기 위하여 그는 한편으로, 언어적인 것의 규범성을 인정하는 브랜덤의 이론은 문제적인 〈범규범주의〉로 이어진다는, 설득력 없는 논증을 제시한다. 설령 이 논증이 옳더라도, 언어적 규칙들은 규범들이 아니라는 점이 증명되는 것은 당연히 아니다. 다만, 언어적 규범성에 관한 브랜덤의 이론이 과도하게 일반화되었다는 점만 증명될 터이다. 다른 한편으로 묄러스는 독자적인 논증을 제시하면서, 그 논증은 암묵적 규범이 있다는 생각을 물리치는 근거라고 명시적으로 밝힌다. 묄러스가 스스로 정리한, 그 논증의 요점은 이러하다.

> 우리 언어를 규정한다고들 하는 관습에 우리가 사전에 동의했다는 것은 불가능하다. 우리는 언어 활동을 실행하면서 동의하지, 더 먼저 동의하지 않는다.[169]

당연한 말이지만, 이 논증은 증명되어야 할 것을 전제한다. 즉, 모든 규범은 명시적이므로, 언어는 규범적일 수 없다는 것을 전제한다. 규범이 유효하고 작동할 수 있기 위해서 우리가 규범에 미리 동의해야 하는 것은 아니다. 규범의 작동을 위해 우리가 규범에 동의할 필요가 아예 없다. 우리가 지각 수준에서 사실들과 접촉하기 이전에, 진실 규범에 동의한 사람은 아무도 없다. 오히려 지각 수준에서 사실들과 접촉하기가 벌써 규범성의 한 형태다.

묄러스는 언어 행동을 미리 지시하는 언어적 규범은 없다는 주장을 옹호하기 위해 콰인을 끌어들이는데, 이를 통해 묄러스는 스스로 얕잡아 보는 규칙 회의주의에 얽혀 든다. 언어학 또는 문헌학이 가미된 문법학은 묄러스가 보기에 〈임기응변적 관행들을 구성하는 작업으로 전락한다. 그 관행들은 모든 실행에 들어맞아야 하며 따라서 결국 아무것도 미리 지시하지 못하고 단지 무언가를 뒤따를 뿐이다〉.[170] 이 주장은 문법학에서 맞춤법과 사전이 나온다는 점, 문법적으로 잘 연구된 언어를 가르치고 배우기 위해 사람들이 문법학을 활용한다는 점을 간과한다. 물론 언어 사용의 사회적 세분화가 통시적으로 또 공시적으로 일어난 결과로 다양한 불규칙성이 있는 것은 맞지만, 바로 그렇기 때문에 언어 습득에 관한 제재들이 있는 것이다. 그 제재들이 없다면, 어떤 아기도 언어적으로 성숙한 정신적 생물로 발달하지 못할 것이다.[171]

묄러스나 설 등과 달리, 나는 암묵적이고 불투명한 것을 사회 존재론적으로 결정적인 요소로, 곧 규범성의 현존을 위한 중대한 필요조건으로 간주한다. 묄러스가 규범 개념에 귀속시키는 〈불확실성Ungewissheit〉은 **인식적**일 뿐 아니라 **사회적**이다. 규범이 불확실성과 짝을 이루는 것은, 우리의 생존꼴이 사회적이며 우리 중 누구도 우리가 어떻게 생존에 성공하는지 한눈에 굽어볼 수 없다는 사정 때문이다.

노동 분업의 정도는 작은 집단에서도 이미 복잡하며, 그 원인은 집단을 이룬 개인들이 각자의 자아 중심적 지표로 인해 저마다 다른 경험을 해온 것에 있다. 그 경험들은 소통 과정에서 서로 충돌한다. 우리의 상호 관찰은 사회 과학적 이론 구성이라는 모형에 따라서가 아니라 오히려 주로 무의식적으로 진행되는 과정으로 간주되어야 한다. 그 과정을 통해 규범들이 리추얼 모드로 유통된다.

한 집단 혹은 사회에 속하기는, 어떤 규범들이 그 집단을 구성하고 다른 〈규범권(圈)들〉과 다르게 만드는지 안다고 주장하기를 우선적으로 전제하지 않는다.[172] 규칙 따르기 자체는 규칙에 대한 풀이가 아니다. 규칙 따르기의 불가피한 맹목성은 사회화의 기반층에서 사회적인 것의 핵심 특징이다. 규범성은 일반적으로 모종의 명시화 과정의 결과가 아니다. 오히려 규범성은 집단의 결속이 요구되는 곳에서 시작된다.

이런 맥락에서 나는, 『철학 탐구』 242절에서 비트겐슈타인이 〈판단들의 일치〉를 강조하며 서술하는 아래와 같은 유명한 대목을 묄러스가 제시한 인식 가능성 전제에 대한 반론으로 해석한다.

242. 언어를 통한 소통은 정의들의 일치뿐 아니라 (아주 이상하게 들릴지 모르지만) 판단들의 일치도 필수 요소로 포함한다. 이렇게 되면 논리가 무력화되는 것 같지만 실은 그렇지 않다. 측정 방법을 서술하는 것과 측정 결과를 발견하고 발설하는 것은 별개의 일이다. 그러나 우리가 〈측정〉이라고 부르는 것이 무엇인지는 측정 결과들이 어느 정도 일정함을 통해서도 규정된다.[173]

규범이 작용력을 갖기 위해서 꼭 사회 과학자의 눈에 띄어야 하는 것은 아니다. 규범이 규범으로서 눈에 띄어서 연구 대상일 수 있어야 한다는 점은 측정 방법의 서술을 위한 필수 요소다. 한 집단의 행동의 규칙성이 서술됨을 통하여 벌써 규범이 발견되는 것은 아니라는 점은 옳다. 누군가가 무언가를 규칙적으로 한다는 것은 그 행동이 규범적이라는 것을 의미하지 않는다. 모든 행위가 목표 설정을 동반하는 것은 아니다. 만약에 동반한다면, 활기차게 공원을 산책하는 행위나 느긋하게 창밖을 바라보는 행위를 그런 식으로 확장된 지향적(의도적) 행위의 개념에 포섭하기는 무척 어려울 터이다.[174]

측정하기 자체가 규칙들에 — 측정 방법에 — 종속되어 있으며, 그 규칙들은 동일한 이론 층에서 측정될 수 없다. 사회 과학자들은 어떤 판단들 덕분에 낯선 규칙 따르기를 규범성으로 간주하고 탐구하는데, 그들은 사전에 그 판단들을 공유해야 한다. 그런 공유된 측정 방법을 통제하는 메커니즘을 완벽하게 명시화할 수 있다는 생각은 어떤 경우에도 아무런 도움이 되지 않는다. 그럼에도 그 장치는 규범의 힘을 요구하며, 이 사정은 누군가가 기이한 방식으로 — 이를테면 음모론의 모드로, 또는 경험적으로 덜 눈에 띄게,

회의적 가설들의 형태로 — (그것이 없으면 주어진 측정 방법에서 인식 가능한 결과들이 나올 수 없는) 그 전제된 메커니즘을 교란할 때 뚜렷이 불거진다.[175] 이것이야말로 비트겐슈타인이 계속해서 민족학적 사변에 의지하는 이유다. 그 사변들이 추구하는 목표는, 우리 자신의 판단들을 낯설게 만들기, 그리고 우리가 이제껏 알아채지 못한, 규범성이 작동하는 층이 항상 있을 수 있음을 우리에게 깨우치기다.

　사회 과학은 자기 자신을 탐구할 수 있으며, 모든 자기 회귀적 탐구가 그렇듯이, 그렇게 자기 자신을 탐구할 때 언젠가는 가능한 정보 수집의 한계에 직면한다. 회의적 가설들, 광범위한 문화적 차이를 마주한 상황, 음모론, 극단적인 정치적 갈등은, 우리가 규범성을 띤 배경 믿음들을 (다른 사람들과 달리) 일부 사람들과 공유하고 있으며 그 믿음들 덕분에 표면적인 규범 협상이 가능하다는 점을 알려 주는 이론을 방해하는 걸림돌들이다. 민주주의 법치 국가 모드 안에서 명시적 법률 시스템은 국가의 규범들을 명시화하고 공개할 것을 촉구하지만, 그런 법률 시스템을 주목하는 나머지, 그 시스템 자신도 판단들의 일치에 기반을 두며 그 판단들을 완전히 공개할 수는 없다는 점을 망각하는 일은 없어야 한다. 우리가 물속의 물고기처럼 그때그때 그 안에서 활동하는 법적 타당성의 틀은 궁극적으로 어느 정도까지는 암묵적 규범들이 있는 한에서만 작동한다.

　이를 배경에 깔면, 묄러스가 긍정과 부정 사이에서 흔들리는 것을 이해할 수 있다. 묄러스에 따르면, 〈우리가 이해하는 규범이란 가능성의 실현에 대한 긍정이다〉.[176] 이때 긍정은 명시적이어야 한다는 것이 묄러스의 견해다. 왜냐하면 이미 보았듯이 그는 암묵적 규범의 가능성을 (수정된, 혹은 묄러스 스스로 인정하듯이, 〈축소된〉 규범 개념을 도입함으로써) 배척하기 때문이다. 한 규범은 한 가능성을 실현되어야 할 무언가로 평가하며, 따라서 실제로 위반이 들어설 공간을 창출한다.

위반될 수 없는 규범은 규범이 아니다. 여기까지는 아무런 문제가 없다. 하지만 규범들이 사실적인 위반을 전제한다는 점, 따라서 명시적 위반이 눈에 띌 때만, 또는 이제껏 규범에 종속되지 않았던 행위가 공적으로 접근 가능한 규범에 비추어 새롭게 평가될 때만, 행위 영역이 규범에 종속된다는 점은 아직 입증되지 않았다. 이와 관련하여 묄러스는 부정과 부정 가능성을 동일시한다. 이를 아래 대목에서 알 수 있는데, 여기에서 그는 긍정을 부정으로 뒤집는다.

> 따라서 실재를 거부할 가능성이야말로 모든 규범적 실행의 출발점이다. 규범적인 것의 형식으로서의 긍정은 항상 부정을 토대로 삼는다. 실현된 것에 대한 인정은 그것에 대한 부정의 가능성이라는 조건 아래에서만 생각 가능하다. 긍정은 실행되지 않은 부정의 거울상이지만, 부정은 실행되지 않은 긍정의 거울상이 아니다. 규범적인 것의 기본 작동은 부정적이다. 그 작동은 있는 그대로의 세계를 배척한다. 이 기본 작동 없이는 규범을 생각할 수 없다.[177]

규범을 규범으로 생각할 수 있는 것은 오로지 위반으로 등록된 위반이 현존하기 때문이라는 견해는 옳다. 하지만 실행되지 않은 부정은 애초의 가정에 따라 가능한 부정이며 사실적으로는 항상 실재적 부정이다. 왜냐하면 규범 이론가가 규범성에 관한 자신의 진술들을 보증하기 위해 적용하는 모종의 규범이 있기 때문이다. 〈있는 그대로의 세계〉를 성공적으로 배척할 수는 없다. 왜냐하면 이 배척은 기껏해야 다른 유형의 세계 상태를 — 특정한 사실이 배척됨이라는 상태를 — 산출할 따름이며, 그 세계 상태는 예컨대 사회 과학적으로 탐구될 수 있기 때문이다. 사회 과학적 앎이 있기 때문에, 규범은 좋든 싫든 실재에 속해야 한다. 묄러스는 이것도 인정한다. 비록 이번에도 진동의 형태로 인정하지만 말이다. 아래와 같은 역설적인 표현은 그 진동을 보여 준다.

> 존재와 당위는 서로 어떤 관계이며 존재에서 당위로 가는 추론은 허용되는가, 라는 질문과 별도로, 규범성도 사실들 전체의 한 부분이다. 규범성은 세계의 일부로서의 맞세계Gegenwelt 다.[178]

이 대목에서 한 가지 존재론적 숙고가 논의의 진행을 가로막는다. 묄러스는 그 존재론적 숙고에 철저히 종사한다. 그러나 그는 규범의 가능성을 이해하기 위한 이론적 양상 개념들을 풍부하게 제시하면서도, 그 숙고가 무엇인지 정확히 밝히려 하지 않는다. 하지만 묄러스의 견해대로 세계가 사실들의 전체라면, 대체 어떻게 맞세계가 세계의 부분이라는 것일까? 사실들의 부분 집합은 맞세계일 수 없다. 묄러스는 신학적 말놀이에 — 이 경우에는, 이 세계에 속하지 않은 신의 나라라는 비유에 — 의지하는데, 이 방식으로는 〈세계의 일부로서의 맞세계〉라는 생각의 정합성이 고작 미미하게 향상될 따름이다.[179]

묄러스가 취하는 이론적 관점은 그 자체로 규범적이라는 것이 자세히 살펴보면 금세 드러난다. 오늘날의 다른 많은 제안과 마찬가지로 그의 규범성 이론은 자기 회귀적 자율 모형을 책무로서 짊어지고 있다. 나는 칸트의 신조어를 (필요한 변경을 가하여!) 채택하여 그 모형을 〈자기 자율Heautonomie〉이라고 부를 것이다.[180] 이 용어를 선택하면서 내가 염두에 두는 것은 피핀과 브랜덤이 근대 이론에 기여한 바다. 그들의 기여는 헤겔의 진단과 연결되는데, 그 진단에 따르면, 규범에 따른 방향 잡기는 근대에 그 자체로 규범이 된다. 우리는 이 규범을 기준으로 방향을 잡을 수 있다.[181] 그러나 모든 규범이 논리적으로 법(곧 이해관계 충돌의 명시화 가능한 조정)의 형태를 띠는 것은 아니다. 더구나 엄밀한 헤겔주의적 관점에서 보면 법도 풍습Sittlichkeit에 기반을 둔다. 암묵적 형태의 사회 형성이 없으면, 풍습은 실존할 수 없다.

그렇기 때문에 사회는 근본적으로 불투명하다. 이 사정은 공론장에 한계를 부여하고, 공론장은 사회의 관찰 장치들을 재조정할 것을 사회에 지속적으로 요구한다. 그 관찰 장치들은 친숙한 — 학문적 성과의 (언론을 통해 변형된) 출판 조건을 포함한 — 근대의 미디어들뿐 아니라 최근에 등장한 **소셜 미디어**라는 적절한 이름의 미디어도 아우른다(16장 참조). 시스템 이론에 의해 사회 과학적으로 강조된 관찰 산업은 원리적으로 종결되지 않는다. 왜냐하면 아직 명시화되지 않은 규범적 잔여가 늘 있고, 근거를 요구하고 제시하는 놀이는, 그리고 규범의 상징적 표현을 통해 권능을 행사하기 위한 규범적 실행은 그 잔여를 먹고 살기 때문이다. 투명성과 불투명성의 사회적 역동은 최종적인 균형에 도달할 수 없다. 왜냐하면 의견 불일치의 조정은 담론 참여자들이 명시적이지 않은 방식으로 품은 규범들의 작동을 전제하며, 이 사정은 규범적인 것의 본질에 속하기 때문이다. 우리의 생존꼴은 그 자체로 불투명하다. 우리는 그 생존꼴을 인간 생물학적 자기 탐구의 틀 안에서 명시화하며, 또한 동시에 그 탐구를 통해 우리 자신을 한 자연상 안에 그려 넣는다. 우리의 자연 과학적 앎은 종결되지 않았다(또한 정확히 말하면, 종결 불가능하다). 따라서 근거들의 공간 안에서의 투명한 삶꼴을 위하여 우리가 유의미한 투명화 활동을 통해 우리 생존꼴의 불투명성을 초월하는 것은 불가능하다. 정신이 자기의식의 형태로 자기 자신에게 아무리 잘 도달하더라도, 정신은 자신의 규범성을 극복하지 못한다. 왜냐하면 암묵적 수준에서 작동하면서 우리가 이제껏 알아채지 못한 행동 적응을 요구하는 모종의 규범이 항상 있기 때문이다.

14장
실재론적 관점에서 본 규칙 따르기

크립키의 영향력이 큰 비트겐슈타인 해석 이래로 규칙 따르기를 둘러싼 문제들은 사회 철학이 해결해야 할 필수 과제로 자리 잡았다.[182] 크립키의 견해에 따르면, 비트겐슈타인의 『철학 탐구』를 기초로 삼아 새로운 유형의 예리한 회의주의적 역설을 제시할 수 있으며, 그 역설의 결론은 시기를 막론하고 아무도 규범을 따른 적이 없다는 것이다.[183] 이 결론은 — 역설의 결론이 흔히 그렇듯이 — 꼼꼼히 따지면 의심스러운 숙고들에서 나온다. 그 숙고들이 외견상 그럴싸하다는 점은 설명될 필요가 있다.

규칙 따르기 역설은 그것의 동기와 결론 모두를 사회적 소외의 표현으로 이해할 수 있다는 점에서 특별하다. 한 집단이나 특수한 사회적 상황의 성립에 본질적으로 관여하는 규범들을 알아챌 수 없을 때 우리는 그런 규범들이 없기 때문에 알아챌 수 없는 것이라고 여기곤 하는데, 규칙 따르기 역설은 이 인상에 부합한다. 당장 우리 시대에 많이 논의되는 다음과 같은 추측을 생각해 보라. 우리는, 전형에 기초한 행위 설명에서 명확히 등장하는 (사회적) 정체성은 환상이라고, 왜냐하면 사회적 정체성들은 [실은] 없기 때문이라고 추측하곤 한다.[184] **어떤 주어진 상황에 처한 사람이 무엇을 해**

야 하는지 규정하는 사회적 사실들이 없다면, 우리가 하는 바를 (전혀 근거 없는 행위 방식으로부터 독립적으로 존립하는) 규칙들의 적용으로서 유의미하게 재구성하는 것은 절대 불가능하다.

이제부터 나는 규칙 따르기 문제에 의지하여, 환원 불가능하게 사회적이며 행위 규범의 역할을 하는 사회적 사실들이 있음을 논증하고자 한다. 이 논증이 옳다면, 〈크립켄슈타인〉 역설의 결론은 거짓이다. 그 역설이 상정하는 전제 틀의 첫째 거짓말은, 서로의 사회적 실행을 평가하는 행위자들이 일반적인 규칙을 정신적으로 파악하는 것은 주어진 행위 방식이 옳거나 그르다고 분류되기 위한 필수 전제라는 견해다. 사회 존재론적으로 근본적인 규칙 따르기 사례는 본질적으로 암묵적이며 인식적으로 불투명하므로, 한 규칙의 명시화는, 누군가가 가능한 규칙들 중에서 그 규칙을 선택하여 향후 평가가 그 규칙에 비추어 이루어지게 되는 것에 기반을 둘 수 없다.

규범적인 사회적 사실들은 환원 불가능하게 효력을 발휘한다. 행위자들이 서로의 실행을 평가하고, 이를 통해 제재들의 시스템이 발생하고, 언젠가 그 제재들이 명시화 가능하고 따라서 (상징으로, 언어로, 글로, 제도로) 코드화 가능하게 된다는 사정은 행위 조율을 둘러싼 의식적이지 않은 사회적 사실들에 기반을 둔다. 그렇기 때문에 실제로 우리는, 주어진 한 집단이 어떤 규칙들을 따르는지, 어떤 연유로 그 집단의 구성원들은 자기네가 암묵적으로 공유한 연대감의 추가적인 명시화를 늘 요구할 수 있는지를 영영 완전히 알 수 없다. 그러나 우리가 그때그때 유효한 규칙들을 완전히 알아챌 수 없다는 것으로부터, 누군가가 어떤 규칙을 따라야 하는지 규정하는 사회적 사실들이 없다는 것은 당연히 귀결되지 않는다.[185]

규칙은 주어진 행동을 옳은(규칙에 맞는) 행위나 그른(규칙에 어긋난) 행위로 분류한다. 규칙을 배경에 깔면, 주어진 행동은 규칙 적용 사례로 보인다. 모든 규칙 적용 사례가 규칙과 양립 가능한 것은 아니다. 그 규칙을 잣대로 삼으면 모든 행동이 규칙 준수인 그런 규칙은 아무것도 규제하지 못한다.

　　모든 주어진 행동은 경험적 관찰자 관점에서 볼 때 잠재적으로 무한히 많은 규칙을 따르기다. 그렇기 때문에 주어진 행동 V를 규칙 $R_2, R_3, \cdots\cdots$ 또는 R_n을 잣대로 평가하지 말고 R_1을 잣대로 평가해야 한다는 취지의 설명이 어떤 식으로든 필요하다. 규칙들은 여러 행위자의 자아 중심적 지표들이 불일치할 때만 실존할 수 있는 한에서, 그 설명이 성공적이려면, 그 설명은 사회적 사실에 의지해야 한다. 규칙들은 우리의 정신적 삶꼴의 사회성만큼이나 근본적이다. 정신은 선사회적 정신 상태들로부터 발생하는 것이 아니라 우리 생존꼴의 사회적 재생산을 통해 발생한다. 그렇기 때문에, 어떤 규칙을 따라야 하는가, 라는 질문의 답은 많은 요소에 의지하여 제시된다.

　　그렇다면, 주어진 사례에서 어떤 규칙을 따라야 하는가, 라는 겉보기에 더 까다로운 질문의 답은 어떠할까? 이 경우에도, 행위자가 내면의 광장에서 견해 품기를 통해 특정 규칙을 선택하여 그 규칙을 따르고 그 규칙을 잣대로 평가받기로 작정한다는 것은 애초부터 터무니없는 생각이다. 행위자가 어떤 규칙을 따르는지는, 그가 사전에 R_2가 아니라 R_1을 따르기로 계획하면서 벌써 무한정 많은 적용 사례를 예견하는 것에 기반을 두지 않는다. 우리가 명시적인 자기 조종 능력을 보유하고 있다면, 우리의 정신적인 내면의 삶은 그 자체로 이미 사회화되어 있다. 따라서 이런 표현이 좋다면, 견해 품기가 다루는 사실들이 있고 어쩌면 현상학적 의미 체험들

Bedeutungserlebnisse도 있겠지만, 그것들은 사회적 생산물들로서 효력을 발휘한다. 그것들은 오로지 주체의 처분 권한에 따라 R_2 등이 아니라 R_1이 선택되기 때문에 효력을 발휘하는 것이 아니다. 행위자가 어떤 규칙을 따르기로 결정하는지는, 그가 어떤 규칙에 종속되어 있는지 판정할 때 적용하는 것들과 똑같은 정신 과학적, 사회 과학적, 자연 과학적 방법들과 역사적으로 축적된, 행위자들에 관한 상식적인 앎을 통해 판정하고 설명할 수 있다.

사회적이며 또한 본질적으로 암묵적인 규범성을 옹호하는 사회 존재론적 동기는 비트겐슈타인의 『철학 탐구』와 『확실성에 관하여』를 연결하는 접합부에서 드러난다.[186] 내가 제안하는 해석에 따르면, 비트겐슈타인은 모든 유의미한 규칙 사용의 (대표적으로 언어에서 드러나는) 제거 불가능한 불확실성으로부터 우리의 다중적 집단 소속의 본질적 불투명성을 추론한다. 이로써 〈본질적 규칙들konstitutive Regeln〉이라는 주제는 사회적인 것을 이해하기 위한 열쇠라는 점이 인식론적으로 정당한 근거에 따라 밝혀진다.

이제 본질적 규칙들에서 사회적인 것으로의 이행을 신실재론적 사회 존재론에 유용하게 만들기 위하여, 나는 규칙 따르기 문제와 그것의 사회적 해소를 다룰 때 반드시 반실재론을 채택해야 하는 것은 전혀 아님을 보여 주고자 한다. 물론 우리에게 강하게 달라붙는 것은 반실재론적 혹은 신실용주의적 해결 모형들이다. 이는 크립키의 영향력이 큰 실험 설계 때문인데, 그 설계가 활용하는 직관에 따르면, 규범과 사실은 개념적 긴장 관계에 놓여 있으며 우리는 그 관계로부터 규범성을 이해해야 한다.[187] 크립키가 비트겐슈타인 해석에서 명시적으로 흄을 실마리로 삼고 회의주의적 역설을 회의주의적 해법과 함께 비트겐슈타인에게 귀속시키는 것은 우연이 아니다. 그 해법은 인과 관계에 관한 흄의 반실재론과 유사한 구

조를 띤다.[188]

이 장의 과제는 (문제라고들 하는) 규칙 따르기 문제를 실재론적으로 해소하는 것이다. 이 해소는 신실재론적 사회 존재론에 기여한다. 즉, 회의주의적인 규칙 따르기 역설이 유령처럼 나서서 그 사회 존재론을 가로막지 못하게 한다. 왜냐하면 이 해소는 그 유령의 힘을 북돋는 규범-자연 구별 혹은 규범-사실 구별의 한 버전을 극복하기 때문이다.

이 선택지를 개념적으로 더 자세히 규정하기 위해서는, 크립키의 문제 제기의 첫 단계들을 반드시 살펴보아야 한다. 그 문제 제기를 재구성하기 위하여, 특히 눈에 띄는 중간 결과 하나를 출발점으로 삼자. 크립키에 따르면, 그 중간 결과는 회의주의적 역설인데, 그 역설의 결론은 〈나에 관한 어떤 사실도 나의 플러스 염두에 두기를 위해 본질적이지 않다〉는 것이다.[189]

요컨대 이것은 회의주의적 역설이다. 내가 과제 〈68+57〉의 해(解)로 이 수가 아니라 저 수를 댄다면, 저 해가 아니라 이 해를 선택하는 것에 대한 정당화는 배제된다. 내가* 쿠스**를 염두에 두었다고 어떤 회의주의자가 간주한다면, 그 회의주의자를 반박할 수 없으므로, 나의 플러스 염두에 두기Plus-Meinen와 쿠스 염두에 두기Quus-Meinen의 차이를 발생시키는, 나에 관한 사실은 없다. 더 나아가 내가 〈플러스〉라는 단어를 사용하면서 특정한 (새로운 경우들에서 나의 답들을 결정하는) 함수를 염두에 두는 상황과 내가 아무것도 염두에 두지 않는 상황

* 플러스가 아니라.
** Quus. 68과 57을 연산한 결과는 덧셈과 마찬가지로 125지만, 다른 사례들에서는 덧셈과 다른 결과들을 산출하는, 크립키가 고안한 가상의 연산.

을 구별해 주는, 나에 관한 사실은 없다.[190]

　내가 보기에 역설의 핵심은, 특정한 계산의 결과로 규정된 결과를 얻기 위해 내가 수행해야 하는 계산에서 나오는 결과가 원리적으로 나의 정신적 상태를 통해 확정될 수 없다는 견해다. 왜 확정될 수 없냐면, 관찰자 관점에서 볼 때 주어진 행동과 일치하는 원리적으로 무한히 많은 규칙 중 하나를 확정하기 위해 사용되는 표현의 의미Bedeutung는 무한히 많은 적용 사례와 관련 맺기를 통해 결정되지 않기 때문이다. 모든 적용 사례에 대한 검토를 마쳐야만 규칙 표현을 이해할 수 있는 것은 아니다. 그런 검토는 많은 경우에 불가능하다.

　이 같은 생각은, 수학적 판단은 종합적이라는 칸트의 주장의 바탕에 깔린 전제이기도 하다. ⟨68⟩과 ⟨+⟩와 ⟨57⟩을 아무리 오래 들여다보더라도, 68과 57을 더하라는 과제에서 출발하는 추론에서 125를 이미 눈앞에 떠올림으로써 덧셈 결과에 도달하는 유의미한 방식은 없다. ⟨+⟩로 표기된 함수가 수정 가능한 적용 조건에(곧, 적용 사례들이 수정 가능해야 한다는 조건에) 종속되어 있다면, 추론 과정의 어느 지점에선가는 실제로 어떤 결과가 나올지가 열려 있어야 한다. 플러스 같은 규칙을 실제로 적용하면서 또한 동시에 모든 가능한 적용 사례를 한눈에 굽어볼 수 있는 사람은 없다.

　따라서 ⟨나의 언어 사용의 변화에 관한 회의주의적 가설⟩이 들어설 공간이 생겨난다.[191] 원리적으로 플러스 규칙의 적용은, 특정한 적용 사례들과 일치하기만 하면 고려 대상이 되는 모든 가능한 대안적 규칙이 배제되는 방식으로 이루어질 수 없다. 누군가가 주어진 행동을 옳은 행동으로 분류하는 (무한히 많을 수도 있는) 규칙들 중에 어느 하나를 따르지 않는다면, 그는 명백히 어떤 규칙도 따르지 않는 것이다. 규칙을 따르는 사람은 (다소) 특정한 규칙을 따른다. 여기에서 이미 알 수 있듯이, 이 단순한 원리를 위반하는 이론과 전제 틀은 불안정하다. 어느 규칙인가는 준수되어야 한다.

당신이 당신 자신에게, 다른 모든 가능한 규칙들이 아니라 플러스 규칙을 따르라고 명시적으로 지시할 수는 없다. 왜냐하면 당신은 그 모든 가능한 규칙들을 한눈에 굽어볼 수 없기 때문이다. 당신은 당신이 따를 수 있는 무한히 많은 규칙의 미미한 부분 집합만 한눈에 굽어볼 수 있다. 요컨대 지시의 역할을 함으로써 당신의 현재 행동이 이 지시와 일치하게 만들 수 있는, 당신의 미래 적용 행동 굽어보기는 당신의 정신적 전사(前史)에 절대로 없다.

역설이 발생한다는 그릇된 인상은, 부정합성에 감염된 전제 틀을 산출하는 선입견들이 작동하기 때문에 발생한다. 그 선입견들은 (자연스럽지 않지만) 항상 자연스럽게 느껴진다. 만약에 그렇지 않다면, 역설은 발생하지 않을 터이다.

크립키의 논증에서 역설이 들이닥치는 통로는 맨 처음에 사용되는 정신적 어휘다. 특히 문제가 되는 것은 〈나의 정신적 상태〉라는 표현에 들어 있는 소유 대명사 〈나의〉가 무엇을 지칭하는가 하는 것이다. 내가 과거 어린 시절에 손가락 세기를 통해 1+2를 계산하라는 지시를 받았을 때 덧셈을 해야 했다는 것은 대체 어떤 의미에서 **나**에 관한 사실이 아닐까? 그때 내가 덧셈을 해야 했다면, 당시에 내가 수정 가능하려면 어떤 규칙을 따랐어야 하는지 규정하는 사실도 있었다. 아예 어떤 규칙도 따르지 않는 사람은 수정될 수 없다. 따라서 내가 아무튼 언젠가 수정될 수 있다면, 내가 어떤 규칙을 따르는지 확정하는, 나에 관한 사실이 있어야 한다. 물론 그 사실이 어떤 유형인지는 이 대목에서 최종적으로 제시되지 않았다.

내가 덧셈 실행을 연습하던 때, 덧셈 규칙을 학습하면서 또한 동시에 이 학습 행동을 통찰하는 것은 당연히 불가능하다시피 했다. 더 나아가, 학습 행동 통찰을 이뤄 내기 위한 규칙들을 학습하라는 것이 추가 요구였다면, 그 학습 행동 통찰에 기초하여 덧셈 규칙을 학습하는 것은 원리적으로 불가능했을 터이다.

규칙 이해의 획득이 꼭 규칙의 일반성에 의지하여 이루어져야 하는 것은 아님을 보여 주는 논증은 많다. 그 논증들은 앎의 획득에 관한 플라톤의 이론 이래로 논의되는 주제다.[192] 결론적으로 이렇게 확언해야 마땅하다. **한 능력의 발휘 — 예컨대 덧셈 규칙 학습하기 — 는 모든 각각의 능력 발휘를 또 다른 능력 발휘에 의지하여 연습하는 것에 기반을 둘 수 없다.** 무언가를 배우는 사람이 반드시 배우기 및 가르치기 규칙들에 관하여 사전에 정보를 갖춰야 하는 것은 아니다. 사람들은 처음에 명시적인 자기 조종 시스템들에 의지하여 배우지 않는다. 자기 조종은 선행(先行)하는 타인의 조종에서 유래한다.

물론 능력들이 복잡하게 얽혀 있을 수는 있다. 서로 협동하는 인식 능력들의 복잡성은 인간의 삶에서 세분화된 앎 획득(교육)을 통해 증가한다.[193] 그러나 이 복잡성 증가의 결과로 크립키가 상상하는 치명적 상황에 빠져드는 사람은 아무도 없다. 왜냐하면 나는 나에 관한 어떤 사실들 덕분에 어린 시절 이래로 (쿠스 연산이 아니라) 플러스 연산(곧 덧셈)을 하는데, 그 사실들의 핵심이 내가 정신적으로 — 논리적으로 사적으로 — 대비되어 있을 수 없는 규칙 역진에 빠지는 것일 리 없기 때문이다. 만약에 그 사실들의 핵심이 규칙 역진에 빠지는 것이라면 아무도 덧셈을 하지 않을 테고, 이 사정을 논증의 출발점에서 이미 받아들이는 것은 크립키가 바라는 바가 아니다. 왜냐하면 그는 회의주의적 역설을 구성하는 과정에서 덧셈 사실들을 사용하기 때문이다. 다만, 논증이 전개되면서 그 사실들의 정신적 근거가 과거에서 확인되지 않고, 그로 인해 그 사실들을 위태롭게 만드는 회의주의적 귀결들이 발생할 따름이다.[194]

어린아이들에게 회의주의적 가설들을 들이댐으로써 그들이 진실로 여기는 바를 흔들기가 쉽지 않은 것은 우연이 아니다. 왜냐하면 어린아이의 믿음은 자연스럽게 일차적으로 객체 중심적이고, 어린아이의 개념적 능력들에 대한 더 높은 수준의 불신으로 인해 어린아이가 동요되는 일은 없기 때문이다. 어린아이들은 타고난 회의주의자가 아니다. 오히려 어린아이들은 규칙 따르기를 연습하며, 그럴 때 그들이 실제로 어떤 규칙을 따르는지는 맥락에 의해 확정된다. 아이들이 플러스 연산이 아닌 쿠스 연산을 하면, 사람들이 그 아이들을 수정한다. 아이들의 어긋난 행동은 능란하거나 우연적인 적응에 의해 다소 잘 은폐될 수도 있겠지만, 그렇다고 해서 어긋난 행동이 현존하지 않는 것은 아니다. 무슨 말이냐면, 규칙 따르기라는 규범적 사실은 본질적으로 사회적이다. 이는 의견 불일치(내가 염두에 둔 규칙과 당신이 염두에 둔 규칙의 불일치)가 관찰 가능한 어긋남의 형태로 현존할 수 있고, 그 결과로 주어진 맥락 안에서 적절한 규칙이 아니라 다른 규칙을 따르는 누군가가 수정되기 때문이다. 이 같은 규범적 사회적 사실들의 배후에 다시금 어떤 사실들이 있고 그것들이 사회적 사실들의 존재론적이거나 심지어 형이상학적인 기반인 것은 아니다. 사회적 사실들은, 독자적이며 특별히 사회적 사실들을 위해 개발된 방법들을 통해 학문적으로 인식될 수 있다.

크립키는 〈+〉가 무언가를 의미한다는 점, 따라서 〈+〉를 위한 모종의 의미 규칙이 있음을 부정하지 않는다. 마찬가지로 그의 문제는 명시적으로 **비**인식론적이다. 바꿔 말해 그 문제의 핵심은 〈규칙이 준수되었는지 여부를 우리가 알 수 없다는 것〉[195]이 아니다.

물론 크립키는 회의주의적 역설의 결론으로, 〈+1!〉이 준수되었다는 나의 견해와 〈#1!〉이 준수되었다는 나의 견해를 구별해 주는, 나에 관한 사실이 없다는 것을 제시한다. 따라서 그의 역설을 유발하는 요인은 의미 규칙들의 실존에 대한 독립적 의심에 있는 것도 아니고 곧장 회의주의에 빠지기 쉬운 인식론적 숙고들에 있는 것도 아니라 어딘가 다른 위치에 있어야 한다.

그러나 더 자세히 살펴봐도 크립키의 문제가 과연 무엇인지 명확히 드러나지 않는다. 문제 제기 자체가 안개에 휩싸인 듯 불명확하다. 문제 혹은 역설의 근거를 대기 위해서 할 수 있는 최선의 작업은 다음과 같은 크립키의 숙고를 제시하는 것이다. 즉, 과거의 플러스 규칙 적용 사례들은 지금 68+57=x에서 x는 무엇인가, 라는 질문에 125라고 대답하라는 지침을 제공하지 않는다는 숙고를 말이다.[196] 크립키는 〈지침〉 대신에 〈정당화〉를 거론한다. 그에 따르면, 과거의 덧셈 규칙 적용 사례는 당시에 사용된 규칙을 지금도 사용하는 것을 정당화하지 못한다. 그러나 바로 이 견해가 틀렸다. 나는 과거 언젠가 덧셈을 배웠기 때문에, 〈2+2=x〉 안의 〈x〉에 유일하게 대입할 수 있는 자연수는 무엇인가, 라는 질문에 지금 내가 〈4〉가 아닌 다른 답을 제시한다면, 나는 오류를 범하는 것이다. 이는 임의로 큰 모든 자연수에 대해서도 마찬가지다. 이것이 뜻하는 바는, 이러저러하게 규정된 규칙을 아무튼 적용할 수 있으려면, 내가 과거나 현재나 미래에 그 규칙 표현의 모든 적용 사례를 한눈에 굽어봐야 한다는 것이 당연히 아니다. 나는 과거에 어떤 사실들로 인해 덧셈 규칙을 따랐고, 이 사정이 현재 구속력을 발휘하는데, 그 사실들은 사회적이며 따라서 실제로 〈나의 정신적 이력 안에〉 있지 않다. 이 사실은, 〈나의 정신적 이력〉이 사회적 사실들로부터 완전히 격리된 사적인 내면 공간을 뜻하는 한에서, 입증 가능하다. 그런데 그런 사적인 내면 공간은 없으므로, 크립키가 말하는 의미의 〈정신적 이력〉 같은 것도 없다. 그리하여 〈논증〉은 붕괴한다. 왜냐하면 크립키의 논증은 지향성에 관한 터무니없는 형이상학을 사용하기 때문이다. 그 형이상학을 전제하면, 시기를 막론하고 아무도 규칙을 따르지 않았다는 결론이 실제로 도출된다. 단, 이 결론은 우리가 사적인 〈정신적 이력〉을 가졌다는 견해가 옳아야만 성립한다. 그러나 그런 정신적 이력에 관한 생각은 유의미하게 정당화될 수 없다. 이 생각은 부정합적인 허구다. 왜냐하면 이 생각은 우리의 실제 내면 삶을 왜곡된 방식으로 재현하기 때문이다. 간단히 말해서, 이 생각은 자기기만이다.

아무리 좋게 보더라도, 크립키의 성취는 다음과 같은 뻔한 사실을 상기시킨 것뿐이다. 즉, 규범성의 본질은, 행위자가 (적용 사례들을 제외한) 나머지 측면들에서는 더없이 명확하게 제시된 규범의 — 예컨대 덧셈 규범이나 결정론적 게임의(이런 게임에서는 최적의 게임 진행을 이뤄 내는 결정론적 알고리즘이 확정되어 있다. 예컨대 〈커넥트 포〉* 게임에서 그러하다) 규칙들의 — 모든 적용 사례를 선험적으로 한눈에 굽어보는 것에 있을 수 없다. 그렇기 때문에 유한한 생각하는 놈은, 다른 방면에서 유래한 예상들과 상충하는 사례에 직면하거나 정신적 기능들의 한계(단기 기억 용량의 한계 또는 주의력 분산 등)에 직면하면 계산 오류를 범하리라 예상할 수 있다. 우리가 계산할 수 있다면, 잘못 계산할 수도 있다.

우리가 잘못 계산할 수 있다는 것은 우리가 모종의 규범들에

---

* Connect Four. 가로 7칸, 세로 6칸인 격자를 수직으로 세워 놓고 두 플레이어가 자기 색깔의 원반을 번갈아 위에서 끼워 넣어 먼저 자기 색깔의 원반 네 개가 일렬로 늘어서게 만들면 이기는 게임.

종속되어 있음을 의미한다. 그 규범들은, 우리가 스스로 정했으며 또한 정당하게 임기응변적 수정을 가할 수 있는 그런 규범들이 아니다. 그렇기 때문에 우리의 계산 규칙 적용 결과는, 과거의 계산 표현을 성공적으로 현재로 옮겨 놓을 수 있게 해주는 표기 시스템들을 통해 기록된다. 따라서 우리는 과거와 현재를 막론하고, 우리가 따르고자 하는 규칙들을 단 하나의 코드로(예컨대 정신적 상태들로) 명시화하는 것에 의지할 필요가 없다. 당신이 어떤 규칙을 따르는지, 또 당신이 사회적 사정으로 인해 어떤 규칙을 따라야 하는지는, 당신이 그 규칙들에 대하여 무언가 명시적인 태도를 취하는 것으로 환원될 수 없다. 물론 그렇다고 해서, 때로는 행위자가 명시적인 태도를 취한다는 점, 또한 그 태도 덕분에 그가 한 규칙 표현을 자신의 행위를 정당화할 목적으로 제시할 수 있다는 점을 배제하는 것은 아니다.

이 대목에서 어쩌면 나올 법한 반론은 다음과 같다. 즉, 우리는 과거의 규칙 표현과 그것에 대한 제도적 설명을 — 예컨대 법과 법 해석 관행에서, 또는 고전의 반열에 오른 문학 텍스트의 작용사에서 그러하듯이 — 항상 현재의 **해석**에 종속시켜야 하며, 따라서 과거에 의지하는 것만으로는 현재의 지속적 실행을 정당화할 수 없다는 반론이 제기될 만하다. 그러나 이 반론은, 법을 해석하는 상황이나 고전적인 문학 텍스트를 해석하고 풀이하는 상황은 (알고리즘의 형태로 명확히 파악할 수 있는) 결정론적 규칙을 지속적으로 적용하는 상황과 근본적으로 다르다는 점을 간과한다. 우리가 휴대용 계산기를 사용하여 큰 수 여러 개를 덧셈으로 묶어 단일한 수를 얻을 때, 그 휴대용 계산기도 덧셈 규칙의 모든 사례를 한눈에 굽어보지 못한다. 그런데 휴대용 계산기는 오류 가능하지도 않고 회의주의적 의심의 씨앗이 될 만한 모종의 정신적 역사를 가지지도 않았다. 과거에 덧셈을 하고자 했던 사람이 지금 《《68+57=x》안의 《x》에 대입할 수 있는 유일한 자연수를 대라!》라는 과제의 결과로 〈125〉가 아니라 〈5〉를 제시한다면, 그 사람은 휴대용 계산기를 보면서 과거를 상기할 수 있다. 왜냐하면 휴대용 계산기는 질문 〈68+57=?〉에 대한 대답으로 〈125〉라는 바람직한 정답을 내놓으니까 말이다.

규칙의 적용이 항상 해석의 형태를 띠는 것은 아니다. 왜냐하면 일부 규칙들은 결정론적이기 때문이다. 해석이 없으면 실존할 수 없는 규칙 시스템들(예컨대 예술 작품들)은 본질적으로 열려 있으며, 따라서 과거에는 수용될 수 없었으나 현재는 가능한 해석들이 있다.

행위자의 정신적 상태들의 집합에 불과한, 규범성의 독립적 기준을 어렵지 않게 제시할 수 있다. 나는 엘더-바스에게 기대어 그 기준을 **규범 서클**Norm-Zirkel이라고 부르려 한다.[197] 여기에서 규범 서클은 다른 면에서는 논리적으로 사적인 주체들의 한낱 집합이나 형식적 부분 전체론적 합으로 간주될 수 없다. 지향성을 갖춘 다수의 뇌로부터는 규범성이 발생하지 않는다. 설은 바로 이 대목에서 오류를 범한다. 그를 비롯한 여러 사회 존재론자는 정신적 상태들을 결국 극복 불가능하게 사적인 것으로 간주하며, 그렇기 때문에 집단적 지향성이 함께 모인 개인들의 무리라는 논리적 형태를 띨 수 없음을 알아채지 못한다.[198]

인간의 행위 조율의 맥락 안에서 규범성은, 전승(傳承) 모드에서 우리가 과거에 정해진 규칙을 우리의 정신적 삶의 규범화에 사용하는 것을 통해 발생한다. 그렇기 때문에 나의 정신적 삶은, 크립키가 추정한 형태를 결코 띠지 않는다. 바꿔 말해, 개가 말하자면 나의 내면의 광장에서 한 규칙을 눈앞에 떠올리는데, 나는 유한하기 때문에, 그 규칙의 모든 적용 사례를 미리 한눈에 굽어볼 수 없는 상황은 벌어지지 않는다. 오히려 우리는 필요한 연습 및 전승의 과정을 통해 유한한 단계를 거쳐 무한과의 연결을 형성해 놓았기 때문에, 어렵지 않게 무한과 접촉한다.[199]

우리가 유한한 단계들을 거쳐 무한과의 연결을 형성한다는 점을, 하지만 그렇다고 우리가 무한을 만들어 내는 것은 아님을 유의하라. 그렇기 때문에 산술 철학Philosophie der Arithmetik의 행마들이 양극화하는 것은 잘못된 일이다(이 양극화의 양극은 극단적인, 굳건한 실재론과 극단적인 반실재론이다). 경우에 따라 (선택된 형식적 시스템에 의존하여) ⟨68+57=x⟩ 안의 ⟨x⟩에 덧셈 규칙과 양립 가능한 기호를 무한히 많이 대입할 수 있다는 사정, 또는 덧셈 규칙은 임의의 자연수에 대하여 그 자연수의 다음 수를 정의하므로 자연수열은 셀 수 있는 무한 개념을 예시한다는 사정은, 유한한 놈이 이 사정을 통찰하는 것은 허용되지 않음을 의미하지 않는다. 수학적 대상들에서 관찰할 수 있는 무한(들) 때문에, 수학적 대상들이 대체로 우리의 인지 범위 바깥에 놓여 있을 수는 없다. 물론 극단적인, 굳건한 실재론은 수학적 대상들이 대체로 그 범위의 바깥에 놓여 있다고 여길 테지만 말이다. 하지만 이 실재론은 마찬가지로 극단적인 반실재론의 뒷면에 불과하다. 극단적인 반실재론은, 산술을 단지 인간의 증명 실행을 서술하는 작업으로만 간주한다.

하지만 무려 플라톤과 ― 우리 시대에 더 가까운 인물로는 ― 비트겐슈타인은 크립켄슈타인과 달리, 우리의 규범적 상황을 부질없는 마구잡이 총질로 간주하지 말아야 한다고 지적한다. 우리가 맹목적으로 규칙을 따른다는 것은, 크립키가 암시하는 대로, 우리가 우리의 유한성에 묶여 있음을 의미하지 않는다.[200] 이를 배경에 깔고 『철학 탐구』의 결정적인 대목인 217절부터 219절까지를 살펴보자. 이 대목을 신실재론의 관점에서 풀이할 수 있다. 그 풀이를 위해 중요한 217절의 한 부분은 아래와 같다.

〈어떻게 내가 규칙을 따를 수 있을까?〉 — 이것이 원인들을 묻는 질문이 아니라면, 이것은 내가 규칙에 따라 행위한다는 것을 정당화하라고 요구하는 질문이다.
내가 그 정당화를 완료했다면, 이제 나는 단단한 암반에 도달했고, 내 삽은 쭈그러든다. 그럴 때 나는 〈나는 바로 이렇게 행위해〉라고 말하는 경향이 있다.[201]

한 규칙을 따르는 사람은, 생각할 수 있는 모든 각각의 방식으로 그 규칙을 따르지 않는다. 그 사람은 그 규칙과 양립 가능한 모종의 방식으로 그 규칙을 따른다. 더 정확히 말하면 이러하다. 당신이 행위할 때 당신은 무언가를 하는데, 그 무언가에 규칙을 따름이라는 속성이 귀속하고, 그 규칙을 따름에 평가의 잣대를 들이댈 수 있다. 당신은 산책하고, 요리하고, 숙고하고, 신생아의 심장 박동을 탐구하고, 택시를 부르고, 덧셈하는 등의 행위를 한다. 이 행위들 가운데 어느 하나를 실행하려면 당신은 다양한 규칙들을 따라야 하며, 이로 인해 행위의 성공 여부를 평가하는 것이 가능해진다. 산책할 때 당신은 돌부리에 걸려 넘어질 수 있다. 숙고할 때는 위험할 정도로 한 생각에 빠져들 수 있다. 덧셈할 때는 잘못 계산할 수 있다. 당신은 다양한 방식으로 산책하고, 신생아의 심장 박동을 탐구하고, (암산으로, 휴대용 계산기로, 종이에 숫자들을 적어 가면서) 계산할 수 있다. 이 대목에서 비트겐슈타인이 다루는 주제는, 데카르트나 칸트에게서 영감을 받은 질문, 곧 무릇 규칙 따르기 혹은 행위하기는 어떻게 가능한가, 라는 질문의 한 변형이 애당초 아니다.

『철학 탐구』의 방법(들)은 전부, 비트겐슈타인이 실재론적 감각으로 우리의 상황을 특징지으려 한다는 사정에서 나온다. 우리가 **아무튼** 덧셈할 수 있다는 것, 또는 **아무튼** 모종의 규칙을 따를 수 있다는 것을 정당화해야 한다는 생각은, 명백히 작동하는 실행을 부당하게 문제시하는 행마에서 유래한다. 그 행마는 진단의 성격을 띤 질문을 제기하고, 이론가는 그 질문의 개념적 촉수에 걸려든다.

이를 배경에 깔고 보면, 비트겐슈타인이 『철학 탐구』의 중심부에서 (우리는 이미 그 중심부를 훑으며 우리 논의를 위해 핵심적인 대목들을 다루고 있다) 우리 행위의 실재성에 기반을 두고 해결의 길을 제시하는 것은 정당하다. 우리 행위의 실재성, 곧 우리가 이것저것을 한다는 점은 우리가 행위 개념을 숙고할 때 도달하는 〈단단한 암반〉이다. 그 암반에 도달했을 때, 행위는 어떻게 우리가 규칙을 따르는지 보여 주는 정당한 사례로 통할 수 있다. 그 암반에 도달했을 때, 우리는 어떻게 규칙을 따르는가, 라는 질문의 답은 〈이렇게〉다. 당신이 예컨대 지금 (암산으로, 휴대용 계산기로, 종이에 적어 가면서) 덧셈하고 있다는 것은 당신이 어떻게 규칙을 따르는지 보여 주는, 생각할 수 있는 가장 좋은 사례다. 당신은 암산으로만이 아니라 종이에 적어 가면서, 또는 휴대용 계산기를 써서 (일상적인 합산을 의미하는) 덧셈을 수행할 수 있으므로, 당신이 덧셈 규칙을 따른다는 것을 정당화하기 위하여 당신의 정신적 과거 이력 안에 있는 어떤 사실들을 제시할 수 있는가, 라는 질문은 잘못된 질문이다. 왜냐하면 당신이 덧셈한다, 라는 진술을 정당화하는 사실들이 다양하게 있을 수 있기 때문이다. 어떻게 행위자가 규칙을 따를 수 있는지를 완전히 혹은 단적으로 설명하는 보편적 대답은 원리적으로 기대할 수 없다. 이것은 이 주제에 관한 플라톤의 논의 이래로 잘 알려져 있으며, 비트겐슈타인이 부분적으로 의지하는 역

진 논증들의 한 요점이다.[202]

만약에 우리가 과거에 따랐던 특정한 규칙을 지금 계속 따르고 있다는 것에 대한 정당화는 오로지 우리가 과거에 모든 규칙 적용 사례를 암송했다는 것일 수밖에 없다면, 우리는 어떤 규칙도 따를 수 없을 터라는 견해는 옳다. 마찬가지로, 과거의 의미 체험만으로는 내가 당시에 따르고자 했던 규칙을 계속 따르고 있다는 것을 정당화할 수 없다는 견해도 옳다. 그러나 비트겐슈타인은 『철학 탐구』 218절에서 우리는 어떤 규칙도 따를 수 없다는 견해와, 우리가 과거에 따르고자 했던 규칙을 계속 따르고 있다는 것을 정당화할 수 없다는 견해를 조용히 무너뜨린다.

여기에서 시작된 계열이 보이지 않는 무한까지 뻗은 선로의 보이는 부분이라는 생각은 어디에서 유래할까? 규칙 대신에 선로를 생각할 수 있을 성싶다. 제한되지 않은 규칙 적용은 무한히 긴 선로에 해당한다.[203]

이를 유념해야 하는데, 여기에서 비트겐슈타인은 무한까지 뻗은 선로가 있음을 반박하는 것이 아니다. 오히려 그는 적용 범위가 제한되지 않은 규칙들이 있음을 암시하고 있다. 이것은 수학적 규칙들에만 적용되는 암시가 아니다. 산책하기는 특정한 산책 거리에 국한되어 있지 않다. 당신은 원하는 만큼, 또 할 수 있는 만큼 멀리 산책할 수 있다. 규칙의 적용은 열려 있다. 이 사정은 규칙 자체가 불분명함을, 따라서 당신은 규칙을 충분히 명백하게 따를 수 없음을 의미하지 않는다. 당신은 명백하게 산책할 수 있다. 하지만 규칙의 실제 적용 방식은 규칙에 의해 특정되지 않는다. 그렇기 때문에 우리는 적용 사례가 아닌 무언가를 적용 사례로 간주함으로써 규칙을 위반할 수 있다.

물론 아래 219절은 크립켄슈타인을 두둔하는 것처럼 보인다.

〈모든 이행(移行)은 실은 이미 이루어졌다〉라는 말은 나에게 선택권이 더는 없음을 의미한다. 규칙에 도장이 찍히듯 특정한 의미Bedeutung가 찍히고 나면, 규칙은 온 공간에 규칙 준수의 선들을 긋는다. 하지만 이 같은 무언가가 실제로 사실이라면, 무엇이 나를 도울까?

아니다. 나의 서술은 기호적으로 이해될 수 있을 때만 의미Sinn를 가졌었다 — 내가 보기에 그러하다 — 라고 말해야 할 것이다. 내가 규칙을 따른다면, 나는 선택하지 않는다. 나는 맹목적으로 규칙을 따른다.[204]

특정한 방식으로 규칙 따르기, 곧 특정한 규칙을 따르기는, 당신이 각각의 적용 사례에서 다양한 규칙들 중 하나를 선택하기가 아니다. 바로 이 틀린 견해가 이론가를 악성 역진에 빠뜨린다. 저 규칙이 아니라 이 규칙을 따르기로 선택하기는 그 자체로 규칙을 따르기이거나, 아니면 선택의 여지가 없으니까 말이다. 때로는 이 규칙을, 때로는 저 규칙을 따르기로, 선택의 여지 없이 선택하기는 특정한 규칙 따르기의 기반일 수 없음이 자명하다. 당신이 한 규칙을 따른다면 — 곧, 그 규칙을 반복해서 적용한다면 — 당신은 그 규칙을 따르라는 더 높은 수준의 규칙을 따르는 것이 아니다. 규칙 따르기는 해석하기가 아니다(물론 규칙 시스템들이나 실행들을 해석할 수 있다는 점을 배제하는 것은 아니다).[205]

자각하면서 덧셈 규칙을 따르는 사람은, 또한 쿠스 연산 규칙이 아니라 덧셈 규칙을 따르라는 규칙도 자각하면서 따르는 것이 아니다. 당신이 특정한 행위를 수행할 때 할 수도 있는 다른 것은 무한정 많으므로, 당신이 하는 것과 충분히 유사해서 당신이 대안에 직면하여 탈선하는 결과를 다소 쉽게 유발할 수 있는 그런 무언가가 항상 있다. 이 사정은 유행이나 식사 에티켓 같은 사회적 규범들과 관련해서 여행 중에 특히 뚜렷이 불거진다. 물론 산책하기와 덧셈하기도 어떤 의미에서 그런 유형의 규범이다. 왜냐하면 이 행위들에서도 관건은 다양하게 실행될 수 있는 행위 패턴이니까 말이다.

하지만 크립키 본인도 인정하듯이, 이 모든 것은 시기를 막론하고 아무도 특정한 무언가를 하지 않음을 의미하지 않으며, 다만 우리가 하는 바를 우리 각각이 개인으로서 어떻게 여기는지가 우리가 하는 바의 전부일 수 없다는 점만을 의미한다. 자신이 유행에 맞게 차려입었다고 느끼기는 유행에 맞게 차려입기와 동일하지 않다. 자신이 식사 중에 적절히 행동한다고 느끼기는 식사 중에 적절히 행동하기와 동일하지 않다. 이 밖에도 많은 예를 들 수 있다.

어떤 행위 유형들을 이렇게 또 저렇게 평가할지를 개별적으로 대단히 세밀하게 규정하는 주체는 규범 서클이다. 당신이 규칙을 어떻게 따르는가는 개별자들에 의해 결정되지 않는다. 오히려 그 개별자들은 오래전부터 규범 서클에 속해 있음을 통해 비로소 자신의 정신적 상태들을 점검할 수 있는 개인들이다. 자신의 정신적 전사(前史)를 불러내고 거기에서 현재 행동을 정당화하는 규칙 흔적을 발견하지 못하기는 그 자체로 규칙이며, 이 규칙을 따르려면 훈련이 필요하다. 예컨대 (크립키가 문제라고 여기는) 규칙 따르기 문제에 대한 크립키의 〈초보적 설명elementary exposition〉을 꼼꼼히 독해하면서 이 규칙 따르기를 훈련할 필요가 있다. 공동체는, 규칙을 비판하는 성찰의 결과가 안정화될 때 그 결과로서 비로소 등장하지 않는다. 오히려 공동체는 〈역설〉을 일으키는 특징들을 이미 조직한다. 그렇기 때문에 공동체에 호소하기 역시 회의주의적 해결의 요소가 아니라, 우리가 정신적 생물로서 특정한 법칙들을 따를 수 있게 해주는 사실 구조를 지목하기다.

그러나 이것은 우리가 이제 말하자면 성공적으로 무한을 우회했음을 의미하지 않는다. 이 대목에서 **사회학주의**Soziologismus라고 부를 만한 것의 제물이 되지 않도록 주의해야 한다.[206] 사회학주의의 견해에 따르면, 우리는 개별 행위자가, 지금 당신은 무엇을 하는가, 라는 질문을 받고 제시하는 이유들과 어긋나는 구조적 조건들에 기초해서만 행위들을 설명할 수 있다. 개별 행위는 구조의 사례로 설명되며, 구조의 존립은 역사적으로 연구 가능하고 사회학적으로 설명 가능하다. 사회학주의는, 크립키의 문제와 회의주의적 해결을 규칙 따르기에 대한 적확한 서술로 간주하는 일부 사람들이 불가피하다고 보는 일련의 귀결들과 개념적으로 부합한다. 사회학주의에 따르면, 크립키의 모형에서 개별자가 해낼 수 없는 것을 공동체(사회적 시스템, 소통, 계급들, 상호 인정, 그 밖에 사회 이론적으로 정확히 어떻게 치장되어 있건 간에 공동체와 연결되는 무언가)는 해낸다. 그러나 일단 크립키의 〈역설〉이라는 얼음판에 발을 디디고 나면, 어떤 사회적 구조 시도도 너무 늦어 효과가 없다. 한 개별자가 제한되지 않은 규칙을 무한정 자주 따를 수 없다면, 타인들이 그에게 이 불가능한 능력을 외부에서 부여하려 하는 것은 부질없는 짓이다. 이른바 〈공동체 견해community view〉에서 거론되는 꾸며 낸 공동체는 부당한 가상 늘리기요, 더 나아가 **현혹 맥락** Verblendungszusammenhang이라고 할 만하다.

누군가가 어떤 규칙을 따르는지 결정하는 다양한 유형의 사실들이 있다. 그 사실들은 다른 규범들, 곧 패턴들도 포함한다. 그 패턴들은 행위들을 패턴에 들어맞으며 따라서 허용되거나 권장되는 행위와, 패턴에 어긋나며 따라서 최선의 경우에 관용되고 최악의 경우에 처벌되는 행위로 분류한다. 행위의 규범화(곧, 행위에 관한 규범 설정)는 이미 사회적 실행이다. 행위의 규범화는, 타인들은 어떻게 지각할까, 생각할까 등에 관한 그림을 우리가 그림으로써 우리 자신의 행위를 평가하는 것에서 유래한다. 의견 불일치 관리로서의 사회성은 규범 목록들의 형태로 명시화된다. 물론 규범 목록들을 보면 사회성의 사회 존재론적 본질이 자동으로 옳게 파악된다는 뜻은 아니다. 제도들의 가시적 현존, 따라서 사회적 사실들의 가시적 현존은, 사람들이 그 현존을 사회 존재론적으로 적절히 파악했음을 보증하지 않는다. 성공적인 규범 명시화에도 불구하고, 우리는 암묵적 규칙 따르기의 배후에서 늘 작동하는 인간 사회성의 기반에 관하여 오류를 범할 수 있다. 그 기반의 작동 때문에, 한 규칙을 명시적으로 규범으로 특징짓는 행위는 실제로 준수되는 규범을 위반하는 행위일 수 있다 규칙 따르기와 규칙 따르기를 서술하기는 동일하지 않다. 또한 규칙 따르기를 서술하기는 당연히 나름의 규칙들을 따른다.

근본적인 의견 불일치라는 바탕 위에서 마치 결정(結晶)들이 형성되듯이 규범들이 확고해지고, 그 결과로 규범 서클이 발생한다. 규범 서클이 발생하면, 그 서클을 하나로 만드는 무언가를 명시적으로 제시하고 규범에 명확한 기호적 형태를 부여하는 것이 원리적으로 가능하다. 사회 과학은, 규범 서클이 제도들, 조직들, 국가들, 분위기들 등으로 세분화하는 것에 부합하는 이론적 어휘를 제공한다. 이때 사회 과학의 어휘는 공시적으로 또 통시적으로 가변적이다. 왜냐하면 규범 서클들은 발생하고 소멸하며, 말하자면 인간의 행위 공간을 온전히 둘러싸는 선험적 표준 같은 것은 없기 때문이다. 사람들이 어떤 유형의 행위들을 실행하는가, 어떤 규범 서클들이 형성되는가, 어떤 제재 및 권장의 관행이 규범 서클들의 존속을 보장하는가 하는 것은 일반적인 규칙 따르기 문제에 의지하여 알아낼 수 없다.

그렇기 때문에 사회 과학에는 독자적인 유형의 객관성이 귀속하며, 이 객관성은 공시적으로 또 통시적으로 가변적이다. 왜냐하면 사회 과학은 자기 자신도 탐구 대상으로 삼아야 하기 때문이다. 세분화된 하위 시스템들(학부들, 학생들, 교수들, 학과들, 강의실들 등)을 거느린 대학교는 그 자체로 사회 과학적 탐구 대상이다. 그러므로 사회 과학적 탐구는 존속 조건들에 종속되어 있으며, 그 조건들은, 개인들이 그들의 정신적 과거 이력에서 이것이나 저것을 할 계획을 품는다는 것으로 환원될 수 없다.

자연 과학은 자신의 방법들의 틀 안에서, 대학교가 어떻게 조직되어 있는지, 또는 조직되어야 하는지에 관하여 유의미한 진술을 할 수 없다. 물론 자연 과학자들이 제도들을 설계하는 작업에 기여할 수는 있다. 그러나 이 사정은 그들이 그렇게 기여할 때 엄밀한 의미의 자연 과학적 방법들을 성공적으로 적용한다는 것을 의미하지 않는다. 자신들이 제도 설계에 자연 과학적 방법들을 성공적으로 적용한다는 견해를 자연 과학자들이 품을 경우, 그들은 자연주의적 이데올로기에 기초하여 그들의 행정 행위를 정당화하는 사회적 시스템들에 의해 잘못된 길로 인도된다. 역사적으로 성장한 제도들에 대한 자연주의적 견해가 선호된다면, 행위자들이 자신의 행위를 특정한 방식으로 — 왜곡해서 — 파악하는 것이며, 이런 사정을 일으키는 명확히 사회 경제적인 이유들이 있다. 정치 철학에서 유래하여 널리 알려진 오래된 유기체주의적 혼동, 곧 조직Organisation과 유기체Organismus의 혼동은 교육적 가치를 가질 수야 있겠지만 고스란히 수용되어서는 안 된다. 만약에 최신 사회 생물학이 인간 집단들은 진정한 거대 유기체들이라는 참으로 대단한 발견을 내놓는다면, 얘기가 달라질 수도 있겠지만 말이다.

사회 과학적 인식의 객관성은, 인식 대상들의 인식 가능성 조건들을 그 인식 자체에 부과한다. 그 조건들은 또한 그 대상들에 관한 오류가 발생할 수 있게 만든다. 다른 곳에서와 마찬가지로 여기에서 실재는 자신의 파악됨에 맞서 잠재적으로 저항한다. 규범 서클에서는 이 저항이 가중되는데, 왜냐하면 규범 서클은 자신의 인식됨에 맞서 현실적으로 저항하기 때문이다. 사회적인 것은 특유한 방식으로 불투명하다. 왜냐하면 만약에 불명확한 정도의 불투명성이 없다면, 사회적인 것은 비대칭성들과 명령 사슬들을 가능케 하는 유형의 복잡한 세분화에 이르지 못할 터이기 때문이다. 정신적 생물들의 사회적 협동은 오로지, 최선의 경우라도 사후(事後)에야 정당화될 수 있는 결정이 어느 지점에선가 내려짐을 통해서만 작동한다. 규범 서클은 본질적으로 그 서클의 정당화 모드에서 발생하지 않는다.

규칙이 행위자들에 대한 규범적 힘을 지녔다는 사정을 규칙의 **구속력**Bindungskraft이라고 부르자. 규범적인 것의 구속력(곧 규범성)은 불명확한 정도의 불특정성을 동반하는 조건들 아래에서 발휘된다. 그 불특정성 덕분에, 사후에야 숙고될 수 있는 결정이 내려질 수 있다. 그렇기 때문에 구속력은 항상 마치 전실(前室)처럼 불투명성을 산출한다. 규범들이 존립한다면, 규범들은 아무것도, 또 아무도(이론적으로 상정된 절대 군주도) 벗어날 수 없는 해석학적 의심의 공간을 창출한다. 이 근본적인 사회 존재론적 층에서 사회적인 것과 사회적인 것의 인식됨에 맞선 저항은 융합한다. 사회적인 것의 존재론적 근본 형태는 진실로 여기기의 조정이다. 당신은 무언가를 진실로 여기는데, 타인은 그것을 거짓으로 본다. 그리하여 실재가 본질적인 삼각 측량의 셋째 요소로 개입한다. 뮐러스는 〈오류로부터 규범이 발생하는〉 경우를 예로 든다.[207] 그가 예로 드는 상황에서 누군가는 한 행사에 넥타이를 매고 가기로 결정한다. 왜냐하면 사정을 확실히 알지 못하는 그는 그런 유형의 행사에서는 남자가 넥타이를 매야 한다고 여기기 때문이다. 하지만 그것은 관례와 행사 초대자의 기대에 대한 착각이다. 사정을 깨달은 그는 자신의 틀린 추정을 타인들에게 알린다. 한편, 한 무리의 다른 사람들도 넥타이를 매고 나타난다. 왜냐하면 그들은 저녁에 즐겨 넥타이를 착용하기 때문이다. 이 상황에서 넥타이를 매지 않고 나타난 사람은 비판에 직면할 수도 있다. 그런데 그 비판은 〈행사 초대자가 정한〉 규범에서 나오는 것이 아니라 방문객들이 습관에 기초하여 창조한 규범에서 나온다.[208] 이처럼 존립하는 규범에 대한 오류로부터 규범이 발생할 수 있다. 이것이 의미하는 바는, 사회적 시스템 자체가 실재하는 무언가라는 점, 곧 그것과 관련하여 객관성(곧 행위자들의 오류 가능성)이 존립하는 무언가라는 점이다. 이로부터 뮐러스는 규범과 〈허구〉의 〈공통점〉 하나를 추론한다.

허구와 마찬가지로 규범은 실제 세계로부터 독립적으로 작동하지 않는다. 더구나 공상된 규범은 그렇지 않은 규범보다 사실들과 기존의 규범적 맥락에 더 강하게 의존하는 경향이 있다. 왜냐하면 공상된 규범으로 인한 오류는 주어진 상황에 대한 틀린 해석에 기반을 두며, 공상되지 않은 규범으로 인한 오류처럼 세계 상태에 대한 의식적 외면이나 의식적 반발에 놓일 수 없기 때문이다.[209]

이런 추론으로 묄러스는 규범성에 관한 그릇된 자기 자율 모형 Heautonomie-Modell에 반발한다. 그 모형에 따르면, 규범이 행위자들에게 구속력을 발휘하려면, 구체적인, 인지적이지 않고 규범적인 규범에 대한 태도가 있어야 한다.[210] 이 같은 자기 자율 모형에 반발하기 때문에, 묄러스의 제안은 실재론적 제안으로 분류되어야 한다. 묄러스의 제안은 규범에 대한 인지적 태도를 인정한다는 점에서 벌써 실재론적이다. 그 인지적 태도는 행위자들과 이론가들이, 규범적 귀결들을 가질 수 있는(왜냐하면 여기에서 말하는 사실들은 사회적 규범들이므로) 사실들을 객관적 태도로 평가하게 만든다.

사회적 시스템들은 무한정의 중첩을, 바꿔 말해 자기 회귀적 복잡성을 허용한다. 왜냐하면 사회적 시스템 자체가, 주체^1-실재-주체^2 삼각관계 내 실재의 자리를 차지할 수 있는 실재하는 무언가이기 때문이다.[211] 주체들은, 어떤 사회적 시스템이 그들을 구속하는가를 놓고 견해가 엇갈릴 수 있다. 이 복잡한 상황은 많이 연구된 죄수 딜레마의 규칙들과 기타 게임 이론적 기본 개념들에 따라 모형화될 수 있다.

구체적인 사회적 시스템들, 예컨대 주어진 제도는, 말하자면 글자 그대로의 (사법적) 판단을 내리고, 이를 통해 사법적 판단이라는 사회적 시스템이 고려해야 할 실재가 무엇인지 규정함으로써 역설을 제거하는 기능을 수행한다. 재판의 맥락 안에서 증거, 증언, 기록 등의 제시는, 서로 다투는 주체들이 기준으로 삼을 실재의 틀을 확립하는 기능을 한다. 사법적 판단, 곧 판결에서 회복적 정의의 핵심은 행위자들이 처한 사회적 상황을 변화시키는 데 있다. 사법적 판단은 진실 능력을 갖춘 p(〈피고의 범행은 살인이다〉)라는 취지의 진술이 아니라, 새로운 사회적 시스템의 확립, 예컨대 유죄 판결의 확립이다. 누가 유죄 판결이나 무죄 판결을 받는지는 사회적 변화에 종속되며 학문적 연구에 종속되지 않는다.

사회 존재론적 수준에서 사회 과학의 방법론적 문제는 사회 과학이 규범 설정 작용을 하는 경향이 있다는 점에 있다. 왜냐하면 사회 과학은 결국 자기의식적인(반성적으로 접근 가능한) 방식으로 사회적 상황의 변화에 기여하기 때문이다. 한 사회적 시스템을 다루는 글이 전문 저널에 채택되어 출판된다는 것은 무엇보다도, 한 무리의 주체들이 실재를 적절하며 규범 서클에 적합한 방식으로 담론적으로 명확히 했다는 판단을 받는다는 것을 의미한다. 사회 과학은 본질적으로 자기 회귀적으로 확고해진다. 왜냐하면 사회 과학은 자신의 발생도 자신이 보유한 인식 기준들에 맞게 탐구해야/탐구할 수 있어야 하기 때문이다. 이 과제를 우회하는, 실사에 근거를 둔 길은 없는 듯싶다. 단지 방법을 자연화함으로써 이 과제로부터 달아나는 길만 있는 듯하다.

그리하여 사회적 사실들은 특별한 인과성인 사회적 구성을 통해 발생하고 유지된다는 인상이 생겨난다. 왜냐하면 부당한 자연화를 피할 방법론적 이유가 있기 때문이다. 그러나 이 행마가 간과하는 바는, 사회적 시스템으로서의 사회 과학에는 사회 과학이 다루는 대상 영역의 불투명성이 귀속한다는 점이다. 사회 이론가가 자신이 통찰한 〈규칙 따르기의 **비숙고성**〉[212]을 자신에게 적용하고 그 비숙고성을 자연의 작품으로 보지 않는 것은 정당하다.[213]

사회적 시스템에 관한 모든 탐구는 사회적 변화를 가져온다. 왜냐하면 연구자가 자신의 표적 시스템과 상호 작용할 수 있을 때만, 바꿔 말해 표적 시스템에 개입할 수 있을 때만, 연구자는 무언가를 인과적으로 설명할 수 있기 때문이다. 이 원리는 보편적으로 타당하다. 그렇기 때문에 개입주의적 인과 이론이 계속해서 특별

히 높은 인기를 누리는 것이다.[214] 연구자가 사회적 시스템과 상호
작용한다면, 연구자는 〈측정 과정〉을 통해 자신이 관찰되는 시스템
의 진로 변경에 기여한 바를 방정식에서 제거하는 방법들을 발견
해야 한다. 이 사정이 사회 과학적 방법들의 발전을 가져왔다.

15장
신화, 이데올로기, 허구

사회 과학적 탐구의 대상들은 1장에서 상세히 비판한 통상적인 의미의 허구가 아니다. 사회적 시스템들에 대한 우리의 (사회 과학적 방법을 통해 보증되지 않은) 이해가 다루는 대상들도 마찬가지다. 더 나아가 사회적 사실들은 사회 존재론적으로 본질적인 수준에서 해석 의존적이지 않으며, 그렇기 때문에 미적 경험을 다루는 해석학적 모형에 따라 구성되면 안 된다. 사회적 생산과 재생산은 암묵적 규칙 따르기의 층에서 일어난다. 우리가 해석을 통해 그 층에 간섭할 수 있긴 하지만, 그 층은 나름의 암묵적 조건들에 종속되어 있어서, 사회적인 것을 모조리 해명하려는 모든 시도는 실패할 수밖에 없다.

　이 3부에서 이제껏 펼친 논의의 관건은 사회 구성주의 기조에 맞서 실재하는 사회적 소외의 형태들이 있음을 보여 주는 것이었다. 그 형태들은 적절한 형이상학적 또는 논리적-의미론적 방식으로 관찰자의 눈 안에 있지 않다. 오히려 관찰자의 눈이 사회적으로 생산된다고 할 만하다. 부르디외는 실제로 일어나는 미적 판단 Geschmacksurteil(취미 판단)의 경우를 들어 이를 보여 주었다.[215] 규범적인 사회적 사실들은 수행적 언어 행위들의 귀결이나 논리적으로 동치인 재현 관련들의 귀결로서 작용력을 얻는 것이 아니라, 이미 실존하고 전승되었으며 기호로 문서화된 규범들에 순응하고 또 그 것들로부터 이탈하는 (대체로 무의식적으로 진행되는) 과정의 틀 안에서 작용력을 얻는다. 우리가 자기 조종에 관한 생각에 의지하여 우리 자신을 조종하는 자기 회귀적 능력을 보유하면, 곧바로 우리는 불투명한 사회적 거래의 퇴적물인 관계들 안에 놓인다. 이 상황에서 벗어날 길은 없다.

하지만 그렇다고 해서, 1부와 2부의 건설적 부분에서 탐구된 대로의 허구 및 환상의 차원이 사회적으로 불활성이라는 뜻은 아니다. 본질적 사회성을 탐구하는 학문 분야로서의 사회 존재론은 상호적인 형태의 오류에 빠지기 쉽다. 무슨 말이냐면, 사람들은 사회적인 것에 관하여 특정한 견해를 품음으로써 그 사회적인 것을 변화시킨다. 사회적 통계가 미디어를 통해 널리 알려지는 경우를 생각해 보라. 그 통계의 작성에는 사회 존재론적 전제들이 녹아 들어가 있다. 따라서 그 통계가 널리 알려질 때 발생하는 결과는, 사람들이 학문의 객관성에 관한 자신의 견해에 기초하여 특정한 방식으로 행동하게 되는 것이다. 선거 예측은 선거 승리를 생산하기 위한 사회적 조건의 한 부분이다. 미디어의 보도도 마찬가지다. 그 보도는, 그 보도의 저자들이 자기네가 상세히 알지 못하는 유권자들의 내면에 관하여 어떤 견해를 품었는지를 반영한다. 영국 사람, 작센 사람, 바이에른 사람, 인도 사람, 미국 중산층 등에 관한 전형적인 견해들은 암묵적으로 공유된 규칙 따르기라는 배경에 침투함으로써 인과적인, 따라서 사회 과학적으로 측정 가능한 작용력을 얻는다. 그리하여 그 배경은 다시금 사회적 생산 및 재생산의 조건이 된다. 이 순환은 토대–상부 구조 유형의 모든 사회 존재론적 계층 모형을 위태롭게 만든다. 즉, 무릇 사회적인 것이나 구체적인 사회적 시스템 하나에 관하여 우리가 어떤 견해를 품는지가 우리의 사회 경제적인 계층에 영향을 미치고, 거꾸로도 마찬가지다.

누구나 잘 아는 이 사실은 사회 존재론적 맥락 안에서 특별한 중요성을 갖는데, 왜냐하면 이 사실은 사회 과학이 자기 자신에 맞서 늘 제기하는(제기해야 마땅한) 이데올로기 혐의의 이론적 기반으로 지목될 수 있기 때문이다. 당신이 사회적 시스템에 관하여 어떤 견해를 품는가는, 당신이 그 시스템에 접근하려 할 때 수단으로 삼는 전제 틀 안으로 어떤 선입견들이 진입하는가에 의존한다. 그런데 이 전제 틀은 필연적으로 사회적 시스템들을 포함하며, 원리적으로 사회 과학은 이 사정을 자신의 탐구 범위에서 벗어난 것으로 간주하여 〈계산에서 제외할〉 수 없다. 만일 제외하면, 사회 과학은 그 정체가 통찰되지 않은 특수한 허구들의 제물이 될 위험에 처한다.

이하에서 나는 사회 존재론적으로 중요한 그 허구들을 두 가지 형태로 구별하고자 한다.

첫째 형태는 **신화**Mythologie다. 이미 언급한 대로(430면 이하), 신화의 존립은, 암묵적 모범들이 한 사회적 시스템에 속한 행위자들의 행위 방식에 작용력을 발휘한다는 사정에 있다. 상상의 층에서 이 사정은 역사적으로는 신들의 계보에 대한 의식의 형태로 나타나고, 우리 시대에는 무엇보다도 슈퍼히어로 신화와 기타 일상적 신화들의 형태로 지속된다(세계 종교들의 존속은 더 말할 것도 없다).

신화와 달리 **이데올로기**는 사회 경제적으로 가치 있는 자원의 비대칭적 기존 분배를 정당화하는 기능을 하는 생각 구조물이다. 이 기능을 위해 이데올로기는 이데올로기의 생산 및 재생산에 참여하는 행위자들의 주의를 바로 이 생산 및 재생산이 아닌 딴 곳으로 돌린다. 이데올로기가 꼭 명시적으로 관철되어야 하는 것은 아니다. 이데올로기는 대개 암묵적으로 작용하며, 중심으로부터 아래로 전달되지 않는다(이런 점에서 이데올로기는 선전Propaganda과 구별된다).[216] 더 나아가 이데올로기가 꼭 거짓된 혹은 환상적인 믿음들이나 재현들로 이루어져 있는 것은 아니다. 진실인 진술들을 가지고 지배할 수도 있다. 관건은 진실인 진술들을 어떻게 활용하느냐 하는 것이다.[217]

허구인 신화가, 또한 학문의 인상을 풍기는 신화의 이데올로기적 추가 모듈들이 결국 하는 사회적 기능은, 이상화된 정당화 조건 아래에서라면 절대로 유지될 수 없을 무언가를 가상의 아우라로 감쌈으로써 정당화하는 것이다.[218] 이 아우라의 생산에 본질적으로 관여하는 요소로 예술과 디자인뿐 아니라 획기적이라고들 하는 학문적 성취들에 관한 보도도 꼽을 수 있다.[219] 그렇기 때문에 실재와 허구의 관계를 존재론적으로 바로잡는 작업, 곧 개념을 다루는 철학적 작업은 무엇보다도, 자신에 관한 정보를 더 잘 갖춘 사회라는 사회적 대의(大意)에 종사한다. 특정한 사회적 실행이 거기에 참여하는 사람들이 보기에 권한에 부합한다는berechtigt 것과 그 실행을 정당화할rechtfertigen 수 있다는 것은 완전히 별개의 사안이다. 권한에 부합함은 규범적으로 요구가 덜하면서도 사회적으로 대단히 작용력이 큰 지위여서, 우리는 권한에 부합함을 시야에서 놓치지 말아야 한다. 근거 주고받기 놀이에 대한 이상화된 견해들을, 본성이 다른 정당화를 기반으로 삼은 영역에 적용하는 것은 병리적 현상들을 일으키는 사회 존재론적 오류다.

그런데 이데올로기적인 생각하기는 신화적 하부 구조를 즐겨 사용한다. 왜냐하면 원시적인 생각하기는 고유한 타율성 때문에 다른 생각하기에서는 명백한 현재의 문제들을 은폐하기에 특히 적합하기 때문이다. 상상의 층에서 신화는 전형적으로 신통기(神統記)적, 계보학적 의식의 형태로 나타난다.[220] 신화는 하나의 틀을 제공하고, 그 틀 안에서는, 행위자들이 주목하게 된 주어진 행위 패턴이 근거 주고받기 놀이 모드에서 명시적으로 정당화될 수 없음에도 왜 권한에 부합하는 것으로 통하는가, 라는 질문의 답이 합리적으로 보인다. 이런 식으로 신화는 **정당화**될 수 없는 실행들의 존속에 **권한**을 부여한다. 명시적인 정당화가 들어설 자리에 상상된 머나먼 과거에 의지한 설명이 들어선다. 문제의 실행이 왜 있고, 왜 계속 유지되는지를 그 과거가 설명해 준다고들 한다.

신화적인 것의 역할 규정에 관한 이 같은 개념적 제안은 근대적 형태의 자기 보증Selbstvergewisserung에서도(혹은 바로 거기에서) 신화를 알아챌 수 있게 해준다. 그 자기 보증에서 사람들은 공식적으로 학문과 로고스를 내세우며 신화와의 단절을 맹세하지만 말이다.[221] 이런 구조의 핵심 사례로, 인간은 복잡한 인지 시스템이라는 견해를 꼽을 수 있다. 그 견해에 따르면, 인간이라는 복잡한 인지 시스템은 다소 능숙하고 대개 암묵적인 고도의 계산을 통해 세계상을 제작하며 모형 없이 실재와 접촉하는 일은 절대로 없다. 이 자화상을 **모형주의**Modellismus라고 부르자.[222]

모형주의의 토대는 특정한 〈인간〉 시스템의 모형이며, 그 모형은 본질적으로 실증주의적 학문 이론(과학 철학)에 맞춰져 있다. 요즈음에는 뇌 혹은 뇌의 하위 시스템 하나가 모형들이 구성되는 자리로 즐겨 선택된다. 이때 뇌는 계산 기계로 간주되는데, 그 기계의 기능은 우리가 의식적으로 접근할 수 없는 시간 규모들에서의 예측(〈예측 코딩predictive coding〉)이다. 모형주의에 함축된 신화는, 인간을 고인류학적 틀에 맞게 재단하고 현재의 관찰 가능한 행동을, 결국 경험적으로 관찰할 수 없는 과거의 진화적 적응 전략(이라

고들 하는 것)에 의지하여 설명하려 하는 데 있다.[223]

특히 환상주의가, 그리고 인간상이라는 점이 대체로 명시되지 않은 인간상을 우리 종의 머나먼 과거로 투사함으로써 현재의 연구 행동을 정당화하는 기타 유사한 프로젝트들이 신화를 기반으로 삼는다. 만약에 인간은 궁극적으로 인간의 의식과 동일하고 인간의 의식은 진화적 유용성에 기초하여 설명할 수 있는, 뇌의 한 기능과 동일하다면, 인간의 학문적 자기 탐구는 이 패러다임에 맞춰져야 할 터이다. 철학적으로 근본적인 정신 이론은 밀려나고, 실증주의적으로 축약된 의식 파악이 그 자리를 차지해야 할 터이며, 그 파악은 모든 역사적 자기 이해를 배제할 터이다.

대표적인 예로 스타니슬라스 드앤, 하콴 라우, 시드 쿠이더의 논문을 들 수 있다. 그 논문은 의식이란 무엇인가, 그리고 기계가 의식을 가질 수 있는가, 라는 질문을 다룬다.[224] 의식이란 무엇인가, 라는 질문에 답하기 위해 저자들이 할애하는 분량은 충격적이게도 한 페이지에 못 미친다. 그들은 모종의 신뢰할 만한 방법을 제시하지 않은 채로 〈의식〉의 세 가지 의미를 구별한다. 첫째 의미는 〈주관적 경험 subjective experience〉인데, 저자들은 이 의미를 한편으로 나름의 이유에서 배제하지만, 다른 한편으로 이 의미를 묘사하는 그림을 그야말로 터무니없게 그린다.

〈의식〉이라는 단어는 많은 선(先)학문적 용어들과 같이 대체로 다양한 의미로 사용된다. 의학에서 의식은 흔히 주의(注意)와 깨어 있음을 평가하는 맥락 안에서(예컨대 〈그 환자는 더는 의식이 없었다〉에서) 자동사적인 의미로 사용된다. (……) 하지만 지면 관계상 우리는 여기에서 이 측면을 다루지 않을 것이다. 왜냐하면 이 측면의 계산적 효과는 미미한 것으로 보이기 때문이다. 기계의 계산이 정상적으로 이루어지려면 기계가 제대로 켜져 있어야properly turned on 한다는 점은 명백하다.[225]

이 인용문에 들어 있는 다양한 오류를 열거하려면 어디에서 출발해야 할지 도통 모를 지경이다. 저자들은 〈의식〉이 〈선학문적 용어〉라는 것을 어떻게 알까? 주어진 용어가 〈선학문적〉이라는 것은 무슨 뜻일까? 〈의식〉이 선학문적 용어이고 의학의 맥락 안에서 사용된다면, 어떻게 의학이 학문일 수 있을까? 깨어 있음을 뜻하는 의식이 우리라는 기계가 켜져 있음에 존립한다면, 우리가 코마 상태나 의식 없는 숙면 상태일 때 우리는 대체 어떤 의미에서 꺼져 있을까? 의식 없음이 죽어 있음을 뜻하는 것은 아니지 않은가! 게다가 저자들은 〈의식〉이 다양한 의미로 사용된다는 것을 어떻게 알까? 그 의미들은 어떤 것들이며, 어떻게 그 의미들을 확인할까? 의식을 뜻하는 독일어 〈Bewusstsein〉이 영어 〈consciousness〉나 프랑스어 〈conscience〉와 모든 면에서 동일하지는 않음을 고려할 때, 저자들은 어떤 자연 언어를 탐구하고 있을까? 이 탐구를 위해 그들은 언어학, 철학, 사상사의 조언을, 혹은 〈의식〉이 선학문적 용어라는 견해가 학문적 통찰임을 입증해 줄 어떤 분야의 조언을 과연 구했을까?[226]

위 인용문의 저자들이 채택한 자기 모형은, 우리가 생산했으며 켜고 끌 수 있는 인공물이 기계인 것과 동일한 의미에서 우리 자신도 기계임을 전제하면서 이 전제를 전혀 입증하려 하지 않는다. 하지만 유기체를 끄려면, 더는 켤 수 없게 꺼야 한다. 죽은 놈은 죽은 놈이다. 더구나 이것은, 인간이 제작한 기계적 인공물과 의식 있는 정신적 생물인 우리 사이의 존재론적으로 매우 중요한 무수히 많은 차이 중 하나에 불과하다.

위 인용문의 저자들이 꼽는 〈의식〉의 나머지 두 면모는, 유기체 내 정보의 〈광역적 가용성global availability〉과 〈자기 감시self-monitoring〉다. 광역적 가용성은 〈의식의 타동사적인 의미〉[227]다. 즉, 광역적 가용성은 〈한 인지 시스템과 생각하기의 구체적 대상 하나 사이의 관련〉[228]에 관한 것이다. 이 대목에서 저자들은 지향성에 관한 이론을 내놓아야 할 성싶은데 그렇게 하지 않는다. 주목할 만하게도 우리는 저자들이 의식 개념을 규명하기 위해 사용하는 표현들인 〈생각〉, 〈정신적 재현〉 등에 관하여 아무런 설명도 듣지 못한다. 왜 〈광역적 가용성〉을 뜻하는 의식이 〈정신 안에 정보를 보유하기〉와 〈동의어〉이기까지 한지는 더욱더 불분명하다.[229]

광역적 가용성은, 저자들이 역시나 어떤 근거도 대지 않고 상정하는 의식의 둘째 의미Sinn인 자기 감시와 아무 관련이 없다고 한다. 우리가 듣는 설명은 아래와 같다.

인간은 자기 자신에 관하여 많은 것을 안다. 예컨대 자기 몸의 형태와 위치, 자기가 무언가를 알거나 감각하는지 여부, 혹은 자기가 방금 오류를 범했는지 여부 같은 다양한 정보들을 안다.[230]

이런 유형의 자기의식(곧, 신경 과학에서 말하는 〈메타 인지〉)은 첫째 의미의 의식으로부터 분리되어 있다고 한다. 이런 자기의식은 인간에 의해 의식됨 없이도 발생한다고 한다. 이 저자들은 철학 전통과의 대결을 퉁명스럽게 거부한다. 그러나 그들이 무비판적으로 또 부당하게 단순화하여 제시하는 〈의식〉의 의미들은 철학 전통에서 나왔다.

우리의 정신적 어휘에 속한 다른 많은 표현과 마찬가지로 〈의식〉은 이 저자들의 견해와 달리 선학문적 용어가 전혀 아니다. 이 표현은 철학적이며 학문적인 전사(前史)에 기초하여, 그들이 출처 제시 없이 의지하는 이른바 일상 용어 안에 정착했다. 인간의 기존 자기 탐구의 성과를 풍부한 역사 지식에 기초하여 훑어보는 대신에 이 저자들은 인간을 인지적 자기 감시 시스템으로 서술하는 모형주의적 자기 모형을 내놓는다.

　　그러나 이 자기 모형도 나름의 역사를 지녔으며, 그 역사는 완전히 재구성되어 있지 않다. 왜냐하면 그 재구성은 그리스 로마 전통의 자기의식 이론과 더불어, 다소 유럽 내적인 이 자기 규정 역사의 바깥에 놓인 자기 모형들도 당연히 고려해야 할 터이기 때문이다. 그러므로 이 저자들이 탐구하는 것은 기껏해야 주어진 한 인간상의 매우 협소한 부분의 신경학적 특징들에 불과하며, 그들은 그 인간상의 유래와 의미에 관하여 어떤 생각도 하지 않는다. 대신에 그들은 인간 유기체를 무의식적 계산들의 귀결로 다루기 위해 진화적 변수들을 고려한다. 우리는 그 계산들 덕분에 지금 우리의 위치에, 곧 의식 있는 삶에 도달했다고 그들은 주장한다.

　　이 같은 계산주의적 정신 모형의 유난히 투박한 버전은 신화의 이데올로기적 사용을 보여 주는 전형적인 사례다. 왜냐하면 이 정신 모형은 정당화할 수 없는 (예컨대 지원금을 놓고 경쟁하는 학문 분야들 사이에서의) 자원 분배를 명시적으로 정당화하는 기능을 떠맡는다. 기반에 깔린 신화는 인간을 복잡한 계산 기계로 보는 인간상이다. 그 인간상에 따르면, 인간이라는 계산 기계는 놀랄 만큼 많은 층을 지녔고, 그 층들에서 동시에 진행되는 과정들이 의식을 산출한다. 이 신화는 사람들이 인간을 마치 지질학에서처럼 층들로 분해하는 것에서 유래한다. 진화적 시간 규모에서 볼 때 그 층들 가운데 가장 오래된 것이 가장 기초적인 것으로 간주된다. 그리고 많은 기초적 과정들이 함께 작동한 결과로 ─ 정확히 어떻게 발생하는지는 몰라도 ─ 창발이라는 마법을 통해 의식이 발생한다. 이 같은 명시적 정당화는 〈인공 의식artificial consciousness〉을 기술적으로 제작할 전망을 열어 준다. 그러나 아직 〈의식〉의 의미가 충분히 정확하게, 정말로 정교한 이론을 통해 파악되지 않았기 때문에, 그 전망이 실현될 가망은 전혀 없다.[231] 이 저자들이 제작하고자 하는 것이 무엇인지는 그들 자신까지 포함해서 아무도 모른다. 그것을 어떻게 제작할 수 있을지도 마찬가지다.

정신적 생물인 인간은 사회적 조건 아래에서 개념적 능력들을 키우고 따라서 수정할 수도 있기 때문에, 우리는 어느 시대에나 이데올로기에 휩쓸리기 쉽다. 우리는 인간의 삶꼴을 뛰어넘는 외적인 잣대를 보유하고 있지 않으므로, 인간이란 누구 혹은 무엇인지를 그런 잣대를 기준으로 확정할 수 없다.[232] 이 사정은 신실존주의의 관점에서 볼 때 당연히 중요한 인간학적 상수이며, 따라서 정신의 역사성 및 공시적으로 또 통시적으로 다원적인 표출을 고려하는 체계적 정신 철학의 출발점이다.

현재 창궐하는 한 이데올로기는 신경 과학 및 정보학(컴퓨터 과학)의 발전과 맞물려 있고 〈인공 지능〉을 둘러싼 웅성거림과 결합되어 있다. 〈디지털화〉와 마찬가지로 〈인공 지능〉이라는 표현은 대다수 경우에 초보적인 수준에서도 정확히 규정되지 않은 채 사용된다. 그리하여 사람들은 곧바로 미래주의적인 이야기들을 (〈트랜스휴머니즘transhumanism〉을 열쇳말로) 풀어놓는다. 그 이야기들은 가능한 한 최종적으로 인간을 인간 자신으로부터 구원하려 한다.[233] 이 담론의 이데올로기적 면모는, 인간이 인간 자신의 실상을 깨닫는 대신에, 인간의 사회적 활동에서 나온 생산물 하나[기술권

(圈)Technosphäre]를 활용하여 그 생산물의 제작을 위한 역사적 조건을 자동화된 운명으로 변환하는 것에서 드러난다. 이런 식으로, 분업 사회의 다양한 부문에서 이루어지는 특정한 노동 과정들의 점진적 자동화가 정신이 비유기적 물질에서 나타나는 준(準)신학적 과정으로 내세워진다.

이로써 정신이 비정신적인 것에서 기원한다는 신화적 포맷이, 바꿔 말해 정신적 삶이 어느 순간에 최초로 점화한다는 신화적 포맷이 반복된다. 실제로 우리는 그런 점화에 관한 자연 과학적 지식을 충분히 보유하지 않았는데도 말이다.[234]

역사적으로 가변적인 정신의 기원은 원리적으로 자연 과학을 통해 발견될 수 없다. 왜냐하면 자연 과학의 대상들은 역사학이 말하는 의미의 역사를 가지지 않으며, 이 사정은 자연 과학적 설명의 본질에 속하기 때문이다. 엄밀한 의미의 진화와 인간의 사회적 자기 규정 과정으로서의 역사 중에서 어느 한쪽을 다른 쪽으로 환원할 수는 없다. 역사는 진화가 다른 (정신적) 수단에 의지하여 계속되는 것이 아니며, 진화는 자연사, 말하자면 익명이며 맹목적인 **역사적** 과정이 아니다.[235] 형이상학적 우격다짐으로 진화론을 역사학으로, 역사학을 진화론으로 이행시키려 애쓰는 것은, 오로지 행위자들이 (유기적 과정들과 절대로 동일할 수 없는) 자화상에 비추어 삶을 꾸려 가는 정신적 생물들로서 등장하는 경우에만 역사가 성립한다는 점을 완전히 간과하는 것이다.

정의롭고 연대하는 공동체 안에서 살고자 하는 바람, 그리고 그 바람과 짝을 이루는 몇몇 제도들과 공동체의 결정들을 기꺼이 인정하겠다는 태도는 인간이라는 유인원도 다른 동물들과 마찬가지로 진화적으로 유용한 공정성 감지 장치를 지녔다는 점을 통해서는 초보적인 수준으로도 전혀 설명되지 않는다. 정치적으로 숙고된 구체적인 사회 경제적 질서라면 그 어떤 질서도 이런 식으로 그것의 발생과 유효성을 통찰할 수 없다.

한마디 보태면, 정신의 신호탄이 무엇이었는지, 우리의 역사적 실존의 기원이 실제로 무엇이었는지를 우리는 절대로 알아내지 못할 것이라고 나는 확신한다. 신뢰할 만하고 궁극적으로 신화적이지 않은 자기 모형들을 진지하게 도출하기 위하여 출처로 삼을 만한 데이터를 우리는 보유하고 있지 않다. 사막의 모래를 파헤치기, 우연히 발견한 고고학적 유적에 기초하여 추측하기, 유전 데이터 수집, 그 밖에 사람들이 오늘날 정신의 기원에 접근하기 위하여 어떤 방법을 동원하건 간에, 이 모든 것은 여기에서 우리가 채택한 관점에서 보면 가망 없이 신화적이다. 우리는 모르며 앞으로도 모를 것이다. 이 알 수 없음Nicht-wissen-Können은 진정으로 계몽된 인본주의, 과학주의적 신화 곧 이데올로기를 은밀한 기반으로 삼지 않은 인본주의에 본래적으로 속한다. 우리가 알 것이 없는 곳에서 앎을 주장하고, 이 같은 이데올로기적으로 위장된 무지로부터 사회적 귀결들을 끌어낼 것을 촉구하는 사람은 그 자신의 나쁜 지식 고고학을 동원하여 우리의 정신적 삶꼴을 구조적으로 해치는 사람이다.

인간은 역사적 생물이다. 자연화 작업은 인간 사회 안의 모든 일은 순전히 자연적인 방식으로 일어난다는 그릇된 믿음을 우리에게 심어 주고자 하지만, 어떤 자연화 작업으로도 이 역사성을 정지시킬 수 없을 것이다. 왜냐하면 행위할 때 인간은 자신의 등장을 위한 필연적 자연적 조건을, 허구적인 것의 차원만큼 넘어서기 때문이다. 우리는 각각의 주어진 자극 장면을 이미 훌쩍 벗어나 있다. 그리하여 우리는 복잡한 〈먹기와 달아나기 기계들〉일 뿐이라는 견해는 실은 신화이며 이데올로기라는 것이 폭로된다.

물론 인간은 심각하게 기계화될 수 있다. 그런 기계화는 폭력 위협 및 행사로 인해 인간이 기계적 관점에 예속될 때 일어날 뿐 아니라, 특히 우리가 자연 과학 연구에 기초하여 인간에 관한 확정적 지식에 도달했으며 따라서 우리가 복잡한 기계들임을, 이를테면 (비생물학적 〈하드웨어〉에서도 구현할 수 있는) 특정 기능들을 수행하는 세포 자동 기계들Zellautomaten임을 확언할 수 있다는 이데올로기가 널리 퍼질 때도 일어난다. 현재의 인공 지능 담론에 실려 (주로 캘리포니아에서) 유통되는 풍부한 미래관들은, 우리가 채택한 관점에서 보면, 인간이 자기 규정의 부담을 벗는 데 기여한다.[236] 이 부담 벗기가 성공할 경우 역사 없는 실존이라는 환상을 낳는다. 그 실존을 정치적으로 관리하기 위해 필요한 것은 인간임의 기술적 확장 부분을 만들어 낼 응용 자연 과학 연구를 위한 기틀 조건을 마련하는 것뿐이다.

이처럼 기계화된 자기 모형은 (말 그대로) 허위의식의 투박한 사례다. 이 자기 모형은 인간을 모든 고차원적인 영성(靈性)으로부터 멀리 떼어 놓기 위해 의식을 잘못 묘사한 그림을 활용한다. 모든 고차원적인 영성의 기반은 정신 개념이다. 이 개념은 우리의 불가피한 출발점 상황을 그 상황의 필연적 자연적 조건들의 특정 부분 집합과 혼동하는 오류를 방지한다. 자연주의를 극복해야 한다는 점을 잊지 말자. 자연주의는 수많은 형이상학적 행마를 배후에 숨기고 있으며, 그 행마들은 경험적(이라고들 하는) 지식을 지목하면서 규범적 작용력을 지닌 인간상을 그린다.

신실존주의 관점에서 보면, 인간의 존재와 당위는 일치한다. 우리의 불가피한 자기 규정 능력 때문에 우리는 인간임이라는 규범에서 벗어나려 할 경우 실존적 오류를 범하게 된다. 당연한 말이지만, 인간은 인간이 아닐 능력이 없다. 그러나 인간이 자신의 인간임을 인간임에 관한 그릇된 견해에 맞추는 것은 충분히 가능하다. 이런 식으로 병증들이 들어설 공간이 생겨나고, 그 공간은 이제껏 철학적으로 제시되지 않은 오류 분류법을 마련할 동기를 제공한다. 왜냐하면 누군가가 거짓인 무언가를 진실로(또는 거꾸로 진실을 거짓으로) 여긴다는 형태를 띤 통상적인 틀린 믿음들 외에도 불특정한 다수의 오류들이 있기 때문이다. 그 오류들의 대표적인 예로 여러 양태의 자기기만을 들 수 있다.

일반적으로 **자기기만**이란, 인간인 자기가 누구 혹은 무엇인가에 관한 오류다. 이 오류는 행위에 영향을 미친다. 우리는 이런 의미의 자기기만을 실행할 능력이 있기 때문에, 우리의 정신적 삶은 불특정한 다수의 진행 형태로 세분된다. 우리는 정상과 병증이라는 역사적으로 가변적인 의학 범주들을 가지고 그 진행 형태들을 규정한다. 이때 우리는 믿음의 최대 객관성과 최대 주관성을 양극단으로 삼은 잣대를 들이댈 수 있다. 믿음이 **최대로 객관적이라** 함은, 믿음이 다루는 사실의 모든 면모가, 설령 그 사실에 관하여 이런저런 믿음을 품은 사람이 아무도 없더라도 성립할 터라는 뜻이다.[237] 반대로 믿음이 **최대로 주관적이라** 함은, 믿음이 한 주체의 덧없는 상태를 다루며, 그 주체는 그 믿음의 현존을 알아채지만 그 상태를 어떤 유형의 사례로 식별하기 위하여 그 상태와 비교할 대상을 영영 제시할 수 없다는 뜻이다. 만약에 퀄리아Qualia가 있고, 퀄리아의 실존과 나타남이 완전히 〈융합〉되어 있어서 주체가 퀄리아의 현존을 분류할 여지가 없다면, 퀄리아는 최대로 주관적이다.

최대 객관적 사실과 최대 주관적 사실이 순수한 형태로 있을 수 있는지는 열린 질문으로 남겨 둘 수 있다. 왜냐하면 우리 믿음의 평범한 사례들은 잡종인 경우들이기 때문이다. 통상적으로 우리는 무언가가 사실이라고 확신한다. 왜냐하면 우리는 우리 자신이 수

집한 정보에 입각하여 판단하기 때문이다. 또한 우리 자신이 판단하고 어떤 사실 관계를 소통적으로 제공하여 타인들이 그 사실 관계 확인에 가담할 수 있게 만든다는 점을 도외시할 때도 우리는 〈어디도 아닌 곳에서의 관점〉에서 판단하지 않는다.

　내가 p라고 판단한다면, 타인도 동일하게 p라고 판단할 여지가 있다. 따라서 나의 판단이 항상 혹은 본질적으로 다루는 것은, 그 판단이 p임을 어떻게 다루는가가 아니다. 왜냐하면 만약에 그렇다면, 나의 판단은 타인의 가담을 허용할 능력이 없을 터이기 때문이다. 바꿔 말해, 판단하기 사례는 한 사실이 성립하는 상황이다. 그 사실이란 내가 p라고 판단한다는 것이다. 이 사실은 그 자체로 가담을 허용할 능력이 있는 방식으로 확인 가능하다. 그 확인의 주체가 나이건 타인들이건 상관없이 말이다. 이처럼 판단은 그때그때 나의 관점에서, 내가 판단 중에 알아채지 못하는 결함들을 띨 수 있는 한 관점에서 내려진다는 점에서 〈주관적〉이다. 만약에 내가 그 결함들을 판단 중에 알아챘다면, 나는 틀리게 판단할 수 없을 터이다. 즉, 나는 오류 불가능할 터이다. 그러나 판단은 또한 〈객관적〉이다. 왜냐하면 판단 자체가 사실들로 이루어진 바탕 위에서 이루어지기 때문이다. 우리는 〈우주로의 망명〉[238] 상태에서 판단하는 것이 아니라 우리가 발 디딘 자리에서 판단한다. 그렇다면 판단이 객관적이라 함은 판단이 주관적이지 않다는 것을 의미하지 않는다. 즉, 판단이 객관적이라 함은 판단의 내용이, 개인이며 따라서 판단하기에 개입하는 공유 불가능한 정신적 상태를 띤 누군가가 판단한다는 점으로부터 어느 모로 보나 벗어나 있어야 한다는 것을 의미하지 않는다. 판단이 객관적이라 함은, 판단 자체가 다른 판단들의 내용이 될 수 있음을 의미한다. 즉, 판단이 확인 가능하며 그런 의미에서 공적으로 접근 가능하게 현존한다는 것을 의미한다.

　내가 판단한다는 점은, 오로지 내가 나 자신에 관하여 판단하는 경우에만 문제 될 것 없이 판단의 내용에 침투한다. 자기에 관한 판단은 실제로 내려지며 철학이 다루는 대표적인 대상이다. 또한 자기에 관한 판단은 그 자체로 투명하지 않다. 자기에 관한 판단의 불투명성 때문에, 우리의 자기 관계에서 오류를 원리적으로 배제할 수는 없다. 우리의 자기 관계에서의 오류는 (우리가 아는 한에서) 인간의 삶꼴에만 국한된 특별한 형태의 오류다. 인간은 자기를 자기가 아닌 다른 놈으로(예컨대 웨트웨어Wetware에서 돌아가는 계산 프로그램, 고도의 문화를 갖춘 살인자 유인원, 뇌 등으로) 여길 수 있고, 그럼으로써 병증으로 분류될 수 있는 행위 패턴을 육성할 수 있다.

　신화와 이데올로기는 자기기만의 양태들이다. 이것들을 완전히 제거할 수는 없다. 왜냐하면 우리는 오로지 역사적 위치가 정해진 한 인간의 관점에서만 인간임이라는 규범을 알아챌 수 있기 때문이다. 우리 자신을 역사적으로 보증하기 위하여 우리는 앞으로도 늘 자서전적 이야기 형태들을 사용할 것이며, 우리의 개인적인 삶 꾸려 가기라는 매체 안에서 그 이야기 형태들을 적용하여 우리 자신을, 삶의 길 위에 있으며 우리 자신이 보기에 생각 가능한 가장 근본적인 의미를 가진 누군가로 이해할 것이다. 한 인간의 기풍은 그의 운명이다ἦθος ἀνθρώπῳ δαίμων.[239]

　우리가 보유한 이야기들은 다양한 전승 과정의 산물이며, 그 과정들의 상호 관계와 부정합성은 아마도 서사 존재론narrative Ontologie의 틀 안에서만 규명될 수 있을 것이다(〈서사 존재론〉은 악셀 후터가 고안한 용어다).[240] 누군가임이 무엇을 뜻하는가, 누군가가 어떤 사회적 정체성을 지녔는가는, 그가 스스로 써가는 자서전이 그때그때 어떻게 진행되기를 바라는가에 본질적으로 의존한다.

우리가 정신적 삶을 꾸려 가는 한, 이 서사적 입장 채택의 대안은 없다. 그렇기 때문에 신화, 이데올로기, 허구는 모든 유한한 정신적 삶의 핵심 특징이며, 이 사정은 이데올로기적 장치가 신화들의 혼란스러운 얽힘에 조형하는 힘으로서 개입하여 주체들의 서사적 의미장들을 의식적이거나 무의식적인 방식으로 조종할 때 비로소 문제가 된다.

신경 과학과 정보학의 협동이 산출하는 현재의 이데올로기 지형은 인간을 위협한다. 왜냐하면 그 이데올로기 지형으로 인해 인간임의 서사적 구조에 대한 자기 탐구의 정신 과학적 사회 과학적 차원이 부분적으로 공격적인 사회 경제적 조치들을 통해 가로막히기 때문이다. 데이터가 과연 무엇인지 전혀 모르는 채로, 또한 데이터는 우리가 인간의 행동을 조종하여, 애당초 우리의 상상력에 개입함으로써 행위의 놀이 공간을 제약하도록 설계된 길들로 이끌 때만 발생한다는 점을 전혀 모르는 채로, 사람들은 데이터 제공자 겸 생산자가 될 준비를 갖추고 있다. 우리의 정신적 삶은 모종의 계산 성과들을 창출하는 신경 활동이라는 그릇된 견해는 실제로 우리 상상력의 퇴보에 기여하고, 이 퇴보는 미디어 기술적 목적들에 (이를테면 스트리밍 서비스들이 자동 공정으로 생산할 수 있는, 서사적으로 단순화된 문화적 대량 생산 패턴을 마케팅하는 작업에) 기여한다.

〈디지털화〉라는 열쇳말 뒤에 숨은 많은 과정은 행위자들의 상상력이 조종당하는 상황을 향해 나아간다. 그 상황에서 행위자들의 주의(注意)는 약간의 심리적 전문 지식만으로도 조작될 수 있다. 행위자들이 자신들에게 무슨 일이 일어나는지 모르기 때문에 흔쾌히 제공하는 방대한 데이터에 심리 측정 방법들을 적용하기만 하면 되니까 말이다. 이 상상력 조종 과정은, 우리가 우리 자신의 인간임에 접근하지 못하는 동안에만 원활하게, 심지어 가속하면서 진행된다. 그렇기 때문에 미래의 불멸, 의학의 최종적 진보, 로봇들이 우리를 위해 창출할 무조건적 기본 소득 등을 이야기하는 이데올로기의 확산은 정신 과학과 사회 과학의 구조에 개입하는 조치들과 밀접하게 관련되어 있다.[241] 정신 과학과 사회 과학은 인본주의적 자기 이해를 정당화하는 학문들인데도 이제 그 자기 이해를 단념하고 있다. 그와 동시에 충분한 지식을 갖춘 정신의 자기 탐구를 밀어내고 신경 중심주의적 헛소리가 그 자리를 차지하고 있다. 자신이 누구인지 이해하려는 노력에서 멀어지도록 당신을 조종할 수 있으면, 당신이 무언가에 실은 관심이 없는데도 그 무언가이고자 한다는 착각을 당신에게 쉽게 심어 줄 수 있다. 그러므로 새로운 계몽을 촉구하는 것이 옳다. 정확히 말하면, 우리에게 필요한 것은, 한낱 그럴싸함이 아니라 앎을 요구할 용기를 갖는 것이 계몽의 핵심인 한에서, 이미 제기된 계몽의 이념을 고수하는 것뿐이다.[242] 인간을 해체하여 확률 함수로 만들고, 이데올로기를 통해 위장된 선전으로 인간의 행동을 조종함으로써 그 확률 함수에 예측 가능성의 잣대를 들이대는 것은 우리가 해서는 안 될 짓이다.

16장
소셜 네트워크의 존재론을 향하여

이로써 우리는 〈디지털화〉의 중심을 이루는 태풍의 눈에 도달했다. 디지털화 과정들의 기반에 깔려 있는 것은 아날로그적인 것을 가능한 한 남김없이 다른 해체된 형태로, 곧 디지털적인 것으로 변환하는 프로젝트라고 할 수 있을 것이다. 그렇다면 디지털화는 모형화를 통해 포착하고자 하는 바에 원리적으로 항상 못 미치는 그런 모형화 과정이다. 사람들이 디지털화할 수 있는 것은 기반 실재이며, 기반 실재는 근본적으로 아날로그적이다. 우주는 컴퓨터가 아니라 궁극적으로 개념들로 환원 불가능한 실재의 차원이다. 이 통찰이야말로 자연 철학의 정수다.[243]

하지만 내가 이 책의 마지막 논의에서 할 일은, 실재를 남김없이 개념적으로 투명하게 만드는 것은 원리적으로 불가능하며 따라서 실재는 절대로 완전히 디지털화될 수 없음을 보여 주는 논증들을 추가로 제시하는 것이 아니다.[244] 대신에 이 장의 구체적인 주제는 〈소셜 네트워크〉라는 적절한 이름으로 불리는 것이 일으키는 병증들을 진단하는 것이다.

이제부터 논할 **소셜 네트워크**란, 데이터 처리를 위한 특수한 기틀 조건 아래에서 소통을 가능케 하는 지구적인, 곧 장소에 구애

받지 않고 접근 가능한 미디어 플랫폼을 뜻한다. 특히 강조할 점은 이것인데, 소셜 네트워크 내의 소통은 (화상 전화와 텍스트 뉴스 형태의) 아날로그적 소통의 시뮬레이션을 넘어서는 추가 모듈들의 도입과 결부되어 있다. 그 추가 모듈들이(예컨대 뉴스 피드, 광고, 타임라인, 행동 추천, 또한 당연히 가장 중요한 것으로 타인들의 〈게시물들〉 등이) 소셜 네트워크의 매력을 창출한다. 사람들은 그런 추가 모듈들을 제공받기 때문에 소셜 네트워크에 가입한다. 전화를 위해서는 소셜 네트워크가 필요하지 않다.

미디어 포맷들의 매력은 사용자들에게 불투명하며, 불투명하게 남는다. 그렇지 않다면, 그 매력은 힘을 잃을 터이다. 명칭이 말해 주듯이, 소셜 네트워크는 이 불투명성을 **사회적으로** 활용한다. 더 정확히 말하면, 규범 관련 견해들의 유통을 통한 행위 계열 창출을 위해 활용한다.[245] 예컨대 당신이 당신의 여가 활동을 담은 사진들을 관련 미디어에 〈게시〉한다면, 당신은 성공적인 삶의 그림을 제공하는 것이다. 사람들은 이상화된 자화상을 〈게시〉하고 이를 통해 자신의 자기임의 핵심이 공격당할 수 있게 만든다. 대체로 아무도 자신의 가장 약한 면모들을 〈게시〉하지 않는다.

여기에서 주어지는 바는 기반 실재와 우리가 선택하여 디지털화하는 작은 영역 사이의 측정 가능한 차이다. 초한수(超限數)에 달할 만큼 많은 의미장 안에 무한히 복잡하게 내장된 그릴 파티가, 한 관점을 표현하는 사진들로 축약된다. 그런 데이터와 데이터 점들이 디지털 방식으로 더 많이 현존할수록, 사람들은 그 그릴 파티에 관하여 더 많이 경험할 수 있다. 그릴 파티는 우리가 그릴 파티에서 기대하는 바와, 또 우리가 그릴 파티에 참석하는 우리와 타인들에 관하여 어떤 견해를 품는가와 본질적으로 결부되어 있으므로, 우리가 게시하는 데이터는 우리의 생각에 관하여 무언가를 드러낸다. 데이터 하나는 자화상 모자이크의 한 조각이다. 우리는 자화상을 통해 우리 자신을 조종하므로, 타인이 우리의 자화상 제작에 개입함으로써 우리를 조종할 수도 있다(우리 모두는 예컨대 어린 시절의 교육에서 이런 조종을 당한다). 그리하여 빅데이터, 메타데이터 등은 새로운 석유다. 왜냐하면 데이터는 중립적이기는커녕 가치 판단의 표현이기 때문이다. 중립적인 데이터는 없다. 왜냐하면 데이터는 검색 엔진의 선입견을 통해 선별되기 때문이다. 생물에서 이 선입견은 진화적 변수인데, 정신적 생물에서 이 선입견은 진화적 변수일 뿐 아니라 상상적, 허구적, 기타 역사적-문화적 대상 포맷이며, 그 포맷의 존재론적 구조는 그 포맷이 사용되는 동안 우리에게 불투명하다.

요컨대 선입견(편향) 없는 알고리즘이나 중립적인 온라인 플랫폼은 없다. 왜냐하면 알고리즘과 플랫폼이 기능하기 위해 섭취하는 데이터는 데이터로서 선입견의 표현이기 때문이다. 그 선입견은 미리 그 도덕성이 검증되지 않은 채 통째로 무비판적으로 업로드된다. 이것은 디지털 기반 설비의 개선 불가능한 결함이다. 디지털 기반 설비는 암묵적으로 이미 작동하는 것을 명시화한다. 그 결과로 우리는 디지털 포맷에서 우리 자신의 선입견을 본다.[246]

사회 연결망은 역할 담당자화 기계Personalisierungsmaschine다.[247] 이 기계는 아직 사회적이지 않은 개인의 정신적 상태를 자기 연출이라는 가면 포맷으로, 페르소나persona 포맷으로 이행시킨다. 그러므로 특히 성공적인 인터넷 플랫폼들이 사용자에게 자신의 〈사적인 삶〉을 최대한 완전하게 사회화하고 공유할 기회를 제공하는 기능을 기반으로 사업 모델을 설계하는 것은 우연이 아니다. 순간에 국한된, 진짜로 유한한 덧없는 체험을 밀어내고, 이 체험을 디지털화하여 내놓을 가능성이 들어선다. 이 내놓기Entäußerung는 회상의 외관을 띤다. 스마트폰으로 촬영한 장면은, 촬영된 장면에서와 달리 거의 모든 실제 경우에 우리가 우리 자신의 경험을 미숙하게 연출하는 연출자로서 등장한다는 점에서 벌써, 경험된 장면과 다른데, 이 차이는 간과된다. 체험하면서 자신이 무언가를 체험하는 방식을, 자신이 타인들에게 알리고 싶은 바를 촬영하는 사람은 자신이 알리고 싶은 바를 체험하지 않는다. 물론 자신이 체험한다는 것을 알리고 싶은 게 아니라 촬영한다는 것을 알리고 싶다면 사정이 다르겠지만 말이다(촬영하기도 체험의 한 형태다. 다만, 이 체험은 당사자가 촬영을 통해 붙들어 두려 애쓰는 체험이 아니다).

소셜 네트워크는 소셜 네트워크로 불릴 자격이 있다. 소셜 네트워크는 의견 불일치의 확산에 전형적으로 의존한다는 점에서 사회 존재론과 관련이 있다. 많은 사람이 비난하는 기괴한 견해들은, 소셜 네트워크를 운영하는 초국가적 거대 기업 집단들 덕분에 실제로 국내법을 지킬 필요 없이 날뛰는 언론의 자유는 우연한 과오가 아니라 소셜 미디어의 사회 존재론적 집약성Intensität의 표현이다.[248] 소셜 미디어는 발언에 대한 제대로 된 내용 검증 없이 사용자들이 의견 불일치를 단박에 또 공적인 작용력이 있는 방식으로 등록하는 것을 허용한다는 점에서 사회적이다. 소셜 미디어에서는 표현할 의도를 품기와 공개하기 사이에 반드시 시간 지체가 있어야 하는 것이 아니므로, 훈련된 충동 조절 행동들이 중단된다. 통상적인 아날로그 미디어에서는 그 행동들 덕분에 현존하는 의견 불일치가 제도적 관리 가능성에 속박된 상태로 머무르지만 말이다. **소셜 네트워크는 걸러지지 않은 의견 불일치들을 뜨겁게 달구는 순간온수기다. 막말이 난무하는 난장판은 소셜 네트워크의 본질이다. 그런 식으로 소셜 미디어는 우리를 유혹하여 데이터를 생산하게 한다. 왜냐하면 우리는 반격하면서 계속 새로운 데이터를 생산하기 때**

문이다. 그렇게 우리는 차츰 디지털 프롤레타리아가 되어 최저 임금도 받지 못하는 채로 엄청난 부가 가치를 창출하면서도 이 과정의 실상을 알아채지 못한다.

소셜 네트워크는 사법적으로, 따라서 또한 민족 국가적으로 충분히 보증되어 있으며 유효한 의견 형성 조종 시스템을 보유하고 있지 않다. 아무도 싸우는 당파들 사이에서 매개자 역할을 하지 않는다. 오히려 당파들은 걸러지지 않은 사회성을 띤 채로 가상 검투사들처럼 격돌한다. 다른 곳에서 의견 불일치 문화를 훈련받지 못한 사람은 소셜 네트워크 안에서 자신의 견해를 거침없이 자유롭게 풀어놓는다. 실은 그 견해가 진실 규범에 종속되어 있다는 점에 아랑곳없이 말이다. 그 규범이 없다면, 의견 불일치를 감지하는 것조차 불가능할 터이다. 의견이 불일치하는 놈들은 한 사실 관계를 놓고 다퉈야 한다. 왜냐하면 그렇지 않으면 의견 불일치가 현존하는 것이 아니라 기껏해야 다양한 감정적 열기가 현존할 것이고, 이는 사회적 시스템 파열의 극단적 사례다.

사회적 시스템의 참여자들이 각자의 주관적 개인성으로 쪼그라들고, 어떤 제도도 불거지는 이해관계 갈등을 처리 가능하게 만들기 위해 개입하지 못하면, 사회적 시스템은 파열한다. 소셜 네트워크 내의 순수한 견해 품기 상황에서 진실이라는 규범이 환영받지 못하게 될 때, 사회적 시스템은 구성 요소들로 파열한다. 그러나 이 퇴락은 단지 가상 세계에서 벌어지는 일일 따름이다. 왜냐하면 현실에는 엄연히 다양한 견해들을 관리하는 제도가 있기 때문이다. 그 제도는 다양한 견해들을 광고와 선전에 이용한다. 그 제도는 소셜 네트워크로 제공되는 시스템의 운영자다. 지금 우리가 다루는 상황을 사회학적으로 정확히 간파한 나세히를 다시 한번 인용하겠다.

다음과 같은 과감한 비유가 가능할 성싶다. 데이터가 새로운 석유라면, 그야말로 무고한 사용자들의 일상 행위는 까마득한 과거의 식물, 숲, 동물, 토양처럼 계속 분해되어 그 끈적한 연료 겸 윤활유를 형성한다. 그 천연자원은 현재 모든 곳에 설치되어 사건들을 기록하는 센서들에서, 또 네트워크 안에서 일어나는 소통 사건들의 지속적인 분해 덕분에 형성된다.[249]

소셜 네트워크는 진실 규범 허물기를 담론적 기본 노선으로 삼는다는 점에서 퇴락 매체다. 존재적 진실들 곧 사실들이 진실로 여기기의 성공 여부를 판정하는 결정적 잣대인 한에서, 진실은 규범이다. 누군가가 품은 믿음이 어떤 유형인지(진실인지, 거짓인지)는 무엇이 사실인가에 의해 결정된다. 우리의 믿음을 어떻게 포맷하건 간에, 그 포맷하기만으로 진실이라는 규범을 변경할 수는 없다.

소셜 네트워크의 사업 모형을 위해서는 소셜 네트워크의 알고리즘들에 의해 ― 실은 알고리즘들을 제작하는 직원들에 의해 ― 자기 모형들을 생산하기 위한 조건들 가운데 진실과 자유라는 두 요소가 제거되는 것이 결정적으로 중요하다. 그 제거의 목적은 〈정신 없는 세계〉를 시뮬레이션하는 것이다.[250] 그러나 소셜 네트워크는 정신의 순수한 집약성을 정신의 외연 없이 곧 신체화 없이 연출한다는 점에서, 외견상의 정신 없음은 기만이다. 사회성은 본질적으로 신체화되어 있다. 왜냐하면 우리 몸은 실재 안에서 우리의 지표적 위치 결정의 출발점이기 때문이다. 우리의 유한한 여기 있음으로 인해 우리는 허구적인 것의 의미장들로부터 존재론적으로 격리되어 있다.

따라서 **지시적인** 놈das Deiktische과 **디지털적인** 놈das Digitale을 구별할 수 있다. 디지털적인 놈은 존재론적 결함이 있는 놈이다. 왜냐하면 디지털적인 놈은 2등 실재이기 때문이다. 이 2등 실재는 자신의 아날로그적 위치로부터 해방되려 애쓴다. 아날로그적 인간을 극복하기 위한 종합 프로젝트로서의 디지털화는 인간의 실재성에 부딪혀 좌초할 수밖에 없다. 인간은 사실적인 지금 여기에서, 바꿔 말해 자신의 여기 있음 안에서 그 자신이 짊어진 책임을 벗으려 애쓰는데, 이는 실존적 절망의 몸부림이다. 어느새 잘 이해된 소셜 네트워크의 중독성은 소셜 네트워크가 책임 없는 사회적 집약성을 제공한다는 점에 기반을 둔다.[251] 소셜 네트워크에 게시된 덧없는 자기 묘사에 클릭을 통해 박수를 보내는 사람은 그렇게 자기를 묘사한 사람에게 연결되어 있다는 느낌을 선사한다.

하지만 소셜 네트워크의 사회성은 절대로 꾸며 낸 허구성이 아니라는 점을 유념해야 한다. 우리의 아바타는 허구적인 등장인물이 우리로부터 격리되어 있는 것처럼 우리로부터 격리되어 있지 않다. 허구적인 등장인물은 우리와 유사할 수는 있지만 우리나 우리의 일부와 엄밀하게 동일할 수는 없다.

이를 배경에 깔면, 꾸며 낸 놈과 가상적인 놈을 구별할 수 있다. **가상적인** 놈은 허구의 객관화이긴 하지만 꾸며 낸 놈이 전혀 아니다. 가상적인 놈은 우리로부터 격리되어 있지 않으며, 우리의 역할 담당자성의 면모들이 플랫폼의 미디어 포맷을 통해 강화됨을 통하여, 오히려 우리의 자기 모형에 침입한다. 플랫폼은 미래에 우리가 우리 자신에게 무엇을 의미할지를 박수와 주의를 통해 조종한다.

우리 자신의 표현 행태가 가시화되는 모든 아날로그적인 사회적 상황에서 행위자들은 눈에 띄거나 띄지 않는 방식으로 자신을 상대에게 맞춘다. 아날로그적 소통은 신체적이며 따라서 당연히 시각적 감각 양태보다 더 많은 것을 요구한다. 우리의 여기 있음은 다중 감각적이다. 이 사정은 타인들이 장면의 건설에 참여하는 경우에도 성립하며, 특히 그런 경우에 성립한다. 이 차원을 제거하고 사회적인 것의 순수한 집약성을(바꿔 말해 객관성 원천으로서의 의견 불일치를) 정제하면, 사회적인 것을 통계로 대체할 수 있다. 왜냐하면 이 경우에 상호 맞추기는 표현 미디어를 매개로 이루어지는데, 그 미디어의 표현 조건은 미디어의 제작자들에게 완전히 투명하기 때문이다.[252]

그 제작자들에게 투명하지 않은 것은, 그들이 소셜 네트워크를 생산하고 솜씨 좋은 업데이트를 통해 유지하는 것을 가능케 하는 사회적 시스템의 생산 조건이다. 소셜 네트워크는 아날로그적인 사회 경제적 조건 아래에서 생산되며 따라서 사회적인 것의 본질적 불투명성을 필연적으로 물려받는다. 그 불투명성은 디지털 영역에서 제작자들의 편견으로 표출된다. 그 편견은, 디지털적으로 유발된 아날로그적 사회 경제적 불평등이 너무 심해짐에 따라 조만간 아날로그적으로 눈에 띄게 된다.

어느새 잘 알려진 이 과정을 보여 주는 간단한 예 하나는, 소셜 네트워크 사용자가 자신의 자기 모형을(데이터를) 공개함으로써 노동을 수행한다는 사정이다. 사진, 동영상, 텍스트 뉴스, 정치적 논평, 링크를 생산하여 플랫폼에 제공하는 사람은 어떤 보수도(최저 임금은 말할 것도 없고) 요구하지 않으면서 플랫폼을 위해 노동하는 것이다. 플랫폼은 이 노동을 이용하여 부가 가치를 창출한다.

따라서 소셜 네트워크의 무수한 사용자는 거대한 디지털 프롤레타리아 계급이다. 이 계급은 이제껏 자신의 지위를 전혀 의식하지 못하다시피 했다.[253] 디지털 프롤레타리아는 그의 가상계에서의 활동에 광고와 구매 추천이 삽입됨을 통해 착취당하는 것이 아니라, 오히려 그의 가상 세계에서의 활동이 소프트웨어의 발전을 가능하게 함을 통해 착취당한다. 이때 소프트웨어의 발전은 프로그래머들이 방대한 데이터를 입수하는 것을 전제한다. 프로그래머는 그 방대한 데이터에 기초하여 통계학적 방법으로 패턴을 찾아내는 솜씨를 향상할 수 있고, 그 패턴은 예측을 가능케 한다. 데이터는 사람들이 스스로 내놓은 그들 자신의 생각을 담고 있기 때문에 사람들이 무엇을 하는지 알려 준다. 그런 데이터를 충분히 많이 확보할수록, 사람들이 어떻게 행동할지를 통계적으로 계산된 정확도로 예측할 수 있다.

그러나 이 예측은, 오직 행위자들이 이 예측을 의식하지 못할 때만 성공적으로 이루어진다. 왜냐하면 사회적 사실들은 상호적이기 때문이다. 무슨 말이냐면, 사회적 시스템의 놀이 규칙을 아는 사람은 맹목적으로 그 규칙에 종속되어 있는 사람보다 더 유리한 위치에 있다. 그 규칙이 널리 공개되면, 곧바로 그 규칙의 변경이 가능해진다. 자신이 어떻게 관찰되는지 아는 사람은 최소한 자신의 행동을 바꿈으로써 감시망을 피할 수 있다.

지금 거론되는 유형의 총체적 감시는 정신적 생물들의 자유가 실제로 말소되는 결과를 가져올 텐데, 그런 감시는 불가능하다. 왜냐하면 그런 감시 장치는 정신적 생물들에 의해 유지되어야 하는데, 그 생물들은 그 장치에 예속되지 않아도 되기 때문이다. 만약에 그 생물들도 그 장치에 예속되어야 한다면, 필수적인 업데이트가 이루어지지 않을 터이다. 20세기를 풍미한 대규모 독재들은 붕괴한 후 더 부드러운 포맷으로 이행했거나 이행하는 중인데, 그렇게 된 원인 하나는 지배층이 독재적 국가 장치를 잘 알게 된 것에 있다. 그리하여 해석 권위를 둘러싼 사회적 경쟁이 예속된 자들의 행위 놀이 공간을 시스템적으로 결정하기 위해 체제를 계획하는 작은 집단 내부로 옮겨졌다. 사회적인 것을 계획하는 사람은 항상 타인들의 사회적인 것만 계획한다. 사회적인 것 전체는 계획의 대상이 아니다.

모든 사회적 시스템은 제거할 수 없는 불투명 구역을 가졌기 때문에 이런저런 방식으로 불안정하다. 구체적으로 두 가지 결정적인 이유를 댈 수 있다.

첫째, 사회성은 진실에 속박되어 있다. 왜냐하면 우리의 의견들을 판정하는 사실들이 있을 때만 우리의 의견들이 엇갈릴 수 있기 때문이다. 그런데 판단이 내려질 때 전체적으로 또는 개별적으로 무엇이 사실인지는 그 판단 안에서 완전히 투명하지 않다. 당신이 어디로 시선을 돌리든지, 당신은 온전한 진실을 알지 못한다. 물론 이것이나 저것이 진실임을 당신이 알지 못한다는 뜻은 아니지만 말이다. 완벽한 대규모 독재들은 일종의 전지(全知)를 전제했지만, 그런 전지는 인공 지능 산업이 아무리 발전하더라도 성취될 수 없다. **누군가가 어떤 유형의 판단을 내렸는지(진실인 판단을 내렸는지, 거짓인 판단을 내렸는지) 결정하는 사실들이 있는 한에서, 판단하는 사람은 판단당할 수 있다.**

둘째, 사회성은 자유의 표출이다. 왜냐하면 정신적 생물에서 자유의 본질은 자기 규정의 실행이니까 말이다. 우리는 우리 자신이 어떠한지에 관한 견해를 품음으로써 우리 자신을, 우리가 되고자 하는 무언가로 만든다. 인간상은 행위에 영향을 미친다. 인간상들의 생산과 변형은 예측 불가능하다. 인간이 누구 혹은 무엇으로 등장할지는 완전히 통제 가능하지 않다.

소셜 네트워크는 이 사정을 최대한 은폐하면서, 우리를 관찰하기 위한 기틀 조건을 통해 우리의 자기 규정에 개입함 없이 단지 우리가 어떠한지를 순수한 통계적 방법으로 서술하는 것처럼 가장하는데, 바로 이것이 소셜 네트워크가 가져온 혁신이다. 이 환상은, 늦어도 소셜 네트워크들을 둘러싼, 또한 그것들이 민주주의 법치 국가의 존속에 미치는 위험한 영향을 둘러싼 다양한 스캔들을 통해 해소되었어야 마땅하다.[254]

소셜 네트워크는 고유한 포맷을 지녔기 때문에 사용자들의 아날로그적 소통을 변형한다. 이때 디지털적 실재가 아날로그적 실재에 미치는 영향은 다양한 층에서 발생한다. 그 영향 가운데 전혀 뻔하지 않은 것 하나는, 소셜 네트워크 사용자들이 유한한 생존이 허용하는 지극히 아날로그적인 시간을 자기 묘사에 써버린다는 사정이다. 자신의 아바타에 빠져드는 사람은 죽어야 할 생명으로서 자신의 아날로그적 처지로부터 단 1초도 벗어나지 못한다.

그러나 소셜 네트워크가 아날로그적 소통에 미치는 되먹임 효과는 훨씬 더 광범위하다. 소셜 네트워크는 인간상들을 산출하고, 그 인간상들은 아날로그적 조건 아래에서 행위에 영향을 미친다. 대표적인 예로 널리 퍼진 통계적 인간상과 세계상을 들 수 있다. 그 인간상 및 세계상에 따르면, 온 실재는 거대한 규모의 계산이며, 우리는 오직 통계적 근사법을 통해서만 그 계산을 습득할 수 있다. 앎 주장은 ─ 따라서 실재와의 접촉도 ─ 방대한 데이터에서 끌어낼 수 있다고들 하는 추측으로 대체된다. 사람들은 데이터가 이미 암묵적 앎 주장과 명시적 앎 주장을, 또한 다양한 오류를 포함하고 있음을 통찰하지 못하는 채로, 그런 추측을 제기한다.

이러한 문제를 생생하게 보여 주는 사례로 이른바 〈실험 철학 experimentelle Philosophie〉의 원리적으로 잘못된 〈방법〉이 있다. 그 방법은 특히 인식론에서 큰 영향력을 발휘하고 있다. 진실인 견해가 정당화되었다고 인정되려면 어떤 조건들이 필요한지에 관한 설문 조사를 실시함으로써 앎 개념을 명확히 할 수 있다는 생각을 일부

학자들이 품을 수도 있을 것이다. 그렇다면 언어 사용자들의(이를테면 독일인들의) 언어적 〈직관들〉을 데이터로 삼아 그 데이터에서 앎 개념을 통계적으로 도출하고, 그 개념을 평가 기준으로 삼아 주어진 앎 이론이 대안 이론들보다 더 우월하다고 판정할 수 있을 것이다.

그러나 이 프로젝트는 곧바로 실패하는데, 왜냐하면 이 프로젝트가 결국 내놓는 앎에 관한 앎 주장들은 확실히(혹은 〈바라건대〉라고 해야 할까?) 설문 조사를 통해 정당성을 얻는 주장들일 수 없기 때문이다. 설문 조사의 대상인, 선이론적이며 비(非)철학적이라고 여겨지는 〈평범한 언어 사용자들〉은 애초의 가정에 따라, 앎 이론을 연구하는 전문적인 철학자들이 아니다. 이 철학적 프로젝트가 제기하는 앎 주장들이 철학적 앎 주장이라면, 그 앎 주장의 정당성이 그 언어 사용자들에게서 나올 수는 없다. 인식론은 앎이란 무엇인가에 관한 고전적인 앎 주장들을 제기한다. 이 상황을 벗어날 길은 없다. 〈사람들〉이 〈앎〉이라는 표현을 사용할 때 무엇을 염두에 두는지를 우선 조사하더라도, 이 상황을 벗어날 수 없다. 앎 개념을 통계적으로 규명할 수는 없다. 다른 철학적 개념들도 마찬가지다.

앎을 — 학문적 앎도 — 방대한 데이터에서 패턴을 인식하는 통계 처리에 기초한 추측으로 환원할 수는 없다. 왜냐하면 통계 처리의 기초가 되는 실험 설계는 통계 처리에서 나온 것이 아닌 앎 주장들을 전제하기 때문이다. 물리학자가 유럽 입자 물리 연구소의 데이터에 접속할 때, 통계적 방법을 적용하기 위하여 우선 그는 자신의 감각 양태들과 그래픽에 관한 실용적 앎을 사용한다. 바꿔 말해, 그가 전제하는 앎 주장들 **전체가** 통계적이지는 않다. 우리가 판단할 때 발 딛는 기반은 절대로 완전히 디지털화되어 있지 않다. 판

단하는 놈은 변함없이 인간이며, 인간은 통계적으로 탐구되는 데
이터가 아니다.

　인간을 디지털화하는 일은 성공할 수 없는 기획이다. 이 사실
을 은폐하기 위하여 총체적 투명성과 감시 장치를 운운하는 이데
올로기가 퍼뜨려진다. 우리는 총체적 감시 장치에 저항할 수 없다
고들 한다. 그리하여 디지털화는 운명의 새로운 이름이 된다. 이른
바 특이점과 더불어 인간의 디지털화가 조만간 실현될 것이라고들
한다. 우리 시대의 이 거대한 형이상학적 이야기는 소셜 네트워크
를 매체로 삼아 퍼뜨려지고, 그 매체는 아날로그적 출판에도 개입
한다. 새로운 계몽의 시대에 아날로그적 출판의 사명은 여전히 앎
주장들을 비판적 시험대 위에 세우는 것이어야 하는데 말이다.

　이런 맥락에서 사회 존재론의 사명은, 소셜 네트워크가 정말
로 근본적으로 사회적이라는 점, 하지만 소셜 네트워크의 존재론
은 가상적이라는virtuell 점을 일깨우는 것이다. 내가 보기에 소셜 네
트워크의 가상성은, 소셜 네트워크가 신체화 없는 순수한 사회성
을 전망하게 한다는 점에 있다. 사람들이 소셜 네트워크에 전시하
는 신체는 플랫폼의 (나체 검열을 포함한) 공개 조건을 통해 이미
포맷되어 있다. 사람들은 신체 윤곽을 자화상으로 전시하는데, 그
것은 우리가 있기 위한 필수 조건인 몸과 일치하지 않는다. 바로 그
렇기 때문에 동영상 플랫폼의 인기가 날로 높아지는 것이다. 그 플
랫폼에서 사용자는 자신이 스타가 된 환상을 실연(實演)할 수 있다.
서버들과 컴퓨터들을 달구는 막대한 데이터는 예상 밖의 생태학적
귀결을 가지고, 따라서 경제적 귀결도 가진다. 이 사실은 암호 화폐
를 둘러싼 논쟁에서 명확히 드러났다. 인터넷은 전반적으로 생태
위기를 심화한다. 왜냐하면 소셜 네트워크 안에서 이루어지는 인
간의 자기 모형화는 많은 에너지를 소모하기 때문이다. 사람들은

이 사정을 쉽게 간과한다. 왜냐하면 인터넷을 현대화된 정신권(圈) Noosphäre, 곧 〈정보권Infosphäre〉으로 느끼기 때문이다. 정보권은 플로리디가 (비판적 의도 없이) 고안한 적절한 용어다.[255]

이제까지의 논의에서 얻을 수 있는 교훈은 이것이다. 지금은 진정한 디지털 혁명이 긴급히 필요한 때이며, 그 혁명은 디지털 시대와 소셜 네트워크의 존재론적 구조에 대한 규명을 전제한다. 신체 없는 가상적 사회성은 운명적이지 않다. 오히려 소셜 미디어 사용자들이 소셜 미디어 제작자들에게 착취당할 뿐 아니라 생각 모형들을 세울 때 그 제작자들에 의해 조종당하고 무엇보다도 신화와 이데올로기의 확산을 통해 시스템적으로 조작된다는 것이 신체 없는 가상적 사회성의 실상이다.

철저히 이데올로기로 물든 상황에서는 그럴 것이라 예상되듯이, 이데올로기 생산자들이 자동으로 자기네 활동에 관하여 잘 아는 것은 아니다.[256] 이데올로기는 사회적이기 때문에, 원리적으로 이데올로기 곧 현혹 맥락Verblendungszusammenhang은, 자기의식을 갖춘 (자기네가 실행하는 지배의 조건을 아는) 지배 계급을 정점으로 한 질서 정연한 위계를 산출하기에 충분할 만큼 투명하지 않다.

17장
정신의 공론장

〈공론장의 위기〉는 늦어도 하버마스가 공론장의 구조 변동을 주장하면서 커다란 영향력을 발휘하던 당시에 모두가 거론하는 주제였다.[257] 하버마스는 1990년에 저서 『공론장의 구조 변동』 개정판에 첨부한 서문에서 한 난관을 진단하는데, 그는 사회학적일 뿐 아니라 또한 철학적-개념적인 그 난관이 〈심화하는 전자 기술적 매스 커뮤니케이션elektronischen Massenkommunikation의 선택 강제에서〉[258] 유래한다고 본다. 하버마스에 따르면, 매스 미디어는 〈**역효과**〉를 내며, 그 역효과는 한편으로 〈뿌리 뽑기Entwurzelung〉를, 다른 한편으로 〈고만고만하게 만들기Egalisierung〉를 포함한다. 그런데 하버마스는 〈삶꼴들의 다원화〉와 〈삶의 구상들의 개인화〉를 위 두 경향 중 어느 하나에 명확히 귀속시키지 않는다.[259] 그는 이 진단의 근거를 다음과 같이 제시한다.

전자 기술이 이뤄 내는, 사건들의 지구적 편재(遍在)와 함께, 또한 동시적이지 않은 것들의 동시화와 함께 우리의 생활 세계에 진입하는 저 구별 없애기와 구조 없애기는 사회적 자기 지각에 확실히 엄청난 영향을 미친다.[260]

하버마스에 따르면, 전자 기술적 기반 설비를 핵심 특징으로 가진 〈공론장의 민주주의적 잠재력〉[261]은 〈양면적〉이다.[262] 무슨 말이냐면, 지구적인 매스 커뮤니케이션이 민주주의 법치 국가 체제의 확산을 촉진할지 방해할지 대뜸 단언할 수 없다.

물론 이것은 하버마스가 자신의 특정한 주장을 배경에 깔고 제기하는 문제다. 그 자체로 양면적인 그 주장에 따르면, 커뮤니케이션(소통)은 개념적으로 권능 행사Machtentfaltung로부터 분리될 수 있고, 따라서 소통적 이성을 공론장의 원리로 상정할 수 있으며, 그 공론장의 구조는 더 나중에 제시된 담론 윤리의 기준에 따라 권장해야 할 방향으로 발전한다.[263]

이런 맥락 안에서 하버마스는 〈보편적 이해 관심에 비춰 볼 때 실천적으로 필수적인 사안에 관한 결정이 그 안에서 합리적으로 내려져야 하는 그런 구역에의 보편적 진입 가능성〉을 〈공론장의 원리〉로 제시한다.[264] 그런데 『공론장의 구조 변동』 전체에서 모종의 양면적인 태도가 일관되게 나타난다. 이 사정은 하버마스가 한편으로는 더 나중에 상술한 보편적인 소통적 이성의 한 버전을 염두에 두면서, 다른 한편으로 〈보편적 진입 가능성〉[265]을 떠받치는 보편자는 다름 아닌 인간이라는 결론을 그 이성의 개념으로부터 도출하지 않으려 한다는 점과 관련이 있다. 그는 공론장을 인간 자체의 발현으로, 따라서 인권들의 발현으로 보는 주장을, 역사적 위치를 특정할 수 있으며 역설에 빠지기 쉬운 입장으로 간주하고 그 입장을 〈부르주아적 공론장〉이라는 표제 아래 서술한다.[266]

그렇기 때문에 하버마스의 이론에서 공론장은 본질적으로 위기 현상이다. 왜냐하면 그는 공론장을 역사적으로 우연적이며 불안정한 (미심쩍은 발생 과정을 거친) 형성물로 서술하기 때문이다. 보편적인 인간성에 대한 생각이(따라서 소통적 이성의 개념도) 공적으로는 보편적 진입 가능성을 자신의 책무로 떠들썩하게 공지하면서도 소유에 관한 배제 메커니즘을 산출하는 부르주아적 기반구조의 표현이라면, 공론장의 해방적 잠재력에 호소하는 입장은 **항상** 이데올로기다.[267]

하버마스는 이데올로기를 〈사회적으로 필연적인 허위의식〉으로 규정하는 데에서 그치지 않고 〈단지 정당화를 위해서일지라도, 기존 상황을 그 상황 위로 유토피아적으로 들어 올린다는 점에서 진실성인〉[268] 계기가 이데올로기에 있음을 인정한다. 그리하여 부르주아적 공론장은 본의 아니게 평등이라는 유토피아의 원천이 된다. 하지만 부르주아적 공론장은 그 유토피아를 실현하고 싶지 않으며 실현할 능력도 없다.

그러나 이 같은 영향력이 큰 공론장 이론은, 그 이론 자체가 주장하는 구조 변동의 기반에 한결같은 패턴이 놓여 있음을 간과한다. 그 패턴은 다름 아니라 공론장의 개념이다. 하버마스 본인이 언급하는 최초의 철학적 공론장 이론들의 요점은 보편적 진입 가능성이 〈영원한 로고스〉라는 것이다. 하지만 자신이 무엇을 하는지 알지 못하는 자들은 그 로고스를 알아채지 못한다.[269] 공론장을 숙고한 선배지만 하버마스가 간과하는 헤라클레이토스는 엘레아학파의 철학자들과 마찬가지로 존재자의 구조에 대한 통찰로부터, 모두에게 공통되지만 〈많은 이가〉 그들 자신의 고집 때문에, 그들 자신의 사적임 Privatheit 때문에, 반박하려 하는 무언가가 있다는 결론을 도출한다.[270] 소통을 통해 보편적인 것으로 번역되지 않는 특수한 진실로 여기기가 있다는 생각은 철학을 창시하는 행위들에 의해 배척된다. 그렇기 때문에 플라톤이 강조한 철학자와 소피스트의 맞섬은 나중에 특수한 사정에서 나온 인위적 구도가 아니라 철학의 개념에 포함된 요소다. 철학의 기능은 근본적이라고들 하는 타자성Alterität을 옹호하는 진실로 여기기 형태에서 보편성을 삭제하는 것이며, 그런 한에서 철학은 근본적 타자성이라는 개념에 대한 배반이고 앞으로도 그러할 것이다. 특수한 것을 위해 보편적인 것을 배척하기는 알고 보면 기껏해야 개념적으로 중요하지 않은 권능 주장, 바꿔 말해 담론적 폭력이기 마련이다.[271]

실제로 공론장의 기반은 실천적으로 필수적인 사안들이 속한 영역에의 보편적 진입 가능성이다. 그런데 이 영역은 예로부터 늘 인간들 그 자체와 관련이 있으므로, 하버마스처럼 진정으로 보편적인 진입 가능성이라는 개념을 역사적으로 우연적인 형성 과정에 속박하면, 그 개념을 놓치게 된다. 만약에 공론장이 근대의 사회 경제적 과정들의 우연한 부산물이라면, 공론장을 규범으로 인정할, 쉽사리 수정하지 못할 이유가 없을 터이다. 만약에 민주주의 법치 국가가 한 이익 집단에만 맞춰지지 않고 모든 인간 그 자체에 맞춰지는 이유가 기껏해야 계몽의 변증법에서 나오는 불안정한 결과라면, 민주주의 법치 국가는 정당성을 상실할 터이다. 요컨대 『공론장의 구조 변동』이 내놓는 주장은 보편적인 것을 특수화하고, 공론장으로부터 보편성의 기반으로 자부할 권리를 앗아 간다.

이를 기초로 삼으면, 디지털화된 공론장이 유발하는 문제들을 비판적으로 검증하기 위해 수단으로 삼을 수 있는, 충분히 시대 중립적이며 초역사적인 주장을 제시할 수 없다. 국지적 사회 경제적 상황에서 발생하는 다수의 공론장이(매우 개략적으로 말해서, 미국 공론장, 중국 공론장, 유럽 공론장 등이) 있다면, 그 공론장들이 인터넷이라는 매체 안에서 디지털 방식으로 일으키는 상호 충돌은 이성적일 능력이 없을 터이다. 그 상호 충돌은 당분간 억제할 수 없는, 모두의 모두에 맞선 사이버 전쟁을 자동으로 유발할 터이다. 만약에 인간성 곧 인간 그 자체의 이념이 특수한 (〈서방의〉, 〈서양의〉,

〈유럽의〉, 그 밖에 어떤 미심쩍은 항목의) 사정에 구속된 채로 머무른다면, 이 재앙을 초월한 보편자에게 호소하는 모든 시도는 실패로 돌아갈 터이다.

이런 이유로 나는 공론장을 다루는 이론을 역사적으로 매개되지 않은 인간성 개념에 속박하는 것이 이론적이며 실천적인 명령이라고 본다. 물론 인간들이 자기 탐구 역사의 어느 시점에(이를테면 축의 시대Achsenzeit*에) 비로소, 자신들이 보편적인 자화상 능력을 지녔고 그 능력이 자신들을 다른 모든 인간들과 연결한다는 점을 깨달았을 수도 있다.[272] 하지만 추가 전제가 없다면 이로부터, 인간임이라는 지위는 역사적으로 우연적이라는 결론은 나오지 않는다. 다른 경우에도 마찬가지지만 여기에서 우연적 발생과 필연적 정당성은 추가 전제들이 없으면 서로 충돌하지 않는다. 이를 간과하는 것은 니체부터 푸코까지 이어지는, 파괴적이라고들 하는 모든 계보학 프로젝트의 결정적인 논증 결함이다.

이 책이 내놓는 정신 개념에 따르면, 정신은 인간의 불가피한 자화상 제작 능력인데, 이 개념은 진정한 공론장을 다루는 이론의 기반을 이루는 한 요소다. **진정한 공론장**의 핵심은, 사회적 실재가 원리상 보편적으로 접근 가능하다는 점이다. 이때 보편적 접근 가능성은 모든 불투명한 구역을 철거하는 것이 가능하다는 뜻이 아니다. 그런 철거는 사회적인 것의 철폐와 마찬가지일 터이다. 오히려 이 보편적 접근 가능성은, 사회적인 것은 풀어낼 수 없는 영원한 비밀을 품고 있으며 그 비밀을 어떤 학문적 노력으로도 연구할 수 없다고 여길 근거를 우리가 가지고 있지 않다는 뜻이다. 불투명한 구역들은 변화한다. 왜냐하면 사회는 단일한 기반을(암묵적 기반

* 야스퍼스가 기원전 8세기에서 3세기를 현재 인류의 정신적 기반이 마련된 시기로 보고 그 시기를 가리키기 위해 고안한 용어.

이건, 명시적 기반이건 간에) 가진 피라미드가 아니기 때문이다. 그러므로 공론장이 문서들의 제출을 자체적으로 정한 조건 아래에서 요구해도 된다는 것은 진정한 공론장의 한 원리다. 그 문서들을 통해 사실들이 공론장의 주목을 받을 수 있고, 그 사실들은 제도적 진로 수정에 기여한다. 이 과정을 이끄는 이상(理想)이 전제하는 바는, 항상 도덕적 법적 규범들을 통해 제한되는 그런 사실 탐구 및 공론화 과정이 전반적인 인간 삶꼴의 개선에 종사한다는 것이다.

공론장은 사적 영역과 구별되므로, 진정한 공론장의 개념으로부터 사회 존재론적 투명주의가 귀결되지는 않는다. 공론장은 사적인 사건들을 완전히 사회화하는 관찰 시스템의 침입이 허용되지 않는 사적 영역을 전제한다. 소셜 네트워크는 모든 상황과 집안 살림에 개입하는 디지털 기반 설비에 의지하는 탓에 자동으로 공론장의 잠식에, 따라서 민주주의 법치 국가의 잠식에 기여한다. 왜냐하면 그 기반 설비를 완전히 꺼버리는 것은 어느새 거의 불가능하기 때문이다. 그러므로 민주주의 법치 국가를 지켜 내기 위하여 프라이버시 보장 조치를 요구해야 한다. 그 조치는 현재 계획된 수준보다 훨씬 더 강화되어야 한다. 모든 디지털화가 바람직한 것은 아니다.

공론화는 그 자체로 목적이 아니다. 정당한 사적 영역의 개념은 이 사정을 확고히 한다. 공론화된 것과 사적인 것의 조율은, 도덕적이거나 법적이거나 심지어 정치적인 의심의 범위를 벗어난 행위들을 위한 공간이 열리도록 만드는 방식으로 이루어져야 한다. 의심의 범위 안에 놓이지 말아야 할 행위를 **중립적** 행위라고 부를 수 있다. 중립적 행위는 아디아포라adiaphora* 범주에 속한다. 즉, 보편화 가능한 규범들을 통해 규제하지 말아야 할 것의 범주에 속한

---

* 단수형은 아디아포론adiaphoron.

다. 산책하기, 오렌지주스 마시기, (많은 이들이 덜 명백한 사례로 여길 테지만) 일부 사람들이 상스럽다고 여기는 특정한 섹스 형태들을 맘껏 즐기기는 다른 무수한 인간 행위와 함께, 공론장과 확실히 구별해야 하는 아디아포라 영역에 속한다. **사적 영역은 개인화하는 아디아포라 영역, 바꿔 말해 누군가가 타인에게 해를 끼치지 않으면서 즐겨 하는 행위의 영역이다. 프라이버시의 가치는, 우리가 사적인 인간으로서 아디아포라의 정치화로부터 보호받는 것에 있다. 전체주의를 꾀하는 국가가 아디아포라를 국가의 관심사로 선언하는 것은 바로 이런 사정 때문이다.**

그러므로 진정한 공론장은 공론화된 것들로 이루어지지 않는다. 오히려 진정한 공론장은 공론화 규제에 종사한다. 왜냐하면 진정한 공론장은, 인간의 보편적 삶꼴이 무한정 많은 아디아포라를 위한 공간을 허용한다는 견해를 길잡이로 삼기 때문이다. 어떤 실제 행위 패턴들이 아디아포라인지를 인간의 개념에 대한 탐구로부터 선험적으로 도출할 수 없으므로, 진정한 공론장은 공론화된 것과 사적인 것 사이의 경계선을 끊임없이 이동시킨다.

바로 이것이 공론장의 구조 변동을 결코 중단시킬 수 없는 원인이다. 하지만 공론장의 구조 변동을 중단시킬 수 없다는 것은 공론장이나 사회적인 것 자체를 역사화할 수 있음을 의미하지 않는다.[273] 인간이 역사화할 수 있는 사회적인 것의 영역을 생산한다는 점 자체는 역사화할 수 있는 사정이 아니라 인간 그 자체의 본질적 특징이다. 따라서 역사화할 수 있는 것의 개념을 확장하고 그럼으로써 우리를 결속하는 로고스와 작별할 동기는 한눈에 봐도 없다.

이런 시각에서 보면 공론장의 위기란, 공론화되는 것에 대한 제도적 규제가 즉각적인 공개를 특징으로 지닌 새로운 플랫폼에 의해 약화되고 그 결과로 사적 영역이 급속히 소멸하는 데 있다. 통상적으로 〈디지털화〉라는 혼란스러운 용어로 거론되는 바에 속한 본질적인 과정 하나는, 참된 공론장의 이념이 그 이념 자신을 배반하게 되는 것이다. 때때로 체제에 맞서 전적으로 옳게 저항하는 소셜 미디어 사용자들은 민주주의 법치 국가의 진로 수정을 촉구하는 그들 자신의 발언이 플랫폼에 의해 그들에게 부과된 조건 아래에서 이루어진다는 점을 간과한다. 그 조건 중에 특히 중요한 것 하나는 사용자들의 사적 영역의 잠식이다. 따라서 그들이 사적 영역의 존속을 위해 저항하고 있다면, 그들은 영 부적합한 매체 안에서 싸우고 있는 것이다. 온라인에서 자신의 사적 영역을 위해 싸우는 사람은 이미 자신의 사적 영역을 그 싸움을 위한 대가로 치르는 중이다.

일찍이 1960년대에 하버마스는 이 문제에 관하여 완벽하게 옳은 판단을 내렸다. 그는 〈사회적 노동의 영역에서《사적인 것이 사라지고 있다》》[274]고 진단하면서, 이 변화를 〈대기업〉(오늘날의 어법으로 바꾸면, 기업 집단) 개념과 연결했다. 〈산업 봉건주의 Industriefeudalismus〉라는 표제 아래 그가 다루는 것은, 기업 집단이 사회적 기반 설비(주택, 탁아소, 학교, 문화 행사, 체육 시설 등)를 제공함으로써 직원들의 사적 영역을 완전히 앗아 가는 과정이다. 특히 미국에서 익숙하게 벌어지는 이 과정에서 기업 집단이 제공하는 사회적 기반 설비는 직원들이 깨어 있는 내내 사실상 끊임없이 노동하게 만든다. 주요 인터넷 기업 집단들에서 일하는 직원은 외견상 대단히 특권적인 삶꼴을 누리지만, 그 삶꼴은 그의 사적 영역이 기업 집단의 감시 장치 안으로 빨려 들어가는 것에 기반을 둔다. 데이브 에거스의 소설 『더 서클The Circle』은 이 사정을 인상 깊게 묘사한다.[275]

이로써 제도적으로 구현된 진정한 공론장의 존속을 위태롭게 만드는 문제의 윤곽이 제시되었다. 사적인 것을 공론화하는 활동을 위하여 사적 영역이 정량화 가능한 정도로 사라지고 있다. 그 정도는, 인터넷 사용자들이 검색 및 공개 행동을 통해 데이터를 생산하고 그 데이터를 매개로 자신들의 정신 곧 자화상을 객관화하여 인터넷에 제공하는 정도와 일치한다. 자신이 누구이고자 하는지에 관한 그림을 공론화하는 삶은 스스로를 공격에 노출시키는 것이다. 왜냐하면 그는 자신의 사적 영역의 공적인 규범화를 허용하는 것이기 때문이다. 이로써 그는 취약한 상태가 되는데, 이 취약성은 참된 공론장에 도움이 되지 않는다. 오히려 이 취약성은 공론장과 사적 영역을 가르는 경계선이 통제 없이 이동하는 것을 뜻하며, 그 이동이 민주주의에 끼치는 영향은 양면적인 수준에 머물지 않고 명백히 해롭다. 소셜 미디어 안에서 우리의 자기 전시 행동이, 또한 독점적인 검색(중독) 엔진들Such(t)maschinen에 의해 조종되는 우리의 검색(중독) 행동이 의미하는 바는, 우리의 사적 영역이 대기업들을 위한 노동으로 변환되는 것이고, 우리는 이 노동을 자각하지 못한다.

결론적으로 이런 상황은 공론장의 원리를 촉구하는 해방적인 과정이 아니라 공론장의 원리가 간접적으로 잠식되는 과정이다. 이와 관련하여 하버마스는 〈라디오, 영화, 텔레비전〉[276] 프로그램들에 대한 분석에 기초하여 다음과 같이 역시나 옳게 지적한다. 〈매스 미디어가 산출하는 세계는 외견상으로만 공론장이다. 다른 한편으로 매스 미디어는 소비자들에게 사적 영역의 온전함을 존중할 것을 의무로 부과하는데, 그 사적 영역의 온전함 역시 환상이다.〉[277]

공론장은 정신과 마찬가지로 규범적 개념이다. 바꿔 말해, 공론장은 그 안에서 우리가 우리 자신을 놓칠 수 있는 그런 차원과 관련이 있다. 그런데 자기를 놓치기Selbstverfehlung는 임의의 오류가 아니라, 구체적인(곧, 역사적 위치가 정해진) 주체성의 구조를 침해하기다. 〈디지털화〉라는 열쇳말을 중심으로 돌아가는 오늘날의 공론장에서 눈에 띄는 병증은, 성장 이데올로기 뒤에 숨은 노동의 자동화다. 디지털화에 고유한 성장 이데올로기는 정보 기술 덕분에 가속되는 관찰 시스템 설치를 대안 없는 운명으로 연출한다. 그 운명은 궁극적으로 예측 불가능한 초지능에 의해 집행될 것이라고들 한다.[278] 정보 시대를 추진하는 사회 경제적 조건에 대한 분석은 간데없고, 우스꽝스러운 거대 담론만 무성하다. 그 담론은 상황 의존적인 산업화의 동력을 피할 수 없는 운명으로 묘사한다. 이런 식으로 정신은 정신 자신을 노리는 함정을 파고, 그 함정은 그릇된 자기 이해에 동조하며 정신적 자유를 허무는 것을 가능케 한다.[279]

이제 마지막으로 세부까지 구체화된 신실재론을 존재론적 기반으로 삼아 이른바 탈사실적postfaktisch 시대라는 열쇳말에 대하여 입장을 표명할 차례다. 탈사실적 시대는 없다. 오히려 디지털화는 중독을 일으키는 이데올로기적 내용의 급속한 확산을 가능케 한다. 공론장이 과거의 사적 영역에 침입하고, 그 결과로 어디에나 공론장이 있지만 진정한 공론장은 아무 곳에도 없게 됨으로써, 공론장이 잠식된다. 우리의 인터넷 사용으로 인해 우리 자신에 의해 생성되는 데이터는 온종일, 우리가 어디에 있건 상관없이 우리를 따라다닌다. 이를 가능케 하는 것이 이른바 〈인공 지능〉인데, 인공 지능의 본질은 자동화된 패턴 인식이 우리의 디지털 일상 노동에 침입하는 것이다. 방대한 데이터에 기초하여 적절한 알고리즘을 통해 이루어지는 패턴 인식은, 주체가 기계를 거울로 삼아 그린 자화상에 종속될 여지를 만들어 낸다.[280]

우리 일상의 모든 장소에 있는 화면들은 우리의 자화상이 투사되는 스크린이다. 우리는 그 화면들에 나타나는 내용이 우리의 자화상이라는 점을 알아채지 못한다. 디지털화 이데올로기를 통해 주체들의 자발적 종속을 일으키기 위하여, 오늘날의 정보 기술이 지능적이라는(〈똑똑하다〉는 혹은 〈박식하다〉는) 믿음을 우리에게 심어 주려 하는 이데올로기적 상부 구조가 유통된다. 그러나 자세히 살펴보면, 정보 기술이 지능적이라는 것은 터무니없는 생각이다. 그 생각은 인공 지능을 비판하는 철학의 첫째 물결에 의해 이미 반박되었다.[281]

많은 대규모 디지털화 사업의 성취는 내용이 아니라 플랫폼들을 제공한 것에 있다. 그 플랫폼들은 우리가 우리 자신을 무엇으로 여기는지를 표현할 수 있게 해준다. 이를 위해 그 플랫폼들은 가짜 공론장을 만들어 내고, 그 안에서 우리는 우리 자신을 전시한다. 이 전시는 플랫폼의 수익으로 이어진다. 우선 플랫폼은 사용자 각각의 사용 행태에 적합하게 조정됨으로써 경쟁 플랫폼이 등장할 여지를 없앤다. 이어서 거침없는 조작이 시작된다. 그 조작의 목적은 사용자를 중독 상태에 묶어 두는 것이다.[282]

더구나 우리 시대의 다양한 플랫폼들은 한통속이다. 우리가 보는 텔레비전 시리즈, 우리가 임차하는 주택, 우리가 게시하는 동영상과 사진, 우리가 퍼뜨리는 뉴스, 우리가 주문하는 음식, 우리가 선택하는 섹스 파트너는 모두 연결되어 있다. 그리하여 우리는 모두 어느 정도 무의식적으로 우리 자신의 아바타를 생산한다. 그 아바타를 이루는 디지털 세포들은 우리의 데이터 점들이다.

그 디지털 아바타는 꾸며 낸 대상이 아니라 우리 자신의 한 측면이라는 점을 유의해야 한다. 그 아바타는 우리가 우리 자신을 구상할 때 수단으로 삼는 사실들과 바람들을 합성한 결과다. 파우스트와 달리 나의 가상 아바타는 존재론적으로나 인과적으로나 나로부터 격리되어 있지 않다. 나의 가상 아바타는 정신적 생물로서의 나 자신의 진정한 일부다. 가상 실재*의 존재론은 미술사와 맞물려 있고 따라서 (예컨대 컴퓨터 게임에서) 진정으로 허구적인 잔재를 포함한다. 그러나 가상 실재는 근본적으로 사회적이라는 점에서 꾸며 낸 실재와 구별된다. 가상 실재 안에서 우리는 우리 자신의 면모들을 내놓는다. 가상 실재는 일종의 (다소 잘 통제되지 않은) 심리학적 실험이며, 우리는 흔쾌히 그 실험에 (대개 사회 경제적 보상 없이) 참여한다. 우리의 가상 아바타는 우리가 우리 자신에 관하여 품고 있는 생각의 표현이며, 그 생각은 타인들의 표현과 충돌한다. 이때 우리가 기반 실재 안에서 신체화되어 있다는 점에 동반된 사실들은 도외시된다. 우리는 기반 실재 안에 지표적으로 정박되어 있는데도 말이다.

우리의 가상 아바타는 우리의 손아귀 안에 있지 않은 조건 아래에서 생산된다. 왜냐하면 그 아바타는 플랫폼의 고유한 구조에 맞춰지니까 말이다. 이때 그 플랫폼의 사업 모형은 우리를 분주히 활동하게 만드는 것이다. 그리하여 우리는 새로운 데이터를 생산하고, 그 데이터는 통계적으로 분석되어 사용자들의 사용 경험을 개선한다. 이런 식으로 재생산 순환 경로가 형성되고, 성공적일 경우 그 순환 경로는 독점으로 이어진다. 이 독점은 억제될 수 없다. 왜냐하면 사법 장치는 최근에야 발생한 이 사회적 시스템들을 다스릴 방안을 가지고 있지 않기 때문이다. 이것이 가상 실재의 초국가적 질서 앞에서 민족 국가들이 보여 주는, 많이 논의되는 무력함의 원인이다. 이 무력함이 가져오는 결과 하나는 가상 실재가 아날로그적 실재를 직접 공격하는 것이다. 선거 조작은 디지털 독점 기업들이 자신들을 방해할 가능성이 있는 법치 국가의 주권에 가하는 다양한 사이버 공격 가운데 특히 눈에 띄는 한 형태다. 따라서

* 일상에서 통용되는 용어는 가상 현실.

소셜 플랫폼들에서 일어나는 선거 조작은 다른 면에서는 중립적인 정보 제공의 우연한 부산물이 아니라, 디지털 클릭 농장들*이 아날로그 사회 시스템들을 공격하는 뚜렷한 사례다.

이런 공격은 근대적 공론장의 진실 주장들과 그 공론장에 적합하게 설계된 사법 시스템을 위태롭게 만든다. 그 시스템은 합리성을 북돋는 담론의 이상을 뒷받침하기 위하여 가짜 뉴스에 전통적인 방식으로, 곧장 조사 위원회와 명예 훼손 소송으로 대항하지만 말이다.[283]

---

* click farms. 저임금 노동자를 대규모로 고용하여 특정한 클릭 수를 높이는 업체.

맺음말
탈사실적 시대라는 유령을 쫓아내자

가상(假像)의 차원들을 존재론적으로 꼼꼼히 조사할 주요 동기는 지금 디지털 시대에 허구와 실재가 심각하게, 또한 사회 경제적이며 정치적인 관점에서 더없이 중대한 방식으로, 혼동된다는 사실에서 나온다. 이 혼동에 맞서 이 책은 허구의 실재성을 부정하지 않으면서도 허구와 실재를 존재론적으로 구별할 수 있게 해주는 이론을 제시했다.

이제 필요한 것은 탈근대적 진단들의 총합이라고 할 만한, 장 보드리야르의 『실재의 괴로움*Agonie des Realen*』을 비판적으로 돌아보는 일이다.[1] 보드리야르는 실재의 지도가 제작되기에 앞서 실재가 감각되는 것이 아니라 거꾸로 그 제작 이후에 감각된다는 점에 기반을 둔 사회적 생산관계를 서술하기 위하여 과도(過度) 실재 hyperreality라는 개념을 도입한다. 그러면서 그는 특히 미국 사회 형태 전체가 과도 실재에, 즉 그가 드는 예에서는 디즈니랜드 모형에 따른 연출에, 빠져 있다는 주장까지 내놓는다. 보드리야르에 따르면, 그가 〈아메리카〉라고 부르는 것은 단지 상상된 로스앤젤레스가 내뿜는 일종의 광채이며, 그 광채는 원본과 더는 구별할 수 없는 자기 모형을 나머지 세계에 제공한다. 모든 것이 어느 정도 〈가짜fake〉

가 되며, 따라서 가짜는 생산해야 할 실재의 모범이다.[2]

이 이론적 구상을 더 쉽게 풀어낼 수 있으며, 거기에 탈근대적 상상을 가미하면, 도널드 트럼프는 도널드 덕이 된다. 2000년에 방영된 「심슨 가족」의 한 에피소드 〈미래로 간 바트Bart to the Future〉(시즌 11, 에피소드 17)에서 도널드 트럼프가 대통령으로 당선되고 몇몇 장면이 그야말로 예언처럼 보인다는 점은 — 충분히 예상할 수 있듯이 — 음모론들의 확산을 유발했는데, 그 음모론들 중에는 「심슨 가족」이 뚜렷이 주기적으로 미래를 예언한다는 것도 있었다.

오늘날의 시각으로 보면, 보드리야르의 글은 전반적으로 디지털 시대의 존재론적 혼란에 관한 (간접적으로 그 글 자신에도 적용되는) 적절한 논평으로 읽힌다. 그 혼란을 고려하면, 디지털 시대는 탈근대의 정점으로 간주될 만하다.[3] 보드리야르가 〈시뮬레이션〉이라고 칭한 것은 이른바 〈탈사실적 시대〉의 형태를 띠고 확산하고 있다. 탈사실적 시대의 핵심은, 인간 삶의 첫째 층에 위치한 사실들(기반 실재)이 사회 경제적 구조의 재생산에서 외견상 어떤 역할도 하지 못하는 것이다. 왜냐하면 실재와 관련 맺지 않은, 순전히 상징적인 질서가 그 사실들을 밀어내기 때문이다. 실재는 없어지거나 최소한 위기에 처한 듯하다.

그러나 이 진단은 외견상 반박할 수 없을 만큼 그럴싸하더라도 궁극적으로는 더없이 잘못되었다. 보드리야르는 탈사실적 시대의 이데올로기를 명확히 보여 주기 때문에 명백히 옳은 것처럼 보인다. 하지만 그는 그 이데올로기를 꿰뚫어 보는 것이 아니라 이론의 형태로 재생산한다. 이런 연유로 그는 탁월한 탈근대 이론가다.[4] 보드리야르는 아주 자연스럽게 (또한 훌륭하게) 시뮬레이션의 역할을 맡는다. 그러므로 영화 「매트릭스」에서 네오(키아누 리브스 분)의 손에 보드리야르의 책이 쥐어져 있는 것은 우연이 아니다.

우리의 디지털 시대가 실제로 탈사실적 시대라는 판단은 물론 유혹적이지만, 그 유혹에 맞서 세 가지 논점을 제시하는 것으로 이 책을 마무리하고자 한다.

첫째, 선진 산업 국가의 시민들은 지식 및 정보 사회에서 살아간다. 그 사회의 데이터 유통 범위는 어느새 인터넷에 접속할 수 있는 모든 사람을 포괄한다. 물론 인터넷은 본질적으로 가상을 만들어 내는 기계Scheinmaschine다. 왜냐하면 인터넷이라는 매체 안에서는 옳은 정보와 그른 정보를 구별하는 것이 허용되지 않기 때문이다. 그럼에도 다른 한편으로 인터넷은 진실들의 확산과 새로운 사실들의 생산을 유발한다. 무슨 말이냐면, 디지털 기반 설비는 결코 우리의 머릿속에서 작동하지 않는다. 오히려 디지털 기반 설비는 물질적-에너지적 차원에서 작용력을 발휘하는 사회적 시스템이다.

오늘날 우리는 과거 어느 때보다 많은 것을 실시간으로 안다. 이 사정은 우리의 앎 획득에 반응하는 아날로그적 사회 시스템들을 새로운 난관 앞에 세운다. 디지털화는 아날로그적 조건 아래에 서라면 은폐된 채로 머물렀을 사실들을 들춰낸다. 또한 디지털화는 새로운 산업적 사실들을 창출하고 그럼으로써 예컨대 기후 위기를 심화한다.

다른 한편으로 디지털화는 새로운 불투명 구역들을 만들어 낸다. 디지털화는 무조건적인 해방의 과정이 아니다. 왜냐하면 디지털화는 자유 잠식의 자동화를 옹호하는 이데올로기와 짝을 이루기 때문이다. 그 자동화는 새로운 착취 가능성들의 형태로 현실 역사에 개입한다. 우리는 디지털화의 설명문으로서 점화되는 다양한 탈근대적 연막탄 때문에 이 사정을 충분히 알아채지 못한다.

둘째, 디지털 방식으로 가속되는 소비 및 복지 사회를 떠받치는, 기반 실재 층의 산업적 생산 및 재생산 조건은 전혀 디지털화될 수 없다. 인터넷과 지구적 상품 운송의 존속을 위한 물질적 조건은 더할 나위 없이 아날로그적이다. 좋았던 과거의 유물처럼 느껴질 법한 석유가 없다면, 디지털화를 위한 새로운 석유 곧 데이터는 실존할 권리를 상실할 터이다. 그릴 파티를 하면서 소셜 네트워크에 올릴 동영상을 찍기 위해서는 화석 연료를 태워야 한다. 고기를 굽기 위해서만이 아니라 짧은 동영상을 인터넷 안에서 확산시키기 위해서도 화석 연료가 필요하다. 디지털 실재의 날렵한 사용자 인터페이스를 그 실재에 관한 온전한 진실로 여기는 것은 위험한 환상이다. 그 인터페이스를 떠받치는 기반은 기후 위기를 사소하지 않은 정도로 심화한다. 왜냐하면 지구적 사회의 사실적 생산 조건은 어느 모로 보나 실재하기를 그치지 않기 때문이다.

셋째, 보드리야르는 이 책에서 언급한 다른 몇몇 환상 이론가와 마찬가지로 진실의 뒷면, 곧 진실이 아닌 것과 가상적인 것을 서술할 때 이론적으로 숙고되지 않은 어휘를 사용한다. 그리하여 허구와 실재를 더는 구별할 수 없다는, 왜냐하면 양자는 본질적으로 전혀 구별되지 않기 때문이라는 그릇된 인상이 발생한다. 이 탈근대적 이데올로기는 본의 아니게 이른바 탈사실적 시대의 메커니즘을 떠받친다. 그 메커니즘의 특징은 사실들이 아니라 느낌들이 중시되는 것이라고들 한다.

이 책에서 실행한 존재론적, 비존재론적, 허구 이론적 행마들은 다양하고 세련된 방식으로 나타나는 이 같은 탈사실적 가상에 반발한다. 이 책에 담긴 이론의 기능은 이 가상의 (해체Dekonstruktion 가 아니라) 파괴를 위한 개념적 도구들을 제공하는 것이다. 그 가상의 파괴는, 그 가상이 고유한 존재론적 삶을 꾸려 간다는 점을, 그 가상은 실재하며 인간의 자화상으로 구현됨으로써 우리 삶꼴의 절멸을 가져온다는 점을 우리가 인정할 때만 성공적으로 이루어진다. 우리 삶꼴의 절멸은 여러 형태를 띠며, 모든 것을 장악하는 자동화와 디지털화라는 나쁜 허구를 통해 고무된다. 자세히 보면 드러나듯이, 이 자동화와 디지털화는 차츰 강화되는 자기 파괴 충동의 표현이다. 철학에서 그 충동은 자아의 실존을 부정하는 방식으로, 주체의 죽음이라는 탈근대적 가상으로 나타난다. 그 가상은 오늘날 자연주의와 동맹을 맺었다. 보드리야르의 시뮬레이션 가설은 기대와 정반대로, 존재론적으로 그릇된 신경 정보학Neuroinformatik의 형태로 부활했다. 신경 정보학은 우리가 정신이라는 환상의 소멸을 향해 나아가고 있다는 믿음을 우리에게 심어 주고 싶어 한다.

그러나 이것은 반(反)정신Ungeist이다. 바꿔 말해, 정신이 정신 자신을 배반하는 것이다. 이 자기 분열은 실제로 이루어질 수 있지만, 인간 삶꼴의, 따라서 인간 생존꼴의 말소를 대가로 치러야만 한다. 이 말소 이후에는 아무것도 남지 않음을 유념하라. 정신이 전선을 따라 흐르면서 자신의 초지능과 신체 없음을 기뻐할 수 있는 날은 영영 오지 않을 것이다. 얽히고설킨 전선과 마이크로칩들은 아무것도 기뻐하지 않는다. 이것들은 죽어 있는 상태조차도 아니다.

마침내 사실이 중요하지 않게 되는 탈사실적 시대라는 꿈은 인간이 유한성에서 해방된다는, 인간적인 너무나 인간적인 바람에 종사한다. 이 바람과 동맹하는 형이상학적 자연주의는 오늘날 중대한 위험이다. 자연 과학적 인식은 당연히 오류가 아니라는 점을 유의해야 한다. 우리가 자연 과학의 적절한 방법들로 우주에 관하여 알아낼 수 있는 바는 다름 아니라 사실들이다. 오류는 자연 과학적 세계상이다. 그 세계상은 자신 있게 철학을 밀어내고 그 자리에 들어서서 미쳐 날뛰는 형이상학을 진짜 자연 과학 연구에 대한 성공적인 해석이라며 팔아먹는다.

이런 연유로 나는 이 책에서 철학과 정신 과학의 대화 포맷에 새로운 생명을 불어넣는 작업을 시도했다. 이를 위해서는 불운한 탈근대적 이론 지형을 극복할 필요가 있으며, 또한 허구적인 것이 그때그때의 시대정신에 특유한 가상을 산출하는 정신의 차원으로서 갖는 존재론적 중요성을 숙고할 필요가 있다. 우리는 허구적인 것이라는 정신적 차원이 산출하는 가상을 철학과 정신 과학의 발전된 방법들로 연구하고 꿰뚫어 보고 경우에 따라 파괴해야 한다.

이 책의 목적은 삶의 의미Sinn(방향)를 새롭게 조정하는 것이다. 복잡한 생태 보금자리(이 보금자리는 당연히 무수한 다른 생물을 포함하며, 우리는 그 생물들과 끊임없이 공생하는데) 안에 내장된 인간의 삶은 실존주의적 의미가 나오는 원천, 우리의 실존을 위해 필수적인 원천이다. 우리의 정신적 삶꼴은 우리의 동물적 생존꼴이 없으면 존속할 수 없다. 우리의 동물성은 정신과 의식과 의미 체험이 있기 위한 필요조건, 영영 삭제할 수 없는 필요조건이다(물론 충분조건은 아니지만). 영화 「터미네이터」 시리즈의 후속편이 다시는 나오지 않으려면, 비생물학적으로 생태 보금자리에 적응한 지적인 기계가 우리를 공격할 수 있다는 생각의 매력을 감소시키는 일을 우리가 해내야 한다. 그런 기계는 허구 안에만 있다. 터미네이터는 꾸며 낸 대상이며, 따라서 기껏해야 우리의 관심을 진짜 위험이 아닌 다른 곳으로 돌리기 위한 방편일 따름이다. 이때 진짜 위험이란 인간이 자신의 생태 보금자리를 스스로 파괴함으로써 절멸할 위험이다(예컨대 아널드 슈워제네거는 캘리포니아 주지사로 재임하면서 인간의 생태 보금자리 파괴를 심화하는 데 성공했다).

횔덜린의 서정적인 나에 대한 신뢰를 철회하자! 위험이 있는 곳에서는 또한 구원자가 성장한다는 생각은 단적으로 틀렸다. 인간의 자기 절멸을 피할 구원의 길이 있기 위한 필요조건 하나는 이 책에서 명확히 밝히려 한 논리적 심층 구조를 띤 가상을 우리가 극복하는 것이다.

탈사실적 시대라는 유령은 일찍 도래한 죽음의 춤이요, 현재 세계의 사회 경제적 질서가 지속 가능하지 않다는 예감이다.[5] 우리는 아직 패배하지 않았다. 한 종으로서의 인간이 자기 절멸의 과정을 개시했음을 우리가 지식 사회의 발전 덕분에 알게 된 이래로, 모든 것이 걸린 관건은 우리의 선호 구조 꼭대기에 지속 가능성을 올바른 방식으로 올려놓는 것이다. 그 구조는 우리가 사실들을 직시할 때만 성공적으로 구현될 수 있다. 이때 그 직시는 사실들의 범위를 고려하는 것을 포함하는데, 이 고려는 정신 과학적 연구가 있어야만―따라서 또한 정신의 실재성을 통찰해야만―가능하다.

주

들어가기 전에

1 각각의 맥락에 관한 상세한 정보는 Markus Gabriel, *Propos réalistes*, Paris 2019 참조. 의미장 존재론 및 브누아의 실재론적 급진적 맥락주의와 비교하면서 신실재론을 다루는 논의의 현재 상황은 Jocelyn Benoist, *L'Adresse du Réel*, Paris 2017, 그리고 Markus Gabriel, "Être vrai", in: *Philosophiques* 45/1 (2018), S. 239~247, 그리고 조슬랭 브누아에게 헌정된 *Critique. Revue générale des publications françaises et étrangères*, 72/862 (2019) 참조. 마지막 문헌에서 나의 입장은 "Concepts et objets dans les 'nouveaux réalismes'", 202~214면 참조.

2 표기를 단순화하기 위해 이 책에서 사람을 지칭할 때는 성별을 따로 밝히지 않을 것이다.

3 첫 대결은 Markus Gabriel, *Die Wirklichkeit des Universums*, Berlin(근간)에서 이루어질 것이다.

머리말

1 디지털화가 과연 바람직한가, 정말로 우리가 모든 것을 〈디지털화〉하여 초현대적 인공 지능의 대상으로 만들어야 하는가, 라는 질문은 일반적으로 다음과 같은 나쁜 논증을 통해 배제된다. 그 논증에 따르면, 디지털화는 사회 경제적 부가 가치 생산 과정들의 자동화에 불과한 것이 아니라 지구적 자본주의 경쟁 논리로부터 자동으로 발생하는 과정이다. 이 널리 퍼진 역사 철학적 기술 철학적 숙명론에 따르면, 신속하게 디지털화에 동참하지 않는 사람은(이 동참이 정확히 무슨 의미인지 아무도 모르지만) 멈출 수 없다고들 하는 〈진보〉의 수레바퀴에 깔려 파멸할 것이다.

2 과거를 돌이키는 브뤼노 라투르의 선도적인 논문, "Why Has Critique Run out of Steam. From Matters of Fact to Matters of Concern", in: *Critical Inquiry* 30/2 (2004), 225~248면 참조. 하지만 이 논문에서 라투르가 선언하는 실재론으로의 회귀는, 그

가 〈사실의 문제matters of fact〉를 여전히 구성된 것으로 간주한다는 점에서, 또한 반대로 〈염려의 문제matters of concern〉에는 무조건적 책임을 부과한다는 점에서 실패로 돌아간다. 이 입장은 결국 로티가 대표하는 견해, 곧 앎 주장(무언가를 안다는 주장)은 궁극적으로 공동체를 유지하자는 주장이지 진실 주장이 아니라는 견해로 귀착한다. 따라서 개별적인 사안들에서 나는 라투르를 전혀 추종하지 않는다. 왜냐하면 그는 여전히 근대를 뛰어넘고 근대의 자리에 모종의 비(非)근대를 들여앉히려 하기 때문이다. 그는 스스로 공격하는 〈해체Dekonstruktion〉 스타일에 전적으로 부합하게, 한편으로 근대가 정말로 존재해 왔는지 의심하며, 다른 한편으로 포스트모던이 실패한 후 사람들이 근대에 의지하는 것을 책망한다. 브뤼노 라투르의 이중적 태도를 보여 주는 문헌으로, *Wir sind nie modern gewesen. Versuch einer symmetrischen Anthropologie*, Frankfurt/M. 2008 참조.

3 이 항변을 담고 있는, 영향력이 큰 문헌으로 Lorraine Daston, Peter Galison, *Objektivität*, Berlin 2017 참조.

4 이 비판적 지적은 캉탱 메이야수가 *Nach der Endlichkeit. Versuch über die Notwendigkeit der Kontingenz*, Zürich, Berlin 2008에서 내놓는 상관주의 비판에도 적용된다. 적절히 변형하여 설명하자면, 이른바 〈사변적 실재론〉은, 존재론적이며 또한 인식론적인 우격다짐 한 방으로 인간의 관점을 뛰어넘으려 한다는 점에서 실패로 돌아간다. 그 뛰어넘기는 이른바 〈커다란 바깥großes Außerhalb〉, 곧 인간이 건드리지 않은 자연을 거론할 때, 상관주의를 비판하는 이론이 합법적임을 보여 주지 않은 채로 형이상학적 방식의 밀렵에 나서기 위해 시도된다. Markus Gabriel, "Tatsachen statt Fossilien - Neuer vs. Spekulativer Realismus", in: *Zeitschrift für Medien- und Kulturforschung*, 7/2 (2016), S. 187~204, 또한 하먼을 비판하는 문헌으로 Stephen Mulhall, "How Complex is a Lemon?", in: *London Review of Books* 40/18 (2018), 27~30면 참조.

5 Jacques Derrida, *Die unbedingte Universität*, Frankfurt/M. 2001 참조. 대학교에 걸맞은 지식의 구조를, 그리고 대학교와 인간의 사회 정치적 자기 규정 사이의 관계를 더 상세히 논한 문헌으로는 Markus Gabriel, *Wer wir sind und wer wir sein wollen*, Berlin 2020(근간).

6 볼프람 호그레베는 이 공간을 다루는 일련의 저서에서 초실재das Surreale의 인간학 및 형이상학을 논했다. Wolfram Hogrebe, *Der implizite Mensch*, Berlin 2013; 같은 저자, *Philosophischer Surrealismus*, Berlin 2014; 같은 저자, *Metaphysische Einflüsterungen*, Frankfurt/M. 2017; 같은 저자, *Duplex. Strukturen der Intelligibilität*, Frankfurt/M. 2018; 같은 저자, *Szenische Metaphysik*, Frankfurt/M. 2019 참조.

7 이에 관해서도 호그레베의 책을 참조하라. Wolfram Hogrebe, *Riskante Lebensnähe. Die szenische Existenz des Menschen*, Berlin 2009.

8 이렇게 인식론적 고찰로부터 허구의 개념을 도출하는 것에 대해서는 Markus

Gabriel, "The Art of Skepticism and the Skepticism of Art", in: *Philosophy Today* 53/1 (2009), 58~59면 참조.

9 Stanley Cavell, *The World Viewed. Reflections on the Ontology of Film*. Cambridge/MA. 1979, 85면 참조. 원문은 다음과 같다. 〈It is a poor idea of fantasy which takes it to be a world apart from reality, a world clearly showing its unreality. Fantasy is precisely what reality can be confused with. It is through fantasy that our conviction of the worth of reality is established; to forgo our fantasies would be to forgo our touch with the world.〉

10 당연히 Jürgen Habermas, *Strukturwandel der Öffentlichkeit. Untersuchungen zu einer Kategorie der bürgerlichen Gesellschaft*, Frankfurt/M. 1990 참조. 사회학적 관점에서 진행되는 더 최근의 논의를 보려면 Dirk Baecker, *4.0 oder Die Lücke die der Rechner lässt*, Leipzig 2018, 또한 Armin Nassehi, *Muster. Theorie der digitalen Gesellschaft*, München 2019 참조.

11 특히 알찬 문헌으로 Graham Priest, *Towards Non-Being. The Logic and Metaphysics of Intentionality*, Oxford 2016 참조. 또한 Francesco Berto, *Existence as a Real Property*, Dordrecht 2013, 그리고 Richard Routley, *Exploring Meinong's Jungle and Beyond*, Canberra 1980 참조. 마지막 문헌은 프리스트의 모범이다.

12 Markus Gabriel, *Sinn und Existenz. Eine realistische Ontologie*, Berlin 2016. 마이농주의를 둘러싼 문제들에 관해서는 특히 212~220면 참조.

13 이 복잡하게 얽힌 논의를 분석적으로 명확하게 펼치는 모범적인 문헌으로 Kwame Anthony Appiah, *The Lies That Bind. Rethinking Identity*, London 2018 참조.

14 Markus Gabriel, *Ich ist nicht Gehirn. Philosophie des Geistes für das 21. Jahrhundert*, Berlin 2016 참조. 또한 같은 저자, *Neo-Existentialism. How to Conceive of the Human Mind after Naturalism's Failure*, Cambridge 2018에 담긴 신(新)실존주의 패러다임에 관한 설명과 변론 참조. 유사한 문헌으로 Georg W. Bertram, *Was ist der Mensch? Warum wir nach uns fragen*, Stuttgart 2018 참조. 베르트람이 예컨대 다른 글에서 이렇게 주장할 때도 그가 선을 넘는 것은 아니라고 나는 상당히 확신한다. 〈사람들은 자연적으로 그 자신들이 아니다. 또 사람들은 간단히 전통에 따라 그 자신들로 규정된 것도 아니다. 오히려 사람들은 그 자신들이 무엇인지를 늘 다시 새롭게 규정해야 한다. 사람은 항상 입장을 취함으로써, 더 정확히 말하면 자기에 대하여 입장을 취함으로써 그 자신이다. 그리고 이 입장 취하기는 실천적인 일로 간주되어야 한다. 요컨대 인간의 끊임없는 새 규정은 본질적으로 실천들에서 유래하는데, 그 실천들은 자기 회귀적Reflexiv인 유형의 실천이다.〉(*Kunst als menschliche Praxis. Eine Äthetik*, Berlin 2014, S. 13) 반면에 나는 인간이 자기 규정을 하도록 철저히 규정되어 있다고 본다. 즉, 우리의 자화상 그리기 능력은 역사적으로 불변하는 우리의 본질이며, 우리는 이 본질을 철학이라는 자기 회귀적 실천 과정에서 파악한다. 따라서 우리는 어떤 확고

한 의미에서 철저히 자연적으로 우리 자신(곧 인간)이다. 사람들은 비로소 인간이 되어야 하는 것이 아니라 항상 이미 인간이다(왜냐하면 본질적으로 인간이므로). 당신은 인간이 되지 않는다. 당신은 인간이다.

15 Martin Heidegger, *Beiträge zur Philosophie (Vom Ereignis)*, Gesamtausgabe Band 65, Frankfurt/M. 2003, S. 398. 이와 관련하여 Wolfram Hogrebe, "Riskante Lebensnähe", in: Carl Friedrich Gethmann (Hg.), *Lebenswelt und Wissenschaft. XXI. Deutscher Kongress für Philosophie 15.-19. September 2008 an der Universität Duisburg-Essen*, Hamburg 2011, 40~62면, 특히 52~55면 참조. 또한 본격적인 논의는 Jaroslaw Bledowski, *Zugang und Fraktur. Heideggers Subjektivitätstheorie in Sein und Zeit*, Tübingen(근간) 참조.

16 나는 이 용어를 다음 문헌에서 이미 사용한 바 있다. Markus Gabriel, "The Mythological Being of Reflection - An Essay on Hegel, Schelling, and the Contingency of Necessity", in: Markus Gabriel, Slavoj Žižek, *Mythology, Madness and Laughter. Subjectivity in German Idealism*, New York, London 2009, S. 15~94.

17 Willard Van Orman Quine, *Wort und Gegenstand*, Stuttgart 1980, S. 474.

18 Markus Gabriel, "Cosmological Idealism", in: Joshua R. Farris, Benedikt P. Göcke (Hg.), *Rethinking Idealism and Immaterialism*, London(근간), 또한 더 상세한 논의는 Gabriel, *Die Wirklichkeit des Universums*. 그 밖에 비교적 최근에 토머스 네이글이 객관적 관념론을 나름의 방식으로 수용하고 소화하기 위한 시도로 쓴 문헌, *Geist und Kosmos. Warum die materialistische neodarwinistische Konzeption der Natur so gut wie sicher falsch ist*, Berlin 2013 참조. 아쉽게도 네이글은 추구해야 하지만 도달할 수 없는 〈어디도 아닌 곳에서의 관점view from nowhere〉에 나름의 방식으로 집착한다. 그는 그 관점의 역설들을 *Der Blick von Nirgendwo*, Frankfurt/M. 2012에서 서술했는데도 말이다. 객관성에 관한 네이글의 견해를 반박하는 문헌으로는 Sebastian Rödl, *Selbstbewußtsein und Objektivität*, Berlin 2019, 89~115면 참조.

19 막다른 골목과도 같은 이 문제들에서 벗어나는 한 방법은 인간적 맥락이 불가피하게 실존한다는 점을 인정하는 것이다. 그 맥락을 출발점으로 삼으면 하향식 인과 관계의 개념을 통해 측정 문제를 해결하고 우주 안에서 정신과 자연의 관계를 해명할 수 있다. George Ellis, *How Can Physics Underlie The Mind. Top-Down Causation in the Human Context*, Berlin, Heidelberg 2016; Barbara Drossel, George Ellis, "Contextual Wavefunction Collapse: An Integrated Theory of Quantum Measurement", in: *New Journal of Physics* 20 (2018), S. 1~35; George Ellis, Markus Gabriel: "Physical, Logical, and Mental Top-Down Effects", in: Markus Gabriel, Jan Voosholz (Hg.), *Top-Down Causation and Emergence*, Dordrecht(근간) 참조.

20 이어지는 서술에서 홑화살괄호(〈 〉)는 충분히 명확한 개념과 대응하지 않는 표현을 가리킬 때 사용할 것이다.

21 세인즈버리의 분류법에 따르면, 여기에서 채택된 입장은 허구 실재론이 아닌 것

으로 보인다. 그는 허구 실재론을 다음과 같은 〈논란이 많은 주장〉으로 이해하니까 말이다. 〈실재(우리가 마주한 실재)가 킬고어 트라우트*와 셜록 홈스 같은 대상들을 포함한다는 주장이 허구 실재론이다. 이 주장은 내가 탄탄한 허구적 인물이라고 부르는 것을 옹호한다. 바꿔 말해 허구적 인물들이 어떤 허구적 세계에만 속한 것이 아니라 우리가 마주한 실재에 속한다고 주장한다.〉(Richard Mark Sainsbury, *Fiction and Fictionalism*, New York, Oxford 2010, S. 32) 나중에 보겠지만, 이 진술은 옳지 않다. 게다가 세인즈버리는 〈실재함〉을 〈우리의 세계, 곧 유일하게 실재적이고 현실적인 세계〉(같은 곳)에 참여함으로 이해하는 실재성 기준을 적용하는데, 이 기준은 이 책에서 채택하는 세계 없음 직관과 상충한다. 따라서 (탄탄한) 허구 실재론과 허구 비실재론만 선택지로 제시하는 것은 불완전하다.

22 나는 이 주장을 Gabriel, *Sinn und Existenz*에서 상세히 논증했다. 관련 토론과 변론을 보려면 Thomas Buchheim (Hg.), *Jahrbuchkontroversen 2. Markus Gabriel: Neutraler Realismus*, Freiburg/Br., München 2016; Peter Gaitsch u. a. (Hg.), *Eine Diskussion mit Markus Gabriel. Phänomenologische Positionen zum Neuen Realismus*, Wien, Berlin 2017; Otávio Bueno, Jan Voosholz (Hg.), *Gabriel's New Realism*, Dordrecht(근간) 참조.

23 간단히 설명하면 이러하다. 의미장-안에서-나타남이라는 관계가 항상 이행성을 띠는 것은 아니다. 즉, 의미장 S^1 안의 의미장 S^2 안에서 무언가가 나타나더라도, 그 무언가는 S^1 안에서 나타나지 않을 수 있다. 일찌감치 출판된 Markus Gabriel, *Warum es die Welt nicht gibt*, Berlin 2013, 113면, 또한 Romain Leick, "Eine Reise durch das Unendliche'. SPIEGEL-Gespräch mit Markus Gabriel über die Grenzen der naturwissenschaftlichen Erkenntnis und die Frage nach dem Sinn", in: *Der Spiegel* 27 (2013), 122~124면 참조. 유의할 점은 그 관계가 이행성을 띠는 경우도 있고 띠지 않는 경우도 있다는 것이다. 대도시의 한 구역이라는 의미장은 그 자체로 한 의미장인 대도시 안에서 나타난다. 의미장-안에서-나타남 관계가 이행성을 띠는 경우와 그렇지 않은 경우를 얼마든지 많이 제시할 수 있다. 한마디 덧붙이자면, 세계 없음 직관Keine-Welt-Anschauung으로부터 의미장 존재론SFO의 완전한 공리계는 있을 수 없다는 명제가 도출된다. 일반적인 (메타) 수학적 불완전성 정리들을 및 (메타) 논리적 불완전성 정리들과 어깨를 나란히 하는 이 불완전성 명제는, 아직 등록되지 않은 또 다른 경험적 진실을 예상할 인식 가능한 근거가 없다는 식의 **선험적 방식으로** 경험적 진실들의 범위를 제한할 수 없다는 점에서 유래한다. 이 사정을 고려하지 않는 존재론, 곧 (실행 불가능한) 〈순수한 형식적〉 존재론은 바보짓이다. 후설의 숙고를 계승한 Gabriel, *Sinn und Existenz*, 172~174면, 268~270면, 294면 이하 참조.

24 상세한 논의는 *Sinn und Existenz*와 더불어 특히 Markus Gabriel, "Der Neue Realismus zwischen Konstruktion und Wirklichkeit", in: Ekkehard Felder,

* 소설가 커트 보니것의 작품들에 등장하는 인물.

Andreas Gardt (Hg.), *Wirklichkeit oder Konstruktion? Sprachtheoretische und interdisziplinäre Aspekte einer brisanten Alternative*, Berlin, New York 2018, 45~65면 참조.

25 이에 관한 상세한 논의는 Markus Gabriel, Graham Priest, *Everything and Nothing*, Cambridge 2021(근간) 참조.

26 물질-에너지 시스템들(〈물체들Körper〉)만 부분 전체론적mereologisch 구조를 지닌 것은 아니다. 생각도 부분들을 가질 수 있으며, 집합, 대도시, 정신적 상태 등도 마찬가지다. 요소들로 이루어진 어떤 시스템에 정확히 어떤 부분 전체론적 공리계를 적용해야 할지는 당연히 선험적으로 결정할 수 없다. 이 때문에 나는 부분 전체론을 형이상학의 한 형태로 보지 않는다(여기에서 형이상학이란 경험적 실재에 관하여 한편으로 형식 논리적이면서 다른 한편으로 실질적인 통찰들을 제공하는 지식을 말한다). Gabriel, *Warum es die Welt nicht gibt*, 76~81면 참조.

27 인상적이지만 부당하게 잊힌 요제프 지몬의 논문, *Wahrheit als Freiheit. Zur Entwicklung der Wahrheitsfrage in der neueren Philosophie*, Berlin 1978, 그리고 최근 문헌으로 Jens Rometsch, *Freiheit zur Wahrheit. Grundlagen der Erkenntnis am Beispiel von Descartes und Locke*, Frankfurt/M. 2018 참조. 그리고 예비 작업의 성격을 띤 나의 논문, "Dissens und Gegenstand. Vom Außenwelt- zum Weltproblem", in: Markus Gabriel (Hg.), *Skeptizismus und Metaphysik*, Berlin 2012, 73~92면 참조. 몇몇 인정 모형에 대한 비판을 담은 문헌으로는 Jens Rometsch, "Why there is no 'recognition theory' in Hegel's 'struggle of recognition'. Towards an epistemological reading of the Lord-Servant-relationship", in: Markus Gabriel, Anders Moe Rasmussen (Hg.), *German Idealism Today*, Berlin 2017, 159~185면, 그리고 Markus Gabriel, "A Very Heterodox Reading of the Lord-Servant-Allegory in Hegel's *Phenomenology of Spirit*", in: Rasmussen (Hg.), *German Idealism Today*, 95~120면 참조.

28 지각을 통한 앎의 구조에 대한 질문을 맥락으로 삼아 앎 개념을 변호하는 문헌으로 Andrea Kern, *Quellen des Wissens. Zum Begriff vernünftiger Erkenntnisfähigkeiten*, Frankfurt/M. 2006, 그리고 나의 리뷰, "Die Wiederkehr des Nichtwissens. Perspektiven der zeitgenössischen Skeptizismus-Debatte", in: *Philosophische Rundschau* 54/1 (2007), 149~178면, 또한 정교한 핵심 반론을 담은 같은 저자, *An den Grenzen der Erkenntnistheorie. Die Notwendige Endlichkeit des objektiven Wissens als Lektion des Skeptizismus*, Freiburg/Br., München 2014 참조.

29 여기에서도 요제프 지몬의 후기 작품 *Kant. Die fremde Vernunft und die Sprache der Philosophie*, Berlin, New York 2003 참조.

30 이른바 〈비판적 실재론〉의 맥락 안에서도 당연히 유사한 구별이 제시된다. 특히 명확한 구별을 보려면 Dave Elder-Vass, *The Reality of Social Construction*, Cambridge 2012, 그리고 더 먼저 나온 같은 저자의 *The Causal Powers of Social*

Structures. Emergence, Structure and Agency, New York 2010 참조. 또한 최근에 사회 과학들에서 역시나 실재론적인 전환인 〈일반적인 존재론적 전환general ontological turn〉(xii면)이 필요하다고 역설한 문헌으로 Tony Lawson, *The Nature of Social Reality. Issues in Social Ontology*, London, New York 2019 참조.

31 Pierre Bourdieu, *Meditationen. Zur Kritik der scholastischen Vernunft*, Frankfurt/M. 2001, S. 138.

32 주지하다시피 이는 자크 랑시에르가 *Das Unvernehmen. Politik und Philosophie*, Frankfurt/M. 2001에서 밝힌 견해다. 나는 랑시에르가 의견 불일치를 정치 개념에 포함할 것을 요구하는 대목까지는 그를 계승하지만, 정의의 개념과 경찰의 존재에 반대하는 견해는 공유하지 않는다. 제도의 존재 자체가 벌써 역설에 대한 부당한 해법이라는 생각은 내가 보기에 랑시에르의 이론이 품은 사회 존재론적 결함의 증거다.

33 그레고어 도차우어는 『왜 세계는 존재하지 않는가』를 다룬 서평에서 서평 장르의 특징인 듯한 아이러니를 가미하여 신실재론을 〈급진 중도파radikale Mitte〉의 입장이라고 칭했다[Gregor Dotzauer, "Radikale Mitte. Der Philosoph Markus Gabriel erklärt, warum es die Welt nicht gibt", in: *Die Zeit* 34 (2013), S. 48]. 이 명칭은 이 책에서 제시하는 비판적 사회 존재론에 전적으로 적합하다. 비판 모드를 사회의 중심으로 옮기고, 불이익을 당하는 자들과의 연대를 멀리할 필요가 있다. 그 연대는 늘 그릇된 연대다. 그 연대는 우수한 교육을 받고 경제적으로 넉넉한 이론가들에게 여하튼 여전히 카를 마르크스의 편이라는 인상을 제공한다. 하지만 우리는 마르크스가 반철학자로 행동한 것은 그럴 만한 이유가 있어서였다는 점을 잊지 말아야 한다. 반철학자인 그는 (유복한 부르주아의 지위에서) 타인들이 세계를 변화시키는 것에 의존했다. 한편, 사회 존재론적 실재론은 부당한 현 상태에 대한 정당화가 아니라, 자신에 관하여 계몽된 비판적 입장, 자신이 사실적으로 사회적 시스템들에 참여하고 있음을 부정하지 않는 입장이다. 사회 존재론적 이론들이 역사적으로 특수한 생산 조건들 아래에서 발생한다는 것으로부터 (일부는 객관적으로 부당하므로 바뀌어야 하는) 사회적 사실들이 존재하지 않는다는 결론은 나오지 않는다. 나의 입장을 더 상세히 담은 문헌으로, *Wer wir sind und wer wir sein wollen* 참조.

34 내가 『엘파이스』의 아나 카르바호사Ana Carbajosa와 2019년 5월 1일에 한 인터뷰를 참조하라. "Silicon Valley y las redes sociales son unos grandes criminales", in: *El País* 15266 (2019), S. 35~36.

35 Martin Heidegger, *Einblick in das was ist. Bremer Vorträge 1949*, Frankfurt/M. 1994 (=GA 79), S. 30.

36 비록 과거에 대한 그리움이 역력한 어투를 사용하긴 하지만 부브너는 다음 문헌에서 현재 상황을 정확히 서술한다. Rüdiger Bubner, *Ästhetische Erfahrung*, Frankfurt/M. 1989, S. 150. 〈미디어 시대에는 어떤 내용이든지 그림으로 변환하여 대규모 군중 앞에 내보이고 군중을 공동 행위자로 끌어들이는 경향이 득세한다. 사회적 행위는 공연되는 행위가 되고, 주체들은 자신의 바람과 관심을 포즈Pose로 정형화한

다. 실재는 보편적으로 박수갈채를 받는 가상을 위하여 자신의 존재론적 존엄을 포기한다.〉

37 이런 이데올로기적 구조는 바뀔 수 있다. 그 구조의 수정은, 민주주의 법치 국가를 위한 인본주의적으로 계몽된 디지털 기반 시설이라는 목표를 지침으로 삼아서 이루어져야 할 것이다. 참된 디지털화 윤리는 이것을 촉구한다. Markus Gabriel, *Der Sinn des Denkens*, Berlin 2019, 또한 같은 시기에 유사한 전제들로부터 유사한 결과들에 도달하는 문헌으로 Julian Nida-Rümelin, Nathalie Weidenfeld, *Digitaler Humanismus. Eine Ethik für das Zeitalter der Künstlichen Intelligenz*, München 2018 참조.

38 이 사정을 집중적으로 다루는 걸작으로 Cornelius Castoriadis, *Gesellschaft als imaginäre Institution. Entwurf einer politischen Philosophie*, Frankfurt/M. 1984 참조. 또한 Jens Beckert, *Imaginierte Zukunft. Fiktionale Erwartungen und die Dynamik des Kapitalismus*, Berlin 2018 참조.

1부 허구 실재론

1 이런 제안이 예컨대 다음 문헌에서 등장한다. Tilmann Köppe, Tom Kindt, *Erzähltheorie. Eine Einführung*, Stuttgart 2014, S. 81. 꾸며 낸 항목들은 텍스트에 대하여, 또 사람들의 규칙에 따른 상상하기 활동으로부터 독립적인 실존을 가지지 않았다, 라는 주장에 나는 어느 정도 동의한다. 그러나 이 주장은 대폭 수정되어야 한다. 여러 이유 중 하나만 대자면, 예컨대 그레첸이 텍스트나 상상하기 활동에 의존한다는 것은 『파우스트』 안에서 당연히 거짓이기 때문이다. 반면에 세인즈버리의 정의 시도는 개선될 가망 없이 순환적이다. Sainsbury, *Fiction and Fictionalism*, S. 7.〈작품이 허구적이라fictional 함은,《꾸며 낸 것》이라고 간주되는, 바꿔 말해 확실히 꾸며 낼 의도로 생산한, 진술을 상당수 포함한 상호 연결된 진술들의 결과로 작품이 나왔다는 것이다.〉이 인용문은 유의미한 설명의 구실조차 못 할뿐더러 곧바로 세인즈버리를 터무니없는 견해들로 몰아간다. 예컨대 그는 신화를 허구로 취급할 수 없다.

2 Michel Houellebecq, *Karte und Gebiet. Roman*, Köln 2011.

3 또한 그렇다면 해당 허구로부터 독립적으로 성립하는 사실들만 제시하는 허구적 묘사는 더는 허구의 사례가 아니라 — 달리 무엇일 수 있겠는가? — 대단히 성공적인 사실 보고일 터이다. 따라서 허구는 꾸며 내지 않은 대상들에 관한 참된 진술들로만 이루어질 수는 없을 것이다.

4 다니엘 켈만은 이 대목에서 이런 질문을 던졌다. 예컨대 여행안내서는 한편으로 문학 작품으로 행세하는 듯하고 따라서 예술의 존재론을 건드리는데, 이런 여행안내서 장르는 어떻게 분류해야 할까? 나라면 이런 유형의 텍스트를 존재론적 잡종으로, 곧 혼합형으로 분류하겠다. 실제로 여행안내서에서 일부 대상들은 꾸며 낸 것이고 다른 대상들은 꾸며 낸 것이 아니다. 따라서 이런 텍스트 유형 전체는 허구적이지 않다. 설령 의도적으로 허구적인 부분을 포함하더라도 말이다.

5 이를 유의해야 하는데, 메타 해석적 대상을 연구하는 사람이, 미적 경험의 기존 역

사(학문적 해석자는 이 역사에 참여하고 있어야 한다) 덕분에 있는 해석적 대상을 시야에 두고 있지 않다면, 메타 해석적 대상에 접근할 길이 없다. 메타 해석적 대상에 이르는 접근로는 해석적 대상을 경유한다.

6 Bubner, *Ästhetische Erfahrung*, S. 151. 유사한 생각을 담은 문헌으로 Martin Seel, *Ästhetik des Erscheinens*, Berlin 2016, 44면 이하 참조.

7 이 사정을 표현하는 부브너의 명쾌한 문장을 *Ästhetische Erfahrung*, 35면에서 보라. ⟨미적 경험이 무엇을 경험하는가는 그 경험 안에서 또 그 경험을 통하여 구성된다. 따라서 저 경험의 내용이 무엇인가는 그 경험으로부터 독립적으로 객관화될 수 없다.⟩

8 놀이 공간은 역사적으로 열려 있으며, 작품이 더는 해석되지 않을 때에야 비로소 닫힐 수 있다. 따라서 예술 작품은 절대로 완전히 해석되지 않는다. 또 다른 해석이 항상 여전히 가능하다. 하지만 이 개방성으로부터 메타 해석적 자의성이 귀결되는 것은 절대로 아니다. 해석들의 다수성과 역사성은, 예술 작품과 미적 경험의 차원들에 대한 정신 과학적 탐구의 객관성과 양립할 수 있다. 어느새 고전으로 자리 잡은 논의로 Umberto Eco, *Das offene Kunstwerk*, Frankfurt/M. 1977 참조.

9 최근 연구들의 통상적 견해들을 조망하려면 Tilmann Köppe, Tobias Klauk (Hg.), *Fiktionalität. Ein interdisziplinäres Handbuch*, Berlin, Boston 2014 참조. 다음 문헌에 실려 어느새 고전으로 자리 잡은 논문들은 더 세분화된 주장들을 내놓는다. Dieter Henrich, Wolfgang Iser (Hg.), *Funktionen des Fiktiven*, München 1986.

10 예술의 허구적 묘사는 꾸며 낸 대상들을 포함한다. 그러나 그렇다고 해서, 어떤 명확한 허구성 신호들이 존재하고, 우리가 그것들을 필요 기준들이자 (다 합쳤을 때는) 충분 기준의 형태로 정리하여, 진실 주장을 담은 보고와 이야기를 구별하는 데 도움이 되는 어떤 정의로 변환할 수 있다는 뜻은 아니다. 이야기를 다룰 때는 관련 맺기 가능성 Referenzialisierbarkeit을 도외시해도 된다.

11 이런 의미에서 지금 펼치는 이론을, 에른스트 말리에게서 유래했으며 많이 논의된, 코드화enkodieren와 사례화exemplifizieren의 구별과 부분적으로 조화시킬 수 있을 것이다. 코드화와 사례화의 구별이라는 용어 자체는 에드워드 졸타에게서 유래했다. 전문적인 세부 사항을 보려면 Edward N. Zalta, *Abstract Objects. An Introduction to Axiomatic Metaphysics*, Dordrecht 1983 참조. 하지만 이 문헌은 부족한 점이 있다. 왜냐하면 속성-속성Eigenschaft-Eigenschaft을 다루지 않고, 단지 한 개념 아래에 속함의 의미만 수정하기 때문이다. 그러나 꾸며 낸 대상들은 우리에게 익숙한 속성들 중 어느 것도 지니지 않았으며 그 속성들을 코드화하지도 않는다. 이하 본문에서 펼칠 비존재론적 격리주의는 훨씬 더 나아간다. 그 입장은 꾸며 낸 놈을 엄격하게 또 빠짐없이 가상으로 간주하며, 가상을 존재로부터 멀리 떼어 놓는 오류를 범하지 않는다. 이런 표현을 써도 된다면, 가상은 존재 안의 존재Sein im Sein를 가진다.

12 Hans Blumenberg, *Theorie der Unbegrifflichkeit*, Frankfurt/M. 2007, S. 76.

13 꾸며 낸 것das Fiktive과 상상적인 것das Imaginäre을, 꾸며 내기의 본질은 ⟨놀이 공간을 열기⟩라는 생각을 통해 연결하는 볼프강 이저의 원대한 시도를 참조

하라. Wolfgang Iser, *Das Fiktive und das Imaginäre. Perspektiven literarischer Anthropologie*, Frankfurt/M. 2014. 다음은 이 문헌 302면 이하에서 따온 인용문이다. 〈꾸며 낸 것은 놀이 공간들을 엶으로써 상상적인 것에 형식을 강제하지만 또한 상상적인 것의 나타남을 위한 매체가 된다. 경계 넘기에서 발생하는 놀이 공간들은 비교적 비어 있기 때문에, 꾸며 낸 것은 상상적인 것을 활성화해야 한다. 이는 지향성을 통해 겨눠진 것이 상상적으로 채워질 수 있기 위해서다.〉

14 폴 버고지언은 정신 과학적 객관성의 세 번째 범주가 추가로 존재할 가능성을 나에게 일러 주었다. 사람들은 그 범주도 흔히 〈해석〉이라고 부르는데, 이 셋째 범주가 의미하는 바는, 풀이의 실행을 체계적으로 훈련한 다음에 분석적 풀이의 기술적 전문성을 탁월한 방식으로 표현하는(따라서 특별히 솜씨 있는) 해석(곧 상연)을 펼치는 것이다. 전문가가 단행본 형태로 내놓은, 고전에 새로운 빛을 비추는 새로운 모범적 고전 해석은 그런 사례일 터이다. 왜냐하면 그런 해석은 특히 잘 훈련된 상상력 발휘 형태들을 객관화된 모습으로 보여 주기 때문이다. 이 셋째 범주를 특히 성공적으로 구현한 작품의 예로 Pierre Bourdieu, *Manet. Eine symbolische Revolution*, Berlin 2015가 있다.

15 빈자리 개념에 관해서는 고전적인 문헌인 Wolfgang Iser, *Der implizite Leser. Kommunikationsformen des Romans von Bunyan bis Beckett*, München 1972, 또 같은 저자, *Der Akt des Lesens. Theorie ästhetischer Wirkung*, 2., durchgesehene und verbesserte Auflage, München 1984, 특히 301~315면 참조.

16 약간 여담 삼아 말하면, 바로 이 자기 규율에 문헌학 특유의 객관성이 있다. 니체는 문헌학의 미덕은 느리게 읽기를 가르치는 것이라고 전적으로 옳게 파악했다. Friedrich Nietzsche, *Kritische Studienausgabe*(=KSA), Berlin, New York 1985 참조. 특히 KSA, 3권, 17면을 보라. 〈과거에 문헌학자는 괜히 문헌학자였던 것이 아니며 어쩌면 지금도 마찬가지다. 무슨 말이냐면, 문헌학자는 느리게 읽기를 가르치는 선생이다. (……) 바꿔 말해 문헌학은 추종자에게 무엇보다도 이것 하나를 부탁하는 존경스러운 예술이다. 그 하나란, 가장자리로 물러나고, 시간 여유를 갖고, 고요해지고, 느려지라는 것이다. 문헌학은 단어를 다루는 금세공 기술이자 전문 지식으로서 참으로 섬세하고 조심스러운 노동을 해내야 하며 느리게 달성하지 않는다면 아무것도 달성하지 못한다. 하지만 바로 그렇기 때문에 문헌학은 오늘날 과거 어느 때보다 더 필요하며《노동》의 시대 한가운데에서 우리를 더없이 강하게 끌어당기고 매혹한다.《노동》의 시대란 조급함의 시대, 상스럽고 땀에 전 성급함의 시대, 모든 것에서 당장《볼일 다 보고 손 떼려》하는 시대, 모든 오래된 책들과 새로운 책들에서도《볼일 다 보고 손 떼려》하는 시대다.〉

17 이러한 해석 혹은 상연의 개념은 〈예술 작품의 존재 유형〉으로서의 〈묘사 Darstellung〉의 개념과 유사하다. 후자를 논하는 문헌으로 Hans-Georg Gadamer, *Wahrheit und Methode. Grundzüge einer philosophischen Hermeneutik*, Tübingen 1990, 121면 이하 참조. 거기에서 가다머는 〈실행Ausführung〉과 〈상연〉이 필수적이라고 논증한다. 나는 그가 이 숙고에서 도출하는 다음 주장에 동의한다. 〈주장 (……), 예

술의 존재를 미적 의식의 대상으로서 규정할 수 없다는 것. 왜냐하면 도리어 미적 행동은 그 행동이 스스로 아는 자신 그 이상이기 때문이다. 미적 행동은 묘사라는 존재 과정의 일부이며 본질적으로 놀이로서의 놀이에 속한다.)(같은 곳)

18 Markus Gabriel, *Le pouvoir de l'art*, Paris 2018, 그리고 많이 논의된 카를 하인츠 보러의 느닷없음에 대한 숙고는 *Plötzlichkeit. Zum Augenblick des ästhetischen Scheins*, Frankfurt/M. 1981 참조.

19 〈근원 텍스트〉라는 주제에 관한 데리다의 연구들에 대해서도 비슷한 이야기를 할 수 있다. 최근에 필리프 프라이타크는 그 연구들을 훌륭하게 재구성하여, *Die Rahmung des Hintergrunds. Untersuchungen über die Voraussetzungen von Sprachtheorien am Leitfaden der Debatten Derrida - Searle und Derrida - Habermas*, Frankfurt/M. 2019를 출판했다. 프라이타크는 데리다가 극단적으로 실재론적인 입장을 의미론과 해석학에서도 옹호하며, 따라서 하버마스와 설이 그린 데리다의 캐리커처는 데리다 본인과 일치하지 않음을 보여 준다. 하버마스와 설이 일으킨 데리다에 대한 최초 비판의 물결은 데리다의 텍스트에 대한 충분한 지식 없이 이루어졌음을 입증할 수 있다. 설과 하버마스는 데리다의 텍스트에 대한 자기네 몰이해를 그 텍스트의 이해 불가능성과 혼동한다. 이것은 널리 쓰이는 논쟁의 전술이지만, 실은 받아들일 여지가 없다. 텍스트를 이해하지 못한다면, 어떻게 그 텍스트의 저자가 오류와 실수를 저질렀다면서 비판할 수 있겠는가?

20 의미장 존재론SFO은 Gabriel, *Sinn und Existenz*에서 상세히 서술되었다. 여러 반론에 맞선 변론을 보려면 다음 문헌들에 담긴 토론을 참조하라. Buchheim (Hg.), *Jahrbuchkontroversen 2. Markus Gabriel: Neutraler Realismus*, 그리고 Gaitsch u. a. (Hg.), *Eine Diskussion mit Markus Gabriel*, 그리고 Bueno, Voosholz (Hg.), *Gabriel's New Realism*. 이 책에서는 의미장 존재론의 기본 개념들이 전제되거나 과거 설명들에 의존하지 않는 이해를 위하여 간략하게 설명된다.

21 따라서 〈사실주의Realismus〉로 분류되는 이야기 형태들도 예술의 가상 성격을 극복하지 못한다. 오히려 그것들은 말하자면 유령들을, 우리의 고유한 실재의 섬뜩한 망령들을 도입함으로써 예술의 가상 성격을 강화한다. 최근 문헌으로 예컨대 Elisabeth Strowick, *Gespenster des Realismus. Zur literarischen Wahrnehmung von Wirklichkeit*, Paderborn 2019 참조.

22 Saul A. Kripke, *Name und Notwendigkeit*, Frankfurt/M. 1980, S. 54~64.

23 대표적으로 Kit Fine, "The Question of Ontology", in: David Chalmers u. a. (Hg.), *Metametaphysics. New Essays on the Foundations of Ontology*, Oxford, New York 2009, S. 157~178, 그리고 Tuomas E. Tahko (Hg.), *Contemporary Aristotelian Metaphysics*, Cambridge 2012 참조.

24 이 기획에 대한 예리한 최종 평가는 Shamik Dasgupta, "Realism and the Absence of Value", in: *The Philosophical Review* 127/3 (2018), 279~322면 참조. 하지만 다스굽타의 입장은 반대쪽 극단, 곧 굿맨풍의 비실재론Irrealismus으로 넘어간다는 점

에서, 정당화되지 않은 교조적 방식으로 비판적 목표를 벗어난다. 왜냐하면 한편으로 환원주의적 방식으로 세계를 이루는 요소들의 목록을 작성하는 형이상학적 실재론과, 다른 한편으로 명제적 데이터 처리를 위해 대체로 임의로 술어들을 작성하는 작업 중 하나를 선택하는 것은 완전한 메타 형이상학적 양자택일과 거리가 한참 멀기 때문이다. 더 미묘하며 비트겐슈타인 및 퍼트넘의 견해와 연결된 논의는 Jocelyn Benoist, "Realismus ohne Metaphysik", in: Markus Gabriel (Hg.), *Der Neue Realismus*, Berlin 2016, 133~153면 참조. 마찬가지로 예리하게 ─ 형이상학적 실재론도 아니고 비실재론도 아닌 ─ 중도 입장의 논리적 형식을 서술한 문헌으로는 비교적 최근에 나온 고전인 Hilary Putnam, *Realism with a Human Face*, Cambridge/MA. 1992, 그리고 같은 저자, *Für eine Erneuerung der Philosophie*, Stuttgart 1997, 그리고 같은 저자, *The Threefold Cord. Mind, Body and World*, New York 1999, 그리고 같은 저자, *Ethics without Ontology*, Cambridge/MA. 2009 참조. 브누아에 대한, 그리고 그가 비트겐슈타인의 출발점을 활용하는 것에 대한 나 자신의 입장은 *Propos réalistes* 참조. 형이상학적 실재론에 맞선 퍼트넘의 모형 이론적 반론을 현재 상황에 맞게 재구성한 것을 보려면 Tim Button, *The Limits of Realism*, Oxford 2013 참조.

25 데니스 렘쿠는 나와 대화하면서 과학사에는 반대 경우도 있다고 지적했다. 즉, 꾸며낸 놈으로 여겨진 대상(예컨대 쿼크)이 존재하는 놈으로 밝혀진 경우도 있다고 말이다.

26 많이 논의된 오류 이론의 형식을 써서 도덕적 가치들을 이런 식으로 다룬 대표적 문헌으로 John L. Mackie, *Ethik. Die Erfindung des moralisch Richtigen und Falschen*, Stuttgart 1986 참조.

27 상세한 논의는 Gabriel, *Sinn und Existenz*, §6 참조. 입문서로는 Gabriel, *Warum es die Welt nicht gibt* 참조. 세계 없음 직관에 기초한 반론의 요점을 러셀의 이율배반의 한 변형으로 환원하여 간명하게 서술하는 문헌으로는 Hans Jürgen Pirner, *Virtuelle und mögliche Welten in Physik und Philosophie*, Berlin 2018, 305~309면 참조. 노무라 야스노리(野村泰紀)와 마찬가지로(노무라의 해석은 말로 들었음) 피르너는 그 반론에 기초한 존재론적 다원주의가 양자 물리학의 다수 세계 해석과 맥이 통한다고 풀이하는데, 이것은 추가 전제들 없이는 도출되지 않는 결론이며, 나는 이 결론에 반대한다. 이와 관련하여 Gabriel, *Die Wirklichkeit des Universums* 참조.

28 예컨대 「출애굽기」 22장 17절*에 관한 마르틴 루터의 유명하고 악명 높은 마녀 설교를 참조하라. 이 설교는 1526년 3월 11일에서 5월 6일 사이에 이루어졌고 요하네스 부겐하겐에 의해 현장에서 기록되었다. 설교문은 *D. Martin Luthers Werke* (=WA 16), Weimar 1899, 551~552면 참조.

29 비존재론적 격리주의에 따르면, 예수가 예수와 동일하지 않을 때만, 더 정확히 말해서 **성서 안의** 예수가 서아시아에서 활동했을 가능성이 있는 역사적 예수와 다를 때

---

* 「출애굽기」 22장 17절, 〈요술쟁이 여인은 살려 두지 못한다〉.(공동 번역 개정판)

만, 예수는 베다니아에서 실행하지 않은 기적을 **성서 안에서** 실행한다.

30 Gilbert Ryle, *The Concept of Mind*, London 2000, 24면에 나오는 다음과 같은 유명한 대목을 참조하라.〈한 논리적 어조tone로 정신이 실존한다고 말하고, 또 다른 논리적 어조로 몸이 실존한다고 말하는 것은 완벽하게 적절하다. 그러나 이 표현들은 서로 다른 두 종류의 실존을 가리키지 않는다. 왜냐하면《실존》은《색깔 있음》이나《성별 있음》같은 통칭 단어generic word가 아니기 때문이다. 위 표현들은《실존하다》의 서로 다른 두 가지 의미를 보여 준다. 이는《해수면이 상승하고 있다》와《희망이 상승하고 있다》,《평균 수명이 상승하고 있다》에서《상승》이 각각 다른 의미를 가진 것과 어느 정도 비슷하다. 세 가지가 지금 상승 중이라고, 즉 해수면, 희망, 평균 수명이 상승 중이라고 누가 말한다면, 사람들은 그가 썰렁한 농담을 한다고 생각할 것이다. 솟수들, 수요일들, 여론들, 해군들이 실존한다는 말, 또는 정신들과 몸들이 양쪽 다 실존한다는 말도 똑같은 수준으로 좋거나 나쁜 농담일 것이다.〉

31 이 문장은 캉탱 메이야수의 사변적 실재론을 두둔하는 듯하지만 실은 그렇지 않다. 왜냐하면 메이야수의 논증은 가능 세계들의 개념이 궁극적으로 정합적이라는 전제에 기반을 두기 때문이다. 그러나 메이야수 본인의 이론 전개에 따르더라도 그 개념은 정합적일 수 없다. 이 책 150~152면 참조.

32 더구나 엄밀히 따지면, 가능 세계라는 형이상학적 어휘를 허용하는 것은 용인될 수 없다. **유일무이한** (실재하는) 세계가 없다면, 단 하나의 가능 세계도 있을 리 없으니까 말이다. 따라서 의미장 존재론의 양상 장치Modalapparat는 가능성이 실재성의 변형이라는 견해를 일관되게 멀리하며 오히려 가능성을 의미 개념을 통해, 곧 주어진 의미장의 기본 조건과의 양립 가능성으로서 규정한다. 한 의미장의 (주어진) 실재 구조들은 놀이 공간을 확정하고, 그 놀이 공간은 가능성의 한도를 결정한다. Gabriel, *Sinn und Existenz*, §§9f., 그리고 같은 저자, "Was ist (die) Wirklichkeit?", in: 같은 저자, Malte Dominik Krüger (Hg.), *Was ist Wirklichkeit? Neuer Realismus und Hermeneutische Theologie*, Tübingen 2018, S. 63~118.

33 Julia Mehlich, "Kopernikanischer Salto. Über den neuen neutralen Realismus (Gedanken zum Vortrag von Markus Gabriel)", in: Markus Gabriel, *Метафизика или онтология? Нейтральный реализм*, Moskau 2017, 106~117면 참조. 또 Anton Friedrich Koch, *Hermeneutischer Realismus*, Tübingen 2016 참조.

34 이 허구주의는 같은 이름으로 현재 유통되는 의미론적 입장들과 당연히 다르다. 비록 개념적 근친성은 있더라도 말이다. 1980년대에 하트리 필드의 저서, *Science without Numbers. A Defence of Nominalism*, Oxford 2016의 출판을 계기로 많은 저자들이 물꼬를 튼 비교적 최근의 논쟁에서 허구주의는 통상적으로 담론 이론으로 간주된다. 주어진 대상 영역(수들, 가능 세계들, 도덕적 가치들, 자연 과학적 사실들 등)과 관련하여, 이 영역에 관한 진술들은 (1) 말 그대로 받아들여야 한다. 혹은 그 진술들은 (2) 다들 인정하듯이 곧이곧대로 받아들이면 거짓이지만 (3) 실용적으로 유용한 기능을 가졌으므로 담론을 포기할 이유가 없다. 또 다른 추가 견해에 따르면, 담론의 구조

가 이야기 패턴을 작동시킨다. 이 논쟁 지형을 조망하려면 Frederick Kroon u. a. (Hg.), *A Critical Introduction to Fictionalism*, London, New York 2019 참조. 또한 Mark Eli Kalderon (Hg.), *Fictionalism in Metaphysics*, Oxford, New York 2005 참조. 허구적 대상들과 가능 세계들을 주제로 다루는 문헌으로는 또한 Sainsbury, *Fiction and Fictionalism*. 입문서의 성격을 띠었으며 명시적으로 파이힝어의 입장과 대결하는 문헌으로 Kwame Anthony Appiah, *As If. Idealization and Ideals*, Cambridge/MA., London 2017 참조.

35 총체성에 깃든 이율배반을 양진주의적으로 취급한 전망에 관해서는 Graham Priest, *Beyond the Limits of Thought*, Oxford, New York 2002 참조.

36 Gabriel, Priest, *Everything and Nothing* 참조. 나는 그레이엄 프리스트가 2019년 6월에 노르트라인베스트팔렌주 국제 철학 센터에서 객원 교수로 머물며 광범위한 토론에 임해 준 것에 감사한다. 그 토론의 원래 계기는 그가 2017년 11월 9일에 본 대학교에서 행한 에른스트 로베르트 쿠르티우스 강연이었다.

37 그 대안들을 조망하고 정통 비존재론에 대한 변호를 시도하는 문헌으로 Giorgio Lando, *Mereology. A Philosophical Introduction*, London, New York 2018.

38 프리스트를 비롯한 신마이농주의자가 감당해야 할 사정은 더 복잡하다. 왜냐하면 그는 실존하는 허구적 대상들을 가능 세계들로(그곳들에서 그 대상들은 실존이라는 속성을 가진다. 즉, 그 대상들은 그곳들에 인과적으로 편입되어 있다) 추방하기 때문이다. 이렇게 되면 실재한다고 받아들여지는 세계, 가정에 따라 우리가 속한 세계의 개별화에 난점이 생긴다. 이 개별화 때문에 우리는 런던에서 셜록 홈스와 절대로 마주치지 않는데 말이다. 이 문제에 대해서도 Gabriel, "Was ist (die) Wirklichkeit?" 참조.

39 신마이농주의가 결국 의도를 거슬러 논리적으로 폭발하느냐, 곧 진짜 모순들을 너무 많이 허용하느냐 하는 질문에 관한 토론을 보려면 Otávio Bueno, Edward N. Zalta, "Object Theory and Modal Meinongianism", in: *Australasian Journal of Philosophy* 95/4 (2017), 761~778면 참조. 또한 토론의 길잡이 역할을 하는 논문집으로 Graham Priest u. a. (Hg.), *The Law of Non-Contradiction. New Philosophical Essays*, Oxford, New York 2004 참조.

40 모범적으로 상세한 논의는 Anthony Everett, *The Nonexistent*, Oxford, New York 2013 참조. 이 문헌에서 에버렛은 영향력이 큰 켄들 월턴의 마치-처럼 이론 Als-ob-Theorie에 의존한다. 이 이론을 상세히 서술한 문헌으로는 Kendall Walton, *Mimesis as Make-Believe. On the Foundation of the Representational Arts*, Cambridge/MA. 1990.

41 모범적 문헌으로 Peter van Inwagen, "Fiction and Metaphysics", in: *Philosophy and Literature* 7/1 (1983), 67~77면, 그리고 같은 저자, "Creatures of Fiction", in: *American Philosophical Quartely* 14/4 (1977), 또 같은 저자, "Existence, Ontological Commitment, and Fictional Entities", in: *Existence. Essays in Ontology*, Cambridge 2014, 87~115면, 그리고 Amie L. Thomasson, *Fiction and Metaphysics*, Cambridge

1999, 또 같은 저자, *Ontology Made Easy*, Oxford 2015 참조.

42 John R. Searle, "The Logical Status of Fictional Discourse", in: *New Literary History* 6/2 (1975), S. 319~332.

43 월턴의 입장을 서사학적 탐구 및 심리학적 탐구와 연결하고 그런 식으로 가식(假飾) 이론을 상상력 이론과 결합하려는 흥미로운 제안들로 예컨대 Everett, *The Nonexistent*, 6~37면, 그리고 Derek Matravers, *Fiction and Narrative*, Oxford 2014, 7~21면 참조.

44 Jody Azzouni, *Talking about Nothing. Numbers, Hallucinations and Fiction*, Oxford 2010, 110~150면 참조.

45 Jody Azzouni, *Tracking Reason. Proof, Consequence and Truth*, Oxford 2006, 9~116면 참조.

46 이 문제에 대해서는 Antony Everett, "Against Fictional Realism", in: *The Journal of Philosophy* 102/12 (2005), 624~649면 참조. 반론을 담은 문헌으로는 Benjamin Schnieder, Tatjana von Solodkoff, "In Defense of Fictional Realism", in: *Philosophical Quarterly* 59, 138~149면 참조. 에버렛의 논증들을 슈나이더와 폰 솔로 트코프에 맞서 방어하는 문헌으로는 Ben Caplan, Cathleen Muller, "Against a Defense of Fictional Realism", in: *Philosophical Quarterly* 64 (2014), 211~224면 참조.

47 일반적으로 의미장 내장Sinnfeldeinbettung이 뜻하는 바는, 의미장 S^2의 대상들이 의미장 S^1 안에서 나타나려면, 반드시 그 대상들이 S^1 안에 있는 S^2 안에서 나타나야 한다는 것이다.

48 Gabriel, *Warum es die Welt nicht gibt*, S. 114.

49 설정 기능으로서의 의미 개념은 Gabriel, "Der Neue Realismus zwischen Konstruktion und Wirklichkeit" 참조.

50 의미장 존재론이 인과 이론들과 맺는 관계, 특히 우주가 자연 과학들의 대상 영역으로서 인과적 특권을 지녔는가, 라는 질문과 의미장 존재론이 맺는 관계는 아직 확실히 규명되지 않았다. 그러므로 이 대목에서 나는 우주가 얼마나 정확히 자신의 의미장 환경 안에 내장되어 있는가, 또 어떤 유형의 비물리적 대상들이 직간접으로 우주에 인과적으로 개입하는가, 라는 질문에 대한 판단을 유보한다. 관련 토론을 보려면 Gabriel, Voosholz (Hg.), *Top-Down Causation and Emergence*, 또 같은 책에 실린 Ellis, Gabriel, "Physical, Logical, and Mental Top-Down Effects" 참조. 더 상세한 논의는 Gabriel, *Die Wirklichkeit des Universums* 참조. 아무튼 나는, 사건 조건들 아래에서는, 곧 시간적 과정들이 주제인 경우에는 인과율이 충분 근거율로 환원될 수 있다고, 바꿔 말해 주어진 사건의 발생을 위한 필요조건들을 다 합치면 충분조건이라는 사정에 맞게 인과성이 평가된다고 간주한다. 이 입장은, 단지 인식적이지 않고 존재적인 수준의 확률적 본성을 지닌 비결정론적 시스템들이 있다는 것(이것은 특히 양자 역학의 귀결이다)과 양립 가능하다. 충분 근거율이 주장하는 바는, 이상적인 관찰자에게는 모든 사건이 예측 가능하다는 것이 아니라, 단지 주어진 사건 각각에 대하여 (사후적으로) 그

사건의 발생을 위한 필요조건들을 제시할 수 있으며, 그 조건들을 다 합치면 사실상 충분조건이라는 것이다. 이를 자유 의지에 관한 토론의 맥락에서 다룬 문헌으로 Gabriel, *Ich ist nicht Gehirn*, 263~316면 참조.

51 Andreas Kablitz, *Kunst des Möglichen. Theorie der Literatur*, Freiburg/Br. u. a. 2013, 149~219면 참조. 한마디 덧붙이자면, 문학 텍스트는 〈독자가 독서 중에 세계에 관한 자신의 지식을 활용한다는 것을 전제한다. 이는 모든 진영에서 인정하는 서사학의 발견이다. 요컨대 독서 중에 현실 세계의 백과사전이 허구적인 세계 안으로 수입된다〉(Fotis Jannidis, *Figur und Person. Beitrag zu einer historischen Narratologie*, Berlin, New York 2004, S. 176). 당연히 이 사정을 의미장 존재론에서 다르게 표현할 수 있다. 이 사정에 대응하는 의미장 존재론적 사정은, 작품을 계기로 미적 경험을 하고 작품에 등장하는 인물들을 상연으로 이끌기 위하여 우리가 우리 의미장에서 사실인 것에 관한 지식을 이용한다는 것이다.

52 그러면, 하이데거의 어휘를 쓰자면, 미적 세계는 이해할 수 없는 흙Erde이 될 것이다. 하이데거는 자신의 틀 안에서 적절하게 예술 작품을 〈세계와 흙의 싸움〉으로 간주한다. Martin Heidegger, "Der Ursprung des Kunstwerks", in: *Holzwege*, Frankfurt/M. 1977(=GA 5), 1~74면 참조. 위 인용 문구는 35면. 흙 개념과 그것의 헤겔과 후설에서의 전사(前史)를 재구성한 문헌으로 Tobias Keiling, "Of the Earth: Heidegger's Philosophy and the Art of Andy Goldsworthy", in: *Journal of Aesthetics and Phenomenology* 4/2 (2017), 125~138면 참조.

53 정언적 표준 형태의 미적 판단은 꾸며 낸 대상에 속성들을 부여한다. 이 과정은 명시적으로 명제적 코드로, 곧 언어적으로 명확히 발설된 코드로 진행되는 것이 아니라 꾸며 낸 대상들이 그 안에서 상연되는 매체인 상상력 안에서 진행된다. 이 사정은 상상하는 읽기 체험에서 모범적으로 드러난다. 독자는 예컨대 자신이 드라마 속 인물을 어떻게 상상하는지 알림으로써 상상하는 읽기 체험에 관하여 보고할 수 있다.

54 모든 이야기하기나 정합성 구성이 꾸며 낸 대상들을 다루는 것은 아니다. 사실 보고도 이야기 형태를 띨 수 있으며, 스타일의 측면에서 꾸며 낸 대상들을 포함한 허구에 알맞은 정합성 구성을 요구할 수 있다.

55 근래의 관련 문헌으로 Michael N. Forster, *Herder's Philosophy*, Oxford 2018, 또 슐라이어마허를 논의의 출발점으로 삼은 만프레트 프랑크의 고전적인 연구서 *Das individuelle Allgemeine. Textstrukturierung und -interpretation nach Schleiermacher*, Frankfurt/M. 1985 참조. 모든 개별성은 일반적인 틀과 함께 있다. 주어진 예술 작품의 수용자들은 그 틀을 공유한다. 그 틀은 공연 관행과 미적 경험 훈련을 통해 모양이 잡힌다. 따라서 내친김에 덧붙이자면, 인간 동물들이 특정한 (신경 미학적으로 해독 가능한) 시스템을 지녔다는 것으로 그 틀을 환원할 수는 없다. 신경 미학은 기껏해야 한 예술 작품의 일반적인 수용 틀의 일부만 서술할 수 있으며, (온 예술 작품은 말할 것도 없고) 예술 작품은 절대로 서술할 수 없다.

56 작품이 수용자를 향해 내뿜어지는 것이 수용이라는 취지의 수용 개념에 대해서

는 Gabriel, *Le pouvoir de l'art* 참조.

57 이 대목에서 나는 대체로 Kablitz, *Kunst des Möglichen*을 따른다. 특히 나는 카블리츠가 허구 계약Fiktionsvertrag을 이해하는 방식에 찬성한다. 그 이해 방식에 따르면, 〈허구적인 말의 고유한 특징은, 그 말이 사실적 사정에 관하여 발언해야 한다는 책임으로부터 벗어나 있다는 점이다〉(같은 곳, 154면). 〈허구성은, 바꿔 말해 유명한 허구 계약은 텍스트를 다른 경우에는 유효한 책임으로부터, 곧 텍스트의 서술 내용이 진실을 표현해야 한다는 책임으로부터 해방한다.〉(같은 곳, 166면) 그러나 카블리츠가 이 견해를 자신의 (내가 결코 동의하지 않는) 〈단일 세계 의미론Eine-Welt-Semantik〉과 어떻게 조화시킬지 나는 모르겠다. 그 의미론에 따르면 〈모든 허구적 발언도, 그 발언이 우리가 익히 아는 주어진 세계를 명시적으로 변형하지 않는 한에서, 항상 그 세계와 관련 맺는다〉(같은 곳, 175면). 바로 이 견해에 대한 반론이 이 책에서 펼쳐진다.

58 Andreas Kablitz, *Der Zauberberg. Die Zergliederung der Welt*, Heidelberg 2017 참조.

59 이런 연유로 미적 경험과 작품을 분리하는, 순수한 수용 미학의 한 버전은 실패로 돌아간다. 그 분리를 위해 이 수용 미학은 특히 부브너의 이론에서 칸트를 모범으로 삼는데, 이는 이 수용 미학의 첫째 거짓말πρῶτον ψεῦδος이다. 이런 의미를 담아 부브너는 다음과 같이 단언한다. 〈미적 경험이 경험하는 바는 다름 아니라 경험 안에서 경험을 통해 구성된다. 따라서 경험으로부터 독립적으로, 이를테면 작품 안에서, 저 경험의 내용이 무엇인지가 객관화될 수 없다.〉(Bubner, *Ästhetische Erfahrung*, S. 35) 또한 콘스탄츠 수용 미학의 기조를 부브너가 보기에 모범적으로 담은 문헌으로 특히 Hans Robert Jauss, *Ästhetische Erfahrung und literarische Hermeneutik*, Frankfurt/M. 1982 참조. 여기에서 부브너는 스스로 진단한 〈생활 세계의 미학화〉의 희생자가 되는 것으로 보인다. 왜냐하면 그는 마치 어떤 대상이라도 미적 경험의 유발자일 수 있는 것처럼 자신의 이론을 구성하기 때문이다.

60 제시되는 관련 연도들은 시리즈의 개별 시즌마다 다르다. 그리하여 시리즈는 원작 영화의 주제를 시리즈 형식에 어울리게 바꾼다. 이 변형은 당연히 상호 텍스트성 Intertextualität의 수준에서 귀결들을 가진다. 상호 텍스트성은 다른 곳에서도 다양한 장르들 — 영화와 시리즈 — 을 대화하게 만든다. 이 세부 사항을 여기에서 분석한다면 논의가 존재론적 탐구를 너무 멀리 벗어나게 될 것이다.

61 한마디 보태자면, 어원적으로 〈진실한〉은 (라틴어 verum에서처럼) ὁρᾶν과, 즉 직접 보기와 관련이 있다. 진실한 놈은 명백히 보이는 놈이다.

62 예언Mantik과 해석학의 관련성을 다룬 문헌으로는 Wolfram Hogrebe, *Metaphysik und Mantik. Die Deutungsnatur des Menschen (Système orphique de Iéna)*, Frankfurt/M. 1992 참조. 다른 글에서 나는 히치콕의 「새」의 물질성을 이 관점에서 풀이했다. 그 영화에 등장하는 새들은, 잘 알려져 있듯이, 일부만 진짜 새들을 촬영한 것이다. 히치콕은 영화의 물질적 차원에서 다양한 의미 층들을 융합하고, 그 층들은 상상 속에서 교차하면서 하나의 통일된 서술로 개작된다. Markus Gabriel, "The Bird's

Eye View. Ornithology and Ontology in Hitchcock's *The Birds*", in: Christine Reeh u. a. (Hg.), *The Real of Reality. The Realist Turn in Contemporary Film Theory*, Leiden, Boston 2020(근간) 참조.

63 바슬러는 켈만이 대중적 사실주의 범주 안에 머무는 작가라고 평가하면서 결국 그 사실주의를 깎아내리지만, 나는 바슬러의 평가에 동의하지 않는다. 바슬러는 다음 문헌에서 대중적 사실주의를 서술한다. Moritz Baßler, "Populärer Realismus", in: Roger Lüdeke (Hg.), *Kommunikation im Populären. Interdisziplinäre Perspektiven auf ein ganzheitliches Phänomen*, Bielefeld 2011, S. 91~103.

64 Daniel Kehlmann, *F. Roman*, Hamburg 2014, S. 7.

65 같은 책, 7면. 베르나르 제니에스는 자율에 관한 신실재론의 견해가 허구적 지칭의 논리적 형식으로서의 **이야기 속 이야기**에 의지한다고 옳게 강조한다. Bernard Géniès, "Préface", in: Gabriel, *Le Pouvoir de l'art*, S. 7~11.

66 Kehlmann, *F.*, S. 85.

67 같은 곳, 85면 이하.

68 같은 곳, 87면.

69 같은 곳, 88면.

70 같은 곳, 89면.

71 Fernando Pessoa, *Das Buch der Unruhe des Hilfsbuchhalters Bernardo Soares*, Zürich 2010, 660면 이하.

72 언어적 의미는 결국 항상 불명확성에 기반을 둔다는 것, 그리고 그 불명확성을 제거할 수 없으며, 따라서 철저한 특정이라는 그릇된 이상을 통해서도 극복할 수 없다는 것을 예리하게 보여 주는 문헌으로 Stephen Schiffer, *The Things We Mean*, Oxford 2003 참조.

73 van Inwagen, "Creatures of Fiction" 참조.

74 이 수용 미학적 개념에 관해서는 Thomas Szlezák, *Platon und die Schriftlichkeit der Philosophie*, Berlin 1985 참조. 그런데 슬레자크는 플라톤의 대화편들이 허구적 요소들을 지녔으며 따라서 비허구적인 〈기록되지 않은 가르침ungeschriebene Lehre〉 모형에 따라 간단히 재구성될 수 없다는 점을 간과한다. 당장 떠오르는 이유 하나만 대자면, 왜냐하면 대화편들의 등장인물 중 다수가 텍스트 바깥에는 실존하지 않거나, 적어도 그들이 비유적으로 발언자 역할을 맡아 자신에게 할당된 입장을 옹호하는 대목이 등장하는 텍스트들 바깥에는 실존하지 않기 때문이다. 슬레자크는 플라톤 대화편들의 허구성을 도외시한다. 또한 그는 플라톤이 자신의 인물들에게 예술 비판을 시키면 자기 지칭이라는 존재론적 문제들이 발생한다는 점을 간과한다. 이 자기 지칭 문제는 그 텍스트들을 그것들에 선행하는 진실을 직간접으로 언급하는 작품들로 간주하지 말아야 함을 보여 준다.

75 고전적인 대목으로 Gadamer, *Wahrheit und Methode*, 305~312면 참조. 거기에서 가다머는 문화를 과거 규명의 출발점으로 삼을 수 있는 닫힌 지평으로 간주하는 것

에 명시적으로 반대한다. 바로 그런 〈문화권〉 개념은 해석학적 상황Situation 개념과 양립할 수 없다. 〈개인은 결코 개인이 아니다. 왜냐하면 개인은 항상 이미 타인들과 어울려 지내기 때문이다. 마찬가지로 한 문화를 둘러싼 닫힌 지평선도 추상이다. 인간적 현존의 역사적 변동성이란 인간 현존이 장소에 절대적으로 구속되지 않는다는 것, 따라서 진정한 닫힌 지평을 결코 가지지 않는다는 것이다. 지평은 오히려 그 안으로 우리가 들어가 돌아다니는 무언가, 우리와 함께 돌아다니는 무언가다. 운동하는 놈이 보기에 지평은 이동한다.〉(같은 책, 309면) 한마디 덧붙이자면, 토마스 슬레자크도 이것을 간과한다. 그는 *Was Europa den Griechen verdankt. Von den Grundlagen unserer Kultur in der griechischen Antike*, Tübingen 2010에서 무비판적으로 〈그리스인〉의 전형과 〈유럽〉의 전형을 다룬다.

76 그렇다면 파우스트와 그레첸은 역사적geschichtliche 대상들이다. 바꿔 말해 그들은 본질적으로 역사들Geschichten 안에 등장하는 대상들이며, 그들의 정합성은 상상력의 차원에서 생겨난다. 내친김에 말하면, 인물의 동일성에 관한 서사 이론의 오류는, 해석적 대상들의 이 같은 속성을 우리의 주체성에 귀속시키는 것이다. 물론 우리는 우리 자신에게 우리 자신의 역사를 들려주지만, 우리는 이 역사와 동일하지 않다. 나는 이를 2부에서 상세히 논할 것이다.

77 가다머를 반실재론자로 잘못 독해한 문헌으로 Hans Joachim Krämer, *Kritik der Hermeneutik. Interpretationsphilosophie und Realismus*, München 2007 참조. 나는 크레머의 반(反)실재론 비판에 동의하지만 그의 가다머 풀이에는 동의하지 않는다. 내가 보기에 가다머의 진실 이론Wahrheitstheorie은 반실재론적이지 않고 맥락주의적이다. 왜냐하면 그는, 진술의 의미는(따라서 진릿값도), 역사적으로 가변적이며 결코 완전히 굽어볼 수 없는 (그 진술이 등장하는) 발언 맥락Äußerungszusammenhang 안에서만 설명 가능하다고 옳게 지적하기 때문이다. Hans-Georg Gadamer, "Was ist Wahrheit?", in: *Gesammelte Werke*, Band 2, Tübingen 1993, 44~56면 참조. 한마디 보태면, 『진리와 방법』*의 주요 주장 하나는 예술이 〈인식〉이라는 것, 바꿔 말해 〈진실의 전달〉이라는 것이다. 이런 의미에서 가다머가 해석학적 실재론자라는 점은 의문의 여지가 없어야 마땅하다(*Wahrheit und Methode*, S. 103. 해석학적 허무주의와 주관주의에 대한 토론과 반박을 보려면 같은 책, 100~103면 참조).

78 여기에서도 Eco, *Das offene Kunstwerk*, 그리고 같은 저자, *Die Grenzen der Interpretation*, München 1995 참조.

79 가다머가 저자의 의도를 추방했다는 널리 퍼진 전설에 맞서 여기에서는 다만 *Wahrheit und Methode*, 411면 이하를 지목하겠다. 거기에서 가다머는 플라톤의 의도들을 거론하고 그것들을 설명하려 한다. 또는 14면과 59면 이하를 참조하라. 여기에서 가다머는 풀이 오류들에 맞서 칸트의 의도들을 변호한다. 혹은 다음 인용문 같은 대목을 보라. 〈설령 영국 경험주의와 자연 과학의 인식론이 처음에 딜타이에게 미친 아주 큰

* 이 번역서의 어법에 맞게 제목을 고치면 〈진실과 방법〉.

영향을 그의 참된 의도들을 모호하게 만드는 요소로 간주하여 그 영향을 배제하더라
도, 이 의도들을 통일되게 파악하기는 그리 쉽지 않다. 게오르크 미슈는 이 방향에서 본
질적인 한 걸음을 내디뎠다.〉(222면) 〈intentio auctoris(저자의 의도)〉라는 표현은『진
리와 방법』에서 딱 한 번, 클라데니우스Chladenius를 언급하는 대목에서 인용문으로
등장한다. 결론적으로 가다머가 저자의 의도를 추방했다는 전설은 틀렸다. 오히려 그
는 한 풀이를 다른 풀이와 대비하면서 부각하기 위하여 저자의 의도를 계속 이용한다.

80 가다머가 상대주의자라는 널리 퍼진 비난에 맞서 가다머의 입장을 변호하는 데
이비드 웨버먼의 논문도 참조하라. David Weberman, "A New Defense of Gadamer's
Hermeneutics", in: *Philosophy and Phenomenological Research* 60/1 (2000), S.
45~65.

81 이런 일은 작품 생산에서 흔히 발생한다. 왜냐하면 예술가는 의도한 작품의 첫
버전을 즉각 공개하지 않기 때문이다. 대신에 예술가는 자신이 제작한 물질적 장치
Dispositiv를 계기로 발생하는 미적 경험을 통해, 어떤 실제 작품을 타인들의 미적 경
험의 계기로서 제공할 것인지 결정한다. 예술가는 작품 공개에 앞서, 생겨나는 중인 물
질적 구조의 부분들을 예술가 자신 안에서 발생하는 미적 경험에 비추어 평가한다. 하
지만 이를 유의해야 하는데, 이 평가 작업을 통해 예술가는 이론적 전문가(인식적 권위
자)가 되는 것이 아니라 작품의 저자가 된다.

82『순수 이성 비판』B판 278면 이하 참조. 이런 식으로 미적 실재론의 정당화를 위
해 환상 제한이라는 일반 개념을 끌어들인다는 발상을 나는 볼프람 호그레베와의 대화
에서 얻었다. 또한『순수 이성 비판』A 770/B 798 참조. 〈예컨대 상상력이 열광에 빠지
지 않고 이성의 엄격한 감독 아래 시를 지어야 할 경우, 꾸며 낸 것이 아니며(혹은 한낱
견해가 아니며) 전적으로 확실한 무언가가 항상 더 먼저 있어야 한다. 그리고 이 무언가
는 대상의 가능성이다.〉

83 Gabriel, "Was ist (die) Wirklichkeit?" 참조. 이 문헌은 Gabriel, *Sinn und
Existenz*, §§9~10과 비교할 때 부분적으로 진로가 수정되었다.

84 〈환각〉이라는 개념 아래 논의되는 현상은 다르게 이해해야 한다. 환각이란 실존
하는 대상이 없는 상상(내용)이라는 철학적 견해는 거부되어야 한다. 실제로 발생하는
환각은 대상을 가진다. 그 대상이 인과적으로 환각을 일으킨다.

85 훌륭한 개관을 제공하는 문헌으로 Frank Zipfel, *Fiktion, Fiktivität,
Fiktionalität. Analysen zur Fiktion in der Literatur und zum Fiktionsbegriff in der
Literaturwissenschaft*, Berlin 2001 참조.

86 이에 맞선 입장으로, 고트프리트 가브리엘의 질문을 기반으로 삼은 〈탈존재론화
Entontologisierung〉(10면) 전략을 보려면 Gottfried Gabriel, *Fiktion und Wahrheit.
Eine semantische Theorie der Literatur*, Stuttgart–Bad Cannstatt 1975 참조. 가브리
엘은 허구적 담화Rede의 지칭(관련 맺기) 능력 결여에 관한 자신의 의미론적 주장을
가지고 〈허구적 대상들에 관한 담화의 제거 가능성〉(38면)을 추구한다. 그러나 그의 접
근법은 곧바로 그 자신의 발언 조건들에 걸려 좌초한다. 왜냐하면 그는 〈페가수스는 실

존하지 않는다〉라는 비허구적 진술을, 페가수스에 관한 진술로 이해하는 것이 아니라 〈페가수스〉의 사용에 관한 진술로 이해하기 때문이다. 따라서 가브리엘은 〈페가수스는 실존하지 않는다〉라는 진술을 분석하여 제거하면서 《페가수스》는 지칭 능력이 없다〉 형태의 진술로 대체해야 한다. 이 작업은 극복할 수 없는 의미론적 - 존재론적 난점들로 이어질 뿐 아니라(중요한 난점 하나만 지적하자면, 이런 식으로는 일반적인 비실존 문제를 건드릴 수조차 없다), 특히 이를 유념해야 하는데, 내가 이 책에서 〈상연〉 혹은 〈해석〉이라고 칭하는 문학 텍스트 〈읽기 체험〉은 〈환상 현상Phänomen der Illusion〉이라는 터무니없는 귀결을 가져온다. 가브리엘은 심지어 그 〈환상 현상〉을 〈성공적인 소설 읽기의 필요조건〉(81면)으로도 간주하지 않는다. 어떻게 우리가 무언가를 상상하지 않으면서도(이를테면 인디애나 존스의 모험들에 동참하지 않으면서도) 문학 텍스트나 연극 또는 영화를 아무튼 이해할 수 있다는 것인지, 나로서는 이해할 수 없는 수수께끼다. 의미론적 명령들을 내림으로써 예술 작품의 해석학과 존재론을 피해 갈 수는 없다. 가브리엘의 의미론적 명령들은 탈존재론화를 일으키긴 하지만, 그 대가는 정작 다뤄야 할 현상을 부인하는 것이다. 이것은 성공적인 이론 구성이 아니라 과도한 존재론적 제거다. 반대 견해로 Iser, *Der Akt des Lesens*, 3장 참조. 이 문헌에서 이저는 〈삶의 현상학Phänomenologie des Lesens〉을 펼친다.

87 여기에서도 Kripke, *Name und Notwendigkeit*, 54~64면 참조.

88 당연히 Walton, *Mimesis as Make-Believe* 참조. 월턴의 지적에 따르면, 허구 놀이의 참가자들도 그들의 행위들과 더불어 허구의 대상들의 영역에서 등장할 수 있다. 월턴은 이를 〈회귀적 소품들reflexive props〉이라고 칭한다(210~213면). 특히 그는 해석자의 관점이 상상력의 활동 덕분에 작동함을 알아챘다. 독자가 자신의 비허구적 의미장 안에는 실존하지 않는 무언가를 다루는 문서 작성 현장에 참석한 사람으로 자신을 상상하는 덕분에 해석자의 관점이 작동한다는 것이다. 이런 식으로 독자는 회귀적 소품으로서 그 자신의 관점에서는 창작 현장 참석자다. 월턴은 이를 213~220면에서 상세히 논한다. 월턴은 당연히 간과하지만, 이 입장은 놀이로서의 예술 작품을 다루는 가다머의 존재론에서 훨씬 더 깊은 분석과 더불어 세부까지 이미 완성되었다. Gadamer, *Wahrheit und Methode*, 107~174면, 특히 121~123면 참조.

89 유념해야 할 특이 사례는 예술가가 예술 작품을 홀로 딱 한 번 상연하고 타인에게 영영 알리지 않는 경우다. 이런 경우는 자주 발생한다. 왜냐하면 예술가는 창작 과정에서 초기의 스케치나 멜로디를 내버리거나 하는 경우가 많기 때문이다. 악보 제작은 오로지 예술가가 그 과정에서 미적 경험을 하기 때문에 이루어진다. 그 미적 경험은 가능한 공개를 실험해 보는 작업의 구실을 한다. 공개는 해석적 다원성을 생산하며, 예술가는 작품이 태어나는 단계에서 그 다원성을 억누를 수 있다. 이것이 악보 생산자의 특별 지위이며, 이 지위 덕분에 악보 생산자는 익명의 생산 구경꾼, 곧 매개자에 불과하지 않고 최선의 경우에는 천재, 곧 종결 불가능하게 늘 새로 해석해야 할 작품의 생산자다. 천재 속성을 지닌 작품을 접한 사람들은 더는 그 작품에서 벗어나지 못한다. 천재 개념에 대한 존재론적 풀이를 보려면 Philipp Heßeler, *Grundlose Gestaltung*.

Kunstphilosophische Überlegungen zu Schelling und Mondrian, Paderborn 2017 참조.

90 여기에서도 카블리츠의 *Kunst des Möglichen*에 나오는 정합성 구성의 개념을 참조하라.

91 이 대목에서 존재론적이며 인과적인 되먹임 효과가 발생한다. 독자가 소설을 읽으면서 파리를 어떻게 상상하는지는 여러 귀결 가운데 파리가 실제로 어떠한지에 관한 귀결도 가진다. 파리와 베네치아처럼 수많은 예술 작품에서 다뤄진 환경은, 실제 환경과 유사한 환경(이를테면 프루스트의 『잃어버린 시간을 찾아서』 안의 파리나 토마스 만의 『베네치아에서의 죽음』 안의 베네치아)에 대한 미적 경험을 축적한 개인들이 파리를 이루는 의미장들에 개입하는 것을 통하여 끊임없이 조형된다. 이 사정은 예술의 존재론적 격리를 무력화하지 않는다. 왜냐하면 이 사정은 오히려 의미장들 사이의 인과 관계로 모형화될 수 있기 때문이다. 서로 격리된 대상들이 이 사정을 통해 인과적으로 상호 작용하는 일은 발생하지 않는다.

92 피에르 부르디외는 다음 문헌들에서 예술 사회학을 모범적으로 보여 준다. Pierre Bourdieu, *Die feinen Unterschiede. Kritik der gesellschaftlichen Urteilskraft*, Frankfurt/M. 1987, 그리고 같은 저자, *Die Regeln der Kunst. Genese und Struktur des literarischen Felds*, Frankfurt/M. 2001.

93 Hogrebe, *Der implizite Mensch*; 같은 저자, *Philosophischer Surrealismus* 참조.

94 Gabriel, "Was ist (die) Wirklichkeit?" 참조.

95 이로써 파우스트와 그레첸이 결합한 것에 (이를테면 다른 우주에서는) 다른 의미Sinn가 있는지 여부는 아직 결정되지 않았다. 이 사정은 서술주의Deskriptivismus를 둘러싼 의미론적 논쟁으로 이어질 법하다. 우리 우주의 사건의 지평선Ereignishorizont 너머에 있는 다른 우주 안에 어떤 사실들의 배열이 있는데, 우리가 보기에 그 배열이 『파우스트』에 대한 한 해석에 속한 사실들의 배열과 구별 불가능하더라도, 그 우주에서 나타나는 대상들은 파우스트 및 그레첸과 동일하지 않을 터이다. 왜냐하면 그 대상들은 또 다른 해석에 의존하지 않고 무릇 해석으로부터 독립적으로 완전할 터이기 때문이다. 그러므로 나는 이런 이유에서 파우스트와 그레첸이 본질적으로 꾸며 내어졌다고 주장하고자 한다. 이 주장의 중요한 함의 하나는, 그들이 다른 우주에 실존할 수 없다는 것이다. 그들이 다른 우주에 실존하려면 다시금 허구적 의미장 안에 격리된 채로 그 우주에 내장되어 있어야 한다.

96 따라서 소설에 등장하는 문장 부호를 우리 의미장 안의 주장으로 사용할 수 있고 그 문장 부호가 그런 주장으로서 진실일 수 있다는 옌스 로메치의 (구술 토론에서 나온) 지적을 나는 수긍한다. 하지만 이 같은 문장 부호 사용은 해석이 아니며 따라서 허구성 계약을 취소하는 오류다. 물론 이 계약 취소가 다른 이유에서 유의미할 수도 있겠지만 말이다. 그렇다면 호메로스의 서사시들에 기초하여 유적을 발견하거나 프루스트의 『잃어버린 시간을 찾아서』에 기초하여 파리의 한 식당을 선택하는 사람은, 한편으로 오류를 범하는 것이지만, 그 오류는 저자들과 수용자들이 허구적 의미장 건설을 위해

비허구적 배경지식을 사용하기 때문에 정당하다. 이 경우에는 허구적 재료에 대한 분석적 풀이로부터 전혀 비허구적인 사실 지식을 추출할 수 있다. 존재론적으로 볼 때 이 경우는, 청동상에 들어간 청동의 가치를 계산하기 위하여 청동상의 무게를 재는 것과 동일하다. 이로써 나는 여전히 로메치와 견해가 다른데, 내가 보기에 문학 텍스트가 진실인 문장들을 포함한다는 결론은 로메치의 지적으로부터 도출되지 않는다. 이 결론은 문학으로서의 텍스트, 예술 작품으로서의 텍스트에 적용되지 않는다.

97 범허구주의에 대한 반론을 담은 최신 문헌으로는 Françoise Lavocat, *Fait et fiction. Pour une frontière*, Paris 2016 참조.

98 Zipfel, *Fiktion, Fiktivität, Fiktionalität*, 229~247면 참조. 〈문학적-허구적 서사 가능성들이 풍부함을 감안할 때 허구 신호들의 개수를 완전히 셀 수 있다는 것〉(233면)은 〈의심스럽다〉는 치펠의 견해는 옳다. *Fiktion und Wahrheit*에서 가브리엘이 채택한 접근법에 맞서 치펠은, 허구는 〈단지 텍스트와 교제하는 방식에 불과하지 않다〉는 견해를 옳게 고수한다. 그러므로 그의 견해에 따르면, 허구란 〈문학 텍스트를 위한 처리 모드라는 설명〉으로는 허구가 무엇인지를 〈빠짐없이 온전하게〉(231면) 서술할 수 없다. 요컨대 허구성 신호들은 있다. 다만, 이 유형의 모든 가능한 신호들을 빠짐없이 등재한 목록은 없다.

99 음악적인 것에 대한 미적 경험에서는, 우리의 기대를, 바꿔 말해 미적 경험의 순수한 시간성을, 가지고 놀 수 있는 배열 규칙들(서열들)이 허구적 대상들이다. 단, 음(音) 외에는 아무것도 묘사하지 않는 음악이 미적 경험을 유발하는 한에서 그러하다.

100 아리스토텔레스의 『시학』 9장 1451b36~1452a11에 나오는 고전적 논증 참조.

101 만약에 내가 본질적으로 어떤 허구 안에서 등장한다면, 사정이 다를 터이다. 내가 실제로 그러하다는 형이상학적 가설들을 세워 볼 수 있다. 이를테면 내가 누군가의 정신 안에 있는 소설 인물이나 비디오 게임 인물인데 (예컨대 시뮬레이션 가설 모형에 따라) 이를 깨달을 수 없다면, 사정이 다를 터이다. 다만 나는 이 가설이 옳다고 판단할 충분한 근거를 가지고 있지 않으며, 따라서 나의 생존 조건과 관련해서는 비허구 실재론자가 되는 것이 옳다고 여긴다. 물론 내가 착각하고 있을 리 없다는 뜻은 아니다.

102 거듭 말하지만, 빈자리 개념에 관해서는 고전적인 문헌인 Iser, *Der implizite Leser*, 그리고 같은 저자, *Der Akt des Lesens*, 특히 301~315면 참조.

103 똑같은 설명이 다음 문헌에서도 나온다. Johannes Anderegg, *Sprache und Verwandlung. Zur literarischen Ästhetik*, Göttingen 1985, S. 113. 〈우리가 텍스트를 상상의 연출을 위한 악보로 이해함으로써 허구가 발생한다.〉

104 그래서 〈그레첸〉은 〈메르켈〉과 구별된다. 앙겔라 메르켈은 꾸며 낸 대상이 아니다. 비록 그녀의 정치적 입장 때문에 수많은 신화와 상상이 넝쿨처럼 그녀를 휘감고 있더라도 말이다. 메르켈은 조언자들의 팀의 도움을 받아 그 신화들과 상상들로부터 사회 경제적 자본을 만들어 낸다. 이는 복잡한 현대 미디어 민주주의에 어울린다. 실사(實事) 정치Sachpolitik와 상징 정치Symbolpolitik는 완벽하게 분리되지 않는다. 하지만 이로부터 메르켈은 꾸며 낸 대상이라는 결론은 도출되지 않는다.

105 Köppe, Klauk (Hg.), *Fiktionalität*, 6면 참조. 더 섬세한 논증을 보려면 같은 책에 실린 다음 논문을 참조하라. Maria E. Reicher, "Ontologie fiktiver Gegenstände", in: Köppe, Klauk (Hg.), *Fiktionalität*, S. 159~189.

106 문학 연구에서 〈메타 허구Metafiktion〉란 자신이 허구적이라는 점을 자신의 고유한 매체 안에서 다루는 허구를 말한다. Ansgar Nünning, *Von historischer Fiktion zu historiographischer Metafiktion. Theorie, Typologie und Poetik des historischen Romans*, Trier 1995, 그리고 최근 문헌으로는 Ilona Mader, *Metafiktionalität als Selbst-Dekonstruktion*, Würzburg 2016 참조. 관련 토론은 다음 문헌에 실린 글들을 참조하라. Mark Currie (Hg.), *Metafiction*, London, New York 1995. 반면에 철학적 논의에서 〈메타 허구적〉이라는 술어는 통상적으로 허구적 대상들에 관한 주장에 적용된다.

107 Stuart Brock, Anthony Everett (Hg.), *Fictional Objects*, Oxford 2015.

108 같은 책, 3면. 원문은 이러하다. 〈[t]hese kinds of things are typically called 《fictional》where this means that they 《are individuals first introduced in a work of fiction》.〉

109 실제로 소크라테스 이전 철학자들 이래로 많은 자연종 발견은 규범에 따라 문학적 형태로 서술되었다. 이 규범은 루크레티우스부터 갈릴레이를 거쳐 근대까지 유지된다.

110 예컨대 올리버 숄츠는 노골적으로 다음을 허구적인 것의 기준으로 세운다. 그 기준에 따르면, 〈일반적으로〉 허구는, 〈누군가가 마치 세계가 특정한 측면들에서 실제와 다르기라도 한 것처럼, 혹은 실제로는 없는 사물들이 세계 안에 있기라도 한 것처럼 행동하는 것〉을 다룬다. Oliver R. Scholz, "Fiktionen,Wissen und andere kognitive Güter", in: Köppe, Klauk (Hg.), *Fiktionalität*, 209~243면 참조. 인용된 문구는 210면.

111 더 최근의 역사적 조망을 보려면 Ursula Peters, Rainer Warning (Hg.), *Fiktion und Fiktionalität in den Literaturen des Mittelalters*, München 2009 참조. 고대의 전사(前史)에 대해서는 같은 책에 실린 올리버 프리마베시의 논문을 참조하라. Oliver Primavesi, "Zum Problem der epischen Fiktion in der vorplatonischen Poetik", in: Peters, Warning (Hg.), *Fiktion und Fiktionalität in den Literaturen des Mittelalters*, S. 105~120.

112 내가 아는 한, 허구 개념의 원저작자는 크세노파네스다(DK 21 B 1, 22). 해당 대목에서 그는 티탄들의 전쟁과 거인들의 전쟁을 〈πλάσματα τῶν προτέρων〉, 곧 과거 노래꾼들의 발명품이라고 칭한다. 하지만 그 대목에서 크세노파네스는 신들을 싸잡아서 발명품으로 취급하지는 않는다. 오히려 그가 자신의 첨예한 일신주의(DK 21 B 23)를 내세우며 비판하는 것은 인간에 의해 생성된γεννᾶσθαι 의인화된 신들이다(DK 21 B 14).

113 Azzouni, *Talking About Nothing*, S. 14. 원문은 이러하다. 〈I claim that we (collectively) subscribe to a particular criterion for what exists. This is that anything exists if and only if it's mind- and language-independent. Dream figures, fictional

characters that authors have made up, and hallucinated objects are all, in the sense
meant, mind- and language-dependent. Dinosaurs, protons, microbes, other people,
chairs, buildings, stars, and so on are (purported) examples of mind- and language-
independent objects. (……) In my sense of 《mind-independent》 and 《language-
independent》, no one can dictate such an object into existence by (merely) thinking it
or symbolizing it as so.〉 또한 같은 책 139면 참조. 샐리 해슬랭어의 〈독립적 실재의 개
념notion of independent reality〉도 이와 유사하다. Sally Haslanger, *Resisting Reality.*
Social Construction and Social Critique, Oxford 2012, 84면 이하. 해슬랭어는 이렇게
확언한다. 〈세계 안에서 변화를 일으키려면, 변화에 관하여 단지 생각하는 것 이상의 일
을 해야 한다.〉(같은 책, 85면) 하지만 이 말은 전적으로 옳지는 않다. 내가 실재에 관하
여 숙고할 때, 나는 당연히 실재를 변화시킨다. 지금 내가 이 특정한 생각을 생각한다는
점은 나의 생각하기 시점에서 새로운 사실이다. 최소한 이를 통해 나는 실재를 변화시
키지 않는가. 물론 해슬랭어는 그가 말하는 의미에서 독립적인 놈만 실재하는 것은 아
니라고 명시적으로 인정한다(예컨대 같은 책, 98면, 각주 27, 그 밖에 여러 곳).

114 Gabriel, *An den Grenzen der Erkenntnistheorie*, S. 45, 그리고 Anton Friedrich
Koch, *Versuch über Wahrheit und Zeit*, Paderborn 2006 참조. 객체 층에서는 객관
성 대비를 기록 의존성과 기록 독립성을 구별함으로써 규정할 수 있다. 무언가가 기록
에 의존한다 함은, 해당 기록이 없다면 그 무언가가 실존하지 않을 터라는 뜻이다. 거
꾸로 무언가가 기록으로부터 독립적이라 함은 해당 기록이 없더라도 그 무언가가 실
존할 터라는 뜻이다. 물론 이런 반사실적 실재론 기준에 대한 후속 분석에서는 위 조건
문들(〈해당 기록이 없다면/없더라도〉)을 어떻게 이해해야 할지를 더 자세히 서술해야
할 것이다. Markus Gabriel, "Existenz, realistisch gedacht", in: *Der Neue Realismus*,
171~199면 참조.

115 빈에서 (2019년 9월 19일에) 열린 독일 현상학 연구회 학회에서 나의 총회 강연
에 이은 토론 도중에 람베르트 비징은 다음과 같은 쉽게 떠오르는 반문을 제기했다. 오
히려 우리가 그놈에 관하여 착각할 수 없는 그런 놈이야말로 모범적으로 실재하지 않
을까? 즉, 자기의식 모드에서 인식적으로 가용한 1인칭 관점이야말로 모범적으로 실재
하지 않을까? 더 쉽게 떠오르는 방식대로, 이 문제는 통증 감각을 예로 삼아 논의되었
다. 하지만 첫째, 1인칭 경험을 하는 누군가에게 통증 감각이 있는지, 또 어떤 통증 감각
이 있는지에 관해 다른 누군가가 착각할 수 있다. 따라서 그런 감각들은 기껏해야 1인
칭적 친숙함을 동반한 특이 사례에 불과할 터이다. 둘째, 나는 1인칭으로도 나의 통증
과 기타 정신 상태에 관하여 착각할 수 있다. (그 원인은 다양하지만 당장 떠오르는 것
하나만 대면) 왜냐하면 감각을 갖기(의식)와 이 갖기를 (일부 사람들에 따르면, 오류 불
가능하게) 기록하는 나의 인식적 태도는 일치하지 않기 때문이다. 감각과 인식적 상태
는 서로 다른 코드의 지배를 받는다. 셋째, 나는 나 자신의 통증에 관해서도 착각할 수
있다. 이를테면 통증의 위치를 잘못 파악할 수 있다. 더 나아가 인간 과학적 의학적 관점
에서 보면 치통이 어느 정도까지, 말하자면 치아에서 발생하는지, 오히려 모든 통증은

중추 신경계 어딘가에서 의식적으로 기록되는 것이 아닌지가 전혀 명확하지 않다. 의식의 최소한의 신경 상관물이 정확히 무엇인지 우리는 모르므로, 치통이 치아에서 발생하는지, 혹은 치통이 다른 처리 위치에서 비로소 치아에서 발생하는 통증으로 기록되는지(그렇다면 치통이 없는 환자가 치통을 느끼도록 만들 수 있을 터이다)는 열려 있는 질문이다. 요컨대 비징은 자신이 자신의 몇몇 정신 상태를 이 책에서 채택하는 실재 이론이 요구하는 수준보다 더 확실히 안다고 하지만, 그 견해는 충분히 정당화되어 있지 않다.

116 〈모범적인〉이라는 수식어를 붙인 것은, 우리가 실존의 모범을 알아 두고 이를 기반으로 삼아, 우리가 인식적으로 영영 접촉하지 못할 많은 것이 실존함을 경험하기 때문이다. 당연한 말이지만, 이 인식 가능한 대상들의 무리를 우리는 〈우리가 영영 인식하지 못할 것이 많이 있다〉라는, **언어 차원의** 생각de-dicto-Gedanken의 모드에서 만난다. 물론 그렇다고 해서 우리가 그 많은 것을 인식한 것은 아니다.

117 이 책에서 제안하는 이론에 따르면, 일화 기억의 내용을 이루는 상상들은 실제로 허구적 대상들이며, 그것들의 악보는 우리의 운동적motorisches 물질적 기억이다. 따라서 나는 명제적 기억(이 기억은 인식적이다)과 일화 기억을 구별하고자 한다. 일화 기억은 우리 앞에서 과거 일화로 행세하지만, 그 일화는 일화 기억처럼 일어나지 않았다. 그럼에도 우리는 일화 기억을 인식적으로 사용할 수 있다.

118 고전적인 문헌으로 Herbert Grabes, "Wie aus Sätzen Personen werden", in: *Poetica* 10/4 (1978), 405~428면 참조. 인물 건축과 생활 세계에서 체득한 인물 지식 사이의 관계에 관한 폭넓은 논의는 Fotidis, *Figur und Person*, in: 같은 책 참조. 특히 그라베스의 문헌과 연결되는 내용은 178면 이하 참조.

119 실제로 나타나는 환각의 다양성을 보여 주는 흥미로운 문헌으로 Oliver Sacks, *Drachen, Doppelgänger und Dämonen. Über Menschen mit Halluzinationen*, Hamburg 2013 참조.

120 Everett, *The Nonexistent*, S. 63.

121 같은 책, 63면. 〈Obviously we use such terms as 《real》 and 《exists》 to mark the furniture of the real world as such.〉

122 이미 언급했듯이, 나는 허구 비실재론을 공허함 문제에 대한 대응으로 이해한다. 허구 비실재론은 허구적 대상들을 완전히 없앰으로써 그 문제를 방지한다. 그리하여 허구적 대상은 실존하지 않는다, 라는 명제는 분석적 참이 아니게 된다. 왜냐하면 허구적 대상은 형식에 맞는 부정적 실존 진술의 대상조차도 못 되는, 아예 아무것도 아닌 놈이기 때문이다. 하지만 다음 인용문에서 에버렛은 약간 흔들린다. 〈홈스가 허구적 인물이라는 말을 듣고 누군가가 홈스는 실존한다고 단언한다면, 우리는 틀림없이 기이하다고 여길 것이다. 그런데 나는 그런 유형의* 사실들이 허구적 인물은 실존하지 않는다는 명제가 개념적 혹은 언어적 진실임을 확립한다고 생각하지 않는다. 왜냐하면 나는

* 즉, 홈스는 허구적 인물이다, 같은.

허구적 인물에 관한 개념적 혹은 언어적 진실이 있다고 생각하지 않기 때문이다. 그러나 허구적 인물에 관한 개념적 혹은 언어적 진실이 있다고 당신이 생각한다면, 당신은 허구적 인물은 실존하지 않는다는 사실을 개념적 혹은 언어적 진실로 받아들여야 한다고 나는 생각한다.〉(Everett, *The Nonexistent*, S. 132)

123 비존재론을 다루는 모범적인 문헌은 당연히 플라톤의『소피스테스』다. 이 작품은 비실존 혹은 비존재에 관한 최초의 이론을 제시한다. 목적은 엘레아학파의 하나 das Eine를 풀어 헤치는 것이다. 나는 플라톤의 기본 발상, 곧 비존재를 다름θάτερον으로 모형화해야 한다는 발상을 전적으로 계승한다. 하지만 두 항목 사이의 관계가 비실존이라고 할 때, 그 두 항목은 엄밀한 의미에서 플라톤적 이데아들이 아니라 의미장들이다.

124 이 개념에 관해서는 다시 Gabriel, "Der Neue Realismus zwischen Konstruktion und Wirklichkeit" 참조.

125 두르스 그륀바인의 성공적인 표현이다. 출처는 Durs Grünbein, *Gedicht und Geheimnis. Aufsätze 1990-2006*, Frankfurt/M. 2007, S. 158.

126 실재론 기준으로서의 의식 독립성 개념에 대한 반론은 Gabriel, "Neutraler Realismus" 참조.

127 〈일부〉와 〈선이론적으로〉라는 제한을 단 것은, 우리가 단지 이론적 용어로서만 실존하는 대상도 모형화한다는 사정을 고려해서다. 그런 대상의 예로 〈이론적 용어〉라는 대상을 들 수 있다.

128 Gabriel, *Der Sinn des Denkens* 참조.

129 일부 자연 과학자들은 양자 이론이나 신경 과학적 의식 탐구에 기초하여, 〈세계의 현상적phänomenal[] 성격〉[Hartmann Römer, "Emergenz und Evolution", in: *Zeitschrift für Parapsychologie und Grenzgebiete der Psychologie* 50 (2017), S. 68~98. 인용 문구는 74면]은 근본적이라는 주장을 옹호한다. 많은 예 중에 몇몇을 열거하면 이러하다. Erwin Schrödinger, *Mind and Matter. The Tarner Lectures*, Cambridge 1958; Giulio Tononi, Christof Koch, "Consciousness: Here, There and Everywhere?", in: *Philosophical Transactions of the Royal Society* 370/1668 (2015); Brigitte Görnitz, Thomas Görnitz, *Von der Quantenphysik zum Bewusstsein. Kosmos, Geist und Materie*, Berlin, Heidelberg 2016. 이런 자연 철학적 질문에 대한 의미장 존재론의 입장을 나는 다른 글에서 논할 것이다. Gabriel, *Die Wirklichkeit des Universums* 참조. 현재 양자 이론의 첨단에서 벌어지는 토론들을 존재론적 탐구에 유익하게 정리한 최신 문헌으로 Slavoj Žižek, *Sex and the Failed Absolute*, London u. a. 2020, 273~308면, 333~342면 참조.

130 Gabriel, "Neutraler Realismus" 참조.

131 같은 책, 그리고 Gabriel, "Existenz, realistisch gedacht" 참조.

132 이와 유사한 논증을 다음 문헌에서 볼 수 있다. Peter van Inwagen, *Metaphysics*, New York, London 2018, 3면 이하. 그런데 아쉽게도 밴 인와겐은, 실재 전체가 주체들

이 마주한 현상들로 환원될 수는 없음을 보여 주는 그의 설득력 있는 논증으로부터 모든 것을 포괄하는 대상 영역(이름하여 〈세계〉)의 존재(실존)를 추론한다.

133 이에 관한 코흐의 상세한 논증은 Koch, *Versuch über Wahrheit und Zeit*, 1장, 특히 §13 참조. 거기에서 코흐가 보여 주는 바는, 근원 사정, 곧 〈선(先)명제적(선담론적)이고 단박에 주어지며 근원적인〉(105면) 사정은 있을 수 없다는 것이다(그런 근원 사정이 있다면, 사람들은 그것의 구조 덕분에 오로지 오류가 없는 방식으로만 그것을 알아챌 수 있을 테지만).

134 이 입장은 다음 문헌에서 일관되고 명확하게 서술된다. Rödl, *Selbstbewußtsein und Objektivität*. 이와 유사하지만, 철학이 탁월한 학문 개념을 명확히 제시한다는 낙관론이 없는 문헌으로 Michael Hampe, *Die Lehren der Philosophie. Eine Kritik*, Berlin 2014 참조. 굳이 상기시킬 필요가 없다시피 하겠지만, 이 입장들은 비트겐슈타인의 확고한 반(反)철학Anti-Philosophie에서 영감을 받았다. 폴 호리치는 반이론적 추진력을 이론적으로 재구성하는, 정말로 단호한 비트겐슈타인 독해 방식을 *Wittgenstein's Metaphilosophy*, Oxford 2012에서 제시한다.

135 다음을 유의해야 하는데, 실존과 마찬가지로 비실존은 의미장들을 서로 구별해 주는 더 높은 수준의 속성이며, 한 의미장 안에 주어진 대상들을 서로 구별해 주는 객체 수준의 속성이 아니다. 주어진 의미장 안에서는, 거기에서 나타나는 모든 대상은 실존하며, 거기에서 나타나지 않는 모든 대상은 실존하지 않는다. 여기에서 이미 비실존은 의미장의 경계 긋기에 종사하며, 따라서 의미장 자체의 자기 규정에 종사한다. 주어진 의미장 안에서 주어진 의미Sinn가 구조를 결정하는 작용을 한다는 말이 무슨 뜻인지는 그 의미장에서 다른 대상들이 배제되는 것을 통해 드러난다.

136 주지하다시피 그런 식으로 자기를 보증하는 이론을 실행하는 시도가 헤겔의 『논리의 학』에서 제시되었다. 이 프로젝트가 실패한다는 것을 여기에서 보여 줄 수는 없다. 상세한 토론과 의미장 존재론에 맞서 헤겔을 옹호하는 최신 변론을 담은 문헌으로 Gregory Moss, *Hegel's Foundation Free Metaphysics. The Logic of Singularity*, London u. a. 2020 참조. 이 문헌은 특히 『의미와 실존』에서 제시한 헤겔 비판을 상세히 논한다. 안타깝게도 나는 이 문헌의 원고를 이 책의 원고를 완성하기 직전에야 입수했다. 따라서 지금 나는 모스의 논증을 필요한 만큼 꼼꼼하게 논할 수 없다. 그 논의는 다른 글에서 이루어질 것이다. 완벽하게 자기를 입증하는 철학적 논증의 가능성을 반박하는 논증의 개요를 보려면 Markus Gabriel, "Die Endlichkeit der Gründe und die notwendige Unvollständigkeit der Tatsachen", in: Julian Nida-Rümelin, Elif Özmen (Hg.), *Die Welt der Gründe. Deutsches Jahrbuch Philosophie* 4 (2012), 696~710면 참조.

137 현재 독일어권에서 몹시 선호되는 〈방법〉, 곧 영어권에서 무엇이 숙고되는지 조사한 다음에 찬성론들과 반대론들을 표로 정리하여 비교 평가하고 분류하는 방법은 진실 발견에 기여하는 바가 너무 적어서 참된 철학적 진보의 전망을 열 수 없다. 엄밀히 따지면, 그런 연구 행태에서 관건은 실사(實事)Sache 자체와 대체로 무관한, 결국 파워포

인트 발표 자료 작성으로 귀결되는, 허울뿐인 대결이다. 그런 대결에는 참여하지 않는 것이 바람직하다.

138 과연 어떤 존재론적 범주들이 있는지가 여전히 불명확하다는 점은 이 견해에 힘을 실어 준다. Jan Westerhoff, *Ontological Categories. Their Nature and Significance*, Oxford 2005 참조. 이 문헌은 〈이제껏 해명되지 않은 잘라 내기 문제cut-off-problem〉 (56면)가 있음을 보여 준다. 그 문제는 우리가 범주적 개념들과 경험적 개념들을 구별하는 것을 허용하지 않는다.

139 접촉 이론으로서의 실재론에 관해서는 Hubert Dreyfus, Charles Taylor, *Die Wiedergewinnung des Realismus*, Berlin 2016 참조.

140 KrV, A 19/B 33. 〈인식이 어떤 방식으로 또 어떤 수단을 통해 대상들과 관련 맺건 간에, 인식이 대상들과 단박에 관련 맺을 때 매개로 삼는 것, 또 모든 생각하기가 수단으로서 향하는 목표는 직관이다.〉 직관의 개념에 관해서는 Pirmin Stekeler-Weithofer, *Formen der Anschauung. Eine Philosophie der Mathematik*, Berlin 2008 참조.

141 이를 비판하는 문헌으로 Markus Gabriel, "Hegel's Account of Perceptual Experience in His Philosophy of Subjective Spirit", in: Marina F. Bykova (Hg.), *Hegel's Philosophy of Spirit. A Critical Guide*, Cambridge 2019, 104~124면, 그리고 Markus Gabriel, "Intuition, Representation, and Thinking. Hegel's Psychology and the Placement Problem", in: Marina F. Bykova, Kenneth R. Westphal (Hg.), *The Palgrave Hegel Handbook*, Basingstoke(근간) 참조.

142 타일러 버지가 내놓은 객체성 이론은 생물의 의식적 지각의 문턱보다 훨씬 더 아래에 정확성 조건들을 위치시킨다. Tyler Burge, *Origins of Objectivity*, Oxford 2010 참조. 나는 버지가 탐구하는 현상들이 있다는 점에 동의하지만, 본문의 서술에서는 의도적으로 의식적 지각의 개념만을 인식론적으로 특권적인 인터페이스로서 서술할 것이다. 만약에 우리가 자기의식 실행의 기반인 의식적 지각을 어떤 유형으로도 보유하지 않았다면, 우리는 이론적으로 지각에 접근할 수 없을 터이다. 오로지 맹시만 하는 사람은 필시 자신이 맹시만 한다는 것을 모를 터이다.

143 대표적으로 Stanislas Dehaene, *Denken. Wie das Gehirn Bewusstsein schafft*, München 2014 참조. 신경 중심주의의 변형인 이 입장에 대한 반론은 Gabriel, *Ich ist nicht Gehirn*, 그리고 같은 저자, *Neo-Existentialism*, 그리고 같은 저자, *Der Sinn des Denkens* 참조.

144 Derek Parfit, *On What Matters*, Bd. II, Oxford 2011, S. 473. 이와 유사하게 메타 윤리적 도덕적 (이유들의) 실재론을 존재론적 다원주의와 결합하는 문헌으로 Thomas M. Scanlon, *Being Realistic about Reason*, Oxford 2014 참조. 이 유사성을 알려 준 해나 긴즈보그에게 감사한다.

145 형식적 존재로서의 실존의 개념에 관해서는 Anton Friedrich Koch, "Die Offenheit der Welt und der euklidische Raum der Imagination", in: Markus Gabriel

u. a. (Hg.), *Welt und Unendlichkeit. Ein deutsch-ungarischer Dialog in memoriam László Tengelyi*, Freiburg/Br., München 2017, 68~78면 참조. 실존은 모든 대상에 귀속하는 무차별적 속성이라는 코흐의 견해에 나는 물론 동의하지 않는다. 왜냐하면 무제한으로 모든 대상을 다루는 진술들에 사용되는 보편 양화는 세계 없음 직관에 걸려 좌초하기 때문이다(Gabriel, *Sinn und Existenz*, §6). 대상들이 대상들의 총체에 속한다는 이유로 어떤 속성들 — 이를테면 무차별적인 실존이라는 속성 — 을 부여받을 수 있는 그런 대상들의 총체는 없다.

146 이런 해석을 담은 문헌으로 Tobias Rosefeldt, Catharine Diehl, "Antwort auf Gabriel", in: Buchheim (Hg.), *Jahrbuch-Kontroversen 2*, 230~239면 참조.

147 이 책의 본문 201~205면 참조.

148 이에 대한 비판을 담은 문헌으로 Gabriel, "Neutraler Realismus", 28면 이하, 그리고 같은 저자, *Sinn und Existenz*, §2b 참조.

149 예컨대 Jody Azzouni, *Deflating Existential Consequence. A Case for Nominalism*, Oxford 2004, 또한 Graham Priest, *One. Being an Investigation into the Unity of Reality and Its Parts, Including the Singular Object which is Nothingness*, Oxford 2014, xi~xii면 참조.

150 Gabriel, *Sinn und Existenz*, S. 214.

151 다음 문헌에서 프리스트가 그렇게 주장한다. Gabriel, Priest, *Everything and Nothing*.

152 브누아에게서 말로 들음. 나의 대꾸는 Gabriel, *Propos réalistes*, 또한 같은 저자, "Être vrai" 참조.

153 이에 관해서는 Gabriel, *Propos réalistes*, 7~52면 〈들어가는 말〉의 상세한 논의 참조.

154 Bertrand Russell, *Einführung in die mathematische Philosophie*, Hamburg 2002, 189면의 다음과 같은 유명한 대목을 참조하라. 〈나는 동물학과 마찬가지로 논리학도 유니콘을 허용하지 말아야 한다고 주장하고 싶다. 왜냐하면 동물학에 못지않게 논리학도 실재하는 세계를 다루기 때문이다. 비록 실재하는 세계의 추상적이며 일반적인 속성들을 다루지만 말이다. 유니콘이 문장 연구나 문학이나 환상에 등장한다고 말한다면, 그것은 참담하고 궁색한 변명이다. 문장 연구 안에는 고유한 힘으로 숨 쉬고 움직이는, 살과 피로 이루어진 동물이 없다. 단지 말로 된 모사나 서술이 있을 따름이다.〉

155 피터 라비노위츠의 서사학에서는 독자들(〈청중〉)이 세 유형으로 구분된다. 그것들은 실재적 유형, 전지적(全知的) 유형, 서사적 유형이다. Peter J. Rabinowitz, "Truth in Fiction. A Reexamination of Audiences", in: *Critical Inquiry* 4/1 (1977), S. 121~141. 이 구분은 허구 내적 어법과 메타 허구적 어법의 단순한 구분으로 이어진다. 왜냐하면 저 구분은 진정한 문학적 현상 하나를, 곧 콘스탄츠 수용 미학이 강조한 〈암묵적 독자〉의 기능을 고려하기 때문이다. 고전적 문헌으로 Iser, *Der implizite Leser* 참조. 허구적 항목들에 관한 분석 철학적 논쟁에서 왜 서사학은 거의 완전히 외면당하는

지 이해하기 어렵다. 최근에 서사학은 Derek Matravers, *Fiction and Narrative*에서 다시 간접적으로 출현한다. 한편, 서사학 연구의 정점에는 다음과 같은 모범적인 문헌이 있다. Albrecht Koschorke, *Wahrheit und Erfindung. Grundzüge einer Allgemeinen Erzähltheorie*, Frankfurt/M. 2017.

156 이런 표현이 마음에 든다면, 의미장 존재론은 일반화된 존재론적 통화 수축주의Deflationismus를 함축한다고 할 수 있다. 왜냐하면 의미장 존재론은 〈중대한heavy-duty〉 실존이 있다는 것을 반박하기 때문이다. 이런 면에서 의미장 존재론은 피상적으로 애미 토머슨의 〈쉬운 존재론easy ontology〉과 닮았다. 이 존재론을 서술한 문헌으로는 Thomasson, *Ontology Made Easy* 참조. 하지만 이 유사성은 기만적이다. 왜냐하면 토머슨은 메타 존재론적 실재론을 옹호하지 않기 때문이다. 그녀가 제시하는 실존 개념은 이러하다. 《《K》와 현실적으로actually 관련된 적용 조건들이 충족될 때 그리고 오직 그럴 때만 K는 실존한다.》(같은 책, 86면) 그녀는 이로부터 존재론적 다원주의를 도출하는데, 그 다원주의의 모범은 휴 프라이스의 〈기능적 다원주의〉다. Huw Price, *Naturalism without Mirrors* 2011, 특히 300면 참조. 의미장 존재론과 유사하게 토머슨의 이론도 다음과 같이 권고하기는 한다. 〈실존하기 위해 무엇이 필요한가, 라는 질문 앞에서 우리는 획일적이고 보편적인 대답을 기대하지 말아야 한다. 우리가 가진 대답은 역시나 순전히 형식적인 대답, 보편적인 실질적 내용이 없는 대답이다.〉(*Ontology Made Easy*, S. 89) 그러나 이 다원주의의 근거로 그녀가 제시하는 것은 표현들의 적용 조건들의 다양성이다. 그리하여 그녀는 〈보편적인, 공유된 실존 기준들〉(같은 곳)이 있다는 것을 반박하는데, 이 반박은, 통일적이고 총체적인 의미장은 우리의 언어 실행으로부터 독립적으로도 없다는 의미가 아직 아니다. 그녀는 실존을 일관되게 〈개념notion〉으로 다루고, 대상들의 속성으로 다루지 않는다. 이 점에서 나는 그녀를 따르지 않는다. 의미장 존재론에 따르면, 〈실존을 위한 실질적 기준〉(같은 곳)이 없는 이유는 실존 자체가 다원적인 것에 있다. 실존이 다원적이라는 것은, 주로 혹은 심지어 오로지 우리의 실존 개념이 다원적인 적용 조건들을 가진다는 것을 통하여 진실로 되지 않는다.

157 Henri Bergson, *Œuvres*, Bd. 1, Paris 2015, S. 1016~1037.

158 같은 책, 1024면.

159 같은 책, 1026면. 해당 원문은 이러하다. 〈En d'autres termes, et si étrange que notre assertion puisse paraître, *il y a plus, et non pas* moins, *dans l'idée de ce même objet conçu comme* 《*n'existant pas*》 *que dans l'idée de ce même objet conçu comme* 《*existant*》, *car l'idée de l'objet* 《*n'existant pas*》 *est nécessairement l'idée de l'objet* 《*existant*》, *avec, en plus, la représentation d'une exclusion de cet object par la réalité actuelle prise en bloc.*〉 베르그송은 〈모든 것의 관념〉에서 어떤 난점도 보지 않는다. 그는 그 관념의 의미Sinn가 절대적 무라는 환상을 통해 간접적으로 승인된다고 여긴다(같은 책, 1035면 참조).

160 이 진술에서 〈절대적 총체〉와 〈절대적 총체의 완전한 부재〉는 역시 아무것도 가

리키지 않는 단어들이다. 그러나 이로부터 의미장 존재론에 표현 문제가 있다는 결론을 도출할 수는 없다. 왜냐하면 이런 단어들이 무언가를 가리켜야 함을 보여 주는 것은 오히려 형이상학자들의 관심사일 테니까 말이다. 본문 10장 참조.

161 당연히 데이비드 루이스의 대표작 *On the Plurality of Worlds*, Oxford, New York 1986 참조.

162 Quentin Meillassoux, *Trassierungen. Zur Wegbereitung spekulativen Denkens*, Leipzig 2017.

163 Gabriel, *Sinn und Existenz*, §3.

164 관련 논의를 조망하려면 Graham Priest, *An Introduction to Non-Classical Logic. From If to Is*, Cambridge 2008 참조. 바디우는 무비판적으로 고전 논리들을 가지고 작업한다. 그는 이 중대한 기본값을 철학적으로 정당화하지 않는다. Alain Badiou, *Das Sein und das Ereignis*, Berlin, Zürich 2005, 또한 같은 저자, *Logiken der Welten*, Berlin, Zürich 2010 참조.

165 예컨대 신플라톤주의에서, 중세 철학에서, 또 독일 관념론에서 개발된 고전적 형이상학 프로젝트들은 사정이 다르다. 왜냐하면 이것들은 애당초 절대자를 이론화의 대상으로 취급하지 않기 때문이다. 그 이론화는 근대 초기 자연 과학이나 명제 논리학을 모범으로 삼는다. 이에 관해서는 예컨대 Jens Halfwassen, *Auf den Spuren des Einen. Studien zur Metaphysik und ihrer Geschichte*, Tübingen 2015, 또한 모범적인 연구서로 Werner Beierwaltes, *Identität und Differenz*, Frankfurt/M. 1980, 최근 문헌으로 Werner Beierwaltes, *Catena Aurea*, Frankfurt/M. 2017 참조. 절대자를 비(非)대상적으로 다루는 형이상학이 현재의 이론 조건들 아래에서 정확히 어떻게 재정식화될 수 있을까, 하는 것은 열린 질문이다. 그런 형이상학은 특히 현재 이론 물리학이 도달한 한계에서 장점을 발휘할 수도 있을 것이다. 거기에서 등장하는 개념적 상황 앞에서 카를로 로벨리 등은 상당히 우연적으로 단테를 상기했다. 단테의 『신곡』을 주도하는 것은 신플라톤주의 형이상학이다. Carlo Rovelli, *Die Wirklichkeit, die nicht so ist, wie sie scheint*, Hamburg 2016, 110~119면 참조. 물론 로벨리는 단테 텍스트의 의미를 왜곡할 뿐 아니라 스스로 발명한 텍스트를 인용하는 듯하다. 『신곡』의 제27곡 텍스트에는 로벨리가 제시한 문장 〈그것은 우주의 이 다른 부분을 하나의 원으로서, 다른 원들이 그것을 둘러싸듯이, 둘러싼다Questa altra parte dell'Universo d'un cerchio lui comprende si come questo li altri〉(같은 책, 110면)가 전혀 없는 대신에 오히려 이런 대목이 있다. 〈Luce ed amor d'un cerchio lui comprende, / sì come questo li altri; e quel precinto / colui che l'cinge solamente intende.〉(Canto XXVII, 112~114) 내가 번역하면 이러하다. 〈한 원의 빛과 사랑이 그것을[천국을] 둘러싼다 / 그것이 다른 것들을[구(球)들을] 둘러싸듯이; 그리고 전자의 둘러쌈을 이해하는 것은 오로지 그 둘러쌈을 둘러싼 자뿐이다.〉 여기에서 천국은 (단테의 보증인인 아리스토텔레스의 철학에서처럼) 〈mente divina(신적인 정신)〉(Canto XXVII, 110) 안에 들어 있다. 따라서 우주가 우주 자신을 포함하는, 즐거운 역설적 구조는 전혀 형성되지 않는다.

166 이런 면에서 Gabriel, *Sinn und Existenz*에서 서술된 의미장 존재론은 한 초월적 존재론의 관념론적 버전들을 존중한다. 나는 특히 셸링과 헤겔에 대한 연구를 참조하면서 그 초월적 관념론을 *Transcendental Ontology. Essays in German Idealism*, New York, London 2011에서 간략히 제시한 바 있다. 하지만 그렇다고 의미장 존재론이 관념론적 존재론인 것은 아니다. 한마디 덧붙이자면, 나는 셸링이나 헤겔이 관념론적 존재론을 펼쳤는지 의심스럽다. 특히 Markus Gabriel, "What Kind of an Idealist (if any) is Hegel?", in: *Hegel-Bulletin* 27/2 (2106), 181~208면 참조. 이 논문은 특히 Rolf-Peter Horstmann, "Hegel's Phenomenology of Spirit as an Argument for a Monistic Ontology", in: *Inquiry* 49/1 (2006), 103~118면이 채택하는 것과 같은 독해 방식에 맞선다.

167 예컨대 윌리엄슨은 이 입증을 위해 애쓰지 않는다. 따라서 그는 자신의 행보가 인식론적으로 실효성이 있음을 증명해야 할 책임이 있다. 윌리엄슨의 불충분한 방법론적 자기 평가를 담은 문헌으로 Timothy Williamson, *Modal Logics as Metaphysics*, Oxford 2013, 423~429면 참조. 실재와 우리의 인식이 연관되어 있음을 고려하지 않는다면, 일반적으로 형이상학적 질문과 인식론적 질문을 구별할 수 있다는 점을 지적하는 것으로는 충분하지 않다. 저 연관성은 우리의 실재 인식이 그 자체로 실재하는 놈이며 인식 가능한 놈이라는 것으로부터 벌써 사소하게 귀결된다. 따라서 우리는 형이상학적 질문들과 인식론적 질문들을 범주적으로 구별할 수 없다.

168 Charles Kahn, *Essays on Being*, Oxford 2009; Ernst Tugendhat, *Aufsätze 1992-2000*, Frankfurt/M. 2001; Graham Priest, "Sein Language", in: *The Monist* 97/4 (2014), 430~442면 참조.

169 〈꾸며 낸 이야기〉 안의 〈실재하는 객체들〉에 관한 논의는 Zipfel, *Fiktion, Fiktivität, Fiktionalität*, 92~97면 참조. 할러 역시 어떤 허구적 대상도 실재하는 대상과 동일하지 않다는 주장을 다음 문헌에서 옹호한다. Rudolf Haller, "Wirkliche und fiktive Gegenstände", in: *Facta und Ficta. Studien zu ästhetischen Grundlagenfragen*, Stuttgart 1986, 57~93면 참조. 그러나 할러는 꾸며 낸 대상을 불완전한 대상으로 간주한다. 이 견해는 이 책에서 제시하는 입장과 양립할 수 없다. 그 입장에 따르면, 꾸며 낸 (나의 어휘로는, 해석적인) 대상은 해석의 틀 안에서 불완전하지 않다. 한편, 꾸며 낸 대상의 메타 해석적 토대(이를테면 명시적으로 드라마 속 인물의 상연되는 실제 인물)는 애당초 불완전하지 않다. 외견상의 불완전성은 이 두 대상을 혼동하는 것에서 비롯된다. 미적 경험에서 이 두 대상은 융합하는 듯하다.

170 Tim Crane, *The Objects of Thought*, Oxford 2013, 17면 참조.

171 지제크가 옳게 지적했듯이, 실재하는 놈은 흔히 허구 속 허구의 형태로 등장한다. 우리는 실재하는 놈을 그놈의 변형과의 대비를 통해 알아챈다. 이런 식으로 실재하는 놈이 내장되어 있는 대비 구역은 인간의 정신적 삶에서 그놈의 위치를 규정한다. 인간의 정신적 삶은 근본적으로 허구들을 둘러싸고 건설된다. 이 견해에서 나는 지제크를 계승한다. 지제크는 이 사정을 〈환상phantasy〉 개념으로 포괄하여 다룬다. 지제크

의 저서 *Sex and the Failed Absolute*, 338면에 실린, 「높은 성 안의 남자The Man in the High Castle」*에 대한 그의 기발한 풀이를 참조하라. 우리는 허구들로 이루어진 대비 공간 안에서 실재하는 놈을 찾아낸다. 하지만 이로부터 모든 실재하는 놈이 허구적이거나 심지어 꾸며 내어졌다는 결론이 나오는 것은 아니다. 인간 정신 안에서 허구들이 중심을 차지한다는 사실은 실재론을 제한하지 않으며 다만 옳은 자리에 놓는다.

172 여기에서도 고전적인 문헌으로 Aristoteles, *Poetik*, 1451b36~1452a11 참조.

173 이와 유사하게 폭넓은 악보 개념과 상연 개념을 제시하는 문헌으로 Christoph Möllers, *Die Möglichkeit der Normen. Über eine Praxis jenseits von Moralität und Kausalität*, Berlin 2015, 250~255면 참조. 묄러스는 예술과 법률적 규범 적용을 관련짓는다. 즉, 법률 텍스트를 악보로 간주하고, 법정 판결을 상연 조건들과 결부한다(같은 책, 252면).

174 매트레이버스는 묘사Darstellung와 허구Fiktion를 수렴시키는 월턴의 견해를 대체로 계승한다. 그 견해에 동반된 〈이례적인 어법〉의 잠재적 난점들을 개관하려면 Zipfel, *Fiktion, Fiktivität, Fiktionalität*, 23면 이하 참조.

175 Blumenberg, *Theorie der Unbegrifflichkeit*, 10면 참조. 동굴 벽화가 언급되는 것에서 짐작할 수 있듯이, 개념과 허구는 부재중인 놈을 재현한다는 공통의 생각을 통해 연결된다.

176 Gabriel, *Der Sinn des Denkens* 참조.

177 Hans-Georg Gadamer, *Die Aktualität des Schönen. Kunst als Spiel, Symbol und Fest*, Stuttgart 2012, 특히 67~76면 참조. 니콜라 부리오는 이 같은 예술 작품의 근본 구조를 대폭 확장하여 관계 예술의 개념에 이르렀다. 이에 관하여 서술하면서 예증들도 제시하는 문헌으로 Wolfgang Kemp, *Der explizite Betrachter. Zur Rezeption zeitgenössischer Kunst*, Konstanz 2015, 145~164면 참조. 그런데 부리오와 켐프는, 이 관계성이 역사적으로 뚜렷한 근대의 모습이 아니라 예술의 존재론에 속한다는 가다머의 요점을 간과한다. Gadamer, *Die Aktualität des Schönen*, 78~85면 참조. 한마디 덧붙이자면, 방금 지목한 대목에서 가다머는 본인이 전통을 〈기념물 돌보기 Denkmalpflege〉(80면)로 이해했다는 비판적 선입견을 무력화한다. 정반대로 가다머는 이해하기의 역사성에 대한 통찰을 제시한다. 그 역사성은 역사적 현상의 존재론과 양립 가능하다. 역사성 자체는 역사적이지 않다. 오히려 역사성은 정신적 생물로서의 우리를 이루는 엄연한 성분이다.

178 카트린 말라부가 최근에 저서 *Morphing Intelligence. From IQ Measurement to Artificial Brains*, New York 2019, xv면 이하에서 표현한 대로, 예술 작품들은 우리의 〈상징적 삶〉의 일부다. 물론 나는 〈지능을 두 가지 형태, 곧 신경 지능과 사이버네틱 지능으로 환원하는 것〉에 대한 이론적 대안은 미래가 없다는 말라부의 진단에(9면) 전혀 동의하지 않는다. 마찬가지로 뇌 시뮬레이션과 뇌를 구별할 수 없다는 그녀의 견해

* 미국 드라마.

628

에도 전혀 동의하지 않는다. 눈에 확 띄는 점은 이것인데, 말라부는 커즈와일과 스파이크 존즈의 영화 「허Her」에 설득되어 〈가소성을 프로그래밍할 수 있다〉고 확신하게 되었다고 명시적으로 밝힌다(91면, 그리고 91면 이하). 이것은 허구와 실재를 심각하게 혼동하는 것이다. 과학 허구 영화가 누군가에게 임박한 실재적 가능성이나 심지어 실재에 관한 확신을 심어 주어서는 안 된다!

179 이에 관한 탁월한 영화적 묘사로 외스틀룬드 감독의 「더 스퀘어The Square」(2017) 참조.

180 놀이 개념에 대한 가다머의 분석은 *Die Aktualität des Schönen*, 36~51면 참조.

181 이에 관해서는 다시금 Kemp, *Der explizite Betrachter*, 또한 Gabriel, *Le pouvoir de l'art* 참조.

182 Markus Gabriel, "Für einen nicht-naturalistischen Realismus", in: Magdalena Marszałek, Dieter Mersch (Hg.), *Seien wir realistisch. Neue Realismen und Dokumentarismen in Philosophie und Kunst*, Zürich, Berlin 2016, 59~88면 참조.

183 이 옳은 지적을 크립키도 한다. Kripke, *Name und Notwendigkeit*, S. 28, 또한 Gabriel, "Was ist (die) Wirklichkeit?" 참조.

184 이와 유사한 견해를 담은 문헌으로 Zipfel, *Fiktion, Fiktivität, Fiktionalität*, 74면 이하 참조. 치펠은 굿맨을 계승하여 이렇게 쓴다. 〈우리의 일상 실재는 — 모든 버전이 그렇지만 특히 뚜렷한 방식으로 — 다양한 기존 버전들로부터 조립된 하나의 세계 버전이다. 소설 속 인물들은 실재적으로 실존하지 않는다고, 허구적 문학에서 묘사하는 사건들은 실제로 일어나지 않았다고, 이야기들은 자유롭게 발명된 것이라고 말할 때 우리는 이 실재를 가리킨다.〉 생활 세계로서의 일상 실재 개념에 관해서는 이 책의 8장 참조.

185 이 존재론적 구조는 꾸며 낸 대상의 특수한 속성이 아니다. 나도 지금 파리 안에 실존하지만 『몽테크리스토 백작』 안에는 실존하지 않는다. 요컨대 나는 한 관점에서는 실존하고 다른 관점에서는 실존하지 않는다. 한 가지 유의할 점은 이것인데, 몽테크리스토 백작은 자신의 의미장 안에 내가 실존하지 않는다는 것을 알아챌 수 없다. 설령 어떤 의미장 안에 제목이 〈철학책《허구의 철학》의 저자〉인 소설이 있다 하더라도, 이 소설은 나를 다루는 것이 아니라 단지 나와 유사한 꾸며 낸 대상을 다룰 수 있다. 몽테크리스토 백작은 나를 알아볼 수 없는 반면, 나는 그를 잘 알아볼 수 있다. 이것은 꾸며 낸 놈과 달리 실재하는 놈이 지닌 인식적 특권이며, 당연히 이 특권은 오직 우리에게만 유효하다.

186 이에 관한 토론은 Gabriel, Priest, *Everything and Nothing* 참조.

187 Jorge Luis Borges, *Das Aleph. Erzählungen 1944-1952*, Frankfurt/M. 1992, S. 141. 〈베아트리스, 베아트리스 엘레나 비테르보, 그리운 베아트리스, 영영 떠나간 베아트리스, 나야, 보르헤스.〉

188 보르헤스의 고유 명사 사용 일반에 관해서는 Daniel Balderstrom, *Out of Context. Historical Reference and the Representation of Reality in Borges*, Durham/

NC. 1993 참조. 다네리는 파블로 네루다*와 루벤 다리오**도 연상시킨다. Humberto Núñez-Faraco, "In Search of The Aleph. Memory, Truth, and Falsehood in Borges's Poetics", in: *The Modern Language Review* 92/3 (1997), 613~629면 참조. 다네리는 〈단Dan-〉과 〈-에리eri〉로 이루어졌다. 따라서 〈단테 알리기에리〉에서 〈테 알리기 te alighi〉가 빠졌는데, 단편 소설의 원제 〈엘 알레프El Aleph〉가 그 부분을 연상시킨다. 〈테 알리기〉는 〈엘 알레프〉의 사이비 이탈리아어 표현처럼 들린다. 이런 말놀이들이 의미의 층에 얼마나 깊이 영향을 미치든지 간에, 우리는 단편 소설이 고유 명사들의 사용을 위한 복잡한 지칭 조건들을 설정한다는 점을 눈여겨보아야 한다. 〈공허한 고유 명사들〉이라는 순박한 도식으로는 그 조건들을 서술할 수 없다.

189 문학적 맥락에서 이름의 역할에 관해서는 Dieter Lamping, *Der Name in der Erzählung. Zur Poetik des Personennamens*, Bonn 1983 참조.

190 Borges, *Das Aleph*, S. 140.

191 같은 책, 140면.

192 같은 곳.

193 같은 곳.

194 〈알레프〉라는 표현을 통해 명백하고 명시적인 방식으로 실행되는 초한 집합론transfinite Mengenlehre 지칭하기 외에, 〈몸 알파Körper Alpha〉 지칭하기도 고려할 만하다. 파이힝어는 보르헤스가 「틀뢴, 우크바르, 오르비스 테르티우스Tlön, Uqbar, Orbis Tertius」에서 인용한 마치-처럼 철학에서 〈몸 알파〉를 거론한다. 이 몸은 꾸며 낸 개념, 〈절대 공간의 움직이지 않는 중심점〉이라고 한다(Hans Vaihinger, *Die Philosophie des Als Ob. System der theoretischen, praktischen und religiösen Fiktionen der Menschheit auf Grund eines idealistischen Positivismus. Mit einem Anhang über Kant und Nietzsche*, Berlin 1913, S. 105). 파이힝어는 〈감각의 형이상학 Metaphysik der Empfindungen〉(같은 책, 99면)을 옹호한다. 보르헤스는 「틀뢴, 우크바르, 오르비스 테르티우스」에서 그 감각의 형이상학의 허구성을 드러낸다.

195 문학 연구에서 정착된 이 같은 사실 이야기와 허구 이야기의 구별에 관해서는 Monika Fludernik u. a. (Hg.), *Faktuales und fiktionales Erzählen. Interdisziplinäre Perspektiven*, Baden-Baden 2015 참조.

196 많은 토론을 유발한 연구들을 담은 문헌으로 Paul De Man, *Allegorien des Lesens*, Frankfurt/M. 1987 참조. 우리의 맥락에서 모범적인 문헌으로는 Richard Rorty, "Is there a problem about fictional discourse?", in: Dieter Henrich, Wolfgang Iser (Hg.), *Funktionen des Fiktiven*, Poetik und Hermeneutik X, München 1983, 67~94면 참조.

197 호메로스의 『일리아스』 1권 70행에서 예언자 칼카스의 일시적 전지(全知)를 묘사할 때 등장하는 유명한 문구 ὃς ᾔδη τά τ᾿ ἐόντα τά τ᾿ ἐσσόμενα πρό τ᾿ ἐόντα(존재에

* Pablo Neruda. 칠레의 시인.
** Rubén Darío. 니카라과의 시인.

앞서 무엇이 있었는가) 참조. 무사Mousa들도 이 전지를 지녔다고 여겨진다. 예컨대 헤시오도스의 『신통기Theogonie』 38행에서 이 문구가 다시 등장한다. 『일리아스』(2권 484~486행)에서는 무사들의 전지가 오로지 주워들음으로써, 무사들이 가수에게 전달하는 식견에 도달하는 수용자들의 무지와 비교된다.

198 Borges, *Das Aleph*, 141면 참조. 보르헤스의 작품들에서 자기(저자)-허구의 역할에 관해서는 Jean-Pierre Mourrey, "Borges' chez Borges", in: *Poétique* 16 (1985), 313~324면 참조.

199 여기에서도 Núñez-Faraco, "In Search of the Aleph" 참조.

200 반대칭 공리가 없는(바꿔 말해 특히 근거가 탄탄하지 않은, 반복되는 고리들을 지닌) 부분 전체론에 관한 기술적 세부 사항은 6월에 그레이엄 프리스트가 노르트라인베스트팔렌주 국제 철학 센터의 초빙으로 본 대학교에 객원 교수로 머무를 때 상세하게 토론되었다. 토론 내용은 Gabriel, Priest, *Everything and Nothing* 참조.

201 이런 사정 때문에 의미장 존재론에서는 러셀의 역설 같은 것이 발생하지 않는다는 점을 유의하라. 자신의 의미가 자신 안에서 나타나지 않는 모든 의미장들의 의미장은 없으니까 말이다. 또한 설령 그런 의미장이 구성된다 하더라도, 추가 전제들을 도입하지 않는다면, 그 의미장이 역설을 일으킨다는 점이 증명된 것은 아직 아니다. Gabriel, *Sinn und Existenz*, 340~347면 참조.

202 이에 관해서 나는 프리스트도 잘 아는 글들에서 의심의 여지가 전혀 남지 않을 만큼 논증했다. 예컨대 Gabriel, *Sinn und Existenz*, 235~239면, 그리고 더 앞서 출판된, 같은 저자, *Warum es die Welt nicht gibt*, 77~95면 참조.

203 Graham Priest, "Everything and Nothing", in: Gabriel, Priest, *Everything and Nothing*, 10면(2019년 6월 현재 미출판) 참조.

204 예컨대 Jorge Luis Borges, *Fiktionen. Erzählungen 1939-1944*, Hamburg 1992, 23면 참조. 〈그들[틀린 지역에서 활동하는 형이상학자들 - 마르쿠스 가브리엘]은 형이상학을 환상 문학의 한 갈래로 여긴다.〉 물론 이것은 보르헤스가 직접 하는 발언은 아니다.

205 Borges, *Das Aleph*, S. 147. Jon Thiem, "Borges, Dante, and the Poetics of Total Vision", in: *Comparative Literature* 40/2 (1988), 97~112면 참조. 112면의 일부는 이러하다. 〈다네리는 알레프를 별것 아닌 것으로 만든다. 알레프를 전화, 활동사진, 천문대 같은 현대적 발명품들의 수준으로 격하한다. (……) 알레프를 만물을 한눈에 보여주는 비디오테이프 기계처럼 사용함으로써 그는 알레프를 실제 삶 이미지들의 총체적 저장소 이상의 무언가로 보는 데 실패한다. 그는 알레프의 참으로 경이로운 면모를 도외시한다. 즉, 인간의 공간 지각의 한계를 없애고 공간의 초월적 질서를 시각적으로 전달하는 능력을 도외시한다. 화자와 독자는 둘 다 이 알레프, 「알레프」가 우리에게 보여주는 알레프가 다네리의 보편적인 훔쳐보기 구멍보다 훨씬 더 환상적임을 알아챈다.〉

206 Borges, *Das Aleph*, S. 143.

207 Jorge Luis Borges, *Borges und ich*, Hamburg 1993, S. 32. 「노란 장미」에 등장

하는 백과사전 책들과 마찬가지로 알레프도 한 귀퉁이ángulo에 놓여 있다.

208 Borges, *Das Aleph*, S. 133. 〈내가 보기에 이 생각들은 정말 유치찬란하고 과장되어 있어서 나는 그것들을 단박에 문학과 관련지었다.〉

209 나는 이미 「혹성 탈출」의 허구적 장면 하나의 구조를 이런 의미로 분석한 바 있다. Gabriel, *Warum es Welt nicht gibt*, 100면 이하 참조.

210 Priest, *Beyond the Limits of Thought* 참조.

211 정확히 말하면, 형이상학적 분위기를 풍기는 보르헤스의 이야기들은 절대자를 생각하기를 찬성지도 않고 반대하지도 않는다. 왜냐하면 그것들은 고유한 특성상 예술 작품들로서 자족적이며 따라서 형이상학적이거나 메타 형이상학적인 주장들을 옹호하지 않기 때문이다. 이것은 비존재론적 격리주의의 귀결이다.

212 마이농의 대상 이론은 명시적으로 〈인식 대상을 다루는 이론〉으로서 구상되었다. Meinong, *Über Gegenstandstheorie. Selbstdarstellung*, Hamburg 1988, §6 참조. 하지만 그는 대상 영역 전체의 인식 가능성(그리고 그가 말하는 형이상학)을 〈매우 교훈적인 (……) 허구〉와 연결함으로써 형이상학적 허구주의를 슬쩍 건드린다. 〈성능에 한계가 없는 지능을 전제하면, 인식 불가능한 것은 없다. 그리고 인식 가능한 것은 또한 있다. 혹은《있다es gibt》는 주로 존재자에 관해서, 특히 실존자에 관해서 말해지는 경향이 있기 때문에, 어쩌면 이렇게 말하는 편이 더 명확할 것이다. 모든 인식 가능한 놈은 주어져 있다ist gegeben. 무엇에 주어져 있냐 하면, 인식하기에 주어져 있다. 그리고 모든 대상이 인식 가능한 한에서, 모든 대상에 대하여 예외 없이 — 대상이 존재하건 말건 간에 — 주어져 있음을 일종의 가장 보편적인 속성으로 말할 수 있다.〉(같은 책, 19면)

213 치펠은 「알레프」를 현실적인 이야기가 아니라 환상적인 이야기로 옳게 분류했다. Zipfel, *Fiktion, Fiktivität, Fiktionalität*, 109~112면 참조. 「알레프」는 부에노스아이레스에 있는 지하실이 우리에게 부과하는 일상적 실재의 맥락을 통해 설정되는 환상의 울타리를 뛰어넘는다.

214 이에 관한 상세한 논의는 Gabriel, *An den Grenzen der Erkenntnistheorie* 참조.

215 내가 근거가 탄탄하지 않은 부분 전체론에 다가간다는 점을 지적하기 위하여, 프리스트는 Gabriel, *Fields of Sense*, 188면 이하를 거론한다. 그가 꼬집는 것은 내가 〈일부 장은 자기 자신 안에서 나타날 수 있다〉는 점을 실제로 인정한다는 점이다. 반면에 제임스 힐은 다음 문헌에서 같은 논증을 다르게 재구성한다. James Hill, "Markus Gabriel Against the World", in: *Sophia* 56/3 (2017), 471~481면 참조. 힐은 논증의 개별 단계들을 더 정확히 따라간다. 왜냐하면 그는 『의미장들』 140면에서 처음 제시되고 188면 이하에서 전제되는 추가 논증을 고려하기 때문이다.

216 Markus Gabriel, *Fiktionen*, Berlin 2020, 200면 참조.

217 파이힝어의 (보르헤스가 받아들인) 칸트 풀이에서 등장하는 칸트의 어림짐작을 위한 허구의 개념이 보르헤스의 『허구들』을 위해 하는 역할에 관한 토론은 Floyd Merrell, *Unthinking Thinking. Jorge Luis Borges, Mathematics and the New Physics*, West Lafayette 1991; Silvia G. Dapía, *Jorge Luis Borges, Post-Analytic Philosophy*,

and Representation, New York, London 2016 참조.

218 이와 관련해서 맥락들이 하는 역할은 Graham Priest, *Towards Non-Being. The Logic and Metaphysics of Intentionality*, Oxford 2016, 112면 이하 참조.

219 부분 전체론적 원자 혹은 기반 대상은, 한 시스템의 부분이면서 그 자신은 어떤 시스템 안에서도 고유한 부분들을 가지지 않는 그런 부분이다. 의미장 존재론은 몇몇 시스템 안에 진정한 원자들이 있을 가능성이 충분히 있다는 생각의 여지를 열어 둔다. 예컨대 우주 안에 이제껏 명확히 식별되지 않은 어떤 규모에서 그런 원자가 있을 가능성이 있다. 시공이 플랑크 길이 수준에서 원자적인지(〈알갱이들로 되어 있는지〉) 아니면 연속적인지, 그리고 이 질문의 답이 우주 안의 진정한 부분 전체론적 원자들에 관하여 어떤 의미를 가지는지, 우리는 모른다. 몇몇 의미장 안에는 기반 대상들이 있을 수 있다. 하지만 이로부터 모든 의미장 안에 내장되어 있는 기반 대상들이 있다는 결론은 나오지 않는다. 왜냐하면 이 문제와 상관없이 우리는 모든 의미장 안에서 등장하는 것은 없음을 알기 때문이다. 그런 것은 없다. 왜냐하면 무언가를 **모든** 의미장에 배치하는 유의미한 총체는 없기 때문이다.

220 Borges, *Borges und ich*, S. 131.

221 그 학회는 소르본 대학교 법학 과학 연구소 주최로 2017년 3월 29일에 파리 국립 과학 연구 센터 CNRS에서 열렸다.

222 많이 논의된 칸토어의 절대 무한자das Absolut-Unendliche 개념 참조. 칸토어 본인은 절대 무한자를 특히 다음 문헌에서 〈단박 절대자kurzweg Absolutes〉라고 부른다. "Mitteilungen zur Lehre vom Transfiniten", in: Georg Cantor, *Gesammelte Abhandlungen mathematischen und philosophischen Inhalts*, 에른스트 체르멜로가 해설적인 주석을 달고 칸토어와 데데킨트가 주고받은 편지들에서 뽑아낸 내용을 보충하여 편집한 판본임, Berlin, Heidelberg 1932, 378~439면. 또한 기도 크라이스의 논의를 담은 Guido Kreis, *Negative Dialektik des Unendlichen. Kant, Hegel, Cantor*, Berlin 2015, 393~406면 참조. 물론 크라이스의 논의는 결함이 있다. 왜냐하면 칸트에 맞선 칸토어의 주요 논증을 은폐하기 때문이다. 그 논증을 보려면 예컨대 Cantor, *Gesammelte Abhandlungen*, 375면 참조. 간단히 줄여서 말하면, 칸토어는 칸트가 (칸토어 자신이 제시하는 것과 같은) 수용할 만한 수학적 무한의 개념을 가지고 있지 않다고 옳게 지적한다. 그러므로 크라이스가 주장하는 제한적 변증법은 애당초 작동하지 못한다. 크라이스와 유사하게 체르멜로도 이 행마를 그릇되게 평가한다(같은 책, 377면). 크라이스의 견해와 달리, 칸토어가 절대자에 관해서는 아무것도 알 수 없다는 부정 신학을 옹호한다는 것도 옳지 않다. 오히려 칸토어는 〈신의 본질의 최고 완전성으로부터 초한 질서Transfinitum ordinatum를 창조할 가능성을 추론하고, 이어서 신의 선함과 영광으로부터 초한자가 실제로 성공적으로 창조되는 것이 필연적임을 추론하는〉 논증을 펼친다(같은 책, 400면). 칸토어는 자신의 형이상학적 숙고들을 엄격한 부정 신학으로 분류하지 않고 〈사변 신학spekulative Theologie〉으로 분류한다(같은 책, 378면). 요컨대 제한적 변증법이라는 부정합적 무인(無人) 지대 어딘가에 칸토어를 배

치하는 크라이스의 행마는 사실과 텍스트의 차원 모두에서 전적으로 부당하다.

223 상세한 논의는 Gabriel, *Der Sinn des Denkens* 참조.

224 피에르 오방크의 티놀로기Tinologie 개념, 그리고 장-프랑수아 쿠르틴이 수아레스 풀이에서 티놀로기를 세부까지 완성한 것과 관련지으면서 이 주제를 다루는 문헌으로 Lázló Tengelyi, *Welt und Unendlichkeit. Zum Problem phänomenologischer Metaphysik*, Freiburg/Br. 2016, 84~113면 참조.

225 KrV, A 291/B 348.

226 KrV, A 771/B 779.

227 Meinong, *Über Gegenstandstheorie*, 8~10면 참조. 러셀과 콰인의 논박을 계기로 비로소 사람들은 마이농의 원래 입장을 재구성하여 그 입장이 스스로 지목한 함정들에 맹목적으로 빠지는 것을 막았다. 마이농이 떠올린 해결책은 〈본성적으로 외재(外在)하는von Natur außerseiend〉(같은 책, 12면) 〈순수한 대상das reine Gegenstand〉(같은 곳)을 도입하는 것이다. 그렇게 하면 〈역설의 가상이 최종적으로〉(같은 곳) 제거된다고 그는 믿는다. 〈순수한 대상이 외재한다는 원리〉(같은 곳)를 통해 마이농은 대상들의 총체를 인식 안으로 옮겨 놓는다. 하지만 이렇게 되면 순수한 대상들을 아우른 대상 영역이 역설 없이 총체화될 수 있다는 것이 더는 보증되지 않는다. 이 문제와 관련해서는 어쩌면, 고전적 논리의 문턱 아래에서 작동하는 형태의 지칭(무의식)이 있다는 견해를 프로이트와 융 이래로 받아들이는 정신 분석이 옳을 것이다. 예컨대 Carl Gustav Jung, *Die Archetypen und das Kollektive Unterbewußte*, Düsseldorf 1995 (=GW 9/1), 246면의 다음 대목을 참조하라. 〈논리는《양자택일》을 말한다. 즉, 우리는 맞선 놈들의 하나임을 상상할 수 없다. 바꿔 말해, 그럼에도 존립하는 이율배반들의 해소는 우리에게 단지 공준Postulat으로서만 유효하다. 반면에 무의식의 사정은 전혀 다르다. 무의식의 내용은 전반적으로나 개별적으로나 그 자체로 역설적 혹은 이율배반적이므로, 존재 범주가 배제되지 않는다.〉 마이농주의적 존재 영역을 도입할 때 발생하는 모순들을 꼼꼼히 개관하려면 Sainsbury, *Fiction and Fictionalism*, 44~67면 참조.

228 특히 Priest, *Towards Non-Being*, vii면 이하, 그리고 4장 참조. 4장에서 프리스트는 본인의 고유한 해법을 내놓는다. 많이 토론된 다른 마이농주의적 입장들을 옹호하는 문헌들로는 Routley, *Exploring Meinong's Jungle and Beyond*; Edward N. Zalta, *Abstract Objects. An Introduction to Axiomatic Metaphysics*, Dordrecht 1983; 같은 저자, *Intensional Logic and the Metaphysics of Intentionality*, Cambridge/MA. 1988; Terence Parsons, *Nonexistent Objects*, New Haven 1980; Berto, *Existence as a Real Property* 참조.

229 Priest, *Towards Non-Being*, S.viii. 원문은 이러하다. 〈For let B be any sentence, and consider the condition $x=x \wedge B$. Let t be the object characterized by this condition. Then the CP gives us: $t=t \wedge B$, from which B follows. It would seem, then, that only a restricted class of contexts, $A(x)$, can be used in the CP. The problem is, which? This is the characterization problem.〉

230 Priest, *Towards Non-Being*, S. viii. 원문은 이러하다. 〈The CP *can* hold unrestrictedly, provided only that its instances may hold, not at this world, but at others.〉

231 같은 책, 13면.

232 Priest, *One*, S. xxii. 〈기록을 남겨 두자면, 나는 있음을 인과 관계에 진입할 잠재력을 지녔음으로 간주한다.〉 상반된 입장을 보려면 Gabriel, "Was ist (die) Wirklichkeit?", 67면 이하 참조.

233 Priest, *Towards Non-Being*, S. 13.

234 Priest, "Everything and Nothing", 2면의 한 대목은 이러하다(인용문은 2019년 6월 당시의 원고에서 따옴). 〈그렇다면 우선, 대상이란 과연 무엇일까? 대상은 사람들이 명명할 수 있고, 술어를 거느린 주어일 수 있고, 양화사가 붙을 수 있고, 지향적 정신 상태의 대상일 수 있는 그런 놈이다. 예컨대 오스트레일리아는 대상이다. 왜냐하면 사람들이《오스트레일리아》라는 이름으로 오스트레일리아를 지칭할 수 있으니까 말이다. 사람들이《오스트레일리아는 여섯 개의 주를 가지고 있다》라고 말할 수 있으므로, 즉《여섯 개의 주를 가지고 있다》라는 술어를 오스트레일리아에 붙일 수 있으므로, 오스트레일리아는 대상이다. 사람들이 이를테면 (오스트레일리아를 비롯한) 몇몇 대륙은 그 전체가 남반구에 있다고 말함으로써 오스트레일리아에 양화사를 붙일 수 있으므로, 오스트레일리아는 대상이다. 그리고 사람들이 오스트리아에 관하여 생각할 수 있고, 거기에 가기를 바랄 수 있고, 등등이므로, 오스트레일리아는 대상이다.〉

235 같은 곳(다음 원문은 2019년 6월의 원고에서 따옴). 〈To be an object is simply for there to be something which is identical to it is, or more simply, to be something.〉 프리스트가 사용하는 기호 〈Ⓢ〉는 특수 양화사(=몇몇)다. 그는 특수 양화사와 존재 양화사(=이러저러한 무언가가 있다)를 구별한다.

236 동일성 수수께끼와 그것의 존재론적 전사(前史)에 관해서는 Markus Gabriel, "Die Ontologie der Prädikation in Schellings *Die Weltalter*", in: *Schelling-Studien. Internationale Zeitschrift zur klassischen deutschen Philosophie* 2 (2014), 3~20면 참조. 또한 최근 문헌으로 Manfred Frank, *'Reduplikative Identität'. Der Schlüssel zu Schellings reifer Philosophie*, Stuttgart–Bad Cannstatt 2018 참조.

237 Priest, *Towards Non-Being*, 60면 참조. 〈그러나 명백히 일부 비지향적 술어들은 실존을 포함하지 않는다. 예컨대 동일성 같은 논리적 술어들이 그러하다. 설령 a가 실존하지 않더라도, a는 자기와 동일하다(곧 $a=a$), 라는 명제는 여전히 진실이다.〉

238 설득력 있는 국소적 반실재론을 세부적으로 다루는 문헌으로 Crispin Wright, *Wahrheit und Objektivität*, Frankfurt/M. 2001 참조.

239 물론 내가 보기에는, 우리가 수학과 관련하여 실재론을 옹호해야 한다는 결론이 괴델 이후 지난 세기의 수학적 불완전성 정리들로부터 귀결되는 듯하다. 그렇기 때문에 괴델 본인도 플라톤주의적 존재론을 추종했다. 하지만 이것은 따로 다뤄야 할 주제다. Gabriel, *Sinn und Existenz*, 148~157면 참조.

240 매우 모범적인 문헌으로 예컨대 Rödl, *Selbstbewußtsein und Objektivität* 참조.

이 맥락에서 이야기되는 관념론의 개념에 대해서는 Markus Gabriel, *Skeptizismus und Idealismus in der Antike*, Frankfurt/M. 2009, §3 참조.

241 Rödl, *Selbstbewußtsein und Objektivität*, 4.2장 참조.

242 Koch, *Hermeneutischer Realismus*, 5장.

243 Markus Gabriel, "Gegenständliches Denken", in: Antonia Egel u. a. (Hg.), *Die Gegenständlichkeit der Welt. Festschrift für Günter Figal*, Tübingen 2019, 37~55면 참조.

244 Gabriel, "Cosmological Idealism" 참조.

245 Markus Gabriel, "Transcendental Ontology in Fichte's Wissenschaftslehre 1804", in: Steven Hoeltzel (Hg.), *The Palgrave Fichte Handbook*, London 2019, 443~460면 참조.

246 특히 논증의 지형을 면밀히 재구성한 문헌으로 Sebastian Gardner, "The Limits of Naturalism and the Metaphysics of German Idealism", in: Espen Hammer (Hg.), *German Idealism. Contemporary Perspectives*, London, New York 2007, 19~49면 참조, 또한 Markus Gabriel, "Endlichkeit und absolutes Ich. Heideggers Fichtekritik", in: *Fichte-Studien* 37 (2013), 241~261면, 그리고 Markus Gabriel, *Ich ist nicht Gehirn*, 222~225면 참조.

247 Gabriel, "Für einen nicht-naturalistischen Realismus".

248 더 상세한 논의는 Gabriel, "Existenz, realistisch gedacht" 참조.

249 당연히 우리의 진술들도 사실들로 이루어진 바탕에 속한다. 우리가 그 바탕에 관하여 무언가를 진술하더라도, 우리는 그 바탕을 벗어나지 못한다. 이러저러하다고 주장하는 생물로서의 우리의 지위로부터, 우리가 객체의 맞은편에 위치한 주체라는 것이 도출되지는 않는다. Gabriel, *Der Sinn des Denkens*, 222~227면 참조.

250 버지는 설득력 있는 논증을 통해 자연주의를 그것의 고유한 울타리 안으로 들여보낸다. Burge, *Origins of Objectivity*, 308면 참조. 이 문헌에서 그는 〈자연주의〉를 〈자연 과학들이 인정하는 속성들이 과학이 인정해야 할 모든 속성들이라는 생각〉으로 정의한다. 그리고 다음과 같은 결론에 도달한다. 〈자연주의는 실제 과학적 설명과 잘 연결되지 않는다. 자연주의가 산출한 과학적 가치나 철학적 가치는 거의 없다.〉 지당한 결론이다!

251 Meinong, *Über Gegenstandstheorie*, S. 17.

252 같은 책, 4면.

253 같은 곳.

254 같은 책, 19면.

255 Edmund Husserl, *Formale und transzendentale Logik. Versuch einer Kritik der logischen Vernunft*, Hamburg 1992, S. 92.

256 관련 논증을 담은 문헌으로 Gabriel, *An den Grenzen der Erkenntnistheorie* 참조.

257 KrV, A 290/B 346.

258 KrV, A 292/B 348.

259 Priest, *Towards Non-Being*, S. 118~121.

260 같은 책, 120면. 원문은 이러하다. 〈Imagining new things about an object does not change the object in question.〉

261 내가 맹목적 허구 실재론으로 명명한 이 입장은 이 책에서 채택한 분류법에 따를 때 통상적인 허구 실재론보다 이론적으로 우월하다. 왜냐하면 맹목적 허구 실재론은 명확하게 발설된 존재론을 동반하기 때문이다. 그 존재론은, 완성된(따라서 정당화된) 대상 이론에 관한 실재론-비실재론 논쟁을 벌일 수 있게 해준다.

262 탐정이 탐정임을 통해 특징지어진다는 것은 뻔한 사정이다. 홈스의 탐정임을 우연으로 취급해야 한다면, 우리의 논의를 위해 〈슈몸스〉라는 탐정을 도입할 수 있을 것이다. 슈몸스는 본질적으로 탐정이다. 따라서 슈몸스가 탐정이 아니라면 슈몸스가 아닐 터이다. 홈스와 달리 슈몸스는 존재론적으로 탐정임에 이르도록 예정되어 있다. 프리스트에게 슈몸스는 정상적인 대상이므로, 슈몸스를 도입하는 것은 전혀 문제 될 것이 없다.

263 모든 사회적 속성이 인정에 의존하는 것은 아니다. Markus Gabriel, "Facts, Social Facts, and Sociology", in: Werner Gephart, Jan Christoph Suntrup (Hg.), *The Normative Structure of Human Civilization. Readings in John Searle's Social Ontology*, Frankfurt/M. 2017, 49~68면, 그리고 이 책 3부 참조.

264 Priest, *Towards Non-Being*, S. 119.

265 기록하기 의존과 기록 의존의 차이에 관해서는 Markus Gabriel, "Repliken auf Beisbart, García, Gerhardt und Koch", in: Buchheim (Hg.), *Jahrbuch-Kontroversen 2*, 106~149면, 특히 113면 참조.

266 그런 대상들이 실재하지 않는 것은 아니다. 왜냐하면 우리는 그런 대상들에 관하여 착각할 수 있기 때문이다. 통증을 느낌은 이 통증이 정확히 무엇인지 앎을 뜻하지 않는다. 사람들은 통증을 비물질적인 영혼의 상태로 여김으로써 통증에 관하여 착각할 수 있다.

267 더 나아가 프리스트에 따르면 A도 자기 자신의 부분으로서 속한다.

268 주앙 브란키뇨와 마티아 리카르디는 통증이 관념적 대상인지 여부는 통증의 개념에 달려 있다고 나에게 지적했다. 2018년 6월 9일 포르투갈 철학회 3차 회의에서 행한 기조연설에서 브란키뇨는 인식적 광도luminosity(발광력)를 반박하는 윌리엄슨의 논증들로부터 통증은 관념적이지 않다는 결론을 도출했다. 하지만 이 결론은 의문스러운 형이상학적 주장이다. 이 책에서 사용되는 통증 개념에 관한 토론은 Murat Aydede (Hg.), *Pain. New Essays on Its Nature and the Methodology of Its Study*, Cambridge/MA., London 2005 참조.

269 Mehlich, "Kopernikanischer Salto", S. 107~117.

270 Anton Friedrich Koch, "Sein und Existenz", in: Sebastian Ostritsch, Andreas

Luckner (Hg.), *Philosophie der Existenz. Aktuelle philosophische Ansätze von der Ontologie bis zur Ethik*, Stuttgart(근간) 참조.

271 Markus Gabriel, "Sinnfeldontologie oder reformierte Metaphysik? Replik auf Le Moli", in: *Perspektiven der Philosophie. Neues Jahrbuch* 42 (2016), 110~125면 참조.

272 Gabriel, *Sinn und Existenz*, §3의 논증들 참조.

273 신마이농주의적 대상 이론은 하이데거가 존속 형이상학Bestandsmetaphysik이라며 배척하는 것의 대표적인 사례다. 그 대상 이론의 대상화는 한계가 없다. 무(無)조차도 대상화된다. 이 대목에서 프리스트의 고유한 하이데거 풀이를 다룬다면, 그것은 과도한 작업일 터이다. 그 풀이는 이 의구심에 맞서 어쩌면 자신을 방어할 줄 알겠지만 말이다. Priest, *Beyond the Limits of Thought*, 15장 참조.

274 물론 이런 질문은 열려 있다. 무제한의 보편 양화사에 대한 다른 해석을, 예컨대 〈치환적으로 이해된 양화 모형Modell der substitutional verstandenen Quantifikation〉에 따른 해석을 도입하여 의미장 존재론에 도움을 줄 수 있을까? 이에 관한 흥미롭고 유익한 토론을 나는 이 책에서 다루지 않으려 한다. 왜냐하면 철학적 추가 작업이 없다면, 무제한 보편 양화의 기능 방식을 다루는, 형이상학적으로 사용 가능한 무제한의 담론 영역을 요구하지 않는 모형들로부터 세계 없음 직관에 맞선 반론들은 당연히 도출될 수 없기 때문이다. 이에 대해서도 머지않아 다음 문헌에서 제시될 더 상세한 논의를 참조하라. Gabriel, Priest (Hg.), *Everything and Nothing*.

2부 정신 실재론

1 이 문제를 문학적 관점에서 괴테의 『색채론』과 연결하면서 Jacques Derrida, *Marx' Gespenster. Der verschuldete Staat, die Trauerarbeit und die neue Internationale*, Frankfurt/M. 1995를 기초로 삼아 논하는 문헌으로 Strowick, *Gespenster des Realismus* 참조.

2 내가 최근에야 명확히 깨달은 바지만, 실제로 셸러는 탄탄하며 또한 (적어도 양자 이론, 다원주의, 이미 성큼 진보했던 실험 심리학을 포함한) 당대 과학의 수준과 대등한 정신 철학을 제시했다. 많은 결정적인 논점에서 그 정신 철학은 이 책에서 펼치는 신(新)실존주의와 일치한다. Max Scheler, *Die Stellung des Menschen im Kosmos*, Bern 1966, 36~49면 참조.

3 Gabriel, *Neo-Existentialism*, 또한 입문적인 논의는 같은 저자, *Ich ist nicht Gehirn* 참조.

4 Martin Heidegger, *Sein und Zeit*, Tübingen 1967, S. 42.

5 Charles Taylor, *Ein säkulares Zeitalter*, Frankfurt/M. 2012 참조.

6 여기에서 나는 2019년 2월 1일에 열린 본 대학교 철학과의 1차 연구 학회에서 구두로 제시된 베르너 게파르트와 루돌프 슈티히베의 제안들을 따른다.

7 나는 생물학 철학Philosophie der Biologie과 생명 철학Philosophie des

Lebendigen을 구별한다. 전자는 이미 정립되어 앞에 놓여 있는, 특정한 대상 영역을 다루는 생물학 이론들을 일반적인 과학 철학의 방법으로 탐구하는 반면, 후자는 생물학이 탐구하는 대상들을 직접 다룬다. 생물학 철학은 이론들을 탐구하고, 생명 철학은 살아 있는 시스템들을 탐구한다. 내가 보기에 다른 자연 과학적 연구 분야들에 대해서도 유사한 구별을 유념할 필요가 있다. 예컨대 물리학 철학과 자연 철학은 구별되어야 한다. 생명, 자연 등을 오로지 기존 자연 과학 이론들에 대한 과학 철학적 탐구의 프리즘을 통해서만 적확하게 다룰 수 있다는 생각을 비판하는 문헌으로 Gabriel, *Die Wirklichkeit des Universums* 참조.

8 Denis Noble, *Dance to the Tune of Life. Biological Relativity*, Cambridge 2016, S. 6. 원문은 이러하다. 〈it consists of distancing ourselves from privileged viewpoints for which there is insufficient justification. There are no absolutes - rather, even in science things can only be understood in a relative sense: relative to the question we ask; relative to the scale at which we ask the question; relative to our present knowledge of a universe of which we will always have questions remaining.〉 유사한 문헌으로 Laurent Nottale, *La relativité dans tous ses états. Au-delà de l'espace-temps*, Paris 1998 참조.

9 Noble, *Dance to the Tune of Life*, S. 262. 〈universes within universes within universes.〉

10 인간 과학들은 인간의 모든 자기 탐구 각각을 아우른다. 그리고 인간의 자기 탐구는 명백히 학문 분야들의 경계를 뛰어넘는다. 인간은 개별 학문의 대상이 아니다. 오히려 인간은 자기 자신을 탐구하는 생물로서 모든 연구 프로젝트의 암묵적이거나 명시적인 주제다. 인간적 관점의 환원이나 심지어 제거를 통하여 이 엄연한 사실에 반발하는 것은 병증(病症)들의 원천이다. 앞으로 펼칠 논의에서 그 병증들을, 완벽함을 주장하지 않으면서 진단할 것이다.

11 베르너 게파르트는 스스로 〈호문쿨루스들〉이라고 부르는 것이 속한 이 이론 층을 사회학에 대한 과학 철학적 위치 규정으로 고려해야 한다는 점을 나에게 구두와 서면으로 알려 주었다. 그에게 감사한다. 호문쿨루스들은 관찰 가능한 행태와 유의미하게 추체험할 수 있는 행위 사이의 형이상학적 중간 영역에 거주한다. 따라서 그들은 사회학적 범주 장치에 대한 자기 탐구의 포트폴리오에 속하며 이론 구성의 경험적 개방성 때문에, 콰인이 『단어와 대상』 §5에서 말하는 의미의 〈진실truth〉과 〈정립posit〉 사이에서 떠돈다.

12 언급한 최소한의 상관자가 신경과 관련이 있는지조차도 불확실하다. 예컨대 노블을 비롯한 여러 학자의 견해에 따르면, 〈의식적 경험은 몸 전체의 속성이다〉(Noble, *Dance to the Tune of Life*, S. 68). Denis Noble u. a., "What is it to be Conscious?", in: John R. Smythies u. a. (Hg.), *The Claustrum. Structural, Functional, and Clinical Neuroscience*, New York 2014, 353~363면 참조.

13 잘 알려져 있듯이, 이것은 대니얼 데닛이 다음 문헌에서 펼치는 이론의 개요다

(Daniel C. Dennett, *The Intentional Stance*, Cambridge/MA. 1987). 환상주의를 위한 데넷의 최신 기여를 보려면, 같은 저자, *Von den Bakterien zu Bach - und zurück. Die Evolution des Geistes*, Frankfurt/M. 2018 참조.

14 이에 관한 고전적인 연구서로 Bruno Snell, *Die Entdeckung des Geistes. Studien zur Entstehung des europäischen Denkens bei den Griechen*, Göttingen 1975 참조.

15 라플라스는 심지어 나폴레옹 치하의 내무 장관이었으며 이데올로기 학파를 새로운 체제의 목적들에 유용하게 만드는 데 결정적으로 기여했다.

16 Ludwig Wittgenstein, *Philosophische Untersuchungen*, Frankfurt/M. 1971, § 309/S. 131. 〈철학에서 너의 목표는 무엇인가? — 파리에게 파리 병에서 나가는 길을 보여 주기.〉

17 KrV, A 26/B 42.

18 후설 현상학의 방향을 제시하는 문헌으로 Edmund Husserl, *Philosophie als strenge Wissenschaft*, Hamburg 2009 참조.

19 같은 곳, 34면.

20 Blumenberg, *Theorie der Unbegrifflichkeit*, S. 38. 절대적 은유의 개념에 관해서는 *Paradigmen zu einer Metaphorologie*, Frankfurt/M. 1998 참조.

21 Gabriel, "Neutraler Realismus"; 같은 저자, "Existenz, realistisch gedacht" 참조.

22 예컨대 Stephen L. Macknik u. a., *Hirnforschung und Zauberei. Wie die Neuromagie die alltägliche Täuschung unserer Sinne enthüllt*, Freiburg/Br. 2014, 그리고 Susana Martinez-Conde, Stephen L. Macknik, *Champions of Illusion. The Science Behind Mind-Boggling Images and Mystifying Brain Puzzles*, New York 2017 참조.

23 John R. Searle, *Intentionalität. Eine Abhandlung zur Philosophie des Geistes*, Frankfurt/M. 1987.

24 로메치의 데카르트 풀이를 담은 저서 *Freiheit zur Wahrheit*는 최소 코기토를 옹호하면서 또한 동시에 존재론적 이원론을 극복한다.

25 Daniel C. Dennett, *Philosophie des menschlichen Bewußtseins*, Hamburg 1994.

26 Dennett, *Von den Bakterien zu Bach - und zurück*, 24면 참조. 《만물은 이렇게 되어졌기 때문에 이러하다.》 이 대목에서 데넷은 다시 웬트워스 톰슨의 저서 *Über Wachstum und Form*, Frankfurt/M. 1982를 끌어들인다. 당연한 말이지만, 이 원리는 기껏해야 과정들에, 더 좁혀서 말하면 진화 생물학의 원리들로 탐구할 수 있는 과정들에 타당하다. 따라서 진화 생물학의 해석에 관한 과학 철학적 난점들이 발생하는데, 데넷은 그것들을 다루려는 시도조차 하지 않는다. 대신에 그는 본질적으로 도킨스풍의 통속적인 기계주의적-형이상학적 풀이에 의존한다.

27 이런 태도에 관해서는 Claus Beisbart, "Wie viele Äpfel sind wirklich im Kühlschrank?", in: Thomas Buchheim (Hg.), *Jahrbuch-Kontroversen 2. Markus Gabriel: Neutraler Realismus*, Freiburg/Br., München 2016, 223~329면, 특히 224면

참조.

28 George Berkeley, *Philosophisches Tagebuch*, Hamburg 1979, S. 54.

29 John Campbell, Quassim Cassam, *Berkeley's Puzzle. What Does Experience Teach Us*, Oxford 2014.

30 Price, *Naturalism Without Mirrors*, S. 253~279.

31 예컨대 대표적인 연구서로 Jay L. Garfield, *Engaging Buddhism. Why it Matters to Philosophy*, Oxford 2015 참조. 형이상학적 해석을 원한다면 늘 예리한 그레이엄 프리스트의 서술을 담은 문헌 *The Fifth Corner of Four. An Essay on Buddhist Metaphysics and the Catuṣkoṭi*, Oxford 2018 참조.

32 Daniel C. Dennett, "Illusionism as the Obvious Default Theory of Consciousness", in: *Journal of Consciousness Studies* 23/11-12 (2016), S. 65~72.

33 Keith Frankish, "Illusionism as a Theory of Consciousness", in: *Journal of Consciousness Studies* 23/11-12 (2016), S. 11~39. 인용문은 11면에 나오며 원문은 이러하다. 〈is the view that phenomenal consciousness, as usually conceived, is illusory. According to illusionists, our sense that it is like something to undergo conscious experiences is due to the fact that we systematically misrepresent them (or, on some versions, their objects) as having phenomenal properties.〉

34 Frankish, "Illusionism as a Theory of Consciousness", S. 15.

35 같은 곳.

36 같은 책, 18면. 원문은 이러하다. 〈the basic illusionist claim that introspection delivers a partial, distorted view of our experiences, misrepresenting complex physical features as simple phenomenal ones.〉

37 레이먼드 탤리스는 궁극적으로 자의적인 이 전략을 〈신경-다윈염〉으로 명명하고 하나의 병증으로 서술한다. Raymond Tallis, *Aping Mankind. Neuromania, Darwinitis and the Misrepresentation of Humanity*, Abingdon, New York 2011, 또한 Gabriel, *Ich ist nicht Gehirn*, 147~155면 참조.

38 Nicholas Humphrey, *Soul Dust. The Magic of Consciousness*, Princeton 2011, S. 204. Frankish, "Illusionism as a Theory of Consciousness" 17면에서 재인용. 원문은 이러하다. 〈fiction of the impossible.〉

39 Frankish, "Illusionism as a Theory of Consciousness", S. 17. 원문은 이러하다. 〈a magic trick played by the brain on itself.〉

40 Nicholas Humphrey, "The Invention of Consciousness", in: *Topoi* (2017), S. 1~9, 특히 1면. 원문은 이러하다. 〈First, it is a cognitive faculty, evolved by natural selection, designed to help us make sense of ourselves and our surroundings. But then, second, it is a fantasy, conjured up by the brain, designed to change how we value our existence.〉

41 Searle, *Intentionalität*, 10장. 특히 328면 이하.

42 Derk Pereboom, *Consciousness and the Prospects of Physicalism*, New York 2011, S. 15~40. Frankish, "Illusionism as a Theory of Consciousness", 17면 이하에서 재인용.

43 Frankish, "Illusionism as a Theory of Consciousness", 18면에 나오는 조지 레이 간접 인용을 재인용함. 원문은 이러하다. 〈the experience of a child in a dark cinema who takes the cartoon creatures on screen to be real.〉

44 여기에서 정신 허구주의의 담론 이론적 변형도 추가로 살펴볼 만하다. 그 변형에 따르면, 정신적인 것에 관한 담론은 (1) 진실 능력을 갖추었고/인지적이고, (2) 다른 말로 표현하지 않아도(즉, 곧이곧대로) 이해할 수 있지만, 그럼에도 (3) 거짓이다. 하지만 정신적인 것에 관한 발언들은 (4) 이로운 역할을 한다. 따라서 합리성 이론에 입각한 숙고에 기초하여 그 담론을 배제하는 것은 바람직하지 않다. 이 입장에 관한 토론을 보려면, *The Monist* 96/4 (2013)에 실린 글들을 참조하라. 이 문헌은 처음부터 끝까지 〈정신 허구주의〉만 다룬다. 이 문헌에서 정신 허구주의에 대한 결정적 반론은 Miklós Márton, János Töszér, "Mental Fictionalism as an Undermotivated Theory", in: *The Monist* 96/4 (2013), 622~638면이다. 마르톤과 퇴세르는 허구주의적 담론 이론을 의식에 적용할 동기가 없으며, 따라서 일반적인 정신 허구주의를 받아들일 이유는 더욱더 없음을 보여 준다.

45 Gabriel, *Propos réalistes*, 189~207면 참조.

46 Aristoteles, *De anima* III 6, 430a26~28 참조.

47 많이 논의된 이 사정을 내가 어떻게 재구성하는지 보려면, Gabriel, *An den Grenzen der Erkenntnistheorie*, §8 이하 참조.

48 Frankish, "Illusionism as a Theory of Consciousness", S. 27. 해당 원문은 이러하다. 〈If people's claims and beliefs about something (God, say, or UFOs) can be fully explained as arising from causes having no connection with the thing itself, then this is a reason for discounting them and regarding the thing as illusory.〉

49 KrV, B 123f.

50 독일 본에서 2016년 12월 12일에 이루어진 에른스트 로베르트 쿠르티우스 강의에서 이 문제에 관해 상세히 토론해 준 것에 대하여 네드 블록과 타일러 버지에게 감사한다.

51 Immanuel Kant, *Träume eines Geistersehers, erläutert durch Träume der Metaphysik*, Werkausgabe Band II, Frankfurt/M. 1977, S. 931.

52 같은 책, 931면

53 같은 책, 932면

54 같은 책, 932면 이하.

55 이 의미심장한 대목에서 프랭키시는 누군가를 상상한다. 그 누군가는 〈허구적인 괴로움을 원인으로 지목하고 있고, 연극의 세계로 진입하여 등장인물들의 감정에 반응하고 있다. 마치 그들이 실재하기라도 하는 것처럼 말이다. (……) 당연한 말이지

만, 대다수 사람은 자신의 현상학*을 환상으로 간주하지 않는다. 그들은 무대 위의 연기를 실제 상황으로 간주하는 순박한 연극 관람자들과 유사하다. 그러나 환상주의자들이 옳다면, 인지 과학자들은 현상학적 보고를 허구로 취급해야 한다. 비록 뇌 속에서 실제로 일어나는 일에 관한 단서를 제공하는 허구로 취급하더라도 말이다〉(Frankish, "Illusionism as a Theory of Consciousness", S. 22).

56 Frankish, "Illusionism as a Theory of Consciousness", S. 34. 원문은 이러하다. 〈There need be no unified audience for the illusion smaller than the organism as a whole (or at least its central nervous system).〉

57 Tylor Burge, "Self and Self-Understanding", in: *The Journal of Philosophy* 108/6-7 (2007), S. 287~383.

58 여기에서 현상적 의식을 부분으로 포함한 전체는, 인간의 관점에서 보면 정신 Geist이며 따라서 어떤 주어진 시점에서의 유기체도 아니고 (중추 신경계와 같은) 유기체의 하위 시스템은 더더욱 아니라는 점을 유의하라. 정신이라는 전체를 기반으로 삼을 때 우리는 우리 자신을 본질적으로 정신적(심리적) 상태들을 가진 생물로서 파악할 수 있다. 이때 그 정신적 상태들 중 일부는 우리가 그것들을 자연종들과 관련짓고 결국 자연종들로 환원함을 통하여 성공적으로 식별될 수 없다. 그렇기 때문에 정신은 자연종이 아니며 따라서 자연 과학적 탐구의 대상이 아니다.

59 Georg Wilhelm Friedrich Hegel, *Wissenschaft der Logik*, Werke in 20 Bänden, Bd. 5, Frankfurt/M. 1969~1971 (=TWA, 5), S. 96.

60 Christopher Chabris, Daniel Simons, *The Invisible Gorilla. And Other Ways Our Intuition Deceives Us*, New York 2010.

61 Hogrebe, *Szenische Metaphysik* 등 참조.

62 최근 문헌으로, 현재에 맞게 개선된 숙고를 담은 Dieter Henrich, *Dies Ich, das viel besagt. Fichtes Einsicht nachdenken*, Frankfurt/M. 2019 참조.

63 Aristoteles, *Metaphysik* XII 9.1074b36. 이 표현을 풀이한 문헌으로 Markus Gabriel, "God's Transcendent Activity. Ontotheology in Metaphysics ∧", in: *The Review of Metaphysics* 250 (2009), 385~414면 참조.

64 다음 문헌에 등장하는 〈sensation(감각)〉 개념을 참조하라. Bertrand Russell, *Die Analyse des Geistes*, Hamburg 2000. 러셀은 감각 데이터를 주관적인 정신적 상태로 이해하지 않고 〈정신과 물질의 공통 부분〉(177면)으로 이해한다. 이 모형에 따르면, 대상은 대상의 여러 측면의 배후에 있는 것이 아니라 특수성들의 다발이다. 쉽게 떠오르는 반론은, 그렇다면 실재의 실체가 파열한다는 것이다. 러셀은 이러한 반론에 다음과 같이 옳게 대답한다. 〈이런 반론을 제기할 만하다. 이 모든《측면들》의 원천인, 실존하는 개별 사물이 없다면, 이 모든 측면들이 무엇을 통해 서로 결합한다는 말인가? 대답은 간단하다. 그런 개별 사물이 존재할 때와 똑같은 방식으로 결합한다.〉(117면) 정

* 자신이 의식하는 내적 상태.

신 물리학*과 그 주변에서 내포 개념이 겪은 역사에 관해서는 안드레아 쉬테가 본 대학교에 제출한 교수 자격 취득 논문 *Intensität. Ästhetik und Poetik eines literarischen Phänomens*, Bonn 2018 참조.

65 다음 문헌도 같은 견해를 제시한다. Dreyfus, Taylor, *Die Wiedergewinnung des Realismus*.

66 다음 문헌에 담긴 논의 참조. Michael S. Gazzaniga, "On Determinism and Human Responsibility", in: Gregg D. Caruso, Owen Flanagan (Hg.), *Neuroexistentialism. Meaning, Morals, and Purpose in the Age of Neuroscience*, Oxford 2018, S. 223~234.

67 차가운 음료, 냉장고 등이 신경 활동 패턴의 형태를 띤 재현자들로서 인과적 작용력을 발휘한다고 상정하더라도, 부수 현상주의가 처한 곤경은 개선되지 않는다. 왜냐하면 냉장고, 차가운 음료 등을 재현하는 이들은, 아무튼 그것들과 상관된 정신적 상태들이 있기 위하여 어떤 식으로든 냉장고, 차가운 음료 등을 다뤄야 한다. 그러나 그 재현자들은 냉장고, 차가운 음료 등을 다루지 않는다. 그것들은 단지 냉장고, 차가운 음료 등에 의해 유발될 따름이다. 물론 유발의 개념에 지향성 관계를 은근슬쩍 포함시킨다면 이야기가 달라질 수도 있겠지만 말이다. 그러나 무언가를 재현하기와 무언가에 의해 유발되기는 당연히 일반적으로 동일하지 않다. 따라서 부수 현상주의자는 왜 신경 활동 패턴에 대해서는 (그 패턴이 환경의 사물들이나 사건들에 의해 유발되는 한에서) 이 동일성이 성립하는지 해명해야 할 터이다.

68 Timothy Williamson, *Knowledge and its Limits*, Oxford, New York 2000, 93면 이하.

69 같은 책, 93면.

70 같은 책, 95면. 원문은 이러하다. 〈(L) For every case α, if in α Cobtains, then in α one is in a position to know that C obtains.〉

71 여기에서 내가 계속 의지하는 문헌은 Anthony Brueckner, M. Oreste Fiocco, "Williamson's Anti-Luminosity Argument", in: *Philosophical Studies* 110/3 (2002), 285~293면이다.

72 Williamson, *Knowledge and its Limits*, S. 106~109.

73 같은 책, 107면.

74 Rometsch, *Freiheit zur Wahrheit*, 4장.

75 이와 관련하여 생물학적 외재주의를 옹호하는 논증을 보려면 Gabriel, *Der Sinn des Denkens*, 197~204면 참조.

76 〈판단하기urteilen〉는 윌리엄슨의 표현 〈entertaining the proposition that(······라는 명제를 품기)〉을 번역한 것이다.

77 Williamson, *Knowledge and its Limits*, 108면 이하. 원문은 이러하다. 〈if one

---

* Psychophysik. 물리적인 것과 정신적인 것(특히 자극과 감각) 사이의 관계를 탐구하는 학문 분야.

is entertaining the proposition that it is raining, then one is in a position to know that one is entertaining the proposition that it is raining. When one is entertaining a slightly different proposition p, one does not have a high degree of false belief that one is entertaining the proposition that it is raining; one has a high degree of true belief that one is entertaining p, since the belief derives its content from p itself. Thus the argument does not apply to examples in which one considers the condition only when it obtains. Such examples constitute a very minor limitation on the generality of the argument. In any case, we may conjecture that, for any condition C, if one can move gradually to cases in which C obtains from cases in which C does not obtain, while considering C throughout, then C is not luminous.⟩

78 이 사정을 특히 적절하게 서술한 문헌으로 Rödl, *Selbstbewußtsein und Objektivität* 참조. 또한 Irad Kimhi, *Thinking and Being*, Cambridge/MA., London 2018 참조.

79 이것을 기반으로 삼아서 안톤 프리드리히 코흐는, 우리가 회의주의적인 꿈 시나리오 안에 있을 수 없음을 보여 준 바 있다. 그의 반(反)회의주의적인 전략을 살펴보려면 Anton Friedrich Koch, "Wir sind kein Zufall. Die Subjektivitätsthese als Grundlage eines hermeneutischen Realismus", in: Gabriel, *Der Neue Realismus*, 230~243면, 또한 Anton Friedrich Koch, "Der metaphysische Realismus und seine skeptizistische Rückseite", in: Markus Gabriel (Hg.), *Skeptizismus und Metaphysik. Deutsche Zeitschrift für Philosophie*, Sonderband 28, Berlin 2012, 93~104면 참조.

80 이 대목에서 다음과 같은 우려가 제기될 만하다. 이렇게 되면 타인의 판단을 이해할 가능성이 훼손되지 않는가? 무슨 말이냐면, 외견상으로는, 누군가가 p라고 생각한다는 사정이 그가 생각하는 바를 물들이기라도 하는 것 같다. 하지만 이 우려가 간과하는 점은 이것인데, 판단하는 누군가가 처한 상황은 실제로 판단 내용에 포함된다. 이 사정은 누군가가 내리는 판단을 타인이 판단할 때도 성립하며 특히 바로 그러할 때 성립한다. 주체성은, 객관적 판단에 기입(記入)되고 따라서 객관적 판단을 발설 불가능성으로 감싸는 사적인 관점이 아니라, 판단하는 생물이 실재하는 환경 안에 내장되어 있다는 공적인 사건이다.

81 모든 경우에 앎은 궁극적으로 동일한 형식을(곧 ⟨S가 p임을 안다⟩라는 형식을) 띤다는, 형식의 측면에서 오류를 유발하는 견해에 대한 비판을 보려면 Rödl, *Selbstbewußtsein und Objektivität* 참조. 상반된 입장을 보려면 Saul A. Kripke, "Nozick on Knowledge", in: *Philosophical Troubles*, Oxford 2011, 162~224면, 특히 210면 이하의 다음 대목 참조. ⟨[앎에 대한 – 마르쿠스 가브리엘] 통합된 언급이 참으로 바람직할 개연성이 매우 높다. 첫눈에 보면, ⟨S가 p임을 안다⟩는, 명제 p가 무엇이건 또 S가 누구이건 상관없이, S와 p 사이에 성립하는 동일한 관계를 표현하는 듯하다.⟩ 이에 맞선 반론은 Gabriel, *Sinn und Existenz*, §11 참조.

82 Carlo Rovelli, *Die Ordnung der Zeit*, Hamburg 2018, S. 128.*

83 이 혼동을 비판하는 문헌으로 Gabriel, "Für einen nicht-naturalistischen Realismus" 참조.

84 Rovelli, *Die Ordnung der Zeit*, 32면 이하.

85 셀라스 이래로 〈주어진 것의 신화〉라는 익숙한 명칭으로 불리는 이 문제와 그 주변 지형을 섬세하게 재구성한 문헌으로 John McDowell, *Die Welt im Blick. Aufsätze zu Kant, Hegel und Sellars*, Berlin 2015 참조.

86 로벨리는 다음 문헌의 많은 부분을 계승한다. Huw Price, *Time's Arrow and Archimedes' Point. New Directions for the Physics of Time*, New York 1997.

87 Rovelli, *Die Ordnung der Zeit*, 170면 이하.

88 같은 책, 171면.

89 같은 책, 원문은 〈collective delirium〉.

90 같은 책, 172면.

91 같은 곳.

92 같은 책, 170면.

93 Wolfgang Detel, *Warum wir nichts über Gott wissen können*, Hamburg 2018, S. 31~33.

94 같은 책, 32면.

95 이 모형을 상세히 서술한 문헌으로 Wolfgang Prinz, *Selbst im Spiegel. Die soziale Konstruktion von Subjektivität*, Berlin 2013 참조.

96 셸링의 긍정 철학positive Philosophie 이래로 신화적 의식에 의지하는 전략이 추구하는 방향은 저 근대적 신화의 정반대다. 이에 관한 상세한 논의를 담은 나의 문헌으로 *Der Mensch im Mythos. Untersuchungen über Ontotheologie, Anthropologie und Selbstbewußtseinsgeschichte in Schellings "Philosophie der Mythologie"*, Berlin, New York 2006 참조. 신화적 의식을, 그리고 근대의 자연주의적 자기 이해의 모든 곳에 신화적 의식이 있음을 다루는 문헌으로 Hans Blumenberg, *Arbeit am Mythos*, Frankfurt/M. 2006, 또한 Kurt Hübner, *Die Wahrheit des Mythos*, München 1985 참조.

97 Ellis, Gabriel, "Physical, Logical, and Mental Top-Down Effects" 참조.

98 Edmund Husserl, *Die Krisis der europäischen Wissenschaften und die transzendentale Phänomenologie*, Den Haag 1969 (=HUA VI), S. 49. 현재의 물리학에서도 여전히 이 경향을 보여 주는 특히 노골적인 사례로 Max Tegmark, *Unser mathematisches Universum. Auf der Suche nach dem Wesen der Wirklichkeit*, Berlin 2016, 그리고 생명을 기술적 기능으로 규정하려는 테그마크의 최근 시도를 들 수 있다. 이 시도에 관해서는 *Leben 3.0. Mensch sein im Zeitalter Künstlicher Intelligenz*,

* 한국어판은 『시간은 흐르지 않는다』.

Berlin 2017 참조.

99 HUA VI, S. 49.

100 같은 책, 50면.

101 같은 책, 51면.

102 같은 곳.

103 예컨대 Edmund Husserl, *Logische Untersuchungen*, Zweiter Band, II. Teil, Den Haag 1984 (=HUA XIX/2), S. 588~592.

104 HUA XIX/2, S. 589.

105 HUA VI, S. 51.

106 같은 곳.

107 후설은 방법적 개인주의methodischer Individualismus도 주장했는데, 일찍이 카를 만하임이 지적했듯이, 그 주장은 이 수준에서 일반적으로 불리하게 작용한다. 앎이 개인적으로 본 광경들 혹은 앎 주장들의 모음이라면, 〈일종의 쌍방 대립 논의에서 참된 세계상을 밝혀내는〉 공동체라는 터무니없는 그림이 산출될 터이다(Karl Mannheim, *Ideologie und Utopie*, Frankfurt/M. 2015, S. 27).

108 Edmund Husserl, *Die Lebenswelt. Auslegungen der vorgegebenen Welt und ihrer Konstitution*, Dordrecht 2008 (=HUA XXXIX), S. 158. 〈선학문적 생활 세계에 대한 우리의 모든 해설과 그것에 기초한 학문에 대한 해설, 그리고 이 길에서 이루어지는 근본적 학문 계몽의 모든 결과는 나의 해설, 유럽인의 해설이다. 원시인은 전혀 다른 생활 세계를 가졌다. 원시인에게는 유럽 학문에 접근할 길이 없다. 우리의 논리 - 원시인들의 논리. 하지만 이 구별을 하는 자는 나다.〉 〈원시적 현존재〉에 관한 논의는 Heidegger, *Sein und Zeit*, §11 참조.

109 HUA XXXIX, S. 168.

110 물론 후설 본인이 현상학적 논증을 옹호하는지는 불분명하다. 그는 예컨대 다음 인용문과 같은 발언들도 남겼으니까 말이다. 〈나는 색깔 감각을 보는 것이 아니라 색깔을 띤 사물을 본다, 나는 음 감각을 듣는 것이 아니라 가수의 노래를 듣는다, 기타 등등이다.〉(HUA XIX/1, S. 387) 그러나 후설의 글 중에는 그를 문제적인 재현주의에 옭아매는 대목들이 있고, 또한 그늘 지우기Abschattung를 지각 상황 전체에 대한 분석에서 나오는 개념으로 이해하는 대목들도 있다. 그렇다면 지각은 실제로 그늘 지우기를 포함하는 것이 아니라 단지 그늘 지우기를 포함한다고 간주될 수 있을 따름이다. 그렇게 간주하는 목적은 설명 모드에서, 실제로 성공적인 지각을 개념적 부분 면모들로 분류하는 것이다. 당연한 말이지만, 후설 연구에서 때때로 극단적으로 엇갈리는 풀이들이 필시 궁극적으로 입증하는 바는, 후설이 실재론-관념론 문제에 대한 입장을 충분히 명확하게 제시하지 않았다는 점일 것이다. 희랍 철학자들을 거론하는 피상적인 개관을 보려면 Dan Zahavi, *Husserl's Legacy. Phenomenology, Metaphysics, and Transcendental Philosophy*, Oxford 2017, 특히 4장 참조. 노에마의 존재론과 연구 지형에 관하여 상세한 토론을 해준 토비아스 카일링에게 감사한다. 현상학과 현재

의 신실재론 진영 사이의 관계에 대해서는 최신 문헌인 Tobias Streubel, "Inwiefern ist die Phänomenologie eine 'realistische' Philosophie", in: *Deutsche Zeitschrift für Philosophie* 67/2 (2019), 192~210면 참조.

111 이런 〈통칭generisch 대상들〉과 인식론에서 그것들의 역할에 관해서는 Stanley Cavell, *Der Anspruch der Vernunft. Wittgenstein, Skeptizismus, Moral und Tragödie*, Frankfurt/M. 2006, 111~134면 참조. 후설은 지각의 대상을 명시적으로 〈사물〉이라 칭한다. 예컨대 HUA XIX/2, 574면 참조. 〈우리의 견해에 따르면, 모든 지각과 상상은, 전체 지향의 통일성으로 융합된, 부분 지향들의 조직이다. 전체 지향의 상관자는 사물인 반면, 부분 지향들의 상관자들은 사물적 부분들과 계기들이다. 오직 이 견해를 채택할 때만 어떻게 의식이 참된 의미에서 체험된 바를 넘어설 수 있는지 이해할 수 있다. 의식은 말하자면 넘어선 견해를 품을 수 있고, 그 견해는 들어맞을 수 있다.〉 이로써 후설은 사람들이 사물 측면들Dingseiten을 지각한다는 것을 공식적으로 부정한 셈이다. 그럼에도 〈넘어선 견해를 품기Hinausmeinen〉라는 행위가 필요하다. 바꿔 말해 사람들은 우선 무언가를 (부분 지향 모드에서) 파악하고 이어서 모종의 방식으로 그 무언가를 결합하여 전체 지향을 산출해야 한다. 그런데 이렇게 되면, 현상학적 논증의 한 버전이 작동하기 시작한다. 왜냐하면 사람들은 사물을 직접 지각할 수는 없고 무한정 많은 부분 작업들을 거쳐야 지각할 수 있기 때문이다. 사물적 부분들이 잠재적으로 걸림돌이 된다. 이 입장은 지각의 오류 가능성을 설명해 주긴 하지만, 성공적인 지각 사례를 직접 지각이 아니라 성공한 우회하기로 간주해야 한다는 결론으로 이어진다. 그렇다면 우리는 본문에서 논의한 문제들로 되돌아가게 된다.

112 후설이 이 논증의 한 변형을 주장했다는 의심에서 어쨌든 완전히 자유로울 수는 없음을 보여 주는 텍스트로 HUA XIX/1, 589~592면 참조. 이 텍스트는 지각 이론의 맥락 안에서 그늘 지우기 정리를 검증한다. 이 텍스트의 초입에서 벌써 이런 대목이 등장한다. 〈대상은 진짜로 주어져 있지 않다. 무슨 말이냐면, 대상은 대상 자체로서 온전하게 또 빠짐없이 주어져 있지 않다. 대상은 단지 《앞면으로만》, 《단지 관점에 따라 축약되고 그늘 지워지는 등의 방식으로만》 나타난다.〉 짐작건대 후설은 이 사정이 오류를 유발할 수 있다고 본다. 몇 줄 아래에서 그는 이렇게 덧붙인다. 〈그러나 다른 한편으로 있는 그대로의 대상은 — 여기에서 《있는 그대로》는 미심쩍지만 납득 가능한 의미에서의 《있는 그대로》이며 지각 지향의 들어맞음을 실현할 만하다 — 지각이 비록 불완전하게라고 깨닫는 대상과 전혀 다른 놈이 아니라는 점을 유의해야 한다.〉 하지만 이 진술도 다시 제한된다. 그 제한은 다음 발언에서 정점에 도달한다. 〈총괄적 행위로서의 지각은 대상 자체를 파악한다. 비록 그늘 지우기 방식으로 파악하기는 하지만 말이다.〉 이 발언은 이런 질문을 유발한다. 실제로 주어져 있지 않은 대상 자체를 대관절 어떻게, 〈단지 그늘 지우기 방식으로〉라고 하더라도 과연 어떻게 파악할 수 있을까? 이 질문은 본문에서 지적하는 문제 지형을 일깨운다.

113 토비아스 카일링이 이 책의 초기 원고를 보고 써준 논평에서 사용한 표현.

114 HUA XIX/2, S. 589.

115 같은 책, 589면.

116 같은 책, 574면.

117 많이 논의된 Dagfinn Føllesdal, "Husserl's Theory of Perception", in: *Ajatus: Yearbook of the Philosophical Society of Finland* 36 (1976), 95~105면 참조.

118 이 논증의 시스템적으로 엄밀한 버전을 보려면 다음 문헌에 실린 스티븐 크로웰의 논증을 참조하라. Steven Crowell, *Normativity and Phenomenology in Husserl and Heidegger*, Cambridge 2013.

119 진실 규범성의 존재를 도출하는 간략한 논증을 보려면 Detel, *Warum wir nichts über Gott wissen können*, 61~63면 참조. 데텔은 의미론적 내용과 〈세계 안의 물리적 상태들〉을 두 기둥으로 삼은 이원주의를 논증의 기초로 채택한다. 그리하여 그는 재현들의 〈이상하고 심지어 수수께끼 같은〉 속성, 곧 〈옳거나-그름, 들어맞거나-들어맞지 않음, 진실이거나-거짓임〉(같은 책, 61면)을 설명해야 하는 난관에 봉착한다. 여기에서 데텔은, 주체가 (항상 정신적 상태인 것은 아닌) 무언가와 관련 맺을 때 매개자로 삼는 주어진 정신적 상태가 진실이거나-거짓인 경우는 절대로 없고 오히려 진실 또는 거짓이라는 점을 간과한다. 정신적 상태들은 두 진릿값 사이에서 진동하지 않는다. 따라서 정신적 상태들을 물리적 세계 상태들과 관련짓기 위하여 사람들이 외부에서 그 상태들에 진릿값을 덮어씌울 필요도 없다. 우리의 생각은 그것이 가고자 하는 거기에 이미 가 있다. 혹은 거기에 이미 귀속해 있다. 즉, 우리의 생각은 사실적으로 진실이거나 사실적으로 거짓이다. 우리의 생각이 진실 능력이라는 최소한의 조건을 충족한다면, 규범성은 떨어져 나간다. 엄밀한 의미에서의 현상학적 맥락을 보려면 Crowell, *Normativity and Phenomenology in Husserl and Heidegger* 참조.

120 직접적 실재론은 매체로 이해될 수 있는 내용이 있다는 점을 반박하지 않는다. 하지만 이 매체는 어느 모로 보나 실재하는 무언가이며, 이 경우에는 인과적 작용력까지 지녔다. 이 매체들, 곧 내용들은 물리학과 감각 생리학의 적합한 방식들로 탐구될 수 있다. 하지만 그 탐구로 그 매체들에 관한 모든 것을 밝혀낼 수는 없다. 왜냐하면 지각 내용은 본질적으로 의식적이며 따라서 정신의 모듈들에서 가공되기 때문이다.

121 토비아스 카일링은 후설의 지각 이론을 다음과 같이 이해할 수 있다고 말했다. 〈(D+G$^!$)을 기준으로 삼아 (D+G$^\#$)을 배척해야 한다. 하지만 G$^!$보다 더 적확한 내용 G$^{!!}$이 있음을 배제하는 것은 아니다.〉 그러나 이 설명은 최대로 적확한 내용 G*이 어쩌면 없음을 전제한다. 이에 맞서 나는 의미장 존재론의 대상 이론에 입각하여 다음과 같이 반론하겠다. 〈우리는 모든 지각 내용의 논리곱(연접)Konjunktion을 도입할 수 있다. 그 논리곱은 지각 사물을 적확하게 재현한다. 그 모든 지각 내용을 종합하면 최대로 적확한 내용 G*이 이루어진다.〉 여기에서 다음을 유념해야 하는데, 후설은 G*이 지각 내용일 수 없다고 추측했다. 이에 대한 상세한 반론을 보려면 Gabriel, *Der Sinn des Denkens* 참조. 이 문헌의 주장에 따르면, 최대로 적확한 내용은 생각하기의 대상으로서, 즉 생각으로서 아주 잘 지각될 수 있다. 바꿔 말해, 생각을 붙잡기로서의 생각하기는 개념을 지각하기다. 이 선택지는 현상학의 틀 바깥에 있는데, 이 책에서 채택한 관점에서 볼 때 이

는 결함이 아니라 온갖 버전의 현상학적 논증을 예방하는 데 이로운 결정적 장점이다.

122 Detel, *Warum wir nichts über Gott wissen können*, S. 61.

123 같은 책, 89면.

124 같은 책, 87면.

125 같은 책, 89면.

126 똑같은 주장을 펼치는 대표적인 문헌으로 Jean-Luc Marion, *Givenness and Revelation*, Oxford 2018 참조.

127 브라질 포르투알레그레와 리우데자네이루에서 우리가 만났을 때, 민족학 연구의 도전 앞에서 대칭적 인간학이 차지하는 지위에 관하여 토론해 준 에두아르두 비베이루스 지 카스트루에게 감사한다. 그의 입장을 개관하는 문헌으로 Eduardo Viveiros de Castro, *Die Unbeständigkeit der wilden Seele*, Wien 2016 참조. 현재 문화 인간학에서 신실재론 인근의 지형에 관한 토론을 담은 공동 저서로는 Martin Holbraad, Morten Axel Pedersen, *The Ontological Turn. An Anthropological Exposition*, Cambridge 2017 참조. 또한 신실재론과 신실존주의의 영향 범위를 상세히 분석해 준 수전 갤에게, 그리고 내가 워커 에임스 강사로서 2019년 3월 시애틀 소재 워싱턴 대학교에 머무는 동안 위 주제와 관련한 방법론적 질문들을 토론해 준 셸리아 로에게 감사한다.

128 Gabriel, *Sinn und Existenz*, 88면 이하, 193~196면, 304~306면 참조. 또한 같은 책 358~368면의 **전구들이 설치된 판의 비유** 참조. Gabriel, *An den Grenzen der Erkenntnistheorie*에서 나는, 앎 주장들의 맥락성은 모든 맥락들을 (비록 부분 전체론적으로 생성된 대상일지라도) 하나의 대상으로 만들면서 참일 수 있는 앎 주장은 있을 수 없음을 함축한다는 것을 보여 주는 일련의 메타 인식론적 논증들을 제시했다.

129 이 구별에서 나는 다음 문헌에 담긴, 초월적 연역의 진격 방향에 대한 스트로슨의 재구성을 따른다. Peter Frederick Strawson, *Die Grenzen des Sinns. Ein Kommentar zu Kants Kritik der reinen Vernunft*, Königstein/Ts. 1981. 그 재구성에 관해서는 Gabriel, *Die Erkenntnis der Welt*, III.2.2장 참조.

130 Campbell/Cassam, *Berkeley's Puzzle*, S. 2~4.

131 이 이원주의는 다음 문헌에서 이미 비판적으로 배척되었다. John McDowell, *Geist und Welt*, Frankfurt/M. 2012, 96면 각주 2. 그러나 맥도웰은 자신의 존재론을 제대로 펼치지 않는다. 그리하여 정확히 어떻게 생각하기가 존재하기와, 정신이 세계와 어울리는지는 오늘날까지도 맥도웰 해석자들에게 수수께끼로 남아 있다.

132 Immanuel Kant, *Grundlegung zur Metaphysik der Sitten*, Werkausgabe Band VII, Frankfurt/M. 1974, 41면 이하.

133 다음 문헌의 끝부분에서 토머스 네이글이 실행하는 작업 참조. Thomas Nagel, "What Is It Like to Be a Bat?", in: *The Philosophical Review* 83/4 (1974), 435~450면, 특히 449면 이하. 최근 문헌으로는 Tilmann Staemmler, *Thomas Nagel. Eine phänomenologische Intuition in der Philosophie des Geistes*, Würzburg 2018 참

조. 당연한 말이지만, 칸트적인 의미의 〈현상들〉은 인과 질서의 모범적 요소들이다. 그런데 현상들은 인식적으로 간단히 파악할 수(인식할 수) 없는 방식으로 사물 자체에서 〈기인한다〉. 이로 인해 사물 자체와 현상의 관계에 관한 토론이 발생하는데, 이 토론은 많이 논의되었으나 결코 충분히 해명되지 않았다. 이 책의 본문에서 목표로 삼는 객관적 현상학은 현상을 인과적인 놈으로서 파악할 뿐 아니라 또한 사물 자체로서 파악한다. 이는 칸트적인 분업을 극복하는(혹은 그 분업의 동기를 우회하는) 것을 의미한다.

134 이미 언급했듯이, 후설 본인도 저술의 많은 대목에서 그런 이론 요소들을 명시적으로 배척한다. 대표적인 예로 HUA XIX/1, 206면 참조. 〈이른바 내재적 대상은 어떤 진지한 방식으로도 표상 **안의** 대상이 아니라는 점은 (······) 당연히 전적으로 나의 견해이기도 하다. 표상의 편에는 오직 이-대상에-관한-견해-품기Diesen-Gegenstand-meinen만, 표상의 이른바 의미(가리킴) 내용Bedeutungsgehalt만 존재한다.〉

135 이런 모형에 대한 비판을 보려면, 당연히 Richard Rorty, *Der Spiegel der Natur. Eine Kritik der Philosophie*, Frankfurt/M. 1987, 그리고 Putnam, *The Threefold Cord* 참조. 정신적 재현주의에 대한 반박은 20세기 철학의 주요 주제 중 하나였다. 그런데 그 반박은 현재 인지 연구의 많은 갈래에서 그냥 무시된다. 현재의 인지 연구는 어떻게 그 모든 반박에 맞서 무언가를 정당하게 바로잡을 수 있는지 보여 준 바 없다. 이것은 유지될 수 없는 방법론으로의 유감스러운 퇴행이다. 이 퇴행의 결과로 조만간 결함 있는 데이터와 실패한 실험들이 발생할 것이다.

136 쿠르트 플라슈가 *Die Metaphysik des Einen bei Nikolaus von Kues. Problemgeschichtliche Stellung und systematische Bedeutung*, Leiden 1973, xii면에서 사용한 성공적인 표현이다. 아마도 플라슈가 지지하는 듯한, 자연을 〈존재의 원시 암석〉으로 보는 생각을 비판하는 문헌을 보려면 Theodor W. Adorno, *Negative Dialektik*, Frankfurt/M. 1966, 359면 참조.

137 직접적 지각 실재론을 펼치는 문헌을 보려면 John R. Searle, *Seeing Things as They Are. A Theory of Perception*, New York 2015 참조.

138 이런 취지를 담은 광범위한 현상학적 논의를 개략적으로 펼치는 문헌으로 Evan Thompson, *Mind in Life. Biology, Phenomenology, and the Science of Mind*, Cambridge/MA., London 2007 참조.

139 HUA VI, S. 1.

140 Rometsch, *Freiheit zur Wahrheit*, 15~17장이 보여 주듯이, 근대 초기에 데카르트는 그렇게 정신 안에 재현들이 들어 있다는 견해를 회피했지만, 그 후 로크에서부터 그 견해가 패러다임이 되었다. 로메치에 따르면, 이 전환의 이유는 로크의 기호 이론에 있다.

141 이때 지각된 이러저러함So-Sein은 사실 포맷Format을 띤다. 더 정확히 말하면, 우리의 지각 형태와 사물들이 현존하는 형태 사이에는 범주적인 차이가 있다. 이 두 포맷은 지각 안에서 맞물려 있지만 다르게 코드화된다. 따라서 우리가 지각하는 사실들

은, 설령 우리가 그것들을 지각하지 않더라도, 흔히 대체로 우리가 그것들을 지각하는 대로일 터라는 견해를 품는 것은 정당하다. 지각은 우주 안의 사건들에 인과적으로 개입하므로, 지각된 사물이 지각으로부터 독립적이라는 것은 엄밀히 따지면 사실이 아니다. 그러나 모든 지각된 사실들이 우리가 그것들을 지각하기 때문에 성립하는 것은 아니다. 이를 표현하기 위해서 나는 서로 다른 코드화를 언급하는 것이다.

142 러셀이 순수한 인과 지각 이론의 옹호자로서, 우리가 개별 사물 x, y, z의 계열에서 언제나 하나를 제거할 수 있다는 식으로 우리의 지각을 파편화한 것은 우연이 아니다. Bertrand Russell, *The Analysis of Matter*, London 1992, 200면 참조. 한마디 보태면, 이 대목에서 러셀은, 지각 과정들이 오로지 양자 이론으로만 설명할 수 있는 과정들과 본질적으로 관련되어 있음을 간과한다. 우리가 지각에서 관찰하는 개별 사물들과 우리의 관찰 사이의 관계를 끊으면서 다른 개별 사물들을 변화시키지 않을 수는 없다. 지각 의미장들의 인과적 짜임새를 파악하려면 양자 이론적 얽힘Verschränkun을 반드시 고려해야 한다. 고전적 뉴턴주의적 관점에서는, 정보 원천이 무언가를 방출함으로써(그 무언가는 그것을 파악하는 과정으로부터 인과적으로 독립적이다) 정보 전달이 이루어지지만, 그런 인과적 정보 전달은 작동하지 못한다. 지각은 양자 이론에서 말하는 관찰의 한 예다. 즉, 지각은 단순한 파악이 아니라 환경에 인과적으로 개입하기다.

143 잘 알려진 문헌으로 Wilfrid Sellars, *Der Empirismus und die Philosophie des Geistes*, Paderborn 2002, 그리고 McDowell, *Geist und Welt* 참조. 이 문헌들은, 개념이 비개념적 재료에 개입한다는 생각을 배척하는 전통의 원조다. 하지만 비개념적 감각적 재료는 없다는 결론을 성급히 내려서는 안 된다. 찰스 트래비스와 조슬랭 브누아는 이를 옳게 지적했다. Charles Travis, "The Silence of the Senses", in: *Mind* 113/449 (2004), S. 57~94; Jocelyn Benoist, *Le bruit du sensible*, Paris 2013 참조.

144 Kripke, *Referenz und Existenz*, 넷째 강의 참조.

145 하인리히 하이네가 전하는 말에 따르면, 헤겔은 언젠가 대화 중에 별들을 〈하늘에 빛나는 문둥병 자국〉이라고 칭했다(Heinrich Heine, *Geständnisse*, Sämtliche Werke in 4 Bänden, Dritter Band, Augsburg 1998, S. 262). 이 발언은 필시 〈별이 빛나는 하늘〉에 관한, 그리고 그 하늘과 인간의 도덕적 중요성 사이의 관계에 관한 칸트의 유명한 격언에 대한 반발일 텐데, 이 문제는 여기에서 논할 사안이 아니다.

146 내가 말하는 〈주관적 시야〉는, 내가 정확히 말 그대로의 내 관점Standpunkt(서 있는 위치)에서 의식적으로 지각하는 바로 이루어진 대상 영역이다. 내가 나의 관점에서 지각하는 바는 다른 위치에 있는 다른 생물이 지각하는 바와 다르다. 이때 서로 다른 두 개의 주관적 시야 안에 위치한 대상이 서로 겹치는 경우도 당연히 있다. 즉, 부분적으로 우리는 동일한 것을 — 다만 각자 다르게 — 지각할 수 있다. 두 개의 시야는 절대로 외연적으로 동일할 수 없다. 하지만 주관적 시야라는 개념은, 주관적 시야가 〈누군가의 머릿속〉이나 〈의식〉 안에 있는 정신적 재현이나 표상 혹은 모종의 다른 구조를 필요로 한다는 것을 함축하지 않는다.

147 Kripke, *Referenz und Existenz*, 135면 참조.

148 최신 후설 연구에서 당연히 대체로 배척되는 다그핀 묄레스달의 해석을 보려면 Dagfinn Føllesdal, *Husserl und Frege. Ein Beitrag zur Beleuchtung der Entstehung der phänomenologischen Philosophie*, Oslo 1958 참조.

149 Gabriel, "Neutraler Realismus", S. 15~21.

150 여기에서 비판하는 〈순박한 실재론〉 유형은 조지 에드워드 무어에게서 유래했다. 증거들을 갖춘 상세한 논의는 Gabriel, *An den Grenzen der Erkenntnistheorie*, §3 참조. 〈순박한 실재론〉의 또 다른 의미는 선언주의*와 관련이 있는데, 이 사안은 이 책에서 딱히 다루지 않을 것이다. 순박한 실재론과 선언주의 사이의 관계를 모범적으로 서술하는 문헌으로 Michael G. F. Martin, "The Reality of Appearances", in: Richard Mark Sainsbury (Hg.), *Thought and Ontology*, Mailand 1997, 77~96면 참조.

151 선언주의 이론들이 서로 다른 의미장들을 어떻게 다룰지, 예컨대 전자기 복사와 지각 가능한, 색깔 있는 대상들 사이의 관계 등을 어떻게 규정할지 나는 모르겠다. 이 문제 앞에서는, 현상이 사물 자체를 드러낸다는 견해에 의지하는 것으로는 불충분하다. 왜냐하면 사물 자체를 서술하는 방식들이 다수 있는 듯하며, 일부(예컨대 양자 물리학의) 서술 방식에서는 사물 자체가 시각적으로 전혀 나타날 수 없으니까 말이다.

152 Geert Keil, *Willensfreiheit. Grundthemen Philosophie*, Berlin 2012, S. 41. 또한 Brigitte Falkenburg, *Mythos Determinismus. Wieviel erklärt uns die Hirnforschung*, Berlin 2012, 그리고 Jenann T. Ismael, *The Situated Self*, Oxford 2009, 같은 저자, *How Physics Makes Us Free*, Oxford 2016 참조.

153 마르세유에서 2015년 10월 31일에 있었던 단상 토론에서.

154 Rovelli, *Die Ordnung der Zeit*, S. 67.

155 당연한 말이지만, 유기체의 환경이 아니라 유기체의 상태들을 향해 있는 지각 시스템들도 있다. 예컨대 통증 감각, 균형 감각 등이 그러하다.

156 이런 극복할 수 없는 난관을 모범적으로 보여 주는 문헌으로 Michael Esfeld, *Naturphilosophie als Metaphysik der Natur*, Frankfurt/M. 2008 참조. 에스펠트는 자신의 모험적인 형이상학적 견해를 물리학이 뒷받침되지 않을 경우에는 심지어 물리학 자체를 수정한다. 이는 그가 바라는, 경험적 입력과 허공에 둥둥 뜬 형이상학적 견해 사이의 균형을 잡기 위해서지만, 자연 철학을 형이상학으로 간주하는 한, 그 균형 잡기는 불가능하다. 에스펠트는 자연주의적 세계상을 정당화하기 위하여 제멋대로 선험적 영역과 후험적 영역을 뛰뛰며 오간다. 그는 그 세계상을 뒷받침하는 근거를 자연주의 이데올로기로부터 독립적으로 제시하지 못한다.

157 정신 개념에 관한 상세한 논의는 Scheler, *Die Stellung des Menschen im Kosmos*, 36~49면 참조.

158 Vaihinger, *Die Philosophie des Als ob*, 27~30면 등. 관련 논의에서 파이힝어가 본질적으로 의지하는 출처는 KrV, A 771f./B 799f.다.

---

* Disjunktivismus. 참된 지각과 환각은 근본적으로 다르다는 입장.

159 파이힝어 본인이 이 허구를 자신의 허구 이론의 기반으로 삼는다. 예컨대 Vaihinger, *Die Philosophie des Als ob*, 95면 참조. 〈표상 세계 전체는 양극 사이에, 곧 감각과 운동 사이에 놓여 있다. 영혼Psyche은 이 양극단의 점들 사이에 중간항들을 계속 추가로 끼워 넣는다. 이 끼워 넣어진 중간항들, 이미지들, 보조 개념들의 정교함과 완성도는 신경 집단이 커질수록, 또 뇌가 척수로부터 더 많이 격리될수록 향상된다. 감각 신경과 운동 신경 사이에 우리의 표상 세계가, 이 무한한 세계가 놓여 있다. 그리고 이 세계의 유일한 역할은, 감각 신경과 운동 신경 사이의 매개를 점점 더 풍부하고 정교하고 합목적적이고 쉽게 만드는 것이다. 학문은 이 표상 세계의 형성을, 드러나는 객관적 연쇄 및 공존 관계들에 이 [지각] 장치가 적응하는 방식을 다룬다.〉 파이힝어는 자신이 〈허구적 언어〉(96면)를 사용하고 있음을 알아챈다. 그러나 그는 충분히 나아가지 않은 듯하다. 왜냐하면 이어서 그는 〈사실적으로〉(바꿔 말해 필시, 비허구적으로) 〈주어진〉(같은 곳) 감각들을 도입하기 때문이다. 이런 연유로 그는 자신의 철학을 관념론적 실증주의(!)로 규정한다. 허구를 허구로 규정할 때 파이힝어가 기반으로 삼는 입장은 결국 자의적이다. 왜냐하면 그 입장은 근거 없이 그 입장 자신을 허구성의 예외로 간주하기 때문이다. 115면을 보라. 〈세상에서 유일하게 허구성 없는 주장은 비판적 실증주의의 주장이다.〉 이 입장이 모순적이라는 사실은(파이힝어 자신의 전제들에 따르면, 이 사실은 이 입장이 허구라는 신호다) 상세한 설명에서 여러 차례 드러난다. 예컨대 그는 〈표상 세계〉 혹은 〈현상 세계〉는 〈한낱 가상〉(216면)이라고, 비록 〈경험 전체〉(같은 곳)가 순수한 존재로서 표상 세계의 기반에 놓여 있더라도, 여전히 표상 세계는 한낱 가상이라고 말한다. 그러나 얼마 지나지 않아 그는 〈현상 세계는 한낱 가상이 아니라〉(239면) 〈점점 더 풍부한 경험을 통해 더 합목적적으로 적응된 표상 구조〉(같은 곳)라고 쓴다. 이처럼 파이힝어의 인식론적 범허구주의Panfiktionalismus는 칸트의 경험적 실재론을 침해한다. 주지하다시피 후자는 현상과 가상을 구별해서 파악하려 한다. 파이힝어의 범허구주의가 직면하는 딜레마들을 재구성하는 문헌으로 Wolfang Iser, *Das Fiktive und das Imaginäre. Perspektiven literarischer Anthropologie*, Frankfurt/M. 2014, 226~261면 참조. 칸트가 말한 〈어림짐작을 위한 허구heuristischen Fiktion〉의 개념이 니체에 이르러 의식적으로 받아들여진 가상의 개념으로 바뀌는 것에 관해서는 Dieter Henrich, "Versuch über Fiktion und Wahrheit", in: Wolfang Iser (Hg.), *Funktionen des Fiktiven* (Poetik und Hermeneutik X), München 1983, 511~519면 참조.

160 재구성적 분석의 요소들을 자율적으로 작동하는 시스템들로 간주할 때 발생하는 인식론적 부정합성의 사례를 다음 문헌에서 볼 수 있다. 나는 이 사례가 독자에게 섬뜩하기를 바란다. Neil Levy, "Choices Without Choosers. Toward a Neuropsychologically Plausible Existentialism", in: Gregg D. Caruso, Owen Flanagan (Hg.), *Neuroexistentialism. Meaning, Morals, and Purpose in the Age of Neuroscience*, Oxford 2018, S. 111~125. 115면에 이런 대목이 나온다. 〈정신mind이 모듈 구조라는 것은 이제 인지 과학에서 뻔한 상식이다. 정신은 융통성 없고 비지능적

인 메커니즘 여럿과 중앙 관리자 하나로 이루어져 있지 않다. 오히려 정신은 오로지 그런 비지능적 메커니즘들만으로 이루어져 있다. 중앙 관리자 따위는 없다. 어떤 요소도 권좌를 차지하지 않으며, 어떤 요소도 권력을 지혜롭게 행사할 만큼의 지능은커녕 권력이 무엇인지 이해할 만큼의 지능조차 가지지 않았다.〉 과연 이것이 자기 인식의 표현일까?

161 일반화된 양자 이론이 과정 존재론Prozessontologie으로 귀착하는지, 아니면 오히려 모종의 인식적 구획을 설정하여 실체의 형태를 띤 안정적 대상들을 우주 안에 도입할 수 있는지에 관한 논의를 보려면 Hartmann Römer, "Substanz, Veränderung und Komplementarität", in: *Philosophisches Jahrbuch* 113/1 (2006), 118~136면 참조. 또한 Karen Barad, *Agentieller Realismus. Über die Bedeutung materiell-diskursiver Praktiken*, Berlin 2017, 그리고 같은 저자, *Meeting the Universe Halfway. Quantum Physics and the Entanglement of Matter and Meaning*, Durham, London 2007 참조.

162 Anton Friedrich Koch, "Die Bildtheorie des Elementarsatzes und die Lesbarkeit der Dinge (Wittgenstein, Sellars, Kant)", in: Siri Granum Carson u. a. (Hg.), *Kant: Here, Now, and How. Essays in Honour of Truls Wyller*, Paderborn 2011, 179~192면 참조.

163 브누아가 자신의 입장을 의미심장하게 서술한 것을 보려면 "Realismus ohne Metaphysik" 참조. 또한 상세한 논의를 담은 문헌으로 Jocelyn Benoist, *Elemente einer realistischen Philosophie. Reflexionen über das, was man hat*, Berlin 2014 참조.

164 Markus Gabriel, "Dissens und Gegenstand. Vom Außenwelt- zum Weltproblem", in: Gabriel (Hg.), *Skeptizismus und Metaphysik*, 73~92면 참조.

165 거듭 말하지만, 뮐러-라이어 환상에서 선들의 길이는 당연히 절대로 동일하지 않다. 지각 가능한 선은 기하학적 선이 아니다. 이 사실은 얼핏 생각하는 정도보다 더 중요하며 특히 지각이 착각을 일으킨다는 개념에 파이힝어-허구가 개입함을 보여 준다. 왜냐하면 지각이 일으키는 착각을 지적하는 사람은 지각에서 곧이곧대로 유효하지 않은 기하학적 잣대를 지각에 들이대는 것이기 때문이다.

166 감각 데이터가 외부 원인에 의해, 인식 불가능한 영향 관계를 통하여 일어나는 사적인 사건이라는 견해는 러셀의 『정신 분석*Die Analyse des Geistes*』에 담긴 감각 데이터 개념과 일치한다. 그 개념을 통해 러셀은 베르그송의 기본 발상을 본의 아니게 계승한다. 베르그송은 그 기본 발상을 다음 문헌에서 (러셀보다 훨씬 더 우아하게) 제시했다. Henri Bergson, *Materie und Gedächtnis. Eine Abhandlung über die Beziehung zwischen Körper und Geist*, Hamburg 1991.

167 Gabriel, *Sinn und Existenz*, S. 193~197.

168 특히 Jocelyn Benoist, *Sens et sensibilité. L'intentionalité en context*, Paris 2009 참조.

169 이와 관련하여, 의미장 존재론과 유사한 목표를 추구하는 상상력 이론의 맥락

안에서 간략한 과학사적 고찰을 제시하는 문헌으로 John Sallis, *Logic of Imagination. The Expanse of the Elemental*, Bloomington 2012, 7장 참조. 이 문헌을 알려 주고 이 책의 본문에서 펼치는 객관적 현상학과 이 문헌의 취지가 (같은 문헌 4장에서 뚜렷이 드러나듯이) 유사함을 알려 준 토비아스 카일링에게 감사한다.

170 Alexander Kanev, "New Realism, Pluralism and Science", in: Luca Taddio (Hg.), *New Perspectives on Realism*, Mailand 2017, 191~214면 참조.

171 앎에 대한 앎이 있음, 또는 일반적으로 있을 수 있어야 함을 앎의 조건으로 간주하는 반복성 요구Iterativitätsauflage는 타당하지 않음을 보여 주는 문헌으로 Gabriel, *An den Grenzen der Erkenntnistheorie*, 144~146면, 150~159면 참조.

172 Russell, *The Analysis of Matter*, S. 197. 원문은 이러하다. 〈Common sense holds - though not very explicitly - that perception reveals external objects to us directly: when we 《see the sun》, it is the sun that we see. Science has adopted a different view, though without realizing its implications. Science holds that, when we 《see the sun》, there is a process, starting from the sun, traversing the space between the sun and the eye, changing its character when it reaches the eye, changing its character again in the optic nerve and the brain, and finally producing the event which we call 《seeing the sun》. Our knowledge of the sun thus becomes inferential; our direct knowledge is of an event which is, in some sense 《in us》.〉

173 러셀이 맞닥뜨리는 또 하나의 중대한 문제는, 그가 원인 개념을 과학에서 제거하고 싶어 한다는 점에서 당연히 발생한다. 결과적으로 그는 과학적 기반을 갖춘 인과적 지각 이론을 어차피 옹호할 수 없다. 그가 보기에 과학은 원인 개념을 보유하고 있지 않으니까 말이다. Bertrand Russell, "On the Notion of Cause", in: John G. Slater (Hg.), *The Collected Papers of Bertrand Russell*, Band 6: *Logical and Philosophical Papers 1909-1913*, London 1992, 193~210면 참조.

174 정보 개념의 속성들을 엄밀히 논하는 문헌으로 Luciano Floridi, *The Philosophy of Information*, Oxford 2013 참조.

175 Aristoteles, *De anima* 426b3~24 참조. 해당 대목에서 아리스토텔레스는 지각의 객관적 구조(로고스λόγος)와 그 구조가 판단된다κρίνει는 사정을 연결한다.* 이와 관련하여 Gabriel, *Der Sinn des Denkens*, 50~55면 참조.

176 David Hume, *Eine Untersuchung über den menschlichen Verstand*, Frankfurt/M. 2007, S. 70. 근대 초기에 상상력과 회의주의가 어떻게 관련되어 있었는지 논하는 문헌으로 Rometsch, *Freiheit zur Wahrheit*, 6장 참조.

177 이와 관련하여 역사적으로 또 체계적으로 능숙하게 데카르트의 입장을 옹호하는 문헌으로 Rometsch, *Freiheit zur Wahrheit*, 4장 참조.

* 〈판단하기〉를 뜻하는 독일어 urteilen을 ur(근원적인)와 teilen(분할하기)으로 나눠서 풀이하면 〈근원적인 분할하기〉로 이해할 수 있다. 명제의 주어 술어 관계가 근원적 분할의 결과라는 생각은 늦어도 횔덜린 이후 독일 철학에서 중요한 전통을 이룬다.

178 Horst Bredekamp, *Thomas Hobbes' visuelle Strategien. Der Leviathan: Urbild des modernen Staates. Werkillustrationen und Portraits*, Berlin 1999; 같은 저자, *Die Fenster der Monade*. *Gottfried Wilhelm Leibniz' Theater der Natur und Kunst*, Berlin 2004; 같은 저자, *Darwins Korallen. Die frühen Evolutionsdiagramme und die Tradition der Naturgeschichte*, Berlin 2005.

179 Gabriel, *Der Mensch im Mythos* 참조. 이 문헌은 회의주의와 형이상학의 관계에 관한 나의 이후 연구의 기반이다. 같은 저자, *Skeptizismus und Idealismus in der Antike*, 그리고 같은 저자(편집), *Skeptizismus und Metaphysik* 참조.

180 Rovelli, *Die Wirklichkeit, die nicht so ist, wie sie scheint.*

181 이런 취지의 논증을 담은 문헌으로 James Ladyman u. a., *Every Thing Must Go. Metaphysics Naturalized*, Oxford, New York 2007 참조. 또한 Harold Kincaid, James Ladyman, Don Ross (Hg.), *Scientific Metaphysics*, Oxford 2015 참조.

182 Caruso, Flanagan (Hg.), *Neuroexistentialism*. 이 책에 대한 나의 논평이 다음 문헌에 실려 있다. *Notre Dame Philosophical Reviews* vom 25. 11. 2018, 〈https://ndpr.nd.edu/news/neuroexistentialism-meaning-morals-and-purpose-in-the-age-of-neuroscience/〉(2019년 5월 23일에 마지막으로 접속함).

183 Owen Flanagan, Gregg D. Caruso, "Neuroexistentialism. Third-Wave Existentialism", in: 같은 저자. (Hg.), *Neuroexistentialism*, S. 1~22. 인용문은 2면에서 따왔으며 원문은 다음과 같다. 〈Neuroexistentialism is what you get when *Geisteswissenschaften* reaches [sic!] the stage where it finally and self-consciously exorcizes the *geist* and recommends that no one should take seriously the Cartesian myth of the ghost in the machine.〉 보아하니 이 문헌의 저자들은 독일어를 모르는 듯하다. 〈Geisteswissenschaften(정신 과학들)〉은 분명 복수형인데 이를 간과하고 동사 〈reach〉를 단수형으로 쓸뿐더러, 〈정신 과학〉이 말하는 〈정신〉을 영어 〈ghost(유령)〉로 번역하니까 말이다. 더욱 심각한 것은 (유감스럽게도) 대단한 영향력을 발휘하는 문헌 Friedrich Adolf Kittler (Hg.), *Die Austreibung des Geistes aus den Geisteswissenschaften. Programme des Poststrukturalismus*, Paderborn 1980에서 편집자 키틀러가 똑같은 오류를 범한다는 점이다.

184 Flanagan/Caruso, "Neuroexistentialism", S. 2. 관련 원문은 이러하다. 〈Neuroexistentialism is the third wave of existentialism, defined here as a zeitgeist that involves a central preoccupation with human purpose and meaning accompanied by the anxiety that there is none.〉

185 Flanagan/Caruso, "Neuroexistentialism", S. 8. 원문은 이러하다. 〈The universe is causally closed, and the mind is the brain.〉 자연 과학적 관점에서 볼 때 이 주장은 앞부분과 뒷부분이 모두 거짓이거나 전혀 근거가 없다. Ellis, Gabriel, "Physical, Logical, and Mental Top-Down Effects", 그리고 상세한 논의는 Noble, *Dance to the Tune of Life* 참조.

186 이런 반론을 펴는 최근 문헌으로 Maurizio Ferraris, *Intorno agli unicorni. Supercazzole, ornitorinchi e ircocervi*, Bologna 2018. 참조.

187 KrV, A 771/B 799.

188 내가 Gabriel, *Sinn und Existenz*, 367면 이하에서 명확히 서술한, 메타 형이상학적 허구주의가 직면하는 난점들을 참조하라.

189 희랍어 ὁμοῦ πάντα는 특히 플로티노스가 강조한 아낙사고라스의 표현이며 원래 출처는 Anaxagoras, DK 59 B 1이다.

190 Hill, "Markus Gabriel Against the World", S. 471.

191 같은 곳. 원문은 이러하다. ⟨This renders mysterious how Gabriel manages to rule out the possibility of the world existing in some field of sense outside the range of what he is able to quantify over or think about.⟩

192 이에 관한 논의는 Jocelyn Benoist, "*Plus ultra*. Méditation sur le carré rond", in: *Archivio Di Filosofia*, 78/1 (2010), S. 209~216.

193 Hill, "Markus Gabriel Against the World", S. 474. 원문은 이러하다. ⟨*Contra* Gabriel, the two are importantly different because in the case of the round square, ⟨⟨for any X, X≠the round square⟩⟩ does not require reference to the round square, whereas in the proposition ⟨⟨for any X, X≠the world⟩⟩, the term ⟨⟨any⟩⟩ quantifies unrestrictedly and thus refers to the world.⟩ 원문의 ⟨any⟩는 어떤 사례와도 관계 맺지 않는다는 점을 유의할 필요가 있다. 왜냐하면 양화사는 아무것과도 관계 맺지(아무것도 가리키지) 않기 때문이다.

194 따라서 다음 문헌에서 제시되는 윌리엄슨의 논증은 방법론적으로 또 메타 논리적으로 잘못되었다. Timothy Williamson, "Everything", in: *Philosophical Perspectives* 17/1 (2003), S. 415~465.

195 Markus Gabriel, "Die Metaphysik als Denken des Ungegenständlichen", in: Tobias Dangel, Markus Gabriel (Hg.), *Metaphysik und Religion. Festschrift für Jens Halfwassen zum 60. Geburtstag*, Tübingen 2020(근간) 참조.

196 그럼에도 형이상학적 보편 양화라는 신화에 의지하여 20세기의 수학적 메타 논리학을 선험적으로 능가하려는 철학적 시도들이 있다는 점은 당혹감을 자아낸다. 관련 토론을 담은 문헌으로 Augustín Rayo, Gabriel Uzquiano (Hg.), *Absolute Generality*, Oxford 2006 참조.

197 Priest, *Towards Non-Being*, 13면 이하.

198 형이상학은 세계에 관하여 종합적이며 선험적인 진술들을 할 때만 가능하다고 여기는 닉 스탱에게(그의 여러 발언에) 나는 전적으로 동의한다. 바로 그것이 형이상학이 자부하는 바다. 하지만 나는 칸트가 그런 형이상학을 이룩하는 데 성공했을 수 있다는 그의 추측에는 동의하지 않는다.

199 Hill, "Markus Gabriel Against the World", S. 475. 원문은 이러하다. ⟨existence is appearing in a field of sense or *qu*appearing in a field of sense or *za*appearing

in a field of sense, and so on.〉 이 문제를 명확히 다루는 문헌으로 Gabriel, *Sinn und Existenz*, §2a 참조.

200 다음 문헌에서 크라이스는 그런 총체를 향한 불행하고 무한한 접근이라는 신낭만주의적 틀 안에 머무른다. Kreis, *Negative Dialektik des Unendlichen*.

201 본에 위치한 베테 이론 물리학 센터Bethe Center for Theoretical Physics에서, 그리고 내가 연구를 위해 도쿄 대학교 우주 물리학 수학 연구소에 체류하는 동안 이 같은 물리학적 불완전성의 이론적 기초를 설명해 준 울프-게 마이스너, 한스-페터 닐레스, 노무라 야스노리, 무라야마 히토시에게 감사한다. 본문의 진술은 이들의 설명을 기반으로 삼는다.

202 Hill, "Markus Gabriel Against the World", S. 476. 원문은 이러하다. 〈the denial of absolute generality is by its own lights restricted rather than absolutely general.〉

203 일찍이 아리스토텔레스는, 존재Sein는 최상위 유Genus일 수 없다고 옳게 지적했다. 그리하여 그는 존재론을 총체를 다루는 형이상학적 이론으로 간주할 수 없었다. 반면에 오늘날 절대적 보편 양화 옹호자들은 그런 존재론을 꾀한다. 관련 논의를 명쾌하게 재구성한 문헌으로 Anton Friedrich Koch, "Warum ist das Seiende keine Gattung", in: *prima philosophia* 6 (1993), 133~142면 참조.

204 다음 문헌에 등장하는 비트겐슈타인의 논평도 참조하라. Wittgenstein, *Philosophische Untersuchungen*, §216/S. 110f. 《사물은 자기 자신과 동일하다.》— 무용하지만 상상의 놀이와 결부되어 있는 문장의 예로 이보다 더 멋진 것은 없다. 마치 우리가 상상 속에서 사물을 그 자신의 형태 안에 집어넣고 딱 들어맞는 것을 보기라도 하는 듯하다.〉

205 William James, *A Pluralistic Universe. Hibbert Lectures at Manchester College on the Present Situation in Philosophy*, New York, London 1920.

206 같은 곳, 34면.

207 원문은 이러하다. 〈that there may ultimately never be an all-form at all, that the substance of reality may never get totally collected, that some of it may remain outside of the largest combination of it ever made, and that a distributive form of reality, the *each*-form, is logically as acceptable and empirically as probable as the all-form commonly acquiesced in as so obviously the self-evident thing.〉

208 같은 곳, 212면. 원문은 이러하다. 〈not to make us theoretically acquainted with the essential nature of reality.〉

209 같은 곳. 원문은 이러하다. 〈Reality, life, experience, concreteness, immediacy, use what word you will, exceeds our logic, overflows and surrounds it.〉

210 같은 곳, 319면. 원문은 이러하다. 〈*nothing* real escapes from having an environment.〉

211 퍼트넘에 따르면, 〈형이상학적 실재론〉이란 〈세계는 정신으로부터 독립적인 대상들을 아우른 확고한 전체〉라는 입장이다. 〈그 입장에 따르면, 《세계가 어떤 모습인

가》에 관한 딱 하나의 진실이며 완전한 서술이 있고, 진실임은, 단어 혹은 생각 기호와 외부 사물 및 사물들의 집합 사이에 성립하는 일종의 대응 관계를 포함한다.》(Hilary Putnam, *Vernunft, Wahrheit und Geschichte*, Frankfurt/M. 1990, S. 75) 또한 같은 저자, *Realism with a Human Face*; 같은 저자, *Für eine Erneuerung der Philosophie*; 같은 저자, *The Threefold Cord*; 같은 저자, "Warum es keine Fertigwelt gibt (1982)", in: *Von einem realistischen Standpunkt. Schriften zu Sprache und Wirklichkeit*, Reinbek 1993, 218~258면 참조. 그렇게 이해된 형이상학적 실재론에 맞선 모형 이론적 반론들을 재구성하고 옹호하는 최신 문헌으로 Button, *The Limits of Realism* 참조.

212 James, *A Pluralistic Universe*, S. 325. 인용된 원문은 이러하다. 〈Our 《multiverse》 still makes a 《universe》.〉

213 같은 곳, 325면. 관련 원문은 이러하다. 〈for every part, tho it may not be in actual or immediate connexion, is nevertheless in some possible or mediated connexion, with every other part however remote, through the fact that each part hangs together with its very next neighbors in inextricable interfusion. The type of union, it is true, is different here fromthe monistic type of *alleinheit*. It is not a universal co-implication, or integration of all things *durcheinander*. It is what I call the strung-along type, the type of continuity, contiguity, or concatenation. If you prefer greek words, you may call it the synechistic type.〉*

214 Koch, *Hermeneutischer Realismus* 참조.

215 같은 곳, 88~96면.

216 같은 곳, 88면.

217 같은 곳.

218 이때 대상화는 의식적 지각의 개념적 문턱 아래에서 이미 일어난다. Burge, *Origins of Objectivity* 참조.

219 Koch, *Hermeneutischer Realismus*, S. 88.

220 같은 곳, 89면. 〈추측하건대 우리가 상상력이라고 부르는 것은 경계가 그리 뚜렷하지 않은, 다양한 인지 능력들의 다발이다. 우리는 감각 생리학, 신경학, 인지 과학이 그 인지 능력들을 밝혀내 주기를 기대해야 한다.〉

221 같은 곳.

* 각각의 부분은 다른 각각의 부분과, 설령 현실적이거나 단박인 방식으로 연결되어 있지 않더라도, 모종의 가능한 혹은 매개된 방식으로 연결되어 있다. 두 부분이 아무리 멀리 떨어져 있더라도 그러하다. 이 연결은, 각각의 부분이 바로 곁 이웃과 뗄 수 없게 융합하여 들어맞는다는 사실을 통해 성립한다. 물론 여기에서 결합의 유형은 일원주의적 전일성과 다르다. 그 유형은 보편적 연관이 아니다. 바꿔 말해 그 유형은 모든 사물의 상호 침투 통합이다. 나는 그 유형을 나란히 연결됨 유형, 연속, 인접, 또는 연쇄 유형이라고 부른다. 당신이 그리스어를 선호한다면 연속주의적synechistic 유형이라고 불러도 좋다.(옮긴이 번역)

222 같은 곳.

223 같은 곳, 151면.

224 같은 곳, 151면.

225 담론적 구성물로서의 유클리드 기하학은 연역적 시스템의 속성들을 지녔으며, 그 시스템의 정리들은 공간적 형태들에 관한, 진실 능력을 갖춘, 따라서 오류 가능한 진술들을 표현한다. 그 진술들은 진실 능력을 갖췄으며 오류 가능하므로 필연적 진실이 아니다. 또한 Michael N. Forster, "Kants transzendentaler Idealismus. Das Argument hinsichtlich des Raumes und der Geometrie", in: David Espinet u. a. (Hg.), *Raum erfahren. Epistemologische, ethische und ästhetische Zugänge*, Tübingen 2017, 63~82면 참조.

226 Koch, *Hermeneutischer Realismus*, S. 44.

227 같은 곳, 66면.

228 같은 곳. 물론 구체적인 표현은 문제가 있다. 왜냐하면 여기에서 코흐는 세계가 없는 이유를 제시하고 나서 그 이유로부터 세계가 있다는 결론을 끌어내기 때문이다. 반면에 나의 주장은 세계가 아예 없다는 것, 열린 지평으로서도 없다는 것이다. 이 주장으로부터 열린 지평은 없다는 결론이 나오지는 않는데, 이 문제는 별개의 사안이다.

229 주체 주장을 가장 잘 펼치는 문헌으로 Koch, *Versuch über Wahrheit und Zeit* 참조. 주체 주장에 관한 토론을 재구성한 문헌으로는 Thomas Hofweber, "The Place of Subjects in the Metaphysics of Material Objects", in: *Dialectica* 69/4 (2015), 473~490면 참조.

230 Koch, *Hermeneutischer Realismus*, S. 67.

231 같은 곳.

232 같은 곳, 68면.

233 Gabriel, *Sinn und Existenz*, 353~355면 참조.

234 Travis, "The Silence of the Senses" 그리고 Benoist, *Le Bruit du sensible* 참조.

235 이 직관 개념에 관해서는 Gabriel, "Intuition, Representation, and Thinking. Hegel's Psychology and the Placement Problem" 참조.

236 한 대상에 관한 진실을 인지하기 위해서는, 우리가 그것들에 관하여 아무것도 모른다는 것 외에는 아무것도 알 수 없는 그런 대상들이 있음을 말의 차원에서 생각하는 것으로는 충분하지 않다. 왜냐하면 그런 생각을 통해 우리는 대상들을 지칭하지 못하기 때문이다. 바로 이것이, 인식 불가능한 대상들이 있다는 통찰의 핵심이다. 인식 불가능한 대상들을 그것들의 비대상성을 뒷문으로 삼아 그것에 접근함으로써 인식할 수는 없다.

237 다시 한번 KrV, A 19/B 33 참조. 〈인식이 어떤 방식으로 또 어떤 수단을 통해 대상들과 관련 맺건 간에, 인식이 대상들과 단박에 관련 맺을 때 매개자의 구실을 하는 그것, 그리고 모든 생각이 수단으로서 겨냥하는 그것은 직관이다.〉 또한 KrV, A 68/B 93 참조. 〈직관이 아닌 어떤 표상도 단박에 대상에 도달하지 못하므로, 개념은 절대로 단박

에 대상과 관련 맺어지지 못하고 대상에 관한 모종의 다른 표상과(이 표상이 직관이건, 그 자체로 이미 개념이건 간에) 관련 맺어진다. 그러므로 판단은 대상에 관한 매개적 인식, 바꿔 말해 대상의 표상의 표상이다.〉더 나아가 『순수 이성 비판』 초판(A판)의 초월적 연역에서 칸트는 이렇게 말한다.〈현상은 우리에게 단박에 주어질 수 있는 유일한 대상이며, 현상 안에서 단박에 대상과 관련 맺는 놈을 일컬어 직관이라고 한다.〉(KrV, A 108면 이하) 이처럼 이 수준에서 칸트는 직접적 (경험적) 실재론을 적극 옹호한다. 관련 해석을 담은 문헌으로 Lucy Allais, *Manifest Reality. Kant's Idealism and His Realism*, Oxford 2015 참조.

238 상세한 논의는 Gabriel, *An den Grenzen der Erkenntnistheorie* 참조.

239 인식에 관한 양자 이론을 다루는 문헌으로 Römer, "Substanz, Veränderung und Komplementarität" 참조.

240 Johann Gottlieb Fichte, *Grundlage der gesammten Wissenschaftslehre. Als Handschrift für seine Zuhörer*, Gesamtausgabe der Bayerischen Akademie der Wissenschaften, Band 2, Stuttgart 1965, S. 272.

241 같은 곳.

242 예컨대 다음 문헌에 담긴 대단히 명쾌한 자연주의적 자기 서술을 참조하라. Theodor Lessing, *Haarmann. Die Geschichte eines Werwolfs. Und andere Gerichtsreportagen*, München 1995, S. 118.〈뒷다리로 걷고 무리 지어 살며 모든 것을 먹고 불안정한 심장을 가졌지만 자신의 정신을 통해 거짓말하는 꼬리 없는 약탈적 유인원. 지구상의 나머지 모든 생물의 적이며 특히 자기 자신의 최악의 적.〉

243 같은 취지의 논의를 담은 문헌으로 Jocelyn Benoist, *Logique du phénomène*, Paris 2016, 74면 참조. 관련 원문은 이러하다.〈Ce n'est qu'en passant par l'imaginaire que ce que, dans nos transactions ordinaires avec ce à quoi nous référons, nous qualifions toujours déjà de《réel》peut devenir《apparaissant》.〉*

244 이와 관련된 근본적 어림셈법 Fundamentalheuristik 혹은 점술 Mantik 프로젝트에 관해서는 Wolfram Hogrebe, *Prädikation und Genesis. Metaphysik als Fundamentalheuristik im Ausgang von Schellings 'Die Weltalter'*, Frankfurt/M. 1989; 같은 저자, *Metaphysik und Mantik* 참조.

245 Gabriel, *Sinn und Existenz*, S. 353~355. 형이상학적 범주들의 가능성을 배척하는 논증은, 같은 저자, *Propos réalistes*, 7~51면, 또한 같은 저자, "Hegels Kategorienkritik", in: Rainer Schäfer u. a. (Hg.), *Kategoriendeduktion im Deutschen Idealismus*, Berlin 2020(근간) 참조.

246 유사한 결론에 도달하는 문헌으로 Westerhoff, *Ontological Categories* 그리고 Otávio Bueno u. a., "The No-Category-Ontology", in: *The Monist* 98/3 (2015), 233~245면 참조.

* 우리가 지칭하는 놈과 우리 자신이 일상적으로 상호 작용할 때 우리가 항상 이미 실재로 간주하는 놈은 오로지 상상된 놈을 매개로 해서만〈나타날 수〉있다.

247 또한 다음 문헌에 담긴 논증을 참조하라. Anjan Chakravartty, *Scientific Ontology. Integrating Naturalized Metaphysics and Voluntarist Epistemology*, Oxford 2017.

248 Friedrich Nietzsche, *Nachgelassene Fragmente 1885-1887*, KSA 12, 7 [60], S. 315.

249 Benoist, *Logique du phénomène*, S. 114~122.

250 같은 곳, 117면.

251 내친김에 한마디 덧붙이면, 최근의 자연주의적 해석들은 파이힝어의 실증주의보다 뒤처진 수준에 머물러 있다. 왜냐하면 그 해석들은 니체 자신의 명시적 거부에 맞서 니체가 인과적 설명 모형들과 원자론을 옹호했다고 날조하기 위하여 김 빼는 어휘를 사용하기 때문이다. 주지하다시피 니체는 출판된 글뿐 아니라 유고의 많은 대목에서 원자론을 거부한다. 니체는 철학의 수준에서 방법론적 허구주의자이지, 주어진 자연 인식 혹은 심지어 자연 과학에만 의지하는 자연주의자가 아니다. 이에 관한 모범적 문헌으로 Brian Leiter, *Nietzsche on Morality*, London, New York 2015 참조. 이에 관한 나의 재문의에 응하여 리히터가 2018년 7월에 제8회 국제 독일 철학 여름 학교 기조 강연에서 제시한 반론에 따르면, 니체는 특정한 인과 표상을 거부하긴 했지만 더 넓은 의미의 인과적 설명들을 거부하지는 않았으며 따라서 현재 통용되는 의미에서의 〈사변적 자연주의자〉로 간주될 수 있다. 니체가 나들이하듯이 자연 철학에 손을 대고 충동에 호소한 것과 관련해서는 위 반론이 타당함을 나는 인정한다. 니체는 충동을 관점에 귀속시킨다. 그러나 니체가 전반적으로 채택하는 관점은 인간 행동에 관한 자연 과학적 총괄 설명을 예견하는 진영이 아니라 미학주의 진영을 편다고 나는 믿는다. 물론 본문의 논증에서 이 사안은 부수적이다. 왜냐하면 많은 형이상학적 허구주의자들과 특히 파이힝어가 명확한 입장을 채택하며 여기에서 다뤄지는 이론 지형의 대표자로 간주될 수 있다는 사실은 의심의 여지가 없기 때문이다. 푸코가 다루는 유사한 문제에 관해서는 Edler-Vass, *The Reality of Social Construction*, 143~158면, 특히 151면 참조.

252 Jacques Derrida, *Grammatologie*, Frankfurt/M. 1974, 274면 또 280면 이하.

253 예컨대 같은 곳, 274면. 《실재하는wirklichen》.〉

254 같은 곳, 99면.

255 같은 곳.

256 물론 데리다를 실재론자로도 독해할 수 있다. 왜냐하면 실제로 그는 어떤 인식 가능한 초월적 틀도 용인하지 않는 급진적 경험주의를 옹호하니까 말이다. 이 행마는 그의 허구주의와 양립 가능하다. 이런 입장을 설득력 있게 재구성한 문헌으로 Freytag, *Die Rahmung des Hintergrunds* 참조. 반면에 더 근래의 초월적 독해 방식을 보려면 Martin Hägglund, *Radical Atheism. Derrida and the Time of Life*, Stanford 2008 참조.

257 Römer, "Emergenz und Evolution", S. 74.

258 같은 곳, 84면.

259 물리학과 의미장 존재론의 관계에 관하여 2018년 11월 14일부터 16일까지, 그

리고 2018년 12월 3일부터 4일까지 파리에서 집중적으로 대화해 준 하르트만 뢰머와 조지 엘리스에게 감사한다. 물론 엘리스의 인식론적 입장은 고전적이지만, 뢰머는 생물 안에서의 인식 과정은 비고전적 형태를 띠며 따라서 양자 이론의 개념들을 적용하는 것이 정당하다고 본다. 또한 2018년 6월에 도쿄 대학교 우주 물리학 수학 연구소에서 관련 토론을 해준 무라야마 히토시와 노무라 야스노리에게 감사한다. 양자 이론은 우리의 오류 가능성에 영향을 미친다는 점에서 아무튼 근본적이라는 점, 또한 양자 이론은 우리의 진실 능력을 갖춘 정신적 에피소드들의 유의미한 부분 집합이 실제로 진실이라는 것을 결코 결정론적으로 예측할 수 없다는 점을 무라야마와 노무라도 설득력 있게 논증했다.

260 이것은 지각이 근본적이라는 뜻도 아니고, 지각이 정신적 삶의 상위 의미장이라는 뜻도 아니다. 우리가 항상 지각한다는 사실이 강제하는 것은 단지 명백히 옳은 최소 경험주의다. 최소 경험주의에 따르면, 우리는 우리가 지각 앞에 도달할 수 있다는 점을 고려해야 한다.

261 Heinrich von Kleist, *Über das Marionettentheater. Sämtliche Werke und Briefe*, Bd. 2, München 1965, S. 338~345; Heinrich von Kleist, *Über die allmähliche Verfertigung der Gedanken beim Reden. Sämtliche Werke und Briefe*, Bd. 2, München 1965, 319~323면 참조.

262 Eugene Paul Wigner, *Philosophical Reflections and Syntheses*, Berlin, Heidelberg 1995 참조. 물론 뢰머는 의식이 파동 함수의 붕괴를 유발한다는 견해를 전혀 받아들이지 않는다. 뢰머의 일반화된 양자 이론은 측정 과정에서 의식의 인과적 역할을 상정하지 않으며, 대신에 의미장 존재론의 이론 수준에서 일반적인 존재론적 기본 조건들을 논한다. 하지만 이런 질문이 제기된다. 실은 인식 과정이 인과적으로 내장되어 있는 것은 아닐까? 이 질문에 대응하여 뢰머는 시간 이론을 대답으로 내놓는데, 그 이론은 양자 우주를 무시간적a-temporal 우주로 간주한다. 이에 관한 장황한 논의는 이 책에 어울리지 않을 것이다. 중간 입장을 펴는 문헌으로는 Michel Bitbol, *Mécanique quantique. Une introduction philosophique*, Paris 2008 참조. 이 문헌에 기초하여 메이야수의 견해에 반발하는 최신 문헌으로 Michel Bitbol, *Maintenant la finitude. Peut-on penser l'absolu?*, Paris 2019 참조.

263 이것은, 어떻게 하면 인식 과정을 실재하는 무언가로 이해하면서도 실재를 총체적 대상으로 간주하지 않을 수 있는가, 라는 질문에 대한 나의 최종 답변이 아니다. 이와 관련한 의미장 존재론의 면모는 오직 자연 철학의 틀 안에서만 명확히 제시될 수 있다. 나는 그 자연 철학의 개요를 현재 본 과학 사상 센터에서 수행 중인 프로젝트의 틀 안에서, 그리고 도쿄 대학교 우주 물리학 수학 연구소에서 연구하고 있다. 누구보다도 먼저 알렉산더 카네프에게 감사한다. 그는 알렉산더 폰 훔볼트 재단의 졸업생 프로그램의 지원으로 본에 머무는 동안(2014년), 의미장 존재론이 자연 철학적 귀결들을 함축하며, 그 귀결들을 통해 우리의 앎 획득이 오류 가능하기 위한 조건을 개념적으로 더 명확히 할 수 있음을 나에게 일찌감치 일러 주었다. 또한 얀 푸스홀츠에게 감사한다. 그는

늦어도 소피아에서 이루어진 신실재론에 관한 훔볼트 강의(2017년 10월 25~27일)에서, 신실재론이 중대하게 다뤄야 할 과학 철학적 귀결들을 지녔다는 확신을 나에게 심어 주었다.

264 Meillassoux, *Nach der Endlichkeit*.

265 Quine, *Wort und Gegenstand*, 53면 이하. 칸트 이후 관념론과 콰인의 연관성을 다룬 문헌으로 Paul W. Franks, "From Quine to Hegel. Naturalism, Anti-Realism, and Maimon's Question *Quid Facti*", in: Espen Hammer (Hg.), *German Idealism. Contemporary Perspectives*, London, New York 2007, 50~69면 참조.

266 이 사정은 다음과 같은 생생한 비유의 형태로 우리에게 친숙하다. 즉, 우주가 언젠가 말하자면 눈을 뜨고 자신이 독해 가능함을 소급적으로 입증한다는 등의 비유로 말이다. 여기에서 중요한 것은 당연히 그런 기틀 이론들의 존재론적 심층 구조다.

267 Adorno, *Negative Dialektik*, S. 359.

268 이 존재론적 구조는 다양한 형태로 변주되어 왔다. 즉, 고대의 일반적인 존재와 가상의 구분에서부터, 근대에 여러 방식으로 논의된, 걷어 낼 수 없는 관념의 베일 등에 이르기까지 다양한 형태로 말이다. 몇몇 이론에서 비지향적인 것은 부정 신학적으로 포위할 수만 있는 물신(物神)이 된다. 레비나스는 이에 반발하여, 지향성을 닫힌 의미장으로 보는 것이 아니라 그때그때 구체적인 (반드시 지향적인 것은 아닌) 무언가와의 접촉으로 보는 견해를 개발했다. 그 견해를 모범적으로 서술한 문헌으로 Emmanuel Lévinas, *Totalität und Unendlichkeit. Versuch über die Exteriorität*, Freiburg/Br. 2014 참조. 이런 식으로 레비나스는 메이야수가 말하는 〈상관주의적 원환〉을 내부로부터 부수고 형이상학을 우회한다. 이를 두고 데리다는 전격적인 기습으로 지향성을 뛰어넘으려 한다고 레비나스를 비난했다. 잘 알려져 있듯이, 관련 문헌으로 Jacques Derrida, "Gewalt und Metaphysik. Essay über das Denken Emmanuel Levinas'", in: *Die Schrift und die Differenz*, Frankfurt/M. 1976, 121~235면 참조. 이 문헌에서 알 수 있듯이, 초기 데리다의 용어 선택은 후설의 틀 안에 머물러 있다. 원래 데리다는 단지 몇몇 세부 사항에서만 후설을 수정하려 했지만, 결국 이 프로젝트는 역설들을 양산하는 기계로 변모했다.

269 Goldschmidt, Pearce (Hg.), *Idealism. New Essays in Metaphysics*.

270 일반적인 〈상관주의〉 개념에 관해서는 Quentin Meillassoux, "Iteration, Reiteration, Repetition. A Speculative Analysis of the Sign Devoid of Meaning", in: Armen Avanessian, Suhail Malik (Hg.), *Genealogies of Speculation. Materialism and Subjectivity since Structuralism*, London, New York 2016, 117~198면 참조. 특히 118면에 이런 대목이 나온다. 〈내가 말하는 상관주의를 대충 어림잡아 설명하면, 상관주의란 생각**으로부터 독립적인** 존재에 생각을 통해 접근하는 것은 불가능하다고 주장하는 임의의 철학이다. 이 유형의 철학에 따르면, 우리는 항상 이미 (가장 일반적인 의미의) 《생각하기 활동》과 상관되어 있지 않은 (반드시 현상학적 의미일 필요는 없고 가장 일반적인 의미) 지향된 것에 절대로 접근할 수 없다.〉 약한 상관주의와 강한 상

관주의의 구별에 관해서는, 같은 저자, *Nach der Endlichkeit*, 2장 참조. 반면에 이 개념의 부정합성을 지적하는 문헌으로 Gabriel, *Sinn und Existenz*, 396~399면 참조.

271 예컨대 KrV, A 601/B 629 참조. 〈우리의 대상 개념이 무엇을 얼마나 많이 품고 있건 간에, 대상에 실존을 부여하려면 우리는 그 개념 바깥으로 나와야 한다. 감각의 대상들의 경우에는 경험적 법칙들에 따라 대상이 나의 어떤 지각과 관련됨을 통하여 이 실존 부여가 이루어진다. 그러나 순수한 생각하기의 대상들의 경우에는, 그것들의 현존을 인식할 수단이 전혀 없다. 왜냐하면 그 현존은 완전히 선험적으로 인식되어야 할 텐데, 모든 현존에 대한 우리의 의식은 (지각을 통해 단박에 의식하건, 아니면 무언가를 지각과 결합하는 추론을 통해 의식하건 간에) 전적으로 경험의 통일에 속하고, 이 장 바깥의 실존은, 물론 단적으로 불가능하다고 선언될 수는 없지만, 우리가 무엇을 통해서도 정당화할 수 없는 전제이기 때문이다.〉관련 문헌으로 Gabriel, *Sinn und Existenz*, §2a 참조.

272 피히테가 이 단어를 철학의 언어에 도입한 것은 다음 문헌에서다. Johann Gottlieb Fichte, *Die Wissenschaftslehre. Zweiter Vortrag im Jahre 1804 vom 16. April bis 8. Juni*, Hamburg 1986, 29면 등. 사실성의 핵심은 〈앎이 앎 바깥의 무언가를 통한 규정 없이, 어떤 변경 가능성도 없이 절대적으로 독자 존속한다는 통찰〉(29면)이다.

273 (그것들이 없으면 다른 개념들을 가질 수 없는) 〈기본 개념들〉에 관한 생각들을 소개하면서 피히테는 〈자기 회귀 가능성〉으로서의 〈성찰Besinnung〉의 개념을 도입한다. 그는 성찰을 〈사실을 정당화 가능성과 관련지어 살펴보기〉(Johann Gottlieb Fichte, *Die späten wissenschaftlichen Vorlesungen I. 1809-1811*, Stuttgart-Bad Canstatt 2000, S. 95)라고 설명한다.

274 예컨대 Fichte, *Die Wissenschaftslehre 1804*, 160면 참조.

275 Christoph Asmuth, "Wie viele Welten braucht die Welt? Goodman, Cassirer, Fichte", in: *Fichte-Studien* 35 (2010), 63~83면 참조.

276 『정신 현상학』의 이 같은 목표에 관해서는 Markus Gabriel, "A Very Heterodox Reading of the Lord-Servant-Allegory in Hegel's *Phenomenology of Spirit*", in: Anders Moe Rasmussen (Hg.), *German Idealism Today*, Berlin 2017, S. 95~120, 또한 Gabriel, "What Kind of an Idealist (if any) is Hegel?" 참조.

277 Georg Wilhelm Friedrich Hegel, *Phänomenologie des Geistes*, TWA 3, S. 68.

278 Manfred Frank, *Der unendliche Mangel an Sein. Schellings Hegelkritik und die Anfänge der Marxschen Dialektik*, München 1992.

279 Arthur Schopenhauer, *Werke in fünf Bänden*, Band II, Zürich 1988 참조. 이 문헌에서 쇼펜하우어는 자신의 관념론 버전을 〈하나의 뇌 현상〉(11면)으로 환원한다. 또한 특히 같은 곳, 303면의 상세한 설명 참조. 이 설명에서 뇌는 명시적으로 〈모든 인식의 주체〉로 다뤄진다.

280 예컨대 Beispiel Peter Carruthers, *The Centered Mind. What the Science of*

Working Memory Shows Us About the Nature of Human Thought, Oxford 2015 참조.

281 Hogrebe, *Duplex. Strukturen der Intelligibilität* 참조.

282 고전적 문헌으로 Manfred Frank, *'Unendliche Annäherung'. Die Anfänge der philosophischen Frühromantik*, Frankfurt/M. 1997 참조.

283 피히테가 주체의 신체화에 실패한다는 점이 명확히 드러나는 피히테 텍스트를 기반으로 반어적 논증을 펴는 문헌으로 Markus Gabriel, "Anstoß, Widerstand, Gegenstand - Erwin Wurm zwischen Fichte und Neuem Realismus", in: Ralf Beil (Hg.), *Erwin Wurm. Fichte,* Kunstmuseum Wolfsburg, Baden-Baden 2015, 98~109면 참조.

284 Wolfram Hogrebe, *Riskante Lebensnähe. Die Szenische Existenz des Menschen,* Berlin 2009, S. 40.

285 Theodore Sider, *Writing the Book of the World,* Oxford 2013에 맞서 반론을 펴는 Dasgupta, "Realism and the Absence of Value" 참조.

286 Gabriel, *Warum es die Welt nicht gibt,* 156~163면 참조.

287 비교적 최근의 고전으로 David Lewis, "New Work for a Theory of Universals", in: *Australasian Journal of Philosophy* 61/4 (1983), 343~377면 참조. 물론 이 문헌에 담긴 생각은 적어도 플라톤의 이데아론만큼 오래되었다. 널리 퍼진 자연의 접합부 joint라는 비유(〈자연의 접합부들에서 자연을 조각하기〉)는 플라톤의 이데아론과 관련이 있다. Platon, *Phaidros* 265e1~3 참조.

288 Dasgupta, "Realism and the Absence of Value", S. 289.

289 대표적인 문헌으로 Graham Harman, *Object-Oriented Ontology. A New Theory of Everything,* London 2018; 또한 같은 저자, *Immaterialism. Objects and Social Theory,* Cambridge, Malden/MA. 2016 참조. 이 문헌들에 대한 논평은 Mulhall, "How Complex is a Lemon?" 참조. 유사한 논평을 담은 문헌으로 Gabriel, "Tatsachen statt Fossilien - Neuer vs. Spekulativer Realismus" 참조.

3부 사회 실재론

1 이 의견 불일치 개념은 요제프 지몬이 말하는 〈감성적 차이ästhetische Differenz〉의 개념과 대응한다. 지몬은 우리의 그때그때의 사실적 정신 상태가 변경할 수 없게 개별적이라는 점을 이야기하기 위해 감성적 차이 개념을 사용한다. Josef Simon, *Kant. Die fremde Vernunft und die Sprache der Philosophie,* Berlin, New York 2003, 20~30면 등 참조. 또한 Gabriel, "Dissens und Gegenstand" 참조.

2 물론 생각하기의 모든 내용이 명시적으로 사회적이라는 뜻은 아니다. 또한 생각하기의 모든 대상이 사회적이라는 뜻은 더더욱 아니다(그런 뜻이라면, 터무니없을 터이다). 우리가 생각하는 바가 늘 간접이나 직접으로 행위 조율과 관련이 있는 것은 아니다. 또한 생각하기가 사회적으로 생산되고 의견 불일치 상황 안에 내장된 채로 방향을 잡는다는 사정은 객관성이 상호 주관성으로 대체된다거나 상호 주관성을 통해 설명될

수 있다는 것을 뜻하지 않는다. p라고 생각하는 사람은 부분적으로 사회적 조건 아래 있는 맥락 안에서만 그렇게 생각할 수 있는데, 이 사정은 생각의 객관성을 위해 극복해야 할 원리적 장애물이 아니다.

3 하지만 어느 모로 보나, 인간이 아닌 몇몇 동물도 사회적인 생각하는 놈이므로, 어차피 사회성은 인간만의 종차differentia specifica가 아니며, 따라서 사회성을 기준으로 인간과 비인간 사이의 경계를 대뜸 그을 수는 없다.

4 당연한 말이지만, 기본 입자들의 위치와 운동량에 대해서는 이 진술이 그대로 타당하지는 않다. 또한 우주 안에서 사회적 생산이 창발하여 우주의 구조를 인과적으로 바꿀 가능성도 부인할 수 없다. Ellis, Gabriel, "Physical, Logical, and Mental Top-Down Effects" 참조. 학문을 하는 사회적 생물들이 생겨나자마자 우주의 존재론적 구조는 본질적으로 변화한다.

5 자연과 문화가 실은 차이가 없다는, 오늘날 널리 퍼진 견해를 통해 이 문제의 틀을 뛰어넘을 수 없다는 점을 유념해야 한다. 그 견해를 옹호하는 문헌으로 예컨대 Philippe Descola, *Jenseits von Natur und Kultur*, Berlin 2011 참조. 이 문헌의 논증은 기껏해야 인간의 삶꼴에 대한 분석에서 자연과 문화의 맞섬을 극복할 따름이며, 익명의 자연이 없거나 없었음을 보여 주지 못한다. 만약에 문화 학문들Kulturwissenschaften이 우주의 선사회적 상황에 관한 모든 자연 과학적 진술은 거짓임을 증명할 수 있다면, 그것은 기괴한 일일 터이다. 물론 그런 증명은 데스콜라의 관심사가 아니지만 말이다.

6 마우리치오 페라리스의 연구는 창발주의와 사회 구성주의의 결합을 특히 명확히 보여 주는 사례다. 그의 연구의 출발점을 이루는 문헌 Maurizio Ferraris, *Documentality. Why It Is Necessary to Leave Traces*, New York 2013; 그의 연구를 상세히 서술한 문헌, 같은 저자, *Emergenza*, Torino 2016 참조. 둘째 문헌에서 페라리스는, 텍스트의 바깥은 없다, 라는 데리다의 유명한 격언을 명시적으로 인용하면서 이렇게 말한다. 〈글la scrittura은 사회적 대상들의 가능 조건이다. 학문은 사회적 사건으로서 사회적 대상이며 기록들을 분류하고 확정하고 전달하는 일을 출발점으로 삼는다. 학문에서 텍스트의 바깥에 실존하는 것은 없다. 마찬가지로 일반적으로 텍스트 바깥에는 어떤 사회적인 것도 없다.〉(60면) 같은 곳에서 페라리스는 보편적 진실 반실재론을 옹호하기까지 한다. 〈진실은 **인식론적 함수**로서 기록하기에 의존한다. 기록하기가 없으면 진실인 명제들은 없을 터이다.〉(같은 곳) 이로써 페라리스의 이론 전체가 구성주의로 전락한다. 페라리스 본인은 〈존재론적 대응주의corrispondentismo ontologico〉에 의지하여 구성주의를 막아 낸다고 자부한다. 하지만 진실이 본질적으로 기록하기에 속박되어 있다면, 바꿔 말해 아무도 진실을 기록하지 않을 경우 진실이 존립하지 않는다면, 과연 어떻게 구성주의를 막아 낼 수 있을까? p가 기록하기 없이는 진실이 아니라면, p는 기록하기 없이는 존립하지 않을 것이다. 따라서 페라리스의 이론으로부터 라투르풍의 형이상학적 구성주의가 귀결된다.

7 대표적인 문헌으로 McDowell, *Geist und Welt*, 그리고 이 문헌을 기반으로 삼은 문헌으로 Michael, Thompson, *Leben und Handeln. Grundstrukturen der Praxis und*

des praktischen Denkens, Berlin 2011 참조. 오늘날의 이른바 신아리스토텔레스주의를 배경으로 삼아 둘째 자연 개념을 비판적으로 논하는 문헌으로 Christoph Menke, *Autonomie und Befreiung. Studien zu Hegel*, Berlin 2018, 119~148면; Thomas Khurana, *Das Leben der Freiheit. Form und Wirklichkeit der Autonomie*, Berlin 2017, 389~409면 참조. 비판적 조망을 담은 또 다른 문헌으로 Jens Rometsch, "Neues aus Pittsburgh", in: *Philosophische Rundschau* 56/4 (2009), 335~342면 참조.

8 Kant, *Grundlegung zur Metaphysik der Sitten*, S. 66.

9 Andrea Kern, Christian Kietzmann (Hg.), *Selbstbewusstes Leben.Texte zu einer transformativen Theorie der menschlichen Subjektivität*, Berlin 2017 참조.

10 Gabriel, *An den Grenzen der Erkenntnistheorie*, §15 참조. 이 논의는 애초의 온건 사회 구성주의 발상과 완전히 별개로 취급되어야 한다. 그 원래 발상이 담긴 문헌으로 Peter L. Berger, Thomas Luckmann, *Die gesellschaftliche Konstruktion der Wirklichkeit. Eine Theorie der Wissenssoziologie*, Frankfurt/M. 2016 참조. 그 발상은 사회적인 것의 〈객관적 사실성〉도 〈주관적으로 채택된 의미Sinn〉도 반박하지 않으며, 오히려 사회적인 것을 독특한 독자적 실재로 간주한다(같은 곳, 20면). 그 발상의 관점에서 보기에 구성된 것(곧, 객관적 사실로서의 사회와 사회의 현존에 대한 주관적 수용이 형성하는 이중 구조가 낳는 역사적으로 가변적인 결과)은 자연적 태도, 선이론적 태도다. 그 태도의 틀 안에서 우리는 행위 계열이 자명하다고 느낀다. 이 발상은 사회 존재론적으로 해가 없을뿐더러 이데올로기 이론의 관점에서 추천할 만하기까지 하다. 왜냐하면 이 발상은, 단일한 생활 세계 개념이 자연적 태도의 실체화가 낳은 인공물이라는 점을 애초부터 폭로하기 때문이다.

11 정확히 이 문제를 다루는 문헌으로 Adrian Johnston, *Prolegomena to Any Future Materialism. Volume Two: A Weak Nature Alone*, Evanston 2019 참조.

12 잘 알려져 있듯이 다음 문헌에서 하버마스는 같은 취지의 논증을 제시한다. Jürgen Habermas, *Nachmetaphysisches Denken. Philosophische Aufsätze*, Frankfurt/M. 1992, 또한 같은 저자, *Nachmetaphysisches Denken II. Aufsätze und Repliken*, Berlin 2012, 또한 같은 저자, *Zwischen Naturalismus und Religion*, Frankfurt/M. 2005. 그 논증에서 하버마스는 자연과 사회적 구성물을 구별한다. 예컨대 다음과 같이 확언할 때 그러하다. 《〈나〉는 사회적 구성물이다(그렇기 때문에 탈중심적 연결망을 이룬 뇌 신호 흐름들의 한가운데에서 중심체를 찾아내려는 신경 생물학의 노력도 성과 없이 머무를 수밖에 없다).》(*Nachmetaphysisches Denken II*, 62면, 주석 8) *Zwischen Naturalismus und Religion*에는 이런 대목이 있다. 《〈나〉는 확실히 사회적 구성물로 이해될 수 있다. 그러나 그렇다고 해서 《나》가 환상인 것은 아니다.》(185면) 그러나 이 인용문이 함축하는, **구성물과 환상**의 구별에 관한 추가 언급은 없다. 하버마스는 자신이 공동 저자로 집필하여 다음 문헌에 발표한 입문적인 글을 지목한다. Rainer Döbert u. a. (Hg.), *Entwicklung des Ichs*, Königstein/Ts. 1980, S. 9~30. 이 글이 콕 집어 다루는 주제는 사회학적 정체성(동일성) 개념이다. 저자들의 주장에 따르면 〈개인은 자신의 정

체성을 자신의 것으로서 주장함과 동시에 타인들에 맞선 것으로서 주장한다. 자기 정체성을 규정하기, 곧 자기를 타인들로부터 구별하기는 그 타인들로부터도 인정받아야 한다. 자기를 자기와 동일화하는 개인의 자기 회귀적 자기 관련은 그가 그의 정체를 규정하는 타인들과 맺는 상호 주관적 관련들에 의존한다).(10면) 그런데 이 인용문에서 인정받아〈야 한다muß〉는 무슨 뜻일까? 나의 자기 정체성 규정은 어떤 의미에서 타인들로부터 인정받아〈야 할까?〉 사람은 타인들이 그의 정체성을 그에게 부여함을 통하여 비로소 정체성을 얻는다는 주장이라면, 이것은 어느 모로 보나 부정합적인 주장일 터이다. 타당할 수 있는 주장은 기껏해야 다음과 같다. 내가 나 자신을 타인들로부터 구별하는 것에 타인들이 반응한다는 사정은 나의 자기 서술에 불가피하게 영향을 미치며, 이 영향 관계는 사회화 과정에 반영된다. 하지만 이 주장은 정체성과 정체성 부여의 관계에 대한 존재론적 통찰, 곧 나아가 사회적으로 구성된다는 생각의 출처인 통찰과 영 거리가 멀다.

13 이 사회적 구성 개념을 특히 명확하게 서술한 문헌으로 Heinrich Popitz, *Soziale Normen*, Frankfurt/M. 2006, 예컨대 76~80면 참조.

14 표준적인 입장들을 조망하는 문헌으로 Hans Bernhard Schmid, David P. Schweikard, *Kollektive Intentionalität. Eine Debatte über die Grundlagen des Sozialen*, Frankfurt/M. 2009 참조. 슈테판 침머만은 이 모형의 보완 불가능한 약점들을 본 대학교에 제출한 교수 자격 취득 논문에서 특히 사회학적 창시자 논쟁들을 예로 들어 보여 주었다. Stephan Zimmermann, *Vorgängige Gemeinsamkeit. Studie zur Ontologie des Sozialen* 참조. 침머만은 집단적 지향성을 생활 경험Lebenserfahrung 개념 안에 정초하고, 이 개념을 사회적인 것의 원천으로 간주하자고 제안하는데, 나는 당연히 이 제안에 동의하지 않는다. 또한 침머만의 예비적 논문 "Is Society Built on Collective Intentions? A Response to Searle", in: *Rivista di Estetica* 57 (2014), *Special Issue: Social Objects. From Intentionality to Documentality*, 121~141면 참조.

15 정치적 〈탈진실post-truth〉 논증의 일환으로 이 주장을 명시적으로 펴는 최근 문헌으로 Steve Fuller, *Post-Truth. Knowledge as a Power Game*, London, New York 2018 참조.

16 대표적인 문헌으로 Axel Honneth, *Kampf um Anerkennung. Zur moralischen Grammatik sozialer Konflikte*, Frankfurt/M. 2010 참조. 물론 호네트는 본문에서 지적한 문제에 대하여 다양한 해결 전략을 제시하지만, 나는 여기에서 그 전략들을 상세히 다루지 않을 것이다. 왜냐하면 곧 제시할 사회 존재론적 이유들 때문에 신(新)실재론은 인정 패러다임 바깥에서 작동하기 때문이다.

17 첫째 자연의 개념과 둘째 자연의 개념은 유지될 수 없다는 것이 신실재론적 자연 철학에서 드러난다. Gabriel, *Die Wirklichkeit des Universums* 참조.

18 사회를 조직화된 함께 삶Zusammenleben으로 보는 개념에 관해서는 Hannah Arendt, *Vita Activa oder Vom tätigen Leben*, München 2002, 59면 참조. 〈사회란 함께

삶의 형식이며, 그 형식 안에서는 인간이 삶 자체를 위하여 다른 인간들에게 의존한다
는 점만이 공적으로 중요하고 그 밖에는 아무것도 공적으로 중요하지 않다. 따라서 사
회에서 단지 삶의 유지를 위한 활동들은 공론장에 나타나지 않을뿐더러 공론장의 모습
을 규정해서는 안 된다.〉

19 인간의 자연 과학적 자기 탐구와 정신 과학적 자기 탐구 간 인터페이스에 심리학
을 비롯한 몇몇 사회 과학이 위치한다. 심리학이 진정으로 인간적인 행동을 예측하고
조작 가능하게 만들기 위하여 자연 과학적 방법들을 적용하는 한에서 말이다.

20 Gabriel, *Wer wir sind und wer wir sein wollen*.

21 주지하다시피 데넷은 〈지향적〉 관점stance, 〈기능적 (설계)〉 관점, 〈물리적〉 관점
을 구별하는데, 이 구별은 다양하게 해석된다. 왜냐하면 데넷은 이 구별의 존재론적 기
반을 어디에서도 충분히 설명하지 않기 때문이다. Dennett, *The Intentional Stance* 참
조. 지향성을 (이상화하는) 귀속시키기 관행Zuschreibungspraktiken으로 환원할 수 있
다는 데넷의 주장이 항상 직면하는 주요 문제는, 사람은 자기 자신이 지향적 상태에 처
해 있지 않다면 누구에게도 지향적 상태를 귀속시킬 수 없다는 점이다. 이 같은 자주
제기되는 반론을 담은 최신 문헌으로 Galen Strawson, "The Consciousness Deniers",
in: *The New York Review of Books*, 13. März 2018, 〈https://www.nybooks.com/
daily/2018/03/13/the-consciousness-deniers/〉(2019년 10월 3일에 마지막으로 접
속함).

22 예컨대 Friedrich Nietzsche, *Der Wille zur Macht. Versuch einer Umwertung
aller Werte*, ausgewählt und geordnet von P. Gast unter Mitwirkung von E. Förster-
Nietzsche, Stuttgart 1996, 467면 참조.

23 다음 문헌에 실린 플로리안 클링어의 인상적인 연구를 참조하라. Florian
Klinger, *Urteilen*, Zürich 2011. 내가 이 문헌을 알게 된 것은 제프 굼브레히트 덕분
이다.

24 Gabriel, "Dissens und Gegenstand".

25 이런 관점에서 볼 때, 현재의 탁월한 탈근대 이론가는 프랜시스 후쿠야마다. 그
는 역사의 종말을 진단하는 것에서 출발하여 사회적 정체성들에 관한 논의에 도달했
다. 최신 문헌으로 Francis Fukuyama, *Identität. Wie der Verlust der Würde unsere
Demokratie gefährdet*, Hamburg 2019 참조.

26 여기에서도 더 자세한 논의는 Gabriel, *Der Sinn des Denkens* 참조.

27 Immanuel Kant, *Idee zu einer allgemeinen Geschichte in weltbürgerlicher
Absicht*, Werkausgabe Band XI, Frankfurt/M. 1977, S. 37.

28 단지 경험적 데이터에 의지한다는 주장에 맞서 다음 문헌에 등장하는 카를 만하
임의 통찰을 상기할 필요가 있다. Karl Mannheim, *Ideologie und Utopie*, 79면. 〈그러
나 참된 경험적 데이터를 옹호하기 위해 그것의 전제들을 두루 살피는 숙고를 일관적
으로 진행하면 할수록, 바로 경험적 데이터라는 것이 (적어도 역사적 학문들에서는) 오
직 메타 경험적 존재론적-형이상학적 결정들 및 거기에서 나오는 기대들과 설정들을

터전으로 삼아야만 가능하다는 사실이 더 명확해진다.〉더 나아가 로슨은, 사람들이 존재론적 차원에서 맹목적으로 활동한다면, 이상적인 것이 이끄는 사회 변혁은 실행될 수 없다고 옳게 단언한다.〈우리가 어디에서 무엇에 개입하건 간에 아무튼 능숙하게 개입한다면, 항상 어떤 수준에서 존재론적 추론이 사실상 필요하다.〉(⋯⋯) 간단히 말해, 사회적 영역에 유능하고 성공적인 방식으로 개입하려면 명시적인 사회 존재론적 추론이 필요할 개연성이 높고, 그런 개입은 항상 그 추론의 혜택을 받는다.〉(*The Nature of Social Reality*, S. 4) 물론 나는 사회 존재론적 분석의 세부 사항에서 로슨에게 반발하는데, 이것은 여기에서 다룰 사안이 아니다.

29 모범적인 것의 되풀이가 하는 역할을 모범적으로 재구성한 문헌으로 Axel Hutter, *Narrative Ontologie*, Tübingen 2017 참조.

30 자기 구성에 기초한, 과도한 자율관에 대한 반론들을 훑어보려는 독자는 Charles Larmore, *The Autonomy of Morality*, Cambridge 2008, 또한 셰퍼의 문헌 소개문 Rainer Schäfer, "Gegenwärtige Freiheit", in: *Philosophische Rundschau* 65/4 (2018), 311~325면 참조.

31 Hegel, *Grundlinien der Philosophie des Rechts*, TWA 7, S. 79.

32 Bourdieu, *Meditationen*, S. 138.〈아무튼《실재》의 저항을 도외시하는 저항의 실재성은 의심해도 된다.〉

33 나의 초기 연구들을 담은 문헌 Gabriel, *Der Mensch im Mythos*; ders., Slavoj Žižek, *Mythology, Madness and Laughter. Subjectivity in German Idealism*, London, New York 2009; Markus Gabriel, "Aarhus Lectures. Schelling and Contemporary Philosophy. Fourth Lecture: The Very Idea of a Philosophy of Mythology in Contemporary Philosophy", in: *SATS: Northern European Journal of Philosophy* 17/2 (2016), 115~144면 참조. 또한 Blumenberg, *Arbeit am Mythos*, 같은 저자, Blumenberg, *Arbeit am Mythos*, 그리고 같은 저자, "Wirklichkeitsbegriff und Wirkungspotential des Mythos", in: Manfred Fuhrmann (Hg.), *Terror und Spiel: Probleme der Mythenrezeption. Poetik und Hermeneutik IV*, München 1971, 11~66면 참조.

34 많이 논의된 슬로터다이크의 인간 기술Anthropotechnik에 맞서 내가 내놓는 유보적 논평은, 슬로터다이크가 그런 기술들의 등장을 존재론적으로 충분히 깊은 수준에서 다루지 않는다는 것이다. 인간은 정신적인 생물로서 사회적 동물이다. 인간이 존재한 이래로 인간은 자신의 생산 조건을 이미 인간 공원 안에 위치시킨다. 오류는, 인간 기술들을 근대의 특유한 현상이나 문해력 교육의 귀결로 간주하면서 존재적으로 축약하는 것에 있다. 이 행마는 하이데거에 맞설 때는 유효할지 몰라도(나는 하이데거도 반박한다), 인간은 본질적으로 사회적으로 생산된다는 사회 존재론적 통찰보다 개념적으로 뒤처져 있다. 관련 문헌으로 당연히 Peter Sloterdijk, *Regeln für den Menschenpark. Ein Antwortschreiben zu Heideggers Brief über den Humanismus*, Berlin 2017 참조.

35 이 글을 쓰는 2019년 현재, 대표적인 이데올로기는 미국 대통령 트럼프의 트위터

계정이다.

36 인지 신경 과학들의 신경 철학적 담론에서 등장하는 다양한 부분 전체론적 추론 오류 중 몇 개를 다루는 문헌으로 Maxwell R. Hacker, Peter M. Bennett, *Die philosophischen Grundlagen der Neurowissenschaften*, Darmstadt 2010 참조. 일찍이 카를 만하임이 『이데올로기와 유토피아』에서 지적했듯이 〈개인이 다소 확정된 절대적 능력들을 갖추고 세계의 맞은편에 서서 진실을 추구하면서 자신의 경험 데이터로부터 세계상을 구성한다는 견해는 실은 더없이 부정확하다〉(Mannheim, *Ideologie und Utopie*, S. 27). 그러나 바로 이 견해가 신경 철학의 형태로 계속 활약하고 있다.

37 Berger, Luckmann, *Die gesellschaftliche Konstruktion der Wirklichkeit;* John R. Searle, *Die Konstruktion der gesellschaftlichen Wirklichkeit. Zur Ontologie sozialer Tatsachen*, Reinbek 1997; 같은 저자, *Wie wir die soziale Welt machen. Die Struktur der menschlichen Zivilisation*, Berlin 2017; Judith Butler, *Das Unbehagen der Geschlechter*, Frankfurt/M. 2003; Haslanger, *Resisting Reality* 참조.

38 Searle, *Wie wir die sozialeWelt machen*, S. 11. 로슨은 설에 맞서 다음과 같이 부분적으로 옳게 지적한다. 즉, 이 맥락에서 창발과 인과 관계, 그리고 무엇보다도 입자 물리학의 형이상학에 관한 설의 견해가 부당하게 축약되어 있다고 지적한다. 그러면서 로슨은 사회 존재론적 수정을 제안한다. Lawson, *The Nature of Social Reality* 33~46면 참조. 그러나 그 제안으로는 불충분하다. 왜냐하면 로슨은 강한 창발이 하향 top-down 인과 관계 모형에 의해 뒷받침될 수 있을 가능성을 간과하고, 따라서 형이상학적 자연주의의 토대인 이른바 〈우주의 인과적 폐쇄성〉이 애당초 의문스러울 뿐 아니라 물리학적 이유에서도 붕괴할 가능성을 간과하기 때문이다. Gabriel, Voosholz (Hg.), *Top-Down Causation and Emergence* 참조.

39 여담 삼아 말하면, 같은 주장이 다음 문헌에 벌써 등장한다. John R. Searle, *Sprechakte. Ein sprachphilosophischer Essay*, Berlin 2013, S. 78~83. 이 문헌 이래로 설의 사회 존재론 공식은 이것이다. 〈x가 맥락 C 안에서 Y로 통한다.〉(81면)

40 예컨대 Searle, *Wie wir die soziale Welt machen*, 27면 참조.

41 상세한 논의는 당연히 John R. Searle, *Intentionalität. Eine Abhandlung zur Philosophie des Geistes*, Frankfurt/M. 1991, 325~337면 참조. 설의 자연화 프로그램의 배경을 비판적으로 살펴보는 문헌으로 Freytag, *Die Rahmung des Hintergrunds*, 157~169면 참조.

42 관련 내용을 철학적 관점에서 다루면서 뇌의 가소성에 관한 후생 유전학적 연구도 언급하는 문헌으로 Catherine, Malabou, *Was tun mit unserem Gehirn?*, Berlin, Zürich 2006, 또한 같은 저자들, *Morphing Intelligence*, 59~68면 참조.

43 물론 진화의 관점에서 인간 동물은 점진적인 돌연변이, 자연 선택 등의 과정들을 통해 다른 생물들로부터 발생했다. 그런데 이 과정들은 오래전부터 사회적이었다. 왜냐하면 인간종의 형성 이전에 실존했던 생물들이 이미 사회적이었기 때문이다. 요컨대 인간은 통시적으로도 공시적으로도 생명 없는 물질의 조합으로부터 창발하지 않으며,

오히려 그 자체로 이미 사회적인 조건들 아래에서 발생한다. 자손의 성공적 생존을 가능케 하려는 의도로 의식적으로 공유한 목표의 틀 안에서 행하는 협동은 인간이 있기 훨씬 전에도 동물계 안에 있었음을 우리는 안다.

44 Aristoteles, *Metaphysik*, 1032a25, 1033b32, 1070a8.

45 심지어 이른바 〈뇌 유사체zerebrale Organoid〉, 곧 실험실에서 인공적으로 체외 배양한 신경 조직도 당연히 사회적 생산물이다. 그것을 실험실에서 기르고 돌보는 사람들 덕분에 그것이 실존하니까 말이다. 이로써 뇌 유사체가 의식을 가질 수 있느냐는 질문의 답이 나온 것은 물론 아니다. 왜냐하면 그 답은 의식이 적절한 신경 구조의 사회적 생산뿐 아니라 유기체도 필요로 하는가에 달려 있기 때문이다. 그럴 가능성을 설득력 있게 옹호하는 문헌으로 Thomas Fuchs, *Das Gehirn - Ein Beziehungsorgan. Eine phänomenologisch-ökologische Konzeption*, Stuttgart 2017 참조. 여기에서 나는 현재 경험적으로 답할 수 없는 이 질문을 열린 채로 놔두려 한다. 왜냐하면 본문의 논증은 이 질문과 무관하며, 뇌 유사체는 명백히 사회적 생산물이기 때문이다. 2019년 3월에 내가 앨런 뇌 연구소에 잠깐 들렀을 때 뇌 유사체 연구의 현재 상황을 설명해 준 크리스토프 코흐에게 감사한다.

46 예컨대 John R. Searle, *Geist, Sprache und Gesellschaft. Philosophie in der wirklichen Welt*, Frankfurt/M. 2001, 58면 이하 참조.

47 특히 자연 과학들의 대상 영역과의 모든 인식적 상호 작용은 개입에 기반을 두기 때문에, 그리하여 모형 구성의 틀 안에서 일부 사안들이 묵살됨에 따라 다른 일부만 인식될 수 있기 때문에, 우주를 인식하기는 어렵다. 이에 관한 상세한 논의는 Gabriel, *Die Wirklichkeit des Universums* 참조.

48 이 일치는 많은 문제를 유발한다. 무엇보다도 먼저 불거지는 문제는, 서술적 언어 행위의 논리적 형식은 기껏해야 사회적 사실의 현존을 위한 제도적 기본 조건들의 성립을 단언할 뿐, 이 5유로 지폐는 이런저런 교환 가치를 가졌다, 같은 개별 사회적 사실의 현존은 거의 단언하지 못한다는 점이다. 왜냐하면 그 덕분에 이 개별 사실이 실존을 획득하고 유지하는, 충분히 구체적인 (개인이나 집단이 재구성할 수 있는) 재현은 전혀 없기 때문이다.

49 철학과 밀접하게 연관된 논의를 담은 문헌으로 Niklas Luhmann, "Erkenntnis als Konstruktion", in: *Aufsätze und Reden*, Stuttgart 2001, 218~242면 참조. 루만은 다음을 〈경험적으로 확실한 진술〉이라고 여긴다. 〈인식은 인식 자신을 벗어나 실재에 접근할 길을 가지고 있지 않으며, 오로지 그렇기 때문에 인식이 가능하다.〉(219면) 루만이 보기에 이 진술은 급진 구성주의의 출발점이다. 그러나 그는 이 〈입장〉이 왜 특별히 사회 존재론적인지, 어떤 의미에서 이것이 정합적으로 명료화할 수 있는 입장인지 설명하지 않는다. 루만은 구성 개념을 명료화하려 하지 않고 다만 이렇게 통지한다. 〈인식은 구별에 기반을 둔 구성으로서 유일무이하게 남는다. 그런 구성으로서의 인식은 인식 자신의 바깥에 있으면서 자신과 부합할 만한 무언가를 전혀 모른다.〉(233면) 추측하건대 이 상황은 논리적으로 서로 독립적인 다음 견해들이 뒤섞인 것에서 유래하는 듯하

다. (1) 인식적 시스템이 없다면 역시 없을 구별들을 동원하지 않으면 우리는 아무것도 인식할 수 없다. (2) 원리적으로, 인식 바깥의 실재는 우리가 그 실재를 인식하기 위해 적용하는 구별들을 본래적으로 띨 수 없다. (2)는 전제 몇 개를 추가하더라도 (1)로부터 직접적으로도 간접적으로도 귀결되지 않는다. 오히려 (2)는 형이상학적인 추가 사항이다. 루만은 (2)의 근거를, 곧 주어진 데이터에 기초하여 급진 구성주의를 옹호하기에 충분할 만한 근거를 제시하지 않는다.

50 Ferraris, *Emergenza*.

51 Friedrich A. Kittler, *Aufschreibesysteme 1800-1900*, Paderborn 1995.

52 Rorty, *Der Spiegel der Natur*.

53 정합주의의 약점을 다루는 모범적인 논의를 보려면 McDowell, *Geist und Welt*, 특히 157~189면 참조.

54 이 평가를 위해 더 심층적인 근거를 댈 필요는 없다. 즉, 이를테면 판단 능력을 갖춘 생물이 자연적 환경이나 담론적 규범(타인들이 우리를 이해할 수 있게 만들기 위해 우리가 가능한 한 진실을 말해야 한다는 규범)에 적응하는 것에서 그 근거를 찾을 필요는 없다. 판단 실행의 기반은 이미 옳거나 그른 진실로 여기기다. 이 진실로 여기기는 당연히 사회적으로 생산된 관행 안에 내장되어 있다. 왜냐하면 사람들이 스스로 산출한 공동체에 속해 있지 않다면, 사람들은 아예 아무것도 진실로 여길 수 없기 때문이다. 하지만 그렇다고 해서, 판단의 내용이 사회적 생산물인 것은 전혀 아니다. 사회적 구성이라는 개념을 떠받치는 주춧돌은, 어떤 판단 행위는 사회적 사실을 비로소 창출한 다음에 다루기 때문에, 그 판단 행위가 관련 맺는 내용은 사회적으로 생산된 것이라는 생각이다.

55 Rödl, *Selbstbewußtsein und Objektivität*.

56 다음 문헌에 담긴 트래비스의 대단히 정확한 설명을 참조하라. Charles Travis, *Objectivity and the Parochial*, Oxford, New York 2011. 또한 사적 언어 논제가 생각하기의 객관성에 관하여 함축하는 바에 대한 나의 해석을 담은 문헌으로 *An den Grenzen der Erkenntnistheorie* 참조.

57 가브리엘 마르쿠스의 비트겐슈타인 해석은 *An den Grenzen der Erkenntnistheorie*, 316~320면 참조.

58 헤겔과 비트겐슈타인을 융합하는 고전적 문헌으로 Michael N. Forster, *Hegel's Idea of a Phenomenology of Spirit*, Chicago 1998 참조. 또한 Terry Pinkard, *Hegel's Phenomenology. The Sociality of Reason*, Cambridge 1994 참조.

59 다음 문헌에 담긴, 판단하기에 대한 클링어의 혁신적 논의를 참조하라. Klinger, *Urteilen*, 특히 66~68면. 판단의 보편적 진술 가능성과(예컨대 러셀 나름의 프레게 해석 이래로 널리 쓰이는 명제 개념은 판단의 보편적 진술 가능성을 포착하여 표현하려 애쓴다) 맥락 의존성 사이의 긴장을 극복하기 위한 클링어의 제안은 〈**그때그때의 경우**를 생각하기Denken des **Jeweiligen**〉(38면)로 귀착한다. 이 생각하기는 맥락으로부터 자유로운 판단 내용과 맥락에 속박된 판단 행위 사이의 구별을 임기응변으로 우회하려

한다.〈판단은 본질적으로 정립을 실행한다는 것, 입장을 세운다는 것, 신념 혹은 확신을 만들어 낸다는 것을 주목하는 나머지, 판단은 궁극적으로 기준에 호소하지 않고 그렇게 한다는 것, 이 신념은 잠정적이라는 것, 매번 이번만, 매번 이 경우만이라는 것을 간과하는 일은 더는 없어야 한다.〉(20면 이하) 그러나 클링어는 특히 조슬랭 브누아가 강조한 가능성, 곧 판단이 실제로 실존하는 맥락 안에 내장되어 있기 때문에 기준과 관련하여, 규범과 관련하여 포화 상태일 가능성을 간과한다. 우리는 판단할 때 무작정 판단하는 것이 아니라 우리를 판단하도록 유도하는(그러나 강제하지는 않는) 사실들을 고려하면서 판단한다. 어떻게 판단할 것인지가 관건일 경우, 판단 형식을 띠지 않은 사실들도 말하자면 발언권이 있다. 왜냐하면 그 사실들은, 실제로 어떠한가, 라는 질문에 대한 대답에서 본질적인 역할을 하기 때문이다. 하지만 그 역할이 우리를 모든 판단의 맥락 민감성으로부터 해방하는 것은 당연히 아니다.

60 사회적인 것das Soziale과 사회Gesellschaft를 구별할 수 있다는 소중한 조언을 제공한 클레멘스 알브레히트에게 감사한다.〈사회〉는 근대에 벌어지는 사회적인 것의 혼란 상황을 가리키는 이름이다. 그 혼란 상황은, 사회적인 것이 더는 자연으로 느껴지지 않고 전혀 다른 무언가로, 카오스적이며 가변적인 무언가로 느껴짐으로 인해 발생한다. 이에 대응하여 인간 공동체는 사회성의 명시적 형태로서의 사회를 도입한다. 이 대응의 목표는 사라져 버린 듯한 연대를 재건할 가능성을 여는 것이다. 따라서 사회는, 실은 이미 사회화된 개인들이 자신들이 사회화되었다는 사정을 명시적 체제 구성을 통해 이해하려 애씀으로써 일어나는, 사회화의 한 버전이다. 그렇기 때문에 사회학은 프랑스 혁명의 여파 속에서, 뜻밖에 발생한 균열들을 접합하려는 노력의 일환으로 생겨났다. 이 과정은 오늘날까지도 종결되지 않았으며, 현재로서는 이 과정의 종결이 무엇을 의미할지 내다볼 수 없다. 다음 문헌에 실린 페터 슬로터다이크의 논의들을 참조하라. Peter Sloterdijk, *Die schrecklichen Kinder der Neuzeit. Über das anti-genealogische Experiment der Moderne*, Berlin 2014.

61 공공성 기준이라는 개념에 관해서는 Gabriel, *An den Grenzen der Erkenntnistheorie*, §§2~3 참조.

62 PU, §242/S. 356.

63 같은 곳.

64 같은 곳.

65 이로써 대표적으로 막스 베버가 논한 질문, 곧 주어진 행위를 어떤 조건들 아래에서 사회적인 것으로 분류하고 따라서 사회학의 대상으로 분류할 수 있는가, 라는 질문이 이 대목에서 건드려졌느냐 하면, 그것은 아직 전혀 아니다. 다음 문헌에 실린 유명한 도입부 논의를 참조하라. Max Weber, *Wirtschaft und Gesellschaft. Grundriss der verstehenden Soziologie*, Tübingen 1980, S. 1~30.

66 이런 취지를 담은 문헌으로 Gabriel, "Dissens und Gegenstand" 참조.

67 KrV, A 820/B 848.

68 같은 곳.

69 KrV, A 821/B 849.

70 같은 곳.

71 KrV, A 820/B 848.

72 이 자리에서 본의 케테 함부르거 콜렉Käte Hamburger Kolleg 〈문화로서의 법〉에 감사의 말을 전한다. 이 기관은 2011/2012년에 나에게 연구비를 제공했다. 그 기간에 나는 규범성의 비규범적 기반들을 연구했다. 그 연구는 결국 신실재론에 관한 나의 생각에 결정적 동기가 되었으며, 이 사실은 국제 학회 〈신실재론의 전망〉을 계기로 문헌에 기록되었다. 그 국제 학회에는 본 대학교의 케테 함부르거 콜렉 등이 참여했다. Gabriel (Hg.), *Der Neue Realismus* 참조.

73 찰스 트래비스는 다른 방향에서 논증을 펼쳐 유사한 결론에 도달한다. 〈생각의 사회적 본성이란 다음을 의미한다. 오직 어느 정도 확장 가능한 범위의 생각하는 놈들이 사물들이 이러저러하다고 간주할 기준에(또한 나에게) 충분히 동의할 만한 경우에만, 말하자면 (잠재적) 동의 공동체(곧, 동의하는 사람들의 공동체)가 있는 경우에만 나는 사물들이 이러저러하다고 생각한다.〉(Travis, *Objectivity and the Parochial*, S. 304) 비트겐슈타인으로 거슬러 올라가는(PU §242/S. 356) 일치 강조는 여기에서, 오직 p를 진실로 여기는 한 진영과 p 아님을 진실로 여기는 다른 진영이 각자의 생각을 명확히 발설할 때 사용하는 표현들의 적용 조건들에 관하여 의견이 일치할 때만 모순이 현존할 수 있다는 생각에 기반을 둔다. 이런 숙고 노선과 달리 여기에서 제안하는 진실에 관한 의견 불일치 이론은 우리 생각하기의 수정 필요성을 강조한다. 그 필요성이 없다면, 우리는 실재와의 접촉을 명시화할 수 있는 방식으로 유지할 수 없을 터이다. 그런 한에서 의견 불일치의 실재성은 합의에 민감한 의미 규범의 확립에 선행한다. 언어의 통일은 항상 바벨탑 이야기가 예시하는 언어 혼란 다음에 이루어진다. 이런 취지의 문헌으로 Jacques Derrida, "Des tours de Babel", in: *Psyché. Inventions de l'autre*, Paris 1987, 203~235면 참조.

74 이 대목에서 〈내부 고발자〉 개념을 더 자세히 탐구할 만하다. 성공적인 사례에서 내부 고발자는, 민주주의적 법치 국가가, 민주주의의 이상인 해방적 사회 구조와 양립할 수 없으며 그렇기 때문에 오직 순교를 매개로만 가시화될 수 있는 합법적 약점들을 지녔음을 지목하는 민주주의적 이교도다.

75 이 추론 오류가 조지 무어 이래로 자연주의적 오류라고 불리는 것의 한 사례라는 뜻은 아니다. 고전적인 문헌으로 George E. Moore, *locus classicus Principia Ethica*, Mineola/NY 2004, 9~15면 참조. 오히려 내가 말하는 자연주의적 추론 오류란, 사회적 사실들을 자연 과학적 세계상의(모든 사안이 〈그냥 엄연한 사실〉이라는 것이 이 세계상의 근본 견해인 한에서) 틀 안에 포섭할 수 있다는 생각이다. 설은 이미 다음 문헌에서 이 오류를 지적했다. Searle, *Sprechakte*, S. 78~80.

76 Haslanger, *Resisting Reality*.

77 같은 곳, 21면, 각주 9. 원문은 이러하다. 〈I believe that it is not possible to define 《social》 in non-circular terms, so an analysis, strictly speaking, is not possible. This

does not rule out giving an account of the social, but the contours of this, like those of any account, will depend on the particular project, the purposes for which one needs a notion of the social, and so on [sic] My approach to this, as in other cases, is to employ a focal analysis. For my purposes, coordinated activity is the focal notion.〉 실제로 해슬랭어는 순환성을 꺼리지 않는다. 이를 예컨대 다음 인용문(같은 곳, 41면, 각주 11)에서 확인할 수 있다. 〈이 대목에서 내가 그 관계들은《사회적》이라고 말할 때, 그 말이 뜻하는 바는 단순히, 그 관계들은 개인들이 사회적 시스템 안에서 차지하는 자리로 인해 개인들 사이에 성립하는 어떤 관계들과 관련이 있다는 것이다.〉

78 같은 곳, 7면, 각주 3.

79 추측하건대 해슬랭어는 〈엄밀한 의미에서의 분석이란〉, 〈사회적인 것〉 같은 표현을 통해 지칭되는 한 사정이 현존하기 위한 필요조건들을(총괄하면 충분조건)을 제시하는 작업이라고 생각하는 모양이다. 그녀는 이 작업을 당연히 실행하지 못하며, 〈사회적임〉은 그런 식으로 정의하기가 불가능하다는 자신의 견해를 뒷받침하는 논증을 인용된 대목에서 제시하지 못한다.

80 같은 곳, 7면, 각주 3. 〈핵심 의미 혹은 초점 의미는 당사자의 이론적 목적에 따라 다를 수 있음을 강조한다는 점에서 나는 그 개념을 사용하는 많은 이들과 다르다.〉

81 같은 곳, 13~15면.

82 같은 곳, 15면.

83 같은 곳. 〈자연 과학을 옹호하는 외재주의적 편향은 정당하지 않다. 왜냐하면 사회종들이 사회적이라는 이유로 덜 실재적인 것은 전혀 아니기 때문이다.〉

84 같은 곳, 86~90면.

85 같은 곳, 86면. 원문은 이러하다. 〈*Generic social construction*: Something is a social construction in the generic sense just in case it is an intended or unintended product of a social practice.〉

86 같은 곳, 85면. 원문은 이러하다. 〈At least initially it is useful to think of social constructions on the model of artifacts.〉

87 같은 곳, 85면 이하. 〈세탁기와 전동 드릴 같은 명백한 인공물들 외에도, 예컨대 미국 연방 대법원과 체스 게임은 언어, 문학, 과학 탐구와 마찬가지로 명확한 의미에서 인공물이다.〉

88 해슬랭어는 빈번히 전망이 어두운 실용주의 버전으로 후퇴한다. 예컨대 다음과 같이 간명하게 주장할 때 그러하다. 〈사회적 구성물이《실제로 무엇인지》밝혀내려는 시도는 무용하다. 왜냐하면 사회적 구성물은 많은 다양한 것들이며, 사회적 구성물에 관한 담론은 다양한 맥락에서 다양한 기능을 하기 때문이다.〉(같은 곳, 113면) 이런 담론 분석을 유효한 해체의 출발점으로 삼는 접근법이 실패로 돌아간다는 점에 관해서는 다음 문헌에 실린 옳은 분석을 참조하라. Bourdieu, *Meditationen*, S. 136~138.

89 Haslanger, *Resisting Reality*, 4면 이하, 112면 등.

90 같은 곳, 88면. 〈이런 의미에서 당신과 내가 사회적으로 구성되었다는 점은 내가

보기에 의심할 여지가 없다. 우리가 현재의 개인들인 것은 최소한 부분적으로, 우리에게 귀속되어 온(또한 스스로 귀속시켜 온) 것의 결과다. 바꿔 말해 성인들은 특별한 유형의 인공물이라는 견해는 일리가 있다.〉

91 『생각이란 무엇인가』에서 나는 이른바〈디지털화〉 환경 안에서의 담론 형성을 분석하되, 마르크스주의적 분석이 이 현상 영역에 적용될 수 있게 분석하는 작업을 시도했다. 왜냐하면 디지털화의 생산물들(소셜 네트워크, 스마트폰, 인공 지능 등)은 상품 물신 숭배를 진단하기 위한 전형적인 사례들이기 때문이다.

92 Jean Baudrillard, *Oublier Foucault*, München 1978. 사회적인 것이라는 개념을 사회적 구성이라는 부정합적인 개념을 통해 분석적으로 규정하면 사회적인 것이라는 개념이 열악하게 구성된다는 점을 라투르도 "Why Critique Has Run Out of Steam", 230면에서 감지한다. 유감스럽게도 그는 이로부터, 우리가 사회적인 것이라는 개념을 폐기해야 한다는 터무니없는 결론을 끌어낸다. Bruno Latour, "Gabriel Tarde und das Ende des Sozialen",〈http://www.bruno-latour.fr/sites/default/files/downloads/82-TARDE-DE.pdf〉(2019년 8월 5일에 마지막으로 접속함) 참조. 주어진 사회 존재론 이론이 부정합적이라는 것으로부터 사회적인 것은 없다는 결론은 당연히 도출되지 않는다. 라투르가 그렇게 추론한다는 점은, 그가 여전히 사회 구성주의에 휘말려 있음을 보여 주는 명백한 징후다.

93 Baudrillard, *Oublier Foucault*, S. 27. 생산 개념에 관해서는 같은 곳, 26~28면 참조.

94 Searle, *Wie wir die soziale Welt machen*, S. 24~28. 이 부분에서 이 책의 주요 주장이 다음과 같이 제시된다.〈내가 이 책에서 제시하고 정당화할 주장은, 인간의 제도적 실재 전체는 SF-선언(과 같은 논리적 형식을 띤 재현)을 통해 만들어지고 유지된다는 것이다. 명시적으로 선언적인 형식의 발화 행위가 이루어지지 않는 경우들도 마찬가지다.〉(같은 곳, 28면). 또한 그는 다음과 같은 견해를 제시한다.〈선언에 대응하는 선(先)언어적 유사물은 없다. 선언어적 지향적 상태는 사실을 이미 실존하는 것으로 재현함으로써 세계 안에서 그 사실을 만들어 낼 수 없다. 이 주목할 만한 성취를 위해서는 언어가 필요하다.〉(같은 곳, 119면 이하) 이 전제 틀의 부정합성은 곧바로 이어지는 각주에서 명확히 드러난다. 거기에서 설은 자신이 방금 제한 없는 보편 명제를 통해 명시적으로 주장한 바를 서둘러 철회한다.〈그러나 몇몇 특이한 예외도 있다. 데카르트는 자신이 생각한다고 생각하기를 통해 자신이 생각한다는 사실을 만들어 낼 수 있다.〉(같은 곳, 120면, 각주 5)

95 상세한 서술은 Searle, *Intentionalität* 참조. 또한 같은 저자, *Wie wir die soziale Welt machen*, 76면에 나오는 다음과 같은 인상 깊은 진술 참조.〈지향성은 이미 자연화되었다. 예컨대 생각하기는 소화하기와 마찬가지로 자연적인 무언가다.〉

96 이 문제를 상세히 분석하는 문헌으로 Freytag, *Die Rahmung des Hintergrunds*, 129~204면 참조.

97 자기 회귀적 고리들을 추가로 설치함으로써, 또는 이런 형태의 비판을 인신공격

으로 간주하여 배척함으로써, 또 이런 (메타) 비판의 관점을 〈기독교적〉 관점, 〈플라톤적〉 관점, 〈형이상학적인〉 관점, 〈비역사적인〉 관점으로 규정하여 (또는 어떤 명분으로든) 지방화하려provinzialisieren 함으로써 이 문제를 성공적으로 해소할 수는 없다. 이것은 데리다의 푸코 비판의 한 요점이기도 하다. 푸코는 나중에 데리다의 비판에 논쟁적으로 대응했다. 관련 상황을 서술하는 문헌으로 Benoît Peeters, *Derrida. A Biography*, Cambridge, 2013, 131~133면, 240면 참조.

98 마르크스와 보드리야르를 사회적 구성 이론에 대한 비판자로 풀이할 수 있음을 일러 준 켐 쾨뮈르퀴에게 감사한다.

99 정신은 포피츠가 〈인간의 자기 확인하기〉라고 옳게 표현한 것의 형태로 표출된다. 포피츠는 인간의 자기 확인하기부터 〈사회적인 규범 속박성〉의 보편적으로 타당한 몇몇 특징을, 특히 〈사실 사회Tatsache Gesellschaft〉를 도출한다. 사회적 생물들로서 우리의 자기 구조는 〈서로를 확인하기Sich-gegenseitig-Feststellen〉다. Popitz, *Soziale Normen*, 64면 참조.

100 따라서 정신적 원인의 작용이 명백히 있다. 그 작용의 본질은 신체적이지 않은 정신이 솔방울샘이나 기타 신체 기관과 상호 작용하는 것이 아니다. 오히려 진정으로 〈정신적이며〉 (또한 따라서) 사회적인 원인 작용은 정신의 부분 전체론적 구조들 안에 들어 있다. 정신은 하향식 원인 작용 모형에 따라 새로운 사실들의 생산 조건을 제공한다. 칸트를 출발점으로 삼아 역행 인과성retroaktive Kausalität 개념을 규정하는 문헌으로 Catherine Malabou, *Before Tomorrow. Epigenesis and Rationality*, Cambridge, Malden/MA. 2016, 체계적이며 학제적인 글들을 모아 놓은 문헌으로 Gabriel, Voosholz (Hg.), *Top-Down Causation and Emergence* 참조.

101 그러나 그렇기 때문에 우리의 생각하기의 〈재료das Material〉는 〈사회적이며 문화적인 본성을 가진 내용들과 유의미한 지칭 구조들〉(Nassehi, *Muster. Theorie der digitalen Gesellschaft*, S. 259)이라는 견해를 품는다면(본문의 옳은 논점을 항상 충분히 조심스럽게 채택해야 하는데 그렇게 하지 않는, 구성주의에서 출발한 사회학자들이 종종 이런 견해를 품는다), 그것은 허황한 과장일 터이다. 나세히가 위 문헌에서 밝히는 견해와 달리, 인간 지능의 자연적 성분들이 있다. 그 성분들이 없으면 우리는 환경과 인과적으로 접촉하지 못하며 따라서 생존 능력이 전혀 없을 터이다. 부분적으로 의식의 문턱 아래에 있는 이 객관성 조건들을 다루는 문헌으로 다시금 Burge, *Origins of Objectivity* 참조. 거듭 말하지만, 우리의 생각하기, 지각하기 등의 모든 내용이나 심지어 모든 대상이 사회적인 것은 아니다. 물론 생각하기, 지각하기 등이 사회적으로 생산되지 않는다는 뜻은 아니다. 또한 사회적으로 생산된 것으로 간주할 수 없을 법한 몇몇 대상들(이를테면 신경 조직)도 지당하게 부분적으로 사회적이다.

102 Hegel, *Phänomenologie des Geistes*, TWA 3, 155.

103 Markus Gabriel, *An den Grenzen der Erkenntnistheorie*, §8 참조.

104 Ludwig Wittgenstein, *Zettel. Werkausgabe*, Bd. 8, Frankfurt/M. 1984, §173/S. 307.

105 Tononi, Koch, "Consciousness: Here, There and Everywhere?", 6면 참조. 〈의식은 확정적이다. 내용의 측면에서도 그러하고, 시공상의 알갱이로서도 그러하다. 각각의 경험은 현상적 차별성들의 집합을 가지는데, 그 집합은 더 적지도 않고(부분 집합도 아니고) 더 많지도 않다(상위 집합도 아니다). 그리고 각각의 경험은 일정한 속력으로 흐른다. 그 속력은 더 빠르지도 않고 더 느리지도 않다.〉

106 Klinger, Urteilen, 38면 이하 참조.

107 동기는 당연히 근거가 될 수 있다. 이유를 요구하고 제시하는 놀이에서 누군가가 동기를 지목하면 그렇게 된다. 내 자동차가 문 앞에 서 있음을 부정하는 사람은 내 자동차를 지목하는 나의 손가락 동작을 통해 자신이 틀렸음을 깨닫는다. 내 자동차의 위치는 동기를 지목함을 통해 입증된다.

108 Durs Grünbein, Vom Schnee oder Descartes in Deutschland, Frankfurt/M. 2003, 19~21면 참조.

109 여기에서 내가 규정하는 대로의 근거 개념은 크리스토프 뮐러스가 옳게 부각한, 이상화된 분석적 행위 이론에서 타당한 근거의 개념이 가진 약점을 피한다. 뮐러스가 반대파에 대한 생각을 다른 견해를 가진 자의 정당성과 결합할 때, 나는 그에게 전적으로 동의한다. 이 결합은 규범성 이론에 수용되어야 마땅하다. 〈민주주의적 질서의 결정적 특징, 곧 내용과 상관없이 다수와 다른 견해를 품는 것이 제 역할인 반대파의 제도화는 타당한 근거에 매달리는 민주주의관과 양립할 수 없다.〉(Möllers, Die Möglichkeit der Normen, S. 37)

110 카를 슈미트가 적의 개념에서 낯선 놈의 개념으로 이행하는 의미심장한 대목을 보려면 Carl Schmitt, Der Begriff des Politischen: Text von 1932 mit einem Vorwort und drei Corollarien, Berlin 2002, 26면 이하 참조. 핵심 대목은 이러하다. 〈정치적인 적은 도덕적으로 악하거나 미학적으로 추할 필요가 없다. 정치적인 적이 경제적 경쟁자로서 등장해야 하는 것도 아니다. 심지어 정치적인 적과 사업하는 것이 오히려 유리하게 보일 수도 있다. 정치적인 적은 다름 아니라 타자, 낯선 놈이며, 정치적인 적이 특히 강렬한 어떤 의미에서 다른 무언가요 낯선 놈이라는 점은 정치적인 적의 본질을 이루기에 충분하다. 그리하여 극단적인 경우에 정치적인 적과의 분쟁이 가능하다. 그 분쟁은 미리 이루어진 일반적 규범화를 통해서도, 《관여되지 않은》따라서 당파적이지 않은 제3자의 말을 통해서도 판가름될 수 없다.〉(27면)

111 따라서 인간들은 평등하게 태어나지만, 인과적 생물학적 사정 때문에 개인적 차이가 발생한다. 그리하여 일부 인간은 다른 인간들이 보유하지 않은 능력을 보유한다. 당연한 말이지만, 인간들이 생물학적으로 다르다는 점은 인간들의 인간성을 감소시키지 못한다. 인간성에는 정도 차이가 없으니까 말이다. 무언가 혹은 누군가는 호미니드이든지 아니든지 둘 중 하나다. 호미니드의 간단한 핵심 특징은 사회적 양성 번식의 결과인 최소한의 생존 능력이다. 의학 지식의 진보 덕분에 지금은 그 번식의 첫 단계가 체외에서도 이루어질 수 있다. 요컨대 인간 생존꼴의 사회적 재생산이 반드시 성행위를 전제하는 것은 아니다. 그러나 인간 태아가 오직 자궁 안에서만 생존 능력을 갖춘 인간

동물로 성장한다는 점은 현재의 지식 수준에서 볼 때 우연이 아니다. 인간 태아는 자궁
안에서 성장하면서 구체적인 능력들을 발전시킨다. 아무튼, 출생 과정의 일부 요소들
이 체외에서 이루어지더라도, 인간 생물의 발생 조건들은 덜 사회적으로 되지 않는다.
통계적으로 평균된 보편자는 윤리적 잠재력을 지녔다. 왜냐하면 압도적인 다수의 인간
이 사회적 상황을 도덕과 유관한 상황으로 경험하는 능력을 갖추고 태어나기 때문이
다. 인간은 사회적 생물로서 규범적이며 따라서 도덕적이다. 따라서 원리적으로 일련
의 인간학적 상수들을 우리의 생존꼴에 대한 자기 탐구를 통해 제시할 수 있다. 실제로
그 자기 탐구는 보편적 자기 규정(인권들)의 원천이다. 상세한 논의는 Gabriel, *Wer wir
sind und wer wir sein wollen* 참조.

112 Nassehi, *Muster. Theorie der digitalen Gesellschaft*, S. 261. 나세히의 설득력
있는 논증(259~262면 등)에 따르면, 자연 지능은 본질적으로 불투명하며 미래에도 그
러할 것이다. 그러므로 이런 점에서 자연 지능은 블랙박스와 다르지 않다. 이로부터 나
세히는 인공 지능을 다루는 철학에 관한 옳은 귀결들을 도출한다.

113 같은 곳, 277면.

114 이 유명한 일화를 다루는 문헌으로 Hans Blumenberg, *Das Lachen der
Thrakerin. Eine Urgeschichte der Theorie*, Frankfurt/M. 1987 참조.

115 진화 심리학에 맞서 반론을 펴는 문헌으로 George Ellis, Mark Solms, *Beyond
Evolutionary Psychology. How and Why Neuropsychological Modules Arise*,
Cambridge u. a., 2018, 또한 Tallis, *Aping Mankind* 참조.

116 여담이지만, 이 터무니없음은 다윈주의적 설명 패턴에 대한 니체의 비판에
서 이미 폭로되었다. 니체의 지적에 따르면, 인간(그리고 기타 동물들)의 특징적 활
동들은 삶을 향한 의지의 모형에 따라서가 아니라 권능을 향한 의지, 곧 상승 의지의
모형에 따라서 파악되어야 한다. 권능을 향한 의지를 배제하면, 니체 자신이 객관성
에 대한 학문적 견해의 기반으로 간주하는 금욕적 가치들을 설명할 수 없다고 니체
는 말한다. 예컨대 Friedrich Nietzsche, *Jenseits von Gut und Böse*, §253(KSA, 5, S.
196~198) 참조. 이곳에서 니체는 다윈과 존 스튜어트 밀, 허버트 스펜서를 〈존경할
만한[!], 그러나 중간 수준인 영국인들〉이라고 칭한다. 또한 니체는 이들에게서 이들
과 어울리는 주체성을, 〈다윈풍의 과학적 발견들에 반감을 품지 않을 수 있는 어떤 편
협함, 메마름, 근면한 세심함〉을 본다. 자기 규율과 객관성의 관련성을 다루는 과학
철학적 논문으로 Daston, Galison, *Objektivität* 참조. 니체가 배경에 까는 관점주의
의 부정합성에 대해서는 특히 다음 문헌에 담긴 미묘한 재구성을 참조하라. James F.
Conant, "The Dialectic of Perspectivism I", in: *SATS: Nordic Journal of Philosophy*
6/2 (2005), 5~50면, 또한 같은 저자, "The Dialectic of Perspectivism II", in: *SATS:
Nordic Journal of Philosophy* 7/1 (2006), 6~57면. 또한 같은 저자, "Zur Möglichkeit
eines sowohl subjektiven als auch objektiven Gedankens", in: Thomas Hilgers u. a.
(Hg.), *Perspektive und Fiktion*, Paderborn 2017, 17~35면 참조. 니체를 생물학주의
적으로 독해하는 학자들은 니체의 과학 비판을 간과한다. 대표적인 사례로 Markus

Wild, "Nietzsches Perspektivismus", in: Hartmut von Sass (Hg.), *Perspektivismus.*
Neue Beiträge aus der Erkenntnistheorie, Hermeneutik und Ethik, Hamburg 2019,
37~59면 참조. 빌트는 코넌트의 논문들을, 또 진부하지 않은 진실 관점주의alethischer
Perspektivismus를 펼치기 위한 미묘한 행마를 고의로 도외시한다. 통상적인 (빌트가
무비판적으로 받아들이는) 상대주의 반박을 재반박하는 인상 깊은 문헌으로 Dorothee
Schmitt, *Das Selbstaufhebungsargument. Der Relativismus in der gegenwärtigen*
philosophischen Debatte, Berlin, New York 2018 참조.

117 Gabriel, *Warum es die Welt nicht gibt*, 180~185면 참조.

118 인간의 숭고함을 직립 보행할 때 높이 솟아 있는 머리와 연결하려는 오랜 전
통이 있다. 그 전통을 개관하는 문헌으로 Kurt Bayertz, *Der aufrechte Gang. Eine*
Geschichte des anthropologischen Denkens, München 2012 참조.

119 특히 생기론을 분석적으로 예리하게 펼치는 문헌으로 Hans Driesch, *Die*
Maschine und der Organismus, Leipzig 1935 참조. 이 문헌에서 드리슈는 명시적
으로 슐리크(69~75면)와 카르나프(75면 이하)에 맞서 자신을 변호한다. 베르그송
은 자연 과학적 관점에서 극복되었다는 전설의 출처인, 베르그송을 둘러싼 토론 상황
에 관해서는 역사적 정보를 충분히 갖추고 실제 상황을 재구성하는 문헌으로 Jimena
Canales, *The Physicist and the Philosopher. Einstein, Bergson, and the Debate that*
Changed our Unstanding of Time, Princeton 2015 참조. 세간에 널리 퍼진 전설과 달
리, 드리슈와 베르그송은, 생의 약동élan vital이 있으며, 인과적 요인으로서 일종의 생
명력인 생의 약동은 기계적으로 혹은 오늘날의 어휘로는 분자 생물학적으로 파악될
수 없다는 주장을 전혀 옹호하지 않는다. 오히려 두 사람은, 오늘날의 맥락에서라면 부
분 전체론으로 간주되어야 할 견해를 옹호한다. 그 견해에 따르면, 생명은 하향식 원인
작용을 요구하며 따라서 상향식 논증만으로는 재구성될 수 없다. 이런 취지의 논증을
이 시대에 맞게 펼치는 문헌으로 Denis Noble, "Biological Relativity. Developments
and Concepts a Decade on", in: Gabriel, Voosholz (Hg.), *Top-Down Causation and*
Emergence 참조.

120 Gabriel, *Der Sinn des Denkens*, 23면 등.

121 Yuval Noah Harari, *Eine kurze Geschichte der Menschheit*, München 2013.

122 전근대 사회와 근대 사회의 구별에 맞서, 대칭적 인간학symmetrische
Anthropologie을 배경에 깔고 적절한 반론을 펴는 문헌으로 무엇보다도 Latour, *Wir*
sind nie modern gewesen, 또한 Castro, *Die Unbeständigkeit der wilden Seele* 참조.
에두아르두 비베이루스 지 카스트루는 의미장 존재론과 그가 〈아마존 관점주의〉라고
부르는 입장 사이에 뚜렷한 유사성이 있다는 소중한 통찰을 나에게 전해 주었다. 그런
카스트루에게 감사한다. 아마존 관점주의는 그가 이른바 〈인디언들〉에게서 발견한 존
재론이다. 우리는 2012년 10월 포르투알레그레에서 존재론적 전환을 주제로 열린 학
회에서, 또한 내가 리우데자네이루 교황립 가톨릭 대학교PUC에 객원 교수로 체류할
때 이 주제를 놓고 토론할 수 있었다. 관련 민족학을 조망하려면, Holbraad, Pedersen

(Hg.), *The Ontological Turn* 참조.

123 이 견해에서 나는 Gabriel, *Der Mensch im Mythos*에서 내가 풀이한 대로의 셸링을 여전히 계승한다.

124 하라리의 후속작 『호모 데우스』에는 〈서부로 가라Go West〉라는 제목을 붙이는 것이 더 적합했을 터이다.

125 Yuval Noah Harari, "The Myth of Freedom", in: *The Guardian*, 14. September 2018, 〈https://www.theguardian.com/books/2018/sep/14/yuval-noah-harari-the-new-threat-to-liberal-democracy〉 참조(웹페이지는 2019년 10월 3일에 마지막으로 접속함).

126 Helmuth Plessner, *Die Stufen des Organischen und der Mensch. Einleitung in die philosophische Anthropologie*, Frankfurt/M. 2003, xviii면, 또한 318면 등.

127 Arthur Schopenhauer, *Die Welt als Wille und Vorstellung*, Band II, Teilband 1, Zürcher Ausgabe. Werke in zehn Bänden, Band III, Zürich 1977, S. 9.

128 Schopenhauer, *Die Welt als Wille und Vorstellung* II/1, S. 9.

129 이와 관련하여 완벽하게 옳은 입장은, 쇼펜하우어와 니체에게서 영감을 받은 카르나프의 메타 형이상학적 표현주의다. 쇼펜하우어의 형이상학은 이론이 아니라, 규범성을 띤 자기 폭로다. 그가 니체와 유사하게 이 사실을 인정한다는 점은 그의 텍스트를 더 자세히 살펴보면 알 수 있다. 관건은 사실 서술이 아니라 인간의 자기 규정이며, 쇼펜하우어는 인간의 자기 규정에서 반기독교적 구원의 길을 모색한다.

130 Ian Hacking, *The Social Construction of What?*, Cambridge/MA., London 1999, 32면, 59면, 103~107면 등.

131 관련 토론을 보려면 Gabriel, "Der Neue Realismus zwischen Konstruktion und Wirklichkeit" 참조.

132 모든 사회적 시스템에 창설자들이 있다는 말을 하려는 것은 당연히 아니다. 다만, 사회적 시스템을 명시적으로 창설하는 것이 가능하다는 말은 본문의 서술에 포함되어 있다. 하지만 그 가능성은 불투명성을 제거하지 않고 사회적 시스템의 창설에 이은 세부적 실현으로 옮겨 놓는다.

133 Luhmann, "Erkenntnis als Konstruktion", 224면에 나오는, 어디에나 있는 맹점에 관한 시스템 이론적 통찰을 담은 다음과 같은 의미심장한 표현을 참조하라. 〈인식하는 시스템이 그때그때 관찰하면서 수단으로 삼는 구별하기는 그 관찰의 《맹점》 혹은 은폐된 구조다. 왜냐하면 그 구별하기 자체는 구별될 수 없기 때문이다. 만약에 구별될 수 있다면, 다른 구별하기, 곧 이 구별하기가 주도적인 구별하기로서 사용될 테고, 이 구별하기가 맹점일 터이다.〉 메타 인식론이 맹점에 관한 통찰에서 얻을 수 있는 교훈들을 철학적으로 재구성하는 문헌으로 Gabriel, *An den Grenzen der Erkenntnistheorie* 참조.

134 Lewis R. Gordon, *Disciplinary Decadence. Living Thought in Trying Times*, London, New York 2006, 또한 Lewis R. Gordon, "Der Realität zuliebe: teleologische Suspensionen disziplinärer Dekadenz", in: Gabriel (Hg.), *Der Neue Realismus*,

244~267면 참조.

135 〈존재론적 진실〉과 〈존재론적 책무〉의 구별에 관해서는 Willard v. O. Quine, "Ontology and Ideology", in: *Philosophical Studies* 2/1 (1951), 11~15면 참조.

136 Willard v. O. Quine, "Zwei Dogmen des Empirismus", in: *Von einem logischen Standpunkt. Neun philosophisch-logische Essays*, Frankfurt/M. u. a. 1979, 27~50면 참조. 특히 48면 이하 참조.

137 Quine, *Wort und Gegenstand*, S. 53.

138 상세한 논의는 Gabriel, *Der Sinn des Denkens*, 221~227면.

139 Willard v. O. Quine, "Ontologische Relativität", in: *Ontologische Relativität und andere Schriften*, Frankfurt/M. 2003, 43~84면.

140 상세한 논의는 Castoriadis, *Gesellschaft als imaginäre Institution* 참조.

141 이 같은 앎-우선 인식론knowledge-first-Epistemologie을 둘러싼 토론을 보려면 Patrick Greenough, Duncan Pritchard (Hg.), *Williamson on Knowledge*, Oxford, New York 2009, 또한 Gabriel, *Die Erkenntnis der Welt*, 85~94면 참조.

142 앎에 대한 표준적인 분석에 맞선 플라톤의 반론을 다루는 문헌으로, 같은 곳, 38~64면 참조.

143 안드레아 케른은 이 비우연성 조건으로 게티어 사례들*을 충분히 배제할 수 있다고 보는데, 이 견해는 전적으로 옳다. 따라서 게티어 사례들의 제시는 고전적인 앎 개념에 맞선 반론이 아니라 과도한 의심에서 비롯된 오해에 불과하다. 게티어 토론의 결론은 간단명료하다. 그 결론은, **주체가 논리적 진실을 주어진 전제들에 적용함으로써 이뤄 내는 모든 것이 인식적 맥락 안에서 정당화로 인정될 수는 없다**는 것이다. Kern, *Quellen des Wissens* 참조.

144 푸코를 계승하며 따라서 명백히 니체의 영향 아래 있는, 객관성의 계보학을 시도하는 문헌으로 Daston, Gallison, *Objektivität* 참조.

145 Hans-Jörg Rheinberger, *Historische Epistemologie zur Einführung*, Hamburg 2007 참조.

146 이 사실은 선언주의Disjunktivismus를 둘러싼 토론에서 드러났다. 대표적으로 John McDowell, *Perception as a Capacity for Knowledge. Aquinas Lecture*, Milwaukee 2011; Rödl, *Selbstbewußtsein und Objektivität* 참조.

147 Gabriel, *Propos réalistes*, 6장 참조.

148 로메치의 견해도 마찬가지다. Rometsch, *Freiheit zur Wahrheit*, 4장 참조.

149 여기에서 나는, 〈개념화된 역사begriffene Geschichte〉(Hegel, *Phänomenologie des Geistes*, TWA 3, S. 591)라는 문구를 가지고 헤겔이 하는 말놀이를 나에게 일러 준 마이클 포스터를 따른다. 『정신 현상학』에 등장하는 개별 의식 형태들은 그것들이 명확히 표현되는 과정에서 정신의 모듈들이 된다. 그리하여 그 형태들이 고양되어 도

---

* Gettier-cases. 앎이란 정당화된 진실인 믿음이라는 고전적 정의가 불충분함을 보여 주기 위해 미국 철학자 에드먼드 게티어가 제시한 사례들.

달한 관점에서 돌이켜 보면, 그 형태들은 필연적이며 완전하게 나타난다. 그러나 정신이 어떻게 펼쳐질지를 어떻게든 선험적으로 내다볼 수 있다는 뜻은 아니다. 역사성과 필연성을 합치려는 포스터의 시도를 담은 문헌으로 Forster, *Hegel's Idea of a Phenomenology of Spirit* 참조.

150 Markus Gabriel, "The Meaning of Existence and the Contingency of Sense", in: *Frontiers of Philosophy in China* 9/1 (2014), 109~129면, 특히 123~126면 참조.

151 이 무한 역진은 아그리파의 트릴레마*에 관한 섹스투스의 서술에 등장하는 다섯 가지 양상 중 둘째 양상에 해당한다. 문헌 증거를 갖춘 논의를 보려면 Markus Gabriel, "Die metaphysische Wahrheit des Skeptizismus bei Schelling und Hegel", in: *Internationales Jahrbuch des Deutschen Idealismus* 5 (2007), 126~156면 참조.

152 그렇기 때문에 여기에서 간략히 서술한 입장은 단호히 해석학적이다. 안톤 프리드리히 코흐는 *An den Grenzen der Erkenntnistheorie*에 대한 논평에서 이 사정을 지적했다. Anton F. Koch, "Buchnotiz zu Markus Gabriel: An den Grenzen der Erkenntnistheorie", in: *Philosophische Rundschau* 59/2 (2012), 185~189면 참조. 또한 코흐가 해석학적 유한성을 어떻게 특징짓는지 보려면 Koch, *Hermeneutischer Realismus* 참조.

153 상세한 논증은 Gabriel, *Neo-Existentalism* 참조.

154 이 예는 관찰 불가능한 항목들의 존재를 다루기 때문에 의심스럽다고 느끼는 독자는, 자연종에 관한 오류가 등장하는 다른 예를 선택하면 된다. 어떤 시나리오에서든지 무언가는 자연종이다. 즉, 그 무언가에 관한 우리의 견해가 변화하더라도, 그 무언가는 변화하지 않는다. 이런 관점에서 보면 심지어 버클리의 관념론에서 등장하는 단순 관념도 자연종이다. 이 때문에 버클리는 자신의 인식론을 자연 철학의 토대로 삼을 수 있다고 옳게 판단했다. 관념론에 관한 오늘날의 토론들은 대개 이 사정을 도외시한다. 버클리의 자연 철학을 상세히 서술하는 문헌으로 George Berkeley, *Siris. Eine Kette von Philosophischen Betrachtungen und Untersuchungen über die Tugenden des Teerwassers und über einige andere Fragen, die damit zusammenhängen und von denen eine aus der anderen entspringt*, Leipzig 1913 참조.

155 규범성은 오로지 정상화 실행 방법들로 실현된다. 이 점에서는 푸코가 옳다. 물론 푸코는 캉길렘의 영향을 받았다. 캉길렘의 지적에 따르면, 정상성은 우리의 생존꼴 안에 내재하는 실현 조건들을 가진다. Georges Canguilhem, *Le normal et le pathologique*, Paris 2013 참조.

156 PU §85/S. 288.

157 Bourdieu, *Meditationen*, S. 18.

158 Möllers, *Die Möglichkeit der Normen*, S. 207.

* Agrippas Trilemma. 진실 증명의 완성을 위한 세 가지 선택지, 곧 순환 논증, 역진 논증, 독단적 논증 가운데 어느 것도 만족스럽지 않다는 난감한 상황. 뮌히하우젠Münchhausen 트릴레마로도 불림.

159 같은 곳, 127면.

160 같은 곳, 127면 이하.

161 같은 곳, 207면. 캉길렘도 유사한 견해를 제시한다. 즉, 규범 위반이 규제의 출발점이라고, 따라서 〈규범의 가능성의 조건은 규범 경험의 가능성의 조건과 동일하다〉고 캉길렘은 주장한다(Canguilhem, *Le normal et le pathologique*, S. 230).

162 묄러스는 이 문제가 비생산적이라고 여기지만(Möllers, *Die Möglichkeit der Normen*, S. 198~203), 이 평가에 이은 언급들에서 내내 이 문제의 영향 안에 머무른다. 예컨대 다음 대목에서 그러한데, 여기에서 묄러스는 정확히 크립키의 질문을 제기한다. 〈왜 과거의 무언가가 현재의 규범에의 속박을 정당화할 수 있을까? 세심히 살펴보면, 모든 규범 적용은 무조건 현재화이며 이른바《근원적》규범이 아니라 전혀 다른 것을 산출하는 것이 아닐까, 라는 문제가 발생한다.〉(같은 곳, 335면) 이 인용문은 다름 아니라 크립키의 질문을 간결하게 제기한다.

163 규범적인 것을 명령하기를 다루는 이론과 인정하기를 다루는 이론의 변증법을 묄러스가 어떻게 재구성하는지 보려면, 같은 곳, 102~109면 참조. 그 재구성은 다음과 같은 딜레마를 제시하는 대목에서 정점에 이른다. 〈규범이 사건들의 진행에 부합함을 통하여 성공적일수록, 그 규범과 그 사건 진행의 인식 가능한 차이는 무엇인가, 라는 질문은 더 열린 채로 남는다.〉(같은 곳, 108면) 이를 유념해야 하는데, 묄러스는 〈규범을 서로 조율하거나 협동하는 개별 주체들의 생산물로 이해하는〉〈지배적인 사회 존재론〉의 생각을 거부한다(254면). 그런 사회 존재론의 약점은 사회적인 것을 서술할 때 〈마치 규범에 따른 실행이 계속되는 규범 창립이기라도 한 것처럼〉(254면) 서술하는 것이라고 묄러스는 옳게 판단한다. 또한 같은 곳, 376면 이하 참조.

164 Möllers, *Die Möglichkeit der Normen*, S. 209. 인용된 표현의 원래 출처는 Blumenberg, *Theorie der Unbegrifflichkeit*, 76면.

165 이것은 프레게가 객관성을 표상으로부터 멀리 떼어 놓는 주요 이유 중 하나다. 그는 표상이 논리적으로 사적일 수밖에 없다고 여긴다. 하지만 아쉽게도 이 견해는 생각하기와 생각의 분리로 이어진다. Gabriel, *Sinn und Existenz*, §2b, §12 참조.

166 여기에서 나는 나세히의 복잡성 개념을 실마리로 삼는다. 나세히는 〈다른 관점에서 보면 다르게 보인다는 생각이 없으면 아무것도 이해할 수 없게 된다〉(*Muster. Theorie der digitalen Gesellschaft*, S. 284)라는 생각을 복잡성 개념 아래 포섭한다. 의미장 존재론은 그 자체로 복잡한 복잡성 이론이다. 그렇기 때문에 의미장 존재론과 시스템 이론은 사회 존재론적 가족 유사성을 띤다. 하지만 후자와 달리 전자는 중립적 실재론과 구성주의 비판을 종차로 지녔다. 구성 개념은 복잡성 개념이 아니라 존재론적으로 또 인식론적으로 의심스러운 형태의 복잡성 감축이다.

167 이런 의미에서 설도 다음 문헌에서 사회 과학의 객관성에 대한 물음에 답한다. Searle, *Wie wir die soziale Welt machen*, 196~202면 참조.

168 Möllers, *Die Möglichkeit der Normen*, 58~62면 참조.

169 같은 곳, 58면, 각주 82.

170 같은 곳, 58면.

171 한마디 보태면, 어린아이는 명백히 언어 실행을 자신에게 규범적인 무언가로 여기면서 그 실행에 동의한다. 이 견해와 동의를 언어 실행으로 공표할 수 있기 이전에 말이다. 이 공표는, 어린아이가 자신이 이해하지 못하는 다른 언어가 있음을 의식할 때 비로소 이루어진다. 그럴 때 어린아이는 자신의 모어를 주어진 상황에서 구속력 있는 무언가로서 선택할 수 있고, 예컨대 성인들은 어린아이에게 특정한 언어를 사용할 것을 요구한다.

172 여기에서도 Elder-Vass, *The Reality of Social Construction* 참조.

173 PU §242/S. 356.

174 예컨대 2015년 가을에 뉴욕 대학교에서 이루어진 강연을 계기로 폴 버고지언은 조지프 라즈의 지향주의적 행위 개념에 맞서 이 같은 취지의 반론을 구두로 제기했다.

175 Quassim Cassam, *Conspiracy Theories*, Cambridge, Medford/MA. 2019.

176 Möllers, *Die Möglichkeit der Normen*, S. 171.

177 같은 곳, 208면. 같은 곳, 153면 참조. 〈실재는 가능하기 때문에, 규범은 실재와 관련 맺을 수 있다. 규범이 실재와 관련 맺는 일은 규범이 준수될 때 일어난다. 기존 상태나 확립된 실행에 대한 긍정은 규범을 사용하는 통상적인 방식이다. 이런 긍정은 두 가지 측면에서 사회적으로 유의미해질 수 있다. 첫째, 규범을 통해 긍정된 상태가 다른 의미를 얻을 수 있다. 그 상태는 규범과 일치한다. 그 상태는 규범을 통해 명시화되고 명시적으로 긍정된다.〉

178 Möllers, *Die Möglichkeit der Normen*, S. 132.

179 신학을 연상시키는 표현은 다른 곳들에서도 등장한다. 예컨대 〈초월과 규범성의 연관성〉을 탐구하는 대목(같은 곳, 406면 이하)에서 그러하다. 물론 묄러스 본인은 규범을 신학적으로 정당화하는 것을 옹호하지 않는다. 대신에 그는 근대적 규범적 질서의 발생사를 간략히 서술하면서 신학적 과도기를 언급한다. 하지만 〈맞세계 Gegenwelt〉(406면) 개념뿐 아니라, 묄러스가 완전히 폐기하지 않는 초월 개념도 그 과도기에서 유래한다.

180 칸트도 인식 가능성 문제의 틀 안에서 자기 자율을 도입하지만, 경험적 판단의 대상 영역으로서의 자연을 마주한 판단력의 위치를 고려하면서 도입한다. Immanuel Kant, *Kritik der Urteilskraft*, Werkausgabe Band X, Frankfurt/M. 1974, 95면 참조. 〈요컨대 판단력도 자연의 가능성을 위한 선험적 원리를 자기 안에 가졌지만, 주관적 관점에서만 그러하다. 그리하여 판단력은 법칙을 자연에 (자율로서) 지시하는 것이 아니라 자연에 관한 반성을 위해 자기 자신에게 (자기 자율로서) 지시한다. 이 법칙을 자연의 경험적 법칙들과 대비하여 **자연의 특수화 법칙**이라고 부를 수 있을 것이다. 판단력은 이 법칙을 선험적으로 자연에서 인식하지 못한다. 대신에 판단력은 우리의 지성이 인식할 수 있는 자연의 질서를 위하여, 자연의 일반 법칙들을 분류할 때, 다양한 특수 법칙들을 일반 법칙들 아래 종속시키려 할 때, 이 법칙을 채택한다.〉

181 대표적으로 Robert B. Pippin, *Idealism as Modernism. Hegelian Variations*,

Cambridge u. a. 1997; Robert B. Pippin, *Hegel's Practical Philosophy. Rational Agency as Ethical Life*, Cambridge, New York 2008; Robert B. Brandom, *Tales of the Mighty Dead. Historical Essays in the Metaphysics of Intentionality*, Cambridge/MA. 2002, 또한 최근에 나온 브랜덤의 걸작으로 *A Spirit of Trust. A Reading of Hegel's Phenomenology*, Cambridge/MA., London 2019 참조. 피핀을 비판적으로 다루는 문헌으로 Markus Gabriel, "Robert Pippin a) Hegel's Practical Philosophy and b) Hegel on Self-Consciousness", in: *Internationales Jahrbuch des Deutschen Idealismus* 8(2010), 362~370면 참조. 또한 같은 저자, "Transcendental Ontology and Apperceptive Idealism", in: *Australasian Philosophical Review*, 2/2(근간) 참조.

182 Saul A. Kripke, *Wittgenstein über Regeln und Privatsprache. Eine elementare Darstellung*, Frankfurt/M. 1987.

183 크립키의 문제를 칸트의 회의주의를 변형한 한 버전으로 분류하는 문헌으로 James F. Conant, "Spielarten des Skeptizismus", in: Markus Gabriel (Hg.), *Skeptizismus und Metaphysik. Deutsche Zeitschrift für Philosophie*, Sonderband 28, Berlin 2012, 21~72면 참조.

184 이런 주장을 펴는 문헌으로 예컨대 Kwame Anthony Appiah, *The Ethics of Identity*, Princeton 2005; 같은 저자, *As If*; 같은 저자, *The Lies that Bind* 참조. 반대 주장을 펴는 문헌으로 Fukuyama, *Identität* 참조. 또한 많이 논의된 표준적인 문헌으로 Benedict Anderson, *Die Erfindung der Nation. Zur Karriere eines folgenreichen Konzepts*, Frankfurt/M. 1996 참조.

185 이 대목에서 나는 마리우스 바르트만의 지적을 따른다. 그는 박사 학위 논문 *Beyond Realism and Idealism. On a Leitmotif in Early and Late Wittgenstein*, Bonn 2018에서 주어진 규칙을 위반하기가 항상 다른 규칙을 따르기일 가능성을, 따라서 규칙 적용 오류가 무규칙적이지 않을 가능성을 탐구했다. 그 논문에 따르면, 규칙 위반, 곧 규칙 적용 오류는 흔히(바르트만의 견해로는 심지어 본질적으로), 행위자가 주어진 사회적 상황에서 역사적-우연적인 제재권을 가진 자들이 실행하는 규칙이 아니라 다른 규칙을 따르는 방식으로 일어난다. 하지만 이 견해는 아무도 규칙을 위반하지 않음을 함축하는 듯하다. 왜냐하면 규칙을 위반하는 듯한 사람은 단지 다른 규칙을 따를 뿐이기 때문이다. 요컨대 바르트만에 따르면, 규칙 위반이란 행위자가 따르지 말아야 할 규칙을 따르는 것을 의미한다.

186 상세한 논의는 Gabriel, *Propos réalistes*, 135~164면 참조.

187 비트겐슈타인은 본인의 사상을 실용주의로 규정하는 것을 당연히 누차 거부한다. 예컨대 *Bemerkungen über die Philosophie der Psychologie*. Frankfurt am Main 1984, 60면 참조. 〈그렇다면 너는 실용주의자가 아닌가? 나는 실용주의자가 아니다. 나는 유용한 문장이 참이라고 말하지 않는다.〉 또한 같은 저자, *Über Gewißheit. Werkausgabe*, Bd. 8, Frankfurt/M. §422/S. 203 참조. 〈요컨대 나는 실용주의처럼 들리는 말을 하고자 한다. 그런데 일종의 세계관이 나를 가로막는다.〉

188 Kripke, *Wittgenstein über Regeln und Privatsprache*, S. 118~123.

189 같은 곳, 35면.

190 같은 곳, 33면 이하.

191 같은 곳, 24면.

192 대표적인 문헌으로 Wolfgang Wieland, *Platon und die Formen des Wissens*, 2., durchgesehene und um einen Anhang und ein Nachwort erweiterte Auflage, Göttingen 1999, 특히 §13 참조. 빌란트는, 명제적인 앎이, 〈오류 능력이 없는nicht irrtumsfähig〉 따라서 오류 불가능하지도 않은 비명제적인 사용 앎Gebrauchswissen을 전제한다는 점을 보여 준다. 〈어떤 경우에든지 관건은, 엄격한 의미에서 객관화 가능하지도 않고 전달 가능하지도 않은 앎의 형성이다. 그 앎은 단박에 지향하는 대상이 없으며 따라서 오류 능력을 갖추지 않았다. 또한 그 앎은 성향 속성Dispositionseigenschaft으로서 항상 앎의 보유자와 결합되어 있으며, 바로 그렇기 때문에 정당화할 수 없는 방식으로 앎의 보유자에게 실재를 열어 준다. 인간이 보유한 앎의 절대적 대부분은 비명제적 유형이라는 점에 대해서는 근거 있는 의심이 있을 수 없다. 인간에게 주어지는 세계와 친숙함 가운데 세계에 관한 진실인 문장들을 앎기를 통해 주어지는 친숙함은 미미한 부분에 불과하다.〉(같은 곳)

193 교육과 회의(懷疑)의 관계에 관한 포괄적인 연구를 담은 문헌으로 Andreas Gelhard, *Skeptische Bildung. Prüfungsprozesse als philosophisches Problem*, Zürich 2018 참조.

194 Kripke, *Wittgenstein über Regeln und Privatsprache*, 22면 참조. 〈이처럼 내가 전제하는 바는, 회의주의자가 나의 현재《플러스》단어 사용을 일단 의심하지 않는다는 것이다. 회의주의자는 나의 현재 언어 사용법에서 125가《68+57》로 표기된다는 것에 동의한다. 그는 여기에서 나와 일치할 뿐 아니라, 나와의 대결 전체를 현재 내가 사용하는 대로의 언어로 수행한다. 그가 의심하는 바는 단지, 나의 현재 언어 사용이 나의 기존 언어 사용과 일치한다는 것, 현재 내가 나의 과거 언어적 지향들에 부합하게 행동한다는 것뿐이다.〉

195 Möllers, *Die Möglichkeit der Normen*, S. 200. 반대 취지의 서술을 보려면 Kripke, *Wittgenstein über Regeln und Privatsprache*, 33면 참조. 〈이렇게 표현하면, 문제가 다음과 같은 인식론의 문제처럼 보일 수도 있겠다. 내가 염두에 둔 것이 이 둘 가운데 어느 것인지를 대체 어떻게 알 수 있을까? 하지만 나의 정신적 이력 안에 있는 모든 것이, 내가 플러스를 염두에 두었다는 결론과도 양립 가능하고 내가 쿠스를 염두에 두었다는 결론과도 양립 가능한 한에서, 이 회의주의적 도발은 실은 인식론적이지 않다는 점이 명백하다.〉

196 크립키가 언급하지 않는 한 관점에서 보면, 위 질문에 대한 대답은 어차피 열려 있다. 왜냐하면 〈x〉에 〈125〉뿐 아니라 실제로 무한히 많은 기호를 대입할 수 있으니까 말이다. 그 기호들은 주어진 형식적 시스템 안에서 〈a+b=x〉 함수와 양립 가능하기만 하면 된다. 즉, 경우에 따라 〈66+59〉, 〈57+68〉, 〈69+56〉 등도 대입할 수 있다. 크립키는

⟨68+57⟩ 안의 ⟨+⟩가 ⟨125⟩라는 결과를 내놓으라고 지시하는 것처럼 덧셈 규칙을 제시하는데, 이는 표현 오류다. 실제로 이 오류는 하찮고 미미한 것이 아니지만, 우리는 크립키의 편에 서서 이 오류를 제쳐 두기로 하자. 여기에서 암시된 생각의 귀착점은, 행위자가 무엇을 해야 하는지 규정하기 위한 형식적 시스템의 선택은 사회적 맥락에 기반을 둔다는 것이다. 사회적 맥락은 우리의 규범 관련 선택의 기틀 조건을 결정하는 요인 중 하나다. 수학적 능력의 발휘는 사회적 맥락 안에서 이루어진다. 수학적 능력의 발휘는 선생이 내주는 다소 어려운 문제들의 정답을 알아내는 타고난 천재성의 발휘로 국한되지 않는다.

197 Dave Elder-Vass, *The Reality of Social Construction*, Cambridge 2012, 15~34면 참조. 규범 서클이라는 개념은 다음과 같이 도입된다. ⟨규범 서클이란 특정한 규범을 옹호하고 강제하기로 결심한 사람들의 집단이다. 그런 집단은 사람들을 부분으로 가진 사회적인 놈이며, 그런 집단의 구성원들이 상호 작용하는 방식 (메커니즘) 때문에, 개인들이 표준화된 관행을 따르는 경향을 산출하는 인과적인 힘을 지녔다.⟩ (23면) 엘더-바스는 사회적 구조들에 인과적인 힘들을 부여하는 사회적 실재론을 옹호한다. 그러나 그는 결국 그 인과적인 힘들을 인간 생물의 물질적 차원으로 환원한다. 이는 ⟨사회 구조에 관한, 구체적으로 문화, 언어, 담론, 앎에 관한 유물론적 논의⟩(21면)를 펼치기 위해서다. 하지만 이것은 실재론(또한 인과성)을 자연주의(인과성이 특정한 놈들에 속박되어 있다는 견해)와 혼동하는 것이다. 관련 반론을 보려면 Gabriel, "Für einen nicht-naturalistischen Realismus". 엘더-바스의 인과 이론에 관해서는 Elder-Vass, *The Causal Power of Social Structures. Emergence, Structure and Agency*, Cambridge 2010 참조.

198 여담 삼아 말하면, 이것은 고대 우정(友情)론의 핵심 주제다. 고대의 우정론을 다루는 모범 문헌은 아리스토텔레스의 『니코마코스 윤리학』이다. 그 이론에 따르면, 모종의 집단적 지향성을 보유한 공동체는, 단지 다수의 인간 동물이 같은 장소에 서식한다는 것ἐν τῷ αὐτῷ νέμεσθαι이 그 공동체의 전부라면 논리적으로 결함이 있다. 규범 νόμος은 같은 것을 하는νέμεσθαι(서식하는) 다수의 시공적 근접과 합산적으로 다른 것이 아니라 범주적으로 다르다.

199 모든 유형의 정신적 유한주의Finitismus에 반발하는 문헌으로 David Deutsch, *The Beginning of Infinity. Explanations that Transform the World*, London u. a. 2012 참조. 마거릿 길버트도 크립키의 실험 설계에 맞서, 우리는 개념들을 파악할 수 있고 따라서 무한한 적용 사슬들을 파악할 수 있다고, 또한 이 견해는 크립키가 도입한 회의주의자에 의해 성공적으로 잠식될 수 없다고 주장한다. Margaret Gilbert, *On Social Facts*, Princeton 1989, S. 112~124.

200 Kripke, *Wittgenstein über Regeln und Privatsprache*, 72면 이하.

201 PU §217/S. 350.

202 여기에서도 Wieland, *Platon und die Formen des Wissens*, §13 참조.

203 PU §218/S. 351.

204 같은 곳, §219.

205 이것은 PU §201/S. 345에 담긴 숙고의 결론이다. 그 숙고가 암시하는 바는 〈규칙 **해석**이 아닌 규칙 파악이 있다는 것〉(같은 곳)이다.

206 과학 사회학에서 말하는 이른바 〈강한 프로그램〉은 사회학주의의 대표적인 사례다. 그 프로그램은 명시적으로 비트겐슈타인에 의지하며 크립키의 관점에서 비트겐슈타인을 해석한다. David Bloor, *Wittgenstein, Rules and Institutions*, New York 1997. 또한 이 같은 구상을 철학적으로 정당화하려는 시도를 담은 문헌으로 Martin Kusch, *A Sceptical Guide to Meaning and Rules. Defending Kripke's Wittgenstein*, Montreal 2006 참조.

207 Möllers, *Die Möglichkeit der Normen*, S. 367. 넥타이가 예로 등장하는 논의는 365~367면.

208 같은 곳, 366면 이하.

209 같은 곳, 368면.

210 칸트 혹은 퍼트리샤 키처의 칸트 해석에 명시적으로 반발하는 문헌으로 Möllers, *Die Möglichkeit der Normen*, 362면 이하 참조.

211 Gabriel, "A Very Heterodox Reading of the Lord-Servant-Allegory in Hegel's *Phenomenology of Spirit*" 참조.

212 Scott Hershovitz, "Wittgenstein on Rules: The Phantom Menace", in: *Oxford Journal of Legal Studies* 22 (2002), S. 619~640, 인용된 문구는 628면 참조.

213 반면에 비트겐슈타인은 불투명성을 자연화하는 어리석음을 범한다. Gabriel, *An den Grenzen der Erkenntnistheorie*, §9 참조.

214 훌륭한 조망을 제공하는 문헌으로 Helen Beebee u. a. (Hg.), *Making a Difference. Essays on the Philosophy of Causation*, Oxford 2017 참조.

215 Bourdieu, *Die feinen Unterschiede*; 같은 저자, *Die Regeln der Kunst* 참조.

216 이 구별을 간과하는 문헌으로 Jason Stanley, *How Propaganda Works*, Princeton 2015 참조.

217 정교하고 비판적인 이데올로기 개념을 제시하는 문헌으로 John B. Thompson, *Ideology and Modern Culture. Critical Theory in the Era of Mass Communication*, Cambridge 1990, 특히 52~73면 참조.

218 학문도 이를테면 현재의 인간 행동을 실은 인식적으로 도달할 수 없는 까마득한 고인류학적 과거에 의지하여 〈설명〉함으로써 신화의 기능을 수행할 수 없다. 학문은 행위자들이 의식하지 못하는 상태에서 다양한 방식으로 신화에 이데올로기적으로 종사할 수 있으며 또한 실제로 종사한다. 특정한 신화 하나에서 벗어남은 새로운 신화 안으로 진입하지 않음을 의미하기에 턱없이 부족하다. Wolfram Hogrebe, "'Wer im Mythos lebt……'", in: *Echo des Nichtwissens*, Berlin 2006, 330~341면 참조.

219 Gabriel, *Le pouvoir de l'art* 참조. 예술은 본질적으로 양가적이며 예술의 존재론적 지위로 인해 우리 삶꼴의 자기 규명과 키치 사이에서 흔들린다. 키치는 아도르노

의 관련 저술들 이래로 더없이 잘 알려져 있다.

220 Gabriel, *Der Mensch im Mythos*; 같은 저자, Žižek, *Mythology, Madness and Laughter* 참조.

221 잘 알려져 있듯이 이것은 다음 문헌에 실린 근본적 통찰 중 하나다. Max Horkheimer, Theodor W. Adorno, *Dialektik der Aufklärung. Philosophische Fragmente*, Frankfurt/M. 2004.

222 모형주의에 맞선 반론을 보려면 Gabriel, *Der Sinn des Denkens*, 221~227면, 또한 Dreyfus, Taylor, *Die Wiedergewinnung des Realismus* 참조.

223 이런 신화 유형들에 대한 비판을 보려면 Tallis, *Aping Mankind* 참조.

224 Stanislas Dehaene u. a., "What is consciousness, and could machines have it?", in: *Science* 358 (2017), 486~492면 참조.

225 같은 곳, 486면. 원문은 이러하다. 〈The word 《consciousness》, like many prescientific terms, is used in widely different senses. In a medical context, it is often used in an intransitive sense (as in, 《the patient was no longer conscious》), in the context of assessing vigilance and wakefulness. (……) For lack of space, we do not deal with this aspect here, however, because its computational impact seems minimal: Obviously, a machine must be properly turned on for its computations to unfold normally.〉

226 나는 교황청 과학 아카데미의 주최로 바티칸에서 열린 한 학회에서 스타니슬라스 드앤에게 명시적으로 질문을 던졌는데, 그는 과학적 증거나 논증을 전혀 제시하지 않은 채 수사적 방어와 체계적인 대화 거부로, 또한 최근에는 트위터 폭탄으로 대응했다(〈www.youtube.com/watch?v=hPsrQAZFd6Q&t=1537s〉, 2019년 10월 17일에 마지막으로 접속함). 나는 이 비학문적 행동을, 나의 비판이 적중했음을, 또한 그의 연구 프로그램은 결국 〈의식〉의 의미를 자의적으로 선택한 탓에 가망 없이 실패할 수밖에 없음을 보여 주는 사회학적 간접 증거로 평가한다. 자신이 〈의식〉의(이것은 어떤 의미의 〈의식〉일까?) 신경 상관자를 탐색할 때 실제로 무엇을 탐색하는지 댈 수 없다면, 아무것도 탐색하지 않는 것이다.

227 같은 곳. 저자들이 《《의식》의 타동사적 의미》 대신에 느닷없이 〈의식의 타동사적 의미〉를 거론한다는 점이 눈에 띈다. 내가 보기에 이것은 언어학적으로 혹은 사상사적으로 신뢰할 만한 의미 규정 방법이 없음을 보여 주는 징후다.

228 같은 곳. 원문은 이러하다. 〈It refers to the relationship between a cognitive system and a specific object of thought.〉

229 같은 곳. 원문은 이러하다. 〈This sense is synonymous with 《having the information in mind》.〉

230 같은 곳. 원문은 이러하다. 〈Human beings know a lot about themselves, including such diverse information as the layout and position of their body, whether they know or perceive something, or whether they just made an error.〉

231 같은 출처에 들어 있는, 다음과 같은 경험적으로 공허한, 순수하게 형이상학적인 호언장담을 참조하라.〈현재의 딥 러닝 신경망들이 구현하는 계산은 인간 뇌의 무의식적 작동과 대체로 대응한다. 그러나 인공 신경망들이 신경 생물학에서 영감을 얻은 것과 유사하게, 인공 의식 연구는 인간 뇌가 의식을 산출할 수 있게 해주는 구조들을 탐구하고 거기에서 얻은 통찰들을 컴퓨터 알고리즘들로 변환함을 통하여 진보할 가능성이 있다. 우리의 목표는, 기계들에 적용될 가능성이 있는, 의식을 다루는 인지 신경 과학의 면모들을 두루 살핌으로써 그런 진보를 촉진하는 것이다.〉

232 확실히 중요하지만 내가 이 자리에서 다룰 수 없는 난점 하나는, 우리가 아는 인류 역사에서 인간이 자기에 관한 견해를 갖기 시작한 이래로 인간은 인간이 아닌 정신적 생명을 묘사하는 그림을 그려 왔다는 점에서 유래한다. 그런 생명의 대표적인 예로 신적인 것, 신들 또는 확실한 단수형의 신을 들 수 있다. 따라서 여기에서 신실재론의 포괄적인 종교 철학을 제시할 필요가 있다. 반(反)자연주의는 확실하다고들 하는 신의 비실존을 손쉽게, 그러나 증명 가능하게 그릇된 방식으로 지목함으로써 그 종교 철학을 우회할 수 없다. Markus Gabriel, "Der Sinn der Religion", in: Michael Meyer-Blanck (Hg.), *Geschichte und Gott. XV. Europäischer Kongress für Theologie (14.-18. September 2014 in Berlin)*, Leipzig 2016, 58~75면; 같은 저자, "Niemand hat Gott je gesehen' - Eine philosophische Tischrede", in: Wolfram Kinzig, Julia Winnebeck (Hg.), *Glaube und Theologie. Reformatorische Grundeinsichten in der ökumenischen Diskussion*, Leipzig 2019, 329~341면 참조.

233 이를 비판하는 문헌으로 Stephen Cave, *Immortality. The Quest to Live Forever and How It Drives Civilization*, New York 2012 참조.

234 노버트 위너의 초기 사이버네틱스 연구에서 이와 반대되는 깨달음이 점차 밝아오는 것을 보려면 Norbert Wiener, *God & Golem, Inc. A Comment on Certain Points Where Cybernetics Impinges on Religion*, Cambridge/MA. 1964 참조.

235 여담 삼아 한마디 보태면, 셸링은 자연 철학에 관한 저술들에서 이 사실을 특히 뚜렷하게 강조했다. 그는, 정신을 되어진 무언가로 이해할 수 있게 해주는 형이상학은 어떤 모습이어야 하는가, 라는 질문에 공을 들인 최초의 철학자다. 이와 관련하여 그가 제시한 결정적 통찰에 따르면, 정신의 되어졌음Gerwrdensein을 주제로 삼고자 하는 철학은 두 개의 노선으로 나아가야 한다. 한 노선은 개념적으로 자연에서 정신으로 나아가는 반면, 다른 노선은 개념적으로 정신에서 자연으로 나아가면서 오로지 의식 없는 힘들과 익명의 과정들만 고려하는 개념들로는 정신을 결코 완전히 파악할 수 없음을 깨닫는다.

236 초인본주의를 옹호하는 문헌은 (유감스럽게도) 방대하다. 대표적인 문헌으로 Raymond Kurzweil, *K. I. Das Zeitalter der künstlichen Intelligenz*, München 1993; 같은 저자, *Menschheit 2.0. Die Singularität naht*, Berlin 2014; 같은 저자, *Das Geheimnis des menschlichen Denkens. Einblicke in das Reverse Engineering des Gehirns*, Berlin 2014; 또한 Tegmark, *Leben 3.0* 참조.

237 우리가 우주 전체를 고려한다면, 우주 안에 그런 사실이 있을지 의문스럽다. 왜냐하면 우리는 정신적 생물들로서 우주와 인과적으로 상호 작용하고, 그 결과로 전체로서의 우주는 우리가 우주 안에 실존한다는 점의 영향을 받기 때문이다. 하지만 어느 정도까지 우주가 미래 방향으로 존재론적으로 열려 있거나 닫혀 있는 전체인가 하는 것은 여기에서 대답할 수 없는 자연 철학의 질문이다. 만일 우주가 전체로서 실존하고 우리가 우주 안에서 등장한다면, 우주는 최대로 객관적인 사실들을 포함하지 못한다. 왜냐하면 모든 사실은, 우리가 정보 교환을 통해 우주의 이런저런 비인간적 구역에 관하여 무언가를 안다는 사정과 인과적으로 얽혀 있기 때문이다.

238 Quine, *Wort und Gegenstand*, S. 474.

239 Heraklit, DK 22 B 119.

240 여기에서도 Hutter, *Narrative Ontologie* 참조.

241 한 예로 많이 논의된 다음과 같은 사고 실험을 들 수 있다. 그 사고 실험에 따르면, 우리는 우리 뇌 속의 뉴런들을 하나씩 차례로 뉴런의 실리콘 복제본으로 대체할 수 있다. 그러면 의식이 한꺼번에 사라지는 것이 아니라 점차 인공 의식으로 대체될 것이다. 이 생각을 떠받치는 고전적 문헌으로 David Chalmers, *The Conscious Mind. In Search of a Fundamental Theory*, Oxford 1997, 3장 7절 참조. 이 사고 실험이 인간임에 관한 의학적 사실들과 어긋난다는 점, 바꿔 말해 불가능한 시나리오라는 점을 알아채기 위해서는, 극도로 섬세한 면역 억제제가 없으면 장기 이식조차도 이뤄 낼 수 없다는 점을 상기하는 것만으로 충분하다. 외래 장기는 거부 반응을 일으키고 조만간 죽음을 초래한다. 뇌를 (매우 작은 단계들을 거쳐 점진적으로라도) 실리콘으로 대체하는 것이 초보적으로라도 실제로 가능하다는 생각은 신경 생물학적 사실들에 반한다. 경험적 관점에서 공허한 이 사고 실험이 의식이 비생물학적으로도 구현될 수 있다는 그릇된 〈직관〉을 뒷받침하는 데 쓰이는 일은 절대로 없어야 한다.

242 관련 토론을 보려면 Michael Hampe, *Die Dritte Aufklärung*, Berlin 2018 참조.

243 광범위하며 인상적인 기초 논의를 보려면 Thomas S. Hoffmann, *Philosophische Physiologie. Eine Systematik des Begriffs der Natur im Spiegel der Geschichte der Philosophie*, Stuttgart-Bad Cannstatt 2003 참조. 호프만에 따르면, 〈자연의 근본 개념은 (……) 단박에 깨진 중간unmittelbar gebrochenen Mitte의 개념, 같지 않음의 개념, 정확히 말하면, 《무언가가》《무언가와》 같지 않음이 아니라 무릇 같음에 맞선 같지 않음, 동일성의 총체성에 맞선 같지 않음의 개념이다. 이로부터 곧바로 세계의 형식에 맞선 자연의 비균질성이 도출된다〉(같은 곳, 109면).

244 투명주의에 맞선 반론을 다수 제공하는 문헌으로 예컨대 Koch, *Versuch über Wahrheit und Zeit*; 같은 저자, *Hermeneutischer Realismus*; 같은 저자, *Die Evolution des logischen Raums. Aufsätze zu Hegels Nichtstandard-Metaphysik*, Tübingen 2014 참조.

245 Shoshana Zuboff, *The Age of Surveillance Capitalism. The Fight for a Human Future at the New Frontier of Power*, London 2019.

246 나세히가 *Muster. Theorie der digitalen Gesellschaft*에서 보여 주었듯이, 근대는 애초부터 디지털 사회 프로젝트다. 이제 그 디지털 사회가 자기 객체화를 위해 채택하기에 적절한 미디어 포맷을 발견한 것이다. 유사한 취지의 문헌 Baecker, *4.0 oder Die Lücke die der Rechner lässt*는 정보가 〈다음 사회의 반성 형식〉(192면)이라는 점을 강조한다.

247 Gabriel, *Der Sinn des Denkens*, S. 143~193.

248 Nassehi, *Muster. Theorie der digitalen Gesellschaft*, 279면에 나오는 다음과 같은 옳은 서술을 참조하라. 〈직설적으로 말하면 이러하다. 네트워크 안에서 둥둥 떠다니는 소통은 선택 압력을 거의 받지 않는다. 왜냐하면 누구나 원리적으로 모든 것을 할 수 있다는 약속은 다름 아니라 공동체를 안정화하는 선택들이 무력화되는 결과도 가져오기 때문이다. 자신이 하고자 하는 바를 말할 수 있는 사람은 할 수도 있을 것이다. 그리고 실제로 그런 일이 벌어지면, 소통은 공동체를 창출하는 방향보다는 논쟁을 일으키는 방향으로 진행된다. 이것을 위기의 진단으로 여기는 사람은 애당초 비현실적이며 순박하다시피 한 기대를 품었던 사람이다.〉

249 같은 곳, 280면.

250 현재 상황을 조망하는 문헌으로 Franklin Foer, *Welt ohne Geist. Wie das Silicon Valley freies Denken und Selbstbestimmung bedroht*, München 2018 참조. 인공 지능 담론을 비판적으로 분석하는 문헌으로 Luc Julia, *L'intelligence artificielle n'existe pas*, Paris 2019 참조. 쥘리아는 시리Siri를 발명한 사람들 중 하나라는 점을 유념하라. 또한 Jean-Gabriel Ganascia, *Le mythe de la singularité. Faut-il craindre l'intelligence artificielle?*, Paris 2017 참조.

251 Natasha Dow Schüll, *Addiction by Design. Machine Gambling in Las Vegas*, Princeton 2012 참조.

252 딥 러닝이, 원리적으로 설명할 수 없지만 지능적인 블랙박스처럼 작동한다는 신화에 대한 반론을 보려면 Julia, *L'intelligence artificielle n'existe pas*, 169~181면 참조. 본문의 존재론적 진단을 어느 정도 공유하지만 그 진단에서 다른 사회적 귀결들을 끌어내는 낙관주의적 광고성 문헌으로 Alex Pentland, *Social Physics. How Social Networks can Make us Smarter*, New York 2015 참조. 이 문헌의 저자가 트럼프의 선거 승리 이후 입장을 바꿨는지 나는 알지 못한다.

253 여기에서도 내가 2019년 5월 1일에 『엘파이스』와 한 인터뷰를 참조하라. 이 인터뷰는 매우 시의적절하게도 노동절에 보도되었다.

254 이에 관한 조망을 제공하는 문헌으로 Yvonne Hofstetter, *Das Ende der Demokratie. Wie die künstliche Intelligenz die Politik übernimmt und uns entmündigt*, München 2018; 또한 Yvonne Hofstetter, "Soziale Medien. Wer Newsfeeds auf Werbeplattformen liest, kann Propaganda erwarten, aber nicht die Wahrheit", in: Jakob Augstein (Hg.), *Reclaim Autonomy. Selbstermächtigung in der digitalen Weltordnung*, Berlin 2017, 25~38면 참조. 이본 호프스테터에게 감사한다. 그녀는

2016년 11월 17일에『쥐트도이체 차이퉁』경제 회의에서, 또 2017년 7월 10일에 국제
철학 축제 phil.colonge에서 자신의 생각을 추가로 설명해 주었다.

255 Luciano Floridi, *Die 4. Revoluion. Wie die Infosphäre unser Leben verändert*,
Berlin 2015; 또한 정신권이라는 신화의 잔향을 주목하는 문헌으로 Oliver Krüger,
"Gaia, God, and the Internet - Revisited. The History of Evolution and the Utopia of
Community in Media Society", in: *Heidelberg Journal for Religions on the Internet*
8 (2015), 56~87면; 또한 최신 문헌으로 같은 저자, *Virtualität und Unsterblichkeit.
Gott, Evolution und die Singularität im Post- und Transhumanismus*, Freiburg 2019
참조. 플로리디는 형이상학적 야심을 품고 있다. 이 사실은 그가 다음 문헌에서 〈실재
reality〉를 〈정보의 총체totality of information〉로 정의하고 이 정의를 정보 철학의 주
춧돌로 삼는 것에서 명확히 드러난다. Luciano Floridi, *The Philosophy of Information*,
Oxford 2013 참조.

256 어느새 정통 이론의 지위에 오른 지제크의 이데올로기 이론을 담은 문헌으로
Slavoj Žižek, *Denn sie wissen nicht, was sie tun. Genießen als ein politischer Faktor*,
Wien 2008 참조.

257 Jürgen Habermas, *Strukturwandel der Öffentlichkeit. Untersuchungen zu einer
Kategorie der bürgerlichen Gesellschaft*, 서문이 추가된 1990년 개정판, Frankfurt/M.
2018.

258 Habermas, *Strukturwandel der Öffentlichkeit*, S. 49.

259 같은 곳.

260 같은 곳.

261 같은 곳.

262 같은 곳.

263 개정판 서문에서 하버마스는 〈폐쇄된 공론장vermachtete Öffentlichkeit〉
(28면)이라는 개념을 도입한다. 폐쇄된 공론장은 매스 미디어가 만들어 내는 결과다.
매스 미디어와 함께 〈새로운 범주의 영향력, 곧 미디어 권능이 발생했다. 미디어 권능은
조작적으로 활용되어 공론장의 원리에서 천진함을 앗아 갔다. 매스 미디어에 의해 미
리 구조가 잡히고 지배되는 공론장은 폐쇄된 경기장으로 바뀌었다. 그 경기장 안에서
사람들이 주장들과 견해들을 가지고 벌이는 싸움은 영향력을 쟁취하기 위한 것만이 아
니라 행위에 영향을 미치는 소통의 흐름을 전략적 의도를 최대한 숨긴 채로 조종하기
위한 것이기도 하다〉(같은 곳).

264 같은 곳, 220면.

265 같은 곳, 157면.

266 같은 곳, 156면. 〈부르주아적 공론장은 보편적 진입의 원리와 더불어 존립하고
쓰러진다. 구체적으로 지명할 수 있는 집단들이 공론장에서 배제되어 있다면, 그 공론
장은 이를테면 불완전하기만 한 것이 아니라 아예 공론장이 아니다. 부르주아적 법치
국가의 주체로 간주될 자격이 있는 공중(公衆)Publikum은 자기네 영역을 이 엄격한 의

미에서 열린 영역으로 간주한다. 그 공중은 자기네가 숙고할 때 원리적으로 모든 인간이 그 숙고에 참여하리라 예상한다. 명실상부한 인간, 곧 도덕적 역할 담당자는 개별적인 사인(私人)이기도 하다. 우리는 이 자기 이해가 발생한 역사적 사회적 위치를 지목했다. 즉, 공중과 관련 맺어진 가부장적 소규모 가족 안에서 이런 (이렇게 표현해도 무방하겠는데) 무형의gestaltlos 인간성에 대한 의식이 성장한다.〉

267 정확히 이런 이데올로기 개념이 등장하는 대목으로, 같은 곳, 160면 참조.

268 같은 곳.

269 이와 연관된 헤라클레이토스의 첫째 토막글 DK 22 B 1 참조.

270 DK 22 B 2에서 헤라클레이토스는 공적인/보편적인 것ξυνόν과 사적인 견해 ἰδία φρόνησις를 맞세운다.

271 데리다가 저서 『폭력과 형이상학』에서 레비나스에게 맞서 펴는 반론을 이런 취지로 이해할 수 있다. 이런 시각으로 보면, 데리다의 프로젝트는 처음부터 『우정의 정치학』에 이르기까지 한결같이 보편자를 위한 변론이라고 할 만하다. 이 독해 방법은, 하필이면 데리다에게 특수주의적이며 이성에 적대적인 소피스트주의Sophistik를, 또는 〈모든 부인에도 불구하고, 유대교 신비주의〉(Jürgen Habermas, *Der philosophische Diskurs der Moderne. Zwölf Vorlesungen*, Frankfurt/M. 1988, S. 214)를 귀속시키는 (특히 위르겐 하버마스와 만프레트 프랑크가 퍼뜨린) 독법보다 훨씬 더 낫다. 세부까지 잘 알려져 있는, 충격적으로 잘못된 데리다 해석을 보려면, 같은 곳, 191~247면; 또 한 Manfred Frank, *Was ist Neo-Strukturalismus?*, Frankfurt/M. 1984 참조. 이 독법의 때때로 난폭한 오해와 왜곡은 다양한 방식으로 지적되었다. 반면에 데리다를 비판 이론의 맥락 안에 의미 있게 적용하는 문헌으로 Christoph Menke, *Die Souveränität der Kunst. Ästhetische Erfahrung nach Adorno und Derrida*, Frankfurt/ M. 1991; Andrea Kern, Christoph Menke (Hg.), *Philosophie der Dekonstruktion*, Berlin 2016; Raoul Moati, *Derrida/Searle. Déconstruction et langage ordinaire*, Paris 2013; 같은 저자, *Derrida et le langage ordinaire*, Paris 2014; Freytag, *Die Rahmung des Hintergrunds* 참조.

272 야스퍼스의 축의 시대 개념에 관한 논의의 현재 상태를 보려면 Jan Assmann, *Achsenzeit. Eine Archäologie der Moderne*, München 2018 참조.

273 Habermas, *Strukturwandel der Öffentlichkeit*, 76, 179, 225면 참조.

274 같은 곳, 240면.

275 Dave Eggers, *Der Circle. Roman*, Köln 2014.

276 Habermas, *Strukturwandel der Öffentlichkeit*, S. 260.

277 같은 곳, 261면. 이어서 하버마스는 다음과 같이 옳게 언급한다. 〈공론장은 사적인 인생사가 공론화되는 공간으로 바뀐다. (……) 개인들을 향한 정서적 과잉 반응, 그리고 거기에서 사회 심리학적으로 반드시 귀결되는, 제도들을 향한 냉소주의는 공권력에 대한 비판적 숙고의 능력을, 그 능력이 객관적으로는 여전히 가능하더라도, 주관적으로 제한한다.〉(같은 곳, 262면) 〈디지털 사회〉는 본질적으로 이런 상황이 첨예화된

사회이며 절대로 디지털 혁명의 표현이 아니다.

278 이런 상황을 맹목적으로 묘사하는 문헌으로 당연히 Nick Bostrom, *Superintelligenz. Szenarien einer kommenden Revolution*, Berlin 2014; 또한 큰 영향력을 발휘하는 문헌인 Yuval Noah Harari, *Eine kurze Geschichte der Menschheit*, München 2013; 또한 같은 저자, *Homo Deus. Eine Geschichte von Morgen*, München 2017; 같은 저자, *21 Lektionen für das 21. Jahrhundert*, München 2018 참조. 보스트롬과 하라리는, 초지능이 이미 오래전부터 실존한다는 사실을 언급하지 않는다. 무슨 말이냐면, 초지능은 우리의 행동을 조종하는 인터넷 미디어 포맷들 안에 이미 실존한다. 물론 엄밀히 말하면 초지능은 지능이 아니다. 왜냐하면 초지능은 초지능의 제작자들이 — 소프트웨어 기술자들로 이루어진 디지털 지배 계급이 — 주입해 놓은 목적들 외에 어떤 구체적 목표도 추구하지 않기 때문이다.

279 이 문제를 다루면서 사회 경제적이며 시사적인 세부 사항도 어느 정도 제시하는 문헌으로 Foer, *Welt ohne Geist*; 또한 특히 소셜 미디어를 다루는 문헌으로 Roger McNamee, *Zucked. Waking Up to the Facebook Catastrophe*, New York 2019 참조.

280 Daniel Suarez, "Wie die Technik unser Denken verändert: Unser Geist in den sozialen Medien", in: Jakob Augstein (Hg.), *Reclaim Autonomy. Selbstermächtigung in der digitalen Weltordnung*, Berlin 2017, 155~165면에서 저자 수아레스는, 이 거울 구조가 광고와 결합되어 있다고 지적한다. 특히 가상적인 아바타가 진실을 말하는지 여부와 상관없이 게재되는 광고 말이다. 〈한번 생각해 보자. 소셜 미디어라는 거울방은 오로지 우리의 공유하기와 《좋아요》 누르기를 부추길 목적으로 건축된다. 왜 그럴까? 광고를 더 잘하기 위해서, 또는 플랫폼 사용자 수를 늘려 투자자들에게 기쁨을 주기 위해서다. 그런데 실제로 드러나고 있듯이, 이 구조는 실재보다 감정을 확실히 더 중시한다. 바로 이 점이 문제다.〉(같은 곳, 162면) 이런 맥락에서 거울을 언급하는 또 다른 글이 같은 책에 실려 있다. 그 글을 보려면 Yvonne Hofstetter, "Soziale Medien: Wer Newsfeeds auf Werbeplattformen liest, kann Propaganda erwarten, aber nicht die Wahrheit", 같은 곳, 25~37면 참조.

281 대표적으로 하이데거, 허버트 드레이퍼스, 존 설의 연구를 그 첫째 물결로 꼽을 수 있다. 이들의 비판을 우리 시대에 맞게 업데이트하는 문헌으로 Gabriel, *Der Sinn des Denkens* 참조.

282 여기에서도 McNamee, *Zucked* 참조.

283 McNamee, Zucked, S. 159.

맺음말: 탈사실적 시대라는 유령을 쫓아내자

1 Jean Baudrillard, *Agonie des Realen*, Berlin 1978, 또한 당연히 상세한 논의를 담은 문헌으로, 같은 저자, *Simulacres et simulation*, Paris 1981 참조.

2 또한 보드리야르의 〈여행기〉인 *Amerika*, Berlin 2004 참조.

3 이런 맥락에서, 인공 지능을 다루는 보드리야르의 주목할 만한 논문을 언급할 필

요가 있다. 나는 그 논문의 진단들에 여러모로 전적으로 동의한다. Jean Baudrillard, "Videowelt und fraktales Subjekt", in: ARS ELECTRONICA (Hg.), *Philosophien der neuen Technologie*, Berlin 1989, 113~131면 참조. 이 논문에서 보드리야르는 디지털 시대의 상상 구조를 옳게 서술한다. 그 구조는 주체를 〈뇌의 연극〉(118면)으로 환원한다. 인공 지능의 상상 구조에 관해서는 특히 126면 이하 참조.

4 데리다에게는 이 서술이 적용되지 않는다는 점을 유의하라. 대다수 사람은 데리다도 탈근대 이론가라며 싸잡아 비난하지만 말이다. 데리다에 관해서는 Freytag, *Die Rahmung des Hintergrunds* 참조. 〈탈진실〉-비난 앞에서 리오타르가 데리다를 어떻게 재구성하는지 보려면 Matthew Congdon, "Wronged beyond Words: On the Publicity and Repression of Moral Injury", in: *Philosophy and Social Criticism* 42/8 (2016), S. 815~834; 또한 Matthew McLennan, "Differend and 'Post-Truth'", in: *French Journal for Media Research* 9 (2018), 1~13면 참조.

5 토니상Tony Award*을 여덟 개나 받은 브로드웨이 뮤지컬 「하데스타운Hadestown」은 이 사정을 연출한 걸작이다. 이 작품은 지구적 생산망과 그것에 본질적인 비대칭성의 파괴력을 오르페우스 신화와 접목하며, 결말로 정치적 반란 대신에 (한 쌍을 이룬 하데스와 페르세포네로 표현되는) 가이아의 자기 파괴 및 자기 갱신의 극복 불가능성을 제시한다. 이 결말은 많은 것을 생각하게 한다.

* 미국의 연극상.

옮긴이의 말
허구는 인간다움의 중심에 실재한다:
정신과 사회의 복권을 위한 허구 이론

1

역사학자 유발 하라리의 저서 『사피엔스』는 우리 모두의 궁극적 관심사라고 할 만한 우리 자신에 관한 이야기를 고인류학, 진화 생물학, 역사학에 기초하여 흥미진진하게 풀어낸다는 점에서 과연 세계적인 베스트셀러가 될 만하다. 저자 하라리는 인간 집단의 유별난 결속을 주목하면서 인간 특유의 의미 시스템이 그 결속을 가능케 한다고 진단한다. 그런데 그는 그 인간적 의미 시스템에 〈이야기〉, 〈허구〉, 〈상상의 질서〉, 〈종교〉 등의 명칭을 붙인다.

자연 과학의 틀 안에서 인간을 이해하려는 노력이 대세인 지금, 자연의 질서로부터 어느 정도 거리를 둔 인간 특유의 면모를 주목하는 하라리의 관점에 어느 정도 동조하며 책을 읽고 났을 때, 내가 품을 수밖에 없었던 의문은 〈허구〉라는 열쇳말에 관한 것이었다. 이 단어는 〈실재〉라는 반대말을 곧바로 연상시킨다. 상식적인 어법에서, 정말로 있는 것이 실재라면, 허구는 실은 없는 것, 기껏해야 허울이다. 그렇다면 하라리는 인간적 의미 시스템을 심각하게 폄훼하고 있지 않은가!

인간이라는 동물이 나머지 동물들과 확연히 다르게 나타내는 인간적 면모들을 인간다움이라고 칭한다면, 하라리는 인간다움을 지탱하는 기둥이 허구라고 말하는 셈이다. 이렇게 되면 인간다움 자체가 한낱 허구로 전락하는 것이 아닐까? 인간다움은 허구, 거짓, 허울일 따름이고, 오로지 호모 사피엔스라는 동물종으로서 인간의 생존과 번식만 실재, 진실, 실체일까? 하라리는 이 질문에 긍정으로 답하는 것으로 보인다.

이런 견해는 특이하지 않다. 오늘날 자연 과학의 발전에서 새로운 활로를 모색하는 많은 지식인이 하라리와 유사하게 이른바 〈자연주의〉에 귀의한다. 자연주의는 자연 과학의 방법론과 성취를 보편적 존재론과 세계상으로 부풀리는 형이상학적 입장이다. 자연주의에 따르면, 오로지 자연 과학의 방법으로 측정하고 탐구할 수 있는 놈들만 실재한다. 첫눈에 보기에 그렇지 않은 놈은 아예 없는 놈이므로 추방되거나 자연 과학적으로 탐구할 수 있는 놈들로 환원됨으로써 간접적으로 실재의 지위를 부여받아야 한다.

현재 가장 주목받는 자연주의의 하위 범주는 신경 중심주의다. 신경 중심주의자들은 전통적인 어법에서 정신적인 용어(이를테면 의식, 지각, 생각, 감정, 의지)로 지칭되어 온 모든 것을 신경 활동으로 환원하려 애쓴다. 이 환원은 전혀 쉽지 않을뿐더러 성공 가능성이 자연 과학적으로 보증되지 않았는데도, 많은 이가 이 환원을 유일하게 올바른 학문적 방법일뿐더러 조만간 실현될 불가피한 운명이라고 여긴다. 왜냐하면 기본적으로 자연주의에 귀의했기 때문이다. 자연주의적 관점에서 보면, 정신은 반드시 정신적이지 않은 무언가(예컨대 뇌)에 기반을 두어야 한다. 안 그러면 정신은 둥둥 떠다니는 헛것에 불과하다. 신경 중심주의에 따르면, 정신은 신경 활동으로 환원되어야 한다. 그래야만 정신에 관한 논의가 유의미해질 수 있다.

인간다움의 면모들을 〈허구〉로 치부하는 자연주의는 〈정신〉을 해체해야 할 대상으로 삼는 것에서 한 걸음 더 나아가 〈사회〉의 실재성을 문제 삼는다. 정신은 사회의 주춧돌이므로, 정신을 문제시하는 사람들이 사회도 문제시하는 것은 당연한 수순이다. 사회를 논할 때 자연주의자는 흔히 사회 구성주의자와 동맹을 맺는다. 사회 구성주의란 〈사회는 실은 실재하지 않으며 단지 일종의 (원리적으로 우리가 언제든지 놀이 규칙을 바꿈으로써 변화시킬 수 있는) 가면 놀이라는 의미에서 사회적 구성물이라는 생각〉(『생각이란 무엇인가』에서)이다.

이 생각은 양면적이다. 한편으로 사회 구성주의는 사회라는 인간적 영역이 고유한 원리들에 따라 작동함을 인정한다는 점에서 인간다움에 우호적인 것처럼 보인다. 그러나 다른 한편으로 사회 구성주의는 사회를 자연으로부터 완전히 격리함으로써 사회로부터 확고한 기반을 앗아 간다. 사회는 인간들의 자의적이고 우연적이며 가변적인 결정과 합의가 지배하는 영역이다. 현존하는 사회 질서의 정당성은 모종의 진실 혹은 사실에서 나오는 것이 아니라 기껏해야 권력에서 나온다. 따라서 사회 구성주의는 인간다움이 지배하는 사회를 실재와(바꿔 말해 진위를 가릴 수 있는 객관적 판단과) 무관한 권력 투쟁의 장으로 본다. 이것은 인간다움을 폄훼하는 또 하나의 방식이다.

이런 자연주의적 사회 구성주의와 관련하여 언젠가 나는 최신 자연 과학에 충실하려는 철학자들의 모임에서 이런 질문을 강력하게 제기한 바 있다. 〈어떻게 세금 고지서의 실재성이 시냅스 간 신호 전달의 실재성보다 더 약할 수 있단 말인가? 당신들은 때마다 어김없이 날아오는 세금 고지서의 압박을 느껴 보지 못했는가?〉 이 질문으로 나는 사회적 실재가 생물학적 실재에 못지않게 온전한 의미에서 실재한다는 주장을 편 셈인데, 심드렁하게 반응하는 사람들 앞에서 그 주장을 뒷받침하는 치밀한 논증을 제시하는 것은 아쉽게도 나의 능력 밖이었다.

요컨대 인간다움과 직결된 관건은 허구, 정신, 사회이며, 필시 현재의 시대정신은 자연 과학적 대상을 실재의 유일한 모범으로 내세우면서 허구와 정신과 사회를 진지한 학문적 담론에서 추방하거나 기껏해야 존재론적 2등 시민쯤으로 격하한다. 어쩌면 구태를 벗지 못하고 인간다움을 옹호하는 나는 이런 시대정신에 반발하는데, 그렇게 된 중요한 계기 하나는 철학자 마르쿠스 가브리엘과의 만남이다. 이 철학자가 『나는 뇌가 아니다』와 『생각이란 무엇인가』에서 펼친 신(新)실재론은 내가 품어 온 불만과 어렴풋한 대안을 몰라보게 성숙시켰다.

그리고 마침내 이 책에서 가브리엘은 신실재론을 전문적인 학자도 만족시킬 만큼 치밀하고 깊이 있게 논증한다. 늘 그렇듯이 그의 주장은 명쾌하다. 이 책의 1부는 이른바 허구적인 것이 실재한다고 주장하는 〈허구 실재론〉을, 2부는 정신적인 것이 실재한다고 주장하는 〈정신 실재론〉을, 3부는 사회적인 것이 실재한다고 주장하는 〈사회 실재론〉을 다룬다. 책 제목이 알려 주듯이, 전체를 관통하는 주제는 〈허구들〉이다.

허구가 아니라 허구들이라는 점을 유의하라. 가브리엘은 철저한 다원주의자다. 그는 예술적인 허구, 정신적인 허구, 사회적인 허구를 통일할 생각이 전혀 없다. 그런 통일된 전체를 대상으로 삼는 형이상학과 결별하는 것이 가브리엘을 의미장 존재론으로 이끈 한 동기다. 일찍이 칸트가 궁극의 전체를 대상화할 수 없는 〈규제적 원리〉로 간주했던 것처럼, 여러모로 칸트를 계승하는 가브리엘은 〈세계는 없다〉라고 단언하는 〈세계 없음 직관〉을 자신의 실재론적 존재론의 주춧돌로 삼는다. 그렇게 궁극의 전체를 배척하고 다양한 실재의 영역들(〈의미장들〉)을 동등하게 인정함으로써 가브리엘은 허구의 실재성을 주장하고 시대정신에 거슬러 정신과 사회의 실재성을 복원할 길을 연다.

인간다움의 중심에 허구가 있다는 것은 유발 하라리와 마르쿠스 가브리엘이 공유한 통찰이다. 그러나 하라리는 자연주의에 귀의하여 인간다움의 허구성을 흔쾌히 폭로하는 반면, 가브리엘은 바로 그 허구성을 엄연히 실존하는 인간다움의 핵심으로, 이른바 〈정신〉의 본질적 요소로 떠받든다. 미래에 자연 과학이 자연주의의 호언장담을 완전히 입증할 만큼 발전한다면, 복잡하기 그지없는 인간다움은 깨끗이 해소되고 인간은 일개 동물종으로, 심지어 기본 입자들의 상호 작용으로 쪼그라들어 하라리가 옳았음이 드러날 것이다. 그러나 가브리엘은 그럴 가능성은 전혀 없다고 단언한다. 이 단언을 뒷받침하는 치밀한 논증을 요약할 길은 없다. 나는 다만 현재 인류의 지식 수준에서 합리적인 입장은, 인간을 단순화하겠다고 나서는 자연주의와 사회를 근거 없는 우연으로 치부하는 사회 구성주의가 아니라, 사회적 사실들을 진지하게 거론하고 정신적인 것들에 관하여 진위를 판정할 수 있는 견해를 내놓는 우리 자신을 있는 그대로 받아들이고 정당화하는 가브리엘의 신실재론이라고 판단한다.

이제 『허구의 철학』의 세부 내용에 접근하여 특히 주목할 만한 전문적인 견해 하나와 시의성 높은 결론 하나를 살펴볼 차례다. 전자는 인간다움, 허구, 정신, 사회의 연관성에 관한 것이며, 후자는 소셜 네트워크의 위험성에 관한 것이다.

2

전작들에서부터 일관된 가브리엘의 인간관은 우리의 〈자화상 제작 능력〉을 핵심으로 삼는다. 그가 보기에 인간은 자화상을 그리고 거기에 맞춰 삶을 꾸려 가는 정신적 동물이다. 자화상이란, 나는 누구 혹은 무엇인가, 라는 질문의 답이다. 우리는 늘 이 질문을 스스로 던지고 답하며 그 답에 어울리게 삶을 꾸려 간다는 것인데, 이 생각에 동의하지 않을 사람은 없을 것이다.

물론 어떤 이유에서든 이미 자연주의에 철저히 귀의한 탓에 이론과 학문에 선행하는 자신의 경험을 돌아보는 감각을 거의 상실한 사람이라면 견해가 다를 수도 있겠다. 그러나 거듭 강조하지만, 자연주의 형이상학은 존중받아야 마땅한 자연 과학의 결론이 아니다! 자연 과학자는 자연주의를 작업 가설로 채택할 수야 있겠지만 보편적 형이상학으로서의 자연주의를 연구 결과로 내놓을 리 없다. 그런 거대 담론은 자연 과학과 어울리지 않는다.

가브리엘은 모든 학문과 이론에 앞선 경험을 중시하는 철학자다. 그렇다고 그가 후설의 〈생활 세계〉를 고스란히 받아들이거나 자연 과학의 최신 성과를 도외시하는 것은 전혀 아니다. 일찍이 칸트가 그랬던 것처럼, 가브리엘은 각각의 입장에 정당한 몫을 나눠 줄 줄 안다. 그가 보기에 자연 과학 지식은 우리가 스스로 그린 자화상에 비추어 삶을 꾸려 간다는 사실과 충돌하지 않는다. 당신이 당신 자신의 삶을 돌아볼 줄 안다면, 바꿔 말해 거창한 학문적 권위를 자부하거나 그 권위에 짓눌리지 않고 어릴 적 읽은 안데르센의 「미운 오리 새끼」를 인간의 본성과 연결할 줄 알 만큼 열려 있다면, 가브리엘이 사실상 〈정신〉과 동의어로 사용하는 우리 각자의 〈자화상 제작 능력〉을 부정하기는 어려울 것이다.

정신, 곧 자화상을 그리는 능력은 우리를 인간답게 만든다. 가브리엘의 표현을 빌리면, 그 능력 덕분에 우리는 인간의 생존꼴 Überlebensform과 구별되는 삶꼴Lebensform을 이야기할 수 있다. 인간 삶꼴의 핵심 특징은 감각적 에피소드에 속박되지 않음이다. 인간의 삶꼴은 당연히 인간의 생존꼴에 의존하지만 그 생존꼴로 환원되지 않는다. 즉 우리는 매 순간 생존의 조건들에 속박되어 있지만, 이것이 우리의 전부는 아니다. 왜냐하면 우리는 매 순간의 감각을 훌쩍 뛰어넘는 맥락 안에 우리를 위치시키기 때문이다. 쉽게 말해서, 우리가 경험하는 매 순간은 그저 한순간으로 머무르는 것이 아니라 우리가 자화상에 비추어 꾸려 가는 삶의 한 단계로서 의미를 획득한다. 가브리엘에 따르면, 우리는 〈자화상 제작을 매개로 우리 자신을 어떤 감각적 에피소드도 뛰어넘는 맥락들 안에 놓는다〉. 바로 이 사정을 가리키는 명칭이 〈정신〉인데, 〈정신은 잠재적 환상과〉 곧 허구와 〈결합되어 있다〉(40면). 정신과 허구의 연결은 아래 인용문에서 더 명확해진다. 〈자기를 규정하기〉는 〈자화상 그리기〉를 뜻한다.

> 인간 정신은 나중에 소위 〈허구적인 것〉으로 명명된 매체 안에서 자기를 규정한다. 인간은 자신이 처한 상황에 대한 묘사를 토대로 삼아 자기를 탐구한다. 그 상황은 인간이 생존의 장면 안에 감각적으로 속박되어 있음을 훌쩍 뛰어넘는다.(127면)

요컨대 자화상 그리기 능력은 인간다움, 정신, 허구를 관통하는 중심축이다. 따라서 정신의 실재성을 확실히 되찾으려면 먼저 허구의 인간학적 존재론적 실재성을 치밀하게 논할 필요가 있다. 이 책의 1부는 그 논의에 할애된다.

이어지는 2부에서 자연주의에 맞서 정신의 실재성을 논증한

다음에, 가브리엘은 3부로 넘어가 사회적인 것의 실재성을 주장하는데, 이때 그는 유난히 〈의견 불일치〉와 〈불투명성〉을 강조한다. 이것들은 가브리엘이 보기에 사회적인 것의 본질을 이루는 두 요소다. 이 생각에 선뜻 동의할 사람은 드물 것이다. 특히 우리 사회에서는 더욱 드물 듯한데, 왜냐하면 우리는 오히려 합의와 투명한 규칙을 사회의 근간으로 여기는 경향이 강한 편이기 때문이다. 실제로 사회적인 것의 대표적인 예인 법을 생각해 보자. 법은 다수 입법자의 합의를 통해 제정되고 누구나 읽을 수 있는 투명한 문장으로 기록되지 않는가.

그러나 이것은 단지 표면적인 인상일 뿐이라는 점을 유의하자. 애당초 의견 불일치가 없었다면 입법 활동 자체가 불필요했을 터이며, 법조문의 문구뿐 아니라 의미도 투명하다면, 온갖 법 해석과 사법 절차는 불필요할 터이다. 요컨대 법은 의견 불일치를 전제하며 불투명성을 떨쳐 낼 수 없다. 가브리엘은 이 생각을 사회적인 것 전체에 일관되게 적용한다. 먼저 그가 사회적임을 어떻게 정의하는지 보자.

어떤 사실의 이러저러함이 한 종에 속한 다수 개체의 상호 조율된 행동과 본질적으로 얽혀 있다면, 그 사실은 사회적이다.(407면)

여기에서도 〈상호 조율〉의 결과가 아니라 전제를 주목할 필요가 있다. 상호 조율은 의견 불일치가 있을 때만 가능하고 필요하다. 따라서 〈인간 사회성의 본성은 의견 불일치, 곧 엇갈림에 기반을 둔다〉(455면). 바꿔 말하면 〈인간은 관점을 보유하고 있기 때문에 타인들과 다르게 지각한다는 점이 사회적인 것의 핵심이다〉(408면).

이렇게 의견 불일치를 사회적인 것의 기반으로 보는 이론은 어떤 실천적 교훈을 줄까? 어쩌면 닳디닳은 표현이겠지만, 가브리엘은 타인을 진정한 타인으로 받아들이고 존중하는 문화를 권한다. 이 철학자에 따르면 〈성공적인 사회성의 토대는 의견 불일치 문화〉(46면)다. 타인은 기본적으로 나와 다르게 생각하며 나를 놀라게 한다. 타인은 나의 견해를 수정한다. 거꾸로 나는 나름의 견해를 품음으로써 타인의 견해를 수정한다. 이 엇갈림은 제거해야 할 문제가 아니라 우리가 사회적 동물로 살아가기 위해 반드시 필요한 조건이다. 〈우리는 수정을 필요로 한다. [타인에 의한] 실제 수정이 없다면 인간은 생존조차 하지 못한다. 그렇기 때문에 정신 — 우리의 자화상 [제작] 능력 — 은 그 자체로 사회적이다.〉(468면)

가브리엘은 사회적인 것을 자연적인 것과 근본적으로 다른 무언가로 다루지 않는다는 점을 유의하라. 그가 짜는 구도 안에서는, 자연적인 대상에 관한 진술을 놓고 진위를 가릴 수 있는 것과 마찬가지로, 사회적인 것에 관한 진술도 객관적으로 진실이거나 거짓이다. 사회적인 것에 관한 진술의 진위는 우리의 합의에 달려 있다는 식의 사회 구성주의는 명백히 틀렸다고 가브리엘은 단언하는데, 이 단언을 뒷받침하는 그의 치밀한 논증을 요약하려 드는 것은 무모한 짓이다. 나는 다만 자연적 사실에 못지않게 확고한 사회적 사실의 예를 하나 들어 가브리엘을 옹호하고자 한다.

1948년에 제정된 〈세계 인권 선언〉의 첫 조문은 이러하다. 〈모든 인간은 태어날 때부터 자유로우며 그 존엄과 권리에 있어 동등하다.〉이 문장은 사실을 서술할까? 이 문장이 서술하는 바가 자연적 사실이 아니라는 점은 명백하다. 자유, 존엄, 권리는 자연 과학이 다루는 개념들이 아니다. 그렇다면 이 문장은 사회적 사실을 표현할까? 가브리엘의 대답은 명확히 그렇다는 것이다. 반면에 어떤 이들은 이 첫 조문뿐 아니라 〈세계 인권 선언〉 전체가 사실을 서술하는 것이 아니라 사람들이 약정한 사항이나 합의한 규칙을 서술한다고 볼 것이다. 만약에 이 견해가 옳다면, 인간이 자유롭고 평등한지 여부는 사람들의 결정에 의존한다. 만약에 내일 당장 온 인류가 〈세계 인권 선언〉을 폐기하기로 합의한다면, 인간의 자유와 평등은 소멸할 터이다.

이런 식으로 인간의 자유와 평등을 상대화하고 심지어 허울뿐인 명분으로 간주하는 사람은 깜짝 놀랄지도 모르지만, 가브리엘은 설령 온 인류가 소멸하더라도 인간의 자유와 평등은 소멸하지 않는다고 단언한다. 왜냐하면 인간이 자유롭고 평등하다는 것은 인간에 관한 사회적 사실이기 때문이다. 〈인간은 자유롭고 평등하다〉라는 문장은 우리가 부정하든 말든 상관없이 단적으로 진실이다.

일부 지식인 독자는 이 같은 가브리엘의 입장이 형편없이 투박하다고 느낄 것이다. 어떤 이는 사실과 당위를 분리해야 한다는 흄의 가르침을 들먹일 테고, 또 어떤 이는 1990년대를 풍미한 포스트모더니즘과 그 후예인 사회 구성주의의 편에 서서 이른바 앎의 고고학에 심취하고 모든 가치의 전복을 외치며 인간의 자유와 평등마저도 상대적이라는 도발적인 주장으로 자신의 세련됨을 뽐낼 것이다.

가브리엘의 비판이 겨냥하는 표적이 바로 그런 지식인들이다. 그들과 대결하려면 당연히 사실 혹은 실재를 엄밀히 정의할 필요가 있을 텐데, 실제로 가브리엘은 그 기초 작업을 꼼꼼하게 수행하여 신실재론을 결과물로 내놓는다. 신실재론에 따르면, 실재하는 놈이란 나를 착각하게 만들 수 있는 놈, 나의 뜻을 꺾을 수 있는 놈이다. 이것 이상의 추가 조건은 없다. 내가 무언가에 관하여 착각할 수 있다면, 그 무언가는 실재한다. 언뜻 보기에 대폭 완화된 이 실재성 조건은 자연주의의 편협한 실재 개념에 대항하기 위한 주요 포석인데, 나는 철학의 오랜 전통이 이 포석을 지지한다고 느낀다. 비록 20세기 중반쯤부터 대세로 자리 잡은 자연주의는 협소하고 단순하기 그지없는 실재 개념을 여전히 고수하고 있지만 말이다.

사회적인 것에 관한 논의로 복귀하자면, 가브리엘의 실재 정의는 사회적인 것의 불투명성과 직결된다. 위 정의는 실재가 반드시 불투명한 구석을 가진다는 점을 함축한다. 우리에게 완전히 알려진 놈은 실재하는 놈일 수 없다. 왜냐하면 그놈은 우리를 착각하게 만들 수 없기 때문이다. 가브리엘은 사회적인 것의 사실성 혹은 실재성을 옹호하므로 당연히 사회적인 것의 불투명성을 강조한다. 그에 따르면, 〈무언가가 사회적이면서 완전히 명시적이기란 원리적으로 불가능하다〉(44면). 가브리엘이 보기에 사회는 무릇 실재가 그러하듯이 근본적으로 불투명하다.

그런데 흥미롭게도 가브리엘은 사회의 불투명성을 출발점으로 삼아 공론장에 한계를 부과하고 소셜 네트워크 비판의 기틀을 마련한다. 그는 사회의 본질적인 불투명 구역의 하나인 사적 영역을 주목한다. 가브리엘에 따르면, 〈진정한 공론장은〉 모든 것을 공론화하는 장이 아니라 오히려 〈공론화 규제에 종사한다〉(579면). 그는 공론장에서 벗어난 아디아포라(선도 악도 아닌 중립) 영역, 곧 〈누군가가 타인에게 해를 끼치지 않으면서 즐겨 하는 행위의 영역〉(579면)이 반드시 필요하다는 점을 강조한다. 아디아포라 영역의 한 형태인 사적 영역은 진정한 공론장을 위한 전제 조건이다. 그리고 그토록 중요한 사적 영역을 잠식한다는 점에 소셜 네트워크의 위험성이 있다. 사적 영역, 공론장, 소셜 네트워크가 함께 등장하는 다음 인용문을 보라.

공론장은 사적인 사건들을 완전히 사회화하는 관찰 시스템의 침입이 허용되지 않는 사적 영역을 전제한다. 소셜 네트워크는 모든 상황과 집안 살림에 개입하는 디지털 기반 설비에 의지하는 탓에 자동으로 공론장의 잠식에, 따라서 민주주의 법치 국가의 잠식에 기여한다.(578면)

그리하여 소셜 네트워크는 공론장의 위기를 초래하는데, 그 위기는 공론화에 대한 제도적 규제의 약화와 사적 영역의 급속한 소멸로 나타난다. 소셜 네트워크 사용자는 자신의 자화상을 전시함으로써 사적 영역을 공론화한다. 이로써 공론장이 사적 영역에 침입하고, 그 결과로 〈어디에나 공론장이 있지만 진정한 공론장은 아무 곳에도 없게 됨으로써, 공론장이 잠식된다〉(582면).

더 나아가 소셜 네트워크는 애당초 〈우리의 자화상 그리기 능력을 공개하고 착취하는〉 것을 〈사업 모형〉(29면)으로 채택한 플랫폼이다. 가브리엘은 디지털 소셜 네트워크의 기반에서 작동하는 지극히 아날로그적인 착취 구조를 강조한다.

소셜 네트워크는 걸러지지 않은 의견 불일치들을 뜨겁게 달구는 순간온수기다. 막말이 난무하는 난장판은 소셜 네트워크의 본질이다. 그런 식으로 소셜 미디어는 우리를 유혹하여 데이터를 생산하게 한다. 왜냐하면 우리는 반격하면서 계속 새로운 데이터를 생산하기 때문이다. 그렇게 우리는 차츰 디지털 프롤레타리아가 되어 최저 임금도 받지 못하는 채로 엄청난 부가 가치를 창출하면서도 이 과정의 실상을 알아채지 못한다.(562~563면)

그러나 그는 소셜 네트워크를 비롯한 디지털 기술의 위력을 과장하지 않는다. 오히려 그는 디지털화가 총체적 투명성과 완벽한 감시를 가져올 것이라는 경고를 이데올로기로 낙인찍는다. 실재와 사회의 본질적 불투명성 때문에 총체적 투명성과 완벽한 감시는 절대로 불가능하다고 가브리엘은 단언한다. 그런 투명성과 감시가 가능할뿐더러 머지않아 실현될 것이라는 경고 혹은 전망은 우리를 그 실현에 도움이 되는 방향으로 몰아가는 이데올로기일 따름이다. 가브리엘은 소셜 네트워크의 아날로그적 생산 조건을 간과하지 말라고 촉구한다. 일반적으로 디지털화는 우리가 정신적인 동물로서 속한 아날로그적 영역에 영향을 미치기 마련인데, 가브리엘이 진단하기에 그 영향은 부정적이며 음흉하기까지 하다.

디지털화는 무조건적인 해방의 과정이 아니다. 왜냐하면 디지털화는 자유 잠식의 자동화를 옹호하는 이데올로기와 짝을 이루기 때문이다. 그 자동화는 새로운 착취 가능성들의 형태로 현실 역사에 개입한다. 우리는 디지털화의 설명문으로서 점화되는 다양한 탈근대적 연막탄 때문에 이 사정을 충분히 알아채지 못한다.(589면)

결국 관건은 자유의 잠식인 것으로 보인다. 가브리엘의 신실재론은 자연주의에 맞서 다양하고 풍요로운 실재를 복원함과 동시에 우리의 자유에 확고한 실재성을 부여하는 이론이다. 우리의 자유는 허구와 직결된 자화상 그리기 능력의 형태로 확고하게 실재하면서 나머지 실재와 상호 작용한다.

3

이 방대하고 전문적인 책을 충분히 음미할 독자가 아주 많으리라고 기대하지는 않는다. 주(註)의 분량이 본문에 버금간다는 점에서 벌써 알 수 있듯이, 이 책의 많은 부분은 전문적인 논쟁에 할애되어 있다. 마르쿠스는 다양한 반론을 상세히 거론하고 분석하면서 자신의 신실재론을 변호하는 재반론을 편다. 세계 곳곳에서 현재 활동 중인 철학자들이 이토록 많이 등장하는 책은 드물 것이다. 이 책은 지금 인류의 철학이 도달한 첨단을 보여 주는 지도라고 할 만하다. 물론 전체가 아니라 일부만 보여 준다고 해야겠지만 말이다.

더구나 가브리엘은 대단히 박식하다. 이 젊은 철학자는 칸트, 헤겔, 셸링으로 대표되는 독일 고전 철학에 정통한 것은 물론이고 고대 희랍 철학에도 밝으며 무엇보다도 영어권의 분석 철학에 조예가 깊다. 특히 마지막 부분은 독일 철학자나 프랑스 철학자에게서 쉽게 찾아볼 수 없는 특별한 장점이다. 내가 서울에서 철학을 공부하며 분석 철학을 접하지 못했다면 이 책을 번역하기가 훨씬 더 어려웠을 것이다.

가브리엘이 펼쳐 가는 철학의 기조를 요약하기는 쉽다. 그는 우리 인간을 비롯한 실재하는 놈들을 단순화하고 획일화하는 자연주의에 저항하고, 〈실재란 대수롭지 않은 것일 수도 있다는 탈근대의 근본 의심〉(『생각이란 무엇인가』에서)을 즐겨 품는 탈근대적 구성주의에 반발한다. 한편으로 실재의 범위를 넓히지만, 다른 한편으로 실재, 진실, 규범을 〈해체〉하려는 세력에 맞서 실재를 굳건히 지킨다. 하지만 모든 철학이 그렇듯, 가브리엘의 신실재론이 가진 힘은 세부적인 논증에서 드러난다. 이 책은 눈여겨볼 만한 논증들로 가득 차 있다고 해도 과언이 아니다. 한두 번 읽고 말 책이 결코 아니다.

미래에 가브리엘이 어떤 철학자로 평가될지 가늠하는 것은 섣부른 짓일 테지만, 나는 그가 이 시대를 대표하는 철학자 중 하나로 꼽히기에 손색이 없다고 본다. 적어도 그는 독일어권, 프랑스어권, 영어권을 아우른 현재의 철학적 지형을 나름의 관점에서 시의성 있게 해석하여 흥미진진한 흐름으로 재구성할 줄 안다. 흔히 철학사 공부에서 벗어나지 못하거나 협소한 주제에 매몰되는 우리 사회의 철학 연구에 아쉬움을 느껴 온 독자라면 이 책에서 차원이 다른 철학의 한 모범을 발견할 수 있을 것이다. 철학은 위기에 처하기는커녕 과거 어느 때보다 더 생생하게 살아 있으며 어느 학문에 못지않게 할 말이 많음을 확인할 수 있을 것이다.

번역은 연주인데, 솔직히 이번 연주에서는 음악을 충분히 이해하지 못한 채로 악보만 따라 읽는 경우가 꽤 있었음을 고백한다. 한계의 자각은 실재가 안겨 주는 선물이다. 우리 곁에 실재하는 저자로서 지금 실재하는 철학을 풍요롭게 펼쳐 놓는 가브리엘에게서 그 소중하고 쓰라린 선물을 받는 독자가 많기를 바란다.

2024년 여름 살구골에서,
전대호

인명 찾아보기

뮐러스, 크리스토프Möllers, Christoph
501~506, 508~510, 536, 537, 628, 681,
687, 688
무라야마, 히토시(村山斉) 659, 664
무어, 조지 에드워드Moore, George
Edward 653
밀, 존 스튜어트Mill, John Stuart 682

바디우, 알랭Badiou, Alain 152, 189, 361,
626
바르트만, 마리우스Bartmann, Marius
689
바슬러, 모리츠Baßler, Moritz 612
바흐만, 잉게보르크Bachmann, Ingeborg
88
밴 인와겐, 피터van Inwagen, Peter 95,
621
버고지언, 폴Boghossian, Paul 16, 604,
688
버지, 타일러Burge, Tyler 16, 623, 636,
642
버클리, 조지Berkeley, George 99, 230,
231, 341, 686
버틀러, 주디스Butler, Judith 435, 464
베르그송, 앙리Bergson, Henri 147, 148,
483, 625, 655, 683
베르트람, 게오르크Bertram, Georg W.
597
베버, 막스Weber, Max 481, 676
베토벤, 루트비히 판Beethoven, Ludwig
van 88, 300
보드리야르, 장Baudrillard, Jean
463~465, 467, 587, 588, 590, 591, 680,
699, 700
보르헤스, 호르헤 루이스Borges, Jorge
Luis 15, 38, 74, 75, 169~174, 178, 179,
181~183, 185, 186, 191, 350, 353,
629~632
보스트롬, 닉Bostrom, Nick 699
부르디외, 피에르Bourdieu, Pierre 46,
430, 500, 541, 616

부리오, 니콜라Bourriaud, Nicolas 628
부브너, 뤼디거Bubner, Rüdiger 58, 601,
603, 611
부에노, 오타비오Bueno, Otávio 16
브누아, 조슬랭Benoist, Jocelyn 5, 11,
145, 325, 329, 374, 382, 595, 606, 624,
652, 655, 676
브란키뇨, 주앙Branquinho, João 637
브랜덤, 로버트Brandom, Robert B. 504,
511
브레데캄프, 호르스트Bredekamp, Horst
342
브록, 스튜어트Brock, Stuart 116, 118
블록, 네드Block, Ned 16, 642
블루멘베르크, 한스Blumenberg, Hans
61, 161, 163, 227, 431, 503
비징, 람베르트Wiesing, Lambert 619,
620, 675, 677, 689
비트겐슈타인, 루트비히Wittgenstein,
Ludwig 225, 324, 448, 453, 500, 502,
506, 508, 513, 516, 526~529, 606, 622,
659, 692
빌트, 마르쿠스Wild, Markus 683

사르트르, 장 폴Sartre, Jean Paul 344,
345
사이더, 시어도어ider, Theodore 400
설, 존Searle, John R. 42, 77, 699
세인즈버리, 리처드 마크Sainsbury,
Richard Mark 598, 599, 602
섹스투스 엠피리쿠스Sextus Empiricus
686
셀라스, 윌프리드Sellars, Wilfrid 646
셸러, 막스Scheler, Max 638
셸링, 프리드리히 빌헬름 요제프
Schelling, Friedrich Wilhelm Joseph
58, 394, 627, 646, 694
솔로트코프, 타탸나 폰Solodkoff, Tatjana
von 609
솔론Solon 118
쇼펜하우어, 아르투어Schopenhauer,

지은이 **마르쿠스 가브리엘**Markus Gabriel 21세기 현대 철학의 새로운 흐름, 〈신실재론〉을 이끄는 세계적인 철학자. 1980년 독일 라인란트팔츠주의 소도시 진치히Sinzig에서 태어난 그는 2009년 독일 본Bonn 대학교 철학과 석좌 교수에 올라 19세기 셸링 이후 독일 최연소 철학 교수라는 타이틀을 얻으며 주목받았다. 현재 본 대학교에서 인식론과 근현대 철학을 강의하고 있으며, 동 대학교 국제 철학 센터와 과학 및 사상 센터 소장을 겸임하고 있다. 미국의 뉴욕 대학교와 버클리 대학교, 프랑스의 파리1 대학교, 일본의 도쿄 대학교 등에서 객원 교수로도 활동했다. 2020년 뉴욕의 사회 연구 뉴스쿨NSSR 내 철학 및 새로운 인문학 연구소IPNH 설립에 기여했으며, 2021년부터는 함부르크의 뉴인스티튜트The New Institute에서 실용적인 철학에 관한 연구를 이끌고 있다.
『왜 세계는 존재하지 않는가』, 『나는 뇌가 아니다』, 『생각이란 무엇인가』로 이어지는 3부작을 통해, 과학과 기술이 전능하다고 믿는 현대 사회의 사유 오류를 지적하며 오늘에 필요한 새로운 인본주의를 제시했다. 그 외에 『예술의 힘』, 『왜 세계사의 시간은 거꾸로 흐르는가』, 『초예측, 부의 미래』(공저), 『신화, 광기 그리고 웃음』(공저) 등을 썼다.

옮긴이 **전대호** 서울대학교 물리학과를 나와 동 대학원 철학과에서 박사 과정을 수료했고, 독일 쾰른 대학교에서 철학을 공부했다. 1993년 조선일보 신춘문예 시 부문에 당선되어 등단했으며, 현재는 철학 및 과학 분야의 전문 번역가로 활동 중이다. 철학 저서로 『철학은 뿔이다』, 『정신현상학 강독(1·2)』이 있고, 시집으로 『내가 열린 만큼 너른 바다』, 『가끔 중세를 꿈꾼다』, 『성찰』 등이 있다. 옮긴 책으로는 『생각이란 무엇인가』, 『나는 뇌가 아니다』, 『신은 주사위 놀이를 하지 않는다』, 『유물론』, 『더 브레인』, 『인터스텔라의 과학』, 『로지코믹스』, 『위대한 설계』 외 다수가 있다.

허구의 철학

발행일 **2024년 7월 30일 초판 1쇄**

지은이 **마르쿠스 가브리엘**
옮긴이 **전대호**
발행인 **홍예빈 · 홍유진**
발행처 **주식회사 열린책들**

경기도 파주시 문발로 253 파주출판도시
전화 031-955-4000 팩스 031-955-4004
홈페이지 www.openbooks.co.kr 이메일 humanity@openbooks.co.kr

ISBN 978-89-329-2458-8 03100